Medizinische Psychologie und Medizinische Soziologie

Medizinische Psychologie und Medizinische Soziologie

Nach der Sammlung von Gegenständen für den schriftlichen Teil der Ärztlichen Vorprüfung

Herausgegeben von

Friedrich-Wilhelm Wilker
Claus Bischoff
Peter Novak

Urban & Schwarzenberg – München · Wien · Baltimore

Anschriften der Herausgeber

Dr. rer. biol. hum.
Dipl.-Psych. Friedrich-Wilhelm Wilker
Leiter der Deutschen Psychologen Akademie
Heilsbachstr. 22
53123 Bonn

PD Dr. rer. biol. hum.
Dipl.-Psych. Claus Bischoff
Leitender Psychologe
Psychosomatische Fachklinik
Kurbrunnenstr. 12
67098 Bad Dürkheim

Prof. Dr. med.
Dr. phil. Peter Novak
Leiter der Abteilung für
Medizinische Soziologie
der Universität Ulm
Am Hochsträß 8
89081 Ulm

Titel der 1. Auflage: Huppmann/Wilker,
Medizinische Psychologie & Medizinische Soziologie
ISBN 3-541-12491-1

Die Deutsche Bibliothek – CIP-Einheitsaufnahme
Medizinische Psychologie und medizinische Soziologie : nach der Sammlung von Gegenständen für den schriftlichen Teil der ärztlichen Vorprüfung / hrsg. von Friedrich-Wilhelm Wilker ... – 2. Aufl. – München ; Baltimore ; Urban und Schwarzenberg, 1994
ISBN 3-541-12492-X
NE: Wilker, Friedrich-Wilhelm [Hrsg.]

Lektorat: Dr. med. Dorothea Schneiderbanger
Redaktion: Sabine Hennhöfer
Herstellung: Peter Sutterlitte

Gesamtherstellung: Bosch-Druck GmbH, Landshut
Printed in Germany

ISBN 3-541-12492-X

Geleitwort

Seit dem Inkrafttreten der „neuen" Approbationsordnung für Ärzte (ÄAppO) sind mehr als zwei Dekaden verstrichen. In dieser Zeit haben sich Medizinische Psychologie und Medizinische Soziologie weitgehend etabliert: Als Teil der Ausbildung von Medizinstudenten, als Forschungsgebiete innerhalb der Medizin und wesentliche Disziplinen des Gesundheitswesens sowie als praxisbezogene klinisch orientierte Fächer. Die Reform des Medizinstudiums ist sicher ein sich allmählich vollziehender Prozeß, der nur dann als Fortschritt begriffen werden kann, wenn die Unterrichtsinhalte dem ständigen Wandel medizinischer Erkenntnisse entsprechen. Dazu gehört auch eine Systematisierung der Gesamtausbildung, d. h. eine als „horizontal" zu bezeichnende Integration der vorklinischen Fächer wie auch eine „vertikal" zu nennende Integration der Grundlagen- und klinischen Fächer.

Das vorliegende Buch versucht dies zu leisten: Der horizontalen Integration entspricht die fächerübergreifende Berücksichtigung neuerer Erkenntnisse der Sozialwissenschaften bei der Darstellung etwa von „Aktivation", „Schlaf", „Streß" und „Schmerz". Eine vertikale Integration erfolgt insofern, als deutliche Schwerpunkte der klinischen Anwendung von Erkenntnissen und Methoden der beiden Fächer aufgezeigt werden.

Dieses Lehrbuch gibt die Sammlung von Gegenständen des schriftlichen Teils der ärztlichen Vorprüfung wieder, wie sie den Vorstellungen des Instituts für medizinische und pharmazeutische Prüfungsfragen entspricht. Darüber hinaus bereitet es die Studenten über die inhaltliche Auswahl relevanter Themen auch auf den mündlichen Teil der ärztlichen Vorprüfung vor. Damit dürfte es das erste Buch der „dritten" Generation seit der Approbationsordnung für Ärzte (1970) sein.

Mit einer gewissen Befriedigung sehe ich – als jemand der „ersten Stunde" und Mitglied der ersten Lernzielkommission für die Fächer Medizinische Psychologie und Medizinische Soziologie –, daß unsere vor fast 30 Jahren angestellten Überlegungen wohlbegründet waren: Der Arzt der 80er und 90er Jahre, auch wenn er nicht Psychiater und Psychosomatiker ist – oder sogar gerade dann – muß die psychologischen und soziologischen Aspekte von Gesundheit und Krankheit kennen und ihnen mehr Bedeutung beimessen, als es in der ersten Hälfte der 70er Jahre der Fall war.

Eine ausschließlich naturwissenschaftliche Betrachtungsweise wird immer weniger für das Verständnis von Erkrankungen und folglich auch für deren Behandlung ausreichen. Die Aufgaben speziell der Medizinpsychologie in der klinischen Anwendung ihrer Erkenntnisse und Methoden werden weiterhin zweigleisig sein: d. h. sowohl direkte wie auch intermediäre Interventionen erforderlich machen.

Unter „direkten" Interventionen verstehen wir die diagnostischen und therapeutischen Bemühungen in unmittelbarem Kontakt zum Patienten; mit „intermediären" Interventionen dagegen ist die Vermittlung von patientenorientierten Handlungskompetenzen an Ärzte, Pflegepersonal und Angehörige von Patienten gemeint.

Bei den direkten Interventionen hängt es zu einem gewissen Grade vom Zufall ab, welchem Patienten aus der wesentlich größeren Zahl bedürftiger Kranker unsere diagnostischen und/oder therapeutischen Bemühungen zukommen. Diese Zufälligkeit und außerdem der zunehmende Bedarf an sozialwissenschaftlich fundierter Hilfeleistung in immer mehr medizinischen Bereichen werden die Medizinpsychologie – und die Medizinsoziologie – zwingen, weitere intermediäre Interventionstechniken zu entwickeln und zu erproben.

In Relation zur Personalausstattung im gesamten klinischen Bereich sind wir Medizinpsychologen und Medizinsoziologen nur eine verschwindend kleine Minderheit. Soll unsere Tätigkeit erfolgreich bleiben, sind wir aufgefordert, auf unsere Funktion als Multiplikatoren sozialwissenschaftlich begründeter Interventionsmaßnahmen besonders zu achten. Damit könnten auch die Erwartungen, die an die psychosozialen Fächer der ÄAppO gebunden sind, am ehesten erfüllt werden. Hierzu soll dieses Buch verhelfen; eine Intention, zu der ich den Herausgebern wie den Autoren Erfolg wünsche.

Februar 1994 *Margit von Kerekjarto, Hamburg*

Autorenverzeichnis

Prof. Dr. Dr. Stephan Ahrens
Deutsches Rotes Kreuz- u. Freimaurer-Krankenhaus
Akademisches Lehrkrankenhaus
Suurheid 20
22559 Hamburg

Dr. Peter Aymanns
Universität Trier
Fachbereich I – Psychologie
Postfach 3825
54286 Trier

Prof. Dr. Heinz-Dieter Basler
Universität Marburg
Medizinische Psychologie im Fachbereich Humanmedizin
Bunsenstr. 3
35037 Marburg

Prof. Dr. Peter Becker
Universität Trier
Fachbereich I – Psychologie
54286 Trier

Prof. Dr. Dieter Beckmann
Justus-Liebig-Universität Gießen
Zentrum für Psychosomatische Medizin
Abt. für Medizinische Psychologie
35392 Gießen

Dr. Petra Bergerhoff
Am Spitzberg 27
56075 Koblenz

PD Dr. rer. biol. hum.
Dipl.-Psych. Claus Bischoff
Psychosomatische Fachklinik
Kurbrunnenstr. 12
67098 Bad Dürkheim

Dr. Rolf Buschmann-Steinhage
Verband Deutscher Rentenversicherungsträger–VDR
Eysseneckstr. 55
60322 Frankfurt/M.

Prof. Dr. med. Dipl.-Psych.
Friedrich-Wilhelm Deneke
Abt. für Psychosomatik und Psychotherapie
Universitäts-Krankenhaus Eppendorf
Martinistr. 52
20251 Hamburg

Dr. Ernest Feingold
Hoechst AG
HPD-Gebäude K 607
65926 Frankfurt/M.

Prof. Dr. Sigrun-Heide Filipp
Universität Trier
Fachbereich I – Psychologie
Postfach 3825
54286 Trier

Dipl.-Psych. Bernadette Fischl, Ärztin
Eugen-Papst-Str. 11
81247 München

Dipl.-Psych. Elke Freudenberg
Bundeswehr Zentralkrankenhaus
Rübenacher Str. 170
56072 Koblenz

Dr. rer. physiol.
Hans-Günter Haaf
Institut f. Medizinische Statistik und Dokumentation d.
Johannes Gutenberg-Universität
Langenbeckstr. 1
55101 Mainz

PD Dr. phil.
Dipl.-Psych. Monika Hasenbring
Christian-Albrechts-Universität
Zentrum Nervenheilkunde
Institut für Medizinische Psychologie
Niemannsweg 147
24105 Kiel

Prof. Dr. Uwe Hentschel
Rijksuniversiteit te Leiden
Faculteit der Sociale Wetenschappen
Wassenaarseweg 52
NL-2300 RB Leiden

Dr. Manfred Herzer, M.A.
Johannes Gutenberg-Universität
Fachbereich Sozialwissenschaften
Institut f. Soziologie
Colonel-Kleinmann-Weg 2
55099 Mainz

PD Dr. Dr. Siegfried Höfling
Jägerstr. 3
85757 Karlsfeld

Prof. Dr. Klaus Hurrelmann
Universität Bielefeld
Fakultät f. Pädagogik
Sonderforschungsbereich 227
Universitätsstr. 25
33615 Bielefeld

Dr. med. Gisela Huse-Kleinstoll
Universitäts-Krankenhaus Eppendorf
Abt. f. Medizinische Psychologie
Martinistr. 52
20246 Hamburg

Dipl.-Psych. Dr. med. Ralf Ihl
Psychiatrische Universitätsklinik und Poliklinik der Universität
Füchsleinstr. 15
97080 Würzburg

Dr. Harald Lofink
Johannes Gutenberg-Universität
Fachbereich 12 Sozialwissenschaften
Institut f. Soziologie
Saarstr. 21
55122 Mainz

Dr. Peter Malzahn, Dipl.-Psych.
Schleckheimer Str. 96
52076 Aachen

Prof. Dr. Dr. Frido Mann
Westfälische Wilhelms-Universität
Medizinische Psychologie
Esmarchstr. 56
48149 Münster

Prof. Dr. med.
Michael Lukas Moeller
Zentrum der Psychosozialen Grundlagen der Medizin
Abt. für Medizinische Psychologie
Theodor-Stern-Kai 7
60596 Frankfurt/M.

Prof. Dr. Dr. Petra Netter
Justus-Liebig-Universität Gießen
Fachbereich 06 – Psychologie
Otto-Behaghel-Str. 10
Haus F 1 und F 2
35394 Gießen

Prof. Dr. med. Dr. phil.
Peter Novak
Leiter der Abteilung für Medizinische Soziologie der Universität Ulm
Am Hochsträß 8
89081 Ulm

Dipl.-Psych. Dr. phil. M. Peters
Rothaarklinik f. Psychosomatische Medizin
Am Spielacker
57319 Bad Berleburg

Prof. Dr. Ursula Piontkowski
Westfälische Wilhelms-Universität
Fachbereich Psychologie
Psychologisches Institut IV
Fliednerstr. 21
48149 Münster

Prof. Dr. Jörn W. Scheer
Klinikum der Justus-Liebig-Universität Gießen
Abt. Medizinische Psychologie
Friedrichstr. 36
35392 Gießen

Prof. Dr. Johannes Siegrist
Universität Düsseldorf
Direktor des Instituts für Medizinische Soziologie
Moorenstr. 5
40225 Düsseldorf

Dr. Siegfried Traxler
Klinischer Psychologe
Ltd. Psychologe der Landesnervenklinik Andernach
Vulkanstr. 58
56626 Andernach

Dipl.-Päd.
Beate Ukrow-Bischoff
Weinstr. 51
67157 Wachenheim

Prof. Dr. med.
Dipl.-Psych. Rolf Verres
Ärztlicher Direktor der Abt. Psychotherapie und Med. Psychologie der Psychosomatischen Universitätsklinik
Bergheimer Str. 20
69115 Heidelberg

Dr. rer. biol. hum.
Dipl.-Psych.
Friedrich-Wilhelm Wilker
Leiter der Deutschen Psychologen Akademie
Heilsbachstr. 22
53123 Bonn

Prof. Dr. Werner Wippich
Universität Trier
Fachbereich I – Psychologie
54286 Trier

Inhaltsverzeichnis

Einleitung

In den 60er Jahren gewann in der alten BRD die Erkenntnis größeren Raum, eine dem aktuellen und künftigen Bedarf und womöglich auch den Bedürfnissen angemessene Krankenversorgung müsse sowohl die somatischen wie die psychischen und sozialen Aspekte des Kranken und der Krankheit berücksichtigen. Diese Erkenntnis fand durch Einführung der vorklinischen Pflichtfächer Medizinische Psychologie und Medizinische Soziologie Eingang in die Ausbildung zum Arzt, als im Jahre 1970 die alte Bestallungsordnung von 1953 durch die neue Ausbildungsordnung, die Ärztliche Approbationsordnung (ÄAppO), ersetzt wurde.

Wenn wir die Aufgabe ernst nehmen, bei der Krankenbehandlung stets den Menschen als biographisches Ganzes zu verstehen, in dem somatische, psychische sowie soziale Aspekte zu differenzieren sind, so werden wir dieser Aufgabe nur in dem Maße gerecht, in dem ein Dialog zwischen den beteiligten wissenschaftlichen Disziplinen im konkreten Falle gelingt. Dieser interdisziplinäre, besser: transdisziplinäre Dialog, der fächerübergreifend um der Ganzheitlichkeit der somatischen, psychischen und sozialen Verfaßtheit des kranken Menschen willen zu führen ist, darf sich nicht auf den kranken Menschen allein beschränken, sondern muß den Gesunden, Gesundheit, Gesundheitserhaltung und Gesundheitsförderung mit umfassen (siehe Abb. E-1). Darauf stützen sich auch die Leitlinien des Wissenschaftsrats zur Reform des medizinischen Studiums vom 3. 7. 1992. Dort heißt es – übrigens in Übereinstimmung mit sozial- und gesundheitspolitischen Empfehlungen der Weltgesundheitsorganisation (WHO): „Gesundheit und Krankheit müssen vielmehr als ein komplexes, vielfach verwobenes Gefüge verstanden werden, in dem biologische, psychologische und soziale Elemente von Gesundheit und Krankheit als gleichwertige Bedingungen der menschlichen Existenz zu begreifen sind" (Wissenschaftsrat 1992, 43). Dies hat zur Folge, daß der Arzt „die naturwissenschaftlichen Grundlagen von Krankheiten und deren psychosoziale Bedingungen verstehen" muß. Er soll „in der Lage sein, das persönliche und familiale Umfeld des Patienten zu erfassen und ihn nicht nur als Krankheitsfall zu sehen". Ferner soll er „kompetent sein für eine Beratung zu gesunder Lebensführung (Prävention) und zur Rehabilitation nach Krankheit". Seine Ausbildung soll ihn instand setzen, „die ethischen und auch die ökonomischen Konsequenzen seines ärztlichen Handelns in Diagnose und Therapie kritisch beurteilen zu können" (Wissenschaftsrat 1992, 37 f.).

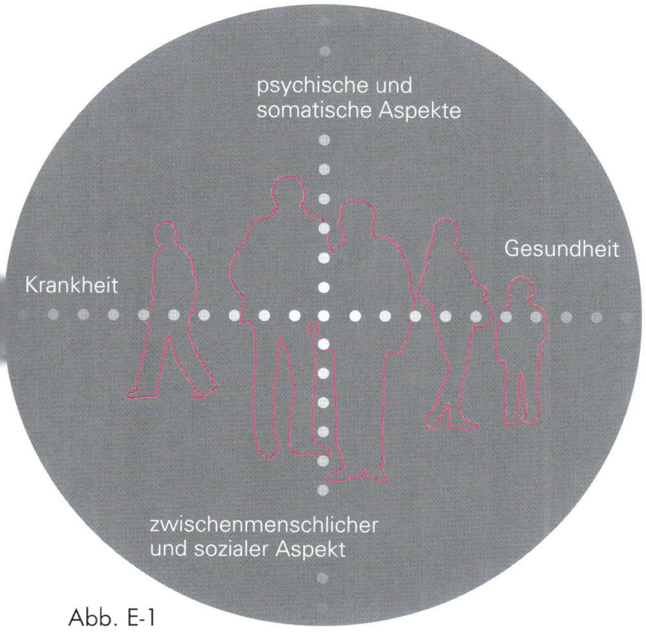

Abb. E-1

Die ärztliche Ausbildung steht mithin vor der Aufgabe, die fortschreitende Spezialisierung in den traditionellen Fächern zu vermitteln, aber zugleich auch „weitere zum ärztlichen Handeln befähigende Wissensgebiete" und Praktiken. Diese Aufgabe ist aber nicht damit zu lösen, daß man weiteren, u.a. auch prüfungsrelevanten Wissensstoff dem Curriculum hinzufügt, sondern daß man ihn unter beispielhaften Gesichtspunkten auswählt. Daher auch „ist Abschied zu nehmen von dem Bild des alles allein könnenden Arztes". „Aufgegeben werden muß die Erwartung, am Ende des Studiums könne der eigenverantwortlich und selbständig tätige Arzt stehen" – eine Auffassung, die der Wissenschaftsrat schon 1982 vertreten hat (Wissenschaftsrat 1992, 38) und die eine Konkretion fand in der Einrichtung des AiP (Arzt im Praktikum). Konsequenterweise ist Ziel der Ausbildung der „zur Weiterbildung befähigte Arzt", der ein Verantwortungsbewußtsein entwickelt hat, das ihm die Einsicht in die Grenzen seiner eigenen Kompetenz vermittelt und zugleich seine Bereitschaft zur kollegialen Zusammenarbeit gerade auch mit nichtärztlichen gesundheits- und krankheitsbezogenen Berufen und Einrichtungen stärkt.

Den soeben zusammenfassend skizzierten Zielen der ärztlichen Ausbildung und ihren Begründungen ist das vorliegende, aktuell überarbeitete Lehrbuch gewidmet, das den Leser sowohl während des Studiums als auch in Fort- und Weiterbildung begleiten soll. In Aufbau und Inhalt orientiert es sich einerseits konsequent am Gegenstandskatalog I (GK I für Medizinische Psychologie und Medizinische Soziologie) des Mainzer IMPP (Institut für Medizinische und Pharmazeutische Prüfungsfragen), inhaltlich an dem Stoff also, auf den das Mainzer Institut sich selbst hinsichtlich der schriftlichen Ärztlichen Vorprüfung (landläufig „Physikum") beschränkt hat. Trotz der strengen Bezugnahme auf den Gegenstandskatalog ist es andererseits das ausdrückliche Ziel der Herausgeber, dem Studierenden auch neuere Forschungsarbeiten zugänglich zu machen, sofern sie für die Praxis bedeutsam sind, um ihn auch dadurch für das Fachgebiet zu interessieren. Nicht zuletzt aufgrund der zahlreichen beispielhaften Bezüge zur medizinischen und ärztlichen Praxis der klinischen und ambulanten Versorgung leistet das Buch auch eine wertvolle Hilfestellung bei der Vorbereitung auf den mündlichen Teil der Ärztlichen Vorprüfung, den die medizinischen Fakultäten durchführen. Es unterstützt zudem die Praktika der Berufsfelderkundung und der Einführung in die klinische Medizin.

Querverweise stellen einen engeren Zusammenhang zwischen den Kapiteln her und verringern Redundanzen. Zu den einzelnen Kapiteln wurden darüber hinaus Studienfragen entwickelt mit Verweisen auf die Textstellen, in denen diese Fragen beantwortet werden.

Die Herausgeber haben nicht an ein Buch gedacht, das mit Abschluß eines Studienabschnitts am besten auf die Seite gelegt werden kann, sondern eher an eines, das sinnvollerweise das ganze Studium begleiten sollte. Insofern ist es unser Anliegen, die Trennung zwischen vorklinischem Ausbildungsteil und den klinischen Ausbildungsabschnitten zumindest teilweise zu überwinden bzw. Tendenzen zur Auflösung dieser Trennung zu entsprechen, für die der Wissenschaftsrat gerade Leitlinien veröffentlicht hat.

Unser Buch wendet sich nicht nur an Studenten der Humanmedizin; es dient ebenso zur Unterstützung moderner ärztlicher Fort- und Weiterbildung, wie auch der Aus- und Weiterbildung von Pflegepersonal, von Sozialarbeitern und Sozialpädagogen, von Psychologen, Soziologen und Wirtschaftswissenschaftlern, die im Gesundheitswesen tätig sind.

Die Herausgeber

Lit.: Wissenschaftsrat (Hg.): Leitlinien zur Reform des Studiums, Köln 1992

1 Methodische Grundlagen

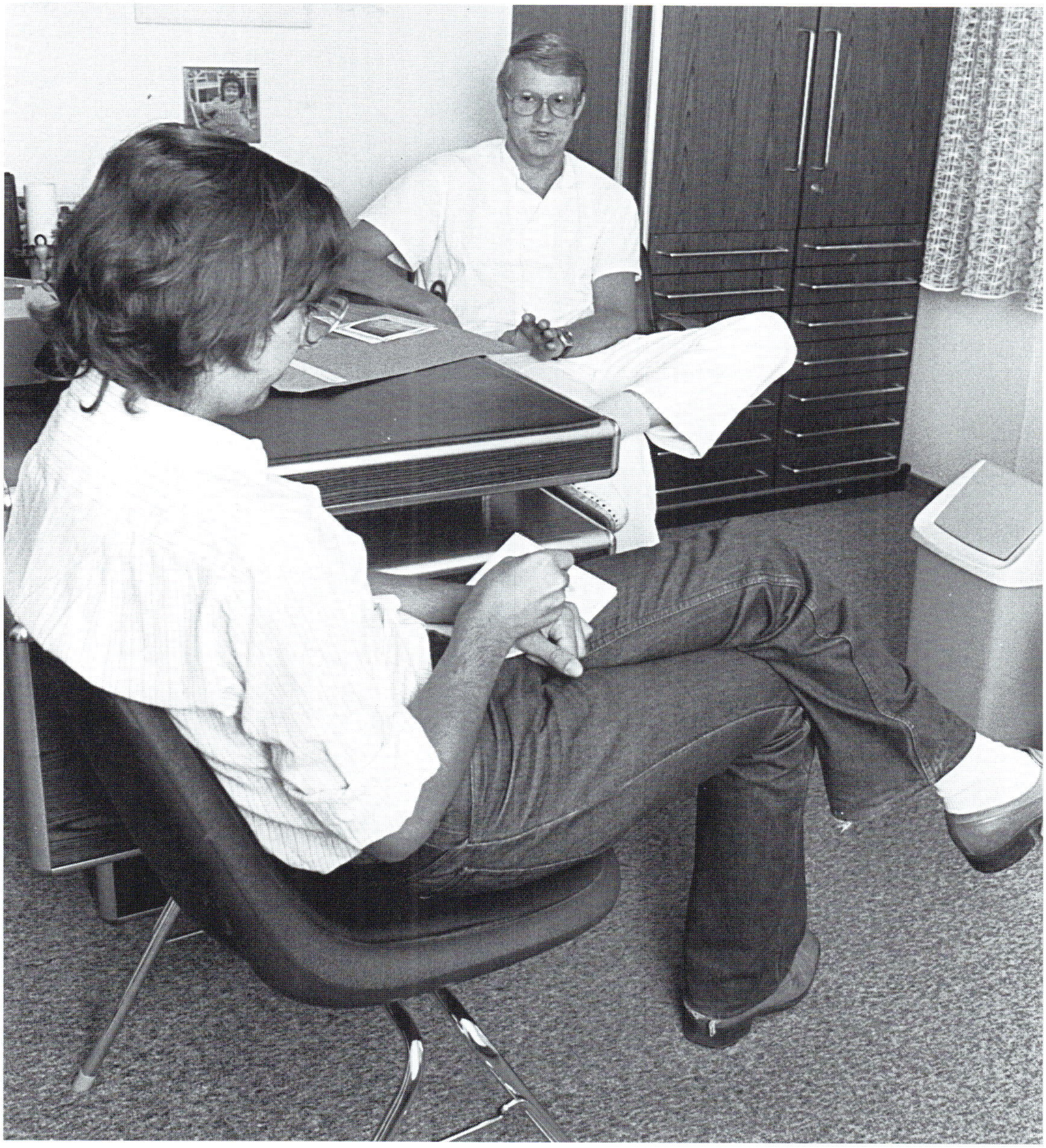

Inhalt

1 Methodische Grundlagen

1.1 Verhaltens- und Selbstbeurteilung

Rolf Buschmann-Steinhage

Beobachtung und Beurteilung

Wollen Ärzte Menschen helfen, die als Patienten zu ihnen kommen, so brauchen sie Informationen über Beschwerden, Befinden und die Körperfunktionen der Betreffenden sowie über andere Anhaltspunkte, die zur Diagnosestellung und Einleitung einer geeigneten Therapie erforderlich sind. Dabei sind sie in hohem Grade auf Aussagen der Patienten über sich selbst (Selbstbeurteilung) und auf ihre Beobachtungen an den Patienten (Fremdbeobachtung) angewiesen.

Beobachtung ist eine besondere Art des Wahrnehmens: „Die absichtliche, aufmerksam-selektive Art des Wahrnehmens, die ganz bestimmte Aspekte auf Kosten der Bestimmtheit von anderen beachtet, nennen wir Beobachtung. Gegenüber dem üblichen Wahrnehmen ist das beobachtende Verhalten planvoller, selektiver, von einer Suchhaltung bestimmt und von vornherein auf die Möglichkeit der Auswertung des Beobachteten im Sinne der übergreifenden Absicht gerichtet [1]."

Die Begriffe Beobachtung und Beurteilung überschneiden sich in ihrem Bedeutungsfeld. Will man zwischen Beobachtung und Beurteilung unterscheiden, so meint Beobachtung ein Urteilen darüber, ob ein bestimmter Sachverhalt (z.B. ein Symptom) gegenwärtig vorliegt oder nicht. **Beurteilung** verlangt eine Einschätzung, wie stark ausgeprägt ein bestimmter Sachverhalt ist, wobei die möglichen Ausprägungsgrade als Kategorien vorgegeben sein können, aber nicht müssen. Um eine Beurteilung handelt es sich auch, wenn ein Sachverhalt (wie z.B. Angst) nicht unmittelbar wahrgenommen werden kann, sondern aus bestimmten Anzeichen erschlossen werden muß.

> Beispiel: Händezittern beim Erheben der Anamnese:
> Zittern die Hände? ja/nein – das ist eine Beobachtung.
> Wie stark zittern die Hände? oder: Wie stark belastet den Patienten das Zittern? stark/mäßig/schwach/nicht – hier handelt es sich um Beurteilungen.

Im folgenden Text werden die beiden Begriffe – wenn nicht anders angegeben – synonym verwendet, da die meisten Aussagen sowohl auf Beobachtungs- als auch auf Beurteilungsprozesse zutreffen.

Verschiedene Formen der Beobachtung und Beurteilung

Bei der **teilnehmenden Beobachtung** sind die Beobachter gleichzeitig Teilnehmer, d.h. sie nehmen – in unterschiedlichem Ausmaß – an den sozialen Prozessen teil, denen ihre Aufmerksamkeit gilt. Wollen sie z.B. die Arbeitsabläufe auf einer Intensivstation erforschen, so sind sie als teilnehmende Beobachter bei allen Tätigkeiten dort anwesend und wirken u.U. bei einigen medizinischen Verrichtungen auch mit [2].

Die **Fremdbeobachtung** bzw. **-beurteilung** ist dadurch gekennzeichnet, daß die Beobachter nicht mit den zu beobachtenden Menschen identisch sind und auch nicht an dem sozialen Geschehen teilnehmen, um das es geht.

> Beispiel: Ein Arzt beurteilt einen Patienten dahingehend, welche Schmerzen er hat oder ob sich sein Befinden gebessert hat oder nicht.

Bei der **Selbstbeobachtung** bzw. **-beurteilung** macht eine Person Aussagen über sich selbst, über ihr Erleben und Verhalten.

> Beispiele: „Im Rücken spüre ich einen stechenden Schmerz." Oder „Gestern ging es mir besonders schlecht."

Zu standardisierten Selbstbeurteilungsverfahren gehören z.B. Anamnesebögen für das Wartezimmer einer Arztpraxis und die (psychometrischen) Persönlichkeitstests. Innerhalb der Psychologie war es lange Zeit umstritten (heute ist es dies kaum noch), ob Selbstbeurteilung, auch Introspektion genannt, ein legitimes wissenschaftliches Verfahren darstellt [3].

In vielen ärztlichen Handlungssituationen werden sowohl Selbst- als auch Fremdbeurteilungen verwendet. Bei Anamnese und Untersuchung werden beispielsweise Aussagen der Patienten über sich selbst („seit gestern fühle ich mich so schlapp") mit Informationen aus der ärztlichen Fremdbeurteilung (die Leber ist vergrößert, der Allgemeinzustand reduziert) kombiniert, um eine Diagnose zu stellen.

Relative und absolute Beurteilungen

Bei **relativen Beurteilungsvorgängen** werden zwei oder mehr Beurteilungsgegenstände bezüglich der Ausprägung des interessierenden Merkmals verglichen. Es wird dabei immer nur beurteilt, wie stark das Merkmal bei dem einen Beobachtungsobjekt im Vergleich (d.h. relativ) zum anderen Beobachtungsobjekt ausgeprägt ist.

(Die Verwendung der fachsprachlichen Bezeichnungen Beurteilungsgegenstand und Beobachtungsobjekt soll [und darf] nicht dazu verleiten, den Patienten nur noch als Gegenstand oder Objekt medizinischer Bemühungen statt als Subjekt seines Handelns zu sehen.)

Beispiele:
- Eine Patientin soll angeben, an welcher Stelle der Druckschmerz stärker ist, „hier oder dort?" (Paarvergleich);
- eine chirurgische Abteilung eines Krankenhauses bringt die zur Operation anstehenden Patienten in eine Rangfolge bezüglich der Dringlichkeit des operativen Eingriffs (Rangreihenbildung);
- die Krankenschwestern und -pfleger einer Station werden gefragt, mit welchen der Kollegen sie am liebsten zusammen Wochenenddienst machen würden (soziometrisches Wahlverfahren).

Bei allen drei Beispielen handelt es sich um relative Beurteilungen, die damit keine Aussage über die absolute Ausprägung des erfaßten Merkmals zulassen.

Bei **absoluten Beurteilungsverfahren** soll dagegen angegeben werden, wie stark ein bestimmtes Merkmal absolut ausgeprägt ist, meistens gemessen an einem verbal definierten Maßstab.

Beispiele:
- Eine Patientin soll sagen, ob ihre Schmerzen „nicht vorhanden – schwach – mittelstark – stark – unerträglich" sind (fünfstufige Schätzskala);
- verschiedene Symptome eines Patienten (z.B. alle Beschwerden, die auf eine Lebererkrankung hinweisen können) werden aufgelistet und ihre Anzahl festgestellt (Summenwertskala);
- eine Patientin gibt das Ausmaß ihrer Einschlafschwierigkeiten durch einen Strich auf einer Linie mit den Endpunkten „nicht vorhanden" und „ich kann überhaupt nicht einschlafen" an (graphische Schätzskala).

Systematische Tendenzen bei Beobachtung und Beurteilung

Die Forschungsergebnisse der Wahrnehmungspsychologie haben gezeigt, daß es keine reine Wahrnehmung im Sinne einer fehlerfreien, quasi photographischen Abbildung der Wirklichkeit in ein innerpsychisches Abbild gibt. Alle Wahrnehmungsvorgänge werden u.a. von unseren Erwartungen, Hypothesen, Bedürfnissen, Gewohnheiten und den sozialen Beziehungen zu anderen Personen beeinflußt [4]. Urteilsfehler, die auf solche Weise durch systematische Tendenzen bei der Beobachtung entstehen, sind z.T. durch Schulung und Kontrolle vermeidbar. Unsystematischen Tendenzen, wie z.B. zufälligen Aufmerksamkeitsschwankungen, kann in aller Regel sehr viel schwerer begegnet werden. Erwähnt werden muß, daß einige der im folgenden besprochenen Beobachtungsfehler in vielen Alltagssituationen durchaus auch eine nützliche (z.B. die Entscheidung oder Orientierung beschleunigende) Funktion haben können.

Halo-Effekt

(halo, engl. = Heiligenschein, Hof um den Mond [5])

Vor allem der erste, oft besonders ins Auge fallende und meist recht unkontrollierte Eindruck des Beobachters beeinflußt die gesamte Beurteilung.

Beispiel: Eine Ärztin unterschätzt die Intensität der Beschwerden eines Patienten, der gerade braungebrannt aus einem Urlaub zurückgekehrt ist, weil dieser Mann für sie auf den ersten Blick einen gesunden Eindruck macht.

Kontrastfehler

Der wahrgenommene Unterschied (Kontrast) zwischen zwei Beurteilungsgegenständen kann zu einem Beurteilungsfehler führen [6].

Beispiele:
- Ein Arzt wird die sehr zurückhaltend geäußerten Beschwerden eines Patienten dann eher überhören, wenn er kurz zuvor einen Patienten behandelt hat, der seine Schmerzen sehr vehement dargestellt hat.
- Beurteiler, die selbst eher vorsichtig sind, werden andere Menschen eher als leichtsinnig bezeichnen, als Beurteiler, die selbst dazu neigen, relativ unvorsichtig zu sein.

Im ersten Beispiel handelt es sich um einen Kontrasteffekt aus Unterschieden zwischen zwei Beurteilungsgegenständen, im zweiten Fall aus einem Unterschied zwischen Beurteiler und zu Beurteilendem.

Projektionsfehler

Beurteiler schreiben manchmal Probanden eine Eigenschaft zu (d.h. sie projizieren sie auf diese), welche die Probanden in Wirklichkeit nicht oder zumindest nicht so ausgeprägt zeigen, welche dafür aber auf die Beurteiler selbst zutrifft (was diesen allerdings meist nicht bewußt ist) [7, 8].

Beispiel: Eine Ärztin fühlt sich, ohne sich dies so recht einzugestehen, arbeitsmäßig überlastet. Sie behandelt einen ärztlichen Kollegen und geht (in diesem Falle fälschlicherweise) bei ihren diagnostischen Überlegungen von dessen beruflicher Überlastung aus.

Mildefehler

Beim Mildefehler erfolgt die Beurteilung unangemessen milde, d.h. abwertende Urteile werden auf jeden Fall vermieden und statt dessen nur positive Aussagen gemacht [9]. Dies tritt häufiger auf bei Personen, die dem Beurteiler sympathisch sind, oder wenn die milden Beurteilungen sozial erwünscht sind.

Beispiel: Es dürfte einem Arzt schwerfallen, über eine sehr beliebte Krankenschwester seiner Station eine negative fachliche Beurteilung abzugeben.

Versucht man, dem Mildefehler bewußt entgegenzusteuern, läuft man Gefahr, im Gegenzug übertrieben strenge Beurteilungen zu treffen.

Tendenz zur Bevorzugung mittlerer Skalenstufen
(Fehler der zentralen Tendenz [10])

Manche Beurteiler scheuen vor extremen Urteilen (seien es positive oder negative) zurück. Sie vermeiden deshalb extreme Skalenstufen und bevorzugen mittlere. Verstärkt wird diese Tendenz, wenn Beurteiler sich gezwungen sehen, eine Frage zu beantworten, obwohl sie nicht genügend Informationen besitzen. Sie wählen dann oft **mittlere** und damit meist informationsarme Aussagen.

Beispiel: Eine Gutachterin ist aufgefordert, sich zur Frage der Rehabilitationsaussichten für einen bestimmten Patienten zu äußern, obwohl der medizinische Wissensstand eine Beantwortung der Frage eigentlich nicht zuläßt. Ihre Antwort könnte dann lauten: „Eine Rehabilitation dürfte daher durchaus gewisse Erfolgsaussichten bieten."

Logischer Fehler

Aufgrund ihrer Hypothesen über den inhaltlichen Zusammenhang zwischen verschiedenen Phänomenen erschließen Beurteiler manchmal Sachverhalte früher, als sie wirklich zu beobachten sind [11].

Beispiel: Ein Arzt geht davon aus, daß korpulente Menschen meistens gesellig und unzuverlässig sind. Trifft er auf einen Patienten mit beträchtlichem Übergewicht, wird er ihn leicht (und gegebenenfalls unzutreffend) als wenig zuverlässig, z.B. bezüglich der Einnahme verordneter Medikamente, und sehr gesellig beurteilen, ohne jemals entsprechende Verhaltensweisen des Patienten beobachtet zu haben.

Reihenfolge-Effekte

Werden mehrere Einzelbeobachtungen zu einem Gesamteindruck integriert, so bestimmt oft die erste Beobachtung, d.h. der erste Eindruck **(Primacy-Effekt)**, und manchmal die letzte Beobachtung **(Recency-Effekt)** das Gesamturteil besonders stark [12]. Der Primacy-Effekt tritt insbesondere dann ein, wenn sich zeitlich unmittelbar aufeinanderfolgende Informationen aus ein und derselben Informationsquelle widersprechen (vgl. Halo-Effekt). Beim Recency-Effekt ist der Ärztin beispielsweise das Wissen über den Verlauf früherer Erkrankungen eines Patienten weniger präsent als die Beobachtungen zur jetzt vorliegenden Krankheit. Auf solche Recency-Effekte stößt man häufiger, wenn die sich widersprechenden Beurteilungen aus verschiedenen Quellen stammen oder zeitlich auseinanderliegen [13].

Reaktivität

Unter Reaktivität versteht man die Beeinflussung des Beurteilungsobjekts durch die Beobachtung selbst. Oft verändert schon allein das Wissen um das Beobachtetwerden das Verhalten und Befinden von Menschen, die Gegenstand der Beobachtung sind.

Beispiel: Der vom Arzt gemessene Blutdruck ist künstlich erhöht, da der Patient angesichts des Arztbesuches aufgeregt ist.

Rosenthal-Effekt

Beim Rosenthal-Effekt [14] handelt es sich um einen sozialpsychologischen Beeinflussungsmechanismus (als Sonderfall der Reaktivität).

Beispiele:
- Ein Lehrer, dem man mitteilt, fünf (in Wirklichkeit per Zufall ausgewählte) Schüler seien besonders intelligent, behandelt diese fünf in irgendeiner Weise anders als die übrigen Schüler, so daß die ausgewählten Schüler nach einiger Zeit tatsächlich bessere Schulleistungen erbringen.
- Im medizinischen Bereich ließe sich folgendes Beispiel analog als Rosenthal-Effekt bezeichnen: Eine Ärztin beeinflußt eine Patientin, von deren Heilungsaussichten sie besonders überzeugt ist, mit ihrem Optimismus derart, daß diese tatsächlich schneller gesundet als ein anderer Patient, der objektiv die gleichen Heilungsaussichten hat.

Antworttendenzen bei der Selbstbeurteilung

Bei der Selbstbeurteilung treten – verglichen mit der Fremdbeobachtung – einige Besonderheiten auf, hervorgerufen durch den Umstand, daß Beurteiler und Beurteilungsgegenstand identisch sind. Neben den Abwehrmechanismen (s. Kap. 3.2.2) beeinflussen vor allem folgende Patientenmerkmale und Antworttendenzen die Selbstbeurteilung:

Symptomtoleranz

Frauen scheinen bestehende Beschwerden dem Arzt eher anzugeben als Männer; diese ertragen Gesundheitsstörungen offenbar länger, ehe sie ärztliche Hilfe in Anspruch nehmen [15]. Auch Angehörige verschiedener Kulturkreise unterscheiden sich in dieser Hinsicht. Bei Patienten mit hoher Symptomtoleranz laufen Ärzte Gefahr, die Intensität von Schmerzen und die Belastung der Patienten durch ihre Erkrankung zu unterschätzen (und vice versa).

Mitteilungsfähigkeit (Sprachbarrieren)

Kinder sind zur adäquaten Beschreibung ihrer Beschwerden oft (noch) nicht in der Lage; Ausländern fällt es nicht selten schwer, Ärzten ihre Probleme in einer für sie fremden Sprache zu schildern. Ähnlich kann es auch erwachsenen Patienten ergehen, wenn sich die medizinische Fach- und private Umgangssprache des Arztes auf der einen Seite und die Alltagssprache der Patienten auf der anderen allzusehr unterscheiden. Sind die Kommunikationspartner nicht willens oder nicht in der Lage, das Nicht-Verstehen des anderen anzusprechen, so können solche Sprachbarrieren meist nicht aufgehoben werden.

Mitteilungsbereitschaft

Patienten, die sagen **könnten,** was für den Arzt von Bedeutung ist, **wollen** bestimmte Dinge vielleicht nicht aussprechen; es fehlt dann die Mitteilungsbereitschaft.

Beispielsweise mag ein Patient nicht bereit sein, der Ärztin zu offenbaren, daß er sich an deren Anordnungen nicht gehalten hat, weil er sich deren Unwillen (den er befürchtet) nicht zuziehen will. Oder er berichtet nicht von seinen sexuellen Schwierigkeiten, weil er sich ihrer schämt oder sie für irrelevant hält.

Hier ist es Aufgabe der Ärzte, mittels geeigneter Gestaltung der Arzt-Patient-Beziehung und der Gesprächsführung solche Gründe für das Verschweigen möglicherweise sehr bedeutsamer Sachverhalte weitestgehend abzubauen.

Simulation und Dissimulation

Es gibt sowohl Patienten, die bewußt Beschwerden und Symptome angeben, die gar nicht oder nicht in dieser Intensität existieren (Simulation), als auch Patienten, welche das Bestehen von Beschwerden oder deren Ausmaß leugnen (Dissimulation). Die ersteren wollen vielleicht über eine Arbeitsunfähigkeitsbescheinigung bestimmte Vorteile erlangen, die anderen fürchten möglicherweise die Krankschreibung aus Angst vor dem Verlust ihres Arbeitsplatzes. Auch bei sozial unerwünschten Erkrankungen und Problemen ist besonders mit Dissimulation zu rechnen. So bestreiten z.B. viele Alkoholabhängige Beschwerden wie Kontrollverlust, Gedächtnislücken und Entzugserscheinungen.

Soziale Erwünschtheit

Den meisten Patienten fällt es leichter, solche Beschwerden zu schildern bzw. Verhaltensweisen zu beschreiben, die gesellschaftlich akzeptiert sind (vgl. Dissimulation) und/oder deren Mitteilung sozial erwünscht ist. Die Patienten werden sich dabei insbesondere auch nach den (von ihnen vermuteten) Erwartungen der Ärzte richten. Diese können ihnen z.B. den Eindruck vermitteln, sie hätten es eilig und sie wollten deshalb nur das Notwendigste erfahren. Hierdurch können ihnen wesentliche Hintergründe für das Befinden der Patienten und ihre Erkrankung verlorengehen.

Validierung von Anamnese- und Persönlichkeitsfragebögen

Will man mit Hilfe eines Fragebogens etwas über die Eigenschaften eines Menschen erfahren, die man nicht einfach beobachten kann, stellt sich die (entscheidende) Frage, ob durch den Fragebogen wirklich das erfaßt wird, was erfaßt werden soll. Es geht dabei also um die **Validität** oder Gültigkeit des Erhebungsinstruments. Soll z.B. ein Anamnesebogen (den die Patienten ausfüllen) dahingehend überprüft werden, ob er dem Arzt zutreffende Informationen vermittelt, so müssen die Ergebnisse aus diesem Fragebogen mit anderen Informationen (als Kriterien) verglichen werden. Als Kriterien, die allerdings auch nicht 100prozentig verläßlich sind, kommen in diesem Fall in Betracht:

- die vom Arzt persönlich erhobene Anamnese;
- entsprechende Informationen aus der Fremdanamnese;
- solche (z.B. laborchemische) Untersuchungsbefunde, mit deren Hilfe die Richtigkeit der Informationen aus dem Anamnesefragebogen festgestellt werden kann.

Für die Validität einer Beurteilung ist die **Reliabilität** (Zuverlässigkeit) derselben eine notwendige Voraussetzung. Die Frage nach der Reliabilität von Beobachtung kann nicht allgemein, sondern nur speziell für einzelne Beobachtungsverfahren unter bestimmten Bedingungen (Beurteiler, Erhebungssituation, Probanden) beantwortet werden. Empirische Untersuchungen liefern dementsprechend ganz unterschiedliche Ergebnisse [4].

Schlußbemerkung

Die vorangegangenen Ausführungen haben ihre Aufgabe erfüllt, wenn der Leser/die Leserin seinen/ihren Beobachtungen und Beurteilungen nicht (mehr) blindlings vertraut, sondern eingedenk der geschilderten Einflußfaktoren und Fehlermöglichkeiten versucht, die Güte der Beobachtung bzw. Beurteilung zu verbessern:

- durch Schulung und Übung,
- durch Selbstreflexion („Was pflege ich oft zu übersehen?“ „Wieso ärgere ich mich so sehr darüber?“),
- durch nochmaliges Hinschauen, sei es als Beobachter selbst oder mittels Vergleich mit den Urteilen bzw. Schilderungen anderer Personen.

Studienfragen

Was ist Ihrer Auffassung nach der bedeutsamste Beobachtungsfehler im ärztlichen Alltag?
(s.S.4, 5)
Was kann man tun, um Beobachtungsfehlern entgegenzuwirken?
(s.S.6)
Wieso kommt es oft zu Unterschieden zwischen der Selbst- und der Fremdbeurteilung eines Verhaltens?
(s.S.5, 6)

1.2 Interview und Befragung

Bernadette Fischl

Begriffsklärung

In der Beziehung zwischen Arzt und Patient spielen Interview und Befragung als Methoden der Datenerhebung eine besondere Rolle. Obwohl der Begriff Befragung der umfassendere ist, wird häufig differenzierend dann von **Befragung** gesprochen, wenn die interessierenden Daten schriftlich erhoben werden, und von **Interview,** wenn dies mündlich und persönlich geschieht. Im folgenden wird allerdings Befragung als Überbegriff für schriftliche und mündliche (Interview) Datenerhebung verwendet. Abzugrenzen sind weiterhin die Begriffe Exploration und Anamnese, die ebenfalls für Methoden der Datenerhebung an Patienten gebraucht werden. Es handelt sich um Sonderformen von Interviews. Die **Exploration** als allgemeine Form eines Erkundungsgesprächs dient in der Regel der Erfassung einer individuellen Lebensgeschichte. Die **Anamnese** – eine spezielle Form der Exploration – ist vom Kontext her an die Vorbereitung einer helfenden Intervention gebunden und damit eine klinische Befragungsform, die die Vorgeschichte einer gegenwärtig bestehenden, psychischen oder physischen Symptomatik zu eruieren sucht [16].

In der Medizin kommt die Befragung des Patienten äußerst selten als einziges Verfahren der Datenerhebung zur Anwendung; neben der Anamnese stehen die klinischen Untersuchungen. Bezogen auf sie liefert die Anamnese grundsätzlich zwei Arten von Informationen: solche, die durch ärztliche Befunde objektivierbar sind, sowie andere, „die sich nur im sprachvermittelten Medium darstellen lassen" [17]. In der Erhebung der letzteren liegt die besondere Aufgabe des ärztlichen Interviews. Z.B. ist der Arzt bei der Diagnostik von Schmerzen auf die Selbstauskünfte des Kranken angewiesen, die ihm dieser im Rahmen der Arzt-Patient-Beziehung zu geben bereit ist. Kennzeichnend für die ärztliche Befragung erweist sich damit folgende Konstellation: verbale, sprachvermittelte Äußerungen eines Hilfesuchenden/Kranken über sich selbst in der Interaktion mit einem Helfer/Arzt.

Damit ist das ärztliche Interview den **qualitativen (hermeneutischen) Verfahren** zuzuordnen, da die vom Patienten gelieferten Daten einer Auslegung bedürfen, d.h. eines Erkenntnisprozesses durch Verstehen und Einfühlung in den Patienten von seiten des Arztes.

Funktionen des ärztlichen Interviews

Nach der Klärung des Begriffs des ärztlichen Interviews erhebt sich nun die Frage nach dessen Stellenwert für das ärztliche Handeln: Zum einen will der Arzt im Interview vom Patienten Informationen über seine Krankheit oder sein Problem erhalten **(Informationsfunktion)**, zum anderen ein tragfähiges Vertrauensverhältnis zum Patienten mit befriedigenden Kommunikationsmöglichkeiten aufbauen **(Interaktionsfunktion)**. Außerdem sollen die erhaltenen Informationen in eine Gesamtdiagnose integriert und hieraus weitergehende diagnostische und therapeutische Maßnahmen abgeleitet werden **(Integrationsfunktion)** [18].

Der Anamnese wird neben ihrer Hauptaufgabe, der **Diagnosefindung** mit Hypothesenbildung und -abklärung [17, 19], auch **therapeutische Funktion** zugesprochen, und zwar durch die Möglichkeit des Sich-Aussprechens im Sinne einer Katharsis [17]. Darüber hinaus hat die Anamnese auch **beratende Funktion** dadurch, daß der Informationsfluß nicht einseitig vom Patienten zum Arzt verläuft, sondern auch der Arzt Informationen weitergibt, z.B. in Form von Erklärungen.

Zur Erfüllung der genannten Funktionen bedarf es gewisser Anforderungen an ärztliche Interviews. Zur Herstellung einer Vertrauensbeziehung werden entsprechende Voraussetzungen, wie ein geeigneter Interviewstil und adäquate Befragungstechniken (s.u.), von seiten des Interviewers gefordert. Für die Anamnese als diagnostisches Instrument gelten dieselben Gütekriterien wie für alle diagnostischen Verfahren, also Objektivität, Reliabilität und Validität (s. Kap. 1.3).

Einflußfaktoren anamnestischer Daten

Die Güte anamnestischer Daten kann durch Faktoren beeinträchtigt werden, die sich folgenden **Quellen** zuordnen lassen: dem Interviewer, dem Befragten und der Anamnese-Situation [19].

Mögliche, vom **Interviewer** ausgehende Störfaktoren liegen in seiner Person, in dem von ihm gewählten Umgang mit dem Befragten und in der Art, in der er die Aufzeichnung und Auswertung der Daten vornimmt. Der Interviewer selbst wird wiederum geprägt durch seine soziale Rolle, seine Einstellungen, Erwartungen, seine Sprache [20], seine Erfahrung und sein Vertrauen in eigene Fähigkeiten [21], auch sein Geschlecht sowie seine physische Attraktivität [22] können sich auf die Erfassung der Daten auswirken.

Auf seiten des **Befragten** werden die anamnestischen Daten (z.B. Symptome) vornehmlich beeinflußt durch Wahrnehmungs-, Interpretations- und Beurteilungstendenzen. Außerdem spielt das Erinnerungs- und Wiedergabevermögen des Befragten eine wichtige Rolle bei der Erfassung vergangener Ereignisse. Das Antwortverhalten des Befragten ist nicht nur abhängig vom Antworten-Wollen, sondern auch vom Antworten-Können – und dies wiederum wird außer durch persönlichkeitsbedingte Faktoren, z.B. die Schüchternheit eines Patienten, vor allem auch durch sozialpsychologische Bedingungen bestimmt, z.B. die während seines Sozilisationsprozesses geprägte Wahrnehmung von Autoritäten [17].

Die **Anamnese-Situation** ist – abgesehen von äußeren Bedingungen – hauptsächlich dadurch gekennzeichnet, daß

- es sich um ein soziales Geschehen handelt,
- wechselseitige Interaktions- und Kommunikationsabläufe stattfinden,
- beide Gesprächspartner bereits Voreinstellungen und Erwartungen mitbringen, jedoch auch im Interview selbst als einer Lernsituation Veränderungsprozessen unterworfen sind [17, 23].

Beispiel: Ein Patient kann etwa aufgrund bestimmter Äußerungen oder Fragen des Arztes den Eindruck gewinnen, daß dieser psychische Probleme nicht sonderlich ernst nimmt, und seine Symptomschilderung entsprechend in Richtung somatischer Symptome ändern, also letztere besonders zu betonen lernen. – Umgekehrt könnte ein Arzt aber auch durch das Verhalten eines Patienten für psychische Vorgänge sensibilisiert werden.

In diesem Zusammenhang sei auf die Bedeutung non-verbaler kommunikativer Aspekte der Interview-Situation aufmerksam gemacht, die an anderer Stelle behandelt werden [24].

Beispiel: Bereits die vorgebeugte, Konzentration und Aufmerksamkeit signalisierende Körperhaltung eines Arztes kann Patienten ermuntern, umfangreiche Informationen über sich zu geben – obgleich dieser Arzt vielleicht kaum ausdrücklich Fragen stellt. Ebenso ist denkbar, daß ein Patient trotz zahlreicher Fragen des Arztes durch dessen ihm abgewandtes Gesicht veranlaßt wird, sich bei seinen Ausführungen zurückzuhalten, sich nicht aufzudrängen.

Viele der genannten Einflußgrößen (eine weit ausführlichere Auflistung findet man in [23]) lassen sich nicht gänzlich ausschalten; es kommt allerdings darauf an, sie zu identifizieren und bei der Interpretation der anamnestischen Informationen zu berücksichtigen.

Interviewstile

Der Interviewstil ist eine der Variablen, die entscheidend die Qualität anamnestischer Daten mitbestimmen können. Folgende Interviewstile sind in der Literatur beschrieben:

Der **direktive** Interviewstil ist dadurch gekennzeichnet, daß die Gesprächsführung deutlich vom Arzt ausgeht. Er legt durch gezielte Fragen die Inhalte des Interviews fest und steuert seinen Ablauf, z.B. durch Unterbrechungen, Nachfragen, Wertungen. In der heutigen deutschen Praxis überwiegt dieser direktive Befragungsmodus [25].

Demgegenüber verhält sich der Arzt beim **non-direktiven** Interviewstil dem Patienten gegenüber eher zurückhaltend, was seine direkte Einflußnahme auf die Inhalte und den Ablauf des Interviews betrifft. Damit ist jedoch nicht Passivität des Arztes impliziert, vielmehr wird dem Patienten bewußt ermöglicht – z.B. durch offene Fragen (s.u.) –, für ihn wichtige Sachverhalte anzusprechen und je nach ihrem subjektiven Bedeutungsgehalt auszuführen.

Beispiel: **Direktiv** geht ein Arzt dann vor, wenn er bei der Schilderung eines Krankheitsverlaufs durch den Patienten auf dessen chronologischer Darstellung besteht und den Redefluß des Patienten aus diesem Grunde immer wieder unterbricht („Wann war das genau?" „War das vor oder nach der Operation?"). – Der sich **non-direktiv** verhaltende Arzt würde die chronologisch ungeordnete Schilderung des Patienten akzeptieren, da er aus ihr gleichzeitig die subjektive Gewichtung des Krankheitsverlaufs durch den Patienten entnehmen kann.

Von geringer Relevanz in der Medizin ist eine dritte Interviewform, das **Streß-** oder **antagonistische Interview,** in dem der Befragte in einer Art Verhörsituation dazu gebracht werden soll, sich auch über tabuisierte Themen zu äußern.

Diese drei Interviewstile unterscheiden sich vor allem in ihrem Ausmaß inhaltlicher Strukturiertheit und dem Grad emotionaler Wärme, die ein Arzt zuläßt [19].

Eine zum Teil abweichende Einteilung differenziert je nach Ausmaß der vom Interviewer beanspruchten Autorität zwischen **weichen, harten** und **neutralen Interviews** [16].

Der Versuch einer Wertung dieser auch in nichtmedizinischen Anwendungsbereichen geläufigen Interviewstile muß in Anbetracht der Funktionen eines ärztlichen Interviews vorgenommen werden: Der Aufbau eines Vertrauensverhältnisses zwischen Arzt und Patient dürfte beim Streß- und dem harten Interview nur schwerlich gelingen. Es erscheint auch fraglich, ob ein neutrales Interview angemessen bzw. möglich ist, wenn gleichzeitig eine affektiv positive Arzt-Patient-Beziehung angestrebt wird. – Hinsichtlich der Informationsfunktion der Anamnese fällt es schwerer, einen Stil als den richtigeren zu benennen; hier ist es angebracht, zwischen verschiedenen Patienten (z.B. ängstlichen – nicht ängstlichen, redseligen – wortkargen), ihren Problemen (physischen, psychischen, sozialen) sowie je nach Phase des Arzt-Patient-Kontaktes (Anfangsphase, stabile Beziehung) zu differenzieren.

In einer neueren Untersuchung [26, 27] versuchte man, im medizinischen Bereich unterschiedliche Interviewstile zu charakterisieren; als Kriterium diente dabei das Ausmaß, in welchem **„tatsachen-"** und **„gefühlsorientierte"** Gesprächstechniken Verwendung fanden. Bezeichnend ist, daß diese auch bei gemeinsamem Einsatz durchaus als kompatibel, also miteinander vereinbar, anzusehen sind.

Befragungstechnik

Unabhängig davon, ob eine Befragung mündlich oder schriftlich durchgeführt wird, werden die Fragen und der Befragungsablauf zwischen den Polen offen und geschlossen angesiedelt: Die **offene** Frageform gestattet dem Befragten, frei und ohne Einschränkung durch inhaltliche und formale Auflagen zu antworten (z.B. „Wie äußern sich die Schmerzen, die Sie haben?"). Demgegenüber läßt die **geschlossene** Frageform nur bestimmte Antwortmöglichkeiten zu. Je nach deren Anzahl sind **dichotomische** mit zwei Antwortalternativen (z.B. „Treten die Schmerzen nur tagsüber oder auch nachts auf?") und **Katalogfragen** mit mehr als zwei Antwortalternativen (z.B. „Bestehen die Schmerzen seit Jahren, Monaten, Wochen oder erst seit Tagen?") zu unterscheiden. Ebenfalls zu den geschlossenen Fragen gehört die sog. **Suggestivfrage,** da dem Befragten bereits in ihrer Formulierung die Richtung der Beantwortung nahegelegt wird (z.B. „Ist es nicht so, daß sich die Schmerzen bei Belastung verstärken?").

Während der häufige Gebrauch geschlossener Fragen charakteristisch ist für direktives Vorgehen des Interviewers, wird die offene Frageform bei einem non-direktiven Interviewstil überwiegen. Immer sollte ihr Einsatz auch vom Befragungsgegenstand abhängig gemacht werden [17].

Beispiel: Das internistische Symptom Herzbeschwerden wird sich durch die ausführliche Antwort auf eine offene Frage (z.B. „Wie würden Sie diese Beschwerden beschreiben?") besser abklären lassen, während für die Erfassung des Symptoms Ödeme u.U. eine geschlossene Frage genügen kann (z.B. „Haben Sie oft dicke Beine?").

Unter den Begriff Befragungstechnik werden schließlich noch andere – bewußt eingesetzte – formale Aspekte des Interviewablaufs gefaßt, wie z.B. das Zulassen von Pausen, Unterbrechungen durch den Interviewer oder die Dauer seiner Äußerungen [19].

Bezüglich des inhaltlichen Aufbaus einer Anamnese kann hier nur auf entsprechende Lehrbücher verwiesen werden [28–30].

Standardisierung von Interviews

Mit den Bemühungen, die in medizinischen Interviews gewonnenen Informationen unabhängig von der Interviewerpersönlichkeit und der Interviewsituation zu machen – sie also zu standardisieren bzw. strukturieren –, hat man sich ausführlich beschäftigt [17, 19]. Dabei wird betont, daß sich Fragen der Standardisierung ärztlicher Interviews stets nur auf deren diagnostische Funktion beziehen können, womit bereits auch die Grenzen der Standardisierung angedeutet werden: Sie liegen dort, wo auf den individuellen Fall eines Befragten Rücksicht genommen werden muß.

Der **Standardisierungsgrad** einer Anamnese, d.h. „das mehr oder weniger ausgeprägte Vorhandensein von im voraus festgelegten Kategorien und Regeln" [19], läßt sich von **nicht standardisiert** (freies Gespräch) über **teilstandardisiert** (Interviewleitfaden) bis **standardisiert** bzw. vollstrukturiert (Fragebogen) variieren. Im einzelnen kann der anamnestische Prozeß, z.B. auf Frage- und Antwortniveau, während der Aufzeichnungs-, Auswertungs- und Interpretationsphase standardisiert werden. Im Extremfall, d.h. wenn für alle genannten Phasen Regeln aufgestellt werden, resultiert daraus die Konstruktion eines computergerechten Fragebogens mit fester Reihenfolge aller Fragen und vorgegebenen Antwortmöglichkeiten.

Selbst nach sorgfältigem Abwägen der Vor- und Nachteile einer schriftlichen Befragung [17] bleibt die vollständige Standardisierung der Anamnese in der Individualmedizin angesichts der Komplexität des Diagnosevorgangs letztendlich eine unrealistische Möglichkeit. Da vor allem der bedeutende Schritt der Datengewichtung nur durch den Arzt vorgenommen werden kann, wird für eine sinnvolle Kombination von standardisierter Befragung und freiem Gespräch plädiert [20].

Auswirkungen von Interviewformen

Zusammenfassend stellt die Tabelle 1-1 die Folgen von Befragungstechniken und -stilen sowie Standardisierungsgraden auf Arzt, Patient und Interviewergebnis dar.

„Befragung" als Lernziel

In den vorangegangenen Ausführungen sollte zum Ausdruck kommen, welche wichtigen, gleichzeitig jedoch schwierigen und problematischen Werkzeuge Interview und Befragung in der Hand des Arztes darstellen. In der medizinischen Praxis wird dieses Instrument **Interview** vielfach frappierend inkompetent angewandt [31]. Folgerichtig setzt man sich daher für eine Intensivierung von Forschung und Lehre über Probleme bei ärztlichen Interviews ein, um positiv auf die Interview-Praxis

Tabelle **1-1** Auswirkungen von Interviewformen.

Auswirkungen	Bewertung	**Interviewform direktiver Interviewstil** viele geschlossene Fragen hoher Standardisierungsgrad	Bewertung	**Interviewform non-direktiver Interviewstil** hoher Anteil offener Fragen niedriger Standardisierungsgrad
auf Arzt	+	direkte Befriedigung des Informationsbedürfnisses	+	breite Streuung der Informationen
	+	rasche, gezielte Hypothesenüberprüfung	–	zeitlicher Aufwand für exakte Problemformulierung
	–	Gefahr der diagnostischen Einengung	–	Einfluß unkontrollierter Interviewereffekte
auf Patient	+	Hilfe bei Verbalisierungsschwierigkeiten	+	Motivierung, Ermunterung zu reichhaltigen Antworten
	–	Einschränkung der Äußerungsmöglichkeiten	+	Abbau von Spannungen vor allem in der Anfangsphase
	–	Behinderung von Mitverantwortung an der Behandlung	+	Zufriedenheit mit Arzt, Interviewablauf (z. B. Stiles 1978/79)
auf Ergebnis	+	Vorteile hinsichtlich der Gütekriterien	–	mangelnde Quantifizierbarkeit und Vergleichbarkeit
	–	Problem der Bedeutungsäquivalenz der Fragen für alle Befragten bzw. für Arzt und Patient	–	Notwendigkeit der nachträglichen Kategorienbildung
			+	besondere Eignung für subjektive Interviewinhalte

einzuwirken [18]. Daß dies möglich, aber ebenso notwendig ist, bezeugt eine Reihe von Arbeiten, da praktische Interview- und Kommunikationsfertigkeiten nicht nur **er**lernt, sondern auch wieder **ver**lernt werden können [32, 33]! Zum Erlernen gibt das Buch „Arzt und Patient im Gespräch" von Geisler viele wertvolle, auf den ärztlichen Alltag abgestimmte Hinweise [34].

Studienfragen

Welchem hauptsächlichen Zweck dient die Anamneseerhebung?
(s. S. 7)
Worauf ist bei einer standardisierten Befragung zu achten?
(s. S. 9)
Wie würden Sie in einem non-direktiv geführten ärztlichen Gespräch die Symptomatik des Patienten abklären?
(s. S. 8)

1.3 Tests

Rolf Buschmann-Steinhage
und Siegfried Traxler

Einführung

Im ärztlichen Alltag gibt es viele Fragestellungen, die allein durch Gespräche oder die Kenntnisse und Erfahrungen des Arztes nicht befriedigend beantwortet werden können. Soll z. B. das Sprachvermögen eines Patienten nach einem Schlaganfall getestet werden oder will man wissen, ob nach einem Schädel-Hirn-Trauma die geistige Leistungsfähigkeit eines Patienten beeinträchtigt ist, so wird man sog. **psychologische Tests** verwenden.

Definition

„Ein Test ist ein wissenschaftliches Routineverfahren zur Untersuchung eines oder mehrerer empirisch abgrenzbarer Persönlichkeitsmerkmale mit dem Ziel einer möglichst quantitativen Aussage über den relativen Grad der individuellen Merkmalsausprägung" [35].

Aus dieser Definition lassen sich bereits wichtige Merkmale eines Tests ablesen. Die routinemäßige Durchführung verlangt, daß der Test zumindest teilweise **standardisiert** ist, d. h., daß z. B. der Aufbau des Tests (Reihenfolge der Aufgaben) und der Wortlaut der Fragen oder Anweisungen festgelegt ist. Wichtig ist auch, daß das Testergebnis keine absolute Aussage über das Merkmal macht, da es sich fast immer auf eine **Vergleichsgruppe** bezieht. Die einzelnen Testaufgaben oder Fragen werden als **Items** bezeichnet, die man oft zu Gruppen (Untertests, Testskalen) zusammenfaßt. Diese Untertests messen jeweils einen besonderen Teilbereich des zu erfassenden Merkmals (z. B. Untertest zum mathematischen Verständnis innerhalb eines Intelligenztests).

Gütekriterien eines Tests

Die klassische Testtheorie fordert von einem Test die Erfüllung von drei sog. Gütekriterien:
- Objektivität
- Reliabilität
- Validität

Die **Objektivität** fordert, daß Durchführung, Auswertung und Interpretation des Tests unabhängig von der Person des Testleiters sind. Seine Einstellungen, Gefühle, Motivationen usw. dürfen das Testergebnis nicht beeinflussen. Um eine möglichst große Objektivität zu erreichen, werden Tests standardisiert, d.h. der Ablauf des Tests, der Wortlaut von Aufgaben, Fragen und Instruktionen werden genau festgelegt, für die Auswertung werden oft Schablonen verwendet.

Die **Reliabilität** (Zuverlässigkeit) sagt aus, wie genau der Test das Merkmal erfaßt. Dies läßt sich auf verschiedene Arten kontrollieren: Die **Retest-Reliabilität** ist dann hoch, wenn der Test zu zwei unterschiedlichen Zeitpunkten bei derselben Untersuchungsgruppe zu vergleichbaren Ergebnissen führt. Unterschiede dürfen nur durch die Veränderung des Merkmals und nicht durch zufällige Einflüsse verursacht sein. Zur Bestimmung der **Paralleltest-Reliabilität** wird der Test in zwei Parallelformen derselben Stichprobe durchgeführt, und die Ergebnisse werden miteinander verglichen. Um die **Testhalbierungs-Reliabilität** (split-half-Reliabilität) zu bestimmen, teilt man den Test in zwei Hälften (z. B. gerade und ungerade numerierte Items) und wertet die Hälften unabhängig voneinander aus. Die Ergebnisse werden dann zueinander in Beziehung gesetzt und erlauben so eine Aussage, ob der Test in sich stimmig ist (interne Konsistenz).

Die **Validität** (Gültigkeit) eines Tests ist hoch, wenn der Test tatsächlich eine Aussage über das zu untersuchende Merkmal macht. Bei Intelligenztests taucht z. B. immer wieder die Frage auf, ob diese tatsächlich Intelligenz messen oder lediglich Wortflüssigkeit, Rechenfähigkeit, Gedächtnisleistung usw. Die Validität läßt sich unterschiedlich definieren: Die Übereinstimmungsvalidität setzt das Testergebnis in Bezug zu einem anderweitig (z. B. durch einen bereits bewährten Test) bestimmten Kriterium. Die Vorhersagevalidität bestimmt man bei Tests, die eine Aussage über zu erwartendes Verhalten oder Leistungen der Probanden machen. Dazu setzt man das tatsächliche Ergebnis mit dem vorhergesagten in Beziehung. Die Ergebnisse des „Medizinertests" werden z.B. mit den Studienleistungen der späteren Studenten verglichen. Übereinstimmungs- und Vorhersagevalidität werden unter dem Begriff **kriterienbezogene Validität** zusammengefaßt, da sich beide auf ein gegenwärtiges bzw. zukünftiges Kriterium (Merkmal) beziehen. Dagegen spricht man von **Inhaltsvalidität**, wenn die Testaufgaben offensichtlich für das zu untersuchende Merkmal repräsentativ sind (z.B. Tests zur Gedächtnisleistung: der Proband bekommt eine Liste von Begriffen zum Auswendiglernen und muß diese nach einer Stunde wiederholen). Eine weitere Form ist die **Konstruktvalidität.** Dabei werden theoretische Aussagen über das zu erfassende Merkmal (Zusammenhang mit anderen Merkmalen, Verteilung in einer bestimmten Gruppe, ...) in Bezug gesetzt zu den im Test tatsächlich ermittelten Ergebnissen.

Die Berechnung der Gütekriterien erfolgt mit Hilfe des Korrelationskoeffizienten. So kann man auch bestimmte Mindestwerte angeben, die ein Test erfüllen muß, um als Untersuchungsinstrument tauglich zu sein. Es wird z. B. gefordert, ein Test müsse eine perfekte Objektivität (r_O = 1,0), eine sehr große Reliabilität (r_R = 0,70–0,95) und eine möglichst hohe Validität (r_V = 0,30–0,65) besitzen [37]. Die Ansprüche an die Güte eines Tests werden besonders hoch sein, wenn:

- aufgrund des Testergebnisses folgenreiche Entscheidungen getroffen werden müssen
- der Test sehr aufwendig durchzuführen ist
- es bereits andere Testverfahren gibt, die die Gütekriterien befriedigend erfüllen.

Wichtig ist, sich die hierarchische Abhängigkeit der Gütekriterien untereinander klarzumachen. Objektivität und Reliabilität sind zwar notwendige, aber nicht hinreichende Bedingungen der Validität. Bei den multiple-choice Examen des Medizinstudiums, die ja gerade wegen ihrer hohen Objektivität und Reliabilität eingeführt wurden, läßt sich sicherlich die Frage stellen, ob auch eine ausreichende Validität besteht.

Ein Intelligenztest, bei dem der erzielte IQ auch davon abhängt, wer den Text auswertet (mangelnde Objektivität), kann nicht völlig valide sein, da der IQ dann neben der Intelligenz auch das Auswertungsverhalten des Testleiters charakterisiert. Genausowenig kann ein Intelligenztest, dessen Ergebnisse auch vom Zufall abhängen (mangelnde Reliabilität), noch valide sein.

Statistische Auswertung

Am Beginn der statistischen Auswertung steht der **Testrohwert.** Das ist z. B. die Anzahl der richtig gelösten Aufgaben oder die Zeit, die zur Erfüllung einer bestimmten Aufgabe nötig war. Wie oben bereits angedeutet, macht ein Test eine relative Aussage über das untersuchte Merkmal. Dazu muß der Rohwert erst **normiert** werden, d.h. man vergleicht ihn mit Ergebnissen einer geeigneten Bezugsgruppe. Von **Äquivalenznorm** spricht man, wenn man das individuelle Testergebnis mit der durchschnittlichen Leistung einer bestimmten Gruppe beschreibt. Ein Beispiel ist die Angabe des Intelligenzalters in den Tests von Binet und Simon: Ein Proband hat unabhängig von seinem tatsächlichen Alter das Intelligenzalter von 10 Jahren, wenn er die Aufgaben löst, die im Durchschnitt von 10jährigen Kindern erbracht werden. Diese Art der Normierung wird heute kaum mehr verwendet. Statt dessen gibt man die **Variabilitätsnorm** an. Dazu wird ein Testwert aus individuellem Testrohwert sowie Mittelwert und Streuung (Variabilität) der Rohwerte in der Vergleichsgruppe berechnet. Der Testwert wird dann auf einen vorher festgelegten Mittelwert (MW) mit festgelegter Standardabweichung (SA) bezogen:

- z-Norm (Standard-z-Werte): MW=O, SA=1
- IQ-Norm: MW=100, SA=15
- Stanine-Skala (standard nine): MW=5, SA=2

Normalerweise geht man bei diesen Standardnormen von normalverteilten Werten aus, die Rohwerte streuen also um den Mittelwert im Sinne einer Gauss-Verteilung (Abb. 1-1): 68% aller Rohwerte liegen dann in einem Intervall von zwei Standardabweichungen um den Mittelwert (z. B. IQ-Skala: Mittelwert 100±15).

Man kann ein individuelles Testergebnis auch als **Prozentrang** angeben. Daraus geht hervor, wieviel Prozent der Vergleichsgruppe einen gleich hohen bzw. einen niedrigeren Testwert erreicht haben. Bei normalverteilten Daten entspricht ein Prozentrang von 50 genau dem Mittelwert der Testwerteverteilung. Im Durchschnittsbereich der Verteilung entsprechen kleine Veränderungen im Testergebnis großen Veränderungen im Prozentrang, an den Rändern der Verteilung (den Ausläufern der Glockenkurve) ist es genau umgekehrt.

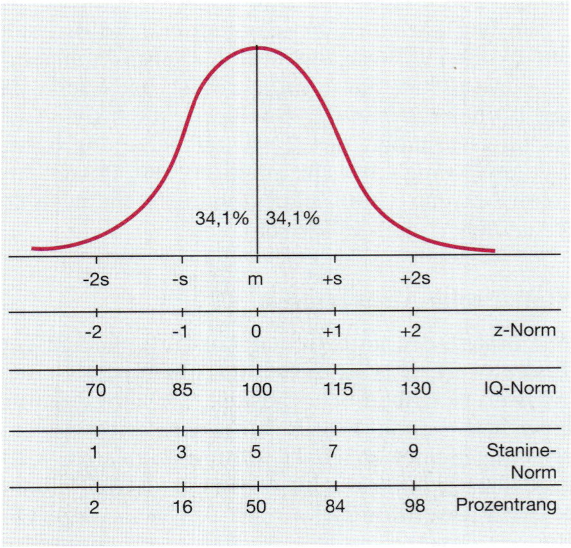

Abb. **1-1** Normalverteilung und verschiedene Normierungen.

Standardmeßfehler und Konfidenzintervall

Kein psychologischer Test ist absolut reliabel. Man kann die Ungenauigkeit des Tests aber bestimmen und angeben, mit welcher Wahrscheinlichkeit der sog. wahre Testwert in einem Intervall um den gemessenen Testwert liegt. Dazu wird zunächst der **Standardmeßfehler** berechnet, das ist der Teil der Standardabweichung, der auf die mangelnde Reliabilität zurückgeht.

$$SE = SA \times \sqrt{1 - rel}$$

mit
SE = Standardmeßfehler
SA = Standardabweichung der Testwerteverteilung
rel = Reliabilitätskoeffizient

Aus dem Testwert und dem Standardmeßfehler läßt sich dann das Konfidenzintervall berechnen. In diesem Intervall liegt mit einer festgelegten Wahrscheinlichkeit (z. B. 95%) der wahre Testwert.

$$KONF = (t - 1{,}96 \times SE,\ t + 1{,}96 \times SE)$$

mit KONF = Konfidenzintervall und t = Testwert

Beispiel: In einem Intelligenztest mit der Standardabweichung SA = 15 und einer Reliabilität von rel = 0,90 habe ein Proband einen IQ = 96 erzielt. Sein wahrer Testwert liegt dann mit einer Wahrscheinlichkeit von 95% zwichen 87 und 105. Je größer die Reliabilität eines Testverfahrens ist, desto enger sind die Konfidenzintervalle.

Verschiedene Testverfahren

Es gibt eine Fülle von psychologischen und pädagogischen Testverfahren, allein im deutschsprachigen Raum ca. 600 [38–40]. Einteilen lassen sie sich zum einen nach der Art der Durchführung (Einzel-/Gruppentest, apparativer Test/Papier-und-Bleistift-Test, ...), zum anderen nach der Art der Merkmale, die sie erfassen sollen. Im folgenden sind einige der gebräuchlichsten Testverfahren aufgelistet, unterschieden nach Leistungstests und Persönlichkeitstests:

1) Leistungstests
   - Intelligenztests
     - Hamburger-Wechsler-Intelligenztest für Erwachsene (HAWIE)
     - Intelligenz-Struktur-Test (I-S-T) von Amthauer
   - Entwicklungstests (sie sollen den [primär kognitiven] Entwicklungsstand von Kindern und Jugendlichen erfassen):
     - Kleinkinder-Test (BHKT) von Bühler und Hetzer
     - Entwicklungstests für das Schulalter (SDET) von Schenk-Danzinger

- spezielle Leistungstests, denen es um die Messung engumschriebener Aspekte der geistigen Leistungsfähigkeit geht:
  - Konzentrationsleistungstest (K-L-T) von Düker
  - Benton-Test
  - Diagnostischer Rechtschreibtest

2) Persönlichkeitstests
- Persönlichkeitsinventare, die einen Überblick über verschiedene Persönlichkeitsmerkmale liefern sollen:
  - Freiburger Persönlichkeitsinventar (FPI) von Fahrenberg et al. (Abb. 1-2b)
  - Gießen-Test (GT) von Beckmann, Richter
- Einstellungs- und Interessentests
  - Berufs- und Interessentest (BIT) von Irle
  - Frankfurter Selbstkonzeptskalen (FSKN) von Deusinger
- Klinische Testverfahren, die Fragen zu Persönlichkeitseigenschaften beantworten, die sich bei der medizinischen und/oder der psychologischen Behandlung von Patienten ergeben:
  - Beschwerden-Liste (B-L) von v. Zerssen
  - Rorschach-Test (Abb. 1-2a)
  - Problemfragebogen für Jugendliche von Süllwold und Berg

Persönlichkeitstests lassen sich nach Art der Datenerhebung unterteilen in **psychometrische Tests** und **projektive Tests.** Ein Beispiel für einen psychometrischen Test ist das Freiburger Persönlichkeitsinventar. Die Items führen zu Punktwerten, die nach Untertests (verschiedene Persönlichkeitseigenschaften) getrennt in ein Profil eingezeichnet werden (Abb. 1-2b). Ein typischer projektiver Test ist der Rorschach-Test. Dabei werden dem Probanden symmetrische Tintenkleckse (Abb. 1-2a) vorgelegt und er wird aufgefordert, frei zu sagen, was er auf dem Bild sieht. Man nimmt dabei an, daß die Probanden ihre Gefühle und Motivationen in das wenig strukturierte Bildmaterial hineinprojizieren. Die Antworten werden dann inhaltlich und formal ausgewertet und sollen so ein Bild der Persönlichkeit liefern. Objektivität, Reliabilität und Validität sind dabei oft nicht ausreichend.

Psychologische Tests in der Medizin

In den verschiedenen medizinischen Disziplinen und in der medizinischen Forschung werden psychologische Tests in steigendem Maß eingesetzt. In der medizinischen Forschung werden psychologische Tests verwendet, um Zusammenhänge zwischen psychologischen Merkmalen und der Ausbildung, dem Verlauf und der Therapie bestimmter Krankheiten aufzuklären. Die routinemäßige An-

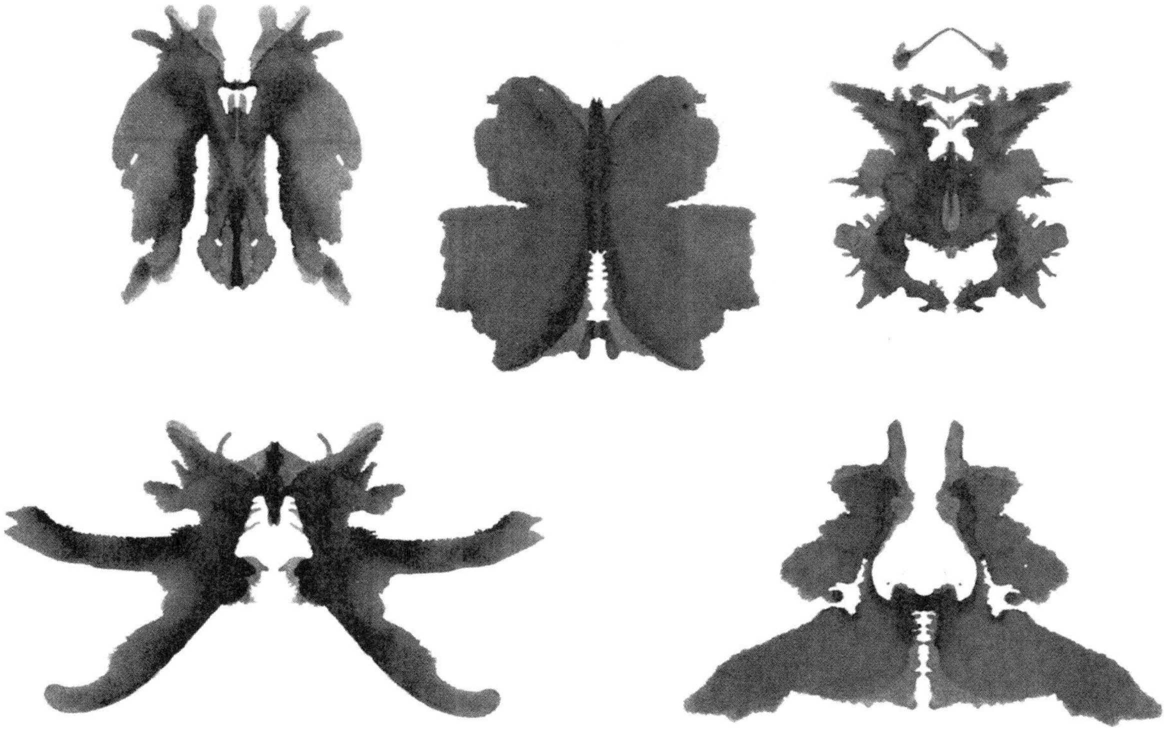

Abb. **1-2a** Rorschach-Test. Tintenflecke ähnlich den von Rorschach benutzten [41].

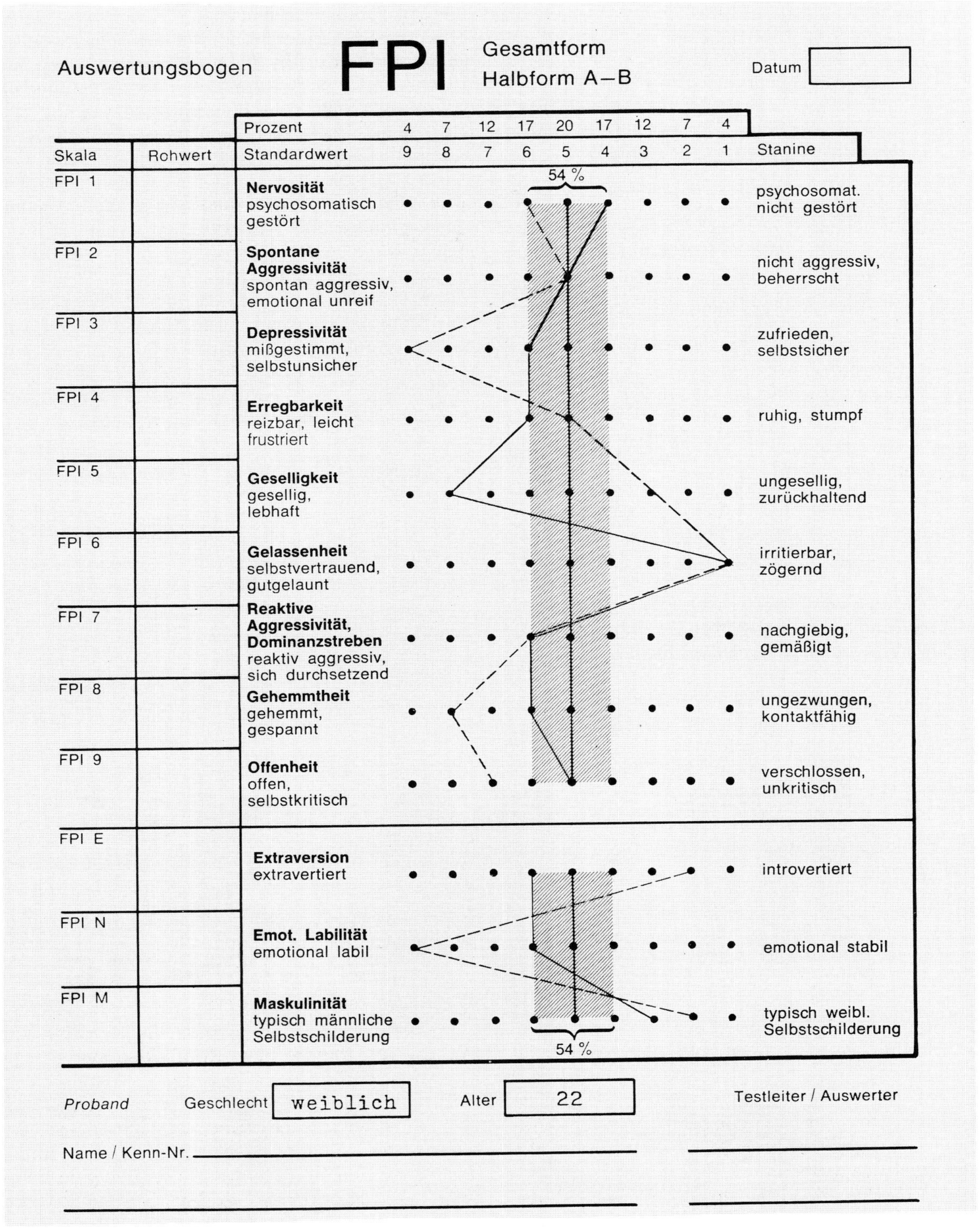

Abb. **1-2b** Testergebnisse einer Patientin mit Magersucht (Anorexia nervosa) zu Beginn (gestrichelte Linie) und am Ende eines Heilverfahrens (durchgezogene Linie) in einer psychosomatischen Klinik (mod. nach Fahrenberg, J., H. Selg, R. Hampel: Das Freiburger Persönlichkeitsinventar, FPI, Handanweisung, 3. Aufl. Hogrefe, Göttingen 1978) (mit freundlicher Reproduktionsgenehmigung des Verlages für Psychologie, Dr. C. J. Hogrefe, Göttingen).

wendung in der klinischen Praxis ist bisher auf einige wenige Fächer beschränkt:

- Neurologie: Hier steht meist die Abklärung von Funktionsausfällen im Vordergrund (z.B. die Abklärung einer Sprachstörung mit Hilfe des Aachener Aphasie-Tests).
- Psychiatrie: Bei der Differentialdiagnose von psychischen Störungen werden häufig psychologische Tests eingesetzt (z. B. Münchener Alkoholismus-Test von Feuerlein et al., Paranoid-Depressiv-Skala [PD-S] von v. Zerssen).
- Pädiatrie: Zur Feststellung und Quantifizierung von Entwicklungsstörungen stehen eine Reihe von Tests zur Verfügung (z.B. Frostigs Entwicklungstest zur visuellen Wahrnehmung [FEW], Körper-Koordinationstest für Kinder [KTK] von Kiphard und Schilling).
- Psychosomatik, Psychotherapie: Hier dienen Tests der Diagnostik und Therapiekontrolle (Fragebogen zur Abschätzung psychosomatischen Krankheitsgeschehens [FAPK] von Koch, Kieler Änderungs-sensitive Symptomliste [KASSL] von Zielke).

Für eine Reihe von Fragestellungen außerhalb der genannten Fächer stehen ebenfalls verschiedene Tests zur Verfügung. Die Krankheitsbewältigung läßt sich beispielsweise mit dem Freiburger Fragebogen zur Krankheitsbewältigung (FKV) von Muthny oder mit dem Streßverarbeitungs-Fragebogen (SVF) von Janke untersuchen. Das State-Trait-Angstinventar (STAI) von Laux et al. kann z.B. zur Ermittlung von Angst vor Operationen eingesetzt werden. Die Beurteilung von Streßsituationen (z.B. am Arbeitsplatz) mit einem Streßinventar gibt wichtige Hinweise, ob z.B. ein Streßmanagement-Programm nötig ist [44]. Nützlich wäre sicherlich ein Fragebogen zur Erfassung der sozialen Unterstützung (social support), die Patienten in ihrer Familie oder in ihrem Bekanntenkreis erfahren, oder Fragebögen, die sich mit der Einstellung zu Krankheit und Gesundheit beschäftigen.

Die Auswahl, Durchführung, Auswertung und Interpretation eines psychologischen Tests erfordert oft eine gründliche testmethodische und psychodiagnostische Ausbildung [45]. Obwohl jeder Arzt mit den Grundbegriffen der Testtheorie und Statistik vertraut sein muß, sollte er bei vielen Fragestellungen einen Diplom-Psychologen hinzuziehen. Dank weitgehender Standardisierung ist die Durchführung und Auswertung von psychologischen Tests zwar erheblich vereinfacht, die Interpretation der Ergebnisse verlangt aber oft weitergehende Kenntnisse, als sie im Rahmen eines Medizinstudiums erworben werden.

Kritik an psychologischen Tests

Die Kritik an psychologischen Testverfahren und der Testtheorie ist vielfältig. So wird z.B. die Grundannahme der Testtheorie kritisiert, ein Test messe bei allen Personen gleich reliabel. Ein weiterer Kritikpunkt ist die Scheingenauigkeit von Testergebnissen: ein Proband mit enem IQ von 108 muß nicht intelligenter sein als ein Proband mit einem IQ von 106. Kritik betrifft auch die Schwierigkeit, daß ein Test nur eine Momentaufnahme liefert und über die Veränderungsmöglichkeiten einer Person nichts aussagt. Tests erfassen hauptsächlich zeitlich überdauernde, stabile Merkmale. Schließlich wird die Verfälschbarkeit und Trainierbarkeit von Testresultaten bemängelt.

Studienfragen

Worauf muß man vor allem achten, wenn man einen Intelligenzquotienten (IQ) interpretieren will?
(s.S. 11, 12)
Wieso können Kinder und Erwachsene den gleichen IQ besitzen, obwohl sie doch ganz unterschiedlich viel wissen und können?
(s.S. 11, 12)
Woran kann man erkennen, ob ein Test „gut“ ist?
(s.S. 11)

1.4 Experiment

Hans Günter Haaf

Geleitet vom Wissenschaftsideal der Physik wurde das Experiment im Rahmen der sog. Psychophysik Mitte des letzten Jahrhunderts als eine der klassischen Forschungsmethoden der Psychologie entwickelt und eingesetzt (u.a. durch Fechner, v. Helmholtz, Müller, Weber, Wundt). Als herausragendes Datum dieser historischen Entwicklung wird allgemein die Gründung des ersten psychologischen Instituts bzw. Laboratoriums durch Wilhelm Wundt in Leipzig (1879) angesehen [51, 52].

Im psychologischen Experiment werden zur Prüfung von Kausal- bzw. Konditionalhypothesen unter kontrollierten Bedingungen bestimmte Erlebens- und/oder Verhaltensreaktionen durch spezifische Reize ausgelöst und beobachtet bzw. gemessen. In der Medizinischen Psychologie findet das Experiment u. a. Anwendung in der Psychopharmakologie, Psychophysiologie und Psychosomatik.

Grundprinzipien

Wundt charakterisierte das psychologische Experiment durch die Merkmals-Trias **Willkürlichkeit, Wiederholbarkeit** und **Variierbarkeit** [53]. Willkürlichkeit bedeutet die absichtliche und planmäßige Auslösung bestimmter Erlebens- und/oder Verhaltensreaktionen unter kontrollierten Rahmenbedingungen, zu denen u.a. die Auswahl von Versuchspersonen (Vpn), sowie Ort und Zeitpunkt des Experiments gehören. Die willkürliche Erzeugung der experimentellen Situation impliziert deren beliebige Wiederholbarkeit. Dem stehen in der psychologischen Forschung u. a. Lern- und Übungseffekte entgegen, die es oft unmöglich machen, ein Experiment mit den gleichen Vpn zu wiederholen. Das Kriterium der Wiederholbarkeit muß deshalb auf die prinzipielle Replizierbarkeit mit Vpn aus der statistisch gleichen Population eingeschränkt werden. Die willkürliche Herstellung der experimentellen Bedingungen eröffnet dem Wissenschaftler die Möglichkeit, gezielt Variablen zu verändern und die Effekte dieser Variation systematisch zu beobachten. Andere potentiell störende Einflußfaktoren (z.B. Tageszeit, Raumtemperatur) müssen dagegen konstant gehalten werden (Prinzip der isolierenden Variation).

Von der Fragestellung zum Versuchsplan

Oft wird das Experiment (s. Abb. 1-3) zur Generierung von differenzierteren Hypothesen in noch wenig erforschten Problembereichen eingesetzt. Man spricht dann von Erkundungsexperimenten oder Pilotstudien. Typischerweise jedoch dient das Experiment der Entscheidung über die Richtigkeit von wissenschaftlichen Hypothesen und damit der Stützung bzw. Falsifikation einer Theorie, aus der sie abgeleitet wurden (Entscheidungsexperiment).

Die Bedingung, die variiert bzw. manipuliert wird, nennt man die **Unabhängige Variable (UV).** In einem Experiment zum Alkoholeinfluß auf die Fahrtüchtigkeit könnte die UV beispielsweise in der Gabe von unterschiedlichen Alkoholmengen an verschiedene Versuchspersonengruppen bestehen. Das Ergebnis, welches als Folge der Manipulation der UV beobachtet wird, heißt **Abhängige Variable (AV).** Die Messung der AV kann auf den Ebenen *Erleben* (z.B. Gefühl des Alkoholisiertseins) und/oder *Verhalten* bzw. *Leistung* (z.B. Anzahl der Fehler bei einer Fahrsimulation) erfolgen.

Die Zuordnung der in der Hypothese verwendeten Begriffe zu empirisch meßbaren Variablen wird als **Operationalisierung** bezeichnet. In dem erwähnten Experiment wird der Alkoholeinfluß (AV) durch die unterschiedlichen Alkoholgaben und die daraus resultierende Beeinträchtigung durch die Anzahl der Fehler bei der Fahrsimulation operationalisiert.

Ziel der Operationalisierung und der Versuchsplanung ist es, die experimentellen Bedingungen so zu wählen, daß die Effekte der UV **max**imiert werden, der Einfluß systematischer Störvariablen auf die AV **kon**trolliert und deren unsystematische Zufallsvariation **min**imiert wird. Diese Vorgehensweise wird auch als **Max-kon-Min-Prinzip** bezeichnet [54].

Die Operationalisierung stellt ein entscheidendes Problem des Experimentierens dar. Die Umsetzung der theoretischen Begriffe in Forschungsoperationen ist weder eindeutig, noch ist ihre Güte ausreichend bestimmbar. Ein Kriterium für die Wahl einer bestimmten Operationalisierung kann in dem Ausmaß der Generalisierbarkeit der experimentellen Ergebnisse gesehen werden und damit in der Beantwortung der Frage nach der Übertragbarkeit der (Labor-)Befunde auf andere Situationen und Bedingungen **(externe Validität).**

Der kausale Schluß von der UV auf die AV setzt nicht voraus, daß Aussagen über die psychischen bzw. physiologischen Vorgänge im Organismus der Vp gemacht werden können. Diese Prozesse werden auch als **intervenierende Variablen** bezeichnet [55]. Insbesondere die psychischen Prozesse, die während des Experimentes für die Reaktion der Vp verantwortlich sind, können nicht direkt beobachtet werden. Die beobachtete AV ist meist nur ein indirekter Ausdruck der intervenierenden Variablen. In dem beschriebenen Experiment könnte bei den alkoholisierten Vpn die Wahrnehmung der beeinträchtigten Leistungsfähigkeit zu einer erhöhten Anspannung führen, so daß bei niedriger Alkoholgabe kein Unterschied in der Leistung gegenüber nichtalkoholisierten Vpn feststellbar wäre. Als intervenierende Variable hätte somit die reaktive Anspannungssteigerung zu einer Abschwächung der Wirkung der UV (Alkoholgabe) geführt. Durch die als AV gemessene Fehlerrate wären die Unterschiede der psychischen Verarbeitung in den beiden Experimentalgruppen nicht erkennbar.

Fehlerkontrolle im Experiment

Kann die Variation der AV mit großer Sicherheit eindeutig auf die Manipulation der UV zurückgeführt werden, spricht man von einem hohen Maß **interner Validität** des Experiments. Die Eindeutigkeit der Beziehung zwischen UV und AV ist jedoch in jedem Experiment durch sog. Störvariablen gefährdet, welche entweder die experimentellen Effekte reduzieren oder gemeinsam mit der UV (Konfundierung) – im Extremfall sogar alleine – die Veränderungen der AV verursachen.

Man unterscheidet systematische und unsystematische bzw. zufällige Fehlerquellen im Experiment. Die **zufälligen Fehler** ergeben sich aus der natürlichen Variabilität der Reaktionen der Vpn. Unsystematische Unterschiede sind sowohl zwischen verschiedenen Personen in der gleichen Situation (interindividuelle Varianz) als auch von der gleichen Person bei mehrmaliger Messung (intraindividuelle Varianz) zu erwarten. **Systematische Fehler** ergeben sich aus mehr oder minder vermeidbaren Schwächen des jeweiligen Untersuchungsdesigns.

In der experimentellen Methodologie wurde eine Vielzahl von Techniken zur Kontrolle der Fehlerquellen entwickelt. Ohne die Kontrolle von möglichen Störgrößen ist die interne Validität des Experimentes eingeschränkt; die gemessenen Effekte können nicht eindeutig im Sinne der zu prüfenden Hypothese interpretiert werden, da verschiedene Alternativerklärungen nicht ausgeschlossen werden können. Entsprechend der zugehörigen Kontrolltechniken können die Störvariablen prinzipiell wie folgt gruppiert werden: Vpn-Effekte, Effekte der experimentellen Situation und Effekte des experimentellen Designs.

Bei der Kontrolle der **Vpn-Effekte** ist zu beachten, daß jede Vp bestimmte Eigenschaften in das Experiment einbringt (z.B. Alter, Geschlecht, Ängstlichkeit oder Körpergewicht). Von manchen dieser Merkmale kann ein Einfluß auf die AV angenommen werden. Beispielsweise beeinflußt das Alter die Leistung am Fahrsimulator. Zur Kontrolle dieser ungewollten Einflußfaktoren bieten sich zwei Techniken an: Parallelisierung und Randomisierung der Vpn-Gruppe. Bei der **Parallelisierung** besteht der erste Schritt in der Erfassung des potentiell „störenden" Personenmerkmals, daraufhin wird eine Gleichverteilung der Vpn hinsichtlich der Störvariablen in den Versuchsgruppen angestrebt. Bei der **Randomisierung** wird versucht, dies durch eine zufällige Aufteilung der Vpn in die Gruppen zu erreichen. Insbesondere bei kleinen Stichproben besteht dennoch die Gefahr der Bildung von Extremgruppen in bezug auf eine oder mehrere Störvariablen.

Die experimentelle Situation kann über physikalische (z.B. Lärm, Raumtemperatur) und soziale (z.B. unbeabsichtigte Hinweise durch den Versuchsleiter) Störvariablen die Untersuchungsergebnisse verfälschen. Möglichkeiten der Kontrolle dieser **Situationseffekte** bieten Elimination, Konstanthaltung und Zufallsvariation.

Zur **Eliminierung** von physikalischen Störfaktoren dient beispielsweise die Schallisolation in Laboratorien. Andere physikalische Variablen wie z.B. Raumtemperatur und Beleuchtungsverhältnisse lassen sich durch die Verwendung einer Klimaanlage und künstlicher Beleuchtung **konstanthalten.** Zu den sozialen Störvariablen zählt insbesondere der sog. Versuchsleitereffekt, unter dem sowohl Einflüsse des Interaktionsstils als auch die ungewollte Übertragung von Verhaltenserwartungen des Versuchsleiters (Vl) an die Vp subsumiert werden – sog. Vl-Erwartungseffekt [56]. Andererseits wird das Verhalten der Vp durch ihre eigenen Vermutungen bzgl. Ziel und Zweck der Untersuchung, ja sogar durch das bloße Wissen um die Teilnahme an einem Experiment beeinflußt (Hawthorne-Effekt). Eine wirksame Kontrolltechnik ist hier die weitestgehende Elimination von Kenntnissen über die zu prüfende Hypothese bei Vl und Vp in einem sog. Blind- bzw. Doppelblindversuch. Beim **Blindversuch** werden die Vpn nicht über das Ziel und Zweck des Experiments informiert. In psychologischen Experimenten muß dabei berücksichtigt werden, daß die Vpn natürlich über Sinn und Zweck der Untersuchung nachdenken und so möglicherweise die Experimentalsituation anders auffassen als es vom Experimentator beabsichtigt ist. Beim **Doppelblindversuch** wird zusätzlich auch der Vl nicht über die Hypothesen des Experiments unterrichtet. Die große Bedeutung eines möglichen Einflusses von Versuchsleitereffekten wird durch die Tatsache unterstrichen, daß klinische Pharmakostudien zwingend unter Doppelblindbedingungen durchgeführt werden müssen, sofern es die Rahmenbedingungen der Studie erlauben.

Weiterhin ist zur Kontrolle von Vl-Effekten die Konstanthaltung der experimentellen Prozedur (z. B. durch Standardisierung von Instruktion und Versuchsablauf) notwendig. Vl-Effekte lassen sich darüber hinaus noch durch Zufallsvariation vermeiden, indem mehrere an einem Experiment beteiligte Vl per Zufall den einzelnen Vpn zugeordnet werden.

Unter **Design-Effekten** werden vor allem Effekte verstanden, die aus einer längeren Experimentierzeit (z.B. Ermüdung) bzw. mehrmaliger Meßwiederholung (reaktiver Effekt der ersten Messung) resultieren. Solche Störgrößen können über die Einführung einer anders behandelten bzw. unbehandelten Kontrollgruppe erfaßt werden. Sog. Reihenfolgeeffekte sind über die Methode des Ausbalancierens vermeidbar. Werden beispielsweise in dem geschilderten Experiment zwei verschiedene Fahrsituationen am Fahrsimulator überprüft (z.B. Stadt- und Autobahnfahrt), ist es wichtig, die Reihenfolge der Darbietung der beiden Situationen bei den verschiedenen Vpn abzuwechseln. Damit wird vermieden, daß ein möglicher Effekt der zuerst dargebotenen Autobahnfahrt (z. B. Ermüdung durch Monotonie) auf die Fehlerrate bei der Stadtfahrt mit der Wirkung des Alkohols verwechselt wird.

Über die genannten Techniken hinaus kann die Kontrolle von Störvariablen auch dadurch erreicht werden, daß man deren Einfluß zu einem weiteren Untersuchungsgegenstand macht, die „Stör"-Variable also als zusätzliche UV in das Versuchsdesign einbringt. Man spricht dann von einem multivariaten Design, in dem mehrere UV systematisch manipuliert werden. Z. B. könnten auf diese Weise Geschlechtseffekte in dem beschriebenen Experiment mitberücksichtigt werden. In einem solchen Design können nicht nur die Wirkungen der einzelnen UV erfaßt werden, sondern auch deren Wechselwirkung.

Skalenniveaus

Für die statistische Auswertung eines Experiments ist entscheidend, auf welcher Skala die AV erfaßt wird [16]. Man unterscheidet bei der Messung vier sog. Skalenniveaus. Lediglich identifizierenden bzw. klassifizierenden Charakter besitzt die **Nominalskala.** Beispielsweise könnte in dem Experiment am Fahrsimulator als eine AV erfaßt werden, ob die Vpn auf ein bestimmtes Signal reagiert haben oder nicht. Das gemessene Merkmal könnte drei Ausprägungen besitzen: Vpn hat *nicht reagiert* (0) – Vpn hat *reagiert und hat gebremst* (1) – Vpn hat *reagiert und ist ausgewichen* (2). Die zugeordneten Zahlen haben – falls es keine sinnvolle Ordnung zwischen den Reaktionen gibt – lediglich benennenden Charakter. Weitere Beispiele für Merkmale, die Nominalskalenniveau besitzen, sind die Klassifikation nach dem Geschlecht bzw. dem Familienstand.

Läßt sich das gemessene Merkmal sinnvoll in einer Rangreihe ordnen, spricht man von einer **Ordinalskala.** Beispiel hierfür ist die Erfassung der Befindlichkeit auf einer fünfstufigen Skala zwischen den Polen *traurig* und *unbeschwert.* Die Merkmalsausprägungen könnten dabei lauten *sehr traurig* (–2), *traurig* (–1), *weder noch* (0), *unbeschwert* (+1), *sehr unbeschwert* (+2). Bei einer Ordinalskala wird nicht gefordert, daß der Abstand zwischen den Merkmalsausprägungen *sehr traurig* und *traurig* der gleiche sein muß, wie zwischen *traurig* und *weder noch.* Daraus ergibt sich, daß es keinen Sinn macht, die Befindlichkeitswerte der Vpn aufzuaddieren und das arithmetische Mittel zu berechnen. Merkmale, die auf Ordinalniveau gemessen werden, können statistisch lediglich mit sog. nonparametrischen Verfahren ausgewertet werden, die u. a. meist weniger trennscharf als parametrische Methoden sind. Die parametrische Statistik, wie z. B. der T-Test oder die Varianzanalyse, setzt u. a. Gleichabständigkeit der erfaßten Kategorien voraus. Eine solche Skala, die bei gleichen Zahlendifferenzen auch gleiche Merkmalsdifferenzen wiedergibt, nennt man **Intervallskala.** Für die Messung verschiedener psychischer Größen mittels psychologischer Tests, wie z. B. die Intelligenz, wird Intervallskalenniveau vorausgesetzt. Man nimmt damit an, daß der Abstand zwischen einem Intelligenzquotienten von 90 zu einem IQ von 100 der gleiche ist, wie zwischen 110 und 120. Unsinnig ist hingegen die Aussage, daß ein Mensch mit einem IQ von 140 doppelt so intelligent ist, wie ein Mensch mit einem Intelligenzquotienten von 70. Solche Feststellungen lassen sich nur für Messungen von Merkmalen treffen, für die ein natürlicher absoluter Nullpunkt definiert ist. Dies trifft beispielsweise für Messungen von physikalischen Größen wie Länge, Gewicht oder Zeit zu. Bei psychologischen Testska-

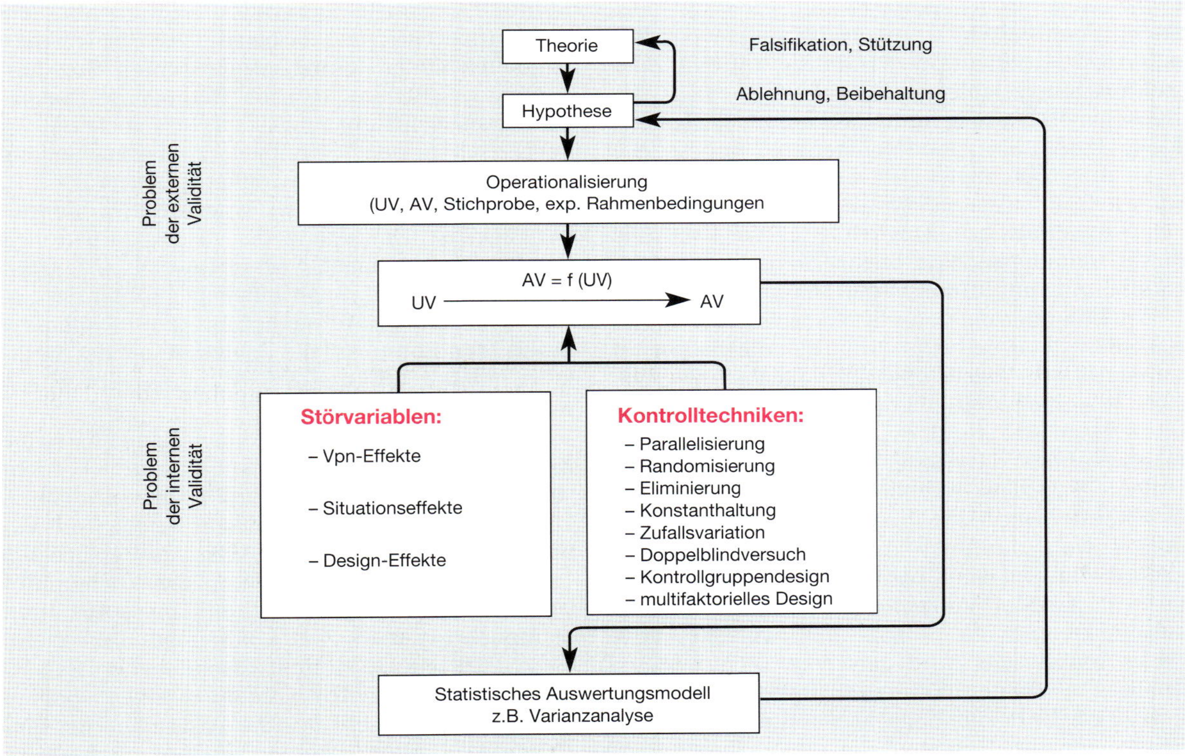

Abb. **1-3** Übersichtsschema zum Experiment.

len wird der Nullpunkt oft willkürlich festgesetzt. Eine Skala, die eine Einheit und einen Nullpunkt besitzt, heißt **Verhältnisskala.** Merkmale mit Verhältnisskalenniveau werden z.B. in psychophysiologischen Experimenten erhoben (u.a. Herzrate, Blutdruck).

Grenzen und Abgrenzung der experimentellen Vorgehensweise

Aus den konstituierenden Merkmalen experimenteller Forschung (Operationalisierung von UV und AV; Kontrolle von Störvariablen) resultiert, daß diese Methode, wie keine andere, in der Lage ist, Kausalbeziehungen plausibel zu machen. Beispielsweise der Nachweis des Alkohols als Ursache für die Verschlechterung der Leistung im Fahrsimulator. Aus der dazu erforderlichen hohen Kontrolle der experimentellen Situation ergibt sich aber auch der wesentliche Nachteil des (Labor-)-Experimentes: die Künstlichkeit. Es bleibt fraglich, wie sich der Proband außerhalb des Labors in seiner sozialen Umwelt ohne Beeinflussung durch einen Vl spontan verhält. Das Verhalten von Menschen in deren natürlicher Umwelt zu erfassen, ist Aufgabe der sog. **Feldforschung.** Experiment und Feldstudie stehen nicht in Konkurrenz zueinander, sondern ergänzen sich. Methodologisch stellt das Quasi-Experiment (Feldexperiment) ein Bindeglied zwischen beiden Forschungsansätzen dar [57]. Im Quasi-Experiment werden zwar Bedingungen variiert, doch aufgrund der Beobachtung im „Feld" (z.B. Arbeitsplatz) ist keine optimale Kontrolle von Störvariablen möglich, insbesondere kann die Zuordnung der Probanden meist nicht randomisiert erfolgen.

Studienfragen

Welche drei Grundprinzipien beschreiben das Experiment?
(s.S.15, 16)
Was versteht man unter abhängigen, unabhängigen und intervenierenden Variablen?
(s.S.16)
Was bedeutet der Begriff Operationalisierung und was versteht man in diesem Zusammenhang unter dem Max-kon-Min-Prinzip?
(s.S.16)
Welches sind die Kriterien des Experiments und welche Variablen werden im Experiment unterschieden?
(s.S.16)
Wodurch wird die Kontrolle systematischer Untersuchungsfehler im Experiment ermöglicht?
(s.S.17)
Welche Skalenniveaus werden unterschieden und wie sehen diese Unterschiede im Detail aus? Erläutern Sie Beispiele.
(s.S.18, 19)

1.5 Felduntersuchung

Rolf Buschmann-Steinhage

Medizinische Psychologie und Medizinische Soziologie gehören zu den Erfahrungswissenschaften. In ihrem Rahmen wird empirische Sozialforschung betrieben, die sowohl in einer künstlich hergestellten Umgebung (Labor) als auch im natürlichen Lebensbereich (Feld) des Forschungsobjektes (Individuum, Gruppe) stattfinden kann. Somit ergänzen sich Labor- und Felduntersuchungen gegenseitig.

In der Medizin werden Felduntersuchungen unabhängig von den dabei verwendeten Methoden immer wichtiger. Die folgende Aussage über die Ziele der Felduntersuchung macht dies deutlich: „Aussagen darüber zu machen, wie sich der Mensch in seiner sozialen und materiellen Umwelt verhält, auch wenn er nicht Gegenstand einer Untersuchung ist, was er tut, wenn kein Versuchsleiter ihn direkt oder indirekt beeinflußt, und was ihn veranlaßt, es zu tun" [58].

Das „Feld"

Die Bestandteile der Felduntersuchung hat Patry [58] folgendermaßen zusammengefaßt:

- Die Probanden wissen nicht um die Tatsache der Untersuchung oder kennen das an ihnen Untersuchte nicht.
- Es wird ein nicht-reaktives Meßverfahren (z.B. unbemerkte Beobachtung) verwendet.
- Sich natürlich ergebende Veränderungen (z.B. der Situation) werden als unabhängige Variablen aufgefaßt.
- Die Untersuchung wird dort durchgeführt, wo sich die Probanden natürlicherweise befinden.
- Der Untersucher manipuliert die Untersuchungsbedingungen mehr oder weniger stark (natürliches versus künstliches Treatment, s.u.)

Anhand einiger Beispiele soll der Unterschied der beiden „Pole" Feld- und Laboruntersuchung herausgearbeitet werden: Von einer **Feldbeobachtung** (der ursprünglichsten Form der Felduntersuchung) spricht man, wenn der Forscher das Geschehen zwar mitverfolgt, aber nicht aktiv verändert. Um etwa ärztliche Gesprächsstrategien während der Visite und deren Auswirkungen auf die Patienten zu analysieren, kann man z.B. die Visitengespräche auf Tonband mitschneiden. Beim **Feldexperiment** dagegen wird eine unabhängige Variable vom Untersucher verändert (treatment): Will man z.B. untersuchen, wie sich unterschiedliche Informationsarten bei der Aufklärung über eine Gastroskopie auf Angst und Beschwerden von Patienten während dieser Untersuchung auswirken, so kann man der einen Gruppe einen Film über den Eingriff zeigen, der anderen eine Aufklärungsbroschüre zu lesen geben.

Für eine **Laboruntersuchung,** die meist als **Laborexperiment** durchgeführt wird, wählt man eine dafür spezialisierte Forschungsstätte. Um z.B. die schmerzreduzierende Wirkung eines Analgetikums zu testen, kann man einer Stichprobe von Probanden schmerzhafte, aber ungefährliche Elektroschocks verabreichen. Die Experimentalgruppe erhält dabei das zu untersuchende Präparat, die Kontrollgruppe ein Placebo.

Beide Forschungsmethoden sollen eine möglichst große **interne** und **externe Validität** aufweisen. Die interne Validität ist groß, wenn die beobachteten Unterschiede der abhängigen Variablen (AV) zwischen den verschiedenen Versuchsbedingungen tatsächlich durch die Veränderung der unabhängigen Variablen (UV) verursacht sind und nicht durch Unterschiede der Stichproben oder unkontrollierte Einflüsse. Die Laboruntersuchung weist in der Regel die größere interne Validität auf. Die Felduntersuchung ist dagegen bei der externen Validität im Vorteil, die aussagt, ob durch die Studie relevante und auf die medizinische Praxis generalisierbare Aussagen gemacht werden können.

Durchführung empirischer Untersuchungen

Ausgangspunkt von empirischen Untersuchungen sind meistens einzelne Beobachtungen, die man auf Allgemeingültigkeit prüfen will, oder wissenschaftliche Theorien, deren Behauptungen und Vorhersagen man überprüfen will. Zunächst formuliert man eine umgrenzte wissenschaftliche **Fragestellung** (z.B. unterscheidet sich das Compliance-Verhalten von Männern und Frauen?) und stellt **Hypothesen** auf über die Unterschiede der verschiedenen Versuchsgruppen (z.B. Frauen haben eine bessere Compliance als Männer). Als nächster Schritt wird ein **Untersuchungsplan** aufgestellt, der Untersuchungseinheit (siehe Abschnitt Stichproben), Untersuchungsdesign (siehe Abschnitt Quer- und Längsschnittuntersuchungen) und Datenerhebungsverfahren festlegt. Auch das *treatment* (Veränderung der unabhängigen Variablen) ist gegebenenfalls Bestandteil des Untersuchungsplans. Die nächsten Schritte sind die **Datenerhebung** und die zumeist statistische **Auswertung** (siehe Abschnitt statistische Zusammenhänge). Durch die abschließende **Interpretation** der Daten können Hypothesen bestätigt oder verworfen werden und die zugrundeliegenden Theorien eventuell verändert werden.

Stichproben

Die Auswahl einer für die Fragestellung geeigneten Untersuchungseinheit (Person, Personengruppe, Kultur ...) ist ein wichtiger Bestandteil jeder empirischen Untersuchung. Dazu gibt es drei Möglichkeiten:

- Einzelfall
- Stichprobe
- Totalerhebung

Als **Einzelfallstudie** bezeichnet man eine Untersuchung, bei der individuelle Charakteristika erforscht werden. Unter *Einzelfall* kann dabei außer einer Person auch eine bestimmte Gruppe, Kultur, Organisationsstruktur u.ä. verstanden werden [59]. Mit der Einzelfallstudie lassen sich interessierende Merkmale im zeitlichen Verlauf **qualitativ** erfassen. Deshalb wird sie in der Medizin häufig zur Beschreibung von seltenen Krankheitsbildern benutzt. Außerdem lassen sich mit ihr Hypothesen vorläufig prüfen und weiterentwickeln (z.B. die Wirkungsweisen neuer Arzneimittel).

Die **Stichprobenuntersuchung** läßt bei geeigneter Auswahl der Untersuchungseinheit Rückschlüsse auf die Verhältnisse in der Grundgesamtheit zu. Formal läßt sich eine Stichprobe dabei formulieren als eine Auswahl verschiedener Elemente aus der **Grundgesamtheit** aller Elemente, die durch ein oder mehrere gleiche Merkmale gekennzeichnet sind. Dabei interessiert die **Verteilung** eines bestimmten Merkmals (z.B. Cholesterinwerte) in der Grundgesamtheit. Die Datenerhebung erfolgt aber nur an den Elementen der Stichprobe.

Die Stichprobenuntersuchung bietet so bei relativ geringem Kosten- und Zeitaufwand die Möglichkeit, generalisierbare Aussagen über die Grundgesamtheit zu treffen.

Um sicherzustellen, daß die Stichprobe ausreichend repräsentativ ist, gibt es zwei Möglichkeiten:

- die **Zufallsauswahl** (einfache, geschichtete, Klumpen)
- die **gezielte Auswahl** (Quotaverfahren)

Man spricht von einer **einfachen Zufallsauswahl,** wenn alle Elemente der Grundgesamtheit mit gleicher Wahrscheinlichkeit für die Stichprobe ausgewählt werden können. Nimmt man z.B. die Adressendatei einer Krankenversicherung als Grundgesamtheit, so könnte durch Auswahl jeder vierten Adresse eine Zufallsauswahl realisiert werden.

Von der **geschichteten** oder **stratifizierten Zufallsauswahl** ist die Rede, wenn die Grundgesamtheit zunächst in bestimmte Schichten (*Strata*), z.B. Altersgruppen eingeteilt wird. Die Zufallsauswahl erfolgt dann aus der jeweiligen Schicht. Die Stichprobe wird dadurch repräsentativer. Dieser Effekt ist um so größer, je enger der Zusammenhang zwischen dem zu untersuchenden Merkmal (z.B. Schlafdauer) und dem Schicht-Merkmal ist (z.B. Lebensalter) und je einheitlicher damit die Schichten hinsichtlich des Untersuchungsmerkmals sind **(minimale schichtinterne Streuung)** [16].

Bei der **Klumpenstichprobe** werden die Untersuchungseinheiten nicht direkt ausgewählt, sondern zunächst bereits vorhandene Gruppierungen (Klumpen). Das können z.B. Stadtbezirke sein oder Krankenhausstationen. Aus diesen Klumpen werden dann Probanden durch einfache Zufallsauswahl ausgewählt oder es wird eine Totalerhebung (Untersuchung aller Elemente) durchgeführt.

Die Verfahren der Zufallsauswahl haben verschiedene Nachteile:

- Die Stichprobe kann in bestimmten Fällen zu groß und zu kostenintensiv werden, wenn sie repräsentativ sein soll.
- Einige der ausgewählten Personen (–50%) verweigern ihre Teilnahme an der Untersuchung. Damit wird die Zusammensetzung der Stichprobe verzerrt, besonders dann, wenn die „Verweigerer“ hinsichtlich bestimmter Merkmale eine eigene Untergruppe bilden.

Um die Nachteile der Zufallsauswahl auszuschalten, bietet sich das Verfahren der **Quotastichprobe** an. Diesem Verfahren liegt folgende Idee zugrunde: „Wenn man alle Merkmalsdimensionen einer Grundgesamtheit und die Verteilung entlang dieser Dimensionen kennen würde, dann wäre es möglich, eine Stichprobe zu planen, die in allen Dimensionen so quotiert wird, daß sie für die Grundgesamtheit repräsentativ ist, und zwar ohne daß die Einheiten nach dem Zufallsprinzip gezogen würden.“ [60]. In der Praxis beschränkt man sich darauf, für einige wichtige Dimensionen wie Geschlecht, Alter, Beruf, ... Quoten festzulegen. Ähnlich wie bei der geschichteten Stichprobe ist dabei die Untersuchung um so zuverlässiger, je enger das untersuchte Merkmal (z.B. Blutdruck) mit den festgelegten Dimensionen (z.B. Alter, Beruf) zusammenhängt. Schichten und Quoten können also durchaus gleiche Sachverhalte kennzeichnen.

Die Besonderheit des Quotaverfahrens ist, daß dem Untersucher freigestellt wird, innerhalb der ihm vorgegebenen Quoten die Probanden auszuwählen.

Dies wird z.B. bei Meinungsumfragen durchgeführt, bei denen Interviewer Menschen auf der Straße ansprechen. Dabei soll der Interviewer z. B. eine Quote von 40 Männern zwischen 31 und 40 Jahren selbst auswählen. Hier liegen auch zugleich die Schwachstellen dieses Verfahrens:

- Die Auswahl durch den Interviewer ist nicht objektiv. So bevorzugt er vielleicht gut gekleidete Menschen u.ä.
- Die Zahl der Verweigerer wird nicht erfaßt. Der Interviewer fragt vielmehr so lange weiter, bis die Quote erfüllt ist.

Aufgrund dieser Nachteile kann nicht sicher von der Quotastichprobe auf die Grundgesamtheit geschlossen werden.

Untersuchungen an Stichproben sollen möglichst exakte Aussagen über die jeweilige Grundgesamtheit ermöglichen. Aus einer Stichprobe von N = 250 Schlaganfallpatienten soll beispielsweise ermittelt werden, wie hoch der Blutdruck von solchen Patienten ein Jahr nach einem Schlaganfall im Durchschnitt ist. Der Unterschied zwischen dem Wert der Variablen in der Grundgesamtheit und dem innerhalb der Stichprobe ist dann der **Stichprobenfehler** (sampling error), der um so größer ist, je kleiner die Stichprobe und je größer die Varianz der Variablen in der Grundgesamtheit ist.

Das zuverlässigste statistische Verfahren, zugleich aber auch das aufwendigste und teuerste, ist die **Totalerhebung.** Dabei werden sämtliche Elemente einer Grundgesamtheit erfaßt. In der Bundesrepublik werden mit diesem Verfahren derzeit alle manifest an AIDS Erkrankten anonym registriert. Daten wie Geschlecht, Erkrankungsdauer, Zugehörigkeit zu Risikogruppen u. ä. werden in regelmäßigen Abständen publiziert.

Dieses Verfahren kann aufgrund des enormen finanziellen und zeitlichen Aufwands nur selten realisiert werden.

Individual- und Aggregatdaten: Bei den bisher beschriebenen empirischen Untersuchungsverfahren werden ausschließlich Individualdaten erhoben, das heißt, die Daten (z.B. Blutdruckwerte) können eindeutig einer Untersuchungseinheit (hier: Person) zugeordnet werden. Auch wenn Aussagen über Gruppen von Personen (Aggregate) gemacht werden sollen ändert sich daran nichts. So basiert z.B. die Aussage „Raucher erkranken häufiger an Lungenkrebs als Nichtraucher“ auf der Analyse von Individualdaten. Seltener werden Schlüsse aus Aggregatdaten gezogen. So kann man z.B. Zusammenhänge zwischen Geschlecht und der Anfälligkeit für bestimmte Krankheiten erkennen, allein aus der Analyse von Daten der statistischen Ämter und ohne Rückgriff auf Individualdaten.

Quer- und Längsschnittstudien

Die Entscheidung für eine Quer- oder Längsschnittstudie gehört zum Untersuchungsdesign und ist damit Bestandteil des Untersuchungsplans. Bei der Querschnittuntersuchung werden zu einem bestimmten Zeitpunkt verschiedene Gruppen jeweils einmal untersucht (siehe Tab. 1-2). So kann man, um z.B. Aufschluß über die psychische

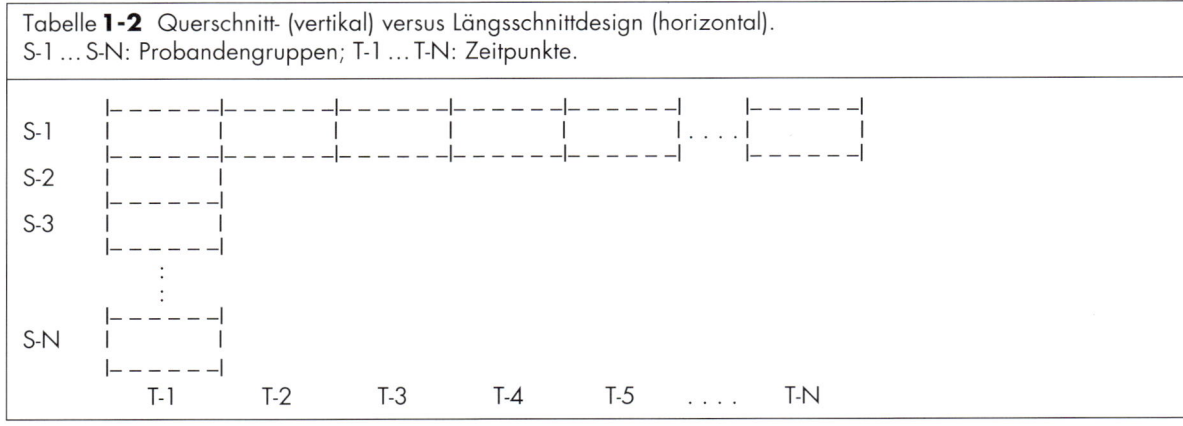

Tabelle **1-2** Querschnitt- (vertikal) versus Längsschnittdesign (horizontal).
S-1 … S-N: Probandengruppen; T-1 … T-N: Zeitpunkte.

```
      |------|------|------|------|------|      |------|
S-1   |      |      |      |      |      |....|      |
      |------|------|------|------|------|      |------|
S-2   |      |
      |------|
S-3   |      |
      |------|
         :
         :
      |------|
S-N   |      |
      |------|
        T-1    T-2    T-3    T-4    T-5   ....   T-N
```

Verarbeitung einer Brustamputation zu bekommen, Frauen untersuchen, bei denen dieser Eingriff vorgenommen wurde. Dazu wird man verschiedene Gruppen von Patientinnen bilden, bei denen die Operation unterschiedlich lange zurückliegt (z. B. 1–2 Jahre, 2–3 Jahre, mehr als 3 Jahre) und dann aus den Unterschieden dieser Gruppen Rückschlüsse auf den Verlauf der Krankheitsverarbeitung ziehen. Mit der Querschnittuntersuchung kann man also schnell auf die Entwicklung bestimmter Merkmale schließen. Allerdings ergeben sich auch mehrere Nachteile (siehe auch Tab. 1-3):

- Durch **Veränderungen in der Grundgesamtheit** kann die Vergleichbarkeit der Stichproben in Frage gestellt sein. War z. B. die Indikationsstellung für eine Brustamputation vor zehn Jahren nicht die gleiche wie heute, dann unterscheiden sich die Stichproben vielleicht beträchtlich.

Tabelle **1-3** Vor- und Nachteile der Querschnitt- bzw. Längsschnittanalyse.

	Querschnittanalyse	Längsschnittanalyse
Vorteile	einmalige Datenerhebung	Erfassung individueller Entwicklungsverläufe
Nachteile	selektive Populationsveränderung	selektive Stichprobenveränderung Testungseffekte
	Konfundierung Alter/Generation	Konfundierung Alter/Erhebungszeitpunkt
	keine Erfassung individueller Entwicklungsverläufe	langes Warten

- Es kann zu **Vermischung von Alters- und Generationseffekten** kommen. Findet man z.B. Unterschiede zwischen Frauen, die vor zehn Jahren operiert wurden und denen, die vor einem Jahr operiert wurden, so kann das auch daran liegen, daß die Operation früher radikaler (z.B. zusätzliche Amputation des M. pectoralis) durchgeführt wurde als heute.
- Über die Entwicklung des einzelnen Individuums kann keine Aussage gemacht werden, da die verschiedenen „Alter" der Stichprobe durch jeweils andere Individuen repräsentiert werden.

Bei der **Längsschnittuntersuchung** dagegen wird eine Untersuchungseinheit mehrmals zu **verschiedenen Zeitpunkten** untersucht. Man könnte die oben angeführte Fragestellung auch angehen, in dem man die gleiche Gruppe von Frauen ein Jahr, zwei Jahre und drei Jahre nach einer Brustamputation untersucht. Damit lassen sich **intraindividuelle Entwicklungen** feststellen. Dies kann **prospektiv** geschehen, indem man vom jetzigen Zeitpunkt an Daten erhebt, oder **retrospektiv,** indem man frühere Daten mit aktuell erhobenen vergleicht (z.B. um in der Vergangenheit Erklärungen für aktuelles Verhalten zu finden). Umgekehrt sucht die sog. **ex-post-facto-Untersuchung** nach aktuellen Auswirkungen eines in der Vergangenheit liegenden Ereignisses (z.B.: Welche Auswirkungen lassen sich heute bei Jugendlichen feststellen, die in ihrer Kindheit schwere Schädelverletzungen gehabt haben?). Nun ist auch die Längsschnittuntersuchung mit Nachteilen verbunden:

- Die Größe der Stichprobe **nimmt im Lauf der Untersuchung ab.** Gründe dafür sind z.B. die Weigerung, weiter an der Studie teilzunehmen, oder der Tod von Patienten. Damit ändert sich auch die Zusammensetzung der Stichprobe, so daß die Untersuchungsergebnisse nur bedingt vergleichbar sind.
- Es kommt zu sog. **Testungseffekten,** da die Probanden mehrmals untersucht werden: Das Wis-

Tabelle **1-4** Möglichkeiten der kausalen Beeinflussung.

Modell	Bezeichnung	Korrelation der Variablen	Erklärung
1	einseitig	X – –>Y	X beeinflußt Y
2	zweiseitig	X<– –>Y	X beeinflußt Y und umgekehrt
3	Scheinkorrelation	Z – –>Y	nicht X, sondern Z beeinflußt Y
4	Kausalkette	X – –>Z – –>Y	X beeinflußt Z, Z beeinflußt Y
5	multiple Beeinflussung	(A, B, C ...) – –>Y	mehrere Variablen beeinflussen Y

sen um die Teilnahme an einer Studie kann das Verhalten beeinflussen, durch die Testwiederholung können Übungseffekte das Ergebnis verfälschen, die Motivation, einen Test zum wiederholten Mal gründlich zu bearbeiten, kann abnehmen.

- Es kann zu einer **Vermischung von Alters- und Erhebungszeitpunkt-Effekten** kommen. Veränderte Umwelt- oder Gesellschaftsbedingungen können so die Erhebung zu verschiedenen Zeitpunkten beeinflussen. Dieser Effekt entspricht der Vermischung von Alters- und Generationseffekten bei der Querschnittstudie.
- Die Ergebnisse der Untersuchung werden aufgrund der vielleicht **jahrelangen Dauer** nicht von denselben Forschern ausgewertet, die die Studie geplant und begonnen haben.

Bei der statistischen Auswertung von Quer- und Längsschnittuntersuchungen ist man besonders an **signifikanten Merkmalsunterschieden** zwischen verschiedenen Gruppen bzw. verschiedenen Zeitpunkten interessiert. So kann man in unserem Beispiel etwa die Fragebogenantworten von Frauen mit psychosozialer Betreuung nach einer Brustamputation vergleichen mit Antworten von Frauen, die keine solche Betreuung bekommen haben.

Statistische Zusammenhänge

Will man wissen, ob bestimmte Merkmale miteinander zusammenhängen, berechnet man den **Korrelationskoeffizienten.** Er beschreibt den (linearen) Zusammenhang zweier Variablen. Er kann Werte zwischen +1 und –1 annehmen. Ein positiver Wert bedeutet, je stärker (häufiger ...) Merkmal A auftritt, desto stärker tritt auch Merkmal B auf **(positive Proportionalität)**. Ein negativer Wert bedeutet, je stärker Merkmal A auftritt, desto schwächer tritt Merkmal B auf **(negative Proportionalität)**. Nimmt der Korrelationskoeffizient den Wert 0 an, so gibt es statistisch keinen (linearen) Zusammenhang zwischen dem Auftreten von Merkmal A und B. Wichtig ist, daß der Korrelationskoeffizient **nur beschreibende Funktion** hat. Hat man eine Korrelation festgestellt, so ist über die Kausalität (bedingt Merkmal A das Auftreten von Merkmal B?) noch nichts ausgesagt. Darüber hinaus muß auch geprüft werden, ob sich der Zusammenhang in der Stichprobe auf die Grundgesamtheit übertragen läßt, ob er **signifikant** (statistisch bedeutsam) ist. Dies geschieht mit Hilfe der Signifikanzberechnung. Dabei muß der Korrelationskoeffizient eine bestimmte Signifikanzgrenze überschreiten, die von der Größe der Stichprobe abhängig ist. Besteht zum Beispiel die Stichprobe aus 60 Personen, so muß der Korrelationskoeffizient größer sein als 0,25. Erst dann besteht ausreichende Sicherheit, daß die Zusammenhänge in der Stichprobe nicht zufällig entstanden sind, sondern auch in der Grundgesamtheit bestehen.

Für die Berechnung von Korrelationen bei Daten, die kein Intervallskalenniveau haben, kann der sog. **Rangkorrelationskoeffizient** berechnet werden.

Wie oben bereits erwähnt, bedeutet eine Korrelation keineswegs auch einen kausalen Zusammenhang. Es gibt verschiedene Möglichkeiten der Kausalität, die in Tabelle 1-4 dargestellt sind.

Bei der sog. **Scheinkorrelation,** die in Modell 3 dargestellt ist, besteht zwar eine Korrelation zwischen Merkmal X und Merkmal Y, aber X ist nicht die Ursache für Y. So könnte z. B. der Zusammenhang zwischen Alter und Blutdruck auf eine dritte Variable, nämlich das Ausmaß der körperlichen Bewegung zurückgeführt werden. Ein statistisches Maß für solche Zusammenhänge ist der **Partialkorrelationskoeffizient.** Dabei berechnet man die Korrelation zweier Variablen X und Y unter Ausschluß der Wirkung einer dritten Variablen Z. Er nimmt den Wert 0 an, wenn die Korrelation zwischen X und Y auf den Einfluß von Z zurückzuführen ist.

In Modell 5 ist eine **multiple Beeinflussung** dargestellt, wie sie sich z.B. bei der koronaren Herzerkrankung findet. Man findet dabei einen statistischen Zusammenhang zwischen Bluthochdruck und koronarer Herzerkrankung. Der Bluthochdruck ist aber nicht die alleinige Ursache der Erkrankung, denn Hypercholesterinämie, Nikotinabusus und Bewegungsmangel usw. spielen bei der Entstehung ebenso eine Rolle.

Für weitergehende Informationen über die Feldforschung sei der Leser an einschlägige Literatur verwiesen [16, 64, 65], da im Rahmen dieses Lehrbuchs nur eine kurze Darstellung möglich ist.

Studienfragen

Auf welche Weise kann ich versuchen, die Repräsentativität einer Stichprobe für eine Grundgesamtheit zu erhöhen?
(s. S. 20, 21)
Wie kann eine signifikante, positive Korrelation zweier Variablen, z. B. zwischen Alter und Blutdruck, zustande kommen?
(s. S. 23, 24)
Welche Vor- und welche Nachteile haben Feldgegenüber Laboruntersuchungen?
(s. S. 20)
Welche Vor- und welche Nachteile haben Längsschnitt- gegenüber Querschnittuntersuchungen?
(s. S. 22, 23)

Literatur

1 Graumann, C. F.: Grundzüge der Verhaltensbeobachtung, S. 86–107. In: Meyer, E. (Hrsg.): Fernsehen in der Lehrerbildung. Manz, München 1966.
2 Friedrichs, J., H. Lüdtke: Teilnehmende Beobachtung, 2. Auflage. Beltz, Weinheim 1973.
3 Feger, H., C. F. Graumann: Beobachtung und Beschreibung von Erleben und Verhalten, S. 76–134. In: Feger, H., J. Bredenkamp (Hrsg.): Datenerhebung. Hogrefe, Göttingen 1983.
4 Hasemann, K.: Verhaltensbeobachtung und Ratingverfahren, S. 434–488. In: Groffmann, K.-J., L. Michel (Hrsg.): Verhaltensdiagnostik. Hogrefe, Göttingen 1983.
5 Thorndike, E. L.: A constant error in psychological ratings. Journal of Applied Psychology, 4 (1920) 25–29.
6 Murray, H. A.: Explorations in personality. Oxford University Press, New York 1938.
7 Freud, A. (1936): Das Ich und die Abwehrmechanismen, 8. Auflage. Kindler, München 1977.
8 Freud, A., T. Bergmann: Kranke Kinder. Ein psychoanalytischer Beitrag zu ihrem Verständnis, 2. Auflage. Fischer, Frankfurt 1977.
9 Kneeland, N.: That lenient tendency in rating. Personnel Journal, 7 (1929) 356–366.
10 Guilford, J. P.: Psychometric methods. McGraw-Hill, New York 1936.
11 Newcomb, T. M.: An experiment designed to test the validity of a rating technique. Journal of Educational Psychology, 22 (1931) 279–289.
12 Asch, S. E.: Forming impressions of personality. Journal of Abnormal and Social Psychology, 41 (1946) pp. 258–290.
13 Irle, M. (1975): Lehrbuch der Sozialpsychologie (S. 122 ff.). Hogrefe, Göttingen 1975.
14 Rosenthal, R., L. Jacobson: Pygmalion in the classroom: Teacher expectation and pupils' intellectual development. Holt, Rinehart & Winston, New York 1968.
15 Nathanson, C. A. (1977): Sex, illness, and medical care. A review of data, theory, and method. Social Science and Medicine, 11 (1977) 13–25.
16 Bortz, J.: Lehrbuch der empirischen Forschung. Springer, Berlin 1984.
17 Biefang, S.: Die Befragung des Patienten. Interview und Anamnese. Hüthig, Heidelberg 1977.
18 Schüffel, W. (Hrsg.): Sprechen mit Kranken. Erfahrungen studentischer Anamnesegruppen. Urban & Schwarzenberg, München–Wien–Baltimore 1983.
19 Schmidt, L. R., B. H. Keßler: Anamnese. Methodische Probleme, Erhebungsstrategien und Schemata. Beltz, Weinheim 1976.
20 Biefang, S.: Die Bedeutung der standardisierten Befragung für das Arzt-Patient-Verhältnis. Medizinische Wochenschrift, 31 (1977) 115–123.
21 Hunt, D. D., P. R. Williamson, P. Williams: Validity and reliability of confidence in interviewing scale. Journal of Medical Education, 57 (1982) 406–408.
22 Young, J. W.: Symptom disclosure to male and female physicians: Effects of sex, physical attractiveness and symptom type. Journal of Behavioral Medicine, 2 (1979) 159–169.
23 Habeck, D.: Systematische Aspekte der Anamnestik und Anamnese. Medizinische Welt, 18 (1977) 8–22.
24 Freedman, N.: The analysis of movement behavior during the clinical interview. In: A. W. Siegman, B. Pope (eds.): Studies in dyadic communication (pp. 153–175). Pergamon Press, New York 1972.
25 Ahrens, S.: Interaktionsmuster der ambulanten Arzt-Patient-Beziehung in der Allgemeinpraxis. In: J. Siegrist, A. Hendel-Kramer (Hrsg.): Wege zum Arzt, S. 83–112. Urban & Schwarzenberg, München 1979.
26 Rutter, M., A. Cox, S. Egert, et al.: Psychiatric interviewing techniques IV. Experimental study: Four contrasting styles. British Journal of Psychiatry, 138 (1981) 456–465.
27 Cox, A., M. Rutter, D. Holbrook: Psychiatric interviewing techniques V. Experimental study: Eliciting factual information. British Journal of Psychiatry, 139 (1981) 29–37.
28 Morgan, W. L. jr., G. L. Engel: Der klinische Zugang zum Patienten. Anamnese und Körperuntersuchung. Huber, Bern 1977.
29 Dahmer, J.: Anamnese und Befund. Die systematische ärztliche Untersuchung. Thieme, Stuttgart 1984.
30 Adler, R. H., W. Hemmeler: Praxis und Theorie der Anamnese. Fischer, Stuttgart 1986.
31 Platt, F. W., J. C. McMath: Clinical hypocompetence: The interview. Annals of Internal Medicine, 96 (1979) 898–902.
32 Caroll, J. G., J. Monroe: Teaching clinical interview-

ing in the health professions: A review of empirical research. Evaluation and Health Professions, 3 (1980) 21–45.
33 Engler, C. M., G. A. Saltzman, M. L. Walker, F. M. Wolf: Medical student acquisition and retention of communication and interviewing skills. Journal of Medical Education, 56 (1981) 572–579.
34 Geisler, L.: Arzt und Patient im Gespräch: Wirklichkeit und Wege. Pharma Verlag, Frankfurt 1987.
35 Lienert, G. A.: Testaufbau und Testanalyse, 3. Auflage. Beltz, Weinheim 1969.
36 Meili, R., H.-J. Steingrüber: Lehrbuch der psychologischen Diagnostik, 6. Auflage. Huber, Bern 1978.
37 Sarris, V., E. R. Rey: Allgemeine Grundlagen von klinisch-psychologischen Testverfahren, S. 11-28. In: Rey, E.-R. (Hrsg.): Klinische Psychologie. Fischer, Stuttgart 1981.
38 Brickenkamp, R.: Handbuch psychologischer und pädagogischer Tests. Hogrefe, Göttingen 1975.
39 Brickenkamp, R.: Erster Ergänzungsband zum Handbuch psychologischer und pädagogischer Tests. Hogrefe, Göttingen 1983.
40 Brickenkamp, R.: Handbuch apparativer Verfahren in der Psychologie. Hogrefe, Göttingen 1986.
41 Davison, G. C., J. M. Neale: Klinische Psychologie, 2. Auflage. Urban & Schwarzenberg, München 1984.
42 Huber, W., K. Poeck, D. Weniger, K. Willmes: Der Aachener Aphasietest (AAT). Hogrefe, Göttingen 1983.
43 Poeck, K. (Hrsg.): Klinische Neuropsychologie. Thieme, Stuttgart 1982.
44 Ladwig, K.-H.: Kardiovaskuläre Hyperaktivität und Depression: Differentielle Psychosomatik der koronaren Herzerkrankung. Springer, Berlin 1986.
45 Huber, H. P. (1973): Psychometrische Einzelfalldiagnostik. Beltz, Weinheim 1973.
46 Dieterich, R.: Psychodiagnostik. Reinhardt, München 1973.
47 Grubitzsch, S., G. Rexilius (1978): Testtheorie – Testpraxis. Rowohlt, Reinbek 1978.
48 Fischer, G. (1974): Einführung in die Theorie psychologischer Tests. Huber, Bern 1974.
49 Paczensky, S. v. (1976): Der Testknacker, Rowohlt, Reinbek 1976.
50 Wundt, W.: Grundriß der Psychologie, Leipzig 1896.
51 Wertheimer, M.: Die experimentelle Methode in der Psychologie des 19. und 20. Jahrhunderts. In: Sarris, V., A. Parducci: Die Zukunft der experimentellen Psychologie, S. 29–38. Beltz, Weinheim 1986.
52 Graumann, C. F.: Wundt vor Leipzig. Entwürfe einer Psychologie, S. 63–77. In: Wissenschaftliche Beiträge der Karl-Marx-Universität Leipzig, Wilhelm Wundt: Progressives Erbe, Wissenschaftsentwicklung und Gegenwart. Karl-Marx-Universität, Leipzig 1980.
53 Wundt, W.: Grundriß der Psychologie, Leipzig 1896.
54 Kerlinger, F. N.: Foundations of behavioral research 2nd ed. Holt, Rinehart and Winston, New York 1973.
55 Zinser, O.: Basic Principles of Experimental Psychology. McGraw-Hill Book Company, New York 1984.
56 Gniech, G.: Störeffekte in psychologischen Experimenten. Kohlhammer, Stuttgart 1976.
57 Cook, T. D., D. T. Campbell (1979): Quasi-Experimentation. Chicago: Rand McNally College Publishing Company.
58 Patry, J. L.: Laborforschung – Feldforschung, S. 17–42. In: Patry, J. L. (Hrsg.): Feldforschung. Huber, Bern 1982.
59 Reinecker, H.: Einzelfallanalyse, S. 277–291. In: Roth, E. (Hrsg.): Sozialwissenschaftliche Methoden. Oldenbourg, München 1984.
60 Mayntz, R., K. Holm, P. Hübner: Einführung in die Methoden der empirischen Soziologie, 5. Auflage, S. 83. Westdeutscher Verlag, Opladen 1978.
61 Pappi, F. U.: Aggregatdatenanalyse. In: Koolwijk J., van, M. Wicken-Mayser (Hrsg.): Techniken der empirischen Sozialforschung. Bd. 7: Datenanalyse, S. 78–110. Oldenbourg, München 1977.
62 Daumenlang, K.: Querschnitt- und Längsschnittmethoden. In: Roth, E. (Hrsg.): Sozialwissenschaftliche Methoden, S. 319–336. Oldenbourg, München 1984.
63 Seiler, T. B.: Methodische Beiträge zur empirischen Prüfung von Entwicklungstendenzen: Prinzipien der Versuchsplanung und der statistischen Datenanalyse. In: Hoppe, S., C. Schmidt-Schönbein, T. B. Seiler (Hrsg.): Entwicklungssequenzen, S. 124–188. Huber, Bern 1977.
64 Kerlinger, F. N.: Grundlagen der Sozialwissenschaften, Bd. 2, Kap. 20. Beltz, Weinheim 1979.
65 Clauß, G., H. Ebner: Statistik für Soziologen, Pädagogen, Psychologen und Mediziner, 5. Auflage. Deutsch, Thun 1985.
66 Roth, J. K.: Hilfe für Helfer: Balint-Gruppen. Piper, München 1984

2 Psychophysiologie

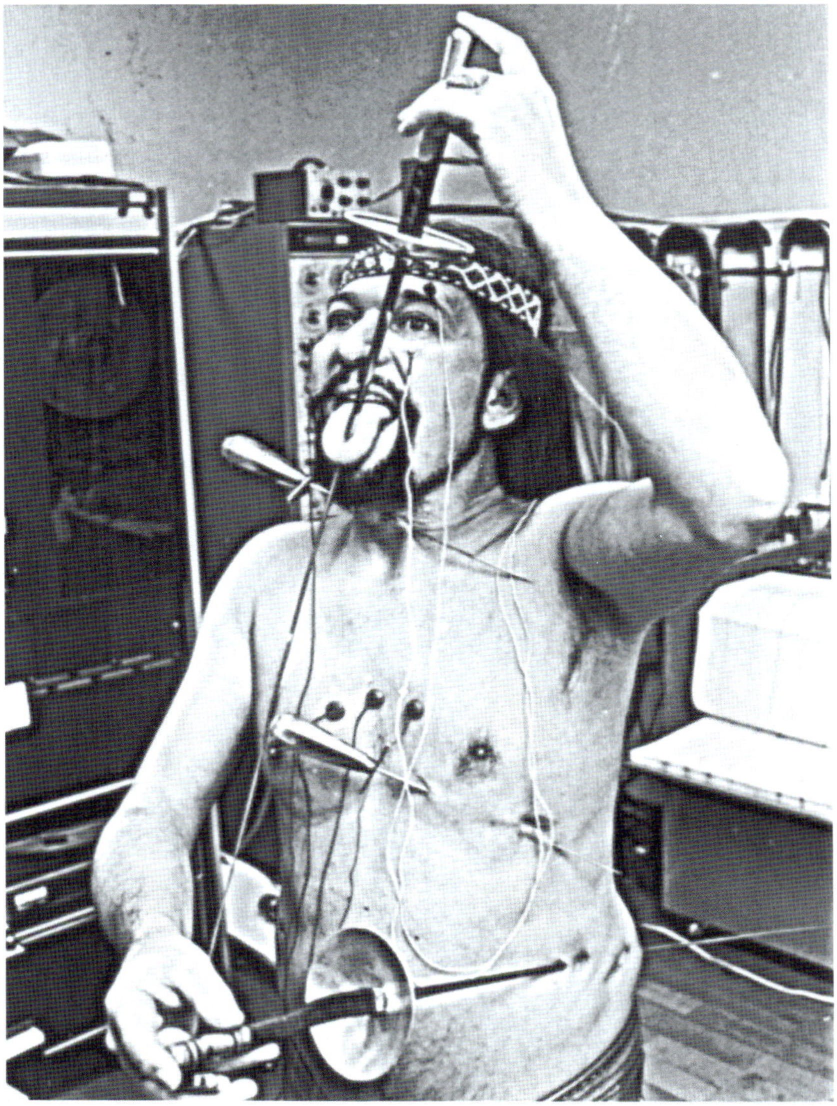

Inhalt

2 Psychophysiologie

2.1 Ebenen der Erfassung psychophysiologischer Prozesse

Petra Netter

Der Begriff psychophysiologische Prozesse beinhaltet ein Simultangeschehen zwischen psychischem Erleben (z.B. Angst, Ärger) oder geistigen Prozessen (z.B. Aufmerksamkeit, Denken, Wahrnehmung) einerseits und physiologischer Erregung andererseits. Der Begriff Ebene ist hier nicht im hierarchischen Sinne zu verstehen, sondern bezeichnet lediglich die Tatsache, daß es sich bei den erhobenen Meßgrößen um vorwiegend **somatische** oder vorwiegend **psychische Äußerungsformen innerer Zustände** handelt. Beide Gruppen von Meßgrößen sind durch alle in den Kapiteln 1.1 bis 1.5 dargestellten Erhebungsverfahren zugänglich zu machen (Selbst- und Fremdbeurteilung, Verhaltensbeobachtung im Labor und im Feld, Tests bzw. Messung und experimentelle Induktion). Beide Gruppen haben auch nur **Indikatorfunktion** für zugrundeliegende Zustände, ähnlich wie etwa die Gelbfärbung der Skleren oder der Hautikterus einerseits und der erhöhte Bilirubinspiegel im Blut andererseits Ausdruck desselben pathologischen Phänomens und gleichwertige Indikatoren für die zugrundeliegende Leberfunktionsstörung sind.

- In beiden Systemen werden **tonische** Niveau- und **phasische** Reaktionswerte unterschieden, deren zeitliche und quantitative Parallelität keineswegs gewährleistet ist.

Ein Beispiel wäre das (tonisch) unterschiedliche Angst- oder Blutdruckniveau bestimmter Personengruppen, das durch Streßreize zusätzlich (phasisch) verändert werden kann, wobei ängstliche Stimmungslage und Blutdruck nicht bei derselben Person und nicht gleichzeitig ansteigen müßten.

2.1.1 Physiologische Indikatoren

Die Einbeziehung physiologischer Indikatoren in die Analyse des Verhaltens geschieht mit der Zielsetzung

a) der Erkenntnisgewinnung über psychische Zustände, über die das Individuum keine bewußte Information hat (unbewußte Bedürfnisse, abgewehrte Vorstellungen oder Gefühle) oder keine Auskunft geben kann, z.B. bei Kindern oder bestimmten psychiatrischen Patienten [1];
b) der Gewinnung von theoretisch wichtigen Informationen darüber, ob physiologische Begleitprozesse (wie Zittern, Schwitzen, Herzklopfen, Hormonfreisetzungen) akzessorische, notwendige oder hinreichende Bedingungen für spezifische Emotionen und Motive darstellen;
c) der Erhellung pathogenetischer Mechanismen bei der Entwicklung von Krankheiten, bei denen chronische Fehlregulationen des autonomen Nervensystems eine Rolle spielen, wie beim Hochdruck, Ulkus, Asthma usw.;
d) der Identifikation therapeutischer Angriffsmöglichkeiten für das Ver- und Umlernen von physiologischen Fehlreaktionen, etwa durch Entspannungstechniken oder Biofeedback.

Bei den Zielsetzungen c) und d) macht man sich in experimentellen Anordnungen die Erkenntnis zunutze, daß in allen physiologischen Systemen Reaktionen auf dem Wege der klassischen und operanten Konditionierung gelernt und verlernt werden können.

Der Aussagewert einzelner physiologischer Meßgrößen ist jedoch eingeschränkt, da sie nicht isoliert als Indikator für eine spezifische Emotion gewertet werden können, denn – im Gegensatz zu psychologischen Leistungstests – liegen einerseits aufgrund der starken intraindividuellen Variabilität der Maße (geringe Reliabilität) und andererseits aufgrund ihrer geringen Spezifität (geringe Validität) keine standardisierten Normwerte vor, an denen Individuen diagnostisch eingeordnet werden können. Vielmehr ist man bemüht, **Reaktionsmuster** zu identifizieren, die für bestimmte Arten von Emotionen (Freude, Ärger, Angst) und für bestimmte Typen von Individuen (etwa Patienten mit unterschiedlichen Krankheiten) charakteristisch sind.

Aufgrund fehlender Standardwerte ist man bei jedem psychophysiologischen Experiment auf die Erhebung von Ausgangsdaten angewiesen. Für diese eignen sich jedoch fast niemals die Erstwerte im Experiment, da diese bei fast allen Meßgrößen, selbst nach längeren Entspannungsphasen, aufgrund von Erwartungsangst meist höher liegen als in den späteren Phasen des Experiments. Andererseits können gleichartige Reize (z.B. Stressoren wie Lärm, Schmerz oder Leistungsdruck) bei Wiederholungsmessungen aufgrund der **Habituation** (geringere Antwortstärke bei wiederholter Reizdarbietung) schwächere Reaktionen (z.B. des Blutdrucks, der Herzrate, Hautleitfähigkeit oder Muskelspannung) hervorrufen.

Ferner unterliegen fast alle physiologischen Reaktionen zirkadianen, z.T. auch zirkalunaren Rhythmen, d.h.

Tabelle **2-1** Zusammenfassende Übersicht über die wichtigsten physiologischen Meßgrößen.

Meßgröße	verwendete Kennwerte	einige bedeutsame Beziehungen
1 Herzfrequenz	Schläge/Min.	z. T. lineare Beziehung zur psychischen Anspannung, Aktiviertheit, Verlangsamung bei Reizaufnahme
	Variabilität = Streuung der RR-Abstände (EKG) oder Spannweite (Max.-Min.) im Meßzeitraum	Variabilität als Indikator für erlebte Ängstlichkeit und habituelle Angstneigung
2 Blutdruck (RR)	RR systolisch RR diastolisch	RR systolisch zeigt meist lineare Beziehung zur Aktiviertheit, diastolischer Wert kann speziell bei Adrenalinfreisetzung unter Erregung abnehmen
3 Atmung	Atemfrequenz, Atemtiefe (erfaßt durch Atemgürtel oder in die Nase eingeführte Thermoelemente)	keine sehr situationstypische Reaktion bekannt, wichtig bei Atemstörungsanalysen von Asthmatikern
4 Elektrodermale Aktivität (EDA)	Grundwiderstandsniveau (SRL, SCL); Widerstandsänderung (PGR, HGR): Amplituden und Frequenzen	sensibler Indikator für Erregungsänderung, deutliche Orientierungsreaktion bei allen sensorischen Reizen, Spontanfluktuation spiegelt Erregungsniveau
5 Muskelaktivität (EMG)	Zeitintegral als Produkt aus Amplitude und Frequenz	Indikator für Verspannung spezifischer Muskelgruppen, auch für allgemeine Anspannung, Korrelation zu Mikrovibration und Tremor
6 Hirnelektrische Aktivität (EEG)	Spontan-EEG: Anteile von Wellentypen (Alpha = 8–12 Hz; Beta mehr als 12 Hz, Delta = 2–4 Hz; Theta = 4–8 Hz)	Indikator für Stadien der Aktiviertheit von Tiefschlaf (Delta- und Theta-Wellen) bis angespannter Wachheit (Beta-Wellen), Unterscheidung verschiedener Schlafstadien und Traumaktivitäten, Veränderung bei Orientierungsreaktion auf Reize
	evozierte Potentiale (Reaktion auf Ton- und Lichtsignale): Latenzen und Amplitudenanteile von aus dem Roh-EEG rechnerisch herausgefilterten Reaktionsanteilen	spezifischere Aktivierungsindikatoren als Spontan-EEG
	Contingente negative Variation (CNV), Amplitude, Variabilität	Erwartungswelle: Amplitude steigt mit Vorstellung von intendierter Reaktion, fällt mit steigender Reaktionszeit und abnehmender Aufmerksamkeit
7 Katecholamine	Adrenalin (A), Noradrenalin (NA) gemessen in Urin oder Plasma	sprechen beide auf physiologische Stressoren an, im psychischen Bereich Adrenalin eher bei Angst, Noradrenalin eher bei Aktiviertheit, Ärger
8 Cortisol	Spiegel im Plasma und Urin	Anstieg bei starkem oder nicht beherrschbarem Streß, z. T. erhöht bei Depression

(Zusammengestellt nach [1-5])

tageszeitlichen Schwankungen, wie Temperatur, Hypophysen- (ACTH, STH) und Nebennierenrindenhormone (Cortisol), oder menstruationsabhängigen Veränderungen, wie die Aldosteronsekretion und damit der Mineral- und Wasserhaushalt.

Da die experimentell-induzierten physiologischen Änderungswerte sich häufig als umgekehrt proportional zum Ausgangswert erweisen, werden statt einfacher Differenzwerte oder prozentualer Änderungswerte regressionsstatistisch gewonnene Ausgangswertkorrekturen an den Meßwerten vorgenommen, ehe sie weiter verrechnet werden.

Eine Übersicht über die häufigsten in der Psychophysiologie verwendeten Meßgrößen, die verwendeten Kennwerte und die wichtigsten Beziehungen zu Verhaltensmaßen gibt Tabelle 2-1.

Tabelle **2-2** Einige Verfahren zur Erfassung psychologischer Indikatoren psychophysiologischer Prozesse.

gemessene psychische Funktion	einige gebräuchliche Meßverfahren
1 Emotions- und Antriebsbereich ● globale Befindlichkeit (siehe 1A) ● einzelne Emotionen wie Aktiviertheit, Depressivität, Ängstlichkeit, Ärger (siehe 1B, 1C, 2, 3A) ● emotionale und Antriebsstörungen im Rahmen psychiatrischer Krankheiten (siehe 3A, 3B)	**1. Verbale Selbstbeurteilungsskalen** [6] A: Befindlichkeitsliste, Adjektive über Befindlichkeitszustände mit 3 Alternativantworten (1 Gesamtskala) [7] B: Eigenschaftswörterliste, 15 Skalen, zusammengesetzt aus alternativ ankreuzbaren Adjektiven über emotionale Zustände [8] C: State Trait Anxiety Scale, state-Form nach Spielberger, 20 vierstufig ankreuzbare Sätze zur Beschreibung von momentaner Ängstlichkeit [dt. in 9] **2. Visuelle Analogskalen** 10 cm Strecke mit verbal markierten Emotionsextremen, zwischen denen momentaner Zustand angekreuzt wird **3. Fremdbeurteilungsskalen** [6] A: Hamilton Anxiety and Depression Scale [10]: für psychiatrischen Gebrauch B: Clinical Assessment Geriatric Scale [11]: emotionale und Antriebsstörungen bei senilen Erkrankungen
2 Konzentrationsleistung ● Qualität und Quantität von Rechenleistung ● Konzentrationsverlauf	Konzentrationsleistungstest [12]: komplex zusammengesetzte Additionsaufgaben (Auswertung nach Anzahl und Fehlerprozent) Konzentrationsverlaufstest [13]: Aufsuchen bestimmter Zahlen aus Zahlenfeld über längere Zeit hinweg (durch computergesteuerte Darbietung einstellbar auf individuelles Belastungsniveau)
3 Psychomotorische Aktiviertheit ● motorisches Tempo (siehe A) ● motorische Präzision (siehe B, C) ● Reaktionszeit (siehe D)	A: Kieler Determinationsgerät: multiple Reaktionen auf Licht- und Tonreize, die mit variablem Tempo dargeboten werden (Treffer und Fehler) B: Tapping-Test: ohne Randberührung mit vorgegebenem Tempo in Metallbrettlöcher stechen C: Feinmotorische Präzisions- und Geschwindigkeitstests D: Wahlreaktionszeitgerät: visuelle und motorische Reaktionszeit von Aufleuchten eines Lichtes bis Knopfdruck

2.1.2 Psychologische Indikatoren

Da psychophysiologische Untersuchungen im wesentlichen im Bereich der Emotions-, Motivations- und Aktivierungsforschung zum Einsatz gelangen, sind einige der wichtigsten Erhebungsverfahren zur Erfassung psychischer Indikatoren in diesen Bereichen in Tabelle 2-2 wiedergegeben.

Es sei betont, daß speziell Veränderungen von Leistungsmaßen sehr vielschichtige Interpretationen zulassen (z.B. Zu- oder Abnahme von Antrieb, Versagensängsten, Ablenkbarkeit oder allgemeinem Wohlbefinden usw.). Da subjektive Angaben über die eigene Person stark verfälschbar sind und objektive Maße, wie Leistungs- und Verhaltenstests, schlecht direkte Schlüsse auf zugrundeliegende Emotionen zulassen (s.o.), werden meist mehrere Verfahren zugleich eingesetzt.

2.1.3 Die Frage der Kovariation

Die Streß-, Aktivierungs- und Belastungsforschung hat bisher wenig durchgängige gleichsinnige Veränderungen (Kovariationen) zwischen psychischen und somatischen Maßen finden können [14]. Dies liegt

- an der zeitlichen Inkongruenz (langsameres Ansprechen autonomer Prozesse im Vergleich zu zentralnervösen und psychischen, ungleiche Latenzzeiten bei verschiedenen autonomen Systemen),
- an dem Einfluß sog. individual-spezifischer Reaktionsweisen: Bestimmte Individuen reagieren unabhängig von unterschiedlichen Streßreizen mit ähnlichen Antwortmustern (z.B. immer am stärksten mit Blutdruckanstieg, am geringsten mit Änderungen des Muskeltonus, unabhängig

davon, ob physische Belastung, Leistungsstreß, Ärger- oder Angstsituationen vorliegen).

Viele Untersuchungen haben daher das Ziel, den Anteil **individual-spezifischer** und **reizspezifischer** Einflüsse sowie ihre Wechselwirkung zu identifizieren*. Allgemein gilt, daß es bei intensiven Emotionen (etwa in Examenssituationen oder Horrorfilmen) leichter möglich ist, allgemeine physiologische Reaktionsmuster zu identifizieren, die für die betreffende Situation und damit für eine bestimmte Emotion, wie etwa Angst, charakteristisch sind. Individuelle Unterschiede zwischen verschiedenen Patienten- oder Personengruppen oder -typen treten jedoch eher in schwächer emotional belastenden Situationen hervor, wie bei leichten Leistungsanforderungen (z.B. einfacher Reaktionszeitmessung).

Beispiel: Es zeigte sich in einer Untersuchung, daß beim Betrachten neutraler Landschaftsbilder der Hypertoniker im Gegensatz zu Gesunden mit Blutdruckanstieg reagierten, daß aber der Blutdruck bei einer anstrengenden geistigen Leistung (Sätze bilden) bei beiden Gruppen gleich stark anstieg, also keine hypertoniespezifische Änderung erkennen ließ [15].

Trotz einiger gelungener Versuche zur Identifikation **emotionsspezifischer** Erregungsmuster, z.B. starker Herzfrequenzanstieg und eher Abfall des diastolischen Blutdrucks mit Angst und geringerer Herzfrequenzanstieg mit Erhöhung des diastolischen Blutdrucks bei Ärger [16], gilt im allgemeinen, daß physiologische Prozesse mehr Emotionsintensitäten als -qualitäten zu unterscheiden gestatten.

* Letztere könnte sich z.B. darin ausdrücken, daß stark ängstliche Personen ihre stärksten Herzfrequenzanstiege bei freier Rede, wenig ängstliche Personen dagegen bei Blutentnahmen aufweisen.

Studienfragen

Erläutern Sie einige psychologische und physiologische Indikatoren psychophysiologischer Prozesse?
(s.S. 29, 30, 31)
Wie verläuft die Kovariation zwischen psychologischen und somatischen Maßen?
(s.S. 31, 32)

2.2 Aktivations- und Bewußtseinszustände

Friedrich-Wilhelm Wilker

Der Begriff „Bewußtsein“

Aus empirischer Sicht ist Bewußtsein an die Funktion eines spezifischen neuronalen Substrats gebunden, nämlich an die des menschlichen Gehirns. So sieht Sperry, der Nobelpreisträger für Medizin von 1981, Bewußtsein als eine Einheit an, die vermittelt wird durch Prozesse im Gehirn unter Einbezug der Verbindung zwischen beiden Hemisphären [17]. Nach Werth ist die in diesem Zusammenhang auftretende Frage nach der *Bewußtseinsbildung* im Gehirn („Nur in einer Hemisphäre ein Bewußtsein?“ „In beiden zusammen ein Gesamtbewußtsein?“ „In jeder Hemisphäre ein unterschiedliches Bewußtsein?“) viel zu global, um sie auf experimenteller Grundlage zu entscheiden. Er wendet sich gegen einen undifferenzierten, vagen Bewußtseinsbegriff und plädiert überzeugend für die Unterscheidung spezifischer bewußter (und unbewußter) Zustände, die über verschiedene experimentelle Prozeduren einer empirischen Analyse zugänglich sind. Seiner Meinung nach ist es mangels experimenteller Befunde zur Zeit unmöglich, Bewußtsein als solches empirisch zu erfassen, deshalb sei eine Beschränkung auf die Analyse bestimmter Aspekte des Bewußtseins sinnvoll. Diese Analyse kann durchaus unter Einbeziehung der Introspektion erfolgen, wie besonders eindrucksvoll die jedem von uns durch eigene *bewußte* Erfahrung präsente, täglich sich wiederholende Rückkehr vom Schlafzustand ins Wachbewußtsein zeigt [18].

2.2.1 Schlaf

Jeder Mensch verbringt etwa 30% seiner Lebenszeit im Schlafzustand. Dieses periodisch wiederkehrende Geschehen weist folgende Merkmale auf [19]:

- durch artspezifische Schlafhaltung an einem Schlafplatz gekennzeichnete Perioden motorischer Inaktivität,
- Erhöhung der Wahrnehmungsschwelle bzw. motorische Reaktionsverzögerung/-verringerung auf überschwellige Reize,
- meist mit dem Tag-Nacht- bzw. Gezeitenwechsel synchronisierter biorhythmischer Verlauf,
- rasche Aufhebung/Beendigung des Schlafzustandes bei starker sensorischer Stimulation.

Als physiologische Indikatoren zur Bestimmung der sog. Schlafstadien dienen bei polygraphischen Standard-Schlafableitungen das Elektroenzephalogramm (EEG), um die hirnelektrische Aktivität zu erfassen, das Elektromyogramm (EMG), um die elektrophysiologischen Begleiterscheinungen mus-

Tabelle **2-3** Überblick über die Spezifika der einzelnen Schlafphasen [23].

Stadium	EEG-Aktivität	autonom-vegetative Aktivität	muskuläre Aktivität	kognitive Aktivität	Erregungsschwelle
1	niedrigamplitudig desynchronisiert; einige Theta-Wellen (4–6 Hz)	Herz- und Respirationsrate verlangsamt; Blutdruck und Körpertemperatur erniedrigt	zeitweise motorische Unruhe; Muskeltonus beginnt zu sinken	flüchtige Gedanken	niedrig
2	Schlafspindeln (12–14 Hz); K-Komplexe (0,5–3 Hz, 300 μV)	weitere Veränderung wie oben	ruhig, Muskeltonus sinkt weiter ab	(nichts Spezifisches)	etwas höher
3	mindestens 20% Delta-Wellen (100 μV, 2 Hz)	weitere Veränderung wie oben	eventuell Bewegungen des gesamten Körpers; Muskeltonus sinkt noch weiter ab	nach Wecken werden Gedanken, nicht Träume i. e. S. berichtet; Schläfer desorientiert	etwas höher
4	mindestens 50% Delta-Wellen	reduziert und stabil	Hypotonie der Haltemuskulatur (Hals, Kinn und Nacken); friedlich und ruhig	wie oben	ziemlich hoch
REM (**r**apid **e**ye **m**ovement)	niedrigamplitudig desynchronisiert; niedrige Theta-Wellen (sog. Sägezahnwellen)	phasische Schwankungen; Erektionen von Penis bzw. Klitoris	tonische Atonie der Haltemuskulatur; phasische schnelle Augenbewegungen (REMs) phasische Muskelaktivität (sog. Myokloni)	nach Wecken werden zu 60–90% Träume geschildert; Schläfer schnell orientiert	ziemlich hoch

kulärer Aktivität zu registrieren (besonders die der Kinnmuskulatur), und das Elektrookulogramm (EOG), um horizontale und vertikale Augenbewegungen aufzuzeichnen [20].

Die heute übliche Bezeichnung der verschiedenen Schlafstadien geht zurück auf die Forschungsarbeiten von Dement und Kleitman in den sechziger Jahren. Danach werden entsprechend der Standardisierung durch die **A**ssociation for the **P**sychophysiological **S**tudy of **S**leep (APSS) seit 1967 fünf Schlafphasen definiert, die sich vor allem in der Schlaftiefe (operationalisiert durch die Weckschwelle) unterscheiden (Tab. 2-3).
Die Schlafstadien 1 bis 4, die hinsichtlich ihrer Schlaftiefe in etwa ein ansteigendes Kontinuum darstellen, bezeichnet man als sog. **Non-REM-Schlaf** (NREM = orthodoxer Schlaf). Dabei werden Stadium 1 und 2 als leichter Schlaf, 3 als mittlerer Schlaf und 4 als Tiefschlaf aufgefaßt [21].

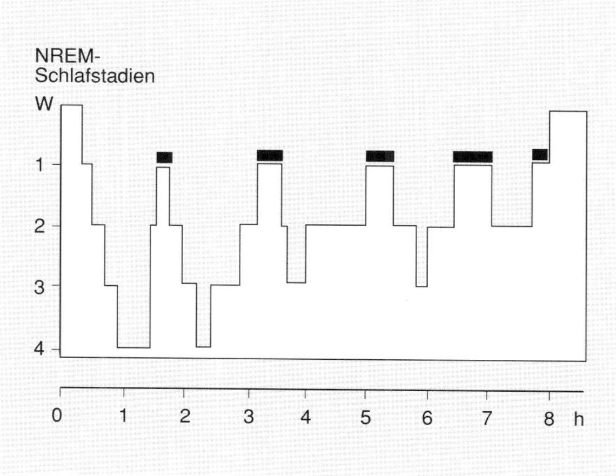

Abb. **2-1** Abfolge der Schlafphasen während einer Nacht [23].
W = Wachzustand, ▬ = REM-Phase

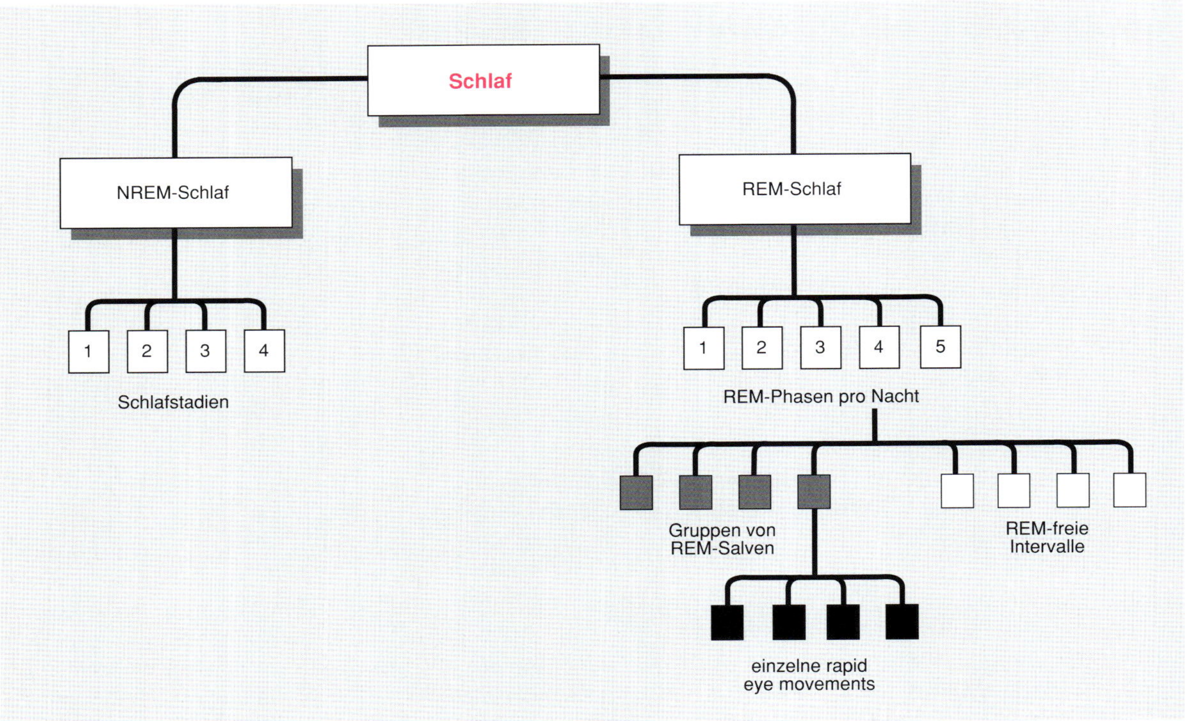

Abb. **2-2** Schematische Übersicht über die unterschiedlichen Schlafkomponenten (mod. nach [22]).

Diese NREM-Stadien treten pro Nacht in einem Rhythmus von ca. 90 Minuten 4- bis 5mal alternierend mit den sog. REM-Phasen auf (Abb. 2-1).

Die **REM-Phasen** (REM = **r**apid **e**ye **m**ovement) ihrerseits werden im Verlaufe einer Nacht länger: Dauern sie im ersten Nachtdrittel meist nur ein paar Minuten, so erstrecken sie sich später über 20–30 Minuten. Der REM-Schlafanteil umfaßt zwar 20–25% der gesamten Schlafzeit während einer Nacht, aber die für jede einzelne REM-Phase charakteristischen schnellen Augenbewegungen treten gruppiert in diesen Phasen nur für ein paar Sekunden auf, gefolgt von REM-freien Intervallen. Eine Übersicht dazu liefert die Abbildung 2-2 [22].

Weckt man eine schlafende Person während einer REM-Phase, so wird sie mit großer Wahrscheinlichkeit d.h. in 60–90% der Fälle über einen Traum berichten; dies um so eher, je direkter und abrupter sie während einer REM-Salve geweckt wird.

Trotzdem ist es falsch, REM-Schlaf mit Traumschlaf gleichzusetzen. Auch in den NREM-Stadien konnten Traumerlebnisse nachgewiesen werden. Der Unterschied zu den REM-Phasen liegt aber in der geringen Auftretenshäufigkeit und qualitativen Andersartigkeit der Traumepisoden: Träume sind in NREM-Phasen nur in ca. 20% aufweisbar, bruchstückhafter und gedankenähnlicher als die lebhaft verzerrten, elaborierten und visuell-halluzinatorischen mentalen Produktionen während der REM-Phasen. Die mehr abstrakt-unanschaulichen NREM-Traumgedanken können eine vorbereitende Funktion für die nachfolgende plastisch-bildhafte REM-Traumaktivität haben [21].

Ein weiteres Spezifikum der REM-Phasen ist der stärker als im sog. Tiefschlaf des NREM-Stadiums 4 absinkende Muskeltonus bis hin zum vollständigen Tonusverlust der sog. Haltemuskulatur.

Überlagert werden solche tonischen (d.h. längerfristigen) Veränderungen aber regelmäßig durch phasische (d.h. kurzfristige) EMG-Aktivitäten (z.B. sichtbar als Muskelzuckungen im Gesicht). Neben diesem EMG-Paradoxon bietet der REM-Schlaf aber noch ein weiteres Paradoxon, weswegen er dann auch als **paradoxer Schlaf** bezeichnet wird: Im Gegensatz zur allgemein desaktivierten Muskulatur weist das REM-Schlaf-EEG deutliche Ähnlichkeit zum NREM-Stadium 1 auf. Es zeigt also dementsprechend Anzeichen von *Aktiviertheit und Wachheit.*

Relevante Erkenntnisse über die psychobiologische Bedeutung und Funktion der verschiedenen Schlafstadien lassen sich durch die Methode der Schlafdeprivation gewinnen. Unterschieden wird dabei zwischen:

- totalem Schlafentzug (d.h. Verhinderung des gesamten Schlafzustandes über einen bestimmten Zeitraum),
- partiellem Schlafentzug (d.h. Reduzierung der Gesamtschlafdauer, z. B. von 8 auf 5 Stunden),
- selektivem Schlafentzug (d.h. Deprivation einzelner Schlafstadien, z.B. der REM-Phase).

Über die Auswirkungen der verschiedenen Arten von **Schlafentzug** sowohl auf den Wachzustand als auch den nachfolgenden **Erholungsschlaf** läßt sich zusammengefaßt folgendes feststellen [2, 5, 19, 21]:

- Bei ununterbrochenem Wachsein bis zu 36 Stunden kommt es zu EEG-Veränderungen (Reduzierung des Alpha- zugunsten des Theta-Deltaanteils), autonom-vegetativen Schwankungen, erschwerter motorischer Kontrolle und visomotorischer Koordination, Erhöhung besonders der akustischen Wahrnehmungsschwelle, aber visuell eher zu Wahrnehmungsstörungen (z.B. Doppeltsehen oder Schielen), Verminderung der Leistungsmotivation sowie der Aufmerksamkeits-, Konzentrations-, Kurzzeitspeicher- und Lernleistung, Ermüdung und depressiven Reaktionstendenzen.
- Wird die Wachzeit auf bis zu 60 Stunden ausgedehnt, resultiert daraus im wesentlichen eine Verstärkung bzw. Zunahme der zuvor genannten Auffälligkeiten. Zusätzlich treten neben Störungen der Wahrnehmungs-, Denk- und Sprachfunktionen auch räumlich-zeitliche Desorientierungen auf. Außerdem kann das Müdigkeitsgefühl als Schmerz empfunden werden.
- Dauert die Schlafdeprivation noch länger (d.h. bis zu 120 Stunden), kommt es allerdings zu noch massiveren Verhaltens- und Erlebensveränderungen – wiederum in die o.g. Richtung – mit sog. Mikro-Schlaf-Attacken (1–3 Sekunden dauernde schlafähnliche Erscheinungen), Gliederzittern, halluzinatorischen Episoden, euphorisch-depressiven Stimmungs- schwankungen, Angstzuständen, Depersonalisationsgefühlen, Erinnerungslücken, Wahnideen und gestörtem Realitätsbezug.
- Wachzeiten über 120 Stunden führen dann neben totaler körperlicher Erschöpfung zu eindeutig psychotischen Zustandsbildern mit Desorganisation der Verhaltens- und Erlebensstruktur (z.B. Bewußtseinstrübung, Wahnvorstellungen, völlige Desorientierung).
- Beim partiellen Schlafentzug, auch über mehrere Wochen, zeigen sich – wahrscheinlich aufgrund von Gewöhnungsprozessen – keine massiveren Auffälligkeiten bzw. Beeinträchtigungen. Noch am ehesten kommt es zu Konzentrations- und Aufmerksamkeitsstörungen.
- REM-Schlafentzug führt zu einem eher hyperaktiven, labilen Wachzustand, während Deprivation von NREM-Stadium 4 einen mehr hypoaktiven und depressiven Wachzustand nach sich zieht. Insgesamt sind die einschränkenden Auswirkungen beider Entzugsbedingungen auf kognitive, emotional-affektive und motorische Funktionen eher diskret und gering.
- Auf jeden Schlafentzug folgt ein Nachholeffekt *(rebound).* Dabei ist die nachgeholte Schlafzeit allerdings immer kürzer als die entzogene. Meist genügen auch nach langen Schlafentzugsperioden 11–13 Stunden zur Kompensation.
- Im **Erholungsschlaf** nach totalem Schlafentzug zeigt sich in der ersten Nacht eine Verlängerung der Tiefschlafphasen (NREM-Stadium 4); erst in der folgenden zweiten Erholungsnacht wird der REM-Schlaf nachgeholt. Auch während partiellem Schlafentzug behält das Tiefschlafstadium im Gegensatz zu allen anderen Schlafphasen interessanterweise die gleiche Dauer wie beim Acht-Stunden-Schlaf. Dies alles spricht für eine besondere psychobiologische Bedeutung des Tiefschlafs.
- Selbst bei langem REM-Schlafentzug werden insgesamt lediglich ca. 30% der verlorenen REM-Schlafdauer kompensiert.
- Der *Rebound*-Effekt ist auch für die Deprivation vom NREM-Stadium 4 nachgewiesen.

Im Gegensatz zu sog. *Modellpsychosen,* die durch langen, totalen Schlafentzug bei gesunden Versuchspersonen hervorgerufen werden können, gehört der kurze Schlafentzug bei bestimmten Erkrankungen (vor allem bei endogenen Depressionen) zum Therapiestandard. Dieser **therapeutische Schlafentzug** (speziell die Deprivation der zweiten Nachthälfte) führt allerdings nur bei einem kleinen Teil der Patienten zu einer anhaltenden Heilung, bei einem größeren Teil der endogen-depressiv Erkrankten aber immerhin zu einer – wenn auch meist kurzfristigen – sofortigen Besserung der Symptome. Wiederholungen der Prozedur in Abständen von 5–7 Nächten werden daher angeraten (Telger und Tölle 1985). Auch die zur depressiven Symptomatik zählenden Schlafstörungen werden dadurch gebessert.

Bezogen auf die Gesamtbevölkerung zeigt sich nach entsprechenden Untersuchungen [5], daß jeder fünfte Bürger der Bundesrepublik Deutschland über mangelnden oder unregelmäßigen Schlaf klagt und daß der **typische** Patient mit Schlafstörungen eher in einer Großstadt wohnt als auf dem Lande, eher weiblichen als männlichen Geschlechts und eher älter als jünger ist. Schlafgestörte Patienten wird also jeder niedergelassene Arzt in seiner Praxis nicht selten sehen.

Studienfragen

Welche Merkmale des Schlafs und welche physiologischen Indikatoren zur Bestimmung sog. Schlafstadien werden unterschieden?
(s. S. 32, 33)
Wie werden REM- von sog. Non-REM-Phasen unterschieden?
(s. S. 33, 34)
Gibt es unterschiedliche Auswirkungen der verschiedenen Arten von Schlafentzug, und falls ja, welche?
(s. S. 35)

2.2.2 Aktivation und Aufmerksamkeit

Während im Schlaf die Reagibilität auf Außenreize eingeschränkt ist, erfolgt im durch höhere Reaktivität gekennzeichneten Wachzustand eine aktive und aufmerksamkeitsgesteuerte Auseinandersetzung mit der Umwelt.

Als Indikatoren der damit im Zusammenhang stehenden Aktivation (Veränderungsprozeß eines Aktiviertheitszustandes) gelten sowohl die elektromagnetischen (z. B. Elektroenzephalogramm, Elektromyogramm), die mechanischen (z. B. Blutdruckmessung, Brustkorbausdehnung beim Atmen) als auch die elektrodermalen Biosignale (z. B. Hautleitfähigkeit, Hautwiderstand).

Am Beispiel des Elektroenzephalogramms (EEG) kann die Verbindung zwischen unterschiedlichen Aktiviertheitszuständen und jeweils zugehörigem physiologischem Status besonders gut verdeutlicht werden: Es existiert nämlich ein charakteristischer Zusammenhang zwischen Bewußtseinsgrad und EEG-Rhythmus (Tab. 2-4).

Beim Auftreten unerwarteter neuer Umweltreize wird der regelmäßige (synchronisierte) Alpha-Rhythmus für eine kurze Zeitspanne von mehreren Sekunden unterbrochen und wechselt über in den unregelmäßigen (eher desynchronisierten) Beta-Rhythmus. Diese sog. **Alpha-Blockade** (Abb. 2-3) ist Bestandteil eines gesamtorganismischen Reaktionsmechanismus, der als **Orientierungsreaktion** (OR) bezeichnet wird und sich folgendermaßen skizzieren läßt: „Auf Veränderung der Umwelt reagieren Menschen und Tiere unmittelbar mit einer OR, indem die Sinnesorgane auf den neuen Reiz ausgerichtet werden und eine Exploration der neuen Situation beginnt. Die biologische Bedeutung dieses Reflexes für das Überleben ist unmittelbar einleuchtend. Die höher entwickelten Formen der OR werden als Neugierverhalten beschrieben [21]."
Außer der bereits genannten Alpha-Blockade sind die anderen wesentlichen Komponenten der Orientierungsreaktion [3, 5]:

- eine Reizschwellenerniedrigung im visuellen und auditiven Bereich zur Erhöhung der Wahrnehmungssensibilität,
- eine generelle Tonuserhöhung der Muskulatur und Steigerung der elektrischen Aktivität der Muskeln sowie eine Zuwendereaktion (z. B. Kopf- oder Rumpfdrehung),
- eine Zunahme der Hautleitfähigkeit,
- eine Respirationssteigerung,
- eine Vasokonstriktion in der Peripherie bei gleichzeitiger Vasodilatation im Kopfbereich,
- ein unmittelbarer Herzfrequenzabfall gefolgt von einer Herzfrequenzbeschleunigung.

Tabelle **2-4** Bewußtseinsgrad und EEG-Spontanrhythmus [3].

Bewußtseinsgrad	EEG-Rhythmus
Tiefschlaf oder Bewußtlosigkeit	Delta-Wellen (0,5– 3,9 Hz; 20–200 µV)
Einschlafen, „Dösen"	Theta-Wellen (4,0– 7,9 Hz; 5–100 µV)
entspannter Wachzustand (Augen zu)	Alpha-Wellen (8,0–12,9 Hz; 5–100 µV)
angespannter Wachzustand	Beta-Wellen (13–ca. 30 Hz; 2–20 µV)

Biologisch sinnvoll ist der Vorgang der Orientierungsreaktion aber nur dann, wenn er sich nach einer bestimmten Quote gleichartiger Reizwiederholungen quasi langsam abschalten kann und der Organismus wieder frei wird für neue Umweltreize. Diese **Gewöhnung (Habituation)** tritt normalerweise tatsächlich während repetitiver Stimulation mit identischen Reizen auf (Abb. 2-4).

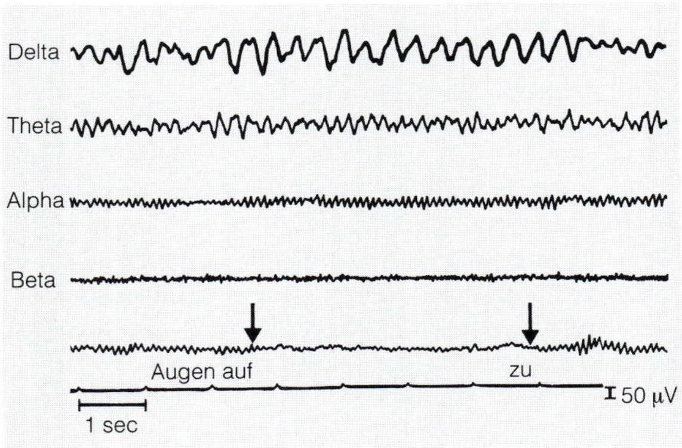

Abb. **2-3** Beispiele für die vier häufigsten Arten rhythmischer Aktivität im Spontan-EEG. In der fünften Spur erkennt man die Blockade des Alpha-Rhythmus durch Öffnen der Augen. Die unterste Spur enthält die Sekunden-Markierung [20].

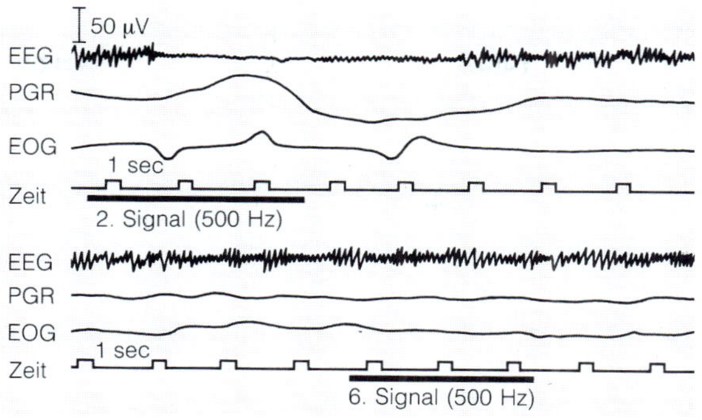

Abb. **2-4** Polygraphische Registrierung einer Orientierungsreaktion. In der oberen Hälfte sieht man die voll ausgebildete Reaktion, die auf die zweite Darbietung des Signals (ein mäßig lauter Ton) erfolgte. Im EEG tritt 0,5 bis 1 Sekunde nach dem Signalbeginn eine Blockierung des Alpha-Rhythmus ein. Die PGR (psychogalvanische Reaktion der Haut) folgt etwa 2 Sekunden nach Reizbeginn. Im EOG (Elektrookulogramm) sind mehrere Augenbewegungen zu erkennen. Die gesamte Reaktion ist nach etwa 5 Sekunden abgeklungen. Darunter: Die Aufzeichnung bei der sechsten Wiederholung des Signals zeigt keine erkennbare Reaktion mehr (Habituation) [24].

Orientierungsreaktion und Habituation mag man sich auch an folgendem Beispiel praktisch vor Augen führen:

Stationsarzt Dr. H. sitzt seit einigen Minuten während seiner Mittagspause im Klinikpark bei Sonnenschein bequem auf einer Bank. Er hat die Augen geschlossen, versucht abzuschalten und sich zu entspannen, als plötzlich ein Rattern die angenehme Ruhe durchbricht. Dr. H. schreckt hoch, wendet sich um, sieht zwar nichts Aufregendes, aber erkennt, daß das Geräusch nur von der ca. 100 m entfernten, hinter dem Park liegenden kleinen Straße kommen kann. Das Rattern hört unmittelbar danach auf. Dr. H. nimmt wieder seine Ruhestellung ein und schließt die Augen. Auf einmal geht's wieder los: Rattern – Hochschrecken – Geräusch kommt von der Straße. Dasselbe passiert in unregelmäßigen Abständen mit eher abnehmender Intensität noch einige Male, bis Dr. H. nicht mehr sonderlich reagiert. Er denkt sich, daß wohl Straßenarbeiter mit einem Preßlufthammer zugange sind und nimmt das Einsetzen des Ratterns fast schon gar nicht mehr wahr. Der vorher neue Reiz ist nun bekannt und löst keine volle Orientierungsreaktion mehr aus. Der Habituationsprozeß hat bereits begonnen.

Eine habituationsbedingte Reaktionsverminderung tritt aber nicht oder nur verzögert auf [25], wenn

- Reizqualität oder Reizintensität sich ändern,
- sehr komplexe Reizmuster präsentiert werden,
- eine Reizdiskrimination oder eine anderweitige

Tabelle **2-5** Die Beziehung zwischen psychophysiologischem Zustand, Aufmerksamkeits- bzw. Bewußtseinsgrad und Verhaltensleistung [nach 21].

psychophysiologischer Zustand	Aufmerksamkeits-/ Bewußtseinsgrad	Verhaltensleistung
starke Gefühle, Erregung und Spannung	eingeengtes Bewußtsein, Aufmerksamkeitsspaltung, Konfusion	desorganisiert, Mangel an Kontrolle, Schreck- oder Panikreaktionen
wache Aufmerksamkeit	selektive Aufmerksamkeit, Erwartung und Antizipation, Konzentration	gut organisiert, optimale Leistungsfähigkeit und Reaktionsbereitschaft
entspannte Wachheit	wandernde Aufmerksamkeit, „freie" Assoziation	gute Routinereaktionen, schöpferische Leistungen
Schläfrigkeit	teilweise Aufmerksamkeits- und Bewußtseinsverluste, Bilddenken, Pseudohalluzinationen	unkoordiniert, verzögerte Reaktionen, gestörte Zeitsequenzen bei Geschicklichkeitsleistungen
Leichtschlaf	stark herabgesetztes Bewußtsein, erhöhte Reizschwelle	Reaktionen nur auf sehr starke oder bestimmten Einstellungen entsprechende Reize
Tiefschlaf	Bewußtseinsverlust	–
aktivierter Schlaf (= REM-Schlaf)	Traumaktivität, stark erhöhte Reizschwelle	–

Entscheidung gefordert wird,
- ein sehr hoher oder sehr niedriger Aktiviertheitszustand besteht (z.B. extrem ängstlich-erregt oder völlig übermüdet).

Es besteht aber nicht nur – wie aus dem letztgenannten Aspekt hervorgeht – ein systematischer Zusammenhang zwischen Aktivation und Habituation, sondern auch zwischen Aktivation und selektiver Aufmerksamkeit bzw. zwischen Aktivation und Leistung.

Die psychophysiologische Grundlage von Aufmerksamkeitsprozessen bildet natürlich die Orientierungsreaktion: „Aufmerksamkeit beinhaltet also Aktivierung, Orientierung und Selektivität [5]."

Das zentrale Merkmal aller Aufmerksamkeitsvorgänge ist die Auswahl relevanter verhaltensdeterminierender Gegebenheiten bei Ausblendung aller gleichzeitig vorhandenen **Störreize,** die zumindest momentan irrelevant sind.

Wäre diese aufmerksamkeitsbedingte Reizselektion nicht gegeben, könnte das Zentralnervensystem wegen totaler Reizüberflutung, verbunden mit maximaler Aktivation, überhaupt nicht arbeiten. Die Leistungsfähigkeit des Gehirns wäre damit völlig blockiert. In abgeschwächter Form zeigt sich dies bereits bei höheren Aktiviertheitsgraden. Aber auch bei Zuständen relativer Desaktivierung scheint die Leistungsfähigkeit des Organismus nicht gerade optimal zu sein (Tab. 2-5).

Der hier sichtbare Zusammenhang zwischen Aktivation und Leistung wird nach seinen Entdeckern als **Yerkes-Dodson-Regel** bezeichnet, und zwar „besteht zwischen Aktivation und Leistung eine umgekehrt U-förmige Beziehung (Abb. 2-5), d.h., die Leistung ist bei geringer Aktivierung schwach, sie steigt dann bis zu einem Optimum bei mittleren Aktivationsgraden und fällt mit weiter wachsender Aktivierung (bis hin zu Erregungszuständen) wieder ab [5]."

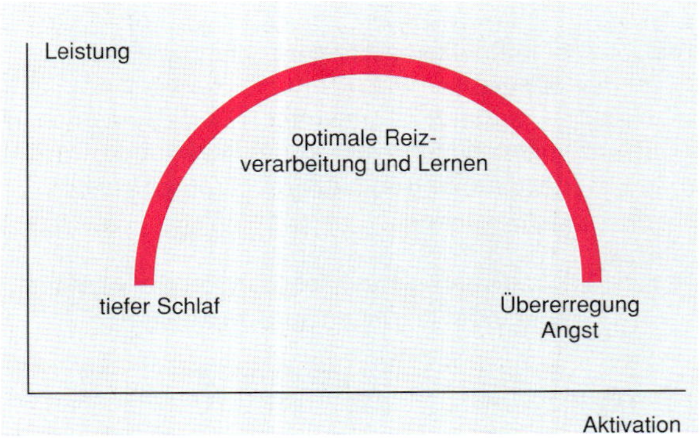

Abb. **2-5** Zusammenhang zwischen Aktivation und Leistung nach der Yerkes-Dodson-Regel [nach 21].

Betont wird vor allem ihre Abhängigkeit von der Art der Leistungsanforderung: Je komplexer und schwieriger eine Aufgabe ist, desto niedriger liegt – bis zu einem bestimmten Grenzwert natürlich – das Aktivierungsoptimum.

Die generelle Gültigkeit der Yerkes-Dodson-Regel für alle möglichen Verhaltensleistungen ist aber stark in Zweifel zu ziehen: Fraglich ist z.B., ob sie für Lernprozesse uneingeschränkt zutrifft [5]. Sicherlich sind Lernprozesse nicht möglich ohne ein adäquates zentralnervöses Aktiviertheitsniveau (wie z.B. im Zustand der Bewußtlosigkeit), aber auch subkortikale Strukturen des Limbischen Systems und hier vor allem die Hippocampus-Formation sind für Lern- und damit auch Gedächtnisprozesse von entscheidender Bedeutung [2, 26, 27].

Dies scheint vor allem für die Kurzzeitspeicherung sprachgebundener Informationen zu gelten. Wird der Hippocampus beidseitig zerstört, so ist eine Speicherung von neuen Reizen länger als 60 Sekunden besonders dann nicht mehr möglich, wenn durch ablenkende Reize die dauernde verbale Repetition dieses neuen Reizmaterials auch noch gestört wird [2]. Altes Gedächtnismaterial scheint dagegen so gut wie gar nicht in Mitleidenschaft gezogen zu werden.

Studienfragen

Existiert ein Zusammenhang zwischen Bewußtseinsgrad und EEG-Rhythmus, und falls ja, welcher?
(s. S. 36)
Welches sind die wesentlichen Komponenten der Orientierungsreaktion und was ist Habituation?
(s. S. 36, 37)
Wie ist der Zusammenhang zwischen Aktivation und Leistung?
(s. S. 38)

2.2.3 Streß

Zum Streßphänomen (s. Kap. 3.1, 3.3, 6.2, 8.1 und 8.5), das man als eng verknüpft mit dem Aktivationskonzept sehen kann, existiert eine unübersehbare Fülle an Fach- wie auch populärwissenschaftlicher Literatur. Um begriffliche Schwierigkeiten durch die inflationäre und undifferenzierte Verwendung des Terminus Streß zu vermeiden, sollte zwischen **Stressoren** als Auslösern von Streßzuständen und **Streßreaktionen** als Antwortmustern auf Streßreize unterschieden werden [20]. Plausible Ansätze zur Klassifikation von Stressoren liegen bereits vor (Tab. 2-6).

Dabei muß allerdings berücksichtigt werden, daß es – von extremen Ausnahmen abgesehen – keine Belastungen geben kann, die sich auf jedes Individuum in gleichem Maße auswirken (sog. Standardstressoren), weil sie aufgrund persönlichkeitsspezifischer **Bewertungsprozesse** je unterschiedlich erlebt werden [20]:

Tabelle **2-6** Klassifikation von Stressoren [1].

1. Äußere Stressoren

- Veränderung des „sensorischen Inputs" im Sinne von:
  a) Überflutung (Lärm, Licht, Vibration)
  b) Entzug sensorischer Informationen (sensorische Deprivation bzw. Restriktion)
- Schmerzreize (elektrische, thermische, chemische oder mechanische Reizung oder Läsionen)
- reale oder simulierte Gefahrensituationen (z. B. Fallschirmabsprünge, Unfälle, Operationen, Kampfsituationen)

2. Reizentzug (zur Deprivation primärer Bedürfnisse führend) von

- Nahrung
- Wasser
- Schlaf
- Bewegung und Aktivität
- Temperaturkonstanz

3. Leistungsstressoren

- Leistungsüberforderung (Zeitdruck, Mehrfacharbeit, Ablenkung)
- Leistungsunterforderung (monotone, gleichförmige Aufgaben)
- Versagen in Leistungssituationen, Kritik an der Arbeit
- Prüfungen

4. Soziale Stressoren

- soziale Isolation
- interpersonale Konflikte
- Änderung von Lebensgewohnheiten
- Verlust von Verwandten
- Isolierung von Eltern

5. Andere Stressoren

- Entscheidungskonflikte
- Ungewißheit über zukünftige Ereignisse (uncertainty, unpredictability)

Beispiel: Von zwei Ärzten, die in der Unfallchirurgie arbeiten, will der eine wegen der hohen Arbeitsanforderungen einen beruflichen Wechsel anstreben, während der andere gerade in dieser Art der ärztlichen Tätigkeit eine Herausforderung sieht, mit der er sich recht wohl fühlt.

Selye, der Nestor der Streßforschung, gab dem physiologischen Reaktionsmuster auf einen Stressor den Namen **General Adaptation Syndrome** (GAS = generelles Adaptations-Syndrom) (Abb. 2-6) und betonte dabei die Existenz eines triphasischen Reaktionszyklus, bestehend aus

- Alarmreaktion
- Widerstandsstadium
- Erschöpfungsstadium

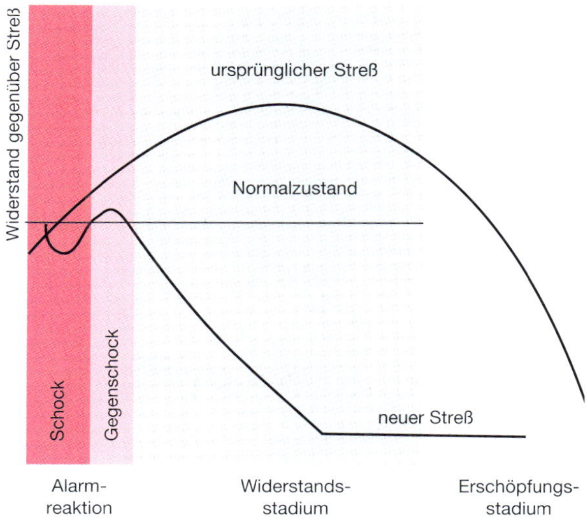

Abb. **2-6** Selyes Allgemeines Adaptationssyndrom. Auf die erste Alarmreaktion folgt ein Widerstandsstadium: Der Widerstand gegenüber dem ursprünglichen, weiter fortwirkenden Streß wird erhöht, der Widerstand gegenüber anderen Stressoren dagegen herabgesetzt. Wenn der Streß lange genug andauert, wird das Widerstandsstadium von einem Erschöpfungsstadium abgelöst: Der Widerstand gegenüber jeglichem Streß nimmt katastrophal ab [2].

Dieses gesamte Reaktionsmuster wird aber nur vollständig durchlaufen, wenn massive und langanhaltende Streßreize auf den Organismus einwirken. Eine besondere Bedeutung hat bei der Streßreaktion nach Selye die sog. Hypothalamus-Hypophysen-Nebennierenrinden-Achse mit ACTH (adrenokortikotropes Hormon) und den Glucocorticoiden, vor allem Cortisol (Abb. 2-7) [29].

Jede einzelne der drei Phasen des GAS weist einige physiologische Charakteristika auf [2, 20]:

- **Alarmreaktion:** allgemein erhöhter Sympathikotonus mit z. B. gesteigerter Herzfrequenz, Blutdruckanstieg und verstärkter Respiration; vermehrte Katecholaminausschüttung (Adrenalin und Noradrenalin), ACTH- und Corticoidmobilisierung.
- **Widerstandsstadium:** Produktionssteigerung von Nebennierenhormonen wie z. B. Cortisol; zur Belastungskompensation und Energiemobilisierung, Erhöhung des gesamten Blutzuckerstoffwechsels, Steigerung der Empfindlichkeit der Gefäßmuskulatur für Adrenalin und Noradrenalin sowie Reduktion der Schilddrüsen- und

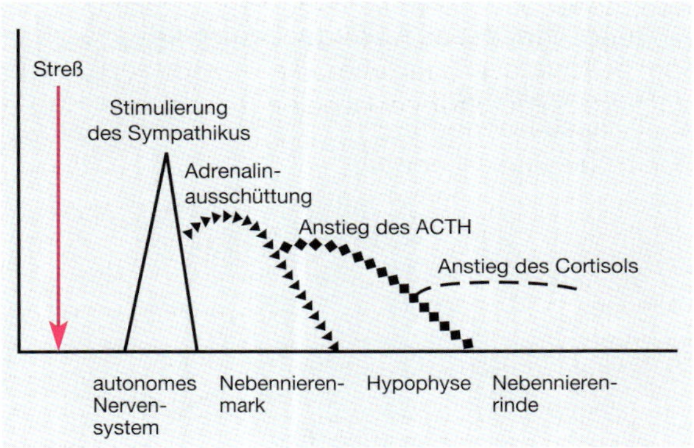

Abb. **2-7** Ablauf einiger biochemischer Parameter nach Streß mit zeitlicher Versetzung ihrer Konzentrationsmaxima im Blutplasma [28].

Sexualfunktion, Störungen bzw. Unterbrechungen des Menstruationszyklus.

- **Erschöpfungsstadium:** Dekompensationserscheinungen der Reproduktionsfunktionen, der Wachstumsvorgänge und der Immunkompetenz, Wundheilungsstörungen, lediglich kurzzeitige Energiemobilisierung möglich, Auftreten von organischen Beeinträchtigungen wie z.B. Magengeschwüren.

Streßreaktionen treten besonders deutlich auf unter Bedingungen, die im Zusammenhang stehen mit mangelnder Vorhersehbarkeit und Kontrollierbarkeit von Stressoren, unzureichender Bewältigungskompetenz und fehlender sozialer Unterstützung [30].

So kann unter ungünstigen Umständen allein die Krankenhauseinweisung für einen Patienten zusätzlich zu seiner Erkrankung eine erhebliche Belastung darstellen: Die unbekannte, kaum durchschaubare und deshalb Angst auslösende Situation kann zu einem deutlichen Kontrollverlust führen. Da der Patient die Spielregeln der Institution Krankenhaus nicht kennt, kann er nur angstvoll warten, was mit ihm passieren wird. Sein unzureichender Informationsstand läßt auch keine sinnvolle Vorhersage darüber zu. Tun kann er so gut wie nichts, alles wird ja vom Krankenhaus für ihn getan. Besuchen wird ihn möglicherweise auch niemand, weil er dazu noch alleinstehend ist.

Daß das Ausmaß der Unkontrollierbarkeit von Ereignissen als eine wesentliche Determinante der Induktion von Streßreaktionen anzusehen ist und auf der anderen Seite soziale Unterstützung **streßreduzierend** wirkt, wird z.B. für den Arbeitsbereich eingehend beschrieben [31]. Untersuchungen aus der sog. **Life-event-Forschung** (s. Kap. 6.2) zeigen zusätzlich sehr eindrücklich, daß kritische

Tabelle **2-7** Klassifikation von Strategien der Bewältigung [32].

Ebene	Bewältigung/Coping
individuell	
• kognitiv-emotional	Aufmerksamkeitszuwendung versus -abwendung Ablenkung Antizipation, psychische Vorbereitung Intrapsychische Problemlösungsbemühungen Selbstinstruktionen Psychische Entspannung Selbstanschuldigung Kausalattribution (Kontrollillusion, selbstwerterhaltende/-steigernde Attributionen) Unterdrückung/Suppression von Gedanken/Impulsen Grübeln Phantasie, Tagtraum, Humor, Wunschdenken Relativierung durch Vergleich Neubewertung, veränderte Zukunftsorientierung, Sinngebung, Religiosität
• behavioral	Modifikation (Selbst/Umwelt) Informationssuche Physische Entspannung Compliance Vermeidung, Flucht Nichtstreßbezogene Aktivität (z.B. körperliche Betätigung) Ablenkung (allein/Kontakt mit anderen) Drogenkonsum Abreagieren (Affektentladung, Gefühle ausdrücken)
interpersonal	Bewertung/Definition von Problemen Gemeinsame Problemlösungsbemühungen, sozialer Vergleich Suchen emotionaler/instrumenteller Unterstützung Veränderung alltäglicher Rollenerwartungen Strategien im Umgang mit Krankheit gegenüber sozialem Umfeld (Übergehen, Normalisierung, Identitätsausweitung)
institutionell	Nutzen gesellschaftlicher Ressourcen Suche professioneller Hilfen Ich-Stärkung durch Rollenverhalten (rollenkonformes und -nonkonformes Verhalten) Auseinandersetzung/Anstrengung zur Modifikation sozialer Institutionen

Lebensereignisse, die so gut wie keine angemessene Bewältigung (**Coping,** s. Kap. 3.2.4 und 8.5.1) zulassen (z.B. plötzlicher Tod eines geliebten Menschen) zu so massiven Streßreaktionen führen können, daß der Betroffene psychosomatisch erkrankt [30]. Streßbewältigung steht immer im Zusammenhang mit adaptiven Ressourcen des Organismus bzw. der Person und ihrer sozialen Umwelt:

„Copingprozesse werden definiert als vorwiegend bewußte, nicht automatisierte sowohl kognitiv-erlebnisorientierte als auch behaviorale Prozesse in erwarteten oder bestehenden Belastungssituationen . . . Copingfunktionen umfassen die Elimination, Reduktion, Vermeidung, Verzögerung bzw. Prävention von aversiver internaler bzw. externaler Stimulierung durch Modifikation von Selbst oder Umwelt [32]."

Die für eine Streßverarbeitung relevanten Prozesse laufen sowohl auf der biologisch-physiologischen (z.B. Infektabwehr), der emotional-erlebnismäßigen, der psychologisch-interindividuellen und kognitiven sowie der sozio-kulturellen Ebene ab [3]. Unter Vernachlässigung des biologisch-physiologischen Bereichs zeigt Tab. 2-7 eine Klassifikation von Bewältigungsstrategien, die von vergleichbaren Ebenen ausgeht [32].

Das wohl **prominenteste Copingmodell** stammt von Lazarus und seinen Mitarbeitern [33]. In diesem Konzept werden verschiedene Stufen der kognitiven Bewertung eines Stressors von der eigentlichen Bewältigung einer Belastungssituation unterschieden. Die drei grundlegenden Kategorien der sog. **primären Bewertung** sind:

- Stressor irrelevant
- Stressor günstig/positiv
- Stressor belastend

Die letzte Bewertungskategorie kann ihrerseits wiederum drei unterschiedliche Aspekte beinhalten: Stressoren können als Schädigung bzw. Verlust, Bedrohung oder Herausforderung interpretiert werden. Demgegenüber bezieht sich die sog. **sekundäre Bewertung** auf die Einschätzung der Möglichkeiten und Fähigkeiten zur Bewältigung eines Stressors. Abgesehen von *Neubewertungen,* die sich aus der Interaktion zwischen primärer und sekundärer Bewertung und Umwelt ergeben können, werden in dem Modell von Lazarus u.a. zwei Arten der Streßbewältigung voneinander abgegrenzt. Unter *problemorientiertem Coping* werden alle Bewältigungsversuche durch Informationssuche, direkte Handlung oder auch Handlungsunterlassung verstanden, während *emotionsregulierendes Coping* sich auf die Verarbeitung der stressorbedingten emotionalen Aktivierung (sog. *intrapsychisches Coping*) bezieht. Ob allerdings ein Verarbeitungsprozeß als erfolgreich oder gescheitert bezeichnet wird, ist im wesentlichen abhängig von der Perspektive des Beurteilers (z.B. Arzt versus Patient versus Angehöriger) und dem Zeitpunkt der Beurteilung (z.B. momentan versus 6 Monate später versus 6 Jahre später [32]). Außerdem darf nicht unberücksichtigt bleiben, daß ein Stressor wie der massive chronische Schmerz des Rheumapatienten bestenfalls gelindert, aber nicht vollständig beseitigt und geheilt werden kann, so daß angemessenes Coping unter diesen Umständen deutlich erschwert sein dürfte.

Studienfragen

Welches sind die wesentlichen Anteile des Streßphänomens und des GAS (General Adaptation Syndrome)?
(s. S. 39, 40)
Unter welchen Bedingungen treten Streßreaktionen besonders deutlich auf?
(s. S. 40)
Was ist Streßbewältigung/Coping und welche Bewältigungsstrategien kennen Sie?
(s. S. 40, 41)

2.2.4 Schmerz

Schmerz stellt sicherlich den Stressor par excellence in der Medizin dar. Deshalb hat es fast etwas Ärgerliches, daß er zudem auch noch eine subjektive Erlebens- und Empfindungsgröße darstellt, die einer Objektivierung nicht gerade so leicht zugänglich ist, wie z.B. die Messung der Körpertemperatur oder des Blutdrucks.

Schmerz wird folgendermaßen charakterisiert: „Dem Schmerz wird nicht allein eine einfache sensorische Nachrichtenvermittlungsrolle zugesprochen, die auf das Vorhandensein von beschädigtem Gewebe hinweist. Vorkommen und Intensität von Schmerz steht zu wenig in Zusammenhang mit dem Ausmaß der Schädigung, um ihn als einfachen Boten zu betrachten ... Statt dessen wird vorgeschlagen, daß Schmerz einen Körperzustand signalisiert, bei dem Maßnahmen zur Wiederherstellung und Erholung eingeleitet werden sollten [34]."

Mit dieser Charakterisierung in Übereinstimmung steht die durch die Schmerzforschung übrigens zugleich auch neuroanatomisch gesicherte Unterscheidung einer sensorisch-diskriminativen und einer affektiv-motivationalen Schmerzkomponente, die beide noch ergänzt werden um einen kognitiv-evaluativen Aspekt [35].

Die Funktion des **sensorisch-diskriminativen Systems** ist die Analyse der sensorischen Information (z.B. bezüglich Schmerzlokalisation, Schmerzintensität und Schmerzqualität). Die Hauptauf-

Tabelle **2-8** Schmerzreaktionsmuster [36].

Reaktionsebene	Reaktionsanteil
subjektiv-psychologisch	**offen:** z. B. Klagen, Stöhnen, Weinen **verdeckt:** Gedanken, Gefühle, Vorstellungen bezogen auf den erlebten Schmerz
motorisch-verhaltensmäßig	**muskuläre Reaktion:** reflektorisches Zurückziehen der Hand, Veränderung der Ausdrucksmotorik (registrierbar mittels EMG als muskuläre Verspannung oder durch Verhaltensbeobachtung)
physiologisch-organisch	z. B. Erregung der Nozizeptoren, Ausschüttung von Schmerzstoffen wie Bradykinin, Serotonin, Substanz P

gabe des **affektiv-motivationalen Systems** ist die Organisation und Integration von Schmerzwahrnehmung und Schmerzverhalten (z. B. Aufmerksamkeitsfokussierung, Einschätzung der Bedrohlichkeit, Einleiten einer Schonhaltung). Vergleiche mit früheren Schmerzerfahrungen, der momentanen Schmerzerwartung, eine Analyse der

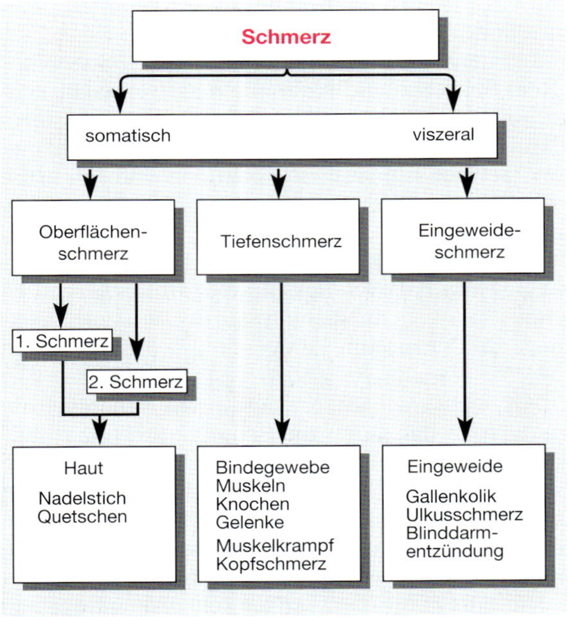

Abb. **2-8** Schmerzqualitäten. Die Lokalisation der jeweiligen Schmerzqualität und Schmerzbeispiele sind ebenfalls angegeben [37].

Schmerzbedeutung usw. liefert schließlich das **kognitiv-evaluative System.**

Der gesamtorganismische Zustand Schmerz kann aber auch von der Reaktionsseite her verstanden werden und zwar als ein **Reaktionsmuster,** das auf drei Ebenen abläuft mit subjektiv-psychologischen, motorisch-verhaltensmäßigen und physiologisch-organischen Reaktionsanteilen (Tab. 2-8), deren Zusammenhang allerdings nicht als zwangsläufig gegeben angenommen werden darf [36].

Daß dieses Reaktionsmuster auf unterschiedliche Arten von Schmerzen hin erfolgen kann, ist sicher jedem aus eigenem Erleben vertraut. Verschiedene Schmerzformen können anhand ihres Entstehungsortes als auch anhand ihrer **Charakteristik** unterschieden werden ([37], Abb. 2-8).

So wird der sog. Primärschmerz (erster Schmerz des somatischen Oberflächenschmerzes) typischerweise als stechend-hell beschrieben, während der sog. Sekundärschmerz (zweiter Schmerz des somatischen Oberflächenschmerzes) sowie der Tiefen- und Eingeweideschmerz als eher dumpf charakterisiert werden. Deshalb wird auch vom „dualen Charakter des Schmerzerlebnisses" gesprochen und lediglich der „epikritische" Oberflächenschmerz (hell, gut lokalisierbar, wenig affektbetont) vom „protopathischen" Tiefenschmerz (dumpf, schlecht lokalisierbar und irradiierend, quälend und unlustbetont) unterschieden [38].

Von klinischen Aspekten her ist es natürlich sinnvoll, darüber hinaus akute (z. B. postoperativer Wundschmerz) und chronische Schmerzzustände (z. B. Tumorschmerz) zu unterscheiden. Der akute Schmerz ist therapeutisch gut beeinflußbar, während der chronische Schmerz – weil weniger gut behandelbar – nicht allzu selten sogar zur **Schmerzkrankheit** werden kann. Während Patienten mit akuten Schmerzen aus ihrer Erinnerung zuverlässigere Angaben über die Stärke ihrer Schmerzen machen können als Kranke mit chronischen Schmerzen, haben beide aber vergleichbare Schwierigkeiten, wenn sie über einen zurückliegenden Zeitraum einen Intensitätsdurchschnittswert angeben sollen. Um Beurteilungsverzerrungen durch Erinnerungsfehler zu reduzieren, sollten Methoden zur Quantifizierung von Schmerzen für den klinischen Bereich möglichst ad hoc einsetzbar sein [39]. Damit sind die grundsätzlichen Probleme der Erfassung und Messung von Schmerz aber leider noch nicht gelöst. Das Grundproblem stellt sich dabei folgendermaßen: „Schmerz eines anderen Menschen ist nicht unmittelbar, sondern nur durch beabsichtigte oder unwillkürliche Mitteilung erfahrbar [40]." Wenn Schmerz ein nur dem Betroffenen unmittelbar zugänglicher Sachverhalt ist, dann resultiert daraus natürlich auch noch ein weiteres Problem, nämlich das einer allgemeingültigen Definition: „Es ist daher klar, daß bei der Diskussion der Schmerzmessung die offensichtliche Tatsache betont werden muß, daß es nicht leicht ist, etwas zu messen, wenn man nicht sicher weiß, was man eigentlich mißt [41].“ Eine Lösung dieses Dilemmas besteht in (der jeweiligen Situation angepaßten und auf diese beschränkten) operationalen Definitionen von Schmerz. Erschwerend kommt aber trotzdem noch hinzu, daß Schmerzerleben durch verschiedenartige endogene und exogene Einflüsse auch intraindividuellen Schwankungen unterliegt, so daß vergleichbare Schmerzreize in verschiedenen Situationen unterschiedlich erlebt werden können (z. B. allein schon aufgrund zirkadianer Schwankungen der Schmerzempfindlichkeit). Zudem sind subjektive Angaben des Patienten zum Schmerzerleben als relevanteste Indikatoren von klinischem Schmerz leider nicht frei von Wahrnehmungsverzerrungen und Verfälschungstendenzen [41]. Die sehr elaborierten methodischen Möglichkeiten zur Schmerzmessung, die von der experimentellen Schmerzforschung entwickelt wurden, sind – wenn überhaupt – nur zu einem kleinen Teil für die Messung von klinischem Schmerz zu übernehmen, denn im Gegensatz zum experimentellen Schmerz ist er meist stärker, länger anhaltend, in seiner Dauer weniger voraussagbar, schlechter willkürlich zu unterbrechen und stärker angstauslösend [40]. In der experimentellen Schmerzmessung kann außerdem sowohl die Reiz- als auch die Reaktionskomponente kontrolliert werden, während im klinischen Bereich nur Reaktionen vom Patienten auf mehr oder weniger klare, aber bereits vorgegebene Schmerzauslöser analysiert werden können [42].

Die klinische Schmerzmessung, z. B. zur Überprüfung der Wirkung von Analgetika, erfolgt meist mittels sog. Skalierungsmethoden, bei denen der Patient anhand einer vorgegebenen Skala ein Urteil über die Intensität seiner Schmerzen abgeben muß. Die gebräuchlichsten Verfahren sind die **Adjektivskala** (Abb. 2-9a), die **numerische Skala** (Abb. 2-9b) und die **visuelle Analogskala (VAS)** (Abb. 2-9c).

Bei der Adjektivskala hat sich gezeigt, daß die Qualität der Messung jenseits von 7 Stufen nicht mehr steigt. Gute Trennschärfekoeffizienten ergeben sich bei 5- bis 7stufigen Skalen. Die numerische Skala ist ähnlich aufgebaut wie die visuelle Analogskala, die es dem Patienten aber als einzige ermöglicht, die Stärke seiner Schmerzempfindung auf einem Kontinuum darzustellen. Dies entspricht der Natur einer kontinuierlichen Variablen, wie dem Schmerz, natürlich eher als diskrete verbale Stufen.

Die VAS scheint zwar sensibler auf Schmerzintensitätsänderungen anzusprechen (z. B. nach Analgetikagabe), aber anfälliger gegen spontanes Gleiten der Beurteilungskriterien des Patienten zu sein [40]. Eine interessante Variation der VAS, bei der etwa vergleichbar wie bei einem Rechenschieber die Schmerzintensität stufenlos eingestellt werden kann, wurde in den letzten Jahren vorgelegt [43].

Insgesamt konnten zwischen den verschiedenen Skalen zur Messung der Schmerzintensität hohe Korrelationen nachgewiesen werden [41, 43]. Möglichkeiten zur Erfassung der Schmerzqualität bieten empirisch abgesicherte Adjektivlisten, die, in steigender Intensität angeordnet, sogar eine kombinierte Messung beider Aspekte (Intensität und Qualität) erlauben (Tab. 2-9).

Der **McGill Pain Questionnaire (MPQ)** ist ein relativ umfassendes Meßinstrument, bestehend aus 102 schmerzbeschreibenden Wörtern, mit dem sowohl sensorische und affektive als auch beurteilende (evaluative) Aspekte des Schmerzerlebens erfaßt werden können. Allerdings ist der hohe

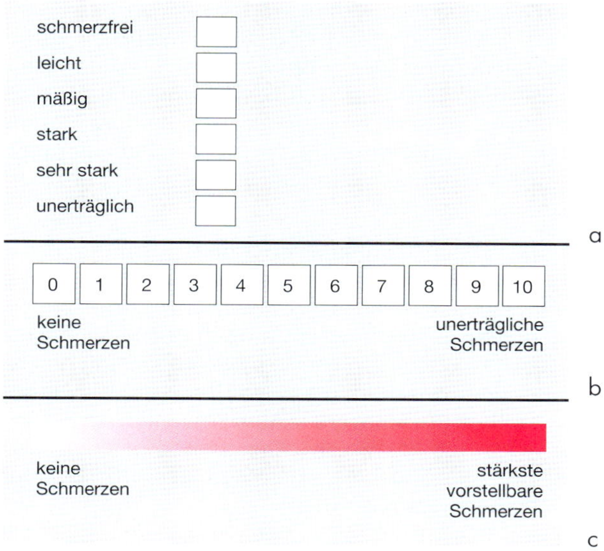

Abb. **2-9a–c** Skalen für die Erfassung der Schmerzintensität.
a) Beispiel einer Adjektivskala (verbal rating scale, VRS).
b) Beispiel einer numerischen Skala. Außer der Zehnerskala werden auch andere Einteilungen verwendet.
c) Beispiel für eine visuelle Analogskala (visual analogue scale, VAS) [nach 39].

Tabelle **2-9** Liste von Eigenschaftswörtern, welche die sensorisch diskriminative und die affektive Dimension des Schmerzes beschreiben. Beide Listen sind nach zunehmender Intensität geordnet [40].

Dimensionen des Schmerzes	
sensorisch diskriminativ	affektiv
schwach	neutral
merklich	störend
mäßig stark	irritierend
deutlich	unangenehm
kräftig	beunruhigend
stark	beängstigend
sehr stark	quälend
extrem stark	unerträglich

Schwierigkeitsindex vieler Wörter kritisiert worden, weil er den Verwendungsgrad dieses Schmerzfragebogens limitiert [41]. Andererseits wird der MPQ der Multidimensionalität des Phänomens Schmerz eher gerecht als andere Verfahren. Für die Erfassung von klinischem Schmerz werden nämlich mehrere grundsätzliche Forderungen erhoben [40]:

- Krankheitsbedingter Schmerz sollte mehrdimensional gemessen werden.
- Wirksamkeitsvergleiche zwischen unterschiedlichen Schmerzbehandlungsmethoden sind nur dann sinnvoll, wenn vergleichbare Schmerzzustände einander gegenübergestellt werden (z.B. sind schwere Zahnschmerzen nicht mit schweren Karzinomschmerzen zu vergleichen).
- Psychologische Randbedingungen müssen auch berücksichtigt werden.

Man weiß z.B., daß die Schwelle für Schmerzempfindungen durch Angst, Depression, Inaktivität usw. **herab-** und durch Ablenkung, Befundbesserung, Kontrollierbarkeit des Schmerzes usw. **heraufgesetzt** wird. Das individuelle Schmerzverhalten hängt außerdem wesentlich ab von früheren Erfahrungen mit Schmerzreizen und den diesbezüglichen durch die **sozio-kulturelle** Umwelt sowie durch **familiäre** Erziehungsprozesse vermittelten Lernvorgängen [44, 45].

Bei Neugeborenen scheint es noch ein eher angeborenes Verhaltensmuster auf Schmerzreize zu geben: unmittelbarer, lauter und langer Schrei, dann temporärer Atemstillstand und Übergang zu rhythmischem Weinen (alles begleitet von entsprechendem motorischen Verhalten). Dieses Weinen fällt um so stärker aus, je massiver der Schmerzreiz war. Im Laufe der ontogenetischen Entwicklung des Kindes differenziert sich dieses Muster einmal durch das zunehmende Vermögen, neue Informationen bezüglich Schmerz in bereits vorhandenes Erfahrungswissen zu integrieren sowie mit der Umwelt vermehrt in Interaktion treten zu können, und zum anderen durch die sozialen Konsequenzen auf Schmerzäußerungen, die z.B. in liebevoller Fürsorge, aber auch Zurechtweisung bestehen können. Einer der wichtigsten Einflußfaktoren auf die **Schmerzsozialisation** dürfte **Modellernen** durch Beobachtung und Nachahmung sein, in Verbindung mit entsprechenden korrigierenden Rückkopplungen, z.B. durch wichtige Bezugspersonen wie die Eltern. Diese beeinflussen ihre Kinder auf zweierlei Weise: Sie vermitteln ihnen einen Umgang mit Schmerzen, der noch am ehesten ihrem eigenen Erleben und Verhalten entsprechen dürfte, und sie sind bestrebt, diese Erwartungen und Vorstellungen durchzusetzen. Damit tradieren sie natürlich auch immer familien-, bezugsgruppen- und kulturspezifische Aspekte von Schmerzverhalten. Dies kann sogar zur Übernahme inadäquater Verhaltensmuster führen. So haben z.B. Kinder, die an funktionellen oder psychogenen Magenschmerzen leiden, mit ziemlicher Wahrscheinlichkeit ein entsprechendes Vorbild in ihrer Familie, das sie kopieren. Insgesamt scheinen die relevanten Unterschiede zwischen verschiedenen **ethnischen** und **kulturellen** Gruppierungen nicht im Bereich der Empfindungsschwelle für Schmerzreize zu liegen, sondern eher in der Reaktions- oder Toleranzkomponente des Schmerzes. Etwas plakativ ausgedrückt, zeigt sich dabei ein Nord-Süd-Gefälle, also eine zurückhaltendere Schmerzäußerung bei Nordeuropäern (z.B. Iren) gegenüber Südeuropäern (z.B. Italienern). Entscheidend für diesen unterschiedlichen Umgang mit Schmerzreizen sind nachgewiesenermaßen gruppenspezifische Einstellungsdiskrepanzen bezüglich der Art und Weise, Schmerz zu bewältigen. Weder ist das eine richtig noch das andere falsch, sondern jeder begegnet dem Schmerz auf seine Weise, wie er es gelernt hat.

Vergleichbares gilt wohl auch für **geschlechtsspezifische Differenzen:** Ob Unterschiede zwischen Männern und Frauen bezüglich der Empfindungsschwelle für Schmerz existieren, ist zumindest weitaus fraglicher als die relativ gut gesicherte höhere Schmerztoleranzschwelle bei Männern. Letztere steht damit in Übereinstimmung zu gängigen sozialen Standards, die vom Mann bezüglich Schmerzen mehr Selbstkontrolle als von der Frau fordern. Interessanterweise zeigte sich auch bei einigen klinischen Studien, daß Frauen tendenziell früher Analgetika bekommen als Männer, und zwar bereits bevor sie über Schmerzen klagen. Bei männlichen Patienten dagegen wurde erst dann ein Schmerzmittel gegeben, wenn entsprechende Schmerzäußerungen deutlich wurden [45].

Besondere klinisch-praktische Bedeutung als Schmerzdeterminante kommt der Angst, und zwar speziell der Erwartungsangst des Patienten vor Schmerzen, zu.

Luderer und Bischoff konnten zeigen, daß das Ausmaß der Schmerzerwartung die Intensität des Schmerzerlebens bestimmt [46].

Demnach wird ein Patient mit massiver Erwartungsangst vor Schmerzen sehr wahrscheinlich größere Schmerzen erleben als derjenige mit geringer Schmerzerwartung. Die Verbindung zwischen Schmerzerleben und Erwartungsangst bildet auch das Kernstück des in den fünfziger Jahren von Dick-Read für die Geburtshilfe beschriebenen sog. **Angst-Spannung-Schmerz-Syndroms** [47]. Danach führt Angst vor Wehenschmerzen zu einer

Spannungserhöhung der quergestreiften Muskulatur des unteren Uterus, die als Schmerz empfunden wird, ihrerseits die Angst wieder verstärkt, wodurch die Spannung erhöht wird usw. Die Unterbrechung dieses Circulus vitiosus ist zum Ausgangspunkt der sog. schmerzarmen Geburt nach Dick-Read geworden. Obwohl es nicht gerade unplausibel erscheint, die Beziehung zwischen Angst – Spannung – Schmerz auch auf chronische Schmerzzustände zu übertragen und entsprechend therapeutisch zur Schmerzkontrolle zu nutzen, ist es unzulässig, daraus zu schließen, daß zwischen Angst – Spannung – Schmerz eine lineare Beziehung besteht [47]. Für eine Chronifizierung von Schmerzen durch muskuläre Spannungen sprechen allerdings klinische Erscheinungen wie z.B. der Hartspann (anhaltender, reflektorischer Muskelspasmus) und Myogelosen (umschriebene, schmerzhafte Muskelhärte) [48]. Zur Unterbrechung eines Angst-Spannungs-Schmerz-Zyklus sind muskuläre Entspannungsverfahren besonders gut geeignet und zwar wohl um so besser, je regelmäßiger und ausdauernder sie praktiziert werden [36]. Zur Schmerzkontrolle geeignet sind aber auch weniger aufwendige Verfahren wie z. B. die angemessene, vorbereitende Information des Patienten über zu erwartende Schmerzen während einer bevorstehenden, bei Bewußtsein erfolgenden diagnostischen Maßnahme oder nach einem chirurgischen Eingriff. Allein dies kann schon dazu führen, das Gefühl des Ausgeliefertseins gegenüber dem Schmerz zu reduzieren zugunsten einer Verbesserung der subjektiven Schmerzkontrolle, die hierbei in der (informationsbedingten) Vorhersagbarkeit von Schmerzereignissen besteht und wahrscheinlich zu einer Verminderung der erlebten Schmerzintensität führt.

Die **subjektive Schmerzkontrolle** scheint beim Schmerzerleben eine Schlüsselrolle zu spielen [49]. Die Ergebnisse einer entsprechenden Studie sprechen dafür, daß die vom Patienten wahrgenommene Kontrollmöglichkeit nicht nur die Angst vor einem ärztlichen Eingriff, sondern auch die damit verbundenen Schmerzen reduziert [50].

Entscheidend ist in diesem Zusammenhang wie auch in vielen anderen klinischen Bereichen das Arztverhalten, denn der Arzt kann dem Patienten sowohl das schmerzverstärkende Gefühl von Ausgeliefertsein und totalem Kontrollverlust vermitteln als auch das schmerzreduzierende Gefühl, bei Bedarf Einfluß auf eine schmerzhafte Prozedur nehmen zu können, indem diese z.B. auf ein entsprechendes Zeichen des Patienten hin für einen Moment unterbrochen wird. Zur Behandlung von chronischen Schmerzzuständen sind allerdings oft ausgefeilte **Schmerzbewältigungs-** und **Schmerzkontrollprogramme** (z.B. Schmerzimpfungstraining) indiziert, die in meist interdisziplinär arbeitenden spezialisierten Schmerzkliniken eingesetzt werden.

Studienfragen

Wie läßt sich Schmerz charakterisieren und welche Schmerzkomponenten werden unterschieden?
(s.S. 41, 42)

Welches sind die grundsätzlichen Probleme der Erfassung und Messung von Schmerz und mit welchen Methoden arbeitet die klinische Schmerzmessung?
(s.S. 43, 44)

Was ist Schmerzsozialisation und wie wirkt sie sich aus?
(s.S. 44, 45)

Literatur

1 Janke, W.: Psychophysiologische Grundlagen des Verhaltens, S. 1–101. In: Kerekjarto, M. v. (Hrsg.): Medizinische Psychologie. Springer, Berlin 1974.
2 Birbaumer, N.: Physiologische Psychologie. Springer, Berlin 1975.
3 Becker-Carus, C. (1981): Grundriß der Physiologischen Psychologie. Quelle & Meyer, Heidelberg 1981.
4 Lanc, V.: Psychophysiologische Methoden. Kohlhammer, Stuttgart–Berlin–Köln–Mainz 1977.
5 Rogge, K.-E.: Physiologische Psychologie. Urban & Schwarzenberg, München–Wien–Baltimore 1981.
6 CIPS (Collegium Internationale Psychiatriae Scalorum): Internationale Skalen für Psychiatrie, 3. Auflage. Beltz, Weinheim 1986.
7 v. Zerssen, D., D. M. Koeller, E. R. Rey: Die Befindlichkeitsskala (B-9). Ein einfaches Instrument zur Objektivierung von Befindlichkeitsstörungen. Arzneimittelforschung 20 (1970) 915–918.
8 Janke, W., G. Debus: Die Eigenschaftswörterliste (EWL). Hogrefe, Göttingen 1978.
9 Laux, L., P. Glanzmann, P. Schaffner, C. D. Spielberger: Das State-Trait-Angstinventar (STAI). Beltz, Weinheim 1981.

10 Hamilton, M.: Hamilton Depression Scale. In: Grey, W. (ed.): ECDEU Assessment Manual for Psychopharmacology, Rev. Ed. Rockwill, Md. 1976.
11 Shader, R. I., J. S. Harmatz, C. A. Salzman: A new scale for clinical assessment in geriatric populations: Sandoz Clinical Assessment Geriatric Scale (SCAG). Journal of the American Geriatrics Society 22 (1974) 107–113.
12 Düker, H., G. A. Lienert: Konzentrationsleistungstest, 2. Auflage. Hogrefe, Göttingen 1965.
13 Abels, D.: Konzentrations-Verlaufs-Test (KVT), 2. Auflage. Hogrefe, Göttingen 1961.
14 Fahrenberg, J., P. Walschburger, F. Foerster, M. Myrtek, W. Müller: Psychophysiologische Aktivierungsforschung. Minerva, München 1979.
15 Hodapp, V., G. Weyer, P. Becker: Situational stereotypy in essential hypertension patients. Journal of Psychosomatic Research, 19 (1975) 113–121.
16 Funkenstein, D.: The physiology of fear and anger. Scientific American, 192 (1955) 74–80.
17 Sperry, R. W.: Forebrain commissurotomy and conscious awareness. Journal of Medical Philosophy, 2 (1977) 101–126.
18 Werth, R.: Bewußtsein. Springer, Berlin 1983.
19 Engel, R.: Schlaf und Traum, S. 410–424. In: Hermann T., P. R. Hofstätter, H. P. Huber, F. E. Weinert (Hrsg.): Handbuch psychologischer Grundbegriffe. Kösel, München 1977.
20 Schandry, R.: Psychophysiologie. Urban & Schwarzenberg, München–Wien–Baltimore 1981.
21 Schulz, H. (1978): Schlaf, Aufmerksamkeit und Bewußtsein, S. 799–843. In: Stamm, R. A., H. Zeier (Hrsg.): Psychologie des 20. Jahrhunderts, Bd. 6. Kindler, Zürich 1978.
22 Hauss, K. (Hrsg.): Medizinische Psychologie im Grundriß, 2. Auflage, S. 91. Hogrefe, Göttingen 1981.
23 Lindsley, J. G.: Sleep patterns and functions, pp. 105–141. In: Gale, A., J. A. Edwards (eds.): Physiological correlates of human behaviour. Vol. 1. Academic Press, London 1983.
24 Legewie, H., W. Ehlers: Knaurs moderne Psychologie. Droemer Knaur, München 1978.
25 Vaitl, D.: Psychophysiologische Meßmethoden, S. 276–307. In: Schmidt, L. R. (Hrsg.): Lehrbuch der Klinischen Psychologie, 2. Auflage. Enke, Stuttgart 1984.
26 Bösel, R.: Physiologische Psychologie. de Gruyter, Berlin 1981.
27 Hellhammer, D.: Gehirn und Verhalten. Aschendorf, Münster 1983.
28 Bender, F.: Belastungsreaktionen in der Symptomatologie interner Erkrankungen, S. 177–188. In: Eiff, A. W. v. (Hrsg.): Streß. Thieme, Stuttgart 1980.
29 Selye, H.: The story of the adaption syndrome. Acta, Inc., Montreal 1952.
30 Nitsch, J. R.: Streßtheoretische Modellvorstellungen, S. 52–141. In: Nitsch, J. R. (Hrsg.): Streß. Huber, Bern 1981.
31 Udris, I.: Streß in arbeitspsychologischer Sicht, S. 391–499. In: Nitsch, J. R. (Hrsg.): Streß. Huber, Bern 1981.
32 Beutel, M.: Bewältigungsprozesse bei chronischen Erkrankungen. Edition Medizin, Weinheim 1988.
33 Lazarus, R. S., R. Launier (1981): Streßbezogene Transaktionen zwischen Person und Umwelt, S. 213–259. In: Nitsch, J. R. (Hrsg.): Streß: Theorien, Untersuchungen, Maßnahmen. Huber, Bern 1981.
34 Wall, P. D.: Die drei Phasen des Übels: Die Beziehung von Verletzung und Schmerz, S. 30–45. In: Keeser, W., E. Pöppel, P. Mitterhusen (Hrsg.): Schmerz. Urban & Schwarzenberg, München–Wien–Baltimore 1982.
35 Keeser, W., M. Bullinger: Schmerz. In: Euler, H. A., H. Mandl (Hrsg.): Emotionspsychologie, S. 213-218. Urban & Schwarzenberg, München–Wien–Baltimore 1982.
36 Birbaumer, N. (1986): Schmerz, S. 113–134. In: Miltner, W., N. Birbaumer, W.-D. Gerber (Hrsg.): Verhaltensmedizin. Springer, Berlin 1986.
37 Schmidt, R. F.: Somato-viscerale Sensibilität: Hautsinne, Tiefensensibilität, Schmerz, S. 229-225. In: Schmidt, R. F., G. Thews (Hrsg.): Physiologie des Menschen, 21. Auflage. Springer, Berlin 1983.
38 Strempel, H.: Der anale Charakter des Schmerzerlebnisses. Deutsches Ärzteblatt, 43 (1981) 2017–2024.
39 Seemann, H.: Schmerzdokumentation für den ambulanten Patienten, S. 247–259. In: Zimmermann, M., H. O. Handwerker (Hrsg.): Schmerz. Springer, Berlin 1984.
40 Handwerker, H. O.: Experimentelle Schmerzanalyse beim Menschen, S. 87–123. In: Zimmermann, M., H. O. Handwerker (Hrsg.): Schmerz. Springer, Berlin 1984.
41 Wolff, B. B.: Die Messung von Schmerz beim Menschen, S. 113–148. In: Keeser, W., E. Pöppel, P. Mitterhusen (Hrsg.): Schmerz. Urban & Schwarzenberg, München–Wien–Baltimore 1982.
42 Lehrl, S., R. Cziske (1980): Messung von Schmerzen durch Adjektiv-Skalen und Untersuchungen zur faktoriellen Stabilität der Schmerzsprache. In: Davies-Osterkamp, S., E. Pöppel (Hrsg.): Themenheft Emotionsforschung. Medizinische Psychologie, 6, 163–181.
43 Kirsch, D.: Möglichkeiten der Schmerzmessung bei akuten postoperativen Schmerzen – Vergleich einer modifizierten visuellen Analogskala mit herkömmlichen Methoden. Unveröff. Diss. Johannes-Gutenberg-Universität, Mainz 1987.
44 Craig, K. D.: Ontogenetische und kulturelle Einflüsse beim Schmerz, S. 377–391. In: Keeser, W., E. Pöppel, P. Mitterhusen (Hrsg.): Schmerz. Urban & Schwarzenberg, München–Wien–Baltimore 1982.
45 Weisenberg, M.: Schmerz und Schmerzkontrolle, S. 191–240. In: Keeser, W., E. Pöppel, P. Mitterhusen (Hrsg.): Schmerz. Urban & Schwarzenberg, München–Wien–Baltimore 1982.
46 Luderer, H. J., C. Bischoff: Schmerzerwartung und Schmerzwahrnehmung in experimentellen und klinischen Situationen. Medizinische Psychologie, 4 (1978) 164–178.
47 Beck, N. C., et al.: Geburtsvorbereitung und Schmerz, S. 392–413. In: Keeser, W., E. Pöppel, P. Mitterhusen (Hrsg.): Schmerz. Urban & Schwarzenberg, München–Wien–Baltimore 1982.
48 Zimmermann, M.: Physiologie von Nozizeption und Schmerz, S. 1–43. In: Zimmermann, M., H. O. Handwerker (Hrsg.): Schmerz. Springer, Berlin 1984.
49 Bullinger, M., C. Turk: Selbstkontrolle: Strategien zur Schmerzbewältigung, S. 241–283. In: Keeser, W., E. Pöppel, P. Mitterhusen (Hrsg.), Schmerz. Urban & Schwarzenberg, München–Wien–Baltimore 1982.
50 Bischoff, C., H. J. Luderer: Arztverhalten, Schmerzerwartung und Schmerzwahrnehmung bei ärztlichen Eingriffen. Medizinische Psychologie, 7 (1981) 1–26.

3 Emotion und Motivation

Inhalt

3 Emotion und Motivation

3.1 Emotion

Rolf Verres

Emotionale Störungen als Behandlungsanlaß

In der Bundesrepublik Deutschland verordnen allmonatlich etliche Ärzte Millionen Packungen Psychopharmaka, also Arzneimittel, die hauptsächlich die menschlichen Emotionen beeinflussen. Mittel, die emotionales Erleben dämpfen sollen (Tranquilizer), werden dabei weit häufiger eingesetzt als psychoaktive Substanzen.

Folgende emotionale Probleme können zu einer ärztlichen Behandlung durch ein Beratungsgespräch, eine Psychotherapie oder eine Medikamentenverordnung führen:

- **Eine zu intensive Emotionalität:** Der Patient klagt über zu starke oder zu häufige Gefühle einer bestimmten Art, z. B. über heftige Ängste.
- Ein störendes Erleben **körperlicher Äquivalente** von Emotionen: Der Patient klagt über Herzjagen, Erröten, Erbrechen oder Durchfälle ohne somatisch-pathologischen Befund.
- Ein Erleben der **„falschen" Emotionen:** Der Patient klagt über ihm selbst schwer verständliche Schuldgefühle, über Grübelzwänge oder sadistische Impulse.
- Ein **emotionales Defizit:** Der Patient beklagt, zu wenig oder überhaupt keine Gefühle (z. B. Freude, sexuelle Erfüllung) erleben zu können.
- Ein **störendes Auffallen:** Bezugspersonen (z. B. Angehörige, Pflegepersonen) halten starke Ängste oder Depressionen eines Patienten, z. B. im Zusammenhang mit Körpereingriffen, für unangemessen.

Komponenten von Emotionen

Emotionen sind subjektive Gemütsbewegungen, deren Komponenten auf verschiedenen Beschreibungsebenen dargestellt werden können.

- **Kognitive Komponenten:** Emotionen lassen sich als Ergebnis einer wertenden Einschätzung äußerer und innerer Ereignisse begreifen, d. h. als Ergebnis einer subjektiven Erkenntnistätigkeit. Das emotionale Erleben von Ereignissen widerfährt uns nicht einfach passiv, sondern es entspricht zugleich einer Interpretation, die in wechselndem Ausmaß intuitiv oder reflexiv abläuft.
- **Physiologische Komponenten:** Bei Aktivation führt das sympathiko-adrenerge System zu einer Umstellung autonom-vegetativer Prozesse (u. a. auch durch zentrale Aktivierung der Formatio reticularis), die gemeinhin als **Erregung** empfunden wird. Bei Streßreaktionen (s. Kap. 2.2.3) werden ferner über das hypothalamo-adrenokortikale System Kortikosteroide freigesetzt, die u. a. auf den Zuckerstoffwechsel einwirken und damit zur biochemischen Energiemobilisierung führen. Das parasympathische System hat demgegenüber einerseits eine antagonistische (restitutive) Funktion, andererseits aber auch zum Empfinden von Erregung beitragende Wirkungen, z. B. durch Tränensekretion oder durch Muskelkontraktionen im Gastrointestinaltrakt.
- **Expressiv-behaviorale Komponenten:** In mehr oder weniger unwillkürlicher Weise verändert sich auch das sichtbare Verhalten, z. B. in der Mimik, der Sprechgeschwindigkeit oder der Körperhaltung. Diese psychomotorischen Komponenten haben immer auch eine Bedeutung für den Ausdruck der Emotionen.

3.1.1 Klassifikation

Die Emotionspsychologie versucht, durch kontrollierte Beobachtung Beziehungen zwischen kognitiven und emotionalen Vorgängen aufzudecken und dadurch ordnungstiftende Verständnishilfen zu entwickeln. Dabei muß allerdings immer erst Komplexität reduziert werden, was auf Kosten der Realitätsangemessenheit der Forschung gehen kann. Nur bei verhältnismäßig einfachen Prototypen von Emotionen, wie z. B. bei Lust/Unlust, Angst, Wut oder Hilflosigkeitsempfindung, ist eine experimentelle Isolierung der interessierenden Variablen überhaupt möglich. Komplexere Gefühlszustände, wie Verzweiflung, Melancholie, Wehmut oder Liebe, wurden von der empirischen Emotionspsychologie daher bisher nur relativ selten berücksichtigt.

Was unter Emotionen verstanden wird, variiert von Autor zu Autor. Zur Verständigung kann folgende Einteilung hilfreich sein [1]:

- Bei **Gefühlsregungen im engeren Sinne** ist im Erleben meist eine dynamische Verlaufsgestalt im Sinne eines Auf- und Abklingens zu erkennen. Gefühlsregungen treten als akute seelische Empfindungen, wie z. B. Trauer, Eifersucht oder Verachtung, in den Vordergrund des Erlebens und erlangen damit einen eigenständigen Figur-Charakter in der Wahrnehmung. Im Extremfall können sie die aktuelle Bewußtseinslage geradezu beherrschen.

Verliebtheit
Veranschaulichung des symptomorientierten medizinischen Denkens:

Eine medizinische Definition der Verliebtheit könnte etwa lauten:
„meist akut, manchmal auch chronisch auftretendes, fakultativ ansteckendes polymorphes psychovegetatives Syndrom, das mit Tachykardie, Diarrhoe, intermittierenden Schweißausbrüchen, Mydriasis der Pupillen, gesteigerter Erregbarkeit der Meißnerschen Tastrezeptoren der Epidermis, wechselnd stark erhöhtem Blutdruck bei gelegentlichem, anfallsweise auftretendem, anankastisch-haltschwachem Drang zu kurzfristiger Bettlägerigkeit, ferner mit Gedankenflüchtigkeit, aber auch starken Fixationen in den Vorstellungsinhalten, Konzentrationsschwäche sowie partiellen Depersonalisationserscheinungen einhergeht…"

Rolf Verres

Frage: Wie therapiert man so etwas?

- **Erlebnistönungen** sind emotionale Begleiterscheinungen aktueller Erfahrungen und kognitiver Bewußtseinsinhalte. Die Gefühlsqualität läßt sich besonders häufig anhand der Dimension **Lust/Unlust** bzw. **angenehm/unangenehm** beschreiben. Wenn bestimmte Erlebnistönungen wiederholt die gleiche Qualität haben, können sie auf Dauer aufgrund von Lerneffekten zu generalisierenden Voreingenommenheiten bei der Wahrnehmung der entsprechenden Ereignisklassen führen.

Beispiel: Jemand, der eine ungeklärte Haßbeziehung zu seinem Vater entwickelt hat, wird möglicherweise später bei den verschiedensten Begegnungen mit Autoritätspersonen zu spezifischen Erlebnistönungen neigen, wie z. B. Angst, Minderwertigkeitsgefühlen oder Feindseligkeit.

- **Stimmungen** sind eher diffuse, die gesamte Befindlichkeit im Sinne eines Zumuteseins kennzeichnende Grundtönungen des Erlebnisfeldes für eine bestimmte Zeit, z. B. als Heiterkeit, Niedergeschlagenheit oder Mißmut. Damit können sie einen Bezugsrahmen bedeuten, innerhalb dessen ein Mensch die ihn berührenden Ereignisse diffus-voreingenommen wahrnimmt und interpretiert. Wenn eine schlechte Stimmung länger anhält, mit **Antriebsverlust** einhergeht und zu einem Arztbesuch führt, ist die Wahrscheinlichkeit relativ hoch, daß sie vom Arzt als **Depression** klassifiziert wird.

Es gibt bisher keine allgemein anerkannte Einteilung von Emotionen. Selbst einfach anmutende Ordnungsversuche, wie z. B. entlang der bereits genannten Dimension **Lust/Unlust,** sind bei genauerer Betrachtung oft wenig befriedigend. Klinische Fallstudien über Phänomene wie Angstlust oder Masochismus veranschaulichen, daß ursprünglich unangenehme Empfindungen, wie Angst, Ekel oder Schmerz, auch lustvoll erlebt und sogar aktiv gesucht werden können. Dies kann selbst für Ärger und Wut gelten [2]. Umgekehrt kann die extreme Gefühlsaufwallung während eines intensiven Orgasmus, der von vielen Menschen als höchstmögliche Erscheinungsform von Lust bezeichnet wird, auch als schmerzhaft empfunden werden.

Ursprünglich lustvolles Verhalten kann in einem übergeordneten Betrachtungskontext auch als unerwünscht empfunden werden und dann sowohl als lustvoll als auch als unangenehm bezeichnet werden, z. B. wenn es zu **Abhängigkeit** geführt hat. Die unlustvolle Erfahrung einer Krankheit oder eines medizinischen Eingriffs kann von angenehmen Erlebnissen verstärkter Zuwendung im Sinne eines **Krankheitsgewinns** begleitet sein und dadurch u. U. erheblich an Aversivität verlieren, in manchen Fällen sogar mehr oder weniger bewußt wiederholt gesucht werden.

Trotz dieser einschränkenden Bemerkungen entspricht die Einteilung von Gefühlen nach den elementaren Erlebnisqualitäten **Lust/Unlust, Aktivierung/Erregung/Beruhigung** und **Spannung/Lösung** noch am ehesten auch empirisch reproduzierbaren Wahrnehmungsmustern von Emotionen. Eine hervorstechende Bedeutung der Dimension Lust/Unlust ergibt sich für die Medizinische Psychologie auch insofern, als beide Empfindungsklassen eine zentrale Rolle für den **Antrieb** und die Steuerung des Verhaltens, also für die **Motive** von Menschen spielen.

3.1.2 Messung der Qualität und Intensität von Gefühlszuständen

Versucht man, Gefühle wissenschaftlich zu beschreiben und zu klassifizieren, so kann es zunächst sinnvoll sein zu prüfen, ob Menschen überhaupt das gleiche meinen, wenn sie die gleichen Worte verwenden. Das menschliche Gefühlserleben ist so subjektiv, daß sprachliche „Denkschablonen" wie z. B. der Satz „Ich habe Angst!", von zehn verschiedenen Personen ausgesprochen, zehn verschiedene Bedeutungen haben kann: von diffuser, abgrundtiefer Existenzangst bei nächtlicher Schlaflosigkeit bis zur flüchtigen Furcht vor einer schmerzhaften Zahnbehandlung. In der empirischen Forschung helfen dann Ähnlichkeitsbeurteilungen von sprachlichen oder mimischen Ausdrucksmustern weiter, ferner werden Mitteilungen von Versuchspersonen über experimentell ausgelöste Gefühle und Stimmungen auf Fragebögen, Listen von Emotionswörtern oder Schätzskalen herangezogen. In der psychiatrischen Emotionsforschung überwiegen demgegenüber phänomenologische Analysen und Kasuistiken. Als Beschwerdelisten bzw. Symptomfragebögen werden besonders häufig verwendet das Minnesota Multiphasic Personality Inventory **(MMPI)**, das Freiburger Persönlichkeits-Inventar **(FPI)** oder der Gießener Beschwerdebogen **(GBB)**. Bei der Interpretation von Skalenwerten ist es wichtig zu unterscheiden, ob zeitlich **überdauernde** Befindlichkeiten im Sinne von Eigenschaften (*trait*-Ansatz: z. B. Ängstlichkeit) oder zeitlich **variable** Befindlichkeiten im Sinne aktueller Stimmungen (*state*-Ansatz: z. B. präoperative Angst) erfaßt wurden; in manchen Studien sind diese Aspekte konfundiert. Wenn in der gleichen Situation (z. B. Patienten vor einem vergleichbaren Eingriff) die eine Person viel stärkere Zeichen von Angst zeigt als die andere, so ist damit noch lange nicht gerechtfertigt, diese Person auch generell als „ängstlicher" zu bezeichnen. Immer können spezifische Vorerfahrungen auch stärkere Ängste gegenüber den Ärzten erklären, auch wenn die betreffende Person ansonsten keineswegs besonders ängstlich ist. Zur Unterscheidung von situativer Angst und Ängstlichkeit als überdauerndem Persönlichkeitsmerkmal in wissenschaftlichen Studien wird das State-Trait-Anxiety-Inventory (STAI) herangezogen. Zur Frage, inwieweit Emotionen auch auf der physiologisch-chemischen bzw. auf der motorisch-expressiven Ebene „gemessen" werden können, sei auf die Kapitel zur Kovariation physiologischer und psychologischer Indikatoren von Erregung verwiesen (s. Kap. 2.1.2 mit Tab. 2-2 und 2.1.3).

Sprachliche Ausdrücke sind oft unscharf. Angesichts der vielfältigen Möglichkeiten von Mißverständnissen bei der sprachlichen Beschreibung von Gefühlen kann es hilfreich sein, sich den Unterschied zwischen der **denotativen** und der **konnotativen** Bedeutung von sprachlichen Ausdrücken vor Augen zu führen. Die **Denotation** von Ausdrücken, d. h. ihre inhaltliche Bedeutung, ist zwar innerhalb soziokultureller Subsysteme weitgehend normativ geregelt; die einzelne Person verbindet jedoch mit vielen Begriffen zusätzlich **konnotative** Bedeutungen, die subjektiv, gefühlsrelevant und dynamisch sind, d. h. als **Erlebnistönungen** bei ihrer Vergegenwärtigung assoziativ mitschwingen (z. B. „Krebs-Früherkennungsuntersuchung": Gefahr – Schmerzen – Angst; demgegenüber werden die mit dem Wort „Krebs-Vorsorgeuntersuchung" verbundenen Konnotationen allgemein als weniger beunruhigend empfunden; ausführlich hierzu [3]).

Aufgrund des professionellen Umgangs mit der Körperlichkeit und der medizinischen Technik sind medizinische Begriffe, wie beispielsweise **Karzinom, Herzinsuffizienz, Spritze** oder **Operation**, für den Arzt in vielen Fällen mit gänzlich anderen emotionalen Konnotationen verbunden als für den Patienten. Hieraus ergeben sich häufig Kommunikationsprobleme. Die Art und Intensität solcher subjektiver Konnotationen läßt sich wissenschaftlich durch explorative Interviews, Assoziationsexperimente oder Schätzskalen erfassen und auch graphisch in Form sog. **Polaritätsprofile** darstellen [4, 5].

Beim Versuch, das subjektive Erleben eines Menschen nachzuvollziehen, muß häufig erst eine psychologische Intimitätsschranke überwunden werden. Versucht der Arzt oder Forscher zu unvermittelt und uneinfühlsam, seinem Gegenüber unverfälschte Mitteilungen über dessen wahre emotionale Empfindungen zu entlocken, so ist in manchen Fällen eher mit psychischer Abwehr als mit ebensolchen unverfälschten Mitteilungen zu rechnen. Ganz abgesehen davon, sind Gefühlsregungen auch für den jeweils betroffenen Menschen selbst fast nie so eindeutig, wie man es sich aufgrund von therapeutischen Zielen oder Forschungsinteressen manchmal wünschen mag. Nach einem ungezügelten Wutausbruch etwa kann es zu einem raschen Wechsel von Schuldgefühlen, Ängsten und wieder Wut kommen. Sexuelle Ängste können im Einzelfall in komplexer und sich stetig ändernder Weise mit aggressiv-sadistischen Impulsen, aber auch mit Depressionen in Wechselwirkung stehen. Versucht man nun als Therapeut oder Forscher (z. B. bei der Diagnostik), durch einfache sprachliche Begriffszuordnungen die Komplexität zu reduzieren, so suggeriert man meist eine Eindeutigkeit, die nicht unbedingt immer der subjektiven Emotionsdynamik gerecht wird.

Bereits die verbale Benennung eines Gefühls kann zu einer ersten Veränderung eben dieses Gefühls führen, da mit der Verbalisierung und Selbstbeobachtung auch Aufmerksamkeitsverschiebungen, also Wahrnehmungsveränderungen einhergehen.

3.1.3 Ausdruck von Emotionen

Betont ein Mensch spontan und ohne danach gefragt worden zu sein, er habe keine Angst (z. B. vor einer bestimmten ihn bedrohenden Krankheitsfolge), so muß diese Äußerung nicht unbedingt bedeuten, daß er tatsächlich keine Angst hat. Es ist auch denkbar, daß er zwar diffuse körperliche Anzeichen von Angst spürt, z. B. als unangenehme Unruhe im Gastrointestinalbereich, während er das eigentliche Angsterleben im Kopf jedoch als solches abwehrt. Eine Möglichkeit, belastende Erlebnisse und Empfindungen zu bewältigen, besteht nämlich gerade darin, sie umzubewerten [6, 7]. Manchen Menschen fällt es leichter einzugestehen, daß sie sich körperlich unwohl fühlen, als daß sie existentielle Angst haben. Bei sog. „vegetativer Dystonie“ sollte der Arzt also nicht nur eine körperorientierte Funktionsdiagnostik betreiben, sondern simultan auch versuchen, einen Eindruck vom seelischen Zustand des Patienten zu gewinnen, um zu einem ganzheitlichen Befund zu gelangen.

Insbesondere durch **Sozialisationserfahrungen** können beträchtliche Diskrepanzen zwischen dem Erleben und dem Ausdrücken von Emotionen zustande kommen. Zur Entwicklung von Emotionen und dem Ausdrucksverhalten konnte aufgrund systematischer Beobachtungen von Kleinkindern belegt werden, daß sich Allgemeinerregungen ab dem Alter von etwa **3 Monaten** zu spezifischen Lust- oder Unlustempfindungen ausdifferenzieren (Abb. 3-1, [8]).

Nach dem Ausdrucksverhalten ließen sich bis zum Ende des **1. Lebensjahres** Furcht, Ekel, Ärger und diffuse Unlust und Heiterkeit deutlich voneinander unterscheiden. Zu Beginn der menschlichen Entwicklung scheinen Emotionen, das Ausdrucksverhalten und Motive noch untrennbar miteinander verbunden zu sein. Erst im Laufe der nächsten Entwicklungsjahre kommt es zu einer zunehmenden Differenzierung und zu komplexeren Wechselwirkungen, wobei schließlich selbst das spontane Ausdrucksverhalten bei Emotionen durch gelernte Motive überlagert werden kann, da der Emotionsausdruck auch **soziale Funktionen** hat.

Verhältnismäßig universell sind lediglich der **Gesichtsausdruck** sowie gewisse **stimmliche** Erscheinungsweisen spontaner Emotionen.

Kulturvergleichende Untersuchungen emotionalen Verhaltens kommen zu erstaunlich genauen Differenzierungen von offensichtlich „angeborenen“, direkt wirkenden Ausdrucksformen im Vergleich zu „sozial angepaßten“, indirekt und oft mehrdeutig wirkenden Verfremdungen. Man denke nur an die weitverbreitete Fähigkeit Erwachsener, selbst dann noch in sozialen Situationen zu lächeln, wenn tief im Inneren längst die Angst oder die Wut überhandgenommen haben [10]. Auch Ärzte müssen im Umgang mit Patienten meist zumindest ihre unangenehmen Gefühle beherrschen, was auf die Dauer zum Empfinden des „Ausgebranntseins“ (burn-out-Syndrom) beitragen kann.

3.1.4 Physiologische Erregung und Emotionalität

Auch die **psychophysiologische** Erfassung von Emotionen ist trotz der Objektivität suggerierenden Meßinstrumente nicht im geringsten frei von Interpretationsunsicherheiten. Schachter und Singer wiesen in ihren berühmt gewordenen Experimenten nach, daß ein und derselbe meßbare physiologische Zustand (z. B. bei körperlicher Erregung aufgrund von Adrenalininjektionen) mit gänzlich unterschiedlichen emotionalen Empfindungen einhergehen kann, je nachdem, welche weiteren Hinweisreize die betreffende Person zur kognitiven Erklärung ihrer eigenen Erregtheit heranzieht. Nach der Auffassung von Schachter und Singer kommen Emotionen durch **Interaktion** autonomer Erregung mit einem kognitiven Faktor, nämlich der subjektiven Kausalerklärung dieser

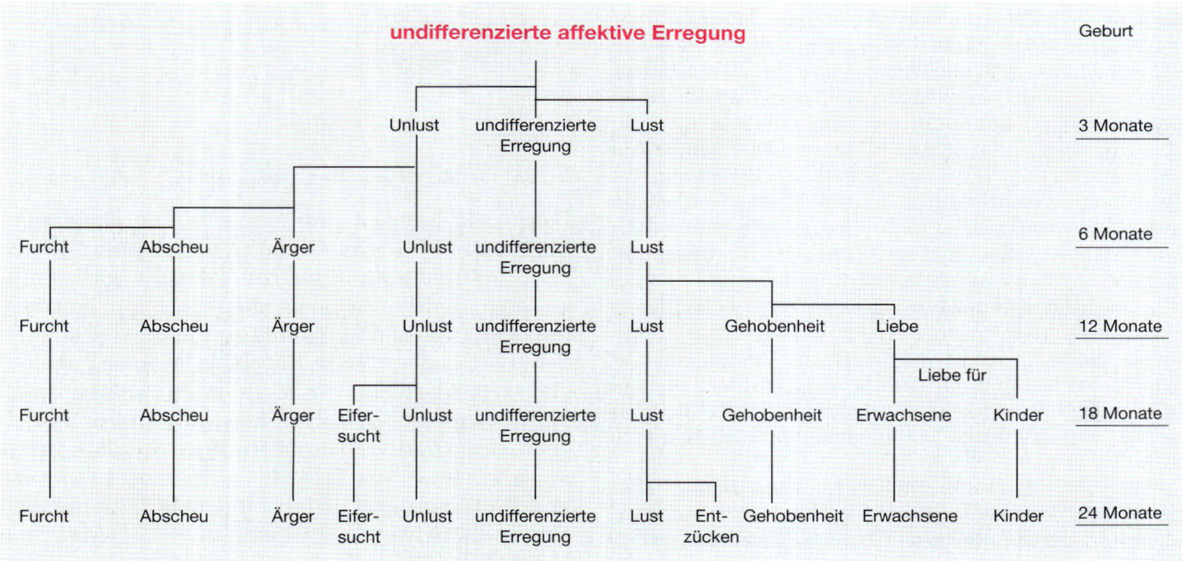

Abb. **3-1** Die Ausdifferenzierung von Emotionen in den ersten beiden Lebensjahren [8, 9].

Erregung, zustande. Nimmt die Person die physiologischen Anzeichen ihrer eigenen Aktiviertheit bewußt wahr, so kann bereits diese Wahrnehmung als solche die weitere emotionale Empfindung verändern. Daher ist es sinnvoll, konzeptuell zwischen **physiologisch** meßbarer Erregtheit **(Aktivation** oder **Aktiviertheit)** einerseits und der subjektiv damit einhergehenden emotionalen **Erlebnisqualität** andererseits deutlich zu unterscheiden. Bei der Verwendung sog. Lügendetektoren wird diese Unterscheidung meist nicht geleistet; entsprechend obsolet sind die meisten Ergebnisse [11].

Bisher gibt es keine überzeugenden Belege dafür, daß autonom-physiologische Erregung überhaupt eine notwendige Bedingung für das Zustandekommen eines emotionalen Zustandes sei [12]. Es wurde die These aufgestellt, daß emotionale Empfindungen kaum durch die autonom-physiologischen Komponenten (sofern diese überhaupt auftreten) determiniert werden, sondern hauptsächlich durch die subjektive **Wahrnehmung** physiologischer Veränderungen wie z.B. der Herzfrequenz. Entscheidend seien die kognitiven Prozesse der Informationsverarbeitung. Diese Vermutung wurde durch zahlreiche Experimente belegt, in denen man Versuchspersonen systematisch falsche Rückmeldungen über ihre angebliche Erregung bei verschiedenen Erlebnissen gab, z.B. beim Betrachten von Portraitfotos [13, 14].

Dieser Ansatz ist für die medizinpsychologische Praxis wichtig. Bei ängstlichen Erregungszuständen kommt es häufig vor, daß Patienten (z.B. Herzneurotiker) die körperlichen Äquivalente von Ängsten zunehmend als **Krankheitsanzeichen** interpretieren. Hierdurch kann dann ein weitere Ängste und weitere Symptome aufschaukelnder Circulus vitiosus ausgelöst und aufrechterhalten werden [15]. Durch gezielt manipulierte **Biofeedback-Verfahren** lassen sich körperbezogene Behandlungen ermöglichen. Diese können zu einem eindrucksvollen Abbau der psychosomatischen Beschwerden führen, indem die psychophysiologischen Aufschaukelprozesse durch das Biofeedback dem Patienten anschaulich demonstriert und zugleich wirksam unterbrochen werden [16, 17].

In der Medizin werden Emotionen vorwiegend dann zu einem Thema, wenn sie als Belastungen oder Störfaktoren empfunden werden. Dies kann einer einseitigen Sichtweise von Emotionen Vorschub leisten, etwa in dem Sinne, unangenehme Emotionen müßten möglichst schnell beseitigt werden. Wichtige **positive Emotionen,** wie Bindungsgefühle, Interesse oder Hoffnung, geraten dann ebenso selten in das Blickfeld wie die Tatsache, daß gerade existentielle Belastungen und Krisen auch als wichtige **Herausforderung** einen Menschen zu sinnvollen Umorientierungen seiner Lebensvollzüge veranlassen können.

Studienfragen

Beschreiben Sie die Komponenten von Emotionen!
(s. S. 49 links unten und rechts oben)
Mit welchen Methoden lassen sich Gefühlszustände erfassen und welche Vor- und Nachteile haben diese Methoden?
(s. S. 50, rechts unten, S. 51)

3.2 Systematische Ansätze der Motivationsanalyse

3.2.1 Ethologische Grundlagen menschlichen Verhaltens

Claus Bischoff

Der Mensch nimmt in der Stammesgeschichte eine Sonderstellung ein. Er hat im Vergleich zu anderen Lebewesen hochdifferenzierte kognitive Fähigkeiten. Ein wesentlicher Teil seiner Reifung und Entwicklung, die bei anderen Spezies das Verhaltensrepertoire bereits im Uterus fest „verdrahtet", ist aufgrund seiner „physiologischen Frühgeburt" [18] in die soziale Umwelt verlegt und damit durch Lernprozesse formbar („extrauterines Frühjahr"). Er ist von Natur aus ein Kulturwesen [19]. Bei dieser Sonderstellung des Menschen wird leicht übersehen, daß tierisches und menschliches Verhalten gemeinsame stammesgeschichtliche (phylogenetische) Wurzeln haben, und zwar in angeborenen instinktiven Verhaltensmustern und -tendenzen, die sich über Mutation und Selektion als „adaptiv" erwiesen haben. Je höher entwickelt eine Spezies, desto bedeutsamer ist zwar die Anpassung des Verhaltens aufgrund der spezifischen Erfahrungen, die ein Individuum im Laufe seines Lebens macht. Diese ontogenetische Anpassung und die phylogenetische Anpassung schließen sich aber keineswegs aus. Sie stehen in einer „dynamischen Wechselbeziehung" [20] zueinander. Individuelle Erfahrung überformt angeborene Verhaltenstendenzen, angeborene Verhaltenstendenzen bestimmen mit, was individuell erfahren wird. Beim Menschen lassen sich angeborene Verhaltenstendenzen besonders gut im Säuglingsalter beobachten. Im Erwachsenenalter sind sie so gut wie immer durch persönliche Erfahrung, durch gesellschaftliche Normen

„zivilisiert". In diesem Kapitel liegt der Fokus auf den angeborenen Verhaltenstendenzen.

Mit angeborenem (instinktivem) Verhalten von Tier und Mensch befaßt sich insbesondere ein Zweig der Biologie: die **Ethologie** oder **vergleichende Verhaltensforschung.** Die Methoden der Ethologie sind:

- Beobachtung und Beschreibung des Verhaltens einer Spezies in ihrem natürlichen Lebensraum („Ethogramm");
- Attrappenversuche (s. u.) und Aufzucht unter Erfahrungsentzug (Kaspar-Hauser-Versuche) als Entscheidungsgrundlage für die Frage, ob ein Verhalten angeboren oder erworben ist;
- und in der Humanethologie die Untersuchung und der Vergleich des Verhaltens von Naturvölkern zur Feststellung gemeinsamer, vermutlich in stammesgeschichtlicher Anpassung entstandener Verhaltensmuster („Universalien", [21]).

Um die Frage nach der Funktion eines Verhaltens zu beantworten, d. h. nach seinem adaptiven Wert im Verlauf der Stammesgeschichte, greift sie auf evolutionsbiologische Erklärungsmodelle zurück.

Instinktives Verhalten ist aber keinesfalls immer bereits bei der Geburt verfügbar. Es ist oft an den biologischen Entwicklungsstand des Individuums geknüpft, es ist von **Reifung** abhängig.

Beispiel: Während das Kleinkind zunächst sowohl bekannte als auch fremde Menschen anlächelt, beginnt es im Alter von 5–6 Monaten vor Fremden eine deutliche Scheu zu zeigen. Es wendet den Blick ab und sucht Schutz bei der Mutter. Bekannte Gesichter lächelt es weiterhin an. Früher sprach man von der **Acht-Monats-Angst.** Diese Differenzierungsleistung hängt vom Reifungsgrad der Großhirnrinde ab.

Komponenten des Instinktverhaltens

Instinktives Verhalten hat nach ethologischer Theorie typische Bestimmungsstücke:

Trieb → Triebspannung → Appetenzverhalten → Schlüsselreiz → angeborener Auslösemechanismus → Orientierungsbewegung → Endhandlung

Trieb und Triebspannung

Als Trieb wird die selbst- und arterhaltende Energie bezeichnet, welche zur Befriedigung eines Bedürfnisses drängt. Triebspannung staut sich auf, bis die passende Instinkthandlung durchgeführt ist. Die Instinkthandlung verzehrt Triebenergie. Triebe sind spezifisch in bezug auf die Instinkthandlungen, durch die sie befriedigt werden. Sie werden meist nach der triebreduzierenden Instinkthandlung benannt, z. B. Sexualtrieb, Freßtrieb.

Appetenzverhalten

Appetenzverhalten ist das durch die Triebspannung verursachte Suchverhalten, welches das Auffinden von geeigneten Schlüsselreizen wahrscheinlicher macht.

Neugeborene verfügen über automatische rhythmische Pendelbewegungen des Kopfes, die als Suchen nach der Mutterbrust zu interpretieren sind („Suchautomatismus", [22]).

Schlüsselreiz und angeborener Auslösemechanismus (AAM)

Schlüsselreize sind die Merkmale einer Reizsituation, die eine spezifische Instinkthandlung auslösen. Die Ethologen erklären diesen Vorgang mit einem angeborenen „neurosensorischen Mechanismus", dem angeborenen Auslösemechanismus (AAM), zu dem der Schlüsselreiz paßt wie ein Schlüssel zum Schloß. Der AAM wird manchmal auch mit einem Block, Tor oder Damm verglichen, der die spezifische Triebenergie zurückhält bzw. anstaut. Die neuroanatomische Basis des AAM ist bislang ungeklärt.

Berührung des hungrigen Kindes in der Mundregion ist Schlüsselreiz für die Hinwendung des Kopfes in die Richtung der berührten Stelle und für das Saugverhalten.
Vorgespielte Gesichtsausdrücke des Schmollens, des Erstaunens und der Freude werden vom Neugeborenen bereits 36 Stunden nach der Geburt imitiert. Die vorgespielten Gesichtsausdrücke sind die Schlüsselreize für das Imitationsverhalten [23].

Der **Attrappenversuch** belegt, daß bestimmte Reizmerkmale oder Kombinationen von Reizmerkmalen verhaltensauslösend sind und nicht die Reizsituation als ganze.

Kopfbewegung und Saugen lassen sich nicht nur durch die Brustwarzen der Mutter auslösen, sondern auch durch Berührung mit einem Bleistift.

Auslöser für angeborene Verhaltensweisen können einfache Merkmale der Reizsituation, aber auch komplexe Merkmalskonfigurationen **(komplexe Schlüsselreize)** sein, z. B. das **Kindchenschema.** Das Kindchenschema ist eine Kombination von

Schlüsselreizen eines Jungtiers – Schmollmund, Kulleraugen, Stupsnase, ein kurzes Gesicht unter hoher Stirn, rundes Gesicht, allgemein runde Formen und tollpatschige Bewegungen –, die bei den Eltern angeborenerweise Brutpflegeverhalten, allgemeiner: fürsorgliches Verhalten auslöst. Nach Lorenz ist es auch beim Menschen wirksam [24].

Arztverhalten gegenüber Patienten ist fürsorgliches Verhalten. Verstärken Ärzte deshalb bei Patienten mit Kindchenschema-Merkmalen ihre ärztlichen Bemühungen? Medizinstudenten, aufgefordert zu entscheiden, welchem von zwei bildlich dargestellten erwachsenen Patienten sie in einer Reihe von vorgestellten Situationen eher ihre ärztliche Hilfe zuteil werden lassen würden, wählen überzufällig oft den Patienten mit Kindchenschema-Zügen [25]. Das Ergebnis beweist zwar nicht, daß das Kindchenschema wirksam wurde, aber es ist mit dieser Annahme vereinbar.

Übernormale Schlüsselreize sind Schlüsselreize, die in ihrer Merkmalsprägnanz die Schlüsselreize in der natürlichen Umgebung übertreffen. Übernormale Reize werden den normalen gegenüber bevorzugt und lösen eine stärkere Endhandlung aus.

Mode und Werbung betonen oftmals einzelne Reize, die zu den komplexen Schlüsselreizen *Mannschema* bzw. *Weibschema* gehören. Diese Schemata sind phylogenetisch gegenüber andersgeschlechtlichen Personen mit sexueller Attraktivität, gegenüber gleichgeschlechtlichen mit rivalisierenden Verhaltenstendenzen verbunden. Zum Weibschema gehören z. B. breites Becken und rundes Gesäß. Um 1870 wurde in Frankreich die Gesäßregion der Frau durch Polster („Cul de Paris") überbetont. Zum Mannschema zählen breite Schultern die durch Polster oder – an Uniformen – durch Epauletten „aufgebessert" werden können [21].

Instinkthandlung

Instinkthandlungen setzen sich aus **Orientierungsbewegungen (Taxis)** und **Endhandlung (Erbkoordination)** zusammen. Die Endhandlung konsumiert Triebenergie. Sie zeichnet sich durch große *Formkonstanz* [21] aus, d. h. sie läuft als starr festgelegte Verhaltenssequenz ab. Orientierungsbewegungen sind alle Bewegungen, die, nachdem der AAM entblockt ist, die Voraussetzungen dafür schaffen, daß die Endhandlung durchgeführt werden kann. Orientierungsbewegungen bedürfen fortlaufend steuernder Schlüsselreize.

Die Berührung in der Mundregion des Säuglings löst an Orientierungsbewegungen die Wendung des Kopfes hin zur Brustwarze und das Erfassen der Brustwarze mit den Lippen und als Endhandlung das Saugen aus.

Wenn sich reaktionsspezifische Triebenergie anstaut und keine passenden Schlüsselreize gefunden werden, sinkt die Schwelle, bei welcher die Endhandlung auslösbar ist. Auch Reize „minderer Qualität" können dann Schlüsselreizfunktion annehmen. Im Extremfall läuft die Endhandlung ganz ohne Schlüsselreiz als **Leerlaufhandlung** ab.

„Lorenz' im Zimmer gehaltener Jungstar zeigte dort wiederholt die ganze Handlungskette der Insektenjagd: Blick nach der Beute, ihr nachfliegen, sie fangen, töten, verschlucken; und jedesmal ergab sorgfältige Nachsuche, daß kein Insekt, auch kein noch so kleines, herumgeflogen war" [26].

Bei jungen Männern können v. a. in der Pubertät Pollutionen, d. h. unwillkürliche Samenergüsse, auftreten. Da der „eigentliche Schlüsselreiz" fehlt, kann man vom Äquivalent einer Leerlaufhandlung sprechen [27].

Wenn zwei unvereinbare Triebe gleichzeitig stark aktiviert sind und nicht durch passende Endhandlungen befriedigt werden können, sind manchmal Verhaltensweisen beobachtbar – **Übersprungshandlungen –**, die mit keinem der beiden etwas zu tun haben, sondern zu einem dritten Trieb gehören. Übersprungshandlungen verbrauchen offensichtlich einen Teil der bereitgestellten Energie.

Kämpfende Hähne picken mitten im Kampf plötzlich am Boden, als ob sie hungrig wären. In dieser Situation, in welcher Schlüsselreize sowohl für Flucht als auch für Angriff vorliegen, zeigen die Hähne also weder Flucht- noch Angriffsverhalten, sondern Freßverhalten.

Beim Menschen gelten Prüfungen, Vorträge und bevorstehende physische Gefahren als typische Auslösesituationen für Übersprungshandlungen. Auch hier besteht der Konflikt zwischen der Tendenz zu flüchten und der Tendenz standzuhalten. Die Übersprungshandlungen selbst gehören oft zum Bereich der Körperpflege (Selbstberührungen, Sich-Kratzen hinter dem Ohr) oder äußern sich als Gähnen und Müdigkeit.

Verdeckte Beobachtung belegt auch für Patienten im Wartezimmer von Zahnarztpraxen überdurchschnittlich viel zappeliges und stereotypes motorisches Verhalten, das sich als Übersprungsverhalten deuten läßt [28].

Instinkte

Instinktives Verhalten besteht nicht aus isolierten Sequenzen von Schlüsselreizen und Endhandlungen. Zum Fortpflanzungsinstinkt etwa gehört bei vielen Tierarten eine „Einstimmung" durch hormonelle und bioklimatische Reize. Es gehören zu ihm neben Paarungsverhalten im engeren Sinn die Suche und Verteidigung eines Reviers, Nestbau und Aufzucht der Jungen. Diese Verhaltensweisen sind aufeinander bezogen, sie setzen einander teilweise voraus. In seiner Definition beschreibt Tinbergen **Instinkt** deshalb als **„einen hierarchisch geordneten nervösen Mechanismus, der auf bestimmte einstimmende, auslösende und richtende Reize – sowohl innere wie äußere – anspricht und auf diese Reize mit koordinierten Bewegungen antwortet, die zur Erhaltung des Individuums und der Art beitragen"** (Übersetzung des Verfassers nach [29]).

Angeborene Lernbereitschaften

Die Verschränkung zwischen phylogenetischer und ontogenetischer Anpassung zeigt sich deutlich an angeborenen Lernbereitschaften („preparedness", [30]). Bei manchen Verhaltensweisen ist die Lernbereitschaft an biologisch begründete Zeitabschnitte gekoppelt (**Prägung**). Klassische Konditionierungen (s. Kap. 4.2.1) entwickeln sich bei bestimmten Reizen rascher und stabiler als bei anderen.

Prägung

> Im Brutschrank erbrütete Graugänse folgen wenige Stunden nach dem Schlüpfen dem ersten sich bewegenden größeren Objekt nach, als sei es die Mutter, auch wenn es sich um die Stiefel von Konrad Lorenz handelt. Die Nachfolgereaktion wird innerhalb einer Zeitspanne gelernt, die ihr Wirkungsmaximum wenige Stunden nach dem Schlüpfen hat. Das Objekt bleibt auch weiter „Mutter", wenn die junge Graugans später mit der richtigen Mutter zusammengebracht wird. Im Fortpflanzungsalter balzt die so geprägte Graugans Menschen an [31].

Gelernt wird bei der Prägung von Graugänsen also die Bindung an die Eltern und die Spezies des künftigen Geschlechtspartners. Interessanterweise zeigt das Jungtier Neugierverhalten, um das Prägeobjekt möglichst von allen Seiten kennenzulernen. Auf diese Weise ist sichergestellt, daß es das Elterntier, zu dem es die Bindung entwickelt, genau kennt. Die sensible Phase dauert länger, wenn kein geeignetes Prägeobjekt vorhanden ist. Umgekehrt ist mit dem Prägungsvorgang die sensible Phase abgeschlossen [32].

Allgemein ist **Prägung** – auch: Objektprägung – definiert als relativ rascher und weitgehend (nicht vollständig!) löschungsresistenter Erwerb von Verhaltensweisen während einer biologisch determinierten sensiblen Phase, ohne daß der Erwerb auf Verstärkung beruht ([33], zu „Löschung" und „Verstärkung" s. Kap. 4.2). Prägung spielt eine wichtige Rolle in bezug auf das **Bindungsverhalten,** auch auf der Seite des Elterntiers.

> Die Bereitschaft, fremde Lämmer als eigene zu adoptieren, läßt sich bei Schafen durch fünfminütige mechanische vaginal-zervikale Reizung auslösen – wie sie beim Geburtsvorgang „natürlich" auftritt [34]. Die Bereitschaft zur „Adoption" dauert nur kurze Zeit an. Sie wird vermutlich durch Oxytocin vermittelt, das bei der mechanischen Vaginalreizung ausgeschüttet wird [35].

Beim Menschen gibt es gerade hinsichtlich des Bindungsverhaltens **prägungsähnliche Vorgänge:** Trennung von Mutter und Kind unmittelbar nach der Geburt beeinträchtigt das Bindungsverhalten der Mütter – sie berühren ihr Kind weniger, schauen es seltener aus der Nähe an etc. – und die motorische, emotionale und kognitive Entwicklung des Kindes. Aber selbst wenn Mutter und Kind in der neonatalen Phase getrennt sind, können sie später noch eine tragfähige Bindung entwickeln. Auch gibt es Faktoren, die für die Bindung zwischen Mutter und Kind bedeutsamer sind als der Kontakt in der neonatalen Periode, z. B. ist die Bindung um so stärker, je höher der sozio-ökonomische Status der Eltern [36]. Nicht minder schädlich sind frühe Trennungen, wenn bereits eine persönliche Bindung zwischen Mutter und Kind bestanden hat. Für eine solche Beziehung sind die Reifungsvoraussetzungen auf seiten des Kindes allerdings erst in der zweiten Hälfte des ersten Lebensjahres gegeben (vgl. die Darstellung der „Bindungstheorie" in [37, 38] und des Hospitalismus-Syndroms in Kap. 6.1 und 6.2.6).

„Preparedness" bei klassischer Konditionierung

Konditionierte Reize sind nicht so „neutral", wie Pawlow das annahm. Z. B. erhalten bei klassisch konditionierter Übelkeit Geschmacksreize eher Signalfunktion als optische oder akustische Reize. Bei von außen zugefügten Schmerzen hingegen werden optische und akustische Reize eher zu gelernten Signalen als Geschmacksreize [32]. Angstreaktionen lassen sich experimentell an menschliche Gesichter, Spinnen und Reptilien und enge Räume als konditionierte Reize schneller und stabiler koppeln als an andere Reize. Nicht vor beliebigen Objekten entwickeln Menschen klinisch relevante Phobien, sondern besonders häufig vor den oben beschriebenen. Es handelt sich hier wahrscheinlich um ein stammesgeschichtliches Erbe: Reize, die im Verlauf der Entwicklungsgeschichte für das Überleben von Individuum und Art besonders wichtig waren, werden besonders gut und nachhaltig „erkannt“ [39].

Schlüsselreize haben bei sozial lebenden Arten meist wichtige Aufgaben in der innerartlichen Kommunikation. Bei den Primaten werden Gestimmtheiten meist auch über den Gesichtsausdruck übermittelt. Der Gesichtsausdruck von Primaten für Lachen, Weinen, Aggressivität, Überraschung, Furcht ist unmittelbar Vorläufer für den entsprechenden Gesichtsausdruck beim Menschen. Die Tatsache, daß bei allen untersuchten Völkern in emotionalen Grundsituationen eine vergleichbare Mimik auftritt [21], spricht dafür, daß sie angeboren ist. Bei der Spezies Mensch sind höchstwahrscheinlich eine Vielzahl von Reaktionstendenzen angelegt, die sich bei den Primaten im Laufe der Stammesgeschichte als adaptiv erwiesen haben, voran bei der Regulierung von Ernährung, Fortpflanzung und innerartlicher Aggression [40]. Dennoch läßt sich aus der Tatsache, daß es angeborene Reaktionstendenzen gibt, kein normativer Anspruch ableiten. Reaktionstendenzen müssen nicht befolgt werden, weil sie angeboren sind. Ihr adaptiver Wert ist in der heutigen Kulturwelt oft zweifelhaft. Allerdings ist es ratsam, sie zur Kenntnis zu nehmen, sich mit ihnen auseinanderzusetzen und sie in das Handeln zu integrieren. Der Arzt ist bei der körperlichen Untersuchung und bei der Erhebung der Sozialanamnese gezwungen, die individuelle „Reviergrenze“ des Patienten, seine Intimdistanz, zu überschreiten. Seine soziale Rolle gestattet das und fordert es sogar von ihm. Gleichzeitig muß er sensibel für die Intimdistanz sein, wenn er Beziehungsstörungen vermeiden will.

Studienfragen

Wie überprüft der Ethologe, ob ein Verhalten angeboren oder erworben ist?
(s. S. 54, links oben)
Definieren Sie die Komponenten einer Instinkthandlung und ihr Zusammenwirken!
(s.S. 54, links unten bis S. 55)
Was ist der Unterschied zwischen Leerlaufhandlung und Übersprungshandlung?
(s. S. 55 rechts)

3.2.2 Psychoanalytischer Ansatz

Gisela Huse-Kleinstoll

Ursprünglich versteht Sigmund Freud (1856–1939) die von ihm entwickelte und erstmals 1898 beschriebene Psychoanalyse als eine Behandlungsmethode seelischer Störungen. Darüber hinaus hat er aufgrund seiner psychotherapeutischen Arbeit wesentliche Erkenntnisse zur seelischen Entwicklung des Menschen, zur Motivation und Emotion sowie zur Wahrnehmung und Lösung von Konflikten theoretisch erarbeitet.

Topographisches Modell

In der Theorie von S. Freud spielt das *Unbewußte* als Teil der Persönlichkeit eine wichtige Rolle. Ausgangspunkt für seine Überlegungen waren Studien hysterischer Lähmungen seiner Patienten in der neurologischen Praxis und ihre Heilung durch Aufdeckung unbewußter Konflikte, hinter denen sich häufig sexuelle Triebwünsche und Tabuisierungen verbargen. Nach diesen Erfahrungen definiert er im **topographischen Modell** einen großen Teil des Seelischen als ausschließlich **unbewußt,** einen anderen Teil als **bewußt** und einen dritten Teil als **vorbewußt,** da dieser dritte Teil zwar der betroffenen Person unbewußt ist, ihr aber unter der Bedingung der Konfrontation bewußtgemacht werden kann, wie z.B. in einer Psychotherapie [41]. *Motivation und Emotionen können nach S. Freud unbewußt, vorbewußt oder bewußt sein.*

Die Trieblehre

S. Freud definiert das Seelenleben des Individuums als ein dynamisches Geschehen innerer, angeborener Kräfte des Organismus und äußerer Umweltreize, die in ständiger Wechselwirkung stehen und einander fördern oder hemmen können [42]. Die ursprünglichen organismischen Kräfte bezeichnet er als Triebe und unterscheidet anfangs zwischen den **Sexual-** und den **Selbsterhaltungstrieben.** Die **Triebquelle** ist ungerichtete, körperliche Erregungsenergie (Libido), welche nach Erregungsabfuhr drängt. **Triebziel** ist die Reaktion, die zur Befriedigung des Triebes führt. Vom **Triebobjekt** spricht S. Freud als dem Objekt oder Teilobjekt, durch welches ein Triebziel erreicht wird. Im Verlauf der frühkindlichen sexuellen Entwicklung wechseln die zentralen Triebobjekte vom Mund über die Ausscheidungsorgane zu den Geschlechtsorganen (s.a. Kap. 6, S. Freuds Phasenmodell).

Später unterscheidet S. Freud zwischen dem **Lebenstrieb** und dem **Todestrieb.** Er glaubte, daß sich destruktiv-aggressives Verhalten ohne den Todestrieb nicht erklären lasse [42]. Diese Annahme ist heute umstritten.

Das Strukturmodell

Im Verlauf der menschlichen Entwicklung kommt es nach S. Freud parallel zur Triebentwicklung in der Auseinandersetzung mit der Umwelt zur Ausbildung unterschiedlicher psychischer Strukturen, die miteinander und mit der Umwelt in Beziehung stehen und im Erwachsenenalter für eine komplexe Abreaktion der im Organismus entstehenden Triebenergie sorgen. Dieses von S. Freud formulierte Modell des psychischen Apparates wird als **Strukturmodell** bezeichnet [43, 44]. Er nennt den Bereich der Triebe, der quasi den Zustand des Menschen zum Zeitpunkt der Geburt widerspiegelt, das **ES.** Die Vorgänge, die durch das ES gesteuert werden und die nicht den Gesetzen der Realitätsprüfung unterliegen, bezeichnet er als den **Primärprozeß.** Primärprozeßhafte Produktivität findet sich beim Säugling. Sie verändert sich im Verlauf der psychischen Entwicklung in Richtung auf realitätsgerechtere Wahrnehmung und Verarbeitung innerer und äußerer Impulse beim Erwachsenen. Im Erwachsenenalter finden sich primärprozeßhafte Vorgänge weiterhin im Traum [45] und in der Psychose. Das ES enthält ausschließlich unbewußte Anteile.

Eine zweite seelische Instanz bezeichnet er als **ÜBERICH.** Das ÜBERICH enthält beim Erwachsenen die persönlichen, familiären und gesellschaftlichen Normen, Ideale und Tabus. Es ist die Instanz des Gewissens und bewirkt die Entstehung von Schuld- und Schamgefühlen, Anspruchshaltungen und Gefühlen des Gekränktseins. Diese können in Phantasien, Gedanken, Worten und im Handeln zum Ausdruck kommen. Anteile des ÜBERICH sind teilweise bewußt und teilweise vorbewußt. Vorbewußte Anteile sind der Person selbst unbewußt.

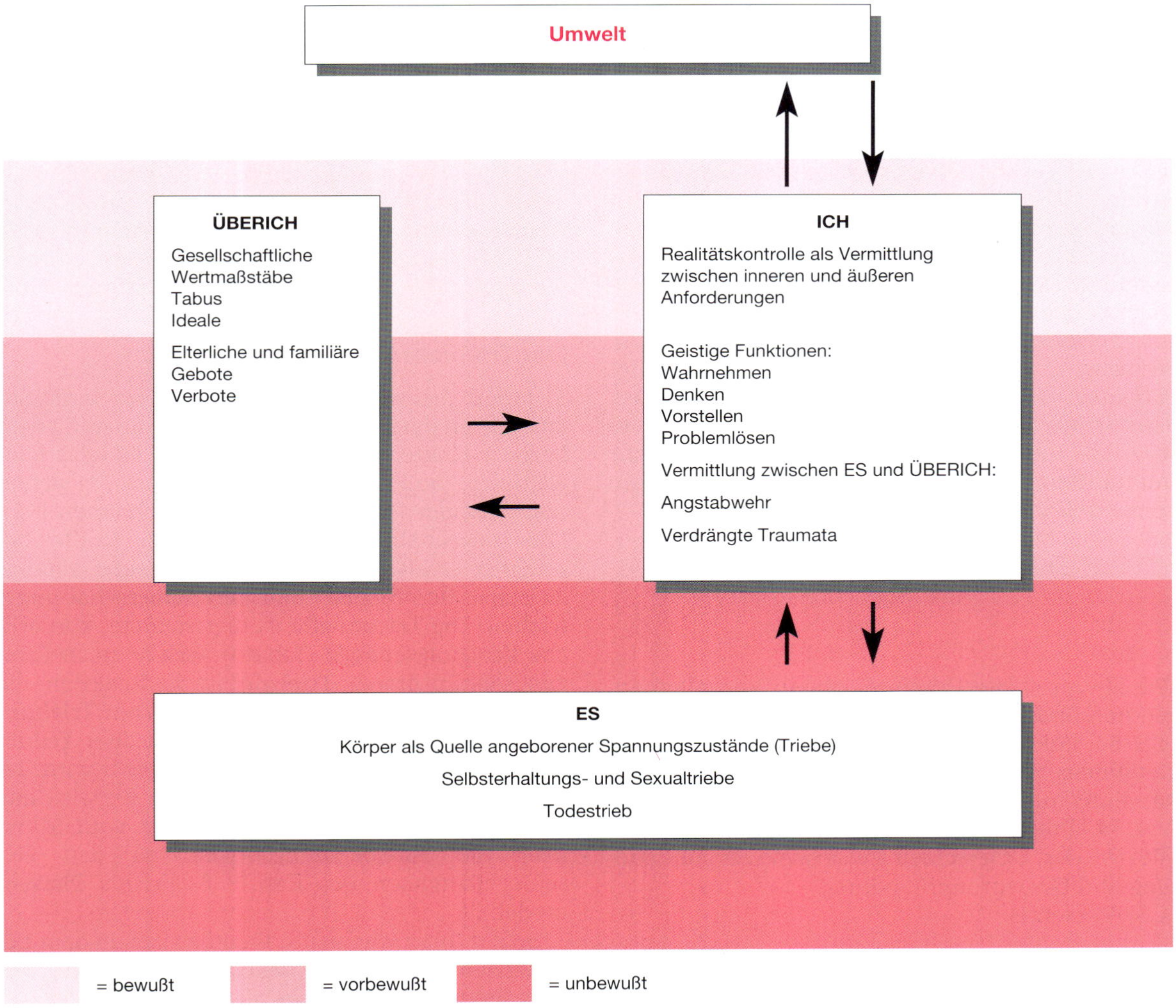

Abb. **3-2** Das Strukturmodell von S. Freud und topographische Zuordnung der Instanzen von ES, ICH und ÜBERICH.

Eine dritte Instanz, das **ICH,** vermittelt zwischen dem ES, dem ÜBERICH und der Umwelt. In ihm herrscht das Realitätsprinzip, auch als **Sekundärprozeß** bezeichnet. Das ICH umfaßt alle bewußten geistigen Prozesse der Wahrnehmung, der Sprache, des Denkens und des Probehandelns. Daneben finden sich im ICH auch die Funktionen emotionaler Stabilisierung, die sowohl bewußte als auch vorbewußte Prozesse einschließen. Wie beim ÜBERICH sind die als vorbewußt bezeichneten ICH-Funktionen für die Person selbst unbewußt (s. Abb. 3-2).

Angst, Angstbewältigung und Angstabwehr

ES, ICH und ÜBERICH stehen ständig in einer dynamischen Interaktion untereinander und im Austausch mit der Umwelt. Konflikte entstehen zwischen unvereinbaren Anforderungen angeborener Triebimpulse des ES, erworbenen und verinnerlichten Normen des ÜBERICH und/oder den Anforderungen der personalen und dinglichen Umwelt. In diesen Konfliktsituationen entsteht Angst als Signal der Bedrohung des inneren Gleichgewichts. Nach S. Freud wird zwischen **Realangst,** einer in Hinblick auf den Grad einer äußeren realen Bedrohung angemessenen Angst (Furcht), und **neurotischer Angst** bei einem Konflikt zwischen ES und ÜBERICH oder Umwelt und ÜBERICH unterschieden. Realitätsgerechte Konfliktlösung setzt die bewußte Wahrnehmung widersprüchlicher Impulse und die Fähigkeit voraus, negative Emotionen auszuhalten und Kompromisse bei der Konfliktlösung einzugehen. Die ICH-Funktionen der Angstbewältigung können bewußt oder vorbewußt ablaufen. Vorbewußte ICH-Prozesse der Angstbewältigung werden als Angstabwehr, die dabei zu beobachtenden Reaktionen werden als **Abwehrmechanismen** bezeichnet. Dabei bleibt die Angst ganz oder zum Teil unsichtbar. Durch Abwehrprozesse wird die seelische Stabilität des Individuums hergestellt. Abwehrprozesse sind mit einem mehr oder weniger großen Teilverlust des Realitätsbezugs verbunden und verbrauchen psychische Energie. Vorbewußte Abwehrprozesse können der abwehrenden Person bewußtgemacht werden.

Drohen Konflikte extreme negative Emotionen auszulösen, die das Selbstwertgefühl des Individuums bedrohen, werden diese mehr oder weniger vollständig vom ICH abgewehrt. Bei vollständiger Abwehr wird der Konflikt erfolgreich verdrängt. Dieser Abwehrmechanismus der **Verdrängung** verhindert das Eindringen angstauslösender Triebimpulse in das Bewußtsein. Bei *unvollständiger* Abwehr können die Triebimpulse als unbeabsichtigte Fehlleistung in einem fremden Kontext aufscheinen, z. B. als sog. *Freudsche Versprecher.*

Beispiel: Ein Pastor gerät durch den Wunsch seiner Frau, sich Taft für ihren Mantelkragen kaufen zu wollen, in Konflikt mit seiner Sparsamkeit. Im Gottesdienst am folgenden Sonntag betet er zur Überraschung seiner Gemeinde anstelle von „Herr, gib uns Kraft zum Tragen“: „Herr, gib uns Taft zum Kragen“.

S. Freuds Tochter Anna Freud widmete sich verstärkt dem Studium der Abwehrmechanismen [46]. Abwehrmechanismen sind theoretische Konstrukte. Sie kennzeichnen eine bestimmte Reaktionsweise einer Person, die nur im Kontext spezifischer Konflikte und deren Abwehr als solche identifiziert werden können. Die wichtigsten Abwehrmechanismen der Identifikation, der Isolierung des Affekts, der Projektion, der Rationalisierung, der Reaktionsbildung, der Regression und der Verleugnung sind in Tabelle 3-1 dargestellt.

Anders als bei den Abwehrmechanismen versteht man heute den Mechanismus der **Sublimierung** als eine ICH-Funktion, die den Triebimpuls durch Umlenken auf gesellschaftlich akzeptierte kulturelle Ziele erfolgreich der Realität anpaßt. Es kommt zu einer Ersatzbetätigung. Dabei wird der ursprüngliche Triebimpuls unbewußt. So sieht man der Tätigkeit eines Bildhauers oder eines Spezialisten für Darmparasiten den ursprünglichen Triebimpuls des Spielens mit Kot nicht mehr an [47].

Persönlichkeitsstruktur und neurotische Symptombildung

Die ICH-Funktion der Angstbewältigung ist für alle Menschen wichtig zur Aufrechterhaltung eines stabilen seelischen Gleichgewichts. In Abhängigkeit vom inneren und äußeren Druck kann es dabei notwendig werden, zur Erhaltung dieses Gleichgewichts Abwehrmechanismen einzusetzen. Alle Menschen tun dies. Es gibt aber in Qualität und Quantität erhebliche Unterschiede in der Stabilität und Struktur der individuellen Angstabwehr. Diese Unterschiede werden unter dem Begriff der **ICH-Stärke** zusammengefaßt und entstehen durch Unterschiede der genetischen Anlage und der zwischenmenschlichen Sozialisation. Geringe ICH-Stärke zeigen Personen, die aufgrund ihrer Persönlichkeitsentwicklung Konflikte überwiegend abwehren müssen. Große ICH-Stärke zeigen Personen, die Konflikte überwiegend bewußt bewältigen können.

Die ICH-Stärke ist von zahlreichen Faktoren abhängig. Es sind dies die körperlichen, geistigen und seelischen Fähigkeiten einer Person, die Stärke ihrer Triebimpulse, die Beschaffenheit ihres ÜBERICH und die aktuellen Anforderungen der Umwelt. Die Entwicklung der ICH-Funktionen und der Abwehrorganisation erfolgt parallel zur

Tabelle **3-1** Abwehrmechanismen.

Abwehrmechanismus	Funktionsweise	Beispiel
Identifikation	Der Handelnde übernimmt unbewußt Einstellungen, Verhaltensweisen und Wertmaßstäbe einer anderen Person, um im Konfliktfall eigene Angst abzuwehren. Von „Identifikation mit dem Aggressor" spricht man, wenn eine Person sich die Einstellungen und Wertmaßstäbe der sie angreifenden Person zu eigen macht.	Nach der Flugzeugentführung einer LH-Maschine nach Mogadischu fiel auf, daß einige weibliche Passagiere berichteten, daß sie während der Entführung die Kidnapper sympathisch fanden und deren Motive verstehen konnten. Im Nachhinein konnten sie sich ihr Verhalten nicht erklären.
Isolierung des Affekts	Eine Person spaltet unbewußt Affekte, die – an ihren ÜBERICH-Ansprüchen gemessen – nicht akzeptabel sind, ab und schildert ein traumatisches Ereignis ohne erkennbare Emotionen.	Eine Colitis-ulcerosa-Patientin berichtet über ein sadistisches Verhalten ihrer Eltern ohne jedes Anzeichen von Ärger oder Traurigkeit.
Projektion	Eigene unerwünschte Impulse werden nicht bei sich selbst, sondern bei anderen Personen wahrgenommen. „Man sieht den Splitter im Auge des anderen und nicht den Balken im eigenen".	Eine Studentin, die sich eigene Neidprobleme nicht eingestehen kann, beklagt sich in Konfliktsituationen mit Kommilitoninnen wiederholt darüber, daß diese neidisch auf ihren Erfolg seien.
Rationalisierung	Für ein unbewußt unakzeptables Motiv einer eigenen Verhaltensweise findet eine Person „gute", rationale Gründe.	Ein stark übergewichtiger Patient, dem sein Arzt seit langer Zeit empfohlen hat, zusammen mit seiner Frau zur Diätberatung zu kommen, hat unbewußt Angst vor Nahrungseinschränkungen und findet wiederholt rationale Gründe, warum eine solche Beratung nicht möglich ist. Er habe zur Zeit zuviel Arbeit, seine Frau sei erkältet etc.
Reaktionsbildung	Unbewußt unakzeptable Triebimpulse veranlassen eine Person zu einer entgegengesetzten Verhaltensweise.	Eine Krankenschwester ist über längere Zeit wegen schwerer Krankheit arbeitsunfähig und müßte vom Arzt weiter krankgeschrieben werden. Sie hat unbewußt große Gewissensbisse wegen eigener Impulse, sich länger auszuruhen. Am folgenden Tag meldet sie sich ohne Rücksprache mit dem behandelnden Arzt zum Dienst zurück.
Regression	Ein unerwünschter Triebimpuls wird durch Rückfall in eine Verhaltensweise, die einer früheren Entwicklungsstufe entspricht, abgewehrt.	Ein Patient, der sehr viel Wert auf Leistung und Selbstkontrolle legt, erleidet einen Herzinfarkt. Trotz guter körperlicher Belastbarkeit verhält er sich im Umgang mit seiner Familie und dem Klinikpersonal auffällig passiv und unselbständig.
Verleugnung	Ein unbewußt stark bedrohliches Ereignis wird in seinem realen Tatbestand oder in Teilaspekten desselben von einer Person nicht wahrgenommen.	Eine an Brustkrebs erkrankte Patientin kann sich nicht erinnern, was der das Ergebnis einer Probeuntersuchung mitteilende Arzt gesagt hat. Sie behauptet, über die Diagnose nicht aufgeklärt worden zu sein.

Triebentwicklung nicht ohne spezifische Traumata, die später als Merkmale der Persönlichkeitsstruktur (ICH-Funktionen, ÜBERICH, Körperkonstitution und Abwehrorganisation) sichtbar bleiben. So weisen spezifische Charakterstrukturen auf Traumata in bestimmten Phasen der Triebentwicklung hin. Immer handelt es sich dabei um die Abwehr latenter Ängste aus der Zeit der frühen Triebabwehrorganisation (s. a. Kap. 6.1). Je früher die Traumatisierung, desto mehr ist der Aufbau einer stabilen Angstabwehrorganisation gefährdet. Je schwerer das Trauma, desto inflexibler und starrer wird eine Person abwehren müssen.

In „Hemmung, Symptom und Angst" beschreibt S. Freud 1926 die **neurotische Symptombildung** als das Ergebnis unvollständiger Angstabwehr. Im körperlichen Symptom wird ein Teil der aus dem Konflikt resultierenden Angst „gebunden".

Beispiel: Eine erwachsene Patientin mit großen Verlustängsten entwickelt beim Weggang einer für sie wichtigen Bezugsperson Waschzwänge. Im Gespräch wird deutlich, daß sie Wut und Enttäuschung über den Weggang der Person nicht zulassen kann, weil ihr das extreme Schuldangst macht. Dies hängt mit einem frühen Verlusttrauma der Patientin im Alter von 1 Jahr zusammen.

Einerseits finden sich neurotische Symptome als funktionelle Störungen motorischer, sensibler und sensorischer Prozesse, z.B. funktionelle Beinlähmung, Sehstörungen etc. Dieser Abwehrprozeß wird als **Konversion** bezeichnet. Als funktionelle Störungen werden zentralnervöse Funktionsstörungen von Organsystemen bezeichnet, ohne daß eine nachweisbare Schädigung von Organstrukturen vorliegt. Andererseits entstehen neurotische Symptome als pathologisch gesteigerte Affekte, z.B. von Angst und Depression, mit Steigerung und/oder Hemmung allgemeiner vegetativer Prozesse, z.B. Herzrhythmusstörungen, Störungen der Magen-Darm-Funktion. Wenn die funktionell vegetative Symptomatik an die Stelle des affektiven Erlebens tritt, spricht man von **Somatisierung.**

Persönlichkeitsstrukturen mit der Neigung zur Angstabwehr in Form neurotischer Symptombildung werden als **Neurosestrukturen** bezeichnet. Die Symptome werden in der Regel dann bei einer Person mit einer spezifischen Neurosestruktur manifest, wenn ein aktueller Konflikt den ursprünglichen, traumatisierenden Konflikt wiederholt [48, 49].

Bei besonders schwerer und früher Traumatisierung kann der Aufbau eines Abwehrsystems weitgehend mißlingen. In diesem Fall fehlt eine faßbare Persönlichkeitsstruktur, was als **Borderlinestörung** oder **-persönlichkeit** bezeichnet wird [50]. Menschen mit Borderlinepersönlichkeit sind extrem verletzbar. Sie haben eine sehr geringe Frustrationstoleranz und verlieren in Konfliktsituationen leicht die Affekt-Impuls-Kontrolle, d. h. sie reagieren „kopflos". Beim Zusammenbruch der Abwehrorganisation kommt es bei den Betroffenen zu extremer Selbstentwertung mit psychotischer Symptomatik, wie z. B. schweren Depressionen mit Suizidgefahr.

Studienfragen

Wie lassen sich die Instanzen des Freudschen Strukturmodells dem topographischen Modell zuordnen?
(s. S. 58, 59 links oben)
Was sind Abwehrmechanismen und wie wirken sie? Vergegenwärtigen Sie sich die wichtigsten Abwehrmechanismen mit Definitionen und Beispielen!
(s. S. 59, 60)
Wie entstehen neurotische Symptome?
(s. S. 61, links)

3.2.3 Psychobiologischer Ansatz

Friedrich-Wilhelm Wilker

Verbunden mit dieser Konzeption der Motivationsanalyse ist die traditionelle Unterscheidung in sog. **primäre** (oder auch **biologische**) **Motive** (z.B. Hunger, Durst, s. Kap. 3.3.1), die in erster Linie zur Aufrechterhaltung der Grundfunktionen des Organismus und damit zum Überleben dienen, und sog. **sekundäre** (oder auch **psychologische**) **Motive** (z. B. Leistungsmotivation, Streben nach sozialer Anerkennung, Hilfsbereitschaft), die weniger eine vitale als vielmehr persönlichkeitsspezifische und soziale Bedeutung für das Individuum haben [51].

Bei den primären geht man im Gegensatz zu den sekundären Motiven davon aus, sie aufgrund einer nachweisbaren physiologischen Basis als (im wesentlichen) angeboren zu betrachten, wohingegen die sekundären Motive erst im Laufe der individuellen Entwicklung durch spezifische Lernprozesse erworben und ausgeformt werden. Abgesehen von dem deutlich limitierten Einfluß von Lernprozessen auf primäre Motive, weisen diese noch ein typisches Merkmal auf:

Primäre Motive unterliegen dem **Funktionsprinzip einer homöostatischen Regulierung,** wobei Zustandsabweichungen über einen bestimmten Toleranzbereich hinaus ausgeglichen werden, um wieder einen organischen Gleichgewichtszustand zu erlangen.

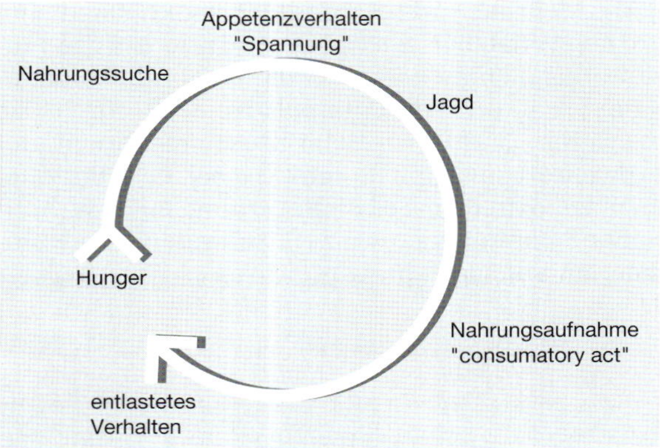

Abb. **3-3** Der Motivationszyklus am Beispiel des Hungers [52].

So wird beispielsweise ein bestimmter physiologischer Mangelzustand über einen bestimmten Grenzwert hinaus subjektiv als Hungergefühl wahrgenommen, dadurch eine Gegenregulation, nämlich Nahrungssuche und Eßverhalten, ausgelöst und auf diese Weise wieder ein angemessener Gleichgewichtszustand (Homöostase) hergestellt (Abb. 3-3).

In dieser und auch in anderer Hinsicht stellt die Sexualität (s. Kap. 3.3.4), obwohl durchaus zur Gruppe der primären, also angeborenen Motive gehörig, eine relative Ausnahme dar:

- Homöostatische Regulationsmechanismen scheinen nur sehr begrenzt wirksam zu sein.
- Sie dient der Arterhaltung, ist aber für das Individuum nicht lebensnotwendig.
- Sexuelle Erregung wird nicht (wie z. B. Hunger und Durst) als unangenehm erlebt, sondern genauso aktiv angestrebt wie ihre Befriedigung.
- Nicht eine spezifische Reizklasse, sondern eine Vielfalt sehr unterschiedlicher Reize können Auslöser für sexuelle Erregung und sexuelles Verhalten sein [53].

Dieser letzte Aspekt stellt ganz allgemein in Verbindung mit den dazugehörigen Lernprozessen einen Übergang zu den sekundären Motiven dar, die ja nach lerntheoretischer Auffassung durch **Konditionierung** (s. Kap. 4) entstehen. Hierbei wird die Auftretenswahrscheinlichkeit desjenigen Verhaltensmusters erhöht (d. h. verstärkt), das zur Bedürfnisbefriedigung führt.

> Beispiel: Ein Patient verlangt um so eher und drängender ein bestimmtes Medikament, je größer seine Schmerzen sind und je häufiger bei vergleichbarem Befinden seine Schmerzen durch dieses Medikament reduziert wurden.

Aus traditioneller Sicht [54] bilden primäre Motive oft die Verstärkungsgrundlage für Lernprozesse und damit auch mehr oder weniger direkt für die Entstehung sekundärer Motive.

> Beispiel: Das Streben eines niedergelassenen Arztes nach einem angemessenen Verdienst (Gelderwerb) ist ein sekundäres Motiv, das seine **Triebkraft** durch die Verbindung mit der Befriedigung von primären Bedürfnissen erhält (mit Geld kann man sich Essen, Trinken, Kleidung usw. beschaffen).

Geraten Motive miteinander in Widerstreit, dann bezeichnet man dies als einen **intrapsychischen Konflikt.** Unter Berücksichtigung der klassischen Arbeiten von Lewin [55] und Miller [56] werden vier Grundformen von Konfliktsituationen unterschieden, denen als konfligierende Kräfte (nach Lewin) eine Annäherungstendenz (Appetenz) und/oder eine Vermeidungstendenz (Aversion) zugrunde liegen [51]:

- **Appetenz-Appetenz-Konflikt:** Eine Person muß sich zwischen zwei gleichermaßen begehrten, einander ausschließenden Alternativen entscheiden.

> Beispiel: Ein junger Arzt weiß nicht, ob er Neurologe oder Dermatologe werden soll. Beide Spezialisierungen erscheinen ihm gleichermaßen interessant und attraktiv.

- **Aversions-Aversions-Konflikt:** Eine Person muß sich zwischen zwei unangenehmen Alternativen entscheiden.

> Beispiel: Ein Patient, der über die Behandlungsmöglichkeiten seiner Erkrankung informiert ist, muß sich zwischen einem für ihn angstbesetzten operativen Eingriff und einer bekanntermaßen nebenwirkungsreichen Langzeitmedikation entscheiden.

- **Appetenz-Aversions-Konflikt** (auch Ambivalenz-Konflikt genannt): Eine Person steht vor einer Entscheidung, mit der gleichzeitig sowohl ein positiver als auch ein negativer Aspekt verbunden ist.

> Beispiel: Ein Patient weiß nicht, ob er sich operieren lassen soll. Auf der einen Seite steht für ihn das erhebliche Operationsrisiko, das mit dem geplanten Eingriff verbunden sein soll, auf der anderen Seite aber die Hoffnung auf vollständige Heilung und Gesundung.

- **Doppelter Ambivalenz-Konflikt:** Eine Person muß sich zwischen zwei Alternativen entscheiden, die beide gleichzeitig mit mehreren positiven und negativen Aspekten verknüpft sind.

Beispiel: Ein Arzt weiß nicht, ob er sich in freier Praxis niederlassen oder lieber weiter in der Uni-Klinik arbeiten soll. An der Kliniksituation schätzt er zwar die Kooperations- und Forschungsmöglichkeiten, aber die Abhängigkeit von der Klinikhierarchie macht ihm enorme Schwierigkeiten. An der eigenen Praxis würde ihm gefallen, daß er endlich sein eigener Herr ist. Auch verspricht er sich einen höheren Verdienst, befürchtet aber deutliche Einschränkungen seiner ohnehin knappen Freizeit und ein Erstarren in Routine, wenn die Praxis erst einmal floriert. Andererseits ist er nicht ganz sicher, ob die Praxisgründung überhaupt ein Erfolg wird.

Motivationskonflikte sind ein zentraler Bereich auch anderer Ansätze der Motivationsanalyse, wie z.B. die intrapsychischen Konflikte als Grundlage der Abwehrmechanismen in der Psychoanalyse oder die Konfliktbewältigung durch **Reduktion der kognitiven Dissonanz** im sog. kognitiven und handlungstheoretischen Ansatz zeigen.

Studienfragen

Wie werden primäre und sekundäre Motive unterschieden? Nennen Sie Beispiele!
(s.S. 61, rechts)
Welche Grundformen von Konfliktsituationen mit welchen typischen Merkmalen gibt es? Erläutern Sie dazu Beispiele!
(s.S.62, rechts, S. 63, links oben)

3.2.4 Handlungstheoretischer Ansatz

Friedrich-Wilhelm Wilker

Der Ausgangspunkt neuerer Ansätze zur Motivationsanalyse ist der rational denkende, aktiv planende Mensch. In diesem Sinne sind z.B. subjektspezifische Situationsbewertungen, Erwartungen und Intentionalität (**Wille**) wichtigere Voraussetzungen für menschliches Handeln und Erleben als Triebe, Instinkte, externe Auslöser, Verstärker usw. Im Zentrum des kognitiven und handlungstheoretischen Ansatzes der Motivationsanalyse steht somit die durch individuelle Bewertungsprozesse (**Kognitionen**) gesteuerte Interaktion (**Handlung**) des Menschen mit seiner Lebensumwelt.

Die sog. **Erwartungs-Wert-Modelle** der Motivation [57, 58] bilden eine Verknüpfung zwischen der Erwartung über den Erfolg bzw. Mißerfolg einer Handlung, den daraus resultierenden positiven bzw. negativen Handlungsfolgen (Wert) und dem Handlungsmotiv des Akteurs.

Am Beispiel der sozialen Hilfeleistung läßt sich feststellen: „Die Wertvariablen sind die Folgen der eigenen unternommenen oder unterlassenen Hilfeleistung. Je größer das Gewicht der positiven Folgen ist, um so eher wird man helfen. Die Erwartungsvariablen können verschiedener Art sein. Eine Art ist die subjektive Wahrscheinlichkeit, daß das eigene Handeln zu einem Ergebnis führt, das die erhofften Folgen für den Hilfsbedürftigen nach sich zieht. Eine andere Art von Erwartungsvariable ist die Instrumentalität der eigenen Hilfehandlung für die erwünschte Handlungsfolge (Befreiung des Hilfsbedürftigen aus seiner Not)" [58].

Eine weitere Differenzierung haben die in diesem Teil behandelten Ansätze zur Motivationsanalyse durch die Berücksichtigung sog. **attributionstheoretischer Überlegungen** erfahren. Hierbei ist z.B. folgende Frage relevant: Verändert sich die Handlungsmotivation einer Person in Abhängigkeit von der Tatsache, daß sie bestimmten Ereignissen (z.B. einer Erkrankung) eine externe Verursachung (z.B. Fremdverschulden) oder eine interne Verursachung (z.B. eigenes Verschulden) zuschreibt?

Dieser sehr komplexe Sachverhalt sei an einem Beispiel skizziert: Patienten, die ihren ersten Herzinfarkt außerhalb ihrer selbst liegenden Bedingungen (Schicksal, Zufall, schwere Lebensbedingungen, mangelnde Anerkennung, berufliche Belastung usw.) zuschreiben, unternehmen in der Rehabilitationsphase kaum Anstrengungen, ihre Lebensweise zu ändern. Sie gehen ein halbes Jahr später seltener zur Arbeit, vermeiden physische Beanspruchungen und verzichten resignierend auf die Hilfe ihrer Ehefrauen. Demgegenüber nutzen Patienten, die die Ursachen für ihren Herzinfarkt bei sich selbst (ihrem eigenen Lebensstil, ihrem persönlichen Verhalten und Erleben usw.) suchen, die Hilfe der Umgebung und ihre eigenen Kraftreserven nahezu optimal, um ihre Genesung voranzubringen [59].

Weil der **handlungsorientierte Ansatz** insgesamt verschiedene **kognitive Prozesse** (z.B. Bewerten, Vergleichen, Entscheiden usw.) in die Handlungsmotivation einbezieht, läßt er sich besonders elegant in einem Regelkreismodell darstellen und verdeutlichen:

Ein Patient empfindet Kopfschmerzen, bewertet diese als intolerabel und entscheidet sich für die Einnahme eines Schmerzmittels (erste Prüfphase/Test). Er nimmt ein solches ein (erste Handlungsphase/Operation). Nach Ablauf von zwei Stunden kommt er zu dem Schluß, daß sich das Ausmaß der Schmerzen nicht befriedigend reduziert hat. Er entscheidet sich nun zur erneuten Schmerzbekämpfung (zweite Prüfphase/

Test) und nimmt eine weitere Dosis des Analgetikums ein (zweite Handlungsphase/Operation). Einige Zeit später stellt er erleichtert fest, daß die Schmerzen verschwunden sind (dritte Prüfphase/Test) und eine nochmalige Schmerzmitteleinnahme sich erübrigt (Handlungszyklus abgeschlossen/Exit).

Dieser Prozeß von der Bewertung über die Entscheidung bis zum Handeln läßt sich nach dem **TOTE(Test-Operation-Test-Exit)-Modell** darstellen [60].

Hierbei sind – wie aus dem obigen Beispiel ersichtlich – der **Prüfphase** alle Bewertungs- und Entscheidungsprozesse zuzuordnen und der **Handlungsphase** alle Handlungsanteile. Im Sinne eines Regelkreises werden Prüf- und Handlungsphase abwechselnd so lange durchlaufen, bis das Handlungsergebnis zufriedenstellend ist.

Im Sinne der historischen **Willenspsychologie** ließe sich der gleiche Vorgang als eine Sequenz von Motiv (Gefühl/Schmerz), Willensakt (Entschluß/Absicht zur Schmerzbekämpfung) und Willenshandlung (Handlungsausführung/Medikamenteneinnahme) darstellen (Abb. 3-4).

Ein Problem neuerer Ansätze zur Motivationsanalyse, das in der Willenspsychologie noch nicht explizit bearbeitet wurde, ist die Frage nach der kognitiven Kontrolle und Steuerung der Handlungsbereitschaft, z. B. nach dem Einfluß bedrohlicher Reize (etwa Angst- und Streß-Reize) auf die Handlungsmotivation. Eine derartige Bedrohung löst beim Individuum bestimmte Auseinandersetzungs- und Bewältigungsprozesse (**Coping,** s. Kap. 2.2.3 und 8.5.1) aus. „Coping besteht aus allen Anstrengungen, sowohl verhaltensorientierten wie intrapsychischen, die externen und internen Anforderungen und Konflikte zwischen ihnen, die die Ressourcen eines Individuums belasten oder übersteigen, zu bewältigen (d. h. zu meistern, tolerieren, reduzieren oder minimieren)“ [61]. Es sei darauf hingewiesen, „daß es sich bei der Bewältigung der unterschiedlichsten Anforderungen, die aus einer gestörten Person-Umwelt-Passung resultieren, nicht um ein *one-shot*-Phänomen handelt, sondern um einen Prozeß, innerhalb dessen zu unterschiedlichen Zeitpunkten ganz unterschiedliche Varianten des Bewältigungsverhaltens erkennbar sein mögen...“ [62]. Vergleichbar dieser Auffassung betont auch Beutel (1988) bei der Verarbeitung chronischer Erkrankungen die Dynamik von Copingprozessen.

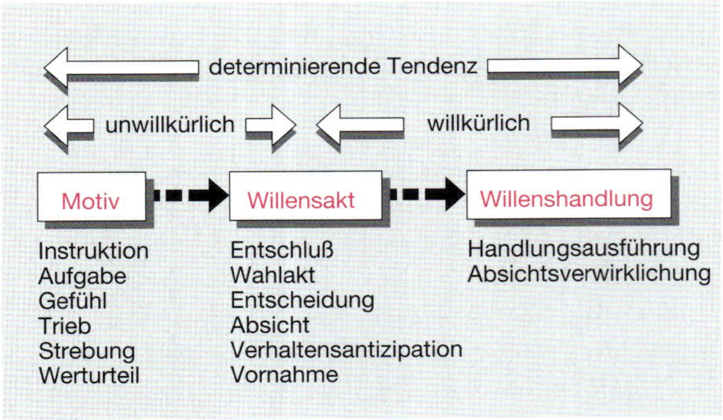

Abb. **3-4** Wichtige Konstrukte der Willenspsychologie [51].

Eine der Möglichkeiten, Bewältigungsverhalten zu klassifizieren, bietet das Konzept von Cohen und Lazarus [63]. Sie unterscheiden intrapsychische bzw. kognitive Prozesse (z. B. Verleugnung, Vermeidung), direkte Aktivitäten (z. B. Flucht, d. h. im Krankheitsfalle Abbrechen einer Behandlung), Inaktivität (z. B. Abwarten) sowie Informationssuche (z. B. im Falle einer Krankheit alles darüber Verfügbare lesen). Der Begriff **Bewältigungsstil** beinhaltet die Tatsache, „daß es transsituativ wie zeitlich stabile Formen der Auseinandersetzung mit Belastungssituationen gibt, anhand derer sich Personen typisieren lassen, und die syndromatisch ihr Bewältigungsverhalten markieren“ [62]. Als ein solcher Bewältigungsstil kann Repressing versus Sensitizing bezeichnet werden. Dabei zeichnen sich die **Sensitizers** gegenüber den **Repressors** besonders durch eine aktive Informationssuche bezüglich eines bedrohlichen Ereignisses (z. B. medizinischer Eingriff) aus und nicht wie jene durch eine typische Informationsmeidung („Was ich nicht weiß, macht mich nicht heiß“-Reaktion).

In [64] wird ein interessanter Versuch beschrieben, welcher die Rolle des genannten Copingstils kennzeichnet. Personen, die sich noch nie einer Gastroskopie hatten unterziehen müssen, wurde ein realistischer Film dieser diagnostischen Maßnahme gezeigt:

Bei den Sensitizers führte schon eine einmalige Darbietung des Films zu einer deutlichen Verringerung der Herzfrequenz (als Hinweis auf eine durch Informationsvermittlung bedingte Angstreduktion). Bei den Repressors dagegen führte die einmalige Betrachtung zu einer deutlichen Steigerung der Herzfrequenz (als Hinweis auf einen informationsbedingten deutlichen Angstanstieg).

Für die Vorbereitung von Patienten auf invasive diagnostische Maßnahmen bedeutet dies zumindest, daß der individuelle Bewältigungsstil dabei angemessen berücksichtigt werden sollte.

Wie ersichtlich, sind insgesamt beim Bewältigungsverhalten **kognitive Operationen** (Neubewertung, Umbewertung der Situation etc.) wirksam. Mit den motivationalen Auswirkungen von Kognitionen befaßt sich die Theorie der **kognitiven Dissonanz** [65]. Sie basiert auf der Annahme, daß Individuen immer nach Ausgleich und Harmonie zwischen ihren – für einen bestimmten Sachverhalt relevanten – Kognitionen, d.h. Überzeugungen, Einstellungen, Kenntnissen und Meinungen streben. Kognitive Dissonanz, also Unvereinbarkeit bestimmter Kognitionen, wirkt motivierend insofern, als sie das Individuum veranlaßt, nach Möglichkeiten der Dissonanzreduktion zu suchen. Kognitionen erzeugen in der Hauptsache dann kognitive Dissonanz, wenn sie mit bestimmten Motiven, Bedürfnissen oder Handlungen einer Person in Zusammenhang stehen, d.h. wenn sie persönliche Relevanz besitzen.

Als Beispiel sei der starke Raucher („ich möchte jetzt schrecklich gerne eine Zigarette rauchen") genannt, der um die gesundheitliche Gefährdung durch Rauchen („morgen früh huste ich wieder und überhaupt ist Rauchen nicht gesund") weiß. Er befindet sich im Zustand der kognitiven Dissonanz, da sein Verhalten dem Wissen um die damit verbundene Gefährdung zuwiderläuft. Möglichkeiten, die kognitive Dissonanz zu reduzieren, bestehen hauptsächlich in einer Änderung des Verhaltens (d.h. aufhören zu rauchen) oder aber einer Veränderung der Überzeugung bezüglich der Auswirkungen des Rauchens (d.h. meinen, Rauchen sei gar nicht so schädlich, wie behauptet).

Natürlich kann der kognitive Ansatz ebensowenig wie die anderen behandelten Konzepte zur Motivationsanalyse eine erschöpfende Antwort auf die Frage nach den Beweggründen menschlichen Handelns liefern. Wir hoffen aber gezeigt zu haben, daß die existierenden motivationspsychologischen Konzeptionen für die Medizinische Psychologie speziell und damit für die Medizin ganz allgemein von nicht zu unterschätzender Bedeutung sind.

Studienfragen

Was versteht man unter dem TOTE-Modell (Test–Operation–Test–Exit)? Erklären Sie dies an einem Beispiel!
(s.S. 63, rechts unten, S. 64)
Was ist die Reduktion kognitiver Dissonanz und wie läßt sie sich am Beispiel des Rauchens erläutern?
(s.S. 64, rechts unten, S. 65)

3.3 Spezifische Emotionen und Motivationen

Sowohl in älteren wie auch in neueren Theorien menschlichen Verhaltens und Erlebens werden Emotion und Motivation als voneinander untrennbar angesehen. Ihr Zusammenhang kann folgendermaßen beschrieben werden: „Gefühle sind die erlebnismäßigen Komponenten einer Handlungsbereitschaft. Zusammen mit physiologischen Prozessen bilden sie jene Handlungsbereitschaft, die als Motivation bezeichnet wird" [66]. Die entsprechende Handlungsbereitschaft oder Motivation wäre z.B. bei Angst – Flucht, bei Ärger – Aggression, bei Hunger – Essen und bei Durst – Trinken [66].

3.3.1 Hunger und Durst

Friedrich-Wilhelm Wilker

Weder das Auftreten des Hungergefühls bei mehr oder weniger großem Nahrungsdefizit noch das Empfinden von Durst bei Flüssigkeitsmangel läßt sich in eine monokausale Verbindung bringen zu einem spezifischen *Rezeptorsystem* (z.B. Osmorezeptoren in Gehirn und Leber) oder einem umschriebenen *Hirnzentrum* (z.B. Strukturen des Hypothalamus). Als sog. Allgemeingefühle sind Hunger und Durst nämlich beide neben einer primär anatomisch-physiologischen Verankerung sehr vielfältigen Einflüssen durch verschiedenartige Lernprozesse ausgesetzt und daher – besonders im Humanbereich – von außerordentlicher Variabilität [67].

Der Einfluß dieser Lernprozesse zeigt sich an individuellen Nahrungspräferenzen, Getränkevorlieben, unterschiedlichen Essenszeiten, kulturspezifischen Eßgewohnheiten usw. Die Frage, ob jemand bei einem bestimmten Hunger- und Durstgefühl, als einem Bedürfnis nach Nahrung und Flüssigkeit, überhaupt etwas zu sich nimmt und, wenn ja, was und wieviel, läßt sich demnach nicht einfach entsprechend einem physiologischen Bedarf klären. Dies ist nur möglich unter Berücksichtigung wichtiger Zusatzvariablen wie Geruch und Geschmack, Aussehen und Konsistenz der Nahrungsmittel, Umgebungsbedingungen (z.B. sauberer Tisch – schmutziger Tisch), Situationsbedingungen (z.B. Person steht unter massivem Zeitdruck – Person hat Zeit und Muße zum Essen), sozialen Bedingungen (z.B. Person ißt allein – Person befindet sich in angenehmer Gesellschaft), spezifischen Vorerfahrungen (z.B. Hotel mit gutem Essen – Mensa mit schlechtem Essen), individuellen Befindlichkeiten und Stimmungen (z.B. Person fühlt sich depriminiert – Person ist vergnügt) usw.

Daß individuelle Nahrungsbedürfnisse aber auch aufgrund eines physiologischen Bedarfs modifiziert werden können, zeigt das Phänomen des **spezifischen Hungers** [68]. Es kann nämlich bei einem Defizit eines spezifischen Nährstoffelements zu einem entsprechend spezifischen Hungergefühl kommen (z.B. Heißhunger auf Salziges bei Salzmangel). Demnach ist der Organismus zumindest teilweise in der Lage, Nährstoffe, die er benötigt, in Nahrungsmitteln zu erkennen, bevorzugt auszuwählen und so für eine ausgeglichene Gesamternährung zu sorgen.

Der Einfluß von Hunger und Durst auf das menschliche Verhalten wächst primär mit der Zeitdauer der Nahrungs- und Flüssigkeitsdeprivation. Dabei ist die **vitale Gefährdung** durch Flüssigkeitsentzug wesentlich größer als die durch Nahrungsentzug: Ein Mensch kann zwar durchaus einige Wochen ohne Nahrung überleben, jedoch nur wenige Tage ohne Wasser auskommen. Außerdem verschwindet das Hungergefühl schon nach einigen Tagen vollkommen, während das Durstgefühl ständig zunimmt. Parallelen dazu findet man im klinischen Bereich: Die dialysebedingte Einschränkung der Flüssigkeitszufuhr geht bei 66% der Dialysepatienten mit quälendem Durst einher [69]. Ein deutlich verstärktes Durstgefühl findet sich ebenso beim Diabetes insipidus, bei dem große Mengen Flüssigkeit (bis zu 30 l/Tag) getrunken und wieder ausgeschieden werden. Ein stark reduziertes Bedürfnis nach Flüssigkeit dagegen haben oft alte Patienten. Trotz erheblichen Wassermangels trinken sie einfach zu wenig, weil sie keinen Durst haben. Der Arzt sollte daher bei diesen Patienten auf eine adäquate Flüssigkeitsaufnahme achten.

Von einem drastisch gesteigerten Hungergefühl berichten demgegenüber viele Patienten mit Diabetes mellitus oder Hyperthyreose, während Patienten mit Pankreasinsuffizienz oder beginnender Hepatitis oft von einem stark reduzierten Hungergefühl sprechen. Ähnlich appetitlos fühlen sich viele Krebspatienten.

Welche positiven Effekte demgegenüber die kontrollierte und freiwillige Deprivation von Nahrung und Flüssigkeit haben kann, zeigt sich zum einen beim **Fasten,** insbesondere dem sog. **Heilfasten,** das als *somato-psychischer Entschlackungsprozeß* in Fastenkliniken therapeutisch eingesetzt wird (z.B. bei Rheuma, Arthritis, Magen-Darm-Erkrankungen, Hauterkrankungen). Zum anderen wird dies deutlich bei der **Durstkur (Dipsotherapie)**. Hier wird ein völliger Flüssigkeitsentzug oder eine eingeschränkte Flüssigkeitszufuhr als Heilmaßnahme angewandt (z.B. bei akuter Glomerulonephritis).

Zusammenfassend läßt sich zu den Auswirkungen von Hunger und Durst auf das menschliche Erleben und Verhalten folgendes sagen [68]:

- **Lang andauernder Hunger** führt zu Beeinträchtigungen aller körperlichen Funktionen, zu Antriebsschwund, zu Asexualisierung, zu Zentrierung des Verhaltens auf alles, was mit Essen zusammenhängt, zu Leistungsbeeinträchtigungen, zu Persönlichkeitsveränderungen und zu Depressionsneigung (vieles davon findet man übrigens interessanterweise bei fettsüchtigen Patienten wieder, die sich einer Abmagerungskur unterziehen).
- **Akuter** oder **chronischer Flüssigkeitsmangel** scheint von den meisten Menschen intensiver und quälender empfunden zu werden als Nahrungsmangel. Dadurch kann Durst dann natürlich einen extrem motivierenden Einfluß auf menschliches Verhalten und Erleben bekommen. Zwar sind die Auswirkungen von Durst insgesamt weniger gut untersucht als die von Hunger, aber möglicherweise vergleichbar mit denen unter Hungerbedingungen.

Der Unterernährung vergleichbar sind jedoch die Folgen der weitgehenden Nahrungsverweigerung, die mit der Magersucht (Anorexia nervosa) verbunden ist. Entscheidend für die Diagnose dieser Erkrankung sind körperliche Symptome (z.B. Abmagerung, Ausbleiben der Regelblutung, Verstopfung, Folgestörungen der Unterernährung) und spezifische Auffälligkeiten im Erleben und Verhalten (z.B. deutliche Eßstörungen, Überaktivität, Störungen in der Wahrnehmung des eigenen Körpers, Kontaktstörungen und Defizite im Sozialverhalten). Selbst wenn sie deutliche Hungergefühle empfinden, schränken diese Patienten ihre Nahrungsaufnahme drastisch ein [263].

Bei Patienten mit einer **Fettsucht (Adipositas)** scheinen:

- äußere Hinweise bezüglich Nahrung (z.B. Aussehen, Geruch, Geschmack, Tageszeit) im Gegensatz zu internen, intestinalen und metabolischen Reizen (z.B. Magenaktivität) einen wesentlich größeren Einfluß auf das Hungergefühl zu haben, als dies bei normalgewichtigen Personen der Fall ist;
- experimentell induzierte Belastungen (z.B. Mißerfolg) zu einem signifikanten Anstieg der Nahrungsaufnahme zu führen und dies eher bei Frauen als bei Männern. Schlanke dagegen essen unter Belastungsbedingungen eher weniger als ihrer individuellen Norm entspricht [264].

Die mit dem Namen **Bulimia nervosa** bezeichnete Störung ist durch Verhaltensmerkmale sowohl der Adipositas als auch der Anorexie gekennzeichnet: Gefühlen von Heißhunger in Verbindung mit wahren *Freßattacken* folgen zwanghaftes Erbrechen und extrem gezügeltes Eßverhalten in ständigem Wechsel. Auch hier liegt eine massive Störung der individuellen Kontrolle des Eßverhaltens vor, die Krankheitswert hat. Das Problem des *Über-den-Durst-Trinkens* schließlich, also das Problem des Alkoholismus, komplettiert den Eindruck von Hunger und Durst als sehr komplexen, heterogenen und im wahrsten Sinne des Wortes biopsychosozialen Sachverhalten.

Studienfragen

In welcher Form sind Hunger und Durst Einflüssen durch verschiedenartige Lernprozesse ausgesetzt?
(s. S. 65, rechts)
Welche Auswirkungen haben Hunger und Durst auf das menschliche Erleben und Verhalten?
(s. S. 66, links und rechts oben)

3.3.2 Angst

Siegfried Höfling

Phänomenologie der Angst

Akute Angst läßt sich als ein Zustand gesteigerter Erregung verbunden mit Beengungs- und Verzweiflungsgefühlen beschreiben, die mit zahlreichen körperlichen Symptomen einhergehen kann (Blutdruckerhöhung, Herzfrequenzerhöhung, Muskelanspannung, Schweißausbruch, Atemfrequenzsteigerung oder Atemnot, Schwindel, Benommenheit, Zittern, Übelkeit etc.). Diese Erregung wird im ersten Moment nicht umgesetzt in eine sinnvolle Handlung. Der Mensch befindet sich gefühlsmäßig in einem Stadium der Blockiertheit, die sich auf der kognitiven (z.B. Gedankenkreisen) und verhaltensmäßigen (Handlungsblockade) Ebene ausdrückt. Angst ist ein subjektives, ein privates Ereignis, das interindividuell unterschiedliche Reaktionsmuster besitzt. Während sich bei einem Individuum Angst vorwiegend auf der mentalen Ebene durch Symptome der Irritiertheit, Verwirrung, Gedankenkreisen, aber geringen physiologischen Erregungszeichen ausdrücken mag, erlebt ein anderes die physiologische Erregungskomponente im Zentrum seiner Aufmerksamkeit. Es hat sich daher bei der wissenschaftlichen Erfassung von Ängsten als sinnvoll erwiesen, stets alle drei Komponenten der Angst, die **kognitiv-bewertende,** die **motorisch-nonverbale** (verhaltensmäßige) und die **physiologisch-erregende** Komponente zu berücksichtigen. Diese drei Angstkomponenten werden durch entsprechende, den jeweiligen Komponenten angemessene Meßinstrumente erfaßt (Fragebögen, Verhaltenstests, systematische Beobachtung motorisch-nonverbaler Angstzeichen und physiologische Erregungsmessung, wie Puls, psychogalvanische Hautreaktion, Elektromyogramm). Wissenschaftlich betrachtet ist Angst ein Konzept, das sich auf diesen drei Meßebenen erfassen und beschreiben läßt. Je nachdem, welche Angstkomponente die Wissenschaftler bei der Angstkonzeptualisierung hervorheben, ergeben sich kognitive, motorisch-verhaltensmäßige und physiologisch dominante Angsttheorien.

Akute Angst stellt eine kurzzeitige Reaktion auf eine angsterregende Umweltkonstellation oder intrapsychische Reizkonstellation (Vorstellungen, Zukunftsantizipation) dar und muß von chronischer Angst unterschieden werden. **Chronische Ängste** (Phobien, Angstneurosen) sind persistierende, wiederkehrende Erregungsabläufe, die die normalen Lebensfunktionen und Alltagsabläufe in der Regel stark beeinträchtigen.

Funktionen der Angst

Angst ist ein Energiebereitsteller, ohne daß unmittelbar eine Handlung, eine Aktion evoziert wird. Angst führt im positiven Fall zur erhöhten Aufmerksamkeit und damit verbunden zu einer erhöhten Reaktionsbereitschaft. Im negativen Fall tritt eine Aufmerksamkeitseinengung und eine kurzzeitige Reaktionsblockade auf. Nach Auflösung dieser Reaktionsblockade sind Flucht- oder Angriffsreaktionen wahrscheinlich. Welche Handlungen oder Reaktionen Angst auslösen wird, ist von situativen, intrapsychischen und persönlichkeitsspezifischen Faktoren abhängig und nur schwer prognostizierbar. Aus biologischer Sicht ist Angst in der Regel sinnvoll, weil sie auf eine drohende Gefahr hinweist, für deren Abwendung sie die nötige Energie bereitstellt. Da aber „Gefahren" in der heutigen Zeit zunehmend weniger von außen sondern von „innen" kommen (im psychoanalytischen Verständnis sind es vor allem die „verbotenen" Triebansprüche; in der kognitiven Psychologie Vorwegdenken einer unangenehmen Zukunft, Antizipation von Gefahren), entscheidet der individuelle Umgang mit der eigenen Angst darüber, ob Angst zu Anpassung oder zu Fehlanpassung führt (s. u. Angst und Angstbewältigung).

Angst-Furcht-Differenzierung

Das gefühlsmäßige Erleben und die damit einhergehenden körperlichen Reaktionen sind bei Angst und Furcht weitgehend identisch. Manche Autoren sehen deshalb davon ab, zwischen beiden zu differenzieren [70, 71]. Wenn zwischen Angst und Furcht unterschieden wird, dann entweder aus religiösen oder philosophischen Erwägungen (Angst als Erbsünde; Angst als Angst vor der ewigen Verdammnis; z.B. [72]) oder über das Konzept der **Gegenstandsbezogenheit.** Nach diesem Konzept bezieht sich Furcht auf eine reale Gefahr, während bei Angst die Gefahrenquelle nicht genau bestimmt werden kann. Allerdings können im Laufe einer Psychotherapie von Angstneurotikern, die anfangs keine Gründe oder Gefahrenquellen für ihre Angstanfälle (Angstneurosen, frei flottierende Ängste) angeben konnten, immer klare Angstauslöser gefunden werden. In der Regel sind diese zuerst nicht erkannten Angstquellen mental (kognitiv) repräsentiert und bedürfen der therapeutischen Aufmerksamkeitshinlenkung. Ergänzt wird die Unterscheidung zwischen Furcht und Angst mit Hilfe des Konzepts der **Aktionstendenz.** Während mit Furcht die Aktionstendenz Flucht verknüpft ist, scheint bei Angst jede Aktionstendenz vorerst gehemmt zu sein. Zumindest berichten Personen in akuter Angsterregung, daß sie Kraft aufwenden müssen, um eine Handlungsbarriere zu überwinden. Der Ängstliche findet sich sozusagen in einem Suchstadium nach der richtigen „Angstantwort". Bei den Phobikern wird als Angstantwort häufig Flucht vor dem Angstreiz bzw. Vermeidung des Angstreizes gewählt. Vor der Flucht- bzw. Vermeidungsaktion und auch nach erfolgreicher Flucht bzw. Vermeidung befindet sich die phobische Person jedoch stets in dem beschriebenen Suchstadium, das von Selbstzweifel, Orientierungsunsicherheit und Irritiertheit gekennzeichnet ist. Näher betrachtet, flieht der Phobiker vor seiner Angst, weil er glaubt, dieses unangenehme Gefühl nicht „aushalten" zu können.

Angst als Primär- oder Mischemotion?

Angst dürfte eine der ursprünglichsten Reaktionen des Menschen auf Gefahrensignale und daher angeboren oder zumindest sehr früh erworben worden sein (z.B. Geburt als erste Angsterfahrung). Als primäre, unmittelbare Angstauslöser werden häufig laute, unerwartete Geräusche, plötzlicher Gleichgewichtsverlust, Schmerz (oder intensive Unlustempfindungen) und Neuartigkeit eines Reizes, Gegenstandes oder einer Situation genannt. Die Kombination dieser primären angstauslösenden Reize mit ursprünglich neutralen Reizen führt zur Ausweitung der Angstbereitschaft. Je nachdem, wie häufig und wie intensiv die Assoziationen zwischen neutralen Reizen und primären (bedrohlichen, schmerzenden) Reizen in der Vergangenheit gewesen sind, kommt es zu unterschiedlich stark ausgeprägter Angstbereitschaft. Individuen unterscheiden sich daher in Häufigkeit und Intensität, auf bedrohliche Aspekte einer Situation mit Angst zu reagieren. Man spricht häufig von Angstbereitschaft als Persönlichkeitseigenschaft.

Eine sehr interessante wissenschaftliche Frage ist, ob Angst eine eindimensionale, einfaktorielle Reaktion auf externe und interne Gefahrensignale darstellt. Izard unterscheidet in seiner Emotionstheorie [73] zehn fundamentale Emotionen (Primäremotionen): Interesse, Freude, Überraschung, Schüchternheit, Zorn, Ekel, Schande, Furcht, Scham, Schuldgefühl. Komplexe Emotionsprozesse wie Liebe, Feindseligkeit, Angst oder Depression enthalten als Elemente zwei oder mehrere dieser fundamentalen Emotionen inklusive ihrer expressiven und handlungsmäßigen Reaktionskomponenten. Angst ist in dieser Theorie eine Kombination aus Furcht, Zorn, Scham, Schüchternheit, Schuld und Nervenkitzel (Interesse). Izard geht nicht von einer stabilen Zusammensetzung komplexer Emotionen aus verschiedenen Primäremotionen aus, sondern postuliert eine instabile, interindividuell variable Kombination dieser Grundemotionen. Jedes Individuum hat demnach ein anderes Angst-Emotionsmuster. Es ist daher nicht verwunderlich, daß man die Angst des anderen nicht verstehen kann, obwohl man das Angsterlebnis bei sich selbst kennt. Dementsprechend wird in der Psychotherapie Angst nie isoliert behandelt. Mit der Angst treten gleichzeitig z.B. auch Schamgefühle, Schuldgefühle und Wut auf und bedürfen der therapeutischen Intervention. Aus pragmatischen Gründen spricht einiges für die Mischemotionstheorie. So wird die lustvolle Suche nach Nervenkitzel (z.B. Achterbahnfahrt), die plötzlich in Angst umschlagen kann, verständlich, aber auch, weshalb im Angsterleben vorerst jede Aktion, jede Handlung gehemmt scheint. Die Mischemotion Angst muß erst in ihre fundamentalen Emotionskomponenten differenziert werden, damit die angemessene Reaktion aktiviert werden kann.

Andere betrachten Angst als Mischemotion der zwei Grundemotionen Furcht und Wut mit den zugeordneten Aktionstendenzen Flucht und Angriff [74]. Damit kann erklärt werden, daß bei Differenzierung von Angst in Wut das ursprünglich ängstliche Individuum zum Angriffsverhalten übergeht.

Angst und Angstbewältigung

Ist es möglich, „reine Angst" als Zustand zu empfinden, oder ist Angst eher ein Prozeß, in dem ständig eine Vielzahl von kognitiven, motorischen und physiologischen Veränderungen stattfinden? In der kognitiven Streßtheorie werden verschiedene Stadien postuliert, die während der Angst durchlaufen werden müssen [75]. Angst ist – in dieser Theorie – wie jede Emotion das Ergebnis einer Abfolge kognitiver Bewertungen. Im ersten Stadium nimmt das Individuum eine Einschätzung der Situation, eines Reizes als bedrohlich bzw. gefährlich vor (**Situationsbewertung**), im zweiten darauffolgenden Stadium wird bewertet, ob für diese bedrohliche Situation geeignete Reaktionsmöglichkeiten zur Verfügung stehen (**Reaktionsbewertung**). Ist dies der Fall, wird die entsprechende *direkte* Handlung ausgelöst und anschließend überprüft, inwieweit die Aktion erfolgreich war (**Neubewertung**). Besteht Unklarheit, ob die bedrohliche Situation gemeistert werden kann, werden *indirekte* Handlungen aktiviert: Die Situation wird neubewertet, z. B. die Bedrohlichkeit bagatellisiert, ignoriert oder übersteigert, so daß Flucht ausgelöst werden muß. Bei fortbestehender

Gefahrensignalisierung und gleichzeitiger Ungewißheit über die Gefahrenbewältigung werden zunehmend intrapsychische Abwehrmechanismen eingesetzt (Unterdrückung, Verdrängung, Projektion). Angst ist dieser kognitiven Theorie zufolge somit das Ergebnis komplexer Bewertungsprozesse, bei denen eine fortdauernde subjektive Ungewißheit über die Bewältigung der Gefahr besteht.

In der empirischen Forschung werden mangels geeigneter Meßinstrumente vorwiegend zwei grobe Bewältigungsstrategien untersucht: der repressive Bewältigungsstil und der vigilante Bewältigungsstil (Repressor-Sensitizer-Konzept, [76]). Ängstliche Personen mit **vigilanter Bewältigung** versuchen ihre Angst zu meistern, indem sie Informationen über die Gefahrensignale und Gefahrenquellen suchen, diejenigen mit **repressivem Bewältigungsstil** versuchen sich möglichst von allen Hinweisen, die die Gefahrensignale betreffen, verhaltensmäßig und mental abzuschotten. Sie vermeiden Informationen über die Angstsituation und neigen zu Maßnahmen der Angstunterdrückung (sich wegdenken, sich beschwichtigen, sich beruhigen, Anspannung der Muskulatur, Blockierung der Ausatmung) und Angstverleugnung. Es ist umstritten, ob Repression und Sensitisation stabile situationsübergreifende Persönlichkeitszüge sind. Die verfügbaren Fragebögen sind derzeit nicht in der Lage, aktuelles Angstbewältigungsverhalten (coping) zu prognostizieren.

Die Frage, welche Angstbewältigung die angemessenere („gesündere") ist, läßt sich ebenfalls nicht widerspruchsfrei beantworten. Lazarus vermutet, daß rigides Bewältigungsverhalten, d. h. der Einsatz nur einer einzigen Bewältigungsstrategie, langfristig gesehen unangemessen oder krankmachend bzw. krankheitsverschlimmernd sei [75].

Chronische Ängste

Unter chronischen Ängsten versteht man Angstreaktionen, die wiederkehrend über längere Zeit auftauchen, die normale Alltags- und Lebensführung beeinträchtigen und gegenüber denen sich das Individuum ausgeliefert fühlt. Es wird Angst vor der Angst entwickelt. Bei den Phobien handelt es sich um ausgeprägte, auf Objekte oder Situationen ausgerichtete Angstreaktionen. Der Spezifitätsgrad der Angstauslöser variiert beträchtlich. Er kann von isolierten Ängsten vor Tieren (meist Hunde, Schlangen, Katzen, Würmer, Spinnen), hypochondrischen oder körperbezogenen Ängsten (z.B. Krebsphobie, AIDS-Phobie, Herzphobie) bis hin zu ausgedehnten Angstreaktionen vor weiten Plätzen (Agoraphobie) geschlossenen Räumen wie U-Bahn, Lift, Kaufhäusern, Theater (Klaustrophobie), Höhen (Akrophobie) oder vor anderen Menschen (soziale Ängste, Redeängste) reichen. Klinisch am relevantesten sind die klaustrophoben, agoraphoben, sozialen und hypochondrischen (körperbezogenen) Ängste.

Bei der **Agoraphobie** konzentrieren sich die Befürchtungen des Ängstlichen auf die Trennung von sicherheitsvermittelnden Personen und Orten. Angst entsteht daher vorwiegend in weiten Plätzen, Straßenfluchten, Kaufhäusern etc., an denen Sicherheit bzw. der Überblick leicht verlorengehen kann. Bei mehr als 20% der agoraphobischen Patienten liegt gleichzeitig ein Alkohol- und Tranquilizermißbrauch vor. Dem Ausbruch von Agoraphobie geht häufig ein längeres Stadium sog. Panikattacken voraus, in dem der Patient ohne ersichtlichen Grund – quasi aus heiterem Himmel – einen Angstanfall (s. u.) erlebt.

Sozialängste beziehen sich auf die Gegenwart anderer Menschen oder auf zwischenmenschliche Kommunikation. Aus Befürchtungen über negative Bewertung und Abwertung durch andere Personen ziehen sich sozialängstliche Patienten aus den sozialen Bereichen zurück. Dadurch verstärkt sich aber die Angst vor zukünftigen sozialen Situationen, da die negativen Erwartungen bezüglich persönlicher Kritik fortbestehen bzw. in der Phantasie in übertriebener Weise aufgebaut werden.

Bei **hypochondrischen Ängsten** richtet sich die Aufmerksamkeit auf ein für die Person wichtiges Organ. Die Bedeutsamkeit des Organs hängt auch davon ab, welche Symbolik und Funktion eine Gesellschaft bzw. Kultur diesem Organ gibt. Relativ häufig anzutreffen in den westlichen Industriestaaten sind die *Herzphobien* (meist Angst vor Herzinfarkt, Herzstillstand und Herzversagen), die *Krebsphobien* und als Sonderform die *AIDS-Phobie.* Diese hypochondrischen oder körperbezogenen Ängste haben meist einen realen Hintergrund. Oftmals leiden oder litten Angehörige oder Freunde des Patienten an diesen Krankheiten. Das Beschwerdebild bei Herzphobien sind Herzattacken mit Tachykardien. Die beklagte Symptomatik steht in Diskrepanz zu den kardialen Befunden (Differentialdiagnose: Mitralklappenprolaps-Syndrom, Arrhythmien). Kombinationen von agoraphoben, klaustrophoben, körperbezogenen und sozialen Ängsten sind häufig vorzufinden.

Weiterhin sind als häufige Phobieformen die Verletzungsphobie und die Schulphobie zu nennen. **Verletzungsphobien** beziehen sich meist auf spitze Gegenstände wie Nadeln, Spritzen, Injektionen, Bienen-/Wespenstiche und verschiedene medizinische Eingriffe. Im Mittelpunkt der Befürchtungen steht immer die subjektiv erlebte Bedrohung der körperlichen Unversehrtheit. Ängstliche Reaktionen auf Verletzung der körperlichen Unversehrtheit sind in der Entwicklung eines Kindes zwischen 4.–7. Lebensjahr durchaus normal. Setzen sie sich im späteren Leben fort, sind dafür wahrscheinlich traumatische Erlebnisse verantwortlich.

Bei der **Schulphobie** bzw. **Kindergartenphobie** wird von den Kindern der Schulbesuch in der Regel vermieden. Die Kinder äußern körperliche Beschwerden (Magen-, Bauch-, Kopfschmerzen), die die Erziehungspersonen veranlassen, die Kinder zu schonen und vom Schulunterricht zu befreien. Oftmals ist Schulphobie ein Symptom für familiäre Konflikte, auf die das Kind mit Trennungsängsten reagiert. Die Ursachen können aber auch im schulischen Bereich (z.B. strafende Lehrkraft, hänselnde Mitschüler) liegen.

Manche **Tierphobien** können so ausgeprägt sein, daß sie das Leben eines Menschen schwerst beeinträchtigen können. Beispielsweise wagte sich eine „echte" Schlangenphobikerin wochenlang nicht mehr aus ihrer Wohnung, als sie in der Zeitung las, daß eine Schlangenausstellung an ihrem Wohnort eröffnet wurde. Sie wusch sich nicht mehr, aus Angst, Schlangen könnten aus der Wasserleitung kriechen, und ihre Küche konnte sie nicht mehr betreten, weil die Bodenmusterung in ihren Augen sich in ein Schlangennest verwandelte.

Bei einer **Angstneurose,** die durch diffuse, frei flottierende Angst gekennzeichnet ist, tritt Angsterleben spontan, scheinbar ohne jeglichen direkten Objekt- bzw. Situationsbezug auf; es wird aber meist durch mentale Aktivität wie Vorstellungen, Träume, Phantasien, Antizipation von Bedrohungen ausgelöst. Derartige Panikattacken überfallen das Individuum unvermittelt („es springt mich an wie ein wildes Tier") und werden daher als unvermeidbar erlebt. Die auftauchenden heftigen körperlichen Symptome wie Herzklopfen, Zittern, Atemnot, Schwindel werden dann häufig zur Quelle zusätzlicher Angsterregung, so daß es zu einem Angstaufschaukelungsprozeß kommt, der in Panikverhalten münden kann.

Die Theorien zur Entstehung und Aufrechterhaltung von chronischen Ängsten sind komplex und teilweise widersprüchlich. Man kann zwischen kognitiven, triebpsychologischen und lernpsychologischen Theorien der Angstentwicklung unterscheiden (Überblick z.B. in [77, 78]).

Angst als Begleiter körperlicher Erkrankungen

Angst ist ein normaler Begleiter körperlicher Erkrankungen. Ein Patient mit Hyperthyreose mag jenseits seiner ängstlichen Verstimmung über Nervosität, vermehrtes Schwitzen, Herzrasen und Erschöpfung klagen, was ebenso ein Angstneurotiker tun könnte. Eine differentialdiagnostische Abklärung des Leidens ist nur aufgrund der Überprüfung der Schilddrüsenfunktion des Betreffenden möglich [79]. Hall bietet eine Zusammenstellung aller möglichen körperlichen Ursachen von Angst [80]. Hiernach finden sich 25% der **somatisch begründeten Angstzustände** bei neurologischen Störungen (z.B. einem Hirntumor); weitere 25% der somatisch begründeten Angstzustände gehen auf Fehlfunktionen innersekretorischer Drüsen (z.B. der Schilddrüse) zurück. Ein Tumor des Nebenrindenmarks wird ebenfalls von Angstempfindungen begleitet.

Bei Angstneurosen und Phobien bieten sich wie bei kaum einem anderen Krankheitsbild viele Differentialdiagnosen an. Dennoch kann man sagen, daß die Angsterkrankungen in den allermeisten Fällen überwiegend psychischen Ursprungs sind.

Somatische Krankheiten lösen häufig Befürchtungen und Sorgen über Krankheitsdiagnose, den Krankheitsverlauf und die Heilungschancen aus. Besonders häufig tritt Angst als Begleiter von chronischen Schmerzsyndromen, bei rheumatischen Erkrankungen, Herz-Kreislauf- und Krebserkrankungen auf. Im Initialstadium eines schweren Leidens wird häufig mit verstärkter Angst reagiert. Im späteren Verlauf einer Krankheit prägen zunehmend die Angstabwehrmechanismen das Krankheitsverhalten des Patienten. Die Angstabwehr kann bis zur Verleugnung der Krankheit gehen, was schwerwiegende Konsequenzen für die Behandlung haben kann: Der Patient wird unkooperativ, verweigert ärztliche Maßnahmen, hält sich nicht an den Fahrplan zur Medikamenteneinnahme. Patienten werden aggressiv und anklagend. Der Arzt muß diese Reaktionen des chronisch Kranken als Krankheits- und Angstbewältigungsverhalten verstehen und akzeptieren lernen – eine Herausforderung, die manchmal äußerst belastend für die Helferprofession ist. Mangelnde Patientencompliance stellt ein zunehmend größer werdendes Problem in der Medizin dar.

Angst hat starke Affinitäten zu Hilflosigkeit, Depression und Schmerz derart, daß Angst Schmerz verstärken kann, Schmerz wiederum Ängste schürt. Kann Schmerz nicht vermindert werden und sind die eigenen Angstkontrollversuche erfolglos, dann entwickeln sich Hilflosigkeit und Depression. Depression und Hilflosigkeit führen jedoch zur Immobilität, schwächen das Selbstvertrauen und initiieren erneut den Schmerz-Angst-Schmerz-Depressionszyklus. Psychische Prozesse sollten daher bei der ärztlichen Behandlung chronischer somatischer Erkrankungen stets mitberücksichtigt und in die ärztliche Intervention einbezogen werden, um den Circulus vitiosus des gegenseitigen Auslösens und Aufschaukelns an mehreren Stellen zu durchbrechen.

Trennungsangst als fundamentale Angst

Trennungen sind unvermeidbare Ereignisse im Leben eines jeden Menschen. Trennung bedeutet stets ein Stück Verlust, Aufgabe von Sicherheit, Vertrautheit, Geborgenheit, Gratifikation. Trennungsängste sind in den ersten Lebensjahren besonders häufig zu beobachten und äußern sich gewöhnlich in Einschlafängsten oder Schulphobien. Kinder, die zeitweilig von ihren Hauptbezugspersonen getrennt werden, oder solche, denen man als Erziehungsmittel häufig mit Verlassenwerden und Liebesentzug droht, können schwere Trennungsängste entwickeln, die im Erwachsenenalter fortdauern und die Individuation, die Entwicklung zur Selbständigkeit und Autonomie erschweren oder verunmöglichen. Soziale Abhängigkeit und Sozialängste haben ihre Ursache häufig in frühkindlichen Trennungsängsten.

Die Angst der Kinder vor dem Krankenhaus und ihre ängstlichen Reaktionen im Krankenhaus oder vor dem Arzt und den ärztlichen Maßnahmen müssen vor dem Hintergrund der entwicklungsspezifisch normalen (oder erzieherisch herbeigeführten übermäßigen) Trennungsängste gesehen und verstanden werden. Die Trennung von der gewohnten, sicheren, vertrauten Umgebung und den vertrauten Personen löst diese Angst aus, die sich dann folgerichtig auf alles Unvertraute, Neue, Fremde richten kann. Angstbewältigung gelingt den kranken Kindern am besten, wenn das Krankenhaus und die Betreuer dem Kind ein Maximum an Sicherheit und Geborgenheit vermitteln können. Eine konstante Bezugsperson ist für kleine Kinder als obligatorische Angstbewältigungshilfe anzusehen, idealerweise sollten dies Mutter oder Vater des Kindes sein und/oder eine dem Kind zugeordnete Krankenschwester. Eine weitere wichtige Hilfe zur Angstbewältigung ist, die Ängste der Kinder als natürlich und normal zu akzeptieren und sie nicht dafür zu beschämen, daß sie ängstlich sind („wer wird denn gleich weinen"; „ist doch alles halb so schlimm"). Erst wenn man die Angst des Kindes nicht ernst nehmen kann, sondern verharmlost, bagatellisiert, sich belustigt, dann kann das Kind seine Angst nicht mehr meistern, sondern muß diese unterdrücken. Im Angstunterdrückungskampf ist dann dieses Kind fixiert, jedes kooperative Verhalten unterbleibt. Viele Eltern berichten, daß ihre Kinder nach einem Klinikaufenthalt noch wochenlang Einschlafängste, Pavor nocturnus, Schulängste, Aggressivität oder Selbstisolation als Folge mißglückter Anpassung aufwiesen.

Nicht bewältigte einschneidende Trennungserlebnisse werden von manchen Forschern (Zusammenfassung in [81]) in Zusammenhang mit dem Ausbruch einer schweren chronischen Erkrankung als ein mitbedingender oder synergetischer Faktor (z. B. Krebs) gebracht (s. Kap. 3.3.7 Konzept der Selbstaufgabe).

Präoperative Angst

Ängste liegen in der Natur des Menschen, da er die Zukunft vorwegdenken kann, für die er gegenwärtig noch keine Kontrollstrategien besitzt. Vergangenes Angsterleben kann mittels Erinnerung gegenwärtiges Angstempfinden evozieren. Schließlich fordert eine gegenwärtige Situation, die bedrohliche Gefahrenreize bereithält, das Individuum auf, sich der Herausforderung zu stellen. Diese drei großen Angstquellen in ihrem Vergangenheits-, Gegenwarts- und Zukunftsbezug sind auch bei chirurgischen Patienten vor aber auch nach Operationen präsent und machen es dem Arzt, dem Pflegepersonal und auch dem Patienten selbst schwer, die relevanteste Angstquelle zu identifizieren.

Primäre, im Krankenhaus objektiv vorhandene Angstquellen gilt es, so gut wie möglich, zu eliminieren. Hierzu gehören alle intensiven Reize, wie laute Geräusche, starke Gerüche, grelles Licht (z. B. Operationslampen), Schmerzreize, starker Entzug von Körperwärme [82].

Die Wartezeit vor der Operation ist für den Patienten eine Zeit der Ungewißheit. In dieser präoperativen Phase treten verschiedene Empfindungen unterschiedlicher Intensität auf, wobei diffuse Erregtheit die häufigste Form des präoperativen Erlebens darstellt. Die Patienten unterscheiden sich in der Fähigkeit, diese anfängliche diffuse Erregtheit in klare Gefühle zu differenzieren und sie zu benennen (meist sprechen sie von Nervosität oder weichen Fragen nach Gefühlen aus). Als häufigste Emotionen werden genannt: Angst, Ärger, depressive Verstimmung, Hoffnung. Ärger stellt in vielen Fällen eine Spielart zur Überwindung von Angst dar, kann aber auch auf ein konkretes Frustrationserlebnis bezogen sein (konflikthafte Arzt-Patient-Beziehung, Schwierigkeiten mit den Bettnachbarn, Krankenzimmerausstattung etc.).

In den letzten Jahrzehnten konzentrierte sich das Interesse der Forscher hauptsächlich auf das präoperative Angsterleben. In einer Studie waren Bedenken bezüglich des Operationserfolgs die dominierende Angstquelle [83]. Junge Patienten im Alter von 16–30 Jahren fürchteten außerdem den postoperativen Schmerz; Patienten im mittleren Lebensabschnitt (31–60 Jahre) – die Gruppe mit den meisten Besorgnisäußerungen – sorgten sich dagegen insbesondere um die Narkosewirkungen.

Aber auch andere präoperative Angstquellen, vor allem im zwischenmenschlichen (sozialen) Bereich, konnten identifiziert werden. Trennungsängste (auch ausgedrückt als Angst, allein oder im Stich gelassen zu sein) und Schamängste können eine bedeutende Rolle für die präoperative Anpassung spielen. Die Verletzung der Intimsphäre des Patienten und die Mißachtung der alltäglichen Sprachmoral sind hier als besonders angsterzeugend zu nennen. Die alltägliche Sprachmoral steuert das zwischenmenschliche Zusammenleben, über die Sprache definiert der Mensch sich als Person dem anderen gegenüber und teilt ihm mit, wie er vom anderen gesehen werden möchte. In der Phase der körperlichen Hilflosigkeit erhält Sprache eine besondere Bedeutung (Funktion) für die Ichidentität, für das Selbstvertrauen und das Selbstbewußtsein des Menschen. Untersuchungen zu den Arztvisiten belegen, daß diese Funktionen der Sprache häufig mißachtet werden [84]. Die Kommunikation ist stark asymmetrisch (die Redeanteile liegen überwiegend beim Arzt). Die Person des Patienten wird häufig nur auf den in Behandlung stehenden Körperteil reduziert. Da erfolgreiche Angstbewältigung ein Mindestmaß an Ichstärke und Selbstbewußtsein erfordert, ist es nicht verwunderlich, daß es in einer Situation, bei der nicht nur das körperliche Ich, sondern auch das „sprachliche" Ich geschwächt ist, zu Angsteskalationen kommen kann, die den Operationserfolg und die Genesung gefährden. Negative Urteile der Patienten über Klinikaufenthalte trotz Operationserfolgen werden dadurch ebenfalls verständlicher.

Wenn ein Patient vor der Operation angibt, er habe keine Angst, und dies auch durch entsprechende Antworten in Angstfragebögen bekundet, kann daraus nicht eindeutig geschlossen werden, daß dieser Patient tatsächlich angstfrei ist. Die Antwort des Patienten könnte auch das Ergebnis seiner „gelungenen" Angstunterdrückung sein. Die psychometrischen Meßverfahren sind gegenwärtig nicht in der Lage, zwischen präoperativer Angstfreiheit und Angstunterdrückung zu differenzieren. Dementsprechend ist empirisch nicht widerspruchsfrei geklärt, welchen Einfluß Angst, Angstfreiheit und Angstunterdrückung auf den Operations- und Genesungsverlauf besitzen.

Für Janis stellt sowohl ein Zuviel als auch ein Zuwenig an Angst eine Gefährdung für den Anpassungs- und Genesungsprozeß dar. Zuwenig Angst beruht in seinen Studien auf mangelnder Aufklärung und/oder intrapsychischer Angstunterdrückung, während zuviel Angst durch Informationsüberschwemmung erzeugt und diese dann neurotisch verarbeitet wird. Für Janis ist ein gewisses Ausmaß an präoperativer Angst für Anpassung und Genesung förderlich.

Da dem chirurgischen Patienten im Krankenhaus in der Regel die objektiven Bedingungen zu einer aktiven Bewältigung der präoperativen Bedrohungssituation fehlen, betonen Cohen und Lazarus dagegen die positive Wirkung von Angstunterdrückung auf den Operations- und Genesungsverlauf. Eine aufklärungs- und angstunterdrückende Haltung ist nach Ansicht dieser Wissenschaftler hilfreich, da so die reale Bewältigungsohnmacht nicht wahrgenommen wird und sich Gefühle des Kontrollverlusts und der Hilflosigkeit nicht einstellen [86] (Überblick über die Forschungsliteratur zur präoperativen Angst und psychologischen Operationsvorbereitung in [82, 87]).

Der Anästhesist betrachtet Angst von ihrer biophysiologischen Aktivierungskomponente aus. Angst geht mit endokrinologischen und vegetativen Veränderungen einher, die wiederum mit der Narkosesteuerung und – bei Verkettung kleiner Störungen – zeitlich verzögert mit dem postoperativen Genesungsprozeß interferieren können. Neben den medizinisch begründeten Risiken stellt somit Angst aus medizinischer Sicht eine zusätzliche Gefahr für den reibungslosen intraoperativen Ablauf dar. Dieser Gefahr der angstinduzierten Fehlanpassung versucht der Anästhesist u.a. im Prämedikationsgespräch mit dem Patienten entgegenzutreten. Gleichzeitig werden pharmakologische Substanzen (Prämedikationsmittel) obligatorisch zur Anxiolyse eingesetzt.

Bestandteil der präoperativen Visite des Patienten ist die Risikoaufklärung. Sie ruft verständlicherweise im ersten Moment beim Patienten je nach seinem Vorwissen in unterschiedlichem Ausmaße Verunsicherung und Beunruhigung hervor. Es bleibt dem psychologischen Geschick des Arztes überlassen, ob und wie er auf die Zeichen gesteigerter Unruhe (oder vermehrter Angstverleugnung, Ärgerreaktionen als Angstbewältigungsreaktion etc.) eingeht. Eine Ausbildung in psychologischer Gesprächsführung ist bislang für Anästhesisten nicht obligatorisch.

Gegenwärtig glauben viele Ärzte, beim präoperativen Gespräch nur die Alternativen zu haben, den Patienten rückhaltlos aufzuklären und ihn danach seiner Angst zu überlassen (bzw. versuchen, Angst medikamentös zu bekämpfen), oder auf Aufklärung zu verzichten, da eine vegetative Zustandsverschlechterung befürchtet wird, oder aber aufzuklären und dann die vorangegangene Aufklärung durch anschließende Beruhigungsversuche (Verharmlosungsstrategie) wieder zurückzunehmen. Im Falle des Aufklärungsverzichts kommt der Anästhesist mit dem Gesetz in Konflikt (Art. 2, Abs. 2 des Grundgesetzes). Forensisch motivierte Aufklärung plus anschließende unspezifische, je nach Persönlichkeit des Arztes geprägte Beruhigung (Verharmlosung) ist bis heute die Standardvorbereitung in deutschen Krankenhäusern. Psychologische Vorbereitungsstrategien, die eine effektivere Anpassung und eine schnellere Genesung unterstützen, sind – obwohl empirisch erprobt – noch nicht in die Krankenhausroutine etabliert worden.

Für eine fundierte psychologische Vorbereitung auf chirurgische Operationen im Rahmen der ärztlichen Visite (vor allem im Prämedikationsgespräch) könnte folgender Leitfaden hilfreich sein [87–89]:

1. Vor der Aufklärung: Prüfung des Vorwissens des Patienten;

2. Prüfung des individuellen Informationsbedürfnisses unter Einbeziehung nonverbaler Signale;
3. Prüfung des individuellen Bewältigungsstils;
4. Aufklärung durch Ergänzung und Korrektur des Patientenwissens mit Hilfe psychologischer Gesprächstechniken;
5. Eingehen auf direkt oder indirekt geäußerte Emotionen;
6. Vermittlung von Angstakzeptanz;
7. Bereitstellung von intrapsychischen Kontroll- und körperlichen Regulationstechniken (z.B. Entspannungsverfahren, Atemtechniken);
8. Bereitstellung direkter Kontroll- und Einflußmöglichkeiten, z.B. Wahlmöglichkeit hinsichtlich der Einnahme abendlicher Prämediktion, Besuchszeiten, Begleitung in den OP durch Angehörige);
9. Vorbereitung von Begleitpersonen (besonders Eltern von kranken Kindern).

Besondere Aufmerksamkeit verdient der Punkt 6 des Leitfadens „Vermittlung von Angstakzeptanz“. Wie mit der Angst und Angstbewältigung auf seiten des Pflegepersonals und der Ärzte umgegangen wird, bestimmt, ob die Patienten an einem Bewältigungsstil (Coping) rigide festhalten oder zu einem situationsflexibleren Coping fähig werden. Vermittelt man den Patienten, daß die Nervosität (Angst) vor der Operation etwas Normales sei, dessen man sich nicht zu schämen braucht, kann der Patient einseitige Angstunterdrückungsmaßnahmen aufgeben (Muskelanspannung, Atemblockade, Bagatellisierung, Verharmlosung) und wird fähig, psychische Angstlösungsarbeit zu leisten, an deren Ende das vertrauensvolle „Sich-Einlassen“ auf die notwendigen ärztlichen Maßnahmen stehen wird.

Die Rolle des Arztes bei der Angstbewältigung

Angst ist ein in der ärztlichen Praxis regelmäßig auftretendes Phänomen und bedarf der persönlichen Zuwendung und medizinischen Betreuung auch dann, wenn Angst die Folge oder der Begleiter einer somatischen Grunderkrankung ist. Der ungeschickte Umgang mit emotionalen Prozessen beim Patienten kann die Effektivität einer ansonsten erfolgreichen medizinischen Behandlung erheblich schmälern. Wissenschaftliche Untersuchungen belegen, daß die Zufriedenheit mit der ärztlichen Interaktion zu einem großen Teil bestimmt, ob ein Patient den medizinischen Verordnungen Folge leistet (Compliance). Die Angstreaktionen eines Patienten dürfen daher auf keinen Fall als irrational und unverständlich betrachtet werden. Sie sind statt dessen als ein Prozeß der Informations- und Reaktionssuche zu verstehen, den der Patient durchläuft, um den Gefahren – seien sie real, phantasiert, vorweggedacht, wiedererinnert – angemessen begegnen zu können. Die Aufgabe des Arztes muß also sein, nicht nur die Angst seines Patienten zu erkennen, die Angstquellen differentialdiagnostisch auszufiltern, sondern auch zu helfen, die geeignete Form der Angstbewältigung (die dann eine Angstlösung sein wird) in gemeinsamer Arbeit zu finden. Bei der Identifizierung der Angstquellen helfen psychologische Gesprächstechniken. Entspannungsverfahren wie Progressive Muskelentspannung, Autogenes Training und Atemkontrolltechniken helfen, daß der Patient mehr Kontrolle über die physiologische Angstkomponente gewinnt. Damit wird die Gefahr der Angstaufschaukelung, die aufgrund der Wahrnehmung gesteigerter körperlicher Erregung entstehen kann, vermindert. Patientenzentrierte psychologische Gespräche und Entspannungsverfahren sind anxiolytische Mittel, die den pharmakologischen in der Regel vorzuziehen sind. Psychopharmaka haben ihren Wert bei schweren Belastungssituationen (z.B. Todesfall in der Familie) als kurzfristig wirksamer Reizschutz (maximal 4 Wochen), tragen aber nicht zur langfristigen Angstlösung bei.

Chronische Angst benötigt psychotherapeutisches Vorgehen. Die Verhaltenstherapie hat sich hier mit ihren empirisch erprobten Methoden der systematischen Desensibilisierung und Reizüberflutung [90] als besonders effektiv und effizient erwiesen. Die Hauptaufgabe des Arztes bei chronischen Ängsten besteht nach dem Ausschluß somatischer Grunderkrankungen darin, den Angstpatienten unmittelbar und ohne Zeitverzug einer Verhaltenstherapie zuzuführen.

Studienfragen

Wie lassen sich Angst und Furcht unterscheiden?
(s.S. 67, rechts unten, 68)
Wie beeinflußt präoperative Angst das Erleben und Verhalten von Patienten vor, während und nach operativen Eingriffen?
(s.S. 71, links unten, S. 72)

3.3.3 Ärger und Aggressivität

Friedrich-Wilhelm Wilker

Definition von Ärger und Aggression

Aggressive und ärgerliche Patienten stellen das medizinische Personal in Klinik und Praxis zuweilen vor erhebliche Probleme. Ärzte und Pflegepersonal wissen in der Regel aber auch von zahlreichen Situationen zu berichten, in denen sie selbst Mühe hatten, eigenen Ärger zu kontrollieren und gegenüber manchem Kranken nicht selbst aggressiv zu reagieren. Voraussetzung für die angemessene Bewältigung derartiger Situationen sind freilich Kenntnisse der Psychologie von Ärger und Aggression. Grundlegende und medizinisch relevante Informationen darüber zu vermitteln, ist Ziel dieses Beitrags.

Ärger ist als ein grundlegender Gefühlszustand menschlicher Wesen anzusehen, dessen Ausdrucks- und Erlebensform nach entsprechenden Untersuchungen interkulturell nahezu identisch sein dürfte [91].

Die Zahl der Versuche, **Aggression** zu definieren, ist dagegen fast so groß wie die der Formen aggressiven Verhaltens selbst. Umgangssprachlich wird als Aggression „eine Vielzahl von Handlungen bezeichnet, die eine andere Person (oder eine Gruppe) in ihrer leiblichen oder psychologischen Integrität, in ihren Absichten, Interessen und Gütern beeinträchtigen, schädigen oder vernichten" [58]. Die humanwissenschaftliche Forschung begnügt sich nicht mit dieser **deskriptiven Bestimmung** von Aggression auf der Handlungsebene. Sie bezieht die **Absicht,** in der ein Mensch letztlich eine schädigende Handlung ausführt, in die Betrachtung ein. Von **instrumenteller Aggression** wird deshalb dann gesprochen, wenn eine aggressive Handlung begangen wird, um ein bestimmtes (nichtaggressives) **Ziel** zu erreichen. So kommt ein Arzt, der aus therapeutischen Gründen das Kniegelenk eines Patienten punktiert, nicht umhin, diesem Schmerzen zuzufügen. Er handelt zwar instrumentell aggressiv, aber prosozial motiviert, will er dem Patienten helfen. Dagegen wird bei **feindseliger Aggression** diese quasi zum **Selbstzweck.** Ihr Ziel ist ausschließlich die Schädigung einer Person. Feindselig aggressiv verhielt sich der NS-Arzt, der einen Häftling während eines terminalen Versuchs in einer Unterdruckkammer unter dem Anschein wissenschaftlichen Interesses aus Mordlust vorsätzlich tötete [92].

Natürlich sind in der Realität oftmals Mischformen aggressiven Verhaltens zu beobachten, die sowohl instrumentelle als auch feindselige Aspekte beinhalten: Stellen wir uns einen Arzt vor, der nach einem anstrengenden Nachtdienst in den frühen Morgenstunden noch eine größere Platzwunde am Kopf eines Angetrunkenen chirurgisch versorgen muß. Der Kontakt mit diesem Patienten ist für ihn alles andere als angenehm; zudem ärgert er sich über die wiederholte Unterbrechung seines Schlafes. Die Wunde wird zwar von ihm fachmännisch versorgt, er läßt den Patienten seine Verärgerung jedoch durch ruppige Umgangsformen und Verzicht auf eine Anästhesie deutlich spüren.

Gezeigt werden kann an diesem Beispiel auch der Unterschied zwischen Ärger und Aggression:

> Steht bei der **Aggression** der **Verhaltensaspekt** im Vordergrund, so kann **Ärger** als **emotionaler Zustand** angesehen werden.

Ärgerempfindungen können u. U. Voraussetzung für aggressives Verhalten sein: Ob es tatsächlich zu aggressivem Verhalten kommt, hängt wesentlich ab von der Intensität der Ärgerempfindung, vorhandenen externen Hinweisreizen und einer als **Aggressivität** bezeichneten Persönlichkeitseigenschaft [91]. Unter Aggressivität wird „eine erschlossene, relativ überdauernd erscheinende Bereitschaft zu aggressivem Verhalten" verstanden [93]. Eine hohe Aggressivität hat z. B. derjenige, für den „viele Situationen den Charakter von Hinweisreizen für aggressives Verhalten haben". Auf diese Weise kann etwa das ungewöhnlich hohe Ausmaß an verbalen Aggressionen eines Stationsarztes erklärt werden, der sich andauernd durch das Verhalten des Pflegepersonals (Hinweisreize) provoziert fühlt.

Theorien zu Aggression und Ärger

Biologische Ansätze versuchen aggressives Verhalten aus hirnphysiologischen (z. B. der Funktion von Aggressionszentren), genetischen (z. B. dem Einfluß der Geschlechtschromosomen) oder endokrinologischen Gegebenheiten (z. B. der Wirkung von Sexualhormonen) zu erklären [94].

Innerhalb der **psychologischen Aggressionsforschung** lassen sich drei Erklärungsansätze unterscheiden: Danach ist aggressives Verhalten entweder

- **triebbestimmt,**
- durch **Frustrationen hervorgerufen,**
- durch **Lernprozesse erworben.**

Charakteristisch für die Aggressionstheorien psychoanalytischer [95] bzw. ethologischer Provenienz [96] ist die monokausale Erklärung aggressiven Verhaltens mit Hilfe eines **angeborenen Aggressionstriebes.**

Angeregt von den frühen Überlegungen Freuds, wonach eine Frustration libidinöser Bedürfnisse zu Aggressionen führt, wurde die sog. **Frustrations-Aggressions-(F-A-)Hypothese** formuliert [97]. Danach führt jede Frustration zu einer Aggression, und es geht jeder Aggression eine Frustration voraus. In Zusammenhang damit wird Frustration als Blockierung eines gerade in Gang befindlichen, zielgerichteten Verhaltensmusters interpretiert.

Im Unterschied dazu ist es möglich, im Sinne der **sozialen Lerntheorie** (s. Kap. 4.2.3) aggressives Verhalten umweltbedingt als Resultat von Lernerfahrungen zu begreifen. Es konnte z. B. gezeigt werden, daß im Spiel von Kindern Aggressionen, die zum Besitz eines Spielzeugs führten (Verstärkung), die Wahrscheinlichkeit weiterer aggressiver Handlungen des Aggressors steigern [98]. Bei Kindern und Erwachsenen wird die Auftretenswahrscheinlichkeit von aggressivem Verhalten auch dann erhöht, wenn eine von ihnen beobachtete Modellperson für aggressives Verhalten verstärkt wurde. Diesen Vorgang bezeichnet man als *Lernen am Modell mittels stellvertretender Verstärkung* [99].

Eines der wesentlichen Verdienste der lerntheoretisch orientierten Aggressionsforschung ist die Widerlegung der von den Triebtheorien nahegelegten und innerhalb der Frustrations-Aggressions-Theorie explizit formulierten sog. **Katharsishypothese** [58]. Danach soll durch aggressive Verhaltensakte (aufgrund einer vorausgegangenen Frustration) der Drang zu weiteren Aggressionen vermindert werden (*Abreaktion*). Angemessener erscheint jedoch folgende Sichtweise: Aggressives Verhalten kann zwar momentan zu einer *Abreaktion* führen, längerfristig wird aggressives Verhalten jedoch verstärkt, wenn es *von Erfolg gekrönt* war.

In der neueren Entwicklung lerntheoretisch orientierter Aggressionstheorien ist die fundamentale Bedeutung **kognitiver Prozesse** beim Erlernen aggressiver Verhaltensweisen besonders deutlich herausgearbeitet worden: So wird etwa angenommen, daß aggressives Verhalten durch die gedankliche **Antizipation der Folgen** modifiziert wird [99].

Beispiel: Ein stationärer Patient, der schon seit längerer Zeit nach der Schwester geklingelt hat, fährt diese bei ihrem Erscheinen rüde an, da er aus Erfahrung weiß, daß sie bestrebt ist, jeden Ärger zu vermeiden, und er dann in den nächsten Tagen um so weniger lang warten muß (gedankliche Antizipation positiver Konsequenzen aggressiven Verhaltens).

Welche Verhaltensmöglichkeit gewählt wird, hängt im wesentlichen von deren funktionalem Wert im Hinblick auf das Erreichen eines angestrebten Zieles ab. Ist es für dieses angestrebte Ziel erforderlich, so sind statt aggressiver Reaktionen beispielsweise auch Rückzug (z.B. Schmollen) oder konstruktive Problemlösungen möglich (z.B. Ansprechen von Mißverständnissen).

Als weiteres wichtiges Prinzip des Lernens wird der **Mechanismus der Selbstverstärkung** angenommen, wonach (aggressives) Verhalten durch interne Konsequenzen verstärkt wird [99]. Solch ein *interner Verstärker* kann z.B. der Gedanke eines Stationsarztes sein, eine gerechte aggressive Handlung (Disziplinierung eines Patienten wegen ungebührlichen Verhaltens) in Übereinstimmung mit geltenden Normen und Werten (Aufrechterhaltung der Ordnung auf der Station eines Krankenhauses zur störungsfreien Versorgung der Kranken) vollzogen zu haben.

Es gibt aber bezüglich der Genese aggressiven Verhaltens sowohl eine von dieser Position als auch von der ursprünglichen Frustrations-Aggressions-Theorie abweichende Sichtweise [100]. Sie stellt einen Zusammenhang her zwischen Frustration, Ärgeremotion, auslösenden Reizen und aggressivem Verhalten. In diesem Modell kommt dem **Ärger** die Funktion einer **intervenierenden Variablen** zu: Danach wird Ärger durch die *Blockierung zielgerichteten Verhaltens* (Frustration) ausgelöst. Dies führt (im Unterschied zur F-A-Theorie) jedoch nicht zwangsläufig zu aggressivem Verhalten, sondern nur dann, wenn entsprechende externe Hinweisreize vorliegen (z. B. der Anblick eines Patienten, der schon seit längerer Zeit auf der Station für Ärger sorgt).

Neuere Modellvorstellungen [94] gehen davon aus, daß Frustrationen zunächst nur zu einem Anstieg der unspezifischen körperlichen Erregung (vorwiegend gesteigerte Sympathikusaktivität des autonomen Nervensystems) führen. Ob diese dann als Ärger interpretiert wird (und damit aggressionsbahnend wirkt), hängt von der kognitiven Verarbeitung der Gesamtsituation durch das jeweilige **Opfer** ab. Ärger und aggressives Verhalten sind vor allem dann zu erwarten, wenn die Frustration vom **Täter** mit erkennbarer Absicht herbeigeführt wurde [91].

Umgang mit Ärger und Aggression im medizinischen Bereich

Wo läßt sich – abgesehen von den erwähnten Beispielen – das zuvor Dargestellte in der Realität des medizinischen Versorgungssystems wiederfinden?

Eine der wesentlichen Quellen von Ärger und Aggression im klinischen Bereich scheinen Störungen in der Arzt-Patient- bzw. Pflegepersonal-Patient-Beziehung zu sein. Beispielsweise existiert eine amerikanische Umfrage (zit. in [101]), nach der 35% der befragten Ärzte und Zahnärzte als ärgerlichstes Erlebnis ihrer beruflichen Tätigkeit die Tatsache bezeichnen, daß Patienten den gegebenen Anordnungen hinsichtlich Medikamenteneinnahme, Diät oder allgemeinem Gesundheitsverhalten nicht folgen (**Non-Compliance**, s. Kap. 9.4). Des weiteren verursachen Krankheiten, Unfälle oder Behinderungen eine Einschränkung der Möglichkeiten des Betroffenen zur Lebensgestaltung. Diese vom Patienten empfundene Frustration kann zu Aggressionen sowohl gegen die soziale Umwelt (Angehörige, Pflegepersonal, Ärzte, Gott) als auch gegen ihn selbst (Autoaggression) führen.

Schließlich muß die Bedeutung von Ärger und Aggression für Ätiologie und Verlauf von bestimmten Erkrankungen (z.B. des Herz-Kreislauf-Systems) gesehen werden. So neigen beispielsweise Patienten mit essentiellem Bluthochdruck dazu,

Ärgergefühle eher zu verleugnen bzw. zu unterdrücken, während Patienten mit Erkrankungen der Herzkranzgefäße eher zu einem überzogenen Ausdruck von Ärger und Aggression tendieren [102, 103].

Wenn sich Ärger und Aggression störend auf die Beziehung zwischen Patient und medizinischem Personal auswirken können, wie kann dann damit umgegangen werden?

Arzt und Pflegepersonal sollten lernen, ihre Aggressionen im Teamgespräch zu verbalisieren. Dazu bieten sich Stationskonferenzen oder Balintgruppen an, die nachweislich ein höheres Maß an Echtheit und Berufszufriedenheit beim medizinischen Personal bewirken können [104].

Auf Patientenseite lassen sich Ärger und Aggression durch ein möglichst hohes Maß an Informiertheit und Mitbestimmung vermeiden [105].

Darüber hinaus gilt, daß Ärger und Aggression nicht nur destruktive Potentiale besitzen, sondern je nach der kognitiven Verarbeitung auch Strategien zur Bewältigung von Krankheit mobilisieren (**Coping**, s. Kap. 2.2.3, 3.2.4 und 8.5.1) und damit Hoffnungslosigkeit sowie Depression entgegenwirken können [106].

Ziel kann also nicht die Verleugnung oder Unterdrückung von Ärger und Aggression, sondern nur der angemessene Umgang mit ihnen sein.

Studienfragen

Wie lassen sich Ärger und Aggression voneinander unterscheiden?
(s. S. 74)
Wie läßt sich die Entstehung von Aggression erklären?
(s. S. 74, rechts, S. 75)
Worin besteht die medizinpsychologische Relevanz von Ärger und Aggression?
(s. S. 75, rechts, S. 76)

3.3.4 Sexualität

Siegfried Traxler

Sexuelle Störungen sind ein Problem in der ärztlichen Praxis – zum einen wegen ihrer (zunehmenden) Häufung, zum anderen wegen der noch immer recht geringen sexualtherapeutischen Kompetenz der Behandler. Umfragen haben ergeben, daß Störungen und Beeinträchtigungen der sexuellen Funktionen (Erektionsstörungen, Störungen der Erregung und Appetenz, Orgasmusprobleme, vorzeitige Ejakulation, Schmerzen beim Geschlechtsverkehr) eine hohe Prävalenz haben. Bei einer Studie über das Intimverhalten der DDR-Bevölkerung wurde ermittelt, daß 45% der befragten Frauen einer repräsentativen Stichprobe Orgasmusschwierigkeiten berichteten [107]. 67% der Männer gaben – zumindest zeitweilige – Störungen der Sexualität an, 36% dieser Männer beurteilten ihre Beeinträchtigung der Sexualität als relativ schwerwiegend. Nach einer anderen Studie bewerten 31% der Männer und 27% der Frauen von über 20 000 Lesern der Zeitschrift „Psychology today“ ihr Sexualleben als unbefriedigend [108].

Allgemein gilt, daß ein unbeeinträchtigtes Sexualleben als wesentliches Element des menschlichen Wohlbefindens eingeschätzt wird. Nach tradiertem Selbstverständnis ist der Arzt verpflichtet, „Gesundheit zu schützen und wiederherzustellen sowie Leiden zu lindern“ [265].

Sexualberatung und Behandlung von gestörter Sexualität gehören daher zu den genuinen ärztlichen Aufgaben.

Zur Bewältigung dieser Aufgaben sollte der Arzt angemessene sexualpsychologische Informationen und Kompetenz zur Durchführung eines sexualmedizinisch diagnostischen und beratenden Gesprächs besitzen. Demgegenüber hat man aber bei klinisch-praktisch tätigen Ärzten ein erhebliches Defizit an sexologischem Wissen festgestellt [266, 267]. Ärzte scheuen es auch häufig, gegenüber ihren Patienten das Thema „Sexualität“ anzusprechen [146, 268]. Von Patienten wegen sexueller Probleme um Rat gefragt, schöpfen sie „gewöhnlich aus eigenen, notwendigerweise begrenzten ... Erfahrungen“; ihre Hilfe beschränkt sich meist auf hausbackene Ratschläge und auf das Verschreiben von Psychopharmaka [269]. Eine Verbesserung dieser Situation läßt sich nur herbeiführen, wenn den Medizinstudenten spezielle sexualwissenschaftliche Lehrveranstaltungen angeboten werden und den approbierten Ärzten vermehrt die Möglichkeit geboten wird, sich sexualmedizinisch adäquat fortzubilden. Konzepte hierfür liegen aus den USA vor [270, 271].

Die nachfolgenden Ausführungen behandeln die Psychophysiologie und Psychoendokrinologie der Sexualität, sie geben Informationen über das derzeit übliche Sexualverhalten und über die häufigsten Sexualstörungen. Mit diesen Ausführungen soll der Umfang gezeigt werden, den man von der sexualwissenschaftlichen Ausbildung des Medizinstudenten und des praktisch tätigen Arztes erwarten darf. In der Literatur gibt es umfangreiche weiterführende Informationen zur Sexualberatung, zum diagnostischen Vorgehen bei Sexualstörungen, zum Immundefektsyndrom AIDS und zur Sexualtherapie [108–115].

Sexualmedizinische Erfahrungen der letzten Jahre zeigen, daß dem Problem des sexuellen Mißbrauchs in der ärztlichen Arbeit immer mehr Bedeutung zukommt.

Zum Begriff „Sexualität"

Eine umfassende Definition des Begriffs „Sexualität" ist schwer. Sexualität ist sicher mehr als das Verhalten, „das mit der Reizung und Erregung der Sexualorgane verbunden ist" [116]. Neben der von der Medizin oft als wesentlich erachteten **Reproduktionsfunktion** ist die **Lust-** und **Sozialfunktion** [117] sowie die damit verbundene Kommunikation integrales Element einer umfassenden Sexualdefinition. Das menschliche Sexualverhalten ist gerade durch die weitgehende Emanzipation von Hormonlage und Instinkt [116] gekennzeichnet. Die Lernabhängigkeit des menschlichen Sexualverhaltens zeigt sich in seiner großen transkulturellen, intrakulturellen, schichtspezifischen, interindividuellen und intraindividuellen Variabilität.

Psychophysiologie der Sexualität

Der sich sexuell betätigende Mensch reagiert als Einheit und Ganzheit. Seine auf sexuelle Reize – seien sie real oder nur in der Vorstellung präsent – erfolgte Erregung findet ihren Ausdruck gleichermaßen im **Körperlichen** und im **Seelischen.** Daher ist eine psychophysiologische Betrachtung der sexuellen Phänomene angemessen.

Nicht-taktile sexuelle Stimulation. Bei einer richtungweisenden Studie (mittels verbaler Verfahren) wurden je 192 männliche und weibliche Studenten mit bildlichen Masturbations-, Petting- und Koitusszenen konfrontiert [118]. Sofort nach der Exposition dieser Stimuli mußten die Probanden den Grad ihrer Erregung, die Art ihrer Stimmung und ihre körperlichen Reaktionen auf Ratingskalen einschätzen. Diese Autoren konnten keinen signifikanten Unterschied in der Stimulierbarkeit durch die bildliche Darstellung sexueller Aktivitäten zwischen Männern und Frauen finden.

Die empirische Sexualforschung arbeitet häufig mit nichttaktilen Stimuli (Bilder, Texte, Gerüche, stimmliche Äußerungen) und registriert mit physiologischen und/oder psychologischen Methoden (Elektrokardiographie etc.; Fragebogen; Ratingskalen) entsprechende Reaktionen der Probanden.

Taktile sexuelle Stimulation. Eine Kombination von psychologischen und physiologischen Untersuchungs- und Registrierungsmethoden haben Masters und Johnson (1970) bei ihren klassischen Untersuchungen zur *sexuellen Reaktion* auf taktile sexuelle Reize gewählt.

Ihre Stichprobe bestand aus N=382 Frauen (Alter zwischen 18 und 78 Jahren) und N=321 Männern (Alter zwischen 21 und 89 Jahren). Unter den N=694 freiwilligen Probanden befanden sich N=276 Ehepaare. Da die Probanden eher aus den höheren Sozialschichten stammten, eher überdurchschnittlich intelligent waren, sich verbal gut äußern konnten, keine gravierenden Anomalien der Genitalorgane und auch kein abweichendes Sexualverhalten aufwiesen, sind die Ergebnisse nicht repräsentativ. Masters und Johnson beobachteten ihre Probanden bei unterschiedlichen sexuellen Aktivitäten (mechanische oder manuelle Manipulationen, regulärer Koitus in verschiedenen Positionen). Ein elektrisch betriebener künstlicher Penis ermöglichte ein (filmisches) Registrieren der vaginalen Volumenänderung bei weiblichen Probanden, die mit diesem Gerät einen artifiziellen Koitus ausführten.

Gleichzeitig wurden physiologische Parameter (Muskelspannung Herzfrequenz etc.) aufgezeichnet. Das Hauptinteresse der beiden Forscher war auf die körperlichen sexuellen Vorgänge gerichtet. Diese Studien erbrachten eine Fülle von neuen Erkenntnissen.

Masters und Johnson [119] fanden für beide Geschlechter einen in der globalen Betrachtung recht ähnlichen Verlauf der Reaktion auf effektive sexuelle Stimulation. Der von beiden Forschern beschriebene *sexuelle Reaktionszyklus* zeigt vier unterscheidbare Phasen:

- Erregungsphase
- Plateauphase
- Orgasmusphase
- Rückbildungsphase

Die nachstehend schematischen Skizzen geben die als typisch beschriebenen Formen der Reaktionsfolge wieder (Abb. 3-5 und 3-6). Die Abszisse repräsentiert dabei die Variable Zeit, die Ordinate eine Art *Gesamterregung* [272].

Die **Erregungsphase** kann durch die verschiedensten erotisierenden Reize physischer und psychischer Art herbeigeführt werden. Wenn die Stimulation dem individuellen Reizbedürfnis entspricht, so kann die Erregung rasch ansteigen. Die Erregung ist in dieser Phase noch leicht störbar; Unangemessenheit oder Reizunterbrechung kann zur Verlängerung oder zum Abbruch der Erregungsphase führen.

Fortgesetzte adäquate Stimulierung bringt die sexuelle Spannung auf das Niveau der **Plateauphase.** Erst von dieser Phase aus ist ein Orgasmus möglich. Die Dauer der Plateauphase hängt von der Wirksamkeit der Reizung, von dem Wunsch

Tabelle **3-2** Sexueller Reaktionszyklus der Frau (mod. n. [114]).

Erregungsphase	Plateauphase	Orgasmusphase	Rückbildungsphase
	Genitale Reaktionen		
• Anschwellen der Glans und des Corpus clitoridis • vaginale Lubrikation (Transsudat durch die Vaginalwand) • Erweiterung, Verlängerung und Verfärbung der Vagina • partielle Elevation des anteflektierten Uterus • Auseinanderweichen der Labia majora • Vergrößerung der Labia minora	• Klitoris wird an den vorderen Rand der Symphyse gezogen • Ausbildung der orgastischen Manschette • volle uterine Elevation • weiteres Anschwellen der Labia majora • „Sex-Skin"-Phänomen der Labia minora (dunkel-weinrote Färbung) • Bartholinische Drüsen: Sekretion	• Kontraktionen der orgastischen Manschette • Uteruskontraktionen vom Fundus aus über Korpus bis zum Kollum. Stärke parallel zur Intensität des Orgasmus	• Klitoris: Rückkehr zur Normallage und Abnahme der Vasokongestion • Abschwellen der orgastischen Manschette • Uterus kehrt zur Ausgangslage zurück, Zervix taucht in Receptaculum seminis • Labien: Rückbildung der Verfärbung und der Vasokongestion
	Extragenitale Reaktionen		
• Mamillenerektion • Zunahme der Muskelspannung • Herzfrequenz- und Blutdruckanstieg parallel zum Erregungsanstieg	• Zunahme der Brustgröße, Mamillen prall gefüllt • weitere Zunahme der Muskelspannung • Herzfrequenz 100–175/min • Blutdruck erhöht, syst. 20–60 mmHg, diast. 10–20 mmHg	• unwillkürliche Kontraktionen und Spasmen von Muskelgruppen • unwillkürliche Kontraktionen des Sphincter ani • Atemfrequenz bis 40/min • Herzfrequenz 110–118/min	• Abschwellen der Mamillen und Brüste • Muskelspannung bildet sich langsamer zurück als Vasokongestion • Rückkehr von Herzfrequenz, Blutdruck und Atemfrequenz zur Norm

Tabelle **3-3** Sexueller Reaktionszyklus des Mannes (mod. n. [114]).

Erregungsphase	Plateauphase	Orgasmusphase	Rückbildungsphase
	Genitale Reaktionen		
• Schnelles Erreichen der Erektion; leicht zu stören durch nichtsexuelle Einflüsse • Verdickung und Anspannung der Skrotalhaut; Elevation des Skrotums • Elevation der Hoden	• Weiteres Anschwellen und Farbänderung der Corona glandis • Vergrößerung der Hoden (Vasokongestion) • Cowpersche Drüsen sondern Sekret ab	• Emission (Kontraktion der Muskulatur der Nebenhoden, Vasa deferentia, Samenblase und Prostata, Bereitstellung des Ejakulats in der hinteren Harnröhre) und Expulsion des Ejakulats durch unwillkürliche Kontraktionen	• Abschwellen des Penis in zwei Stadien: 1. schnelles Verschwinden der Vasokongestion, bis Penis um max. das 1½fache vergrößert ist 2. meist langsame Rückbildung bis zur Ausgangslage • schnelle Rückbildung der Anspannung und Verdickung der Skrotalhaut • Größenabnahme und Dehiszenz der Hoden
	Extragenitale Reaktionen		
	• weitgehend identisch mit denen der Frau (s. Tab. 3-2)		

nach einer weiteren Erregungssteigerung ab. Unzureichende Stimulierung, Unterbrechung der Stimulation und ungenügende Orgasmusbereitschaft können eine weitere Steigerung verhindern. Die bis jetzt vorhandene Erregung flaut in diesem Fall langsam ab.

Eine maximale Zunahme der Reizung führt den Orgasmus herbei (**Orgasmusphase**). Dessen körperliche Kennzeichen sind die Ejakulation bzw. die muskuläre Kontraktion im Bereich von Uterus und Vagina.

Hört die Stimulation dann auf, so setzt bei beiden Geschlechtern die **Rückbildungsphase** ein.

Neben dieser schematisierten Gleichheit in der Reaktionsabfolge gibt es aber zahlreiche geschlechtsspezifische Unterschiede im sexuellen Reaktionszyklus. So gilt:

- „Der Exzitationsverlauf ... ist bei der Frau variabler als beim Mann.
- Der Mann gelangt im allgemeinen etwas schneller zum Orgasmus als die Frau. Dies gilt jedoch dezidiert nur für den Koitus.
- Der Orgasmus dauert bei der Frau im allgemeinen länger als beim Mann.
- Die subjektiven Orgasmusempfindungen sind bei der Frau variabler als beim Mann.
- Die Frau kann sofort nach einem Orgasmus weitere Höhepunkte erreichen ..., während der Mann in der Regel nach dem Orgasmus für eine bestimmte Zeit nicht auf eine erneute sexuelle Stimulation reagiert ...
- Mehr Frauen als Männer sind erst dann voll befriedigt, wenn sie ... mehrere Orgasmen erlebt haben ...
- Nur bei Frauen kommt eine orgastische Reaktionsform vor ..., die objektiv wie subjektiv mit der höchsten Intensität einhergeht. Der **Status orgasticus** ... kann länger als 60 Sekunden dauern“ [120].

Die sexuelle Reaktion ist ein sehr leicht störbares Geschehen. Vor allem Angst, Ärger und ständige Selbstbeobachtung können sie beeinträchtigen [108].

Geschlechtsspezifische genitale und extragenitale Phänomene sind während der einzelnen Phasen des sexuellen Reaktionszyklus von Masters und Johnson beobachtet und beschrieben worden. Die Tabellen 3-2 und 3-3 informieren darüber .

Die angeführten Reaktionen erklären sich als repräsentatives **lokales** Abbild der beiden möglichen **allgemeinen** Antworten des menschlichen Organismus auf sexuelle Stimulierung:

- Vasokongestion: eine Primärreaktion in Form einer Blutstauung, die besonders die Genitalregion betrifft.

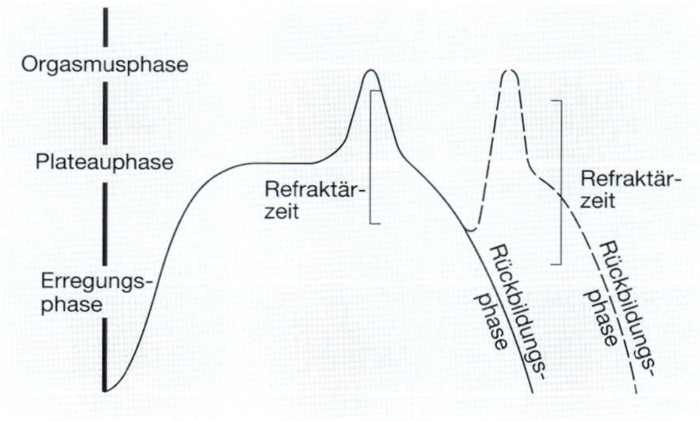

Abb. **3-5** Sexueller Reaktionszyklus des Mannes. Feinstrichlierung = Reaktionswiederholung, Grobstrichlierung = Rückbildung. A, B, C = unterschiedliche Reizbeantwortungsmuster Wie ersichtlich, machen Erregungs- und Rückbildungsphase zusammen den größten Teil des Zyklus aus; die Orgasmusphase dauert nur wenige Sekunden an [119].

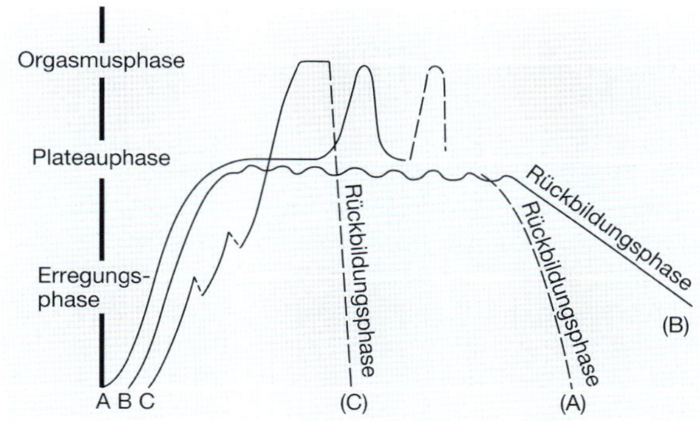

Abb. **3-6** Sexueller Reaktionszyklus der Frau. (weitere Erklärungen s. Abb. 3-5) [119].

- Myotonie: diese Sekundärreaktion zeigt sich in einer generellen Zunahme der Muskelspannung.

Die Vasokongestion entsteht unwillkürlich und zeigt sich in einer stärkeren Durchblutung entweder mehr oberflächlich (Sexualröte der Haut) oder mehr tiefliegend (z.B. als orgastische Manschette der Vagina).

Die Myotonie kann entweder willentlich (Gesäßmuskulatur) oder unwillentlich (Gesichtsmuskeln) herbeigeführt sein.

Beide Phänomene sind in der Plateau- und Orgasmusphase am stärksten ausgeprägt [119].
Die Übersicht in den Tabellen 3-2 und 3-3 zeigt die körperlichen Muster der Beantwortung effektiver sexueller Reize.

Wichtig ist – insbesondere für die zutreffende Diagnose von Sexualstörungen – auch der **Erlebnisaspekt** des sexuellen Reaktionszyklus. Dies wird hier exemplarisch für die Orgasmusphase nachgetragen:

Der Mann empfindet zuerst ein Gefühl der Unvermeidbarkeit der Ejakulation, dem Empfindungen des *Zusammenziehens und Pulsierens* im Penisbereich folgen. Die sich daran anschließende Ausstoßung des Spermas ist von einem allgemeinen Lustgefühl begleitet. Einschränkungen der Sinneswahrnehmungen gehen damit einher.

Frauen berichten von drei subjektiv unterscheidbaren Orgasmusstadien. Anfänglich wird ein kurzzeitiges Gefühl des *Stehenbleibens* erlebt. Ein Schub intensiver Empfindungen strahlt auf die Klitoris gerichtet auch in das Becken aus. Zeitgleich kann es zu Einschränkungen der Sinneswahrnehmungen kommen. Für dieses Stadium werden von vielen Frauen auch Empfindungen des Pressens, Austragens, Aufnehmens und des Sich-Öffnens berichtet. Typisch für den zweiten Abschnitt der Orgasmusphase sei die Empfindung einer Wärmeausbreitung, die vom Becken ausgehend sukzessive den ganzen Körper erfaßt. Das dritte Stadium des Höhepunkterlebens wird beschrieben als *Pulsieren im Becken,* das ein subjektives Erleben der Kontraktionen in der Vaginal- und Beckenregion darstellt.

Psychoendokrinologie der Sexualität

Noch immer ist die Meinung verbreitet, *Sexualhormone* seien die unmittelbare Ursache der sexuellen Appetenz bei beiden Geschlechtern [110].

Erregung und Erregbarkeit (Libido) haben beim Menschen als erfahrungsabhängig zu gelten. Die Intensität und die Situationsspezifität des sexuellen Verlangens hängen von **Lernprozessen** ab. Selbstredend ist die sexuelle Ansprechbarkeit darüber hinaus durch „physiologische Zustände des Organismus" determiniert [121]. Der Rahmen der Gesamterregbarkeit ist durch die körperliche Verfassung, die Funktionstüchtigkeit des Geschlechtsapparates, durch zentralnervöse Steuerungszentren und die Sexualhormone eines Individuums gegeben. Dabei sind die Sexualhormone von besonderem psychologischem Interesse. Männliche (z.B. Testosteron) wie weibliche (Östrogene, Gestagene) Geschlechtshormone werden im männlichen und weiblichen Organismus gebildet, freilich in geschlechtstypisch unterschiedlicher Menge. Gonadenunabhängig werden sie auch von der Nebennierenrinde produziert. Die genannten Steroidhormone sind Bestandteil des *Hypothalamus-Hypophysen-Gonaden-Systems*. Dieses Regelkreissystem stellt das für die Sexualität des Menschen wichtigste Hormonsystem dar (s. Abb. 3-7).

Aus dem (vereinfachenden) Schaubild ist zu entnehmen, daß der Hypothalamus zum einen das LH-Releasing-Hormon (LHRH; LH = luteinisierendes Hormon, beim Mann ICSH = Interstitialzellen-stimulierendes Hormon), zum anderen den *Prolaktin-Inhibiting-Faktor (PIF)* sezerniert. Dieser Vorgang wird u. a. vom Kortex kontrolliert.

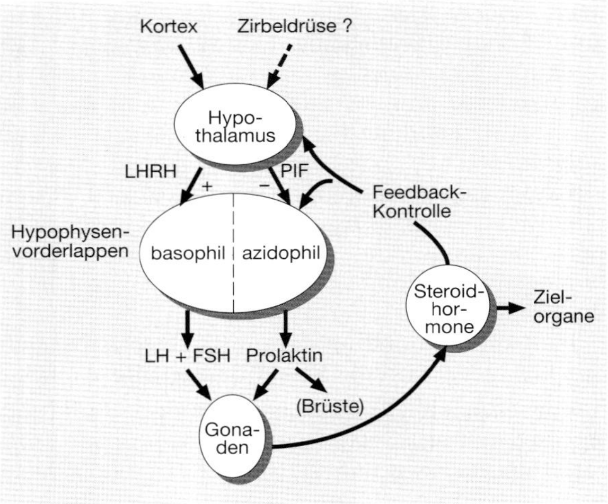

Abb. **3-7** Das Hypothalamus-Hypophysen-Gonaden-System [108].

LHRH und PIF wirken auf den Hypophysenvorderlappen ein, der dadurch zur Abgabe von LH und FSH (follikelstimulierendes Hormon) sowie von Prolaktin (LTH = luteotropes Hormon) veranlaßt wird. Das Erfolgsorgan dieser hormonellen Vorgänge sind die Gonaden, im Falle des Prolaktins auch die Brüste. Die dadurch in den Gonaden freigesetzten Steroidhormone (vorzugsweise Dihydrotestosteron und Androstendion; Östradiol und Östron; Progesteron – nur im weiblichen Organismus) affizieren ihre Zielorgane (Sexualorgane), haben aber auch eine Rückkopplung auf Hypophysenvorderlappen und den Hypothalamus.

Das FSH induziert im weiblichen Organismus Wachstum und Reife der Follikel, es stimuliert bei Männern die Spermatogenese.

LH bewirkt bei der Frau den Eisprung und die Umwandlung des Follikels in den Gelbkörper; es ist beim Mann für die Androgenproduktion verantwortlich.

LTH fördert das Wachstum der weiblichen Brust.

Die Abbildung 3-7 gibt vereinfachte Funktionsabläufe bei geschlechtsreifen Individuen wieder. Dies sagt nichts über die Bedeutung der Sexualhormone für die pränatale Geschlechtsdifferenzierung aus; auch nicht über die spezielle Psychoendokrinologie der Schwangerschaft.

Die psychische Wirkung der Sexualhormone beim **Mann** wurde aus Befunden nach Kastration, bei Unterfunktionen der Keimdrüsen und der Hypophyse (hinsichtlich der Gonadotropine – zusammen mit PIF und LHRH sind dies die Sexualhormone im weitesten Sinne) sowie nach Behandlung mit Antiandrogenen erschlossen. Nach heutigem Erkenntnisstand sind **androgenabhängig:**

- die sexuelle Erregbarkeit;
- die Fähigkeit zu erotischen Vorstellungen und Phantasien;
- die Fähigkeit zur Ausbildung und längeren Aufrechterhaltung der Erektion (diese ist möglicherweise am wenigsten androgenabhängig);
- die Fähigkeit zur normalen Ejakulation.

Ein Überschuß an Prolaktin scheint das sexuelle Interesse und Funktionieren des Mannes zu beeinträchtigen.

Die psychischen Auswirkungen der Sexualhormone bei der **Frau** lassen sich durch Menopause, Hypophysektomie, Ovariektomie und die Zufuhr von Androgenen erfassen. So dürfte die weibliche Erregbarkeit androgenabhängig sein. Der reduzierte Androgenspiegel im Plasma kann die mangelnde sexuelle Appetenz stillender Mütter erklären [122]. Östrogene scheinen die weibliche Attraktivität für den Mann zu erhöhen. Östrogenmangel dagegen reduziert zumindest mittelbar die weibliche sexuelle Erregbarkeit und Erlebnisfähigkeit über die Rückbildung des Genitales und Verminderung der Lubrikation, weil dadurch Schmerzen beim Koitus und bei der Immissio penis möglich werden.

Auswirkungen von Veränderungen des Progesteronspiegels werden im Zusammenhang mit prämenstruellen sexuellen Aktivierungen – als Folge des Absinkens des Progesteronspiegels kurz vor der Menstruation – diskutiert [123]. Im Zusammenhang mit der Abnahme des Progesteronspiegels wird auch die Labilisierung der Stimmung beim sog. prämenstruellen Syndrom oder bei der *nachgeburtlichen Traurigkeit* (post partum blues) gesehen.

Erfahrungen über die Interaktion zwischen Streß- und Sexualhormonen sind noch zu uneindeutig, um behandlungsrelevante Informationen ableiten zu können.

Die Vorläufigkeit der mitgeteilten psychoendokrinologischen Faktoren ergibt sich aus den vorliegenden Studien, denn sie sind hinsichtlich des Alters der Probanden, der Methodik und der Fragestellungen selten vergleichbar; kontroverse Erkenntnisse sind demnach auch zukünftig zu erwarten [108, 123, 124].

Gesichert scheinen nur die Aussagen zu den Wirkungen der Androgene beim Mann. Offensichtlich bedarf es zu einer optimalen Erregbarkeit einer bestimmten Androgenausschüttung. Weitere Androgenzufuhr steigert die Erregbarkeit nicht mehr.

Das sog. normale Sexualverhalten

Die moderne Sexualwissenschaft ist eine Errungenschaft des späten 19. Jahrhunderts. Ausgang war die Beschäftigung mit den als Perversionen bezeichneten Abweichungen der Sexualität – wie Homosexualität, Exhibitionismus, Sadismus etc. [125]. Diese *Sexologie* war zunächst psychopathologisch und klinisch orientiert. Erst um 1930 wurde das praktizierte sexuelle Verhalten der Bevölkerung in empirischen Studien untersucht [126]. Als Pioniere der Sexualforschung werden Sigmund Freud, Havelock Ellis, Albert Moll, Iwan Bloch, Magnus Hirschfeld, Max Marcuse und Wilhelm Reich genannt [110]. Diese Sexualforscher trugen in Kämpfen um die öffentliche Anerkennung und oft harten Auseinandersetzungen auch mit der Fachwelt zur Etablierung unseres heutigen Wissens über Sexualität bei.

Meilensteine der empirischen Sexualforschung sind die Berichte „Sexual Behavior in the Human Male“ und „Sexual Behavior in the Human Female“ von Kinsey und Mitarbeitern [127, 128].

Die Forschergruppe um Kinsey befragte jeweils mehrere tausend weiße männliche und weibliche Probanden zum praktizierten Sexualverhalten. Dabei zeigte sich, daß zahlreiche damals noch als abnorm bzw. unerlaubt geltende Sexualpraktiken (oral-genitale Sexualität, homosexuelles Verhalten und Kontakte) weit verbreitet waren.

Aus dem deutschen Sprachraum liegen zwei Erhebungen jüngeren Datums vor: In der einen wurden die Zusammenhänge zwischen Intimverhalten, Sexualstörungen und Persönlichkeit in der DDR-Bevölkerung erforscht [107]. Zum zweiten liegt eine „Repräsentative Analyse“ sexueller Lebensformen (RALF-Report) der Bundesbürger vor [129].

In beiden Untersuchungen wurden jeweils N = 2000 Erwachsene schriftlich zu Intimverhalten, sexuellen Praktiken und Einstellungen befragt. Die erste Studie kann als repräsentativ für die Bevölkerung der damaligen DDR gelten. Die zweite Befragung wurde 1977 durchgeführt; wegen einer Rücklaufquote von nur 20% bezeichnen die Erheber den RALF-Report selbst für die Bundesrepublik „nur bedingt repräsentativ“.

Die beiden Studien unterscheiden sich in den Ergebnissen wenig. Wegen der methodischen Qualität wird der ersten Studie der Vorzug gegeben [107]. Deren Ergebnisse können heute nur mehr orientierende Hilfe sein, denn im letzten Jahrzehnt ist ein deutlicher Trend zur Vorverlagerung sexueller Aktivitäten zu erkennen – ein Beispiel für den *sozialen Wandel* auch im Bereich der Sexualität [130].

Die relevantesten Ergebnisse kann man der nachfolgenden Tabelle 3–4 entnehmen.

Sexualmedizinische und sexualtherapeutische Erfahrungen zeigen, daß gerade im weiblichen Teil der Bevölkerung ein erheblicher Wandel im Sexualverhalten stattgefunden hat; so masturbieren beispielsweise Frauen inzwischen genauso häufig wie Männer.

Tabelle **3-4** Ergebnisse der Befragung über Intimverhalten, Sexualstörungen und Persönlichkeit (mod. n. [131, 132]).

Männer	**Frauen**
Erste Ejakulation mit 14 Jahren	Menarche mit 13 Jahren, bei jüngeren Frauen früher
Kohabitarche im Durchschnitt mit 18 Jahren	Kohabitarche im Durchschnitt mit 18 Jahren
Koitusdauer: meist überschätzt: 50% der Befragten: 3–10 Minuten	Koitusdauer: erheblich schwankend
Gleichzeitigkeit des Orgasmus sehr selten, meist kurz nacheinander	Gleichzeitigkeit des Orgasmus sehr selten, meist kurz nacheinander
Häufigkeit sehr unterschiedlich: 80% gaben Koitushäufigkeit mit 1–10mal pro Monat an	Häufigkeit sehr unterschiedlich: 80% gaben Häufigkeit von 1–10mal pro Monat an
Position: sehr variabel; „Mann auf Frau" noch immer am häufigsten, aber nicht am erregendsten	Position: sehr variabel; „Mann auf Frau" noch immer am häufigsten, aber nicht am erregendsten
	Stärkste Stimulierung: 50% Klitoris, 20% intravaginal, 20% Brust
	Vorspiel: oft zu kurz
	1. Orgasmus im Durchschnitt 3 Jahre nach Kohabitarche, bei jüngeren Frauen rascher, Frauen mit sehr früher Koituserfahrung haben längere Latenz
Lebensalter: zwischen 25. und 50. Lebensjahr Sexualkontakte am regelmäßigsten, Nachlassen ab 60. Lebensjahr	Lebensalter: zwischen 25. und 50. Lebensjahr Sexualkontakte regelmäßig, deutliches Nachlassen ab 60. Lebensjahr
Bildungsstand: in höherer Sozialschicht Kohabitarche später, Masturbation häufiger	Bildungsstand: in höherer Sozialschicht Kohabitarche später, Masturbation häufiger
Partnerschaft: sexuelles Verlangen gleicht sich an	Partnerschaft: sexuelles Verlangen gleicht sich an
90% haben Masturbationserfahrung	42% geben Masturbationserfahrung an
Nur 26% gaben an, niemals sexuell versagt zu haben, gelegentliches Versagen also häufig und nicht Ausdruck von Gestörtheit	

Sexuelle Verhaltensweisen variieren in der Population beträchtlich. Die Variabilität hängt nicht nur vom Geschlecht, sondern auch von der Schichtzugehörigkeit, vom Bildungsstand, von der Persönlichkeit, von der Art der Partnerschaft und vom Alter ab.

Für diese Variabilität einige Belege: Frauen und Männer mit hohem Bildungsstand machen ihre erste Koituserfahrung im Durchschnitt später als Menschen mit niedrigerem Bildungsstand [129]. Ein autoritärer Erziehungsstil korreliert mit einem höheren Alter der Kohabitarche. Extravertierte haben verglichen mit Introvertierten früher und häufiger Geschlechtsverkehr; sie praktizieren auch häufiger Fellatio und Cunnilingus [133]. Während einer längerdauernden Partnerschaft nähern sich die Partner in ihren sexuellen Wünschen an; die sexuelle Reagibilität der Frauen nimmt im Laufe einer Partnerschaft zu [107].

Nicht nur unter Laien ist ein *Defizit-Modell* des Alters [134] weit verbreitet; es bezieht sich auch auf das sexuelle Verhalten älterer Menschen. Dies mag ein Grund sein, daß älteren Menschen in Institutionen wie auch in Familien kaum Gelegenheit zu Intimkontakten gegeben wird. Sexuelle Beziehungen älterer Menschen stoßen nicht selten auf Mißbilligung. Diese Reaktionen spiegeln eher ein gängiges Stereotyp des alten Menschen wider, denn wissenschaftliche Untersuchungen [135] haben gezeigt, daß Männer und Frauen im höheren Lebensalter

Tabelle **3-5** Sexuelle Funktionsstörungen in verschiedenen Abschnitten der sexuellen Interaktion [139].

Abschnitt	**Störungen beim Mann**	**Störungen bei der Frau**
1) Sexuelle Annäherung	**Sexuelle Aversion:** passive Gleichgültigkeit, Sich-belästigt-Fühlen, Widerwillen, Ekel, Furcht zu „versagen" usw.: Vermeidungsverhalten	
2) Sexuelle Stimulation	**Erektionsstörungen:** Erektion im Hinblick auf Dauer oder Stärke nicht ausreichend für befriedigenden Geschlechtsverkehr	**Erregungsstörungen:** Erregung im Hinblick auf Dauer oder Stärke nicht ausreichend für befriedigenden Geschlechtsverkehr
3) Einführung des Penis, Koitus		**Vaginismus** (Scheidenkrampf): Einführen des Penis durch krampfartige Verengung des Scheideneingangs gar nicht oder nur unter Schmerzen möglich
	Schmerzhafter Geschlechtsverkehr (Dyspareunie): Brennen, Stechen, Jucken im Genitalbereich; bei Frauen auch wehenähnliche Krämpfe beim Orgasmus	
4) Orgasmus	**Vorzeitige Ejakulation:** Samenerguß schon vor dem Einführen des Penis in die Scheide, beim Einführen oder unmittelbar danach **Ausbleibende Ejakulation:** trotz voller Erektion und intensiver Reizung kein Samenerguß **Ejakulation ohne Befriedigung:** Samenerguß ohne Lust- und Orgasmusgefühl	**Orgasmus ohne Befriedigung:** „physiologischer" Orgasmus ohne Lustgefühl und Orgasmuserleben
5) Nachorgastische Reaktion	**Nachorgastische Verstimmungen:** Gereiztheit, innere Unruhe, Schlafstörungen, Depressionen, Weinanfälle, Mißempfindungen im Genitalbereich usw.	

durchaus in der Lage sind, erfüllt sexuell zu verkehren. Bei Männern und Frauen nimmt die sexuelle Aktivität zwar im Mittel (!) mit dem fünften oder sechsten Lebensjahrzehnt ab, sistiert aber auch im höheren Alter keineswegs völlig. Die sexuellen Reaktionen verlaufen im Alter langsamer und weniger intensiv, was die Wichtigkeit des zärtlichen Vorspiels erhöht – ein Aspekt, der bei der Beratung älterer Menschen betont werden sollte.

Bei einer Untersuchung des Sexualverhaltens älterer Menschen konnte festgestellt werden, daß die Bedeutung und Rolle der Sexualität im jungen Erwachsenenalter die sexuelle Aktivität im Alter entscheidend mitbestimmt.

Störungen der Sexualität

Klassifikation sexueller Störungen. Als **normal** gilt das in einer Gesellschaft von der Mehrheit praktizierte Sexualverhalten sowohl hinsichtlich des Sexualobjektes (Partneraspekt) als auch hinsichtlich der Praktik (Praktikaspekt).

Von der statistischen Norm abweichendes Sexualverhalten wird als *sexuelle Deviation* bewertet. Abweichungen bezüglich des Partners werden als Homosexualität, Pädophilie, Sodomie und Fetischismus, Abweichungen hinsichtlich der Praktik werden Exhibitionismus, Voyeurismus, Sadismus und Masochismus bezeichnet [112, 137]. Dagegen wird an anderer Stelle die **Homosexualität** den **Formen der Sexualität** zugerechnet, die anderen genannten Abweichungen werden unter **problematischem Sexualverhalten** subsumiert [110]. Die Kulturrelativität dieser Etikettierung als *abweichend* zeigt sich am Beispiel der Homosexualität: In der klassischen Antike galt Homosexualität als *normal* [117]; heute werden lediglich 4% der Männer als durchgehend homosexuell bezeichnet [138].

Die sehr seltenen *sexuellen Deviationen* werden in der Psychiatrie und Psychotherapie von der wesentlich häufiger vorkommenden Gruppe der *sexuellen Funktionsstörungen* abgegrenzt.

Die nachfolgende Tabelle 3-5 zeigt im Überblick sexuelle Funktionsstörungen in den verschiedenen Phasen des sexuellen Reaktionszyklus.

Entsprechend der Ätiologie werden die **sexuellen Funktionsstörungen** in **psychogene** (funktionelle) und **somatogene** Störungen unterteilt. Psychogene (seelisch bedingte) Dysfunktionen sind dann gegeben, „wenn eine Frau oder ein Mann nicht in der Lage ist, geschlechtliches Verlangen nach einem Partner zu entwickeln und/oder mit ihm einen zur Befriedigung führenden Koitus auszuüben, obwohl dies der gegebenen Situation angemessen wäre ..., die anatomisch-physiologischen Voraussetzungen dazu vorhanden sind ... und keine Fixierung auf abnorme Sexualziele und -objekte vorliegt ... [140].

Bei den körperlich bedingten sexuellen Dysfunktionen handelt es sich entweder um direkte Effekte einer Mißbildung, einer (akuten oder chronischen) Krankheit, eines Traumas oder einer chirurgischen Intervention, um die psychische Reaktion auf eine Erkrankung bzw. einen ärztlichen Eingriff oder eine Kombination somatogener oder reaktiver Erscheinungen [141].

Psychogene Sexualstörungen

Angaben zur Häufigkeit und Verbreitung sexueller Funktionsstörungen haben vorläufigen Charakter. Die vorliegenden Erhebungen unterscheiden sich in ihren Methoden und Klassifikationen. Unklar ist auch der Einfluß der Rücklaufquote bei anonymen Befragungen; so streut die Rücklaufquote zwischen 3 und 45% [142 bzw. 143].

Nach einem Bericht klagten von 101 erstmals schwangeren Frauen 34% über sexuelle Probleme. Nach einer Studie bei 58 jüngeren schwedischen Ehepaaren berichteten 40% der Männer über eine oder mehrere sexuelle Dysfunktionen [145]. Einer weiteren systematischen Befragung in ausgewählten Praxen zufolge litten wenigstens 29% der Frauen und 25% der Männer an funktionellen Sexualstörungen [146]. Nach Aussage von 100 niedergelassenen Ärzten wurden bei 25% ihrer Patienten sexuelle Probleme festgestellt [147]. Allein in einer Großstadt wie Hamburg suchen pro Woche über 1100 Patienten einen Arzt wegen sexueller Probleme auf [113]. Bei 90% (!) dieser Patienten war eine psychogene Sexualstörung zu finden. Frauen klagen dabei überwiegend über Erregungs- und Orgasmusstörungen; Männer berichten vorwiegend von Erektions- und Ejakulationsstörungen. Laut einer Befragung von 163 Schweizer Ärzten kamen 4% ihrer Patienten primär wegen sexueller Störungen [114].

Nicht alle psychogenen Sexualstörungen sind auf unbewußte psychische Konflikte (Sicht der Psychoanalyse), auf partnerschaftliche Schwierigkeiten oder auf Fehlkonditionierungen (Phobien), Lerndefizite (Fehlen von Modellpersonen im Hinblick auf Sexualität etc. Perspektiven der Verhaltenstherapie) zurückzuführen [108, 148]. Ein Teil der psychogenen Sexualstörungen kann beispielsweise auf Informationsmangel hinsichtlich der Anatomie der Sexualorgane, erlaubter Positionen beim Geschlechtsverkehr, Einfluß des Alters etc. zurückzuführen sein. Man nennt diese Störungen auch *Pseudostörungen,* da sie nach entsprechenden Modifikationen (z.B. korrekte Information oder Ermunterungen durch den Arzt) leicht behoben werden können. Der Einfluß von sog. *Sexualmythen* scheint noch immer enorm zu sein: So muß die weitverbreitete Vorstellung, normale Frauen kämen beim Koitus ohne zusätzliche Klitorisstimulation zum Höhepunkt, für die Mehrzahl der Frauen in Frage gestellt werden [149]. Die Annahme, vaginaler und klitoridaler Orgasmus der Frau seien Ausdruck unterschiedlicher Reife, oder die Forderung nach gleichzeitigem Orgasmus gehören ebenso in den Bereich schädlicher Sexualmythen wie die vermuteten gesundheitsschädlichen Auswirkungen der Masturbation oder die Überschätzung normaler Koitusfrequenzen oder der normalen Penisgröße [150].

Ungünstige äußere Umstände (mangelnde Privatsphäre) oder Hemmungen, bestimmte sexuelle Wünsche anzusprechen, können befriedigende Sexualkontakte behindern [112]. Im ärztlichen Beratungsgespräch können dann Informationen über die „normale Variabilität" sehr hilfreich sein. Weiterführend ist auch oft die Empfehlung relevanter Bücher. Der Hinweis des Arztes auf die Möglichkeit der Inanspruchnahme von Sexualtherapeuten oder die Überweisung zu spezialisierten Beratungsstellen kann bei mißlichen Situationen und bei zu geringer Spezialkompetenz des zu Rate gezogenen Arztes Abhilfe schaffen. Zu den ärztlichen Aufgaben zählt auch die sexuelle Beratung von körperlich und geistig Behinderten [151].

Sexuelle Beeinträchtigungen können aber auch Folgen manifester psychischer Krankheiten (Neurosen, Depressionen, Psychosen) sowie der dabei verordneten Medikamente sein [108].

Somatogene Sexualstörungen

Die bei psychiatrischen Krankheiten häufig auftretenden sexuellen Beeinträchtigungen sind oft Folge der Psychopharmakatherapie. So reagieren Männer auf **Neuroleptika** mit Beeinträchtigungen der Erektion und der Ejakulation.

Zahlreiche weitere Pharmaka mit somatotropem Wirkungsaspekt wirken sich ebenfalls auf das sexuelle Erleben und Verhalten aus. Antihypertonika vom Typ der Beta-Rezeptorenblocker können Erregbarkeit und Erregung reduzieren [152], sie tun es aber nicht notwendigerweise bei jedem Betroffenen.

Sexuelle Funktionsstörungen können grundsätzlich bei jeder **körperlichen Krankheit** und als Folge zahlreicher **Operationen** auftreten: bei besonderen Systemerkrankungen (Malignome, Zustand nach Herzinfarkt etc.), Lebererkrankungen (Zirrhose, Hepatitis etc.), endokrinen Störungen (Diabetes mellitus etc.), neurologischen Erkrankungen (Multiple Sklerose, Rückenmarksverletzungen), lokalen Erkrankungen im Genitalbereich (z.B. Entzündungen) [153].

Zwei Drittel der Herzinfarktpatienten erleben noch 12 Monate nach dem Insult ihre sexuelle Aktivität als signifikant reduziert [154]. Die Ängste der Betroffenen gerade vor körperlichen Überlastungen (auch bei der Sexualität) sind für die berichteten sexuellen Aktivitätsminderungen mitverantwortlich.

48% der Männer, die seit über sechs Jahren an Zuckerkrankheit leiden, berichten über Erektionsstörungen [155]. Die Vermutung liegt nahe, daß primär somatogene sexuelle Störungen häufig Versagensängste auslösen, die dann zu einer weiteren Reduktion von sexueller Aktivität und zu einem Aufbau von Vermeidungsverhalten führen [108].

Häufig werden sexuelle Dysfunktionen als Folgen chirurgischer Eingriffe beobachtet. So beklagen 61% der nach einer Radikaloperation wegen eines Zervixkarzinoms befragten Patientinnen noch nach 18 Monaten reduzierte oder völlig fehlende sexuelle Bedürfnisse [156].

Diese Beobachtungen lassen deutlich werden, daß insbesondere psychische Faktoren – neben hormonellen, vaskulären, neuronalen und anatomischen Größen – für die Ungestörtheit des Sexuallebens wesentlich sind.

Die Sexualität bei chronischen Erkrankungen wird von der Art des Leidens und von der Persönlichkeit (Bewältigungsstil) modifiziert. Zusätzlich spielen die Reaktionen des Partners, die Art der Partnerbeziehung und auch die Einstellung, die die Ärzteschaft gegenüber sexuellen Problemen zeigt, eine Rolle [141]. Selbst bei Querschnittgelähmten und Stomaträgern gibt es Möglichkeiten befriedigender sexueller Aktivitäten. Ihr Sexualleben ist um so befriedigender, wenn die Betroffenen und ihre Lebensgefährten ausreichend informiert werden [157].

Störungen des Sexuallebens müssen also **keineswegs** eine zwingende Konsequenz körperlicher Störungen oder medizinischer Interventionen sein. Die Häufigkeit somatogener Sexualstörungen wird auf 5–26% aller Fälle geschätzt [148].

Ärztliche Sexualberatung

Die Anregung, über sexuelle Probleme zu sprechen, muß oft vom Arzt kommen, denn viele Patienten können von sich aus keine speziellen Fragen stellen. Aber auch viele Ärzte scheuen vor solchen Gesprächen zurück, da sie sich sexualmedizinisch zu wenig kompetent fühlen. Dabei kann eine Reihe von Problemen durchaus mit nur begrenzter Kompetenz bewältigt werden; eine Sexualtherapie im engeren Sinne ist nur in wenigen Fällen nötig. Hier soll das sog. **PLISSIT-Modell** vorgestellt werden [158]. Dieses vierstufige Modell des therapeutischen Vorgehens stellt die Schwere der festgestellten Störung in Relation zur benötigten sexualtherapeutischen Kompetenz. Die vier Beratungsebenen sind allerdings nicht scharf trennbar:

P *Permission* (Erlaubnis, Beruhigung): Der Arzt gibt zu erkennen, daß er für sexuelle Fragen offen ist. Er erlaubt mit seiner ärztlichen Autorität das vom Patienten erwünschte, aber als problematisch erlebte Verhalten.

LI *Limited Information* (Begrenzte Information): Der Arzt gibt relevante Informationen über das aktuelle Thema.

SS *Specific Suggestions* (Spezifische Empfehlungen): Der Arzt gibt direkte Ratschläge und Anweisungen, wie ein sexuelles Problem angegangen und gelöst werden kann.

IT *Intensive Therapy* (Intensive Behandlung): Stufe der eigentlichen Sexualtherapie.

Interventionen der Stufen P und LI liegen im Kompetenzbereich jedes praktisch tätigen Arztes. Die Stufen SS und IT erfordern spezialisierte sexual- und psychotherapeutische Kompetenz. Folgen praktisch tätige Ärzte diesem PLISSIT-Modell, so kann vielen Patienten schon sehr früh geholfen werden, es können Überweisungen zum Spezialisten rechtzeitig vorgenommen werden. Dieses Modell impliziert eine persönliche Offenheit der Ärzte für die Sexualität ihrer Patienten und setzt ein hinreichendes sexologisches Wissen voraus, dessen Erwerb als **ärztliche Verpflichtung** angesehen wird.

Studienfragen

Beschreiben Sie die Phasen des sexuellen Reaktionszyklus!
(s. S. 77, rechts Mitte, bis S. 80, links oben)
Was sind die Hauptunterschiede in der sexuellen Reaktion von Mann und Frau?
(s. S. 79 links)
Erläutern Sie sexuelle Funktionsstörungen und deren mögliche Ursachen!
(s. S. 83 bis 85 links)

3.3.5 Scham

Rolf Buschmann-Steinhage

Schamreaktionen von Patienten, die sich schämen, wenn sie sich für die körperliche Untersuchung entkleiden müssen oder über ihnen peinliche Sachverhalte mit dem Arzt sprechen sollen, gehören zum Alltag jedes Arztes. Es liegt auf der Hand, daß solche Schamreaktionen die diagnostischen und therapeutischen Bemühungen des Arztes erheblich erschweren können. Dennoch findet man die Scham sehr selten als Gegenstand von Lehrbüchern der Medizinischen Psychologie oder auch von Leitfäden zur Technik von Anamnese und Untersuchung.

Dabei haben sich Philosophen und Anthropologen schon früh mit der Scham befaßt, angefangen bei Darwin über Plessner bis hin zu Scheler und Straus [159–162]. Klar wurde dabei auch, daß es die Emotion „Scham“ im Tierreich nicht gibt, sie ist also ein spezifisch menschliches Phänomen.

Was kennzeichnet nun psychologisch die Scham, und inwiefern ist die Kenntnis und Berücksichtigung dessen in der Medizin, und zwar insbesondere in der Beziehung zwischen Arzt und Patient, von konkreter und praktischer Bedeutung?

Definition

Scham ist eine „...menschliche Unlustreaktion (sog. Schamgefühl), die sich häufig auf die Verletzung der Intimsphäre bezieht, daneben aber auch andere soziale Bereiche (Ansehen, Geltung, Erfolg usw.) betreffen kann. Grundlage der Scham ist das Bewußtsein, durch bestimmte Handlungen oder Äußerungen sozialen Erwartungen nicht entsprochen bzw. gegen wichtige Normen und Wertvorstellungen verstoßen zu haben“ [162, vgl. 164].

Das Wort Scham läßt sich etymologisch von den indoeuropäischen Stämmen (s)qua und (s)kam herleiten, die beide die Bedeutung von bedecken haben [165]. Damit wird bereits eine wesentliche Funktion der Scham ausgedrückt: der Schutz der Privatsphäre vor den Blicken (auch im übertragenen Sinn) der Öffentlichkeit, vor der man sich sonst eine „Blöße“ gäbe [166].

Scham kann man vor sich selbst oder vor anderen empfinden. Die Ursachen der Scham sind vielfältig. Neben der bereits genannten Blöße kann man sich wegen Gefühlen, Vorstellungen, Phantasien, Gedanken usw. schämen. Dabei findet in jedem Fall eine „Rückwendung auf ein Selbst“ statt [161].

Nach Straus kann man eine verbergende von einer behütenden Scham unterscheiden. Die verbergende Scham verbirgt all das, was dem Ansehen des Individuums bei seinen Mitmenschen schaden könnte und wirkt damit „im Dienst der sozialen Geltung“. Die behütende Scham dagegen schützt „das unmittelbare Erleben vor dem Einbruch der Öffentlichkeit“ [162]. Sie ist die Reaktion auf eine Verletzung der Intimsphäre. Straus unterscheidet weiter die Schamlosigkeit als Negation der behütenden Scham, von der Unverschämtheit als Negation der verbergenden Scham.

Eine andere Unterscheidung trennt eine aggressive Scham von einer sexuellen und einer sozialen Scham. Die aggressive Scham hemmt demnach die menschliche Aggressivität aus Angst vor sozialer Ablehnung und Bestrafung. Die soziale Scham wird als milde Form sozialer Angst und Unsicherheit verstanden und drückt sich als Scheu, Sich-genieren usw. aus.

Scham kann sich in unterschiedlichen Reaktionen äußern, die der Selbst- und Fremdbeobachtung zugänglich sind. Subjektive Empfindungen sind Gefühle der Peinlichkeit, Befangenheit und Demütigung, die Person fühlt sich schutzlos, ausgeliefert, der Situation nicht gewachsen. Dementsprechend finden sich auf der Verhaltensebene das Abwenden von Gesicht und Blick, Erröten, Verstummen und Erstarren, evtl. auch Stottern und linkische Bewegungen. Die Beziehung zum Gegenüber ist gestört, es kommt zu einem „Bruch“. Die Aufmerksamkeit wird stark auf das Selbst gerichtet oder eingeengt auf die Ursache der Scham [167].

Entwicklung der Scham

Die Schamreaktion zeigt große interkulturelle Übereinstimmungen. Dabei handelt es sich um ein angeborenes Verhaltensrepertoire, das willentlich nur wenig beeinflußt werden kann. Ein Kind zeigt allerdings erst dann eine Schamreaktion, wenn die kognitive Entwicklung so weit fortgeschritten ist, daß eine Unterscheidung von fremd und vertraut gelingt (Parallelismus von Emotion und Kognition nach Piaget). Das ist nach dem achten Lebensmonat der Fall [168]. Aus klassisch psychoanalytischer Sicht wird der Grund für die Schamreaktion in der analen Phase gelegt. Die Eltern schränken den kindlichen Exhibitionismus durch die Erziehung ein, das kindliche ICH „löst“ den Konflikt mit Hilfe der Reaktionsbildung: Der Exhibitionismus wird in sein Gegenteil, die Scham, verwandelt.

Beispiel: „Viele fünfjährige Knaben, die sich bis dahin noch ganz unbefangen und offensichtlich mit Freude entkleideten, wollen sich nach dem Einsetzen der Reaktionsbildung plötzlich nicht einmal mehr vor ihren Müttern ausziehen. Manche *verstecken* ihr Geschlechtsorgan, indem sie es im Bad zwischen die Beine klemmen, andere weigern sich, es zum Zweck der Reinigung berühren zu lassen“ [169].

Piers [170] erklärt die Entstehung der Scham mit der Ausbildung des Ich-Ideals. Dabei werden von den Erziehungspersonen vorgegebene Maßstäbe verinnerlicht. Werden diese Ziele und Vorstellungen später nicht erreicht, dann schämt sich das Individuum. Sexuelle Scham findet sich nach Eibl-Eibesfeld in allen Kulturen. Die Bedingungen für das Auftreten von Schamgefühlen sind dabei von Kultur zu Kultur und auch innerhalb von gesellschaftlichen Gruppen unterschiedlich (vgl. z.B. die unterschiedlichen Arten der Bedeckung der Geschlechtsorgane). Werden die Normen und Regeln der Kultur oder der gesellschaftlichen Gruppen verletzt, führt das zu Scham.

Scham in der Arzt-Patient-Beziehung

Jeder Mensch braucht in unterschiedlichem Ausmaß seine Intimsphäre und ist bestrebt, diese gegen ein Eindringen von außen zu sichern. In unserer Kultur gehören dazu persönliche Anschauungen (z.B. religiöse), Gefühle, mitmenschliche (sexuelle) Beziehungen, die eigene Nacktheit, bestimmte leibliche Merkmale, Krankheiten und Behinderungen. Genitalbereich, Analregion und der Mund werden dabei als besonders intim angesehen [171]. Dazu paßt, daß im Deutschen der Ausdruck *„die Scham“* die äußeren weiblichen Geschlechtsorgane bezeichnet.

Ärzte und eingeschränkt auch Angehörige anderer Medizinalberufe sind von der Gesellschaft legitimiert, bestimmte Eingriffe in die Intimsphäre anderer Personen vorzunehmen. Dies gilt aber nur, wenn die Eingriffe für Diagnostik und Therapie von Krankheiten erforderlich sind. Ob die konkrete Situation vom Patienten als peinlich und unangenehm erlebt wird, hängt zum Großteil vom Verhalten des Arztes ab. An einigen konkreten Beispielen soll dies deutlich gemacht werden:

- Anamnese: Folgende Fragen werden häufig gestellt: „Haben Sie regelmäßig Stuhlgang?“, „Haben Sie Probleme beim Wasserlassen?“, „Können Sie den Urin manchmal nicht halten?“. Das Eingestehen von Tabak- und Alkoholkonsum kann als peinlich erlebt werden. Eine Frage wie: „Gestalten sich Ihre sexuellen Beziehungen nach Wunsch?“ ruft bei den meisten Patienten Überraschung und Sprachlosigkeit hervor, obwohl 87% der Patienten einer internistischen Praxis angaben, der Arzt solle sie häufiger nach ihren sexuellen Problemen befragen [172].
- körperliche Untersuchung: Am Beginn steht meist eine Aufforderung wie „Machen Sie sich bitte frei“ oder „Zeigen Sie mir einmal Ihre Zunge“. Eine Inspektion der Anal- (z.B. bei Hämorrhoiden) oder der Genitalregion (z.B. bei Entzündungen) ist für Patienten oft peinlich.
- diagnostische und therapeutische Eingriffe: Jede Blasenkatheterisierung, endoskopische Untersuchung und erst recht jede Operation ist ein Eindringen in die Intimsphäre eines Patienten. Bei manchen Patienten kann es z.B. bei einer Katheterisierung der Blase zu einem Spasmus des Schließmuskels kommen, der möglicherweise durch die Schamreaktion mitbedingt ist.

Diese Beispiele zeigen, daß im ärztlichen Alltag in vielen Fällen besondere Umsicht des Arztes erforderlich ist, um das für den Patienten oft keineswegs selbstverständliche Eindringen in die Intimsphäre nicht zu einer peinlichen und schamvollen Situation werden zu lassen.

Inzwischen gibt es eine Reihe von Studien, die sich mit Situationen befassen, in denen der Konflikt zwischen medizinischer Notwendigkeit und Schamgefühl besonders deutlich hervortritt. Die gynäkologische Untersuchung berührt das Schamgefühl in besonderer Weise. Es liegt daher nahe, das Frauen Gynäkologinnen bei der Untersuchung bevorzugen [173]. In einer anderen Studie gaben Frauen an, daß sie die gynäkologische Untersuchung u. a. wegen des wenig einfühlsamen Verhaltens des Arztes als peinlich empfanden [174].

Bei Männern kann die digitale Untersuchung des Rektums (zur Krebsfrüherkennung) schamvoll erlebt werden [175], vermutlich wird sie deshalb oft vermieden.

Die Geburt eines mißgebildeten oder behinderten Kindes führt bei Eltern oft zu Schamreaktionen und Schuldgefühlen [176].

Wichtig ist auch der Umgang mit Schamgefühlen von Patienten im Krankenhaus. Schwerkranke können aufgrund ihrer eingeschränkten Situation (z.B. bei der Körperpflege) aus verschiedenen Gründen Scham empfinden: Wegen ihres Körpergeruchs, wegen Harn- und Stuhl-Inkontinenz, wegen Atem- und Darmgeräuschen, wegen Erbrechen usw. [178]. In einer Untersuchung konnte gezeigt werden, daß Männer gegenüber Ärzten, Pflegepersonal und Mitpatienten größere Scham empfinden als Frauen. Patienten beiderlei Geschlechts empfinden weniger Scham, wenn sie von Ärztinnen statt von Ärzten betreut werden. Patienten, die sich stark schämen, fragen weniger nach krankheitsspezifischen Informationen, beklagen sich mehr und sind unzufriedener mit dem Stationsklima. Sie fühlen sich stärker entfremdet und als Objekt behandelt. Zuwendung durch den Arzt kann die Betroffenheit von schwerkranken Patienten mildern [177].

Zu den Schamgefühlen des Arztes ist im Gegensatz zu denen von Patienten bisher nur wenig veröffentlicht worden. Einige indirekte Informationen zeigen jedoch, daß Ärzte, denen es unangenehm ist, Patienten nach ihrem Sexualleben zu fragen, die Prävalenz von sexuellen Problemen besonders niedrig einschätzen (2–10%). Ärzte dagegen, die sich nicht scheuen, diese Probleme zu besprechen, stellen bei ca. 50% ihrer Patienten sexuelle Probleme fest [179].

Offen bleibt auch, wie oft Untersuchungen oder Fragen unterlassen werden, weil die Ärzte ihrem eigenen Schamgefühl folgend, die Schamreaktion der Patienten überschätzen. Sicher ist dagegen, daß sich ein Patient um so mehr schämen wird, wenn er den Eindruck hat, seinem Arzt sei die Situation ebenfalls peinlich.

Ob ein Patient sich schämt, z. B. wenn er sich beim Arzt entblößen muß, hängt auch stark davon ab, wie beide ihre aktuelle Rolle in der Arzt-Patient-Beziehung definieren. Erwartet der Patient, daß der Arzt sich persönlich um ihn kümmert, so wird er sich vielleicht schämen, wenn er sich als anonymen Fall behandelt sieht. Auch der umgekehrte Fall ist denkbar. Sieht ein Patient die Aufgabe des Arztes beschränkt auf die Durchführung einer bestimmten Handlung (z.B. eine urologische Untersuchung) und sich selbst als Untersuchungsgegenstand, so schämt er sich vielleicht, wenn der Arzt plötzlich ein persönliches Gespräch (z. B. über seinen letzten Urlaub) mit ihm beginnt [161, 177].

- Gelegentlich verlaufen die Schamgrenzen innerhalb der Arzt-Patient-Beziehung anders, als man es nach der allgemeinen Psychologie der Scham erwarten würde: So manchem Arzt fällt es leichter, seinen Patienten nach Stuhlgang und Sexualfunktion zu fragen als nach sozialanamnestischen Daten. Umgekehrt ist es auch für viele Patienten selbstverständlicher, nach dem Stuhlgang gefragt zu werden als nach der Beziehung zur Ehefrau bzw. zum Ehemann. („Was geht den Arzt meine Ehe an, wo ich doch nur Bauchschmerzen habe?") Diese Verschiebung der Schamgrenzen hängt vermutlich mit der klassischen Rollendefinition des Arztes und dem Krankheitsverständnis des Patienten zusammen: Die Beziehung zum Lebenspartner hat danach nichts mit der Entstehung und Behandlung der Bauchschmerzen zu tun.

Praktische Konsequenzen für den ärztlichen Alltag

Um Schamreaktionen des Patienten möglichst zu vermeiden, ist vom Arzt eine „objektive und doch teilnahmsvolle Haltung" gefordert. Das Verhalten des Arztes muß der jeweiligen Situation angepaßt sein. Weitere Voraussetzungen sind die Einsicht des Patienten in die Notwendigkeit der ärztlichen Maßnahme und hinreichendes Geschick des Arztes bei der Durchführung [180]. Ein Gynäkologe z. B., der die Anamnese erst erhebt, wenn sich die Patientin schon entkleidet hat, provoziert geradezu die Schamreaktion seiner Patientin.

Im übrigen kann der Arzt dem Patienten Scham ersparen, „indem er den in jeder Schamreaktion liegenden Bruch der mitmenschlichen Beziehung im Keim bereits bemerkt und durch aktives Bemühen, vor allem mittels Sprechen, nach Möglichkeit verhindert oder doch die mitmenschliche Beziehung immer sogleich wiederherstellt" [181].

Der Arzt sollte im konkreten Fall
- sein Verhalten erklären: warum er nach intimen Details fragt, warum der Patient sich ausziehen soll, usw.
- die Intimsphäre des Patienten nur insoweit berühren, wie es wirklich notwendig ist: z. B. den Patienten nur so lange entkleidet lassen, wie es die Untersuchung erfordert.
- empathisch auf Schamreaktionen des Patienten eingehen, diese eventuell vorwegnehmen und wo immer möglich, diese respektieren (z. B.: „Ich kann mir vorstellen, daß es Ihnen unangenehm ist, wenn ich jetzt ...")
- mit den Angaben, die der Patient (z. B. während der Anamnese) macht und die ihm evtl. peinlich sind, empathisch und wertschätzend umgehen.

Schamreaktionen lassen sich auch durch empathisches und reflektiertes Verhalten des Arztes nicht vollständig vermeiden. Im ärztlichen Alltag wird es immer wieder Situationen geben, in denen der Arzt sich entscheiden muß, Themenbereiche anzusprechen und Maßnahmen durchzuführen, die die Schamgrenze des Patienten überschreiten, oder dies mit Rücksicht auf das Schamgefühl des Patienten zu unterlassen.

Studienfragen

Wie kann ich als Arzt/Ärztin das Auftreten von Schamreaktionen bei Patienten verringern oder vermeiden?
(s. S. 88, links Mitte)
Wie kann ich als Arzt/Ärztin adäquat mit auftretenden Schamreaktionen von Patient(inn)en umgehen?
(s. S. 88, links unten, rechts oben)
Wie kann ich als Arzt/Ärztin mit eigenen Schamreaktionen umgehen?
(s. S. 87, rechts)

3.3.6 Trauer

Claus Bischoff

„Hier, sieh: Das Kleid und die Fetzen des Kleides, starr von Blut. Es ist das Blut seiner Adern, die ihm das Untier zerriß mitsamt dem Fleische. O Grauen, Grauen! O Sünde Gottes! O wilde, blinde, vernunftlose Missetat! ... Ist das zu fassen und anzunehmen? Nein, es ist ungenießbar! Ich speie es aus wie der Vogel das Gewöll. Da liegt es. Möge Gott damit anfangen, was er mag, denn es ist nichts für mich."

Jaakob trägt Leid um Joseph (THOMAS MANN [182]).

Was ist Trauer?

Trauer ist eine charakteristische psychophysische Reaktion des Menschen auf tatsächliche oder antizipierte Verluste. Trauer erlebt, wer persönlich Bedeutsames verliert, jemanden oder etwas, zu dem eine Bindung besteht – Menschen durch Tod oder Trennung, andere Lebewesen, Haustiere etwa, aber auch Gegenstände, die Heimat oder Aspekte der eigenen Person: Durch Verbrennungen kann das gewohnte Aussehen verlorengehen, bei der Mamma-Ablatio das Selbstbild, als Frau intakt zu sein, bei Herz- und Hirninfarkt das Selbstkonzept der vollen Leistungsfähigkeit und damit verknüpfte persönliche Lebensziele. Auch die Reaktionen auf den drohenden Verlust des eigenen Lebens haben mit anderen Trauerprozessen vieles gemeinsam (s. Kap. 8.5). Verluste sind Stressoren. Der Tod des Ehepartners gilt als eines der am stärksten belastenden kritischen Lebensereignisse überhaupt. Trauerreaktionen beim Tod naher Angehöriger sind für manche Betroffene – nicht selten auch für Ärzte – hinsichtlich Art und Stärke unerwartet, verwirrend und beängstigend. Ihre individuelle Ausformung variiert auch im „Normalfall" beträchtlich.

Jeder Verlust wirft für den Betroffenen spezifische Fragen auf – der Tod des eigenen Kindes andere als der Freitod des Großvaters, der Tod von Vater oder Mutter für ein Kind andere als die Trennung von Ehepartnern durch Scheidung. Die Trauerreaktionen in diesen Fällen haben aber auch vieles gemeinsam, stellen Variationen eines Grundmusters dar. Dieses ist am besten beim Erwachsenen untersucht, der einen nahen Angehörigen, vor allem den Partner, verloren hat. Hierauf konzentriert sich auch dieses Kapitel.

Die Trauerreaktion spielt sich auf verschiedenen Ebenen ab:

- Auf der **Ebene des subjektiven Erlebens** berichten Menschen, die einen Verlust erlitten haben, vielfältige **Gefühle:** Schock, Traurigkeit, Zorn, Sehnsucht, Verlassenheit, Hilflosigkeit, Verzweiflung, Schuld, Erschöpfung, innere Unruhe, aber auch Erleichterung und Befreiung. Sie berichten veränderte **Wahrnehmungen:** der Tote wird als anwesend illusioniert oder halluziniert – und veränderte **Gedanken:** der Hinterbliebene beschäftigt sich – im Wachzustand gleichwie im Traum – sehr intensiv mit dem Toten, teilweise identifiziert er sich mit ihm oder glaubt, an der Krankheit zu leiden, an welcher der Angehörige verstorben ist [183] – oder vermeidet im Gegenteil jede gedankliche Beschäftigung mit ihm. Viele Trauernde haben **Störungen des Allgemeinbefindens** und **körperliche Beschwerden:** Schmerzen, Schlafstörungen, Appetitstörungen – überwiegend Appetitverlust –, Verdauungsstörungen, Konzentrations- und Merkfähigkeitsstörungen. Die körperlichen Symptome treten manchmal so in den Vordergrund, daß der Arzt sie nicht als Trauersymptome erkennt und glaubt, den Patienten körperlich behandeln zu müssen.
- Den Trauerreaktionen auf der subjektiven Ebene entspricht ein verändertes **Verhalten:** Schreien und Weinen, Seufzen, Suchen und Rufen, motorische Agitiertheit, intensive Beschäftigung mit Gegenständen, Orten oder Tätigkeiten, die an den Verstorbenen erinnern, aber auch die Vermeidung dieser Beschäftigung, traurige oder versteinerte Miene, gebeugte, kraftlose Körperhaltung und motorische Verlangsamung, Zerstreutheit, sozialer Rückzug, Desinteresse an bisher geschätzten Aktivitäten und die Einnahme psychotroper Substanzen.
- Auf der Ebene von **Hormon- und Immunsystem** sind zu beobachten: verstärkte Adrenalin- und Noradrenalin-Ausschüttung – ein Zeichen für Sympathikus-Aktivierung –, gesteigerte Cortisol-Ausschüttung – ein Hinweis für Aktivierung des Hypophysen-Nebennierenrinden-Systems – und immunsuppressive Reaktionen: eine erheblich verminderte NK(natural killer cells)-Aktivität und sehr wahrscheinlich auch eine reduzierte Lymphozytenstimulierbarkeit, so daß also Virusabwehr und Tumorüberwachung eingeschränkt sind [184].
- Der Tod eines nahen Angehörigen hat in der Regel Auswirkungen auf der **interpersonalen und sozialen Ebene:** Der soziale Status kann sich verändern, bestimmte Sozialkontakte sind nun mehr, meist aber weniger zugänglich. Die Umstehenden meiden manchmal den Kontakt, weil sie sich der Trauer des Hinterbliebenen gegenüber hilflos fühlen oder sich nicht mit dem Thema Tod auseinandersetzen möchten. Der Hinterbliebene ist mit veränderten Rollenerwartungen konfrontiert. Bestimmte soziale Rollen übernimmt er neu, andere gibt er auf.

Warum trauert der Mensch?

Nach klassischer **psychoanalytischer Auffassung** [185] ist Trauer eine aktive Leistung des Ich (s. Kap. 3.3.2). Das Ich leistet **Trauerarbeit:** „Die Realitätsprüfung hat gezeigt, daß das geliebte Objekt (auch Menschen sind „Gegenstände" der Liebe, Anmerkung des Verfassers) nicht mehr besteht, und erläßt nun die Aufforderung, alle Libido aus ihren Verknüpfungen mit diesem Objekt abzuziehen. Dagegen erhebt sich ein begreifliches Sträuben – es ist allgemein zu beobachten, daß der Mensch eine Libidoposition nicht gern verläßt ..." [185, S. 198]. Das Interesse wendet sich völlig von der Umwelt ab: „... diese Hemmung und Einschränkung des Ich (ist) der Ausdruck der ausschließlichen Hingabe an die Trauer" ... „An jede einzelne der Erinnerungen und Erwartungssituationen, welche die Libido an das verlorene Objekt geknüpft zeigen, bringt die Realität ihr Verdikt heran, daß das Objekt nicht mehr existiere, und das Ich ... läßt sich durch die Summe der narzißtischen Befriedigungen, am Leben zu sein, bestimmen, seine Bindung an das vernichtete Objekt zu lösen" [185, S. 209].

Nach der **ethologischen Bindungstheorie** (s.a. Kap. 3.3.1) kann nur trauern, wer sich gebunden hat. Bindungsverhalten entspringt bei fast allen Säugetieren einem eigenständigen (primären) Bedürfnis [186, 187]. Es erhöht die Überlebenschancen der Gruppe, der Familie, vermutlich hat es sich stammesgeschichtlich daraus entwickelt. Drohende Verluste steigern das Bindungsverhalten. Trauer hat die Funktion, den Trauernden zu motivieren, das Verlorene zu suchen – und zu finden und in die „Gruppe zurückzuholen“, sofern der Verlust nicht endgültig ist. Die Trauerreaktionen unmittelbar nach dem Verlust – Schreien, Weinen, Rufen – sind Verhaltensweisen, die darauf hinweisen, daß der Verlust zunächst noch nicht für unwiederbringlich gehalten wird. Trauerreaktionen haben andererseits Signalfunktion. Sie rufen andere herbei, die den Betroffenen umsorgen, trösten, ihm Zuwendung schenken sollen. Teils haben sie selbst entlastende Wirkung, das Weinen z. B. dadurch, daß mit den Tränen Streßhormone ausgeschieden werden [188].

Der psychoanalytische und der ethologische Erklärungsansatz widersprechen sich nicht, beleuchten aber verschiedene Aspekte der Funktion von Trauer.

Modelle zum Verlauf der Trauerreaktion

Phasenmodelle

Die verschiedenen Trauerreaktionen sind nicht zu jedem Zeitpunkt nach dem Verlust gleich wahrscheinlich. Der Hinterbliebene durchlebt charakteristische Phasen der Trauer. Die Phasen werden allerdings nicht in fester Folge einmal durchschritten und abgeschlossen. „Regressionen“ in schon durchschrittene Phasen sowie kurzzeitige „Progressionen“ in erst später zu erwartende Phasen sind möglich. Die vielen vorgeschlagenen Phasenmodelle [187, 189–194] ähneln sich sehr. Unterschieden werden meist drei Phasen, die zweite Phase wird in zwei Abschnitte unterteilt:

- **Initiale Phase:** Unmittelbar nach dem Verlust stehen meist der Schock und Gefühle der Betäubung und der Abgestumpftheit im Vordergrund.
- **Akute Trauerphase:** Diese ist durch intensive Gefühle des Trennungsschmerzes gekennzeichnet. Den Anfang bildet eine **Phase der Sehnsucht:** Überall ist das Fehlen des Verstorbenen spürbar. Alles erinnert schmerzlich an ihn. Die Trauer bricht als Sehnsucht, Zorn und Jammer in Wellen über den Betroffenen herein. Er fühlt sich innerlich leer und amputiert. Der Verstorbene wird gesucht, „gesehen“, halluziniert. In dem Maß, in dem der Verlust als unwiederbringlich realisiert wird, lassen diese Gefühle nach. Die sich anschließende **Phase der Desorganisation/Verzweiflung** ist gekennzeichnet durch die Auseinandersetzung mit der Endgültigkeit des Verlusts. Der Hinterbliebene erlebt intensive und stark schwankende Gefühle der Depression, der Verzweiflung, des Ärgers, der Schuld und Angst, der Unruhe und starke Traueraffekte. Es fällt ihm schwer, Alltagsaufgaben zu bewältigen. Hilfestellungen Dritter lehnt er in dieser Phase oft ab.
- **Ablösephase** (Reorganisations-, Adaptations-, Genesungs- oder Erholungsphase): Der Verlust wird allmählich akzeptiert. Der Hinterbliebene löst die Beziehung zum Verstorbenen und beginnt sich neuen Beziehungen zuzuwenden. Bei den meisten Menschen bilden sich die Trauersymptome ca. ein Jahr nach dem Verlust zurück. Aber selbst nach vier Jahren sind noch viele mit Gefühlen von Ärger, Schuld, Deprimiertheit und Angst beschäftigt, die sich auf den Verstorbenen beziehen [195].

Konzept der Traueraufgaben

Phasenmodelle beschreiben schwerpunktmäßig das, was der Hinterbliebene erleidet, wenn er trauert, was er über sich ergehen lassen muß, bis „die Zeit die Wunden heilt“. Demgegenüber konzentriert sich das Konzept der Traueraufgaben [196] auf die „Trauerarbeit“, auf den aktiven Part, den der Trauernde im Trauerprozeß übernimmt. Bewältigt der Hinterbliebene eine Traueraufgabe nicht, so fällt es ihm schwer, die nachfolgenden Aufgaben zu meistern. Vier Traueraufgaben folgen aufeinander.

- **Aufgabe 1: Den Verlust als Realität akzeptieren**
  Gegenteil wäre das Nicht-wahrhaben-Wollen, die Verleugnung des Verlusts. Verleugnet werden kann die Tatsache des Todes: Im extremsten Fall entwickelt der Hinterbliebene Wahnvorstellungen – er behält z. B. den Leichnam über längere Zeit im Haus, ohne jemanden zu verständigen. Häufiger ist jedoch die „Mumifizierung“ [197]: Der Hinterbliebene deckt weiterhin den Tisch für den Verstorbenen, oder er läßt dessen Arbeitszimmer unverändert. Verleugnet werden kann aber auch die Endgültigkeit des Todes („ich will und leide es nicht, daß er tot ist“) oder die Bedeutung des Verlusts („er hat mir nicht sehr nahegestanden“).
- **Aufgabe 2: Den Trauerschmerz erfahren**
  Der seelische Schmerz muß anerkannt und durchgearbeitet werden. „Negieren läßt sich diese zweite Aufgabe ... durch Flucht in die **Empfindungslosigkeit**“ [196]. Vermeidung des Trauerschmerzes verzögert den Trauervorgang, kann schließlich zum Zusammenbruch, zur Depression führen.
- **Aufgabe 3: Sich anpassen an eine Umwelt, in der der Verstorbene fehlt**
  Der Hinterbliebene muß sich zunächst klarmachen, was im einzelnen durch den Verlust verlorengegangen ist, d. h. welche Veränderungen der sozialen Lage der Tod mit sich bringt, wel-

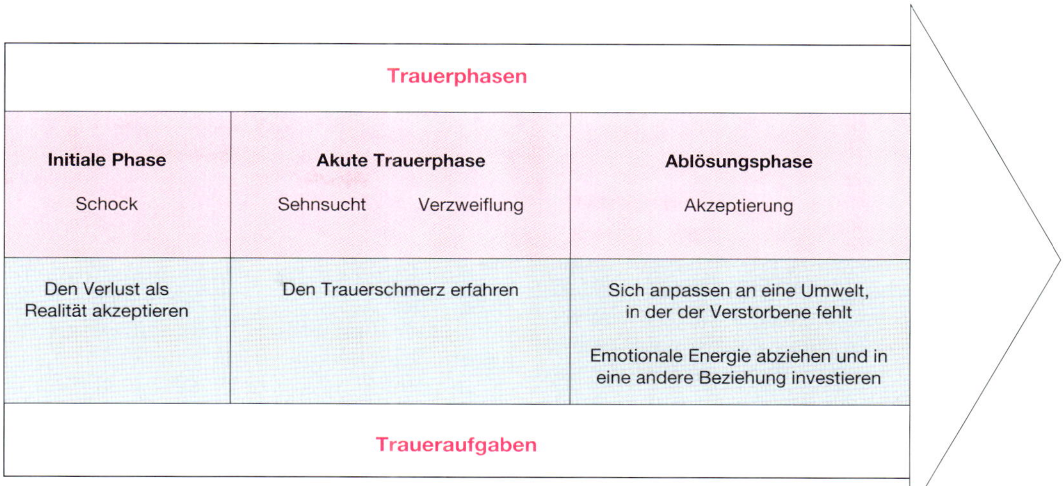

Abb. **3-8** Modelle zum Verlauf der Trauerreaktion.

che Rollen der Verstorbene „als Sexualpartner, Kamerad, Buchhalter, Gärtner, Baby-Betreuer, Zuhörer, Bettwärmer etc." [190] gespielt hat. Der Hinterbliebene hat zu bedenken, welche Rollen er nun selbst übernehmen muß oder will und welche Fertigkeiten er gegebenenfalls dazu erwerben muß. Probleme entstehen, wenn sich der Hinterbliebene weigert, neue Fertigkeiten zu erwerben oder sich mit neuen Rollenanforderungen auseinanderzusetzen.

- **Aufgabe 4: Emotionale Energie abziehen und in eine andere Beziehung investieren**
  Diese Aufgabe ist oft die schwierigste. Verwitwete bleiben sehr viel häufiger als Geschiedene nach dem Verlust unverheiratet. Die Gefühle vom Verstorbenen abzulösen, könnte – so die Befürchtung – bedeuten, seinem Andenken untreu zu werden. Die Weigerung, Gefühle in eine neue Beziehung zu investieren, kann auch damit zu tun haben, daß man sich in Anbetracht des erlittenen Trauerschmerzes insgeheim schwört, nie wieder zu lieben.

Trauerphasen und Traueraufgaben sind nicht unabhängig voneinander, sondern Aspekte desselben Prozesses. Abbildung 3-8 stellt sie noch einmal zusammen und ordnet sie einander zu. Für die klinische Arbeit mit Hinterbliebenen ist das Konzept der Traueraufgaben bedeutsamer als das Phasenmodell. Auf seiner Basis vermag der Helfer dem Hinterbliebenen besser die Hoffnung zu vermitteln, der Trauer nicht vollständig ausgeliefert zu sein, sondern etwas für sich tun zu können. Wahr bleibt gleichzeitig, daß Verluste **erlitten** werden müssen.

Pathologische Reaktionen nach Verlustereignissen

Somatische Erkrankungen und Kummer-Effekt

Witwer und Witwen sind – auch 9–11 Jahre nach dem Verlust – anfälliger für Herz-Kreislauf-Erkrankungen, Erkrankungen des Atmungssystems und des Bewegungsapparats als verheiratete Personen gleichen Alters [184]. Auch ist ihre Mortalität erhöht (**Kummer-Effekt**, [198–200]). Der Kummer-Effekt ist bei beiden Geschlechtern gleichermaßen in den ersten Wochen nach dem Tod des Partners deutlich ausgeprägt. Bei Witwern zwischen 45 und 74 Jahren bleibt diese deutlich erhöhte Sterblichkeit im gesamten ersten Jahr nach dem Verlust bestehen. Haupttodesursachen sind Herzerkrankungen („gebrochenes Herz"), Infektionskrankheiten, Suizid und Unfälle. Das Risiko ist für Witwer besonders dann erhöht, wenn sie allein leben oder ins Altersheim umziehen. Bei Frauen wird ein Gipfel für erhöhte Mortalität im zweiten Jahr nach dem Tod des Partners diskutiert. Auch nach den ersten Jahren bleibt das Mortalitätsrisiko bei beiden Geschlechtern leicht erhöht [201].

Seelische Beeinträchtigungen

Zwischen 20 und 30% der Verwitweten sind auch über das erste Jahr hinaus psychisch oder psychiatrisch auffällig [199] (vgl. [184]). Beschrieben werden vor allem verschiedene Formen pathologischer Trauer, klinisch manifeste Depressionen und Mißbrauch von psychotropen Substanzen.

Die häufigste Form **pathologischer Trauer** [190, 202] ist die **chronische** (protrahierte, prolongierte) **Trauer:** Der Betroffene wird mit dem Verlust nicht fertig, leidet übermäßig lang unter starken Affekten und/oder psychovegetativen Beschwerden. Die Affekte sind oft dieselben wie bei der „gesunden" Trauerreaktion. Was die chronische von der „adaptiven" Trauer unterscheidet, sind die fehlenden Zukunftsperspektiven des chronisch Trauernden und ein Widerstand gegenüber Veränderungen seiner Affekte. Seltener ist **fehlende** (larvierte) **Trauer:** Der Hinterbliebene erlebt keine Traueraffekte, obwohl ihm der Verstorbene persönlich nahestand – er stellt sich nicht der zweiten Traueraufgabe. Häufig klagt er statt dessen über körperliche Beschwerden, vor allem über Schmerzen. Einige Betroffene werden verhaltensauffällig, im Extremfall delinquent.

Manche Menschen reagieren auf den Tod eines nahen Angehörigen nicht mit Trauer, sondern mit Depression. Der **Depressive** hat globale Schuldgefühle, sein Selbstwertgefühl, seine Selbstachtung sind stark beeinträchtigt. Freuds [185] Interpretation: Die Selbstvorwürfe sind „Vorwürfe gegen ein Liebesobjekt ..., die von diesem weg auf das eigene Ich gewälzt sind". Die „Klagen sind Anklagen" (S. 202). Hingegen erlebt der **Traurige** kaum Schuldgefühle – und wenn, dann hinsichtlich umschriebener Aspekte des Verlusts („Warum nur habe ich unsere letzte Auseinandersetzung nicht mehr mit ihm besprochen?"). Sein Selbstwertgefühl ist wenig in Mitleidenschaft gezogen. Wie der Trauer, so gehen auch der Depression meist Verlusterlebnisse voraus. Allerdings scheint dem Depressiven nicht recht klar, worin der Verlust eigentlich besteht. Auch kann der Anlaß vergleichsweise geringfügig sein. Dem Trauernden dagegen ist bewußt, was er verloren hat. Depression und Trauer können begrifflich gut unterschieden werden. Empirisch sind die Übergänge jedoch fließend. Dasselbe gilt in erhöhtem Maß für den Unterschied zwischen Depression und pathologischer Trauer.

Eine beträchtliche Zahl der Hinterbliebenen neigt zum Mißbrauch psychotroper Substanzen. Sie konsumieren nach dem Verlust naher Angehöriger im Durchschnitt signifikant mehr Alkohol, Tranquilizer, Hypnotika und Nikotin. Dies gilt vor allem für Personen, die bereits vor dem Verlust psychotrope Substanzen benutzt haben. Es gibt aber auch Neueinsteiger [203, 204].

Immun- und Hormonsystem als Vermittler zwischen seelischen und körperlichen Beeinträchtigungen

Fehlangepaßte psychische Reaktionen nach Verlusten dürften eine wesentliche Ursache für die körperlichen Beschwerden und Erkrankungen des Trauernden sein. Vermittelt werden diese körperlichen Beeinträchtigungen durch Hormon- und Immunsystem. Vermehrte Cortisol-Ausschüttung ist bei denjenigen Hinterbliebenen zu finden, die vor dem Tod des Angehörigen starke Trennungsangst oder nach seinem Tod chronische Trauer oder Depressionen entwickeln. Auch sind die Immunreaktionen vor allem bei den Hinterbliebenen unterdrückt, die durch den Verlust depressiv werden – abzulesen an einer reduzierten Mitogen-Stimulierbarkeit und einem ungünstigen Verhältnis von T-Helferzellen zu T-Suppressor-/zytotoxischen Zellen [184].

Risikofaktoren für pathologische Reaktionen nach Partnerverlust

Das Risiko für pathologische Reaktionen hängt von mehreren Faktoren ab. Als bedeutsam haben sich erwiesen [190, 202, 205]:

- **Todesumstände:** Pathologische Reaktionen haben eine erhöhte Wahrscheinlichkeit bei plötzlich und unerwartet auftretenden Todesfällen.
- **Soziale Begleitumstände:** Pathologische Reaktionen sind häufiger bei fehlender sozialer Unterstützung (s. u.), sozialer Desintegration, finanziellen Problemen und niedrigem Sozialstatus. Z. B. trat der „Kummer-Effekt" bei israelischen Eltern, die im Krieg einen Sohn verloren hatten, nur dann auf, wenn sie geschieden oder bereits verwitwet waren [206].
- **Art der Beziehung zum Verstorbenen:** Risikofaktoren sind die extrem einseitige Rollenaufteilung zwischen den Partnern, die Ausschließlichkeit der Beziehung und eine ängstlich-abhängige oder ambivalente/konfliktbeladene Bindung an den verstorbenen Partner [191, 207].
- **Merkmale des Hinterbliebenen:** Die Trauerarbeit ist erschwert, wenn der Hinterbliebene bereits vor dem Todesfall mit anderen psychischen Belastungen konfrontiert war oder vorangegangene Verluste nicht hat verarbeiten können, wenn er allgemein nur über eingeschränkte Fähigkeiten verfügt, seine Gefühle auszudrücken, wenn er schon vor dem Verlust ein negatives Selbstbild ohne Hoffnung auf eine bessere Zukunft hatte oder zu abhängig-anklammerndem und hilflosem Verhalten neigte. [191, 208–212]. Menschen mit fehlender Trauer als pathologischer Verlustreaktion zeigen schon vor dem Verlust Vermeidungsverhalten als ihre typische Art, mit Belastungssituationen umzugehen – und so vermeiden sie auch, sich mit Situationen zu konfrontieren, die Traueraffekte auslösen könnten [213].

Die Art der Beziehung zum Verstorbenen und die sozialen Begleitumstände werden natürlich auch durch Merkmale des Hinterbliebenen mitbestimmt. Ein Hinterbliebener mit abhängig-anklammernder Persönlichkeitsstruktur geht eher entsprechende Bindungen ein, gerade in der Partnerschaft. Wer vor dem Verlust psychisch gesund war, d. h. über flexible Strategien der Verarbeitung belastender Situationen verfügte, ist mit großer Wahrscheinlichkeit sozial integriert und erfährt von seinen Angehörigen soziale Unterstützung.

Soziale Unterstützung in der Trauer

Sich von anderen in der Trauer nicht allein gelassen, sondern aufgefangen und gestützt und sich weiterhin als Teil einer Gemeinschaft zu fühlen – eine solche erlebte soziale Unterstützung, d.h. Einbindung in ein tragfähiges soziales Netzwerk, erleichtert dem Hinterbliebenen den Trauerprozeß [202, 214–216]. Soziale Unterstützung hat sozioökonomische Voraussetzungen. Ein Hinterbliebener, der wirtschaftlich und finanziell abgesichert ist, z. B. in Form eines sicheren Arbeitsplatzes, hat bessere Chancen, soziale Unterstützung zu erhalten. Die seelische Bewältigung eines Verlustes ist erschwert, wenn diese Basis in Frage gestellt ist und sozialer Abstieg droht. Davon sind häufig Witwen betroffen, die ausschließlich von den Ersparnissen oder der Rente des verstorbenen Ehemanns leben müssen. Außerdem kann soziale Unterstützung nur wirksam werden, wenn hilfreiche Menschen oder Gruppierungen oder Einrichtungen nicht nur vorhanden, sondern tatsächlich verfügbar sind und der Hinterbliebene die soziale Kompetenz besitzt, Unterstützung durch diese zu aktivieren.

Die positive Wirkung von sozialer Unterstützung ist keinesfalls allein durch die Anzahl der Kontakte bestimmt, die der Hinterbliebene hat. Wichtiger ist,

- wer
- in welcher Trauerphase
- welche Art von sozialer Unterstützung

gibt. Dies illustriert eine empirische Langzeitstudie an Witwen [216]:

In den frühen Trauerphasen erleben Witwen soziale Unterstützung vor allem in Form von emotionalem Beistand – Trost, Einfühlung, Stützung – als positiv. Emotionaler Beistand wird meist bei den Eltern, und das meint überwiegend bei der ebenfalls verwitweten Mutter, und bei verwitweten oder aus anderen Gründen alleinlebenden Freundinnen und Freunden gesucht. Dagegen erleben Witwen soziale Unterstützung durch die eigenen Kinder, obwohl diese sie durchaus anbieten, als weniger wichtig für das Wohlbefinden.

In der Ablösungsphase gewinnt für das seelische Gleichgewicht neben der emotionalen Unterstützung insbesondere eine Form der sozialen Unterstützung an Bedeutung: die Möglichkeit, mit den Mitgliedern des sozialen Netzwerks vertrauensvoll persönliche Probleme besprechen zu können. Wichtigste Gesprächspartner sind dabei eindeutig ebenfalls verwitwete oder aus anderen Gründen alleinstehende Freundinnen/Freunde. Der Kreis der als wichtig erlebten Menschen erweitert sich wieder. Neben den Eltern sind nun auch die Kinder, Nachbarn und verheiratete Freunde hilfreiche Bezugspersonen.

Worauf sind diese Unterschiede zurückzuführen? Höchstwahrscheinlich auf die unterschiedlichen Bedürfnisse der Witwen im Verlauf des Trauerprozesses. In den frühen Trauerphasen, die mit intensiven Affekten und mit sozialem Rückzug einhergehen, sucht die Witwe vor allem Verständnis und emotionale Stützung, Beziehungen, in denen sie sich „fallenlassen", in denen sie „regredieren" kann. Das ist bei den Eltern leichter möglich als etwa bei den Kindern, die ja ihrerseits den Verlust verarbeiten müssen. Bei den Kindern gerät die Witwe möglicherweise in einen Konflikt zwischen ihrem Bedürfnis, selbst soziale Unterstützung zu erhalten, und ihrem Bedürfnis oder Pflichtgefühl, als „gute Mutter" ihre Kinder zu trösten.

In der Ablösungsphase dominiert hingegen bei der Witwe das Bedürfnis, wieder ein normales soziales Leben aufzunehmen. Die Witwe sucht „instrumentelle Hilfe" (Informationen, Kontakte etc.) zur Reintegration in ihr verändertes soziales Umfeld. Diese Hilfe bekommt sie eher in Gleich-zu-gleich-Beziehungen: von gleichaltrigen Freundinnen/Freunden mit ähnlichem Schicksal. In der Ablösungsphase ist das Netzwerk der Beziehungen im Verwandtenkreis der Witwe manchmal sogar hinderlich, wenn sie eine neu angepaßte soziale Identität als „Wieder-Single" finden möchte.

Trauerrituale

Trauerrituale machen die Trauer zur Sache der Gemeinschaft und entlasten damit den einzelnen. Sie erfüllen zwei Funktionen:

1. Sie sollen dem Hinterbliebenen den Trauerprozeß und seine Wiedereingliederung in die Gemeinschaft erleichtern – sie sind eine ritualisierte Form der sozialen Unterstützung.

Bei aller Verschiedenartigkeit der Trauerrituale in den Epochen und Weltreligionen – sie haben als gemeinsame Grundannahme, daß die nächsten Angehörigen Trauer erleben müssen, damit der Verlust verarbeitet werden kann. Dazu stellen die Rituale meist dreierlei bereit [217]:

- Hilfen bei der Provokation des Traueraffekts (in der Regel durch Konfrontation mit bekanntermaßen Trauer auslösenden Reizen: Bilder, Gegenstände, Musik, Klageweiber etc.),
- Hilfen bei der Regulierung der Stärke des Traueraffekts (z.B. Abmilderung durch kompensatorische Vorstellungen: „Wir sehen uns in einer anderen Welt wieder"),
- Hilfen bei der Spannungsabfuhr etwa in Form von Seufzen, Weinen, Schreien, Lachen.

In eigenwilliger Form hat der Indianerstamm im Spielfilm „Der Mann, den sie Pferd nannten" – ein Film, der ethnologische Untersuchungen berücksichtigt – Trauer ritualisiert. Der indianische Krieger, erzogen, sich seelische Regungen nicht anmerken zu lassen, bringt sich während der Bestattung, vor dem Toten stehend, mit dem Messer eine Wunde bei, indem er sich quer über die Brust schneidet. Der Wundschmerz macht ihm den

Trauerschmerz zugänglich, und er erfährt mit der Wundheilung ein „Verlaufsmodell" für das Heilen seiner seelischen Wunde. Die Selbstverletzung als eine Form der Selbstbestrafung hilft ihm möglicherweise auch dabei, Schuldgefühle zu beschwichtigen.

2. Trauerrituale sollen den Zusammenhalt und die Ordnung der Gemeinschaft stärken.

Im Trauerritual beweisen sich die Überlebenden ihre Solidarität gegen die Bedrohung durch den Tod, sie festigen die gemeinsam für verbindlich gehaltenen Normen und Wertvorstellungen. Rituale regeln auch den Rollenübergang der Hinterbliebenen, z. B. den Übergang von der alten und ungültig gewordenen Rolle der Ehefrau zur Rolle der Witwe. Wie kein anderes Ereignis im Leben eines Menschen ruft der Tod eines Angehörigen bei den Hinterbliebenen religiöse Vorstellungen und Bedürfnisse wach. Es ist daher nicht verwunderlich, daß es in den meisten Gesellschaften die religiösen Institutionen sind, die sich des „Managements" der Trauerrituale annehmen.

Trauerrituale spielten in vorindustriellen Gesellschaften und spielen in ethnisch oder religiös homogenen Gruppierungen allerdings eine eindeutigere Rolle als in den westlichen Gegenwartszivilisationen. Für uns sind Verluste eher individuelle und deritualisierte Ereignisse. Soziale Regeln und Vorschriften haben an Verbindlichkeit, die christlichen Kirchen an Einfluß eingebüßt. Dadurch entsteht Unsicherheit im Umgang mit dem Verlust: Wer soll die Trauerzeremonie abhalten: der Pfarrer oder ein konfessionell nicht gebundener Grabredner? Soll ich Trauerkleidung tragen? Ist es angemessen, andere wissen und spüren zu lassen, daß ich trauere? Oder wird erwartet, daß ich die Trauer mit mir selbst abmache? Der Arbeitgeber definiert durch Freistellung von der Arbeit – meist 2–3 Tage – mit, wie lange die akute Trauer zu dauern hat. Die Betroffenen fühlen sich danach oft keineswegs arbeitsfähig, können sich nicht konzentrieren, sind erschöpft etc. Viele lösen das Problem, indem sie sich mit einer somatischen Diagnose krankschreiben lassen. Dagegen wird in einigen großen japanischen Firmen der Tod eines nahen Angehörigen von vornherein und offiziell wie eine Erkrankung behandelt. Der Hinterbliebene kommt wieder zur Arbeit, wenn er sich dazu seelisch und körperlich imstande fühlt [202].

Hinterbliebenenberatung und -therapie

Aufgrund des Bedeutungsverlusts von Trauerritualen und religiösen Bindungen wird die soziale Unterstützung, welche ehemals im Aufgabenbereich von Gemeinschaft und Seelsorge lag, heute oftmals von Ärzten und Psychotherapeuten übernommen. Nicht zufällig finden sich in der Beratung und Therapie von Hinterbliebenen Elemente bewährter Trauerrituale wieder.

Beratung von Hinterbliebenen durch den behandelnden Arzt

Sie ist als **präventive Maßnahme** vor allem dann angezeigt, wenn der Patient zu einer Risikogruppe für pathologische Verlustreaktionen (s. o.) zählt. Der Arzt muß seinen Blick für solche Risiken schulen. Hinterbliebene erleben Beratungsgespräche als hilfreich, wenn der Arzt

- auf ihre innere und äußere Situation als Hinterbiebene im Sinne der patientenzentrierten Gesprächsführung (s. Kap. 9.3.2) empathisch eingeht [216, 218];
- ihnen bei der Bewältigung der Traueraufgaben [196] zur Seite steht;
- sie ermutigt, andere Formen der sozialen Unterstützung in Anspruch zu nehmen. Vielerorts haben sich Selbsthilfegruppen gebildet, z. B. die EA (Emotion Anonymous), an die sich Hinterbliebene anschließen können. In den USA wird erfolgreich ein Programm „Witwen für Witwen" [219] praktiziert, bei dem Witwen sich von Frauen sozial unterstützen lassen, die den weiter zurückliegenden Verlust ihres Partners gut bewältigt haben.

Der behandelnde Arzt sollte allerdings auch das Vorliegen einer pathologischen Verlustreaktion diagnostizieren können und in diesem Fall, sofern er selbst keine entsprechende Qualifikation besitzt, den Patienten an einen Psychotherapeuten überweisen.

Psychotherapie bei pathologischen Verlustreaktionen

Eine wichtige diagnostische Maßnahme des Therapeuten besteht darin, die Traueraufgaben [196] zu identifizieren, die der Hinterbliebene nicht bewältigt hat. Es hat sich bewährt, Patienten, die es vermeiden, den Verlust oder Verlustgefühle zu akzeptieren, behutsam und entschieden mit dem Verlust zu konfrontieren. Dazu eignen sich „erlebnisaktivierende Methoden": Der Patient spricht mit dem Therapeuten über Gegenstände mit Erinnerungswert, die er in die Sitzung mitbringt, oder schreibt einen Abschiedsbrief an den Verstorbenen („Was ich dir nicht mehr sagen konnte ...") und liest ihn dem Therapeuten oder einem vertrauten Menschen vor [213, 220]. Manche Patienten können ihre Trauer nicht durcharbeiten, weil sie ambivalente, insbesondere aggressive Gefühle abwehren. Mitunter kann man die Ambivalenz an „verbindenden Objekten" [196] erkennen, die der Patient nicht aufhört zu kultivieren, z. B. das Photoalbum der Hochzeitsreise. Ein verbindendes Objekt ist oft Symbol für die Beziehungsdefinition, an welcher der Patient festhält, die aber nur die halbe Wahrheit repräsentiert. Hier ist es wichtig, die Auseinandersetzung des Patienten mit seiner Ambivalenz zu fördern und ihn im Gespräch erfahren zu lassen, daß auch negative Gefühle gegenüber dem Verstorbenen „erlaubt" sind. Zur Bearbeitung übermäßiger Schuldgefühle des Hinterbliebenen reicht es manchmal aus, mit ihm eine ausführliche Realitätsprüfung vorzunehmen („Wie habe ich mich tatsächlich verhalten? Was hätte ich anders machen können? Welche Anforderungen an mich selbst sind überzogen? Wie kann ich mir verzeihen?"). Verhaltenstherapeutisch-einübende Verfahren (s. Kap. 4.2.5) bieten sich an, wenn der Patient Fertigkeiten braucht, um Aufgaben zu bewältigen, die ehemals der Verstorbene übernommen hatte, wie z. B. Autofahren oder die Erledigung von Bankgeschäften, oder die sich früher gar nicht stellten, wie Besuch von Veranstaltungen oder Urlaub allein oder mit Freunden.

Studienfragen

Beschreiben Sie Trauerreaktionen des Erwachsenen
a) auf der subjektiven, der Verhaltens- und der physiologisch-biochemischen Ebene (s. S. 89),
b) hinsichtlich ihres typischen Verlaufs!
(s. S. 90 Mitte links bis S. 91 links unten)

Was ist der Unterschied zwischen Trauer und Depression?
(s. S. 92, links)
Welche pathologischen Reaktionen auf Verlustereignisse gibt es?
(s. S. 91 links unten bis S. 92 links unten)

3.3.7 Hilflosigkeit, Resignation und Krankheit

Claus Bischoff

Hilflosigkeit, Hoffnungslosigkeit und Kontrollverlust haben auf die seelische und körperliche Verfassung eines Menschen einen starken Einfluß. Die theoretische Aufarbeitung und empirische Begründung dieser Zusammenhänge wurde vor allem durch zwei Forschergruppen angeregt: durch Engel und Schmale mit dem **Konzept der Selbstaufgabe** und durch Seligman und seine Mitarbeiter mit der **Theorie der gelernten Hilflosigkeit.**

Das Konzept der Selbstaufgabe von Engel und Schmale

Ausgehend von klinisch-psychoanalytischen Beobachtungen beschäftigen sich Engel und Schmale mit dem zentralen Thema der psychosomatischen Medizin, nämlich mit den **psychischen Faktoren, die dem Beginn einer körperlichen Erkrankung**

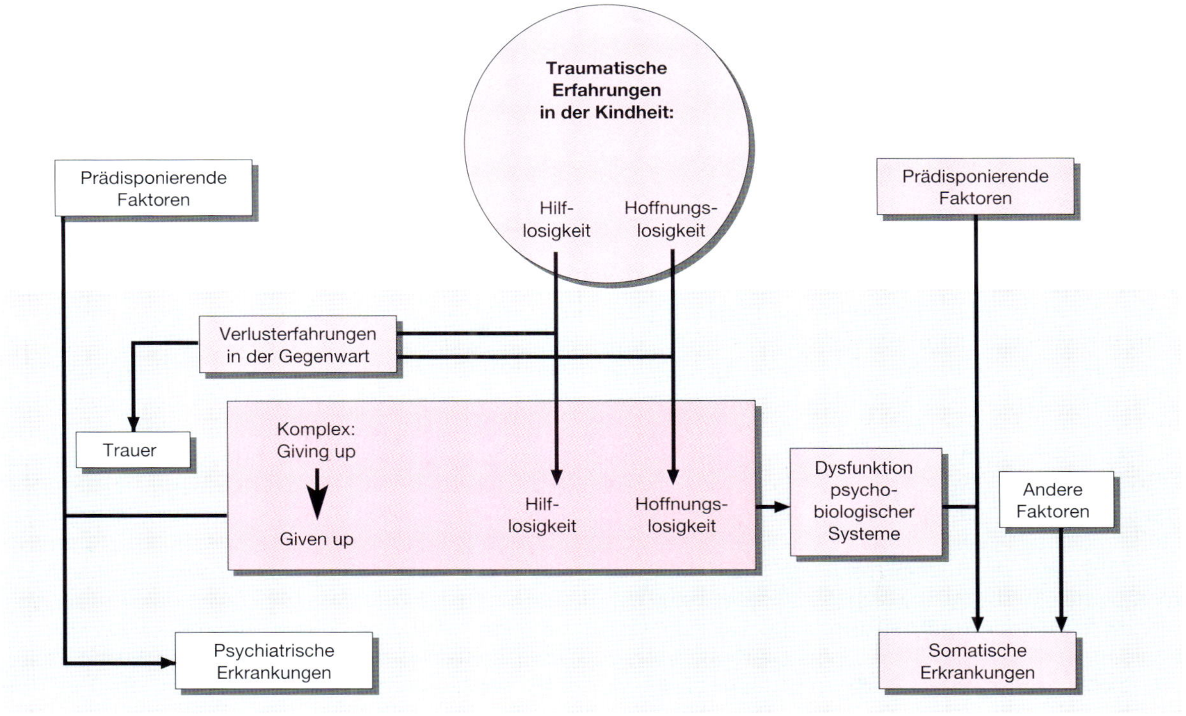

Abb. **3-9** Konzept der Selbstaufgabe.

vorausgehen oder die körperliche Erkrankung verschlechtern [221]. Sie unterscheiden spezifische und unspezifische Einflußfaktoren: Unspezifische psychische Faktoren – so ihre Definition – wirken sich auf den Verlauf der verschiedenartigsten Störungen aus, während spezifische Faktoren für bestimmte Kategorien somatischer Erkrankungen bedeutsam sind. Bekanntgeworden sind die Überlegungen der Autoren zu den unspezifischen Faktoren (Abb. 3-9).

Der „Komplex: giving up – given up"

An unspezifischen Prozessen findet man vor dem Ausbruch oder der Verschlechterung einer körperlichen Erkrankung bei den Patienten häufig einen affektiven Zustand, „der ... als ‚Verzweiflung', ‚Depression', ‚Aufgeben', ‚Kummer' usw. beschrieben wurde, alles Kennzeichnungen, die ein Gefühl unwiederbringlichen Verlustes oder Entbehrens andeuten" [221, S. 256].

Der Zustand hat phänomenologisch-klinisch diese Facetten:

- „eine affektive Qualität der Unlust, die sich in Worten ausdrückt wie ... ‚es nützt alles nichts', ‚ich halte es nicht mehr aus', ‚ich gebe es auf' usw." [221, S. 259].
- das Gefühl, nicht mehr intakt und leistungsfähig zu sein und keine Kontrolle mehr über sich selbst zu haben;
- das Gefühl der Unsicherheit in den Beziehungen zu anderen Menschen und der mangelnden Tragfähigkeit dieser Beziehungen;
- das Gefühl, daß Erfahrungen aus der Vergangenheit nicht mehr für die Zukunft genutzt werden können;
- das Gefühl, daß Hoffnungen auf die Zukunft und der Zusammenhang zwischen Vergangenheit und Zukunft verlorengegangen sind;
- die Neigung, Gefühlszustände der Vergangenheit mit ähnlich negativer Tönung wiederaufleben zu lassen.

Dieses „Kompositum einander überschneidender Erscheinungen" [221, S. 258] ist von Patient zu Patient anders zusammengesetzt und kann von unterschiedlicher zeitlicher Verlaufscharakteristik sein: lang oder kurz dauern, plötzlich oder allmählich beginnen und aufhören. Die Autoren nennen es **„Komplex: giving up – given up".** Given up (Aufgegebensein oder -haben) ist Endzustand nach einer Zeit des giving up (des Aufgebens). „Die Phase des giving up wird durch ein Versagen der Abwehrmechanismen und der bisher wirksamen Mittel, Befriedigung herbeizuführen, eingeleitet; sie ist gekennzeichnet durch das Gewahrwerden der Unfähigkeit, doch noch Befriedigung zu erlangen. Die Phase des given up ist charakterisiert durch die Endgültigkeit des Befriedigungsverlustes als psychischer Realität, die zumindest eine Zeitlang ertragen werden muß ..." [221, S. 261] („Komplex" ist also zu verstehen im Sinne von „Gruppe gemeinsam auftretender seelischer Zustände und Vorgänge", nicht im Sinne der alltagspsychologischen Verwendung, zB. in „Minderwertigkeitskomplex".)

Hilflosigkeit oder Hoffnungslosigkeit?

Im Gefühlszustand der Selbstaufgabe wird einer von zwei Affekten überwiegen: Hilflosigkeit oder Hoffnungslosigkeit. Nach der Definition der Autoren fühlt sich eine Person **hilflos,** wenn sie der Auffassung ist, daß der Zustand beendet werden könnte, sofern nur andere Menschen ihr helfen würden, wenn sie sich selbst aber außerstande fühlt, hilfreiche Beziehungen zu aktivieren. Bei Hilflosigkeit wird der „Nachschub" für Befriedigungen also als von äußeren Objekten abhängig betrachtet. „In diesem Zustand fühlt sich das Individuum übergangen, enttäuscht und verlassen. Es betrachtet sich aber weder als verantwortlich noch als fähig, irgend etwas zu unternehmen, und fühlt statt dessen, daß eine Quelle in der Umgebung Hilfe bringen muß" [222, S. 203]. **Hoffnungslos** fühlt sich eine Person, wenn sie glaubt, daß sie Hilfe von außen, selbst wenn sie ihr angeboten würde, gar nicht für sich nutzen könnte und daß sie einer solchen Hilfe auch gar nicht würdig wäre. „Hoffnungslosigkeit ... umfaßt ... Verzweiflung, Nutzlosigkeit ...; die Selbstkritik, vollständig für die Situation verantwortlich zu sein, führt zum Eindruck, daß weder einem selber noch jemand anderem etwas zu tun übrigbleibt, um die Gefühle zu überwinden oder die Situation zu ändern" [222, S. 203].

Ob eine Person bei einer gegenwärtigen Verlusterfahrung im beschriebenen Sinn hilf- oder hoffnungslos wird, hängt von **frühkindlichen Traumatisierungen** ab. Dabei liegen die prägenden Erfahrungen für Hilf- und Hoffnungslosigkeit in unterschiedlichen Entwicklungsphasen: für Hilflosigkeit in der oralen, für Hoffnungslosigkeit in der phallisch-genitalen Phase [223] (s. Kap. 5.1.1 und 6.1).

Auslösende Bedingungen und Konsequenzen der Selbstaufgabe

Typische Auslösesituationen für den „Komplex: giving up – given up" sind **tatsächliche, drohende** oder **phantasierte Verlusterlebnisse.** Verlusterlebnisse führen nicht notwendigerweise zur Selbstaufgabe, sie können auch ausschließlich traurig-depressive Verstimmungszustände auslösen. Allerdings kann die Person bei Trauer ein inneres Bild der verlorenen Person (psychoanalytisch: des „Objekts") aufrechterhalten – und dieses Bild erfüllt eine stabilisierende, tröstende Funktion. Bei Hilf- und Hoffnungslosigkeit dagegen geht ihr das innere Objekt verloren. Dies birgt die Gefahr, daß das

Gefühl der inneren Kontinuität des Selbst als einer unversehrten, integrierten Einheit zerfällt [222]. Der Komplex ist andererseits auch nicht mit klinischer Depression gleichzusetzen. Er ist allenfalls im Verbund mit anderen prädisponierenden Faktoren eine vorausgehende Bedingung oder Komplikation des depressiven Syndroms.

Selbstaufgabe und körperliche Erkrankung

Der „Komplex: giving up – given up“ ist weder eine notwendige noch eine hinreichende Bedingung für das Auftreten somatischer Erkrankungen. D.h.

- somatische Erkrankungen können auch entstehen, wenn der Komplex nicht vorliegt;
- es bedarf noch anderer prädisponierender Faktoren („eine spezifische biologische Prädisposition des Individuums oder pathogene Einflüsse aus seiner Umwelt“ [221, S.263]), die schließlich in Gemeinschaft mit dem Komplex die Erkrankung auslösen.

Selbstaufgabe begünstigt somatische Erkrankungen, indem sie psychobiologische Systeme dysfunktional aktiviert, voran das **Rückzug-Konservierungsmuster,** das im „Rückzug von den Umweltveränderungen und Abkapselung gegen sie, Aktivitätsminderung und Haushalten mit den gespeicherten Energien“ besteht [222, S.418].

Empirische Untersuchungen zur Theorie

Empirische Untersuchungen bestätigen die postulierte Bedeutsamkeit von Hilf- und Hoffnungslosigkeitsgefühlen **im Vorfeld** von körperlichen und psychischen Erkrankungen: von Infektionen, Autoimmunerkrankungen, Neubildungen, Schlaganfällen, Diabetes mellitus, aber auch von Schizophrenien, Depressionen, angst- und konversionsneurotischen Syndromen [224–227]. Die Studien wurden in der Regel retrospektiv durchgeführt, so daß Schilderungen der Patienten möglicherweise durch die Tatsache der Erkrankung verfälscht waren. In einer prospektiven Studie [228, 229] wurden bei 68 Patientinnen **vor** einer Probeexzision wegen Verdacht auf Zervixkarzinom kritische Lebensereignisse und Hinweise für Selbstaufgabe im letzten halben Jahr, für ein geringes Selbstwertgefühl und Perfektionismus erhoben. Bei 50 der 68 Patientinnen erlaubten diese Variablen, korrekt den Befund vorherzusagen [230, 231].

Hilf- und Hoffnungslosigkeitsgefühle bestimmen als eine Form der Reaktion auf die Diagnose mit, welchen **Verlauf** eine lebensbedrohliche Erkrankung weiterhin nimmt. An Brustkrebs erkrankte Patientinnen, die in einem offenen Gespräch 3 Monate nach der Mastektomie ihrer Krebsdiagnose hilf- und hoffnungslos oder stoisch akzeptierend gegenüberstehen, haben eine signifikant kürzere weitere Lebensdauer als Patientinnen, welche die Diagnose aktiv verleugnen oder eine kämpferische Haltung dem Krebs gegenüber einnehmen. Dies zeigt sich in einer eindrucksvollen prognostischen Studie, die sich über einen Zeitraum von 10 Jahren erstreckte [232, 233]. In anderen Studien finden sich diese Zusammenhänge nicht immer so eindeutig (z.B. [234]).

Es sind vor allem methodische Schwächen, die Anlaß zur Kritik am Konzept zum „Komplex: giving up – given up“ geben. Es wurde nicht geklärt, wie der Komplex insbesondere in Abgrenzung vom klinischen depressiven Syndrom reliabel und valide diagnostiziert werden kann. Die interessante Differenzierung von Hilflosigkeit und Hoffnungslosigkeit und ihre Herleitung aus frühkindlichen Traumata sind empirisch nicht abgesichert. Andererseits kommt Engel und Schmale das Verdienst zu, vieles „vorgedacht“ zu haben, was in neueren Ansätzen präziser erfaßt wird.

Die Theorie der gelernten Hilflosigkeit von Seligman

In einem inzwischen klassischen Tierversuch [235] wurden Versuchshunde in drei Gruppen eingeteilt. In der *Trainingsphase* erhielten die Hunde der ersten Gruppe elektrische Schocks, die sie durch Knopfdruck mit der Schnauze beenden konnten. Die Hunde der zweiten Versuchsgruppe erhielten genauso viele und intensive Schocks. Jedem Versuchstier der ersten Gruppe entsprach hinsichtlich der Schocks eines der zweiten Gruppe. Die Hunde der zweiten Gruppe waren in dieser Weise mit denen der ersten „verbunden“ („yoked“). Im Unterschied zu den Hunden der ersten Gruppe konnten sie jedoch keinen Einfluß auf das Ende der Schocks nehmen. Für sie war die Trainingsphase ein „Hilflosigkeitstraining“. Die dritte Versuchsgruppe war eine Kontrollgruppe ohne Schockbehandlung.

Die anschließende *Testphase* fand in einem durch eine Hürde in zwei Kammern unterteilten Versuchskäfig statt, in dem sich die Hunde frei bewegten. Die Versuchstiere konnten elektrische Schocks durch Überspringen der Hürde beenden. Die meisten Hunde der Kontrollgruppe und der ersten Versuchsgruppe lernten rasch, die Hürde zu überspringen. Die meisten Versuchstiere mit Hilflosigkeitstraining sprangen nicht. Sie liefen unruhig umher oder setzten sich passiv in eine Ecke und jaulten. Aber sie ertrugen die Schocks.

Theorie der gelernten Hilflosigkeit: erste Fassung

Diese und eine Fülle weiterer Studien – auch entsprechend adaptierte Humanversuche mit dem beschriebenen yoked-control-Versuchsplan – bilden den Grundstock der Theorie der gelernten Hilflosigkeit in ihrer ersten Fassung [236] (Abb. 3-10a). Die Theorie sagt voraus, daß eine Person, die eine Situation als nicht kontrollierbar wahrnimmt, die

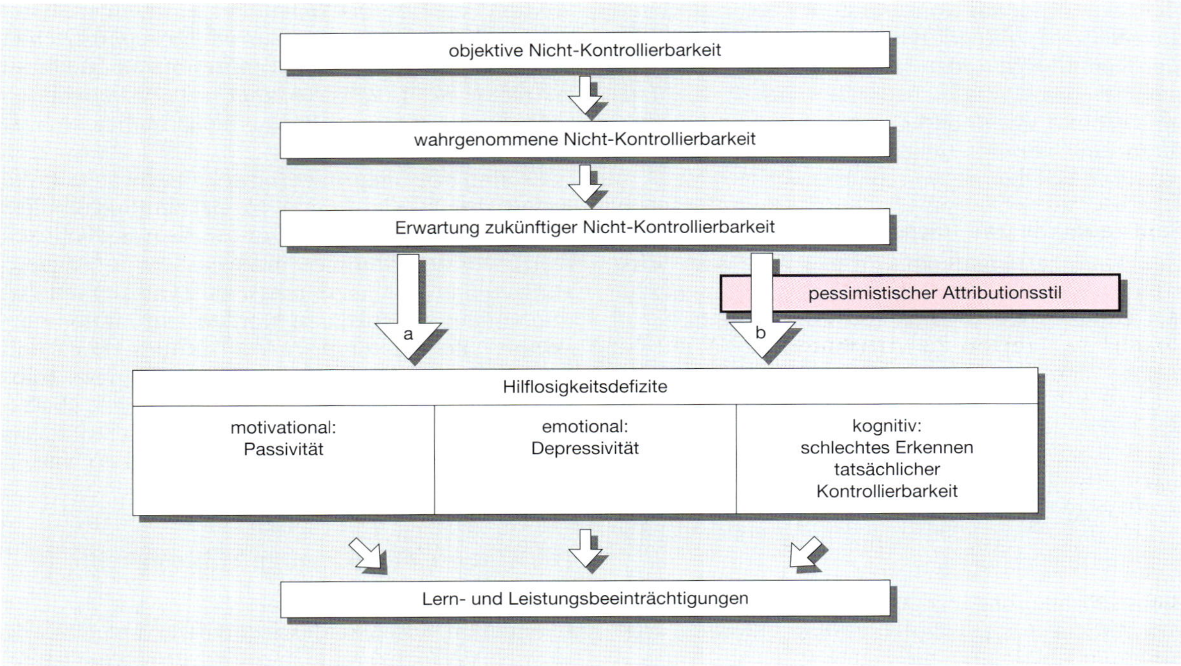

Abb. **3-10** Theorie der gelernten Hilflosigkeit.
(a) erste Fassung
(b) reformulierte Fassung

Erwartung entwickelt, daß die Situation auch in Zukunft nicht kontrollierbar sein wird. Aus dieser Erwartung entstehen **„Hilflosigkeitsdefizite"**:

- **Emotionales Defizit:** Solange die Person noch einen Rest von Kontrollierbarkeitserwartung hat, erlebt sie Angst. Wenn sie diese aufgibt, gerät sie in einen Zustand der Hilflosigkeit, dessen Begleitemotion Depression ist.
- **Motivationales Defizit:** Die Person läßt nach in ihren Bemühungen, die Situation kontrollieren zu wollen, sie wird passiv.
- **Kognitives Defizit:** Die Person wird ihre Möglichkeiten, in anderen Situationen Kontrolle ausüben zu können, nicht oder schlechter erkennen.

Folge der Hilflosigkeitsdefizite sind Einbußen in der Lern- und Leistungsfähigkeit.

Auswirkungen von Unkontrollierbarkeit auf Endokrinium und Immunsystem. Hilflosigkeitserfahrung – operationalisiert über den klassischen Versuchsplan mit „verbundenen" Gruppen (s. o.) – verändert, wie neuere Untersuchungen zeigen, auch hormonelle und Immunreaktionen. Werden vor der Durchführung dieses Versuchsplans Tumorzellen in Versuchstiere injiziert oder transplantiert, entstehen und wachsen bei den Tieren, die einem Hilflosigkeitstraining ausgesetzt waren, Tumoren signifikant häufiger und stärker als bei den Tieren unter der Bedingung „vermeidbarer Stressor" und der Kontrollgruppe. Auch ihre Überlebensrate sinkt vergleichsweise stärker. Für Tumorentstehung und -wachstum mitverantwortlich dürfte sein, daß durch die Hilflosigkeitserfahrung die Immunkompetenz der Versuchstiere leidet: Mit einiger Wahrscheinlichkeit ist die T-Zellen-Funktion verringert, die NKCA (natural killer cell activity) ist deutlich herabgesetzt. Veränderte Immunantwort und Tumorwachstum werden durch Endorphine vermittelt, die der Organismus bei Unkontrollierbarkeit vermehrt produziert. Bei Injektion von Morphinantagonisten, welche die Endorphine unwirksam machen, hat Hilflosigkeitstraining keinen Effekt auf NKCA und Tumorwachstum (Überblick in [237]).

Die Theorie der gelernten Hilflosigkeit kann in vielen Fällen gültige Voraussagen machen. Es zeigten sich aber auch Grenzen der Vorhersagekraft im **Humanbereich**, die eine Ergänzung der Theorie notwendig machten.

Theorie der gelernten Hilflosigkeit: reformulierte Fassung

In der reformulierten Theorie nimmt die Art und Weise, in der sich die Betroffenen unkontrollierbare Ereignisse erklären, einen zentralen Platz ein [238, 239]. Zur Klassifikation der verschiedenen Ursachenfaktoren greift die reformulierte

Theorie auf Begriffe der Attributionsforschung zurück (s. Kap. 7.1). Dies sind ihre Postulate (Abb. 3-10b):

Attributionsdimensionen. Menschen haben das Bedürfnis, sich auf positive und negative Ereignisse einen Reim zu machen – sie suchen nach Ursachen. Ursachen lassen sich nach ihrem **Ursprung** unterscheiden: Ein Mensch kann sich selbst als Ursache des Ereignisses betrachten (**internale Attribuierung**) oder die Ursachen außerhalb seiner selbst, in anderen Menschen oder den Umständen, lokalisieren (**externale Attribuierung**). Weiterhin lassen sich Ursachen nach ihrer **Wirkungsdauer** unterscheiden: Man kann zeitlich stabile, immer wiederkehrende Faktoren oder variable Faktoren für das Ereignis verantwortlich machen (**stabile** versus **variable Attribuierung**). Schließlich lassen sich Ursachen nach ihrer **Wirkungsbreite** differenzieren: Man kann annehmen, daß die Ursache auch in vielen anderen Bereichen Auswirkungen hat oder in ihren Auswirkungen weitgehend auf das fragliche Ereignis beschränkt bleibt (**globale** versus **spezifische Attribuierung**).

Tabelle 3-6 veranschaulicht die Attributionsdimensionen an einem Beispiel. Ausgangssituation für die fiktiven Attributionen könnte sein, daß sich der behandelnde Arzt Gedanken über einen Patienten macht, der ein halbes Jahr nach Operation eines Magenkarzinoms, das damals mit einiger Wahrscheinlichkeit vollständig beseitigt schien, dennoch an der Krankheit verstorben ist.

Unkontrollierbarkeit, Attributionsstil und Depression. Die Theorie behauptet weiter: Menschen haben die Tendenz, sich positive und negative Ereignisse – welcher Art auch immer – über die Zeit hinweg stabil in ähnlicher Weise zu erklären, sie haben einen **Attributionsstil,** der als Persönlichkeitsmerkmal gelten kann. Wer typischerweise **negative Ereignisse** internal, stabil und global attribuiert, kurz: wer einen **pessimistischen Attributionsstil** hat, lebt mit einem hohen Risiko, depressiv zu werden, wenn er mit unkontrollierbaren Ereignissen konfrontiert wird. Wichtig: derselbe internale, stabile und globale Attributionsstil führt in bezug auf **positive Ereignisse** nicht zu Hilflosigkeitssymptomen, er ist im Gegenteil selbstwerterhöhend oder -stabilisierend! Die Attributionsdimension „internal/external" nimmt in gewisser Weise eine Sonderposition ein. Internale Attributionen negativer Ereignisse („Ich bin selbst schuld!") führen zu einem verminderten Selbstwertgefühl (**persönliche Hilflosigkeit**). External attribuieren bedeutet, zu unterstellen, daß in der fraglichen Situation auch andere Personen hilflos wären (**universale Hilflosigkeit**), und führt deshalb nicht zu Selbstwertbeeinträchtigungen. Allerdings können sowohl persönliche als auch universelle Hilflosigkeit depressiv machen (s. u.)!

Ein pessimistischer Attributionsstil ist – so die Theorie – weder eine notwendige noch eine hinreichende Bedingung für die Entstehung von Depressionen. Er ist ein wesentlicher Risikofaktor – es gibt aber auch andere Risikofaktoren, z. B. Dysfunktionen des Hirnstoffwechsels. Außerdem ist der pessimistische Attributionsstil nur dann ein Risikofaktor, wenn tatsächlich negative und unkontrollierbare Ereignisse eintreten. Der pessimistische Attributionsstil ist ein Risikofaktor für depressives Verhalten, dagegen nicht für andere psychopathologische Störungen – wohl aber für körperliche Erkrankungen, die im Zusammenhang mit Depression stehen. Empirische Untersuchungen zur reformulierten Theorie [239] bestätigen in wesentlichen Punkten diese Postulate.

Tabelle **3-6** Reformulierte Theorie der gelernten Hilflosigkeit: Attributionsdimensionen.

Attributionsdimension	internal		external	
	stabil	variabel	stabil	variabel
global	„ich bin als Arzt einfach unfähig"	„ich habe mich zu wenig um die Patienten gekümmert"	„die Medizin ist halt ohnmächtig"	„die Patienten kooperieren zu wenig"
spezifisch	„bei malignen Erkrankungen versage ich als Arzt"	„ich habe den Patienten nicht genug in seinem Lebenswillen bestärkt"	„Magenkrebs ist in diesem Stadium unheilbar"	„der Patient hätte mit Chemotherapie, die er aber verweigerte, bessere Chancen gehabt"

Attributionsstil und somatische Erkrankungen. Es gibt einen deutlichen Zusammenhang zwischen Attributionsstil und der Neigung zu körperlichen Erkrankungen. Studenten der Harvard-Jahrgänge 1942–1945 mit einem pessimistischen Attributionsstil – inhaltsanalytisch aus Dokumenten aus dieser Zeit erschlossen – befinden sich heute, d. h. 20 bis 35 Jahre später in einem erheblich schlechteren körperlichen Gesundheitszustand als ihre optimistischeren Kollegen [240]. Es spricht vieles für die Annahme, daß die Korrelationen über die Variable „Depressivität" vermittelt sind. Depression führt zu erhöhter Endorphin-Ausschüttung. Dadurch werden Immunreaktionen unterdrückt. Hier schließt sich der Kreis, der seinen Anfang bei den Tierversuchen über die hormonellen und immunologischen Auswirkungen von Unkontrollierbarkeit (s. o.) hatte.

Konkurrierende Ansätze zur Theorie der gelernten Hilflosigkeit

Kaum eine psychologische Theorie hat soviel Forschung stimuliert wie die Theorie der gelernten Hilflosigkeit. Natürlich sind auch kritische Stimmen laut geworden (zusammenfassend s. [241]). Eine alternative Erklärung von Leistungseinbußen nach Unkontrollierbarkeitserfahrungen basiert auf der **Theorie der Handlungskontrolle** [242]. Danach führen Unkontrollierbarkeitserfahrungen nicht aufgrund des Motivationsverlusts zu Leistungsminderung, sondern aufgrund eines kognitiven Defizits: der Unfähigkeit, perseverierende Gedanken an diese Erfahrungen zu unterdrücken. Dadurch wird aber die gerade ablaufende Tätigkeit behindert. Im übrigen würden Attributionen in Mißerfolgsituationen selten spontan auftreten und, wenn überhaupt, dann als einer von vielen gedanklichen Inhalten [243]. Tatsächlich kann unter gewissen Umständen das Verhalten von Menschen bei Mißerfolgen in Leistungssituationen besser mit der Theorie der Handlungskontrolle als aus ihrem Attributionsstil vorhergesagt werden [241, 244].

Systemische Vorbedingungen der Hilflosigkeit

Daß nicht nur persönliche, sondern auch universale Hilflosigkeit zur Entstehung von Depressionen beitragen kann, wird am **burn-out-Syndrom** deutlich (Übersicht in [245]). Gerade Menschen in sozialen Berufen sehen sich oft mit den eher bescheidenen Erfolgen ihrer Arbeit konfrontiert. Einige sind von der Art ihrer Arbeit her besonders betroffen, z. B. Ärzte und Pfleger auf onkologischen Stationen im Krankenhaus. Wer über Jahre hin ständig erfährt, wie wenig er bewirken kann, läuft Gefahr, „auszubrennen" – d. h. das Interesse für seine Patienten, ja für Menschen überhaupt zu verlieren, psychosomatische Beschwerden zu entwickeln, aggressiven oder depressiven Verstimmungen zu unterliegen, sich permanent erschöpft zu fühlen, emotional und kognitiv zu verflachen oder gar klinisch manifest depressiv zu werden –, selbst wenn er seine „Mißerfolge" external, also mit der Schwierigkeit seiner beruflichen Aufgaben attribuiert. Allerdings tragen auch Merkmale des Helfers, z. B. seine individuelle Tendenz, sich übermäßig für unlösbare Probleme zu engagieren [246], wesentlich zur Entstehung von burn-out-Symptomen bei.

Auch Patienten können sich in manchen „totalen Institutionen" der Krankenversorgung aufgrund der von außen bestimmten rigiden Regeln universell hilflos fühlen. 31% der Bewohner von Altenpflegeheimen leiden unter mäßigen bis starken Depressionen. In Vergleichsgruppen liegen die Häufigkeiten deutlich niedriger. Von Depressionen betroffen sind überwiegend die geistig regeren (weniger dementen) Bewohner. 47% der schwer Depressiven sterben im ersten Jahr nach der Aufnahme, von den weniger depressiven Pflegeheimbewohnern dagegen unter 30% [247]. Durch einfache Maßnahmen ließe sich zumindest teilweise Abhilfe schaffen. In einem Modellversuch [248, 249] hielten Verwaltung und Pflegedienst die Bewohner eines Altenpflegeheims dazu an, Anregungen für das Zusammenleben zu geben und Beschwerden zu äußern, sie forderten sie auf, vermehrt selbst zu entscheiden, z. B. wie sie ihre Privaträume gestalten wollten (Experimentalgruppe), oder sie nahmen ihnen diese Entscheidungen wie gewöhnlich ab (Kontrollgruppe). Drei Wochen später waren die Probanden der Experimentalgruppe im Eigen- und Formurteil wesentlich aktiver, wacher und zufriedener. Auch ihre Mortalitätsrate während der folgenden eineinhalb Jahre lag um die Hälfte niedriger als in der Vergleichsgruppe.

Hilflosigkeit und Kontrollüberzeugungen

Wer in der Gegenwart ständig Unkontrollierbarkeit erlebt, wird nach Seligman die Erwartungshaltung entwickeln, daß die Dinge für ihn auch in Zukunft unkontrollierbar sein werden, er entwickelt eine **externale Kontrollüberzeugung,** wobei er entweder annehmen kann, daß einflußreiche Mitmenschen oder daß Zufall bzw. Schicksal die Ereignisse lenken. Im Gegensatz dazu hat eine **internale Kontrollüberzeugung,** wer annimmt, daß er es ist, der maßgeblich Einfluß auf die Geschehnisse nehmen kann. Auch Kontrollüberzeugungen oder -attributionen [250] sind relativ stabile und generalisierte Erwartungshaltungen von Personen. Wie zu erwarten, besteht ein sehr enger Zusammenhang zwischen der Neigung zu externalen Kontrollüberzeugungen und Depression [251]. Kontrollüberzeugungen erstrecken sich auch auf die eigene Gesundheit und Krankheit (**Health Locus of Control,** [252], vgl. Kap. 9.2). Bei der Anpassung an chronische und maligne Erkrankungen wurden immer wieder die eher positiven Auswirkungen internaler und die negativen Auswirkungen ausschließlich externaler gesundheitsbezogener Kontrollattributionen belegt [253].

Internale Ursachenattributionen und internale Kontrollüberzeugungen wirken sich nahezu entgegengesetzt aus: Wer die Ursachen einer unkontrollierbaren Situation internal attribuiert, gibt sich die Schuld. Wer in bezug auf diese unkontrollierbare Situation internale Kontrollattributionen hat, traut sich zu, mit ihren Folgen fertig zu werden. Menschen bewältigen – so ist also zu erwarten – Beeinträchtigungen ihrer Gesundheit besser, wenn sie deren Ursachen external attribuieren, gleichzeitig aber glauben, die Erkrankung selbst positiv beeinflussen zu können, wenn sie also eine internale Kontrollattribution haben. Empirische Befunde bestätigen dies. Stationär behandelte Unfallpatienten mit positiver Prognose haben einen günstigeren Genesungsverlauf, wenn sie davon überzeugt sind, am Genesungsverlauf positiv mitwirken zu können (d.h. die Kontrollmöglichkeiten internal attribuieren), wenn sie den Unfall für nicht vermeidbar und sich selbst für unschuldig am Unfall halten (also die Ursachen external attribuieren) und sich wenig mit der Frage beschäftigen, warum es gerade sie getroffen hat [254].

Internale Kontrollüberzeugungen sind zwar tendenziell, aber nicht schlechthin und immer förderlich. Man kann Situationen fälschlicherweise für kontrollierbar halten. So sind z.B. Patienten mit schweren Nierenerkrankungen, denen bereits eine dann nicht funktionsfähige Niere verpflanzt worden ist und die stark daran glaubten und glauben, daß sie selbst oder die Ärzte die Erkrankung positiv beeinflussen können, depressiv – im Gegensatz zu vergleichbar kranken Patienten mit internalen Kontrollattributionen, aber ohne negative Vorerfahrung mit Transplantationen [255]. Am besten kommt wohl zurecht, wer – ob mit oder ohne religiöse Bindung – über eine Haltung verfügt, um die Franz v. Assisi bittet: „Gott, gib mir die Gelassenheit, Dinge hinzunehmen, die ich nicht ändern kann, die Kraft, Dinge zu ändern, die ich ändern kann, und die Weisheit, das eine vom anderen zu unterscheiden."

Vom Defizitmodell zum Modell positiver Ressourcen

In den letzten Jahren hat sich in Forschung und klinischer Praxis ein Perspektivenwechsel vollzogen: von einem Defizitmodell zu einem vor allem von der Gesundheitspsychologie geprägten Modell positiver Ressourcen. Ein ganzes Bündel verwandter Konzepte wurde begrifflich präzisiert und empirisch faßbar gemacht, deren enger Zusammenhang mit körperlichem und seelischem Wohlbefinden und objektivem Gesundheitszustand inzwischen außer Zweifel steht. Z.B. **Optimismus:** die generalisierte Erwartung eines Menschen, daß die Dinge, die in der Zukunft geschehen, für ihn positiv ausfallen werden [256, 257]; **Selbstwirksamkeitserwartung:** der Glaube eines Menschen, daß ein bestimmtes Verhalten einen bestimmten Effekt hat, verbunden mit dem Vertrauen in die eigenen Fähigkeiten, mit diesem Verhalten diesen Effekt zu erzielen [258, 259]; **Hoffnung:** ein positiver emotionaler Zustand, der auf einem Gefühl der Kraft und einem Gefühl der Gewißheit dafür basiert, mit welchen Mitteln und auf welchen Wegen persönliche Ziele mit Erfolg erreicht werden können [260]; und **gelernte „Resourcefulness":** die Tendenz, bei der Lösung von Verhaltensproblemen Selbstkontrollstrategien anzuwenden [261, 262].

Die veränderte Perspektive stimmt ihrerseits optimistisch: Sie lenkt den Blick der Forscher und Kliniker von all dem, was nicht „funktioniert", auf die Möglichkeiten der Menschen, ihre positiven Potentiale zu entwickeln.

Studienfragen

Aus welchen Elementen besteht das Konzept der Selbstaufgabe von Engel und Schmale?
(s.S. 96)
Was ist der Hauptunterschied zwischen der ursprünglichen und der reformulierten Theorie der gelernten Hilflosigkeit von Seligman?
(s.S. 98 rechts unten, S. 99)
Was bedeutet „Hilflosigkeit" im Konzept der Selbstaufgabe, was in der Theorie der gelernten Hilflosigkeit? (s.S. 96 rechts, S. 97 rechts, S. 98)

Literatur

1 Ewert, O.: Ergebnisse und Probleme der Emotionsforschung, S. 398–452. In: Thomae, H. (Hrsg.): Motivation und Emotion. Bd. 1: Theorien und Formen der Motivation. Hogrefe, Göttingen 1983.
2 Verres, R., T. Sobez: Ärger, Aggression und soziale Kompetenz. – Zur konstruktiven Veränderung destruktiven Verhaltens. Klett-Cotta, Stuttgart 1980.
3 Verres, R.: Krebs und Angst. Subjektive Theorien

von Laien über Entstehung, Vorsorge, Früherkennung, Behandlung und die psychosozialen Folgen von Krebserkrankungen. Springer, Berlin 1986.
4 Osgood, C. E., G. J. Suci, P. H. Tannenbaum: The measurement of meaning. University of Illinois, Urbana 1957.
5 Strube, G.: Assoziation. Springer, Berlin 1984.
6 Mentzos, S.: Interpersonale und institutionelle Abwehr. Suhrkamp, Frankfurt 1977.
7 Lazarus, R. S., R. Launier: Streßbezogene Transaktionen zwischen Person und Umwelt, S. 213–259. In: Nitsch, J. R. (Hrsg.): Streß: Theorien, Untersuchungen, Maßnahmen. Huber, Bern 1981.
8 Bridges, K. M.: Emotional development in early infancy. Child Development, 3 (1932) 324–341.
9 Trautner, H. M.: Lehrbuch der Entwicklungspsychologie, Bd. 1. S. 71. Hogrefe, Göttingen 1978.
10 Ekman, P., W. V. Friesen: The repertoire of nonverbal behavior categories, origins, usage and coding. Semiotica 1 (1969) 49–98.
11 Schachter, S., J. E. Singer: Cognitive, social and physiological determinants of emotional state. Psychological Review, 69 (1962) 379–399.
12 Reisenzein, R.: The Schachter theory of emotion: Two decades later. Psychological Bulletin, 94 (1983) 239–264.
13 Valins, S.: Cognitive effects of false heart-rate feedback. Journal of Personality and Social Psychology, 4 (1966) 400–408.
14 Liebhart, E. H.: Wahrgenommene autonome Veränderungen als Determinanten emotionalen Verhaltens. In: Görlitz, B. D., W.-U. Meyer, B. Weiner (Hrsg.): Bielefelder Symposium über Attribution. Klett-Cotta, Stuttgart 1978.
15 Schonecke, O. W., J. M. Herrmann: Das funktionelle kardiovaskuläre Syndrom, S. 503–522. In: Uexküll, T. v. (Hrsg.): Psychosomatische Medizin, 3. erw. Auflage. Urban & Schwarzenberg, München–Wien–Baltimore 1986.
16 Liebhart, E. H.: Attributionstherapie. Stabilisierung der Besserung herzneurotischer Beschwerden durch Internalisierung kausaler Zuschreibungen. Zeitschrift für Klinische Psychologie, 5 (1976) 287–306.
17 Ebert-Hampel, B.: Biofeedback und funktionale Herzbeschwerden. Lang, Frankfurt 1982.
18 Portmann, A.: Biologie und Geist. Herder, Freiburg 1963.
19 Gehlen, A.: Anthropologische Forschung. Rowohlt, Reinbek, 1965.
20 Immelmann, K., S. J. Suomi: Sensible Phasen der Verhaltensentwicklung, S. 508–543. In: Immelmann, K., G. W. Barlow, L. Petrinovich, M. Main (Hrsg.): Verhaltensentwicklung bei Mensch und Tier. Parey, Berlin 1982.
21 Eibl-Eibesfeld, I.: Die Biologie des menschlichen Verhaltens, 2. Auflage. Piper, München 1986.
22 Prechtl, H. F. R.: Stammesgeschichtliche Reste im Verhalten des Säuglings. Umschau, 21 (1953) 656–658.
23 Field, T. M., R. Woodson, R. Greenberg, D. Cohen: Discrimination and imitation of facial expressions by neonates. Science, 218 (1982) 179–181.
24 Lorenz, K.: Die angeborenen Formen möglicher Erfahrung. Zeitschrift für Tierpsychologie, 5 (1943) 235–409.
25 Bischoff, C.: Arztverhalten und Kindchenschema. Medizinische Psychologie, 3 (1977) 99–106.
26 Tinbergen, N.: Instinktlehre, S. 57. Parey, Berlin 1966.
27 Hassenstein, B.: Verhaltensbiologie des Kindes, 4. Auflage. Piper, München 1987.
28 Barash, D. P.: Human ethology: Displacement activities in a dental office. Psychological Reports, 34 (1974) 947–949.
29 Tinbergen, N.: The study of instinct. Oxford University Press, Glasgow 1952.
30 Seligman, M. E. P.: On the generality of the laws of learning. Psychological Review, 77 (1970) 406–418.
31 Lorenz, K.: Der Kumpan in der Umwelt des Vogels. Journal für Ornithologie, 83 (1935) 137–413.
32 Harré, R., R. Lamb: The dictionary of ethology and animal learning. Blackwell, Oxford 1986.
33 Immelmann, K., S. J. Suomi: Sensible Phasen der Verhaltensentwicklung, S. 508–543. In: Immelmann, K., G. W. Barlow, L. Petrinovich, M. Main (Hrsg.): Verhaltensentwicklung bei Mensch und Tier. Parey, Berlin 1982.
34 Keverne, E. B., F. Levy, P. Poindron, D. R. Lindsay: Vaginal stimulation: An important determinant of maternal bonding in sheep. Science, 219 (1983) 81–83.
35 Klopfer, P.: Mother love: What turns it on? American Scientist, 59 (1971) 404–407.
36 Leiderman, P. H.: Die soziale Bindung der Mutter zum Kind: Gibt es eine sensible Phase? S. 566–579. In: Immelmann, K., G. W. Barlow, L. Petrinovich, M. Main (Hrsg.): Verhaltensbiologie bei Mensch und Tier. Parey, Berlin 1982.
37 Bowlby, J.: Bindung. Kindler, München 1975.
38 Bowlby, J.: Trennung. Kindler, München 1976.
39 Öhmann, A., U. Dimberg, L. G. Öst: Animal and social phobias: Biological constraints on learned fear responses. In: Reiss, S., R. Bootzin (Eds.): Theoretical issues in behavior therapy. Academic Press, New York 1985.
40 Morris, D.: Der Mensch mit dem wir leben. Droemer Knaur, München 1972.
41 Freud, S.: Neue Folge der Vorlesungen zur Einführung in die Psychoanalyse. Gesammelte Werke XV, 6. Auflage. Fischer, Frankfurt 1973.
42 Freud, S.: Triebe und Triebschicksale. Gesammelte Werke X, 6. Auflage. Fischer, Frankfurt 1973.
43 Freud, S.: Das Ich und das Es. Gesammelte Werke VIII, 8. Auflage. Fischer, Frankfurt 1976.
44 Freud, S.: Hemmung, Symptom und Angst. Gesammelte Werke XIV, 5. Auflage. Fischer, Frankfurt 1972.
45 Freud, S.: Die Traumdeutung. Gesammelte Werke II/III, 6. Auflage. Fischer, Frankfurt 1976.
46 Freud, A.: Das Ich und die Abwehrmechanismen, 8. Auflage. Kindler, München 1977.
47 Brenner, Ch.: Grundzüge der Psychoanalyse. Fischer, Frankfurt 1972.
48 Mitscherlich, A.: Krankheit als Konflikt. Suhrkamp, Frankfurt 1967.
49 Mentzos, S.: Neurotische Konfliktverarbeitung. Kindler, München 1982.
50 Kernberg, O. F.: Borderlinestörungen und pathologischer Narzißmus. Suhrkamp, Frankfurt 1978.
51 Keller, J. A.: Grundlagen der Motivation. Urban & Schwarzenberg, München–Wien–Baltimore 1981.
52 Becker-Carus, C.: Grundriß der Physiologischen Psychologie. Quelle & Meyer, Heidelberg 1981.
53 Schmidt, G.: Sexuelle Motivation und Kontrolle, S. 30–47. In: Schorsch, E., G. Schmidt (Hrsg.): Ergeb-

nisse zur Sexualforschung. Kiepenheuer & Witsch, Köln 1975 und Ullstein, Frankfurt 1976.
54 Hull, C. L.: Principles of behavior. Appleton Century Crofts, New York 1943.
55 Lewin, K.: Die psychologische Situation bei Lohn und Strafe. Hirzel, Leipzig 1931.
56 Miller, N. E.: Experimental studies of conflict. In: Hunt, J. (Ed.): Personality and the behavioral disorders. Vol. 1. Ronald, New York 1944.
57 Atkinson, J. W.: An introduction to motivation. Van Nostrand, Princeton 1964.
58 Heckhausen, H. (1980): Motivation und Handeln. Springer, Berlin 1980.
59 Medical Tribune: Herzinfarkt: Bei wem glückt die Rehabilitation? 17 (41) (1982) 81–83.
60 Miller, G. A., S. Galanter, K. Pribram: Strategien des Handelns. Klett, Stuttgart 1973.
61 Lazarus, R. S., L. Launier: Stress-related transactions between person and environment. In: Pervin, L. A., M. Lewis (Eds.): Perspectives in interactional psychology (pp. 287–327). Plenum, New York 1978.
62 Braukmann, W., S.-H. Filipp: Strategien und Techniken der Lebensbewältigung. In: Baumann, U., H. Berbalk, G. Seidenstücker (Hrsg.): Klinische Psychologie: Trends in Forschung und Praxis 6. Huber, Bern 1984.
63 Cohen, F., R. S. Lazarus: Coping with the stresses of illness. In: Stone, G. C., F. Cohen, N. E. Adler (Eds.): Health Psychology. A Handbook (pp. 217–254). Jossey-Bass, San Francisco 1980.
64 Shipley, R. H., J. H. Butt, B. Horwitz, J. E. Farbry: Preparation for a stressful medical procedure. Journal of Consulting and Clinical Psychology, 46 (1978) 499–507.
65 Festinger, L.: A theory of cognitive dissonance. Stanford University Press, Stanford, California 1957 (dt.: Theorie der kognitiven Dissonanz. Huber, Bern 1978).
66 Janke, W.: Psychophysiologische Grundlagen des Verhaltens, S. 1–101. In: Kerekjarto M. v. (Hrsg.): Medizinische Psychologie. Springer, Berlin 1974.
67 Schmidt, R. F.: Durst und Hunger: Allgemeinempfindungen, S. 337–345. In: Schmidt, R. F., G. Thews (Hrsg.): Physiologie des Menschen, 21. Auflage. Springer, Berlin 1983.
68 Weinert, F.: Hunger und Durst, S. 465–512. In: Thomae, H. (Hrsg.): Handbuch der Psychologie. Bd. 2: Motivation. 2. Auflage. Hogrefe, Göttingen 1965.
69 Konieczna, T., H. Katschnig: Hämodialyse- und Nierentransplantationspatienten im Vergleich. Eine empirische Studie, S. 475–493. In: Balck, F., U. Koch, H. Speidel (Hrsg.): Psychonephrologie. Springer, Berlin 1985.
70 Becker, P.: Studien zur Psychologie der Angst. Beltz, Weinheim 1980.
71 Klicpera, C.: Psychologie der Angst, S. 1–42. In: Strian, F. (Hrsg.): Angst. Springer, Berlin 1983.
72 Kierkegaard, S.: Der Begriff Angst. Mohn, Gütersloh 1983.
73 Izard, C. E.: Die Emotionen des Menschen. Beltz, Weinheim 1981.
74 Butollo, W., S. Höfling: Behandlung chronischer Ängste und Phobien. Erfahren-sortiertes Lernen, systematische Konfrontation, kognitive Verhaltenstherapie. Enke, Stuttgart 1984.
75 Lazarus, R.-S.: Streß und Streßbewältigung – Ein Paradigma. In: Philipp, S. H. (Hrsg.): Kritische Lebensereignisse, S. 198–232. Urban & Schwarzenberg, München–Wien–Baltimore 1981.
76 Byrne, D.: Repression-sensitization as a dimension of personality. In: Maher, B. A. (Ed.): Progress in Experimental Personality Research, Vol. 1 (pp. 170–220). Academic Press, New York 1964.
77 Schwarzer, R.: Streß, Angst und Hilflosigkeit. Kohlhammer, Stuttgart 1981.
78 Davison, G. C., J. M. Neale: Klinische Psychologie. Psychologie Verlags Union, München–Weinheim 1988.
79 Brown, H.: Medical illness and anxiety. In: Fann, W. E., I. Karacan, A. D. Porkorny, R. L. Williams (Eds.): Phenomenology and treatment of anxiety (pp. 205–210). SP Medical & Scientific Books, New York 1979.
80 Hall, R. C. W.: Anxiety. In: Hall, R. C. W. (Ed.): Psychiatric presentation of medical illness (pp. 12–55). MTP Press, Lancaster 1980.
81 Uexküll, Th. v. (Hrsg.): Lehrbuch der Psychosomatischen Medizin. Urban & Schwarzenberg. München–Wien–Baltimore 1979.
82 Tolksdorf, W.: Der präoperative Streß. Springer, Berlin 1985.
83 Wilson, W. E.: Preoperative anxiety and anaesthesia: their relation. Anesthesia Analg 48 (1969) 605–609.
84 Köhle, K., H.-H. Raspe (Hrsg.): Das Gespräch während der ärztlichen Visite. Urban & Schwarzenberg, München–Wien–Baltimore 1982.
85 Janis, I. L.: Psychological stress. Psychoanalytic and behavioral studies of surgical patients. Academic Press, New York 1958.
86 Cohen, F., R. S. Lazarus: Active coping processes, coping dispositions, and recovery from surgery. Psychosomatic Medicine, 35 (1973) 375–389.
87 Höfling, S.: Psychologische Vorbereitung auf chirurgische Operationen. Springer, Berlin–Heidelberg–New York 1988.
88 Höfling, S., H. Dworzak: Psychologische Operationsvorbereitung, S. 90–99. In: Florin, I., K. Hahlweg, U. B. Brack, E.-M. Fahrner (Hrsg.): Perspektive Verhaltensmedizin. Springer, Berlin–Heidelberg–New York 1989.
89 Höfling, S.: Angewandte Psychologie im Rahmen der Behandlung organischer Krankheiten. In: Hockel, C. M., W. Molt, L. von Rosenstiel (Hrsg.): Handbuch der Angewandten Psychologie. Ecomed, Augsburg 1992.
90 Butollo, W., S. Höfling: Behandlung chronischer Ängste und Phobien. Erfahrensorientiertes Lernen, systematische Konfrontation, kognitive Verhaltenstherapie. Enke, Stuttgart 1984.
91 Bornewasser, M., A. Mummendey: Ärger, S. 153–164. In: Euler, H., H. Mandl (Hrsg.): Emotionspsychologie. Ein Handbuch in Schlüsselbegriffen. Urban & Schwarzenberg, München–Wien–Baltimore 1983.
92 Mitscherlich, A., F. Mielke: Medizin ohne Menschlichkeit, S. 25. Fischer, Frankfurt 1981.
93 Selg, H.: Aggression, S. 15–26. In: Herrmann, T. (Hrsg.): Handbuch psychologischer Grundbegriffe. Kösel, München 1977.
94 Mummendey, A.: Aggressives Verhalten, S. 321–439. In: Thomae, H. (Hrsg.): Enzyklopädie der Psychologie. Bd. 2: Psychologie der Motive. Hogrefe, Göttingen 1983.

95 Freud, S.: Jenseits des Lustprinzips. Gesammelte Werke XIII. Imago, London 1972.
96 Lorenz, K.: Das sogenannte Böse. Zur Naturgeschichte der Aggression. Borotha-Schoeler, Wien 1963.
97 Dollard, J., L. Dobb, N. E. Miller, H. O. Mowrer, R. R. Sears: Frustration and aggression. Yale University Press, New Haven 1939.
98 Bandura, A., R. H. Walters: Social learning and personality development. Holt, New York 1963.
99 Bandura, A.: Aggression: A social learning analysis. Prentice Hall, Englewood Cliffs 1973.
100 Berkowitz, L.: Aggression. A social psychological analysis. McGraw-Hill, New York 1962.
101 Schweisheimer, W.: Warum befolgen Patienten die Anordnungen ihres Zahnarztes nicht? Zahntechnik, 39 (1981) 417–419.
102 Diamond, E. L.: The role of anger and hostility in an essential hypertension and coronary heart disease. Psychological Bulletin, 92 (1982) 410–433.
103 Appel, M. A., K. A. Holroyd, L. Gorkin: Anger and the etiology and progression of physical illness. In: Temoshok, L., G. Van Dyke, L. S. Zegans (Eds.): Emotions in health and illness (pp. 73–87). Grune & Stratton, Orlando 1983.
104 Roth, J. K.: Hilfe für Helfer: Balint-Gruppen. Piper, München 1984.
105 Niethardt, P.: Interdisziplinäre Arbeits- und Forschungsbereiche von Medizin und Psychologie, S. 12–37. In: Schneller, T., P. Niethardt, H. D. Basler, K. Wildgrube, U. Tewes, B. Meyer (Hrsg.): Medizinische Psychologie III. Die Integration psychologischer Konzepte in die Medizin. Kohlhammer, Stuttgart 1980.
106 Roberts, S. L.: Behavioral concepts and the critically ill patient. Prentice Hall, Englewood Cliffs 1976.
107 Schnabel, S.: Intimverhalten. Sexualstörungen. Persönlichkeit. VEB Deutscher Verlag der Wissenschaften, Berlin 1973.
108 Bancroft, J.: Grundlagen und Probleme menschlicher Sexualität. Enke, Stuttgart 1985.
109 Eicher, W. (Hrsg.): Sexualmedizin in der Praxis. Fischer, Stuttgart 1980.
110 Haeberle, E. J.: Die Sexualität des Menschen, 2. Auflage. De Gruyter, Berlin 1985.
111 Haeberle, E. J., A. Bedürftig: Aids. De Gruyter, Berlin 1987.
112 Kockott, G. (Hrsg.): Sexuelle Störungen. Verhaltensanalyse und -modifikation. Urban & Schwarzenberg, München–Wien–Baltimore 1977.
113 Arentewicz, G., G. Schmidt (Hrsg.): Sexuell gestörte Beziehungen, 2. Auflage. Springer, Berlin 1986.
114 Buddeberg, C.: Sexualberatung, 2. Auflage. Enke, Stuttgart 1987.
115 Zimmer, D.: Sexualität und Partnerschaft. Urban & Schwarzenberg, München–Wien–Baltimore 1985.
116 Ford, C. A., F. A. Beach: Formen der Sexualität. Rowohlt, Reinbek 1968.
117 Selg, H., C. Glombitza, G. Lischke: Psychologie des Sexualverhaltens. Kohlhammer, Stuttgart 1979.
118 Sigusch, V., G. Schmidt: Psychosexuelle Stimulation durch Bilder und Filme, S. 79–96. In: Sigusch, V. (Hrsg.): Ergebnisse zur Sexualmedizin, 2. Auflage. Karger, Basel 1973.
119 Masters, W. H., V. E. Johnson: Die sexuelle Reaktion. Rowohlt, Reinbek 1970.
120 Sigusch, V.: Physiologie des Orgasmus, S. 143–158. In: Sigusch, V. (Hrsg.): Sexualität und Medizin. Kiepenheuer & Witsch, Köln 1979.
121 Schmidt, G.: Sexuelle Motivation und Kontrolle, S. 30–47. In: Schorsch, E., G. Schmidt (Hrsg.): Ergebnisse zur Sexualforschung. Kiepenheuer & Witsch, Köln und Ullstein, Frankfurt 1976.
122 Alder, E. M., A. Cook, D. Davidson, C. West, J. Bancroft: Hormones, mood and sexuality in lactating woman. British Journal of Psychiatry, 148 (1986) 74–79.
123 Schmidt, G.: Motivationale Grundlage sexuellen Verhaltens, S. 70–109. In: Thomae, H. (Hrsg.): Enzyklopädie der Psychologie. Themenbereich C, Theorie und Forschung, Serie IV, Motivation und Emotion, Bd. 2: Psychologie der Motive. Hogrefe, Göttingen 1983.
124 Donovan, B. T.: Hormones and human behavior. Cambridge University Press, Cambridge 1985.
125 Keller-Husemann, U.: Destruktive Sexualität. Reinhardt, München 1983.
126 Davis, K. B.: Factors in the sex life of twenty two hundred women. Harper, New York 1929.
127 Kinsey, A. C., W. B. Pommeroy, C. E. Martin: Das sexuelle Verhalten des Mannes. Fischer, Frankfurt 1948.
128 Kinsey, A. C., W. B. Pommeroy, C. E. Martin, P. H. Gebhard: Das sexuelle Verhalten der Frau. Fischer, Frankfurt 1953.
129 Eichner, K., W. Habermehl: Der Ralf-Report. Droemer Knaur, München 1978.
130 Clement, U.: Sexualität im Wandel. Enke, Stuttgart 1986.
131 Kockott, G.: Männliche Sexualität: Funktionsstörungen. Erkennen–Beraten–Behandeln. Hippokrates, Stuttgart 1988.
132 Kockott, G.: Weibliche Sexualität: Funktionsstörungen. Erkennen–Beraten–Behandeln. Hippokrates, Stuttgart 1988.
133 Giese, H., G. Schmidt: Studenten-Sexualität. Rowohlt, Reinbek 1968.
134 Lehr, U.: Psychologie des Alterns, 6. Auflage. Quelle & Meyer, Heidelberg 1987.
135 Kaiser, J.: Altern aus sozialpsychologischer Sicht, S. 103–128. In: Oswald, W. D., U. M. Fleischmann (Hrsg.): Gerontopsychologie. Kohlhammer, Stuttgart 1983.
136 Schneider, H. D.: Sexualverhalten in der zweiten Lebenshälfte. Kohlhammer, Stuttgart 1980.
137 Schorsch, E.: Sexuelle Deviationen: Ideologie, Klinik, Kritik, S. 48–92. In: Schorsch, E., G. Schmidt (Hrsg.): Ergebnisse zur Sexualforschung. Ullstein, Frankfurt 1976.
138 Bräutigam, W.: Sexualmedizin im Grundriß, S. 100. Thieme, Stuttgart 1979.
139 Schmidt, G., G. Arentewicz: Symptome, Vorkommen, S. 5.24. In: Arentewicz, G., G. Schmidt (Hrsg.): Sexuell gestörte Beziehungen. Springer, Berlin 1980.
140 Schnabl, S.: Korrelation und Therapie funktioneller Sexualstörungen, S. 54–87. In: Sigusch, V. (Hrsg.): Therapie sexueller Störungen. Thieme, Stuttgart 1975.
141 Hawton, K.: Sexual problems in the general hospital. In: Creed, F., J. M. Pfeffer (Eds.): Medicine and Psychiatry. Pitman, London 1982.
142 Hite, S.: Hite Report – Das sexuelle Erleben der Frau. Bertelsmann, München 1977.
143 Schnabl, S.: Intimverhalten. Sexualstörungen. Per-

sönlichkeit, 6. Auflage. VEB Deutscher Verlag der Wissenschaften, Berlin 1983.
144 Uddenberg, N.: Psychological Aspects of Sexual Inadequacy in Woman. Journal of Psychosomatic Research, 18 (1974) 33–47.
145 Nettelbladt, P., N. Uddenberg: Sexual Dysfunctions and Sexual Satisfaction in 58 Married Swedish Men. Journal of Psychosomatic Research, 23 (1979) 14–147.
146 Buddeberg, C., J. Merz: Sexuelle Probleme in der Allgemeinpraxis. Schweizerische Rundschau für Medizin Praxis, 70 (1981) 2129–2135.
147 Pacharzina, K.: Sexualmedizin in der Allgemeinpraxis. Sexualmedizin, 4 (1975) 485–490.
148 Schmidt, G., G. Arentewicz: Ursachen, S. 25–46. In: Arentewicz, G., G. Schmidt (Hrsg.): Sexuell gestörte Beziehungen. Springer, Berlin 1980.
149 Hite, S.: Hite Report I. Das sexuelle Erleben des Mannes. Hite Report II. Die sexuellen Praktiken des männlichen Geschlechts. Bertelsmann, München 1982.
150 Toussieng, G. W.: Men's fear of having too small a penis. Medical Aspects of Human Sexuality, 11 (1977) 62–70.
151 Paeslack, V. (Hrsg.): Sexualität und körperliche Behinderung. Schindele, Heidelberg 1983.
152 Lauritzen, C.: Wirkungen und Nebenwirkungen von Medikamenten auf die Sexualität. Zeitschrift für Fertilität, 1,2 (1988) 24–93.
153 Lurie, H. J.: Practical management of emotional problems in medicine, p. 324. Raven, New York 1982.
154 Halhuber, M. J.: Die Situation des Herzkranken nach dem Herzinfarkt: Psychosoziale Aspekte und ihre Auswirkung auf die Rehabilitationspraxis, S. 123–129. In: Langosch, W. (Hrsg.): Psychische Bewältigung der chronischen Herzerkrankung. Springer, Berlin 1985.
155 Renshaw, D. C.: Impotence in diabetes. Diseases of the Nervous System, 36 (1976) 369–371.
156 Beck, A., F. Nikorovicz: Das Sexualleben nach Radikaloperationen des Zervixkarzinoms. Onkologie, 3 (1980) 26–30.
157 Mooney, T. O., T. M. Cole, R. A. Chilgren: Möglichkeiten körperlicher Liebe für Quadriplegiker und Stomaträger. Rehabilitationsverlag, Bonn 1975.
158 Annon, J. S.: Behavioral treatment of sexual problems. Harper & Row, New York 1976.
159 Darwin, Ch.: Der Ausdruck der Gemüthsbewegungen bei dem Menschen und den Thieren. Schweizerbartsche Verlagsbuchhandlung, Stuttgart 1874.
160 Plessner, H.: Die Stufen des Organischen und der Mensch. De Gruyter, Berlin 1928.
161 Scheler, M.: Über Scham und Schamgefühl. Schriften aus dem Nachlaß, S. 65–154. Band 1: Zur Ethik und Erkenntnislehre, 2. Auflage. Franke, Bern 1957.
162 Straus, E: Die Scham als historiologisches Problem, S. 179–186. In: Straus, E. (Hrsg.): Psychologie der menschlichen Welt. Springer, Berlin 1960.
163 Meyers Enzyklopädisches Lexikon in 25 Bänden. Bd. 20, 9. Auflage. Bibliographisches Institut, Mannheim 1977.
164 Rost, W.: Emotionen. Elixiere des Lebens. Springer, Berlin 1990.
165 Schneider, C. D.: Shame, exposure, and privacy. Beacon Press, Boston 1977.
166 Bilz, R.: Über die menschliche Schamhaftigkeit. Homo, 18 (1967) 23–37.
167 Izard, C. E.: Die Emotionen des Menschen, S. 432 ff. Beltz, Weinheim 1981.
168 Izard, C. E., S. Buechler: Aspects of consciousness and personality in terms of differential emotions theory. In: Plutchik, R., H. Kellerman (Eds.): Emotion – theory, research and experience (pp. 165–187). Academic Press, New York 1980.
169 Schenk-Danzinger, L.: Entwicklung, Sozialisation, Erziehung, S. 121. Österreichischer Bundesverlag, Wien 1984.
170 Piers, G.: Shame and Guilt. A Psychoanalytic Study. In: Piers, G., M. B. Singer (Eds.): Shame and Guilt (pp. 5–41). C. C. Thomas, Springfield 1953.
171 Lockot, R.: Zur Medizinpsychologie der Intimität, S. 3–17. In: Lockot, R., H. P. Rosemeier (Hrsg.): Ärztliches Handeln und Intimität. Enke, Stuttgart 1983.
172 Franke, K.: Wo der Schuh drückt. Sexualmedizin, 8 (1979) 312–314.
173 Haar, E., V. Halitsky, G. Stricker: Factors related to the preference for a female gynecologist. Medical Care, 13 (1975) 782–790.
174 Amendt, G.: Die Gynäkologen. Konkret Literatur Verlag, Hamburg 1982.
175 Verres, R.: Psychosoziale Faktoren der mangelnden Inanspruchnahme von Krebs-Früherkennungsuntersuchungen. Lang, Frankfurt 1977.
176 Kessler, S., H. Kessler, P. Ward: Psychological aspects of genetic counseling. III. Management of guilt and shame. American Journal of Medical Genetics, 17 (1984) 673–697.
177 Ridder, P.: Patient im Krankenhaus. Personenbezogener Dienst auf der Station. Band 1: Trauer des Leibes. Enke, Stuttgart 1980.
178 Hartmann, F.: The corporeality of shame. Journal of Medicine and Philosophy, 9 (1984), 63–74.
179 Gravesen, R. G.: How do you get patients to talk about sexual problems. Medical Aspects of Human Sexuality, 14 (1980) 50–65.
180 Balint, M.: Der Arzt, sein Patient und die Krankheit. Fischer, Frankfurt 1974.
181 Kuhn, R.: Scham, S. 434–437. In: Müller, C. (Hrsg.): Lexikon der Psychiatrie. Springer, Berlin 1973.
182 Mann, T.: Joseph und seine Brüder, S. 641 und 643. Fischer, Frankfurt 1986.
183 Zisook, S., R. A. Devand, M. A. Click: Measuring symptoms of grief and bereavement. American Journal of Psychiatry, 139 (1982) 1590–1593.
184 Beutel, M.: Zur Psychobiologie von Trauer und Verlustverarbeitung – neuere immunologische und endokrinologische Zugangswege und Befunde. Psychotherapie, Psychosomatik, Medizinische Psychologie, 41 (1991) 267–277.
185 Freud, S.: Trauer und Melancholie, S. 193–212. In: Freud, S.: Psychologie des Unbewußte. Fischer, Frankfurt 1975.
186 Bowlby, J.: The making and breaking of affectional bonds. British Journal of Psychiatry, 130 (1977) 201–210.
187 Bowlby J.: Verlust. Trauer und Depression. Fischer, Frankfurt 1991.
188 Frey, W. H.: Not-so-idle tears. Psychology Today, 13 (1980) 91–92.
189 Pollock, G. H.: Mourning and adaptation. International Journal of Psychoanalysis, 42 (1961) 341–361.
190 Parkes, C. M.: Bereavement, 2nd edition. Tavistock, London 1986.

191 Parkes, C. M., R. S. Weiss: Recovery from bereavement. Basic Books, New York 1983.
192 Clayton, P. J., L. Desmarais, G. Winokur: A study of normal bereavement. American Journal of Psychiatry, 125 (1968) 168–178.
193 Raphael, B.: The anatomy of bereavement. Basic Books, New York 1983.
194 Kast, V.: Trauern, 3. Auflage. Kreuz, Stuttgart 1983.
195 Zisook, S., S. Shuchter: The first four years of widowhood. Psychiatric Annals, 16 (1986) 288–294.
196 Worden, J. W.: Beratung und Therapie in Trauerfällen. Huber, Bern 1987.
197 Gorer, G.: Death, grief, and mourning in contemporary Britain. Cresset, London 1965.
198 Helsing, K. J., M. Szklo, G. W. Comstock: Factors associated with mortality after widowhood. American Journal of Public Health, 71 (1981) 802–809.
199 Osterweis, M., F. Solomon, M. Green: Bereavement reactions, consequences, and care. In: Zisook, S. (Ed.): Biopsychosocial aspects of bereavement (pp. 3–19). American Psychiatric Press, Washington 1987.
200 Stroebe, W., M. S. Strobe Bereavement and health. The psychological and physical consequences of partner loss. Cambridge University Press, Cambridge 1987.
201 Kaprio, J., M. Koskenvuo, H. Rita: Mortality after bereavement: a prospective study of 95647 widowed persons. American Journal of Public Health, 77 (1987) 283–287.
202 Osterweis, M., F. Solomon, M. Green: Bereavement. Reactions, consequences, and care. National Academy Press, Washington 1984.
203 Parkes, C. M., R. Brown: Health after bereavement: a controlled study of young Boston widows and widowers. Psychosomatic Medicine, 34 (1972) 449–461.
204 Thompson, L. W., J. N. Breckenridge, D. Gallagher, J. Peterson: Effects of bereavement on self-perceptions of physical health in elderly widows and widowers. Journal of Gerontology, 39 (1984) 309–314.
205 Shanfield, S. B.: The prediction of outcome in bereavement. In: Zisook, S. (Ed.): Biopsychosocial aspects of bereavement (pp. 97–108). American Psychiatric Press, Washington 1987.
206 Levav, I., Y. Friedlander, J. D. Kark, C. Peritz: An epidemiologic study of mortality among bereaved parents. New England Journal of Medicine, 319 (1988) 457–461.
207 Weiner, H.: Human relationships in health, illness, and disease. In: Magnusson, D., A. Ohman (Eds.): Psychopathology. An interactional perspective (pp. 305–323). American Press, Orlando 1987.
208 Engel, G. L.: Grief and grieving. American Journal of Nursing, 9 (1964) 93–98.
209 Schmale, A. H.: Psychic trauma during bereavement. International Psychiatric Clinics, 8 (1971) 147–168.
210 Gauthier, Y., W. Marshall: Grief: a cognitive behavioral analysis. Cognitive Therapy and Research, 1 (1977) 39–44.
211 Lopata, H.: Self-identity in marriage and widowhood. The Sociological Quarterly, 14 (1973) 407–418.
212 Horowitz, M., C. Marmar, J. Krupnick, N. Wilner, N. Kaltreider, R. Wallerstein: Personality style and brief therapy. Basic Books, New York 1984.
213 Ramsey, R. W.: Verhaltenstherapeutische Ansätze bei Trauerreaktionen, S. 158–164. In: De Jong, R., N. Hoffmann, M. Linden (Hrsg.): Verhaltensmodifikation bei Depressionen. Urban & Schwarzenberg, München–Wien–Baltimore 1980.
214 Kaplan, B. H., J. C. Cassell, S. Gore: Social support and health. Medical Care, 15 (1977) 47–57.
215 Bankoff, E. A.: Aged parents and their widowed daughters: a support relationship. Journal of Gerontology, 38 (1983) 226–230.
216 Bankoff, E. A.: Social support and adaptation to widowhood. Journal of Marriage and the Family (1983) 827–839.
217 Scheff, T. J.: Explosion der Gefühle. Beltz, Weinheim 1983.
218 Davidowitz, M., R. D. Myrick: Responding to the bereaved. Death Education, 8 (1984) 1–10.
219 Silverman, P. R.: The widow to widow program. Mental Hygiene, 53 (1969) 333–337.
220 Rost, W.: Emotionen. Springer, Berlin 1990.
221 Engel, G. L., A. H. Schmale jr.: Eine psychoanalytische Theorie der somatischen Störung, S. 246–268. In: Overbeck, G., A. Overbeck (Hrsg.): Seelischer Konflikt – körperliches Leiden. Fachbuchhandlung für Psychologie, Eschborn 1986.
222 Engel, G. L.: Psychisches Verhalten in Gesundheit und Krankheit. Huber, Bern 1976.
223 Schmale, A. H., jr.: A genetic view of affects: with special reference to the genesis of helplessness and hopelessness. The Psychoanalytic Study of Child, 19 (1964) 287–310.
224 Schmale, A. H., jr.: Relationship of separation and depression to disease. Psychosomatic Medicine, 20 (1958) 259–277.
225 Schmale, A. H., H. P. Iker: Hopelessness as a predictor of cervical cancer, Social Science and Medicine, 5 (1971) 95–100.
226 Adamson, J. D., A. H. Schmale: Objektverlust, Resignation und der Ausbruch psychiatrischer Erkrankungen. Psyche, 20 (1966) 641–669.
227 Adler, R., K. McRitchie, G. L. Engel: Psychologic processes and ischemic stroke. Psychosomatic Medicine, 33 (1971) 1–29.
228 Schmale, A. H., H. P. Iker: The affect of hopelessness and the development of cancer. Psychosomatic Medicine, 28 (1966) 714–721.
229 Schmale, A. H., H. P. Iker: Hopelessness as a predictor of cervical cancer. Social Science and Medicine, 5 (1971) 95–100.
230 Grossarth-Maticek, R., J. Bastiaans, D. T. Kanazir: Psychosocial factors as strong predictors of mortality from cancer, ischemic heart disease and stroke: The Yugoslav prospective study. Journal of Psychosomatic Research, 29 (1985) 167–176.
231 Eysenck, H. J.: Health's character. Psychology Today, 2 (1988) 28–35.
232 Greer, S., T. Morris, K. W. Pettingale: Psychosocial response to breast cancer: effects of outcome. Lancet 13 (1979) 785–787.
233 Pettingale, K. W.: Coping and cancer prognosis. Journal of Psychosomatic Research, 28 (1984) 363–364.
234 Cassileth, B. R., E. J. Lusk, D. S. Miller, L. L. Brown, C. Miller: Psychosocial correlates of survival in advanced malignant disease? New England Journal of Medicine, 312 (1985) 1551–1555.
235 Seligman, M. E. P., S. F. Maier: Failure to escape traumatic shock. Journal of Experimental Psychology, 74 (1967) 1–9.
236 Seligman, M. E. P.: Erlernte Hilflosigkeit. Urban & Schwarzenberg, München–Wien–Baltimore 1979.

237 Schulz, K.-H.: Psychoneuroimmunologie. In: Ehlers, A., K. Hahlweg (Hrsg.): Enzyklopädie der Psychologie, Teilband Grundlagen der Klinischen Psychologie. Hogrefe, Göttingen (im Druck).
238 Abramson, L. J., M. E. P. Seligman, J. Teasdale: Learned helplessness in humans: Critique and reformulation. Journal of Abnormal Psychology, 87 (1978) 32–48.
239 Burns, M. O., M. E. P. Seligman: Explanatory style helplessness, and depression. In: Snyder, C. R., D. R. Forsyth (Eds.): Handbook of social and clinical psychology (pp. 267–284). Pergamon Press, New York 1991.
240 Peterson, C., M. E. P. Seligman, G. Vaillant: Pessimistic explanatory style is a risk factor for physical illness: A thirty-five-year longitudinal study. Journal of Personality and Social Psychology, 55 (1988) 23–27.
241 Brunstein, J. C.: Hilflosigkeit, Depression und Handlungskontrolle. Hogrefe, Göttingen 1991.
242 Kuhl, J.: Motivation, Konflikt und Handlungskontrolle. Springer, Berlin 1983.
243 Heckhausen, H.: Motivation und Handeln, 2. Auflage. Springer, Berlin 1986.
244 Brunstein, J. C.: Gelernte Hilflosigkeit, Depression und Leistungsverhalten in Mißerfolgssituationen: Theoretische und empirische Beiträge zu einem wissenschaftlichen Forschungsprogramm. Unveröffentlichte Dissertation, Universität Gießen 1986.
245 Burisch, M.: Das Burnout-Syndrom. Springer, Berlin 1989.
246 Cherniss, C.: Staff burnout. Job stress in the human service. Sage, Beverly Hills 1980
247 Rovner, B., zitiert nach Wiesendanger, H.: Zu Tode deprimiert. Psychologie heute, 19 (1992) 15–16.
248 Langer, E. J., J. Rodin: The effects of choice and enhanced personal responsibility for the aged: A field experiment in an institutional setting. Journal of Personality and Social Psychology, 34 (1976) 191–198.
249 Rodin, J., E. J. Langer: Long-term effects of a control-relevant intervention with institutionalized aged. Journal of Personality and Social Psychology, 35 (1977) 897–902.
250 Rotter, J. B.: Generalized expectancies for internal versus external control of reinforcement. Psychological Monographs, 80 (1966) 1 ff.
251 Benassi, V. A., P. D. Sweeney, C. L. Dufour: Is there a relationship between locus of control orientation and depression? Journal of Abnormal Psychology, 97 (1988) 357–367.
252 Wallston, K. A., B. S. Wallston: Who is responsible for your health? The construct of health locus of control. In: Sanders, G. S., J. Suls (Eds.): Social psychology of health and illness (pp. 65–95). Lawrence Erlbaum Associates, London 1982.
253 Lefcourt, H. M., K. Davidson-Katz: Locus of control and health. In: Snyder, C. R., D. R. Forsyth (Eds.): Handbook of social and clinical psychology (pp. 246–266). Pergamon Press, New York 1991.
254 Rogner, O., D. Frey, D. Havemann: Der Genesungsverlauf von Unfallpatienten aus kognitionspsychologischer Sicht. Zeitschrift für klinische Psychologie, 16 (1987) 11–28.
255 Christensen, A. J., C. W. Turner, T. W. Smith, J. M. Holman jr., M. C. Gregory: Health locus of control and depression in end-stage renal disease. Journal of Consulting and Clinical Psychology, 59 (1991) 419–424.
256 Scheier, M. F., C. S. Carver: Optimism, coping and health: Assessment and implications of generalized outcome expectancies. Health Psychology, 4 (1985) 219–247.
257 Carver, C. S., J. G. Gaines: Optimism, pessimism, and postpartum depression. Cognitive Therapy and Research, 11 (1987) 449–462.
258 Bandura, A.: Self-efficacy: Toward a unifying theory of behavior change. Psychological Review, 84 (1977) 191–215.
259 Maddux, J. E.: Self-efficacy. In: Snyder, C. R., D. R. Forsyth (Eds.): Handbook of social and clinical psychology (pp. 57–78). Pergamon Press, New York 1991.
260 Snyder, C. R., L. M. Irving, J. R. Anderson: Hope and health. In: Snyder, C. R., D. R. Donelson (Eds.): Handbook of social and clinical psychology (pp. 285–305). Pergamon Press, New York 1991.
261 Rosenbaum, M.: A schedule for assessing self-control behaviors: Preliminary findings. Behavior Therapy, 11 (1980) 109–121.
262 Rosenbaum, M., K. Ben-Ari: Learned helplessness and learned resourcefulness: Effects of noncontingent success and failure on individuals differing in self-control skills. Journal of Personality and Social Psychology, 48 (1985) 198–215.
263 Meermann, R.: Von der Sucht, mager zu sein. Psychologie Heute, 9 (9), (1982) 44–48.
264 Pudel, V.: Wenn das Selbstverständlichste zum Problem wird. Psychologie Heute, 12 (5), (1985) 22–29.
265 Arnold, M., H.-P. Brauer, J. F. V. Deneke, E. Fiedler. Der Beruf des Arztes in der Bundesrepublik Deutschland S. 69. Deutscher Ärzteverlag, Köln 1981.
266 Pacharzina, K.: Der Arzt und die Sexualität seines Patienten. In: Sigusch, V. (Hrsg.): Sexualität und Medizin, S. 17–40. Kiepenheuer & Witsch, Köln 1979.
267 Buddeberg, C.: Sexualberatung, 2. Aufl. Enke, Stuttgart 1987.
268 Plouffe, L.: Screening for sexual problems. American Journal of Obstetrics and Gynecology, 151 (1985) 166–169.
269 Bräutigam, W.: Sexualmedizin im Grundriß: Thieme, Stuttgart 1979.
270 Lief, H. I., A. Karlen: Sex education in medicine. Spectrum Publications, New York 1976.
271 Rosenzweig, N., F. P. Pearsall (Hrsg.): Sex education for the health professionals. Grune & Stratton, New York 1978.
272 Rogge, K.-E.: Physiologische Psychologie, S. 303. Urban & Schwarzenberg, München–Wien–Baltimore 1981.
273 Rost, W.: Emotionen – Elexiere des Lebens. Springer, Berlin–Heidelberg–New York 1990.
274 Faller, H., R. Verres. Emotion und Gesundheit. In: Scherer, K. R. (Hrsg.): Psychologie der Emotion, S. 706–765. Band C/IV/3 der Enzyklopädie der Psychologie. Hogrefe, Göttingen–Toronto–Zürich 1990.
275 Verres, R.: Die Kunst zu leben – Krebsrisiko und Psyche. Piper, München–Zürich 1991.
276 Koch, U., F. Potreck-Rose (Hrsg.): Krebsrehabilitation und Psychoonkologie. Springer, Berlin–Heidelberg–New York 1990.
277 Flick, U. (Hrsg.): Alltagswissen über Gesundheit und Krankheit. Asanger Heidelberg 1991.

4 Lernen

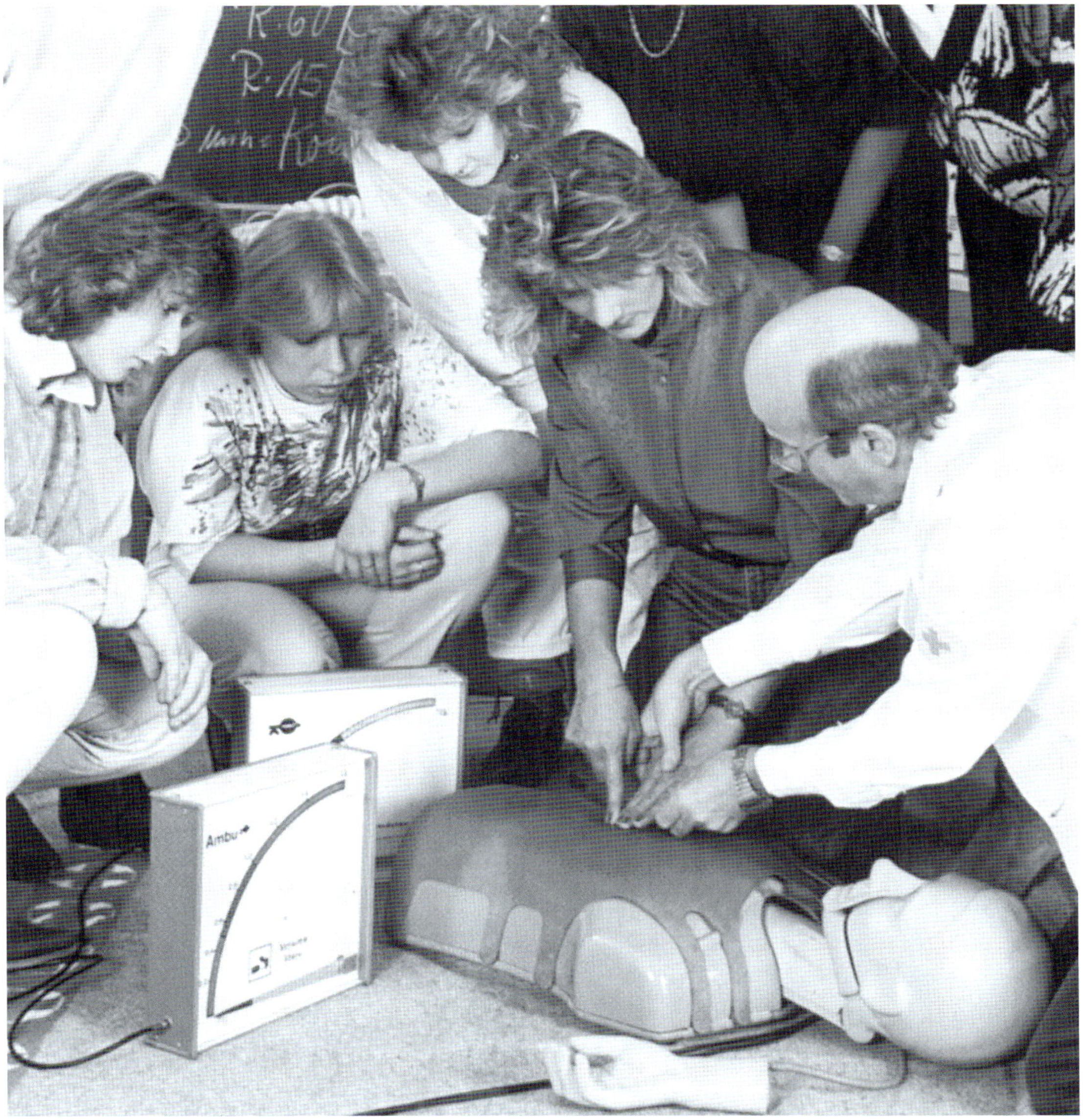

Inhalt

4 Lernen

4.1 Gedächtnis

Werner Wippich

Gedächtnisleistungen

Um Leistungen des Gedächtnissystems zu prüfen, geben Psychologen unter experimentell kontrollierten Bedingungen zumeist Informationen vor. Es kann sich um sprachliche Materialien (Wortlisten, Texte), um nonverbale Reize (Bilder, Geräusche) oder um komplexere Ereignisse (Unfallfilm, soziale Szenen) handeln. Vorgegebene Informationen sollen eingeprägt oder ohne Lernabsicht nach festgelegten Kriterien bearbeitet werden. Man spricht vom Vorgang der **Enkodierung.** Resultate der Verarbeitung werden dem hypothetischen Gedächtnissystem zugeordnet, das Informationen **speichert.** Zu einem späteren Zeitpunkt soll versucht werden, die Ausgangsinformationen wiederzugeben. Hier spricht man vom **Abrufen.**

In der beschriebenen Standardsituation werden Leistungen des **episodischen Gedächtnisses** bzw. des **episodischen Langzeitspeichers** geprüft: Es geht darum, die in einem bestimmten Kontext persönlich erfahrenen Informationen zu erinnern. Dem Gedächtnissystem sind aber auch kontextunspezifisch gewordene, verallgemeinerte Erfahrungen zuzuordnen: Wissen von der Welt, um Wortbedeutungen, das Aussehen von Dingen, Prozeduren, häufig wiederkehrende Ereignisse etc. In diesem Fall spricht man von einem **semantischen Gedächtnis** oder **semantischen Langzeitspeicher** [1].

Psychologen haben auch Modelle entworfen, die zu beschreiben versuchen, wie kontextungebundenes Wissen repräsentiert und organisiert wird [2]. Dies ist deshalb wichtig, weil vorgängiges Wissen (semantisches Gedächtnis) als Bezugssystem Vorgänge des Enkodierens, Speicherns und Abrufens episodischer Informationen beeinflußt. Vorwissen erleichtert die Verarbeitung passender Ereignisinformationen, kann aber auch dazu beitragen, daß Ereignisse lückenhaft, verzerrt oder verfälscht enkodiert, gespeichert und/oder abgerufen werden. Wenn vorgängige Lernerfahrungen oder vorgängig erworbenes Wissen das Lernen neuer Informationen beeinträchtigen, spricht man von einem **negativen Transfer**. Begünstigen hingegen Vorerfahrungen oder Vorwissen die Lernleistung, ist **positiver Transfer** eingetreten.

Ein Gedächtnismodell

Die eingangs gewählten Begriffe deuten bereits darauf hin, daß Gedächtnissysteme bevorzugt in Analogie zu Computern modelliert werden. Es hat sich als nützlich erwiesen, Gedächtnisvorgänge als Prozesse der Informationsverarbeitung zu begreifen und Verarbeitungsprodukte hypothetischen Speichern zuzuordnen [3]. Zumeist wird zwischen einem semantischen Langzeitspeicher, einem Kurzzeitspeicher, einem Arbeitsspeicher und einem episodischen Langzeitspeicher unterschieden [4].

Setzen wir das Modell in Funktion. Bei der Aufnahme neuer Informationen werden im semantischen Gedächtnis Wissensbestandteile (z.B. Konzepte oder Schemata) *aktiviert.* Dem Bewußtsein zugängliche, *aktivierte* Ausschnitte des semantischen Langzeitspeichers sollen im **Kurzzeitspeicher** präsent gehalten werden, dessen *Haltekapazität* begrenzt ist. Zentrale Schalt- und Kontrollfunktionen übernimmt der **Arbeitsspeicher.** Enkodierungs-, Speicherungs- und Abrufprozesse werden vom Arbeitsspeicher gesteuert, dessen *Prozeßkapazität* begrenzt ist (pro Zeiteinheit kann immer nur eine begrenzte Menge an Operationen ausgeführt werden). Die Funktionen des Arbeitsspeichers überlappen sich somit mit Leistungen, die der **Aufmerksamkeit** zugerechnet werden. Je nach Anforderungssituation werden vor allem Anfangs- und Endglieder, auffällige oder als bedeutsam identifizierte Ereignisse häufig als *Anker* selegiert, um ein komplexeres Informationsangebot zu enkodieren, einzuspeichern und nachfolgend abzurufen. Bearbeitete Informationen hinterlassen im **episodischen Langzeitspeicher** *Spuren*, so daß gekennzeichnet ist, *wann, wo* und *unter welchen Umständen* etwas passiert ist.

Generelle Charakterisierungen von Gedächtnisstörungen

Auf dem Hintergrund abstrakter Modellbildungen lassen sich Aussagen treffen, die auch für praktische und klinische Zwecke nützlich sind. Klinikern ist bekannt, daß viele Patienten über Probleme „mit dem Gedächtnis" berichten. Eine wichtige klinische Aufgabe besteht darin, genauer zu lokalisieren, welche Bestandteile des Gedächtnissystems beeinträchtigt sind.

Für nahezu sämtliche Gedächtnisstörungen (z.B. bei älteren Menschen, bei Schizophrenen oder bei amnestischen Patienten) gilt, daß vor allem episodische Erinnerungsleistungen beeinträchtigt sind. Vorgängiges Wissen (semantischer Langzeitspeicher) und Kurzzeitspeicher bleiben zumeist funktionstüchtig. Ereignisinformationen werden unzureichend enkodiert, gespeichert und abgerufen, weil dem Arbeitsspeicher zuzuordnende Operationen suboptimal oder gar nicht eingesetzt werden [5].

Zu den Enkodierungsoperationen gehören z.B. Vorgänge der **Wissensanreicherung** und **Vorstellungsbildung** („was bedeutet das?"), Vorgänge des **Organisierens** („wie paßt das zusammen?"), Vorgänge der **Kontextspezifizierung** („wo und wann ist das passiert?") und Vorgänge der **gezielten In-**

formationsreduktion („was ist wichtig?"). Gedächtnisprobleme gehen zumeist mit unzureichenden schematischen Enkodierungen einher [6].

Zu den Speicherungsprozessen zählt u.a. das **Memorieren:** Unzulängliche Erinnerungsleistungen sind zumeist mit oberflächlichen Wiederholungen bereits vollzogener Enkodierungen verbunden. Zu den Abrufoperationen kann man rechnen:

- systematische **Suchprozeduren,**
- **Organisationstechniken** und
- Versuche, sich **Kontexte** zu **vergegenwärtigen,** in denen Ereignisse stattgefunden haben.

Für das Wiedererkennen reicht es zumeist aus, sich an Kontexten zu orientieren. Beim Reproduzieren sind dagegen aufwendigere Abrufoperationen notwendig. Bei Gedächtnisproblemen wird zumeist unsystematisch und wenig organisiert abgerufen. Potentielle Erinnerungshilfen werden spontan nicht gebildet oder bleiben ungenutzt. Erinnerungsprobleme können aber auch motivational begründet sein. Unter bestimmten Umständen werden z.B. unerledigte Handlungen besser erinnert als erledigte (sog. Zeigarnik-Effekt).

Generelle Abrufprobleme sind in der *klassischen* Gedächtnispsychologie als pro- bzw. retroaktive Hemmung beschrieben worden. **Proaktive Hemmung** meint, daß vorausgegangene Lernerfahrungen Erinnerungen an nachfolgend eingespeicherte Informationen beeinträchtigen und deren Zugänglichkeit mindern. Unter **retroaktiver Hemmung** wird verstanden, daß Erinnerungen an ein Ausgangsereignis durch nachfolgende Informationen beeinträchtigt werden.

Amnesien

Amnesien zählen zu den auffälligsten Gedächtnisstörungen. Bei organisch bedingten Amnesien sind vor allem Teile des Zwischenhirns und des limbischen Systems geschädigt [7]. Kurzzeitspeicher und semantischer Langzeitspeicher scheinen funktionstüchtig zu bleiben. Den Patienten gelingt es nicht mehr, neue episodische Informationen längerfristig einzuspeichern (**anterograde Amnesie**). Erinnerungsverluste betreffen aber auch Ereignisinformationen, die vor der akuten Erkrankung stattgefunden haben (**retrograde Amnesie**).

Neuerdings ist bekanntgeworden, daß anterograde Amnesien keineswegs total sind. Patienten können u.a. motorische Vollzüge, Musikstücke, sogar Regeln **neu lernen** [8], ohne an Lernsituationen Erinnerungen zu haben.

Trainingsmaßnahmen

Läßt sich die Funktionstüchtigkeit des Gedächtnissystems verbessern? Erfolgreiche Maßnahmen sind darauf ausgerichtet, die Funktionsweise des Arbeitsspeichers zu verbessern. Enkodierungs-, Speicherungs- und Abrufoperationen können trainiert und gelernt werden. Effektive Trainingsprogramme beschränken sich allerdings nicht darauf, nur Techniken oder Tricks beizubringen. Erfolge werden dann wahrscheinlicher, wenn beim Training zugleich Einsicht in die Funktionsweise des Gedächtnisses gewonnen wird. Der Patient sollte erkennen, ob und wann es sinnvoll ist, von den trainierten Prozeduren Gebrauch zu machen [5].

Allerdings gibt es Grenzen der Trainierbarkeit. Bei älteren Menschen (Craik und Simon 1980), bei Schizophrenen (Gjerde 1983) sowie bei amnestischen Patienten (Cermak 1982) ist darauf hingewiesen worden, daß Gedächtnisprobleme mit einer verminderten, unzureichend mobilisierten oder ungünstig verteilten *Prozeßkapazität* einhergehen. Zu trainierende Prozeduren belasten den Arbeitsspeicher und kosten dementsprechend *Prozeßkapazität.*

Bedeutung der Gedächtnisforschung

Wenn man den Begriff *Gedächtnis* benutzt, denkt man zumeist an eine einheitliche, unveränderliche Größe oder Fähigkeit. Gedächtnispsychologen begreifen *das Gedächtnis* hingegen als ein System, das in Teilkomponenten zu untergliedern ist. Gedächtnisstörungen sind bevorzugt der Systemkomponente *Arbeitsspeicher* zuzuordnen.

Modelle und Erkenntnisse sind bislang hauptsächlich unter Laborbedingungen überprüft worden. Es steht zu erwarten, daß dieser Forschungstrend durch Bemühungen ergänzt werden wird, Modelle auf *natürlich* vorkommende Informationen und Situationen zu beziehen [5]. Ergebnisse der Gedächtnisforschung werden deshalb für die klinische Praxis an Bedeutung gewinnen.

Dies gilt z.B. für die **Anamnese.** Bei autobiographischen Erinnerungen ist mit einer Stimmungsabhängigkeit des Erinnerten zu rechnen: Fröhlich Gestimmte erinnern bevorzugt positiv getönte Ereignisse, während im depressiven Stimmungskontext das eigene Leben eher negativ erinnert wird [9]. Obwohl der Wahrheitsgehalt autobiographischer Erinnerungen zumeist nicht geprüft werden kann und mit Umdeutungen und Verfälschungen zu rechnen ist, sind sie für den Kliniker keineswegs wertlos. Sie verraten einiges über die Person des Erinnernden, seine Einstellungen, Selbst- und Weltsicht. Ein anamnestisches Gespräch sollte in einem möglichst angstfreien Klima stattfinden. Sind Patienten aufgeregt oder ängstlich, ist zu erwarten, daß der Arbeitsspeicher überlastet wird, was die Zugänglichkeit zu erinnernder Informationen mindern kann. Ob ausbleibende oder fehlerhafte Erinnerungen auf Prozesse der **Verdrängung** zurückzuführen sind, bleibt dagegen umstritten. Experimentell orientierte Psychologen sind im Unterschied zur Psychoanalyse der Auffassung, daß allenfalls ein Bruchteil des Vergessens auf Abwehrmechanismen zurückgeht, mit denen unangenehme Ereignisse dem Bewußtsein und Erinnern ferngehalten werden.

Studienfragen

Warum ist es angebracht, von einem Gedächtnissystem auszugehen und zwischen verschiedenen Speichern zu unterscheiden?
(s. S. 111)
Kann die Funktionstüchtigkeit des Gedächtnissystems verbessert werden?
(s. S. 112)
Ist autobiographischen Erinnerungen und Angaben bei der Anamnese unbedingt Glauben zu schenken?
(s. S. 112)

4.2 Lernen

Heinz-Dieter Basler

Durch Lernprozesse bedingte Verhaltensänderungen

Der Verhaltensspielraum des Menschen ist im Vergleich zu anderen Lebewesen nur in geringem Umfang durch angeborene Mechanismen präformiert. Hierdurch wird es dem Menschen in besonderem Maße möglich, sich an veränderte Umweltbedingungen anzupassen. Solche **Anpassungsleistungen** werden dann als Lernprozesse bezeichnet, wenn die mit der Anpassung verbundene Verhaltensänderung nicht auf andere Faktoren wie Reifung, Intoxikation oder Ermüdung zurückzuführen ist [10].

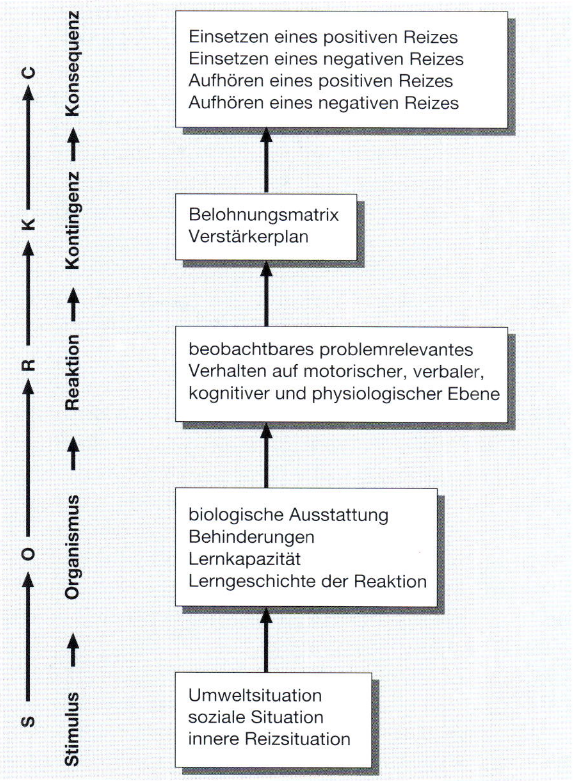

Abb. **4-1** Verhaltensgleichung nach Kanfer.

In der Lernforschung wird unterschieden zwischen offenem, direkt beobachtbarem und verdecktem Verhalten, das – wenn überhaupt – nur mit apparativen Technologien „objektiv" zugänglich gemacht werden kann. Zum letzteren gehören neben dem emotionalen und kognitiven Verhalten insbesondere auch Funktionsänderungen der Organe, die durch physiologische Registrierverfahren erfaßt werden. Angst z.B. kann direkt über Mimik und Gestik oder über Verbalisierungen beobachtbar sein, sie kann aber auch über Blutdruck, Herzfrequenz, Muskelspannung oder hormonales Spektrum erschlossen werden. Es wird hypothetisch angenommen, daß verdecktes Verhalten den gleichen Gesetzmäßigkeiten unterliegt wie offenes Verhalten, daß somit auch Lernprozesse angenommen werden können, um Funktionsstörungen von Organen zu erklären.

Die **empirische Lernforschung** basiert auf dem theoretischen Hintergrund der russischen Reflexlehre und des amerikanischen Behaviorismus. Gemeinsam ist beiden Ansätzen die Betonung der **situativen Bedingtheit** des Verhaltens. Kanfer hat dieses Modell vereinfacht unter dem Begriff der **Verhaltensgleichung** dargestellt (Abb. 4-1) [11].

Verhaltensänderungen (R = Reaktionen) sind hiernach funktional abhängig von Reizen oder Stimuli (S), von Konsequenzen (C), von Organismusbedingungen (O) und Kontingenzen (K), was durch die Funktion R = f (S, O, K, C) dargestellt werden kann.

Wenn das Verhalten (R) durch ihm vorausgehende Reize (S) bestimmt wird, nennt man das **respondent.** Respondentes Verhalten kann zum einen zum angeborenen Verhaltensrepertoire des Menschen gehören und reflexhaft auf einen Reiz hin erfolgen, wie z.B. der Lidschlagreflex auf einen Luftstrom als Reiz. Die Reiz-Reaktions-Verbindung kann zum anderen auch erworben sein und somit auf Lernprozesse zurückgeführt werden. Lernprozesse, durch die respondentes Verhalten verändert wird, werden als **klassisches Konditionieren** bezeichnet.

Das Verhalten (R) kann darüber hinaus funktional abhängig sein von den Konsequenzen (C), die ihm nachfolgen. In diesem Fall wird es als **operantes** (mitunter auch als **instrumentelles**) Verhalten bezeichnet. Das Verhalten wird zum Operant oder Instrument, um eine bestimmte Konsequenz herbeizuführen. Für operantes Lernen findet man häufig auch die Bezeichnung **Lernen am Erfolg.** Kann eine beobachtete Verhaltensänderung als

funktional abhängig von Verhaltenskonsequenzen beschrieben werden, wird von einem Lernprozeß der **operanten Konditionierung** gesprochen.
Die Lernprozesse der klassischen und operanten Konditionierung werden beeinflußt:

- Durch den Zustand des Organismus (O), wie z.B. durch Ermüdung oder Erschöpfung, durch Pharmaka oder durch unterschiedliche Befähigungen für Lernprozesse. Weiterhin bestimmt der Zustand des Organismus die Qualität einer Konsequenz. Nahrung als Konsequenz eines Verhaltens wird z.B. nur dann positiv bewertet, wenn die Person hungrig ist.
- Durch die Kontingenzen des Verhaltens (K), womit die Art des Zusammenhangs zwischen Verhalten und Konsequenz gemeint ist.

Eine Konsequenz, die unmittelbar auf ein Verhalten folgt, bestimmt das Verhalten stärker als eine zeitlich verzögerte Konsequenz. Außerdem wird ein Verhalten schneller erlernt, wenn ihm jedesmal eine Konsequenz nachfolgt.

Die für den Lernprozeß relevante Situation ist somit gekennzeichnet, wenn Aussagen getroffen werden über vorhandene Reize und Konsequenzen sowie über die Kontingenzen. Allerdings sollte beachtet werden, daß diese Bedingungen durch unterschiedliche Zustände des Organismus beeinflußt werden, so daß bei der Beschreibung der Situation subjektive Größen berücksichtigt werden müssen.

4.2.1 Klassische Konditionierung

Die Gesetzmäßigkeiten des klassischen Konditionierens wurden von dem russischen Physiologen **Pawlow** entwickelt, dessen Experimente zur konditionierten Speichelsekretion von Hunden allgemein bekannt geworden sind [12].

Watson konnte aufzeigen, daß auch emotionale Reaktionen klassisch konditioniert sein können [13]. An seiner Fallstudie soll die Terminologie der klassischen Konditionierung erläutert werden (Abb. 4-2).

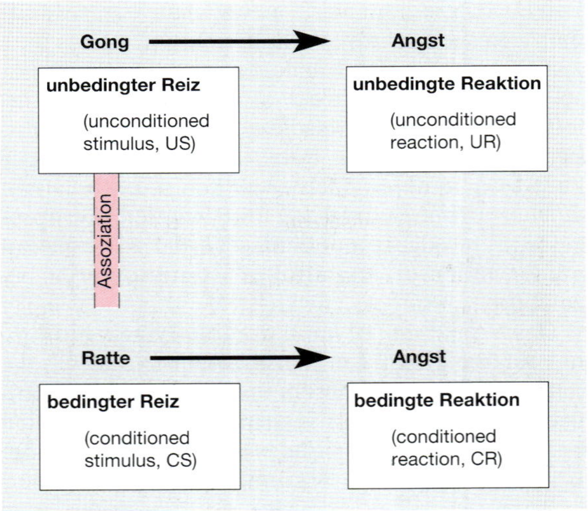

Abb. **4-2** Klassische Konditionierung einer Rattenphobie.

Albert, 11 Monate alt, zeigte keinerlei Furcht vor einer weißen Ratte, die ihm präsentiert wurde. Offensichtlich wollte er sich ihr nähern, um sie zu untersuchen. Dieses Verhalten bei Einführung eines noch neutralen Reizes wird als **Orientierungsreaktion** bezeichnet. Albert zeigte jedoch Furcht, wenn hinter seinem Rücken laut ein Gong geschlagen wurde. Das laute Geräusch wird als **nicht-konditionierter Reiz** für die **nicht-konditionierte Reaktion** Furcht bezeichnet. Nach mehrmaliger gemeinsamer Darbietung von Geräusch und Ratte wurde auch auf die Ratte allein, ohne daß ein Geräusch notwendig war, mit Furcht reagiert. Eine Rattenfurcht (Phobie) war erlernt worden. Die Ratte hatte ihren neutralen Charakter verloren und war zum **konditionierten (bedingten) Reiz** für die **konditionierte (bedingte) Reaktion** Furcht geworden.

Es gilt als sicher, daß auch vegetative Funktionen durch Prozesse der klassischen Konditionierung beeinflußt werden können. Nachweise gelangen bisher für die Lungenfunktion, den Blutzuckerspiegel sowie die Funktion von Herzfrequenz, Magen und Darm [14]. Auch Parameter des Immunsystems konnten klassisch konditioniert werden. Es wird angenommen, daß Funktionsstörungen, wenn sie über lange Zeit andauern, schließlich zu Organläsionen führen.

Im folgenden soll thesenhaft eine Übersicht über die **Prinzipien des klassischen Konditionierens** gegeben werden:

1) **Nicht-konditionierte (unbedingte) Reize** (US) lösen reflexhaft eine **nicht-konditionierte (unbedingte) Reaktion** (UR) aus, die auch als respondentes Verhalten bezeichnet wird. **Neutrale Reize** bewirken bei ihrer Darbietung eine **Orientierungsreaktion.** Bei wiederholter Darbietung des neutralen Reizes zeigt sich eine **Habituation:** Der Reiz wird nicht mehr beachtet.
2) Werden neutrale Reize durch raum-zeitliche Nähe (Kontiguität) mit nicht-konditionierten Reizen assoziiert, erhalten sie die Qualität von **konditionierten (bedingten) Reizen** (CS), d.h. sie lösen die gleiche Reaktion aus

wie der nicht-konditionierte Reiz. Die Reaktion wird dann als **konditionierte (bedingte) Reaktion** (CR) bezeichnet.

3) Optimale Lernbedingungen bestehen, wenn der neutrale Reiz kurz vor dem US einsetzt (0,5–10 Sekunden) und beide Reize gleichzeitig enden. Die Dauer des optimalen Zeitintervalls zwischen neutralem Reiz und US richtet sich nach dem Erfolgsorgan (z.B. bei Konditionierung des Lidschlagreflexes kurzes Intervall, bei Konditionierung der Darmkontraktion langes Intervall).
4) Die Stärke der konditionierten Reaktion wächst im Regelfall mit zunehmender Anzahl der gemeinsamen Darbietungen von neutralem Reiz und nicht-konditioniertem Reiz. Bleibt der nicht-konditionierte Reiz aus, kommt es zu einer allmählichen Löschung (**Extinktion**) der konditionierten Reaktion. Nach Pausen tritt eine **spontane Erholung** der konditionierten Reaktion auf.

Beispielsweise würde Albert allmählich die Furcht vor der Ratte verlieren, wenn er häufig mit dem Tier konfrontiert würde, ohne erneut durch das Geräusch erschreckt zu werden. Es müßte allerdings verhindert werden, daß er vor der Ratte flieht, da andernfalls die erlernte Assoziation zwischen Ratte und Geräusch nicht durchbrochen wird. Nach einem längeren Zeitintervall ohne Ratte würde bei erneuter Konfrontation seine Furcht allerdings wieder angestiegen sein.

5) Konditionierte Reize bewirken, daß zweite neutrale Reize die konditionierte Reaktion hervorrufen, falls sie mit diesen neutralen Reizen gekoppelt werden. In einem solchen Fall spricht man von einer Konditionierung höherer Ordnung.

Auf diese Weise könnte bei Albert auch Furcht vor Personen entstehen, die ihm die Ratte zeigen.

6) Konditionierte Reize generalisieren, d.h. ihnen ähnliche Reize führen zu der gleichen konditionierten Reaktion. Mit wachsender Unähnlichkeit nimmt die Stärke der konditionierten Reaktion ab.

So wird berichtet, daß Albert auch Furcht vor dem Bart des Großvaters und dem Pelzmantel der Mutter hatte, daß diese Furcht aber geringer ausgeprägt war als die vor der Ratte.

4.2.2 Lernen am Erfolg

Um die Erforschung der Prinzipien des operanten Konditionierens hat sich insbesondere der amerikanische Psychologe Skinner verdient gemacht [15].

In der typischen Versuchsanordnung wird das Versuchstier in eine „Skinner-Box" gebracht, in einen Käfig, in dem das Tier z.B. durch Hebeldruck einen Futtermechanismus auslösen kann. Der Hebeldruck als operantes Verhalten führt somit zu einer als positiv bewerteten Konsequenz, nämlich zu der Nahrung. Nahrung ist aber nur dann ein Verstärker für ein Verhalten, wenn das Lebewesen hungrig ist, sich also in einem Mangelzustand befindet, der durch das Verhalten ausgeglichen wird. Ob ein Reiz Verstärkungsfunktion besitzt, ist daher nicht unabhängig von der Bedürfnislage des Organismus zu bestimmen.

Die **Prinzipien des operanten Konditionierens** sollen wiederum thesenhaft dargestellt werden:

1) Als operantes bzw. emittiertes Verhalten wird jede Aktivität bezeichnet, die spontan im Organismus, also nicht als reflexhafte Reaktion auf äußere Reize auftritt. Operantes Verhalten wird in seiner Auftretenswahrscheinlichkeit durch die Konsequenzen bestimmt, die ihm nachfolgen.
2) Tritt ein Verhalten als Folge der Konsequenzen in Zukunft häufiger auf, so hat eine Verstärkung, tritt es seltener auf, eine Bestrafung stattgefunden. Es werden jeweils zwei Formen der Verstärkung und Bestrafung unterschieden, wie aus der Tabelle 4-1 zu ersehen ist.

Tabelle **4-1** Vierfelderschema der Verhaltenskonsequenzen, die zu einer Verhaltensänderung führen.

	einsetzen	aufhören
positiv erlebte Konsequenz	positive Verstärkung	Bestrafung (durch Verstärkungsentzug)
negativ erlebte Konsequenz	Bestrafung (durch aversive Konsequenzen)	negative Verstärkung

Eine **positive Verstärkung** liegt z.B. dann vor, wenn das Tier in der Skinner-Box als Belohnung für den Hebeldruck eine Futterpille erhält. Von **negativer Verstärkung** spricht man, wenn als Folge eines Verhaltens ein als unangenehm erlebter Zustand beendet wird; z.B. kann die Flucht vor einem ängstigenden Hund dadurch negativ verstärkt werden, daß als Folge des Verhaltens die Angst nachläßt. **Bestrafung durch Verstärkerentzug** wird häufig in der Kindererziehung praktiziert, wenn Eltern sich von einem Kind, das unerwünschtes Verhalten zeigt, abwenden und es nicht mehr beachten. Bei der zweiten Form der Bestrafung werden **aversive Konsequenzen** eingeführt, möglicherweise wird das Kind ausgeschimpft oder körperlich bestraft. In der Praxis ist es allerdings häufig schwierig, eine Bestrafungsmaßnahme eindeutig einer der beiden Kategorien zuzuordnen.

3) Die Konsequenzen des Verhaltens werden als Verstärker bezeichnet. **Primäre Verstärker** sind solche, die vitale Bedürfnisse befriedigen, wie z.B. das nach Nahrung, nach sexueller Aktivität oder nach emotionaler Geborgenheit.
   Sekundäre Verstärker haben ursprünglich keine verstärkende Wirkung: Ihre Verstärkungsfunktion wird erst durch Prozesse klassischer Konditionierung erlernt. Hierunter sind sowohl soziale Verstärker (Zunicken, Lächeln, Lob) als auch materielle Verstärker (Geld) zu fassen.
4) Unter **Kontingenz** werden die Bedingungen subsumiert, unter denen auf ein Verhalten eine Konsequenz folgt. Konsequenzen folgen kontingent auf eine Reaktion (reaktionskontingent), wenn sie in festgelegter Abhängigkeit von ihr auftreten. Eine solche Festlegung erfolgt mit Hilfe von Verstärkerplänen.
   Wird das erwünschte Verhalten der Ratte in der Skinner-Box, nämlich der Hebeldruck, z.B. jedes drittemal mit Futter belohnt, so handelt es sich um einen Quotenplan; wird es immer dann belohnt, wenn es nach Ablauf eines festgelegten Zeitintervalls von z.B. 3 Minuten erneut auftritt, handelt es sich um einen Intervallplan.
5) Wird ein operantes Verhalten nicht mehr verstärkt, kommt es zu einer Löschung (**Extinktion**) dieses Verhaltens. Verhaltensweisen, die in Zufallsfolge verstärkt werden, erweisen sich als besonders löschungsresistent. Eine Zufallsfolge kann durch variable kombinierte Quoten- und Intervallpläne erreicht werden. Hierunter ist zum einen zu verstehen, daß sich Quoten- und Intervallpläne zufällig abwechseln, zum anderen werden auch die festgelegten Quoten bzw. die Zeitintervalle ständig verändert. Somit wird es unmöglich, eine Erwartung darüber auszubilden, ob das jeweils gezeigte Verhalten diesmal verstärkt wird oder nicht.
6) Sollen komplexe Verhaltensmuster gelernt werden, erweist es sich als günstig, das Verhalten in Teilelemente aufzugliedern, jedes Element für sich zu verstärken und anschließend die Verstärkung nur dann zu geben, wenn die Teilelemente kombiniert werden. Diese Vorgehensweise nennt man **Verhaltensformung.**

So könnten schon alle Handlungsansätze des Tieres in der Skinner-Box, die in Richtung auf den Hebeldruck weisen, mit Futter belohnt werden, z.B. die Bewegung in Richtung auf den Hebel oder der Aufenthalt in der Nähe des Hebels. Auf diese Weise kann das erwünschte Verhalten mit größerer Sicherheit und Schnelligkeit erreicht werden.

7) Verhalten, das in Anwesenheit eines bestimmten Reizes S^D, nicht aber in Anwesenheit eines anderen Reizes S^Δ verstärkt wird, tritt gehäuft unter der Bedingung S^D auf, nicht aber unter S^Δ. Dieses Phänomen wird als **Reizdiskrimination** bezeichnet. S^D ist der diskriminative Reiz für das Verhalten. Diskriminative Reize generalisieren ähnlich wie konditionierte Reize bei der klassischen Konditionierung.

Wird z.B. der Futtermechanismus nur ausgelöst, wenn eine über dem Hebel angebrachte rote Glühbirne aufleuchtet (S^D), nicht aber wenn die Lampe erloschen ist (S^Δ), so lernt das Tier, den Hebel nur noch bei Beleuchtung zu benutzen. Diese Reaktion wird nachfolgend auch durch eine gelbe Glühbirne auszulösen sein.

8) Folgen auf ein Verhalten unterschiedliche Konsequenzen (z.B. positiver und negativer Art), so ist die zukünftige Auftretenswahrscheinlichkeit des Verhaltens als eine Funktion der **Intensität der Verstärker** und der **zeitlichen Nähe** zum Verhalten zu beschreiben. Je intensiver der Verstärker ist und je näher er zeitlich dem Verhalten folgt, desto größer ist seine verstärkende Wirkung.

Durch eine zusätzliche Schaltung kann der Hebeldruck nicht nur mit dem Futter als Belohnung, sondern auch mit einem Strafreiz kombiniert werden. Das Tier erhält dann z.B. als Konsequenz des Verhaltens nicht nur Futter, sondern z.B. einen Windstoß in das Gesicht. Es hängt von der Intensität des Windstoßes und von der zeitlichen Folge der beiden Konsequenzen ab, ob der Hebeldruck in Zukunft weiter ausgeführt wird oder nicht. Es wird berichtet, daß Tiere, vor dem Hebel kauernd, drohten zu verhungern, wenn sie unmittelbar bei Hebeldruck einem intensiven Windstoß ausgesetzt wurden.

Daß auch physiologische Funktionen operant konditionierbar sind, wurde im Tierversuch vor allem von Miller nachgewiesen [16]. Durch systematische Belohnungen, die er durch elektrische Reizung von *Lustzentren* im Gehirn verabreichte, konnte er überdauernde Funktionsstörungen erreichen, so z.B. bei Herzfrequenz, Blutdruck, Menge der Urinausscheidung, Ausmaß der Speichelsekretion und der Darmkontraktion. Vor allem in der **Biofeedback**-Forschung (s. Kap. 4.2.5) werden diese Erkenntnisse therapeutisch genutzt.

Weiterentwicklung des traditionellen Behaviorismus

In der Weiterentwicklung des traditionellen Behaviorismus wird die These, Lernen sei allein eine Funktion der Situation, aufgegeben. Situationsübergreifenden Persönlichkeitszügen wird zunehmend Aufmerksamkeit geschenkt [17]. Die Tatsache, daß Personen nicht nur auf vorgegebene Situationen reagieren, sondern diese auch zielorientiert verändern, spiegelt sich wider in der These, daß „Situationen in gleicher Weise eine Funktion der Person sind, wie das Verhalten einer Person eine Funktion der Situation ist" [18].

Dies führte dazu, die von Kanfer entwickelte Verhaltensgleichung ergänzend zu den Organismusvariablen (O) um Personenvariablen (P) zu erweitern. Als Personenvariablen haben insbesondere Kognitionen Beachtung gefunden. Hierunter sind Muster der Informationsverarbeitung (z.B. Wahrnehmung und Bewertung von Reizen und Konsequenzen) zu verstehen, die darüber bestimmen, ob überhaupt und in welcher Weise ein Reiz oder eine Konsequenz verhaltenswirksam wird. Unterschiedliches Verhalten vor einer Prüfung hinsichtlich Lernaufwand oder emotionaler Reaktion wird z.B. verständlich durch unterschiedliche Anspruchsniveaus, kognitive Stile der Angstverarbeitung (s. Kap. 3.2.2) oder unterschiedliche Einschätzungen des Schwierigkeitsgrades der Anforderung (s. Kap. 2.2.3). Der ursprünglich aus der naturwissenschaftlichen Forschung übernommene Anspruch, nur das als Forschungsgegenstand zu akzeptieren, was der Beobachtung zugänglich ist, wurde mit Einführung der Personenvariablen aufgegeben. Sie können nicht direkt beobachtet, sondern nur aus beobachtbarem Verhalten erschlossen werden. Der methodische Zugang zu ihnen führt primär über strukturierte Interviews und Fragebögen.

4.2.3 Lernen am Modell

Modellernen [19] ist bereits als Weiterentwicklung des ursprünglichen behavioralen Ansatzes zu verstehen, denn es kann nur adäquat erklärt werden durch Rückgriff auf personale Prozesse der Informationsaufnahme, -speicherung und -aktivierung. Verhalten wird aber nur dann beobachtet, gespeichert und reaktiviert, wenn eine Person dazu motiviert ist. **Motivationen** entstehen durch die Erwartung, die Informationsverarbeitung werde zu als positiv bewerteten Konsequenzen führen.

Während Konditionierung sich auf isolierbare Verhaltenssequenzen bezieht, geht es hier um komplexe Verhaltensmuster in komplexen Situationen. Eine Person als Verhaltensmodell zeigt diese Verhaltensweisen, wird dabei von einer anderen Person beobachtet und dann imitiert. Die Beobachtung führt zur Entwicklung und Speicherung von Handlungsplänen, die dann in einer Anforderungssituation aktiviert werden.

Als Beispiel hierfür kann das Erlernen einer Operationstechnik durch Studenten dienen. Indem der Student zunächst einem kompetenten Chirurgen bei der Operation zusieht, prägt er sich einen Plan ein, in dem die verschiedenen Operationsschritte aufeinander bezogen sind. Das eigene Handeln wird an diesem Plan ausgerichtet.

Bei der Aktivierung des Plans ist eine Rückmeldung durch andere erforderlich, denn nur auf diese Weise kann ein Vergleich des gezeigten Verhaltens mit dem Verhaltensplan vorgenommen werden. Erst durch wiederholte Rückmeldung wird eine Übereinstimmung von Verhalten und gespeichertem Verhaltensplan erzielt. **Operante** Lernprozesse sind daher stets in das Modellernen integriert.

Der Lernprozeß wird begünstigt, wenn das Modell

- für den Beobachter attraktiv ist (z. B. beliebt ist, einen hohen sozialen Status hat, über Sanktionen verfügen kann usw.)
- dem Beobachter im Verhalten soweit ähnlich ist, daß das beobachtete Verhalten die Verhaltensmöglichkeiten des Beobachters nicht übersteigt.
- für sein Verhalten belohnt wird. Man spricht hier von einer **stellvertretenden Bekräftigung,** wodurch die Erwartung entsteht, das eigene Verhalten werde ebenfalls verstärkt werden.

Modellernen bezieht sich auf alle beobachtbaren Verhaltensweisen. Das schließt soziale Kompetenzen und emotionale Reaktionen ein. Modellernen kann als Medium der Sozialisation beschrieben werden. Wenn ein Kind z.B. beobachtet, daß die Mutter vor oder während einer zahnärztlichen Behandlung Ängste äußert, so wird mit großer Wahrscheinlichkeit auch das Kind ähnliches Verhalten zeigen. Der Spracherwerb des Kindes demonstriert die Verschränkung des Modellernens mit Prozessen der Konditionierung. Imitiert das Kind Laute, die die Eltern äußern, so wird dieses Verhalten durch Lob und vermehrte Zuwendung verstärkt. Auch der Umgang mit anderen Menschen im privaten und beruflichen Bereich, die Bewältigung von Konflikten und die Art des Ausgleichs unterschiedlicher Interessen werden durch Modellernen geprägt. Hierzu gehört auch die Vorgabe ärztlicher Rollenmuster. Studierende orientieren sich nicht nur hinsichtlich technischer Fertigkeiten an erfahrenen Klinikern sondern auch an den bei ihnen wahrgenommenen Stilen der Interaktion und Kommunikation mit dem Patienten.

4.2.4 Lernen durch Eigensteuerung

Nach Bandura [19] entwickelt sich die Selbststeuerung des Verhaltens in drei Stufen:

- Auf der **ersten Stufe** übernimmt das Kind die Verhaltensweisen der anderen durch das Lernen am Modell.
- In der **zweiten Stufe** reagiert die Umwelt auf diese Verhaltensweisen nach den Prinzipien der operanten Konditionierung mit externen Sanktionen. Hierdurch werden Erwartungen über zukünftige Belohnungen und Bestrafungen ausgebildet.
- Auf der **dritten Stufe** bestrafen bzw. belohnen sich die Personen selbst entsprechend ihren internalisierten Plänen und werden somit von Fremdkontrolle unabhängig.

Verhalten wird nicht nur durch tatsächlich erfahrene Konsequenzen, sondern auch bereits durch erwartete Konsequenzen bestimmt. Solche Erwartungen werden häufig über das Medium der Sprache vermittelt, so daß auch die Erfahrungen anderer das eigene Verhalten steuern können.

> Eine Person, die überzeugt ist, den eigenen Zigarettenkonsum nicht unter Kontrolle zu bekommen (evtl. bedingt durch eigene oder bei anderen beobachtete Mißerfolge bei der Raucherentwöhnung), wird zur Verhaltensänderung weniger motiviert sein als eine Person, die meint, selbst Herr ihres Schicksals zu sein.

Kontrollattributionen dieser Art gehören zu den oben bereits genannten Personenvariablen. Sie werden durch eigene Erfahrungen oder Erfahrungen anderer mit Versuchen zur Änderung des Verhaltens geprägt. Bei den **Kausalattributionen** geht es darum, sich eine Erklärung über die Ursachen eines Ereignisses zu machen. Hat eine Person z. B. zum drittenmal vergebens versucht, das Körpergewicht zu verringern, so kann sie diesen Mißerfolg entweder **external** oder **internal** attribuieren. Im ersten Fall würde sie z.B. den Therapeuten tadeln oder die ungünstigen Umstände verantwortlich machen (Attribuierung auf mächtige andere oder das Schicksal); im zweiten Fall würde sie die Ursache in der eigenen Person suchen (s.a. Kap. 3.2.4).

Konflikte zwischen Vorsatz und tatsächlichem Verhalten werden dann zu Lasten des Vorsatzes gelöst, wenn die Person durch den Einsatz **psychischer Abwehrmechanismen** sich davor schützt, die Anzahl der tatsächlich gerauchten Zigaretten wahrzunehmen (**Wahrnehmungsabwehr**), oder wenn sie ihre Überzeugungen ändert, z.B. die Gefahren des Tabakkonsums bagatellisiert (**kognitive Umstrukturierung**). Soll eine solche unerwünschte Konfliktlösung verhindert werden, ist es wichtig, den Vorsatz in kleinste Schritte zu gliedern, die für die Person ohne große Anstrengung durchführbar sind.

4.2.5 Verhaltensmodifikation

Die Lerntheorien werden im Kontext der Medizin sowohl für Diagnostik als auch für die Therapie im Rahmen verhaltenstherapeutischer Interventionen herangezogen. Dies soll an verschiedenen Beispielen erläutert werden.

Ängste

Bei der erlernten Angst existiert häufig eine Verschränkung verschiedener Lernprozesse. Die Angst vor der Spritze kann z.B. **klassisch konditioniert** worden sein, wobei hier häufig eine einmalige Assoziation von Schmerzreiz und Spritze ausreicht, um die Spritzenphobie hervorzurufen. Das ist dadurch zu erklären, daß der durch die Spritze ausgelöste Schmerzreiz auf dem Hintergrund des durch die Krankheit geschwächten Organismus und einer beängstigenden, unkontrollierbar erscheinenden Behandlungssituation in ein besonders aversives Erleben eingebettet ist. **Operante Lernprozesse** finden statt, wenn ängstliches Verhalten durch andere besonders beachtet wird (vorausgesetzt, das Bedürfnis nach Beachtung ist vorhanden). Wenn es z.B. gelingt, durch die Äußerung von Angst den Arzt dazu zu veranlassen, die unangenehme Behandlung zu unterbrechen, und so aus der beängstigenden Situation zu fliehen, wird die Fluchttendenz wegen des damit verbundenen Erfolges der Angstreduktion weiter verstärkt **(negative Verstärkung). Lernen am Modell** kann hinzukommen, wenn die Person andere bei ängstlichem Verhalten beobachtet und bemerkt, daß die Angst für die anderen zu dem gewünschten Erfolg (Zuwendung, Behandlungsabbruch) führt. Ängste können nicht nur klassisch und operant konditioniert, sie können auch **de-konditioniert** oder **gegen-konditioniert** werden. Hierbei wird der ängstigende Reiz mit einem Zustand assoziiert, der unvereinbar (inkompatibel) mit der Angstreaktion ist. In therapeutischer Anwendung wird hierzu im Regelfall die **Entspannung** genutzt. Die ängstliche Person lernt, sich durch ein **Muskel-Relaxationstraining** wirksam zu entspannen. Im entspannten Zustand werden ihr dann Reize angeboten, die bei ihr bisher Angst hervorriefen. Dieses Angebot kann entweder in der Vorstellung (in sensu) oder in der Realsituation (in vivo) vor sich gehen. Bedeutsam ist es, eine Hierarchie ängstigender Reize zu erstellen und mit den am wenigsten angstauslösenden Reizen zu beginnen, da sonst evtl. der Entspannungszustand nicht aufrechterhalten werden kann. Dieses Verfahren heißt **Systematische Desensibilisierung** in Analogie zur Desensibilisierung bei allergischen Reaktionen.

Wird eine Person in der Realsituation mit ängstigenden Reizen konfrontiert, ohne daß eine Angsthierarchie erstellt wird, und gleichzeitig (natürlich nach vorheriger Einwilligung) daran gehindert, diese Situation zu verlassen, ehe die Angstreaktion sich erschöpft hat, spricht man von einer **Reizüberflutung** (*flooding*). Dieses Verfahren ist besonders wirksam bei **Agoraphobien** (Angst vor dem Überqueren freier Plätze). Eine Person mit Angst vor Menschenansammlungen müßte sich demnach zur Hauptgeschäftszeit in ein überfülltes Kaufhaus begeben und dürfte es erst bei einer Abschwächung der Angstreaktion wieder verlassen.

In der Therapie sollte darauf geachtet werden, daß ängstliches Verhalten nicht länger belohnt wird und daß die Person andere Strategien erlernt, durch die sie ihre gewünschten Ziele (z.B. Beachtung, Zuwendung) erreichen kann. Außerdem können **Modellernprozesse** genutzt werden, z.B. indem die ängstliche Person nicht-ängstlichen Modellen im Umgang mit den ängstigenden Reizen zusieht und erfährt, welche Vorteile angstfreies Verhalten hat.

Abhängigkeiten

Auch Abhängigkeiten (von Drogen, Schmerzmitteln, Alkohol, Tabak) können als operantes Verhalten erklärt werden.

Verhalten, das negativ verstärkt wird, erweist sich als besonders löschungsresistent, da sich die Person im Regelfall schon nach wenigen Verstärkungen nicht mehr die Chance gibt, zu erfahren, daß der unangenehme Zustand auch ohne das erlernte operante Verhalten beendet werden kann.

Kopfschmerzen z.B. sind ein als unangenehm erlebter Zustand. Durch Einnahme des Schmerzmittels wird dieser Zustand beendet, so daß die Einnahme negativ verstärkt wird. Die Verstärkung wird um so intensiver sein, je geringer der zeitliche Abstand zwischen der Einnahme des Präparates und der Schmerzreduktion ausfällt.

Ärzte sollten wissen, daß z.B. bei Pharmaka, die zur Beendigung eines als unangenehm erlebten Zustandes führen, die Gefahr der verordneten Abhängigkeit besonders groß ist (s.a. Kap. 9.4).

Gesprächsführung

Auch in der Gesprächsführung können Lernprinzipien sinnvoll zur Gesprächssteuerung eingesetzt werden. In einem Gespräch trifft jeder Gesprächspartner eine Auswahl unter den von den jeweils anderen angebotenen Inhalten und geht darauf ein. Diese Reaktion führt zur Verstärkung bestimmter Inhalte und zur Vernachlässigung oder Löschung anderer. Das kann dazu führen, daß Patienten, die mit dem Arzt über ihre Lebensprobleme sprechen möchten, allein über ihre Organsymptomatik berichten, falls der Arzt nur auf solche Inhalte eingeht. Andererseits kann verbale Konditionierung auch dazu eingesetzt werden, alle Äußerungen zu verstärken, die auf eine Auseinandersetzung mit der eigenen emotionalen und kognitiven Situation hinweisen, um hierdurch die Introspektionsfähigkeit des Patienten zu erhöhen. Ein solches Vorgehen wird z.B. in der klientenzentrierten Gesprächspsychotherapie gewählt. In der Gruppentherapie treten Modellernprozesse hinzu, um diese Ziele zu unterstützen.

Biofeedback

Operante Verfahren haben darüber hinaus vor allem im Rahmen des **Biofeedback** Beachtung gefunden. Hierbei erhält der Patient unmittelbar Rückmeldung über Körperfunktionen, z.B. durch das EEG oder EKG, durch Geräte zur Messung der Muskelspannung oder der Hautleitfähigkeit. Die Rückmeldung erlaubt es, autonome Prozesse willkürlich zu steuern. Hauptindikationsgebiete für ein spezifisches, auf die Ursache der Störung bezogenes Biofeedback sind bisher Migräne (Vasokonstriktionsfeedback), Spannungskopfschmerz, Rückenschmerz aufgrund eines erhöhten Muskeltonus und Bruxismus (elektromyographisches Feedback). Des weiteren wird Biofeedback unspezifisch eingesetzt, um das Erlernen einer Entspannungsmethode zu unterstützen. Hierbei werden Aktivierungsparameter wie Hautleitfähigkeit, Hauttemperatur oder Muskelspannung zurückgemeldet. Verhaltenstherapeutische Verfahren werden in der Medizin in den letzten Jahren neben psychoanalytischer Methodik verstärkt eingesetzt (Übersicht z.B. in [20, 21]).

Studienfragen

Von welchen Bedingungen sind Verhaltensänderungen funktional abhängig?
(s.S. 113 f.)

Welche Fachbegriffe werden im Rahmen der klassischen Konditionierung verwendet und was bedeutet sie?
(s.S. 114 rechts, 115 links)

Was sind die hauptsächlichen Unterschiede zwischen klassischer und operanter Konditionierung?
(s.S. 114, 115)

Welche Bedingungen begünstigen das Lernen am Modell?
(s.S. 117)

Welche Bedeutung haben lerntheoretische Gesetzmäßigkeiten zur Erklärung und Behandlung von Ängsten?
(s.S. 118, 119)

Literatur

1 Tulving, E.: Episodic and semantic memory. In: Tulving, E., W. Donaldson (Eds.): Organization of memory (pp. 381–403). Academic Press, New York 1972.
2 Smith, E. E.: Theories of semantic memory. In: Estes, W. K. (Ed.): Handbook of learning and cognitive processes. Vol. 6 (pp. 1–56). Lawrence Erlbaum Associates, Hillsdale 1978.
3 Bower, G. H.: Cognitive psychology: An introduction. In: Estes, W. K. (Ed.): Handbook of learning and cognitive processes. Vol. 1 (pp. 25–80). Lawrence Erlbaum Associates, Hillsdale 1975.
4 Bredenkamp, J., W. Wippich: Lern- und Gedächtnispsychologie. Bd. 2. Kohlhammer, Stuttgart 1977.
5 Wippich, W.: Lehrbuch der angewandten Gedächtnispsychologie. Kohlhammer, Stuttgart 1984.
6 Craik, F. I. M., R. S. Lockhart: Levels of processing: A framework for memory research. Journal of Verbal Learning and Verbal Behavior, 11 (1972) 671–684.
7 Hirst, W.: The amnesic syndrome: Descriptions and explanations. Psychological Bulletin, 91 (1982) 435–460.
8 Parkin, A. J.: Residual learning capability in organic amnesia. Cortex, 18 (1982) 417–440.
9 Bower, G. H.: Mood and memory. American Psychologist, 36 (1981) 129–148.
10 Hilgard, E. R., G. H. Bower: Theorien des Lernens I. Klett, Stuttgart 1973.
11 Kanfer, F. H.: Verhaltenstherapie: Ein neues Theorie-Gerüst zur Lösung klinisch-psychologischer Probleme. Psychologische Praxis, 13 (1969) 1–18.
12 Pawlow, I. P.: Conditioned reflexes. Translated by G. V. Anrep. Oxford University Press, London 1927 (dt. Ausgabe: Sämtliche Werke Bd. I–IV, Akademie-Verlag, Berlin 1953–1956).
13 Watson, J. B.: The place of conditioned reflex in psychology. Psychological Review, 23 (1916) 89–117.
14 Basler, H.-D., H. Otte, Th. Schneller, D. Schwoon: Verhaltenstherapie bei psychosomatischen Erkrankungen. Kohlhammer, Stuttgart 1979.
15 Skinner, B. F.: The behavior of organisms. Appleton Century Crofts, New York 1938.
16 Miller, N. E.: Biofeedback and visceral learning. Annual Review of Psychology, 29 (1978) 373–404.
17 Mischel, W.: Toward a cognitive social learning reconceptualization of personality. Psychological Review, 80 (1973) 252–283.
18 Bowers, K. S.: Situationism in psychology: An analysis and a critique. Psychological Review, 80 (1973) 307–336.
19 Bandura, A.: Lernen am Modell. Ansätze zu einer sozialkognitiven Lerntheorie. Klett, Stuttgart 1976.
20 Melamed, B. G., L. J. Siegel: Lehrbuch der Verhaltensmedizin. Kohlhammer, Stuttgart 1983.
21 Meermann, R., W. Vandereycken: Verhaltenstherapeutische Psychosomatik in Klinik und Praxis. Schattauer, Stuttgart 1991.

5 Persönlichkeit

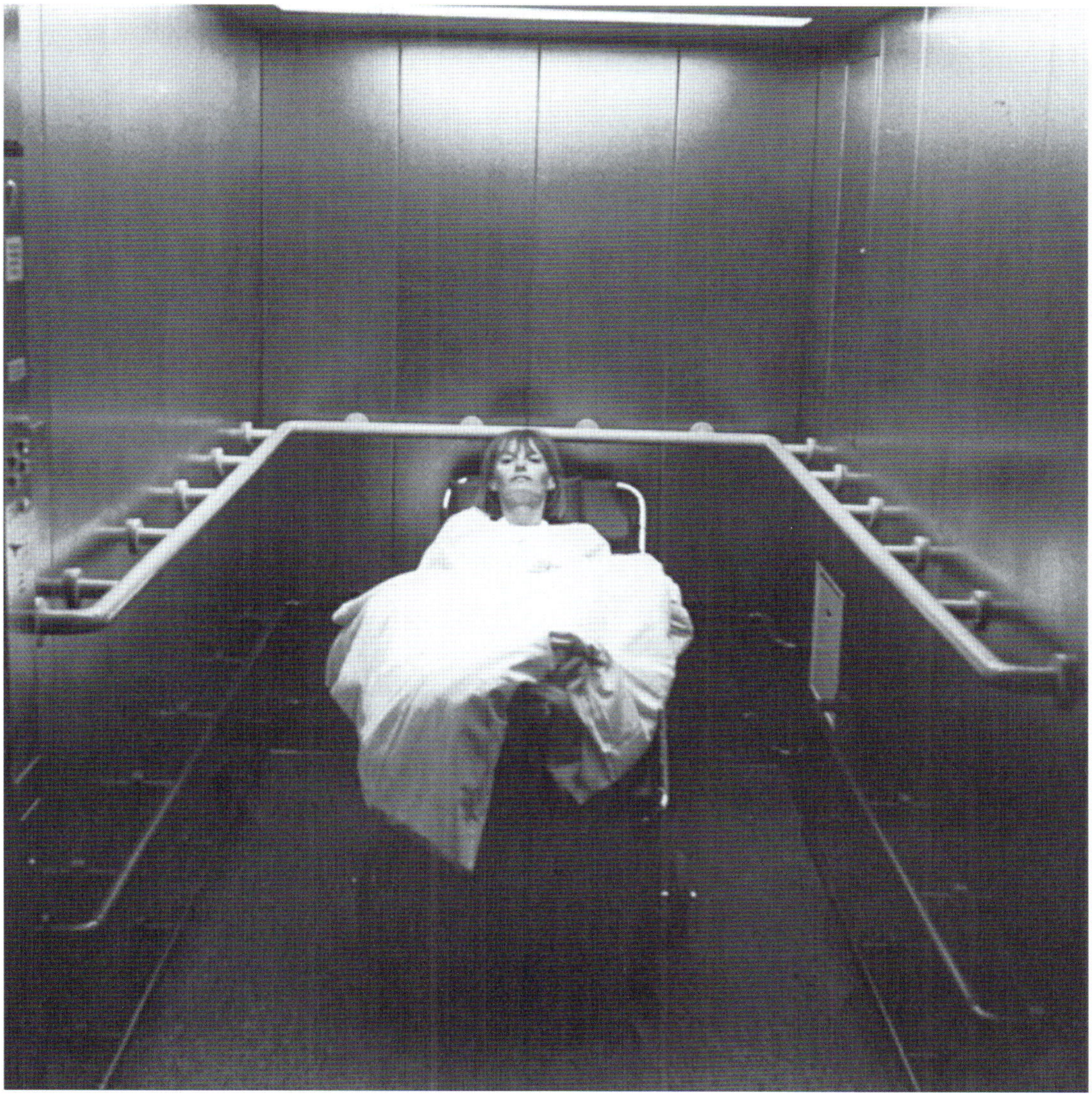

Inhalt

5 Persönlichkeit

5.1 Persönlichkeitsmodelle

Rolf Buschmann-Steinhage und Ralf Ihl

Ziel der Persönlichkeitsforschung

„Der Chefarzt hier ist eine wirkliche Persönlichkeit." Eine solche Aussage ist ein Lob, während Menschen *ohne Persönlichkeit* für schwach und beeinflußbar gehalten werden – jedenfalls im Sprachgebrauch des Alltags. Die Wissenschaft dagegen versucht, den Begriff *Persönlichkeit* wertneutral zu definieren. Trotz der Vielfalt der vorliegenden Definitionen stimmen die meisten Persönlichkeitsforscher darin überein, „daß die Persönlichkeit ein bei jedem Menschen einzigartiges, relativ überdauerndes und stabiles Verhaltenskorrelat ist" [1].

Das Ziel der Persönlichkeitspsychologie besteht letztlich darin, folgende Frage zu beantworten: Inwieweit lassen sich Verhaltens- und Erlebensweisen von Menschen durch Persönlichkeitsmerkmale erklären und vorhersagen? In diesem Zusammenhang wird zuerst erforscht, welche Merkmale überhaupt geeignet sind, Menschen zu beschreiben, d.h. in welchen Merkmalen sich Menschen voneinander unterscheiden, und ob die Merkmalsausprägungen über die Zeit hinweg stabil oder variabel sind. Persönlichkeitsmodelle gestatten dann die Einordnung der einzelnen Persönlichkeitsmerkmale in ein systematisches Konzept der gesamten Persönlichkeit.

Umwelteinflüsse (Erziehung, soziale Erfahrungen etc.) bestimmen in Verbindung mit angeborenen Dispositionen die Ausprägung der Persönlichkeitsmerkmale beim einzelnen Menschen.

In der Medizin spielen Persönlichkeitsmodelle in zweierlei Hinsicht eine wichtige Rolle:

- Krankheiten und deren Behandlung haben Auswirkungen auf die Persönlichkeit eines Menschen.
- Persönlichkeitsmerkmale beeinflussen Entstehung und Verlauf von Erkrankungen.

Beispiele: Patienten, die sich wegen Nierenversagen auf Dauer regelmäßig einer Hämodialyse unterziehen müssen, werden im Laufe der Zeit oft depressiver, introvertierter und gehemmter, ihre Aggressionen offen zu zeigen [2].

Zu den Risikofaktoren, die das Auftreten koronarer Herzerkrankungen begünstigen, gehört neben Übergewicht, Bewegungsmangel usw. auch das sog. Typ-A-Verhalten: Ungeduld, Gehetztheit, Ehrgeiz, überstarke Erfolgsorientierung, latente Aggressivität. Menschen mit diesem Verhaltensmuster erkranken etwa doppelt so häufig wie Menschen ohne dieses Muster [3].

Mit ihren Ergebnissen liefert die Persönlichkeitspsychologie auch Grundlagenwissen für die Erstellung und die Anwendung psychodiagnostischer Verfahren; umgekehrt stellt die Psychodiagnostik Methoden und Instrumente für die empirische Erforschung der Persönlichkeit zur Verfügung: Intelligenztests, Persönlichkeitsfragebögen.

Überblick über wichtige Ansätze der Persönlichkeitspsychologie

Persönlichkeit ist kein der Beobachtung unmittelbar zugänglicher Sachverhalt; das gleiche gilt für einzelne Persönlichkeitseigenschaften: Intelligenz oder emotionale Labilität kann man nicht sehen, sondern nur aus Beobachtungen erschließen. Aus der Analyse beobachteter Sachverhalte entwickelt der Forscher deshalb sog. *hypothetische Konstrukte,* die Persönlichkeitseigenschaften.

Beispiel: Patienten schildern sich vor Operationen unterschiedlich besorgt und aufgeregt, ihre Herzfrequenz und ihr Blutdruck steigen verschieden stark an, einige zittern regelrecht.

Zur zusammenfassenden Beschreibung und Erklärung dieser **Unterschiede** in den Selbstschilderungen, physiologischen Veränderungen und Verhaltensbeobachtungen wird das Konstrukt *Ängstlichkeit* verwendet. Menschen unterscheiden sich danach in dem Ausmaß, in dem sie auf belastende Situationen mit Angst reagieren. Ist Ängstlichkeit wirklich ein stabiles und situationsübergreifendes Persönlichkeitsmerkmal, dann müßte mit seiner Hilfe auch Angst in anderen Situationen, wie z.B. Prüfungen, vorhergesagt werden können.

Wird die möglichst vollständige Beschreibung der individuellen Eigenart eines einzelnen Menschen in den Mittelpunkt der wissenschaftlichen Bemühungen gestellt, entspricht das einer **idiographischen** Vorgehensweise. Sie wird zwar in besonderem Maße der Individualität des Menschen gerecht, erlaubt auf der anderen Seite jedoch keine

Verallgemeinerungen auf und Aussagen über andere Menschen. Im Gegensatz dazu analysiert die **nomothetische** Herangehensweise Verhalten und Erleben möglichst vieler Menschen und versucht, daraus allgemeine Beschreibungsdimensionen und Gesetzmäßigkeiten abzuleiten.

Obwohl sie von entgegengesetzten Positionen ausgehen, können sich beide Ansätze gut ergänzen: Die Kenntnis allgemeiner Persönlichkeitsmerkmale erleichtert die Beschreibung und das Verstehen eines einzelnen Menschen, und die detaillierte Darstellung der Individualität einer Person liefert Hinweise auf Persönlichkeitsdimensionen, die auch von genereller Bedeutung sein können.

In den folgenden Abschnitten sollen Persönlichkeitsmodelle vorgestellt werden, die aus drei großen Traditionen der Persönlichkeitspsychologie entstanden sind:

- **Typologien** (wie die bekannte Konstitutionslehre von **Kretschmer**), welche die Vielfalt menschlicher Individualität auf eine begrenzte Anzahl von Persönlichkeitstypen zurückführen.
- Das Persönlichkeitskonzept der **Psychoanalyse Sigmund Freuds,** das die Bedeutung unbewußten Geschehens betont.
- **Statistische Persönlichkeitsmodelle** (wie die von Cattell, Eysenck und Guilford), die mit mathematischen Hilfsmitteln allgemeine Dimensionen zur Beschreibung und Erklärung erstellen (dimensionale Ansätze).

Typologien und statistische Persönlichkeitsmodelle folgen dem nomothetischen Ansatz; die Psychoanalyse hingegen kennt sowohl idiographische (Therapie) als auch nomothetische (Typologie) Vorgehensweisen.

Typologische Ansätze

Typologische Ansätze ordnen jeden Menschen einer bestimmten Klasse zu, für die jeweils ein Typ(us) charakteristisch ist. Ein Typ ist damit eine spezifische Kombination von Merkmalsausprägungen, die alle Personen mehr oder weniger kennzeichnen soll, die der entsprechenden Klasse angehören.

Dabei sind die Merkmale, nach denen die Typen unterschieden werden, je nach Ansatz verschieden: Verhaltensweisen, Körperproportionen, Entwicklungsverläufe usw. Kretschmer formulierte eine Persönlichkeitslehre mit drei Grundtypen: Pykniker, Leptosom und Athlet, die er anhand von Merkmalen des Körperbaus definierte (Abb. 5-1) [4].

Als sich herausstellte, daß viele Menschen keinem dieser Typen eindeutig zuzuordnen waren, schuf er als *Auf-*

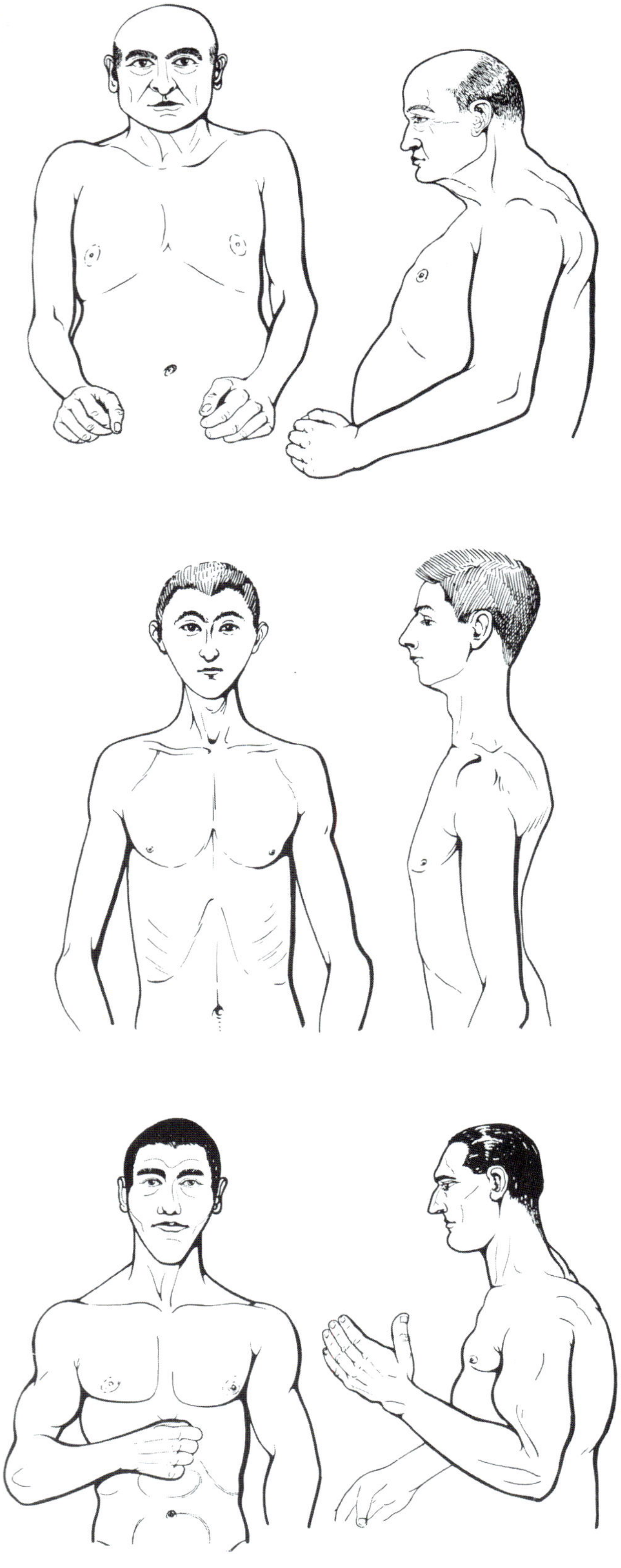

Abb. **5-1** Die Körperbau-Typen nach Kretschmer [4].

fangtypus den **Dysplastiker,** der Merkmale verschiedener Grundtypen in sich vereinigt. Zunächst behauptete Kretschmer nur einen Zusammenhang zwischen Körperbau und der Neigung zu bestimmten psychiatrischen Erkrankungen. Später glaubte er, generell aus dem Körperbau wesentliche Aussagen über den Charakter eines Menschen ableiten zu können. Empirische Untersuchungen konnten die behauptete Verbindung zwischen körperlichen und psychischen Merkmalen kaum belegen. Aus diesem Grunde spielt die Kretschmersche Typologie (ebenso wie die ganz ähnliche von Sheldon aus den 40er Jahren und andere vom Körperbau ausgehende Typenlehren) in der Medizinischen Psychologie keine wesentliche Rolle mehr. Das Schwergewicht liegt heute auf dimensionalen Ansätzen.

Typologische Ansätze im weiteren Sinne stellen auch Versuche dar, Persönlichkeitsvarianten zu beschreiben, die das Entstehen bestimmter Erkrankungen begünstigen: Typ-A-Verhalten, die sog. Kopfschmerz-Persönlichkeit usw.

5.1.1 Psychoanalytische Persönlichkeitsmodelle

Die Psychoanalyse Sigmund Freuds kennt zwei Modelle der Persönlichkeit, ein strukturelles und ein topographisches (s. Abb. 3-2, S. 58):

Im strukturellen oder **Instanzen-Modell** unterscheidet Freud (1923) drei Instanzen: **ES, ICH** und **ÜBER-ICH.**

Das **ES,** ontogenetisch die früheste Instanz, enthält alles Vererbte und konstitutionell Festgelegte, vor allem die Triebe. Es folgt dem Lustprinzip, ist ohne Moral und unabhängig von den Gesetzen der Logik und von Zeit und Raum (Primärprozeß).

Das **ICH** versucht als vermittelnde Struktur, die Konflikte zwischen ES, ÜBER-ICH und den Anforderungen der Außenwelt zu regulieren. Mit Hilfe des Wahrnehmungsapparats hält es Kontakt zur Innen- und Außenwelt. Dem Realitätsprinzip folgend kontrolliert es die Triebbedürfnisse des ES u.a. mit Hilfe der Abwehrmechanismen (Sekundärprozeß). Im Zuge der Sozialisation bildet sich aus dem ICH das **ÜBER-ICH**, das weitgehend dem Gewissen entspricht. Es enthält die inneren Normen eines Menschen, die als verinnerlichte gesellschaftliche Gebote und Verbote entstehen. Das ÜBER-ICH verlangt eine Kontrolle der Triebbedürfnisse des ES, so daß Konflikte zwischen beiden Instanzen unausweichlich sind. Gelegentlich werden ÜBER-ICH und ICH-Ideal voneinander unterschieden. Ersterem werden dann die moralischen Gebote und Verbote zugeordnet, während letzteres die Idealvorstellung von sich selbst (das ideale Selbst) darstellt.

Das ältere **topographische** Modell der Psychoanalyse kennt drei *psychische Qualitäten:* **bewußt, vorbewußt** und **unbewußt** [5].

Das Bewußte ragt wie die Spitze eines Eisbergs aus dem Wasser; der Großteil des Eisbergs ist unter Wasser und unbewußt. Zum Unbewußten gehört das gesamte ES, während die Inhalte von ICH und ÜBER-ICH überwiegend vorbewußt sind, d.h. durch Nachdenken und Erinnern ins Bewußte gehoben werden können. Die Inhalte und Prozesse des ES sind dagegen nur indirekt, z.B. über Träume, Symptome (z.B. hysterische Lähmungen), Fehlleistungen (z.B. Versprecher), zugänglich.

Neben diesen beiden Persönlichkeitsmodellen entwickelte die Psychoanalyse auch eine typologisch aufgebaute Charakterologie.

In der psychoanalytischen **Charakterologie** werden bestimmte Persönlichkeitsvarianten den Entwicklungsphasen (oral, anal, phallisch) zugeordnet, durch deren Störung sie entstehen [6, 7].

Erfährt ein Mensch während einer der Entwicklungsphasen zu wenig (oder übermäßig viel) Befriedigung seiner phasenspezifischen Triebbedürfnisse, bleibt er an diese Phase fixiert. Bei einer Fehlentwicklung in der **oralen** Phase kommt es demnach zur Ausbildung des oralen Charaktertyps, d.h. zu einem Menschen, der ständig viel von anderen fordert, empfindlich ist gegen Frustrationen, leicht aufgibt und enttäuscht ist. Der **anale** Charakter (bei Störung der Entwicklung in der analen Phase) zeichnet sich aus durch Ordnungsliebe bis hin zur Pedanterie, Sparsamkeit bis hin zum Geiz und Eigensinn bis hin zum Trotz. Im **phallischen** Charakter finden sich vor allem Selbstbewußtsein, Überlegenheitsgefühle und ein impulsives, energisches Auftreten [8].

Unbewußte Phänomene einbeziehend ist das psychoanalytische Persönlichkeitskonzept nur z.T. empirischer Prüfung zugänglich. Entsprechende Untersuchungen konnten die Hypothesen Freuds nur partiell bestätigen und standen häufig im Widerspruch zu ihnen. Manche Psychoanalytiker wenden demgegenüber ein, die klassischen Methoden empirischer Forschung seien ihrer Theorie nicht angemessen. Damit erschweren sie allerdings die Überprüfung ihrer Modellvorstellung an der Realität.

Innerhalb der **psychoanalytisch orientierten Psychosomatik** gibt es Versuche (Alexander), bestimmte Krankheiten wie beispielsweise Magengeschwüre, Asthma und Colitis ulcerosa mit persönlichkeitsspezifischen Triebkonflikten in Zusammenhang zu bringen [9].

Hypertoniker sind danach Menschen, die ihre aggressiven Impulse unterdrücken, statt sie geeignet zum Ausdruck zu bringen. Zur Begründung dieser These wird oft auf kasuistische Beobachtungen an psychoanalytisch behandelten Hypertonie-Patienten verwiesen. Damit allein läßt sich der behauptete Zusammenhang allerdings nicht ausreichend belegen, da nicht ausgeschlossen werden kann, daß auch Menschen ohne zu hohen Blutdruck ihre Aggressionen unterdrücken. Sorgfältige empirische Überprüfungen konnten denn auch die o.g. These nicht bestätigen [10].

5.1.2 Statistische Persönlichkeitsmodelle

Die empirische Persönlichkeitsforschung kennt verschiedene mit statistischen Methoden, vor allem der Faktorenanalyse, konstruierte Modelle der Persönlichkeit.

Gemeinsam ist diesen Modellen vor allem die Methode, mit Hilfe derer sie entstehen: Viele **verschiedene Merkmale** des Erlebens und Verhaltens, in denen Menschen sich unterscheiden können, werden durch Fragebögen, Verhaltensbeobachtungen oder objektive Tests erfaßt. **Maße des statistischen Zusammenhangs** (in der Regel Korrelationskoeffizienten) geben dann an, welche Merkmale überzufällig oft mit welchen anderen gemeinsam auftreten: ob also z.B. Menschen, die schnell Denkaufgaben lösen können, auch meistens ein gutes Gedächtnis haben, oder ob ängstliche Menschen auch besonders oft depressiv sind. Die **Faktorenanalyse** (eine häufig verwendete mathematische Methode) faßt dann solche Merkmale, die gemeinsam variieren, zu sog. Faktoren zusammen. Durch Betrachtung und Analyse der Variablen, die zu einem Faktor gehören, gewinnt der Forscher eine Vorstellung davon, was dieser Faktor als Beschreibungsdimension eigentlich beinhaltet, was also die ihm entsprechende **Persönlichkeitseigenschaft** ausmacht.

Prominente Vertreter der Persönlichkeitsforschung, die je ein statistisch ausgerichtetes **Gesamtmodell** entwickelt haben, sind Cattell, Eysenck und Guilford. Obwohl deren Modelle alle wesentlich faktorenanalytisch fundiert sind, gelangen sie zu ganz verschiedenen Persönlichkeitssystemen. Wieso?

Entscheidend ist die Auswahl der Variablen, die in die Analyse eingehen. Von ihnen hängt das Ergebnis ab. Die Cattellsche Auswahl von 171 Varianten aus 4500 Eigenschaftsbezeichnungen charakterisiert Thomae beispielsweise mit den Worten: „Das Leitbild des rationalen, durch rigorose ethische Forderungen der Umwelt ebenso wie durch die Verheißung materiellen Gewinns bestimmten Menschen steht ganz offenkundig hinter dieser Auswahl“ [11].

Unterschiede zwischen den Ergebnissen dieser Autoren sind z.T. ebenfalls aus verschiedenen Vorgehensweisen bei der Durchführung von Faktorenanalysen zu erklären.

Nun lassen sich trotz der Unterschiede Übereinstimmungen und Gemeinsamkeiten der verschiedenen Modelle aufzeigen. Im wesentlichen sind es drei umfassende **Persönlichkeitsdimensionen,** über deren Bedeutung ein relativ breiter Konsens herrscht:

- Extraversion/Introversion
- Neurotizismus
- Intelligenz

Extraversion

Bereits Carl Gustav Jung sah in dem Extravertierten und dem Introvertierten zwei entgegengesetzte Persönlichkeitstypen [12]. Eysenck fand in den 50er Jahren bei seinen Faktorenanalysen von Fragebogendaten einen entsprechenden Faktor (zweiter Ordnung) *Extraversion versus Introversion,* der auch in den statistischen Analysen anderer Forscher auftrat. Der Pol *Extraversion* dieser Dimension wird von Eysenck durch „Eigenschaften wie Soziabilität, Impulsivität, Aktivität, Sorglosigkeit, Lebenslust, Heiterkeit usw.“ beschrieben [13]. Jung und Eysenck halten die Ausprägung dieses Persönlichkeitsmerkmals für **angeboren;** nach Eysenck hängt sie sehr eng mit dem Grad der Erregung bzw. Hemmung zusammen, die im Zentralnervensystem dominiert. Eysenck versuchte diesen Zusammenhang in einer Vielzahl von Experimenten zu belegen, deren Interpretation jedoch kontrovers blieb [14]. Es gibt eine ganze Reihe von Fragebögen, mit denen der Grad der Extraversion erfaßt werden soll (z.B. FPI).

Extravertierte Menschen äußern empfundene Schmerzen eher als introvertierte [15]; introvertierte Frauen wiederum weisen nach Herzoperationen häufiger psychische Anfälligkeiten auf als extravertierte [16] und untersuchen seltener ihre Brust selbst [17]. Darüber hinaus verarbeiten extravertierte Personen ihre Krankheit im Durchschnitt erfolgreicher als introvertierte [18].

Die Frage nach Zusammenhängen zwischen der Extraversionsdimension und verschiedenen Erkrankungen läßt sich bislang nicht eindeutig beantworten, da die Resultate empirischer Untersuchungen einander widersprechen: Einerseits sind körperlich Kranke oft introvertierter als andere Personen [19], andererseits zeichnen sich Krebskranke durch besonders hohe Extraversionswerte aus [20, 21]. Der retrospektive Ansatz der meisten Studien erlaubt in aller Regel jedoch keine Antwort auf die Frage, ob diese Persönlichkeitsausprägungen nun Ursache oder Folge von Krankheit sind. Experimentelle Studien sind selten; allerdings konnte man zeigen, daß introvertierte Probanden empfindlicher auf die Inokulation von Erkältungsviren reagieren als extravertierte [22].

Neurotizismus

Neurotizismus stellt für Eysenck die zweite (von der Extraversionsdimension unabhängige) wichtige Persönlichkeitsdimension dar. Gemeint ist damit „eine starke, labile Emotionalität, die eine Person dazu prädisponiert, in exzessiven Streßsituationen neurotische Symptome zu entwickeln. Korrelierende Eigenschaften, die diesen *Typus* definieren, sind Launenhaftigkeit, Schlaflosigkeit, Nervosität, Minderwertigkeitsgefühle, Reizbarkeit usw." [13]. Neurotische Symptome sieht Eysenck hauptsächlich als starke Reaktionen des vegetativen Nervensystems, mit dessen angeborener Instabilität demnach Neurotizismus eng verknüpft ist. Dabei ist zu beachten, daß eine hohe Ausprägung dieses Persönlichkeitsmerkmals keineswegs bedeutet, daß die betreffende Person an einer akuten neurotischen Störung leiden muß. In Cattells Persönlichkeitsmodell zeigt sich ein Faktor, der inhaltlich mit Eysencks Neurotizismusdimension verwandt ist, allerdings mit der Überschrift „Angst" und den Unterdimensionen „emotionale Stabilität, Mißtrauen, Schuldgefühle und Konfliktspannung" [14]. Auch in Guilfords Persönlichkeitssystem lassen sich (speziellere) Faktoren finden, die zum Bereich Neurotizismus gehören [14].

In Untersuchungen von Eysenck und Mitarbeitern fielen Krebskranke durch besonders geringen Neurotizismus auf [21], während andere Studien bei Tbc-Patienten, Asthmatikern und koronar Erkrankten eine erhöhte emotionale Labilität feststellten [19]. Für die Kausalität gilt wieder das oben zur Extraversion Gesagte.

Menschen mit hohen Testwerten auf dieser Dimension sind offenbar empfindlicher gegenüber Schmerzen (besitzen also eine niedrigere Schmerzschwelle [15]), während die **Schmerzäußerung** stärker mit dem Grad der Extraversion zusammenhängt (s.o.). Emotional labile Frauen reagieren auf die gynäkologische Vorsorgeuntersuchung stärker mit Angst und Abwehr als emotional stabile Frauen (mit niedrigerem Neurotizismus-Testwert [17]).

Vermutlich werden körperliche Krankheiten sowohl durch besonders hohe als auch durch besonders niedrige Ausprägungen von Neurotizismus begünstigt. Emotional sehr labilen Menschen fehlen wahrscheinlich erfolgreiche Bewältigungsstrategien in Belastungssituationen [18]. Umgekehrt nehmen emotional betont kontrollierte Personen (mit niedrigen Neurotizismus-Werten) physiologische Reaktionen auf Konflikte und erste Anzeichen von Erkrankungen oft nicht wahr [19].

Intelligenz

„Intelligenz ist das, was der Intelligenztest mißt." So lautet eine oft gehörte Definition (nach [23]), die allerdings die Frage, was denn Intelligenz eigentlich sei, nur bedingt beantwortet. Groffmann definiert: „Intelligenz ist die Fähigkeit des Individuums, anschaulich oder abstrakt in sprachlichen, numerischen und raumzeitlichen Beziehungen zu denken; sie ermöglicht erfolgreiche Bewältigung vieler komplexer und mit Hilfe jeweils besonderer Fähigkeitsgruppen auch ganz spezifischer Situationen und Aufgaben" [24].

Konkretisiert wird diese Definition insbesondere durch zwei Strukturmodelle der Intelligenz: Generalfaktorentheorie und Multiple Faktorentheorie.

Die **Generalfaktorentheorie** Spearmans sieht Intelligenz zusammengesetzt aus einer **allgemeinen geistigen Leistungsfähigkeit** (g-factor), die an allen Intelligenzleistungen beteiligt ist, sowie aus **speziellen Einzelfaktoren** (s-factors, z.B. Zahlengedächtnis), die untereinander und vom g-factor unabhängig sind [14]. Der Hamburg-Wechsler-Intelligenztest für Erwachsene (**HAWIE**) baut auf diesem Konzept auf.

Thurstone entwickelte die **Multiple Faktorentheorie** der Intelligenz [25]. Danach besteht die Intelligenz aus einer Reihe von gleichrangigen, einander z.T. überlappenden Gruppenfaktoren, die jeweils in unterschiedlichem Ausmaß an den einzelnen Intelligenzleistungen beteiligt sind.

Thurstone nennt folgende *primary mental abilities:* räumliches Vorstellungsvermögen (space), Rechenfertigkeit (number), Sprachverständnis (verbal comprehension), Wortflüssigkeit (verbal fluency), Gedächtnis (memory), Wahrnehmungsgeschwindigkeit (perceptual speed), logisches Denken (reasoning) [25]. Dabei hat der Faktor „Logisches Denken" am ehesten Ähnlichkeit mit Spearmans g-factor. Auf dem Multiplen Faktorenmodell basiert z.B. der Intelligenz-Struktur-Test (**IST**).

Ein neueres Intelligenzmodell stammt von Jäger (Abb. 5-2). Er gliedert unterhalb der allgemeinen Intelligenz „g" die intellektuellen Fähigkeiten in vier operative und drei inhaltsgebundene Fähigkeitsbündel. Bei einer Studie an 545 Schülern/-innen fand dieses Modell erste empirische Bestätigung [26].

Auf William Stern (1912, s. [24]) geht der **klassische Intelligenzquotient** (IQ) zurück:

$IQ = 100 \times (IA/LA)$

ein Quotient aus Intelligenzalter (IA) und Lebensalter (LA). Ein Proband hat im Intelligenztest das **Intelligenzalter** 6 Jahre erreicht, wenn er die Testaufgaben löst, die ein durchschnittlicher 6jähriger erfolgreich bewältigt. Beträgt sein Lebensalter dabei 5 Jahre, so erzielt er einen IQ von $100 \times (6/5) = 120$. Dieses Konzept geht von der Annahme aus, daß die Intelligenzleistung exakt proportional zum Lebensalter ansteigt. Da dies jedoch nicht vorausgesetzt werden kann, ist der **Abweichungs-IQ** nach Wechsler angemessener. Die altersnormierte durchschnittliche Intelligenz entspricht dabei einem IQ von 100; die Abweichung von diesem Durchschnittswert wird in bezug auf die Standardabweichung der Testrohwerte angegeben (s. Kap. 1.3).

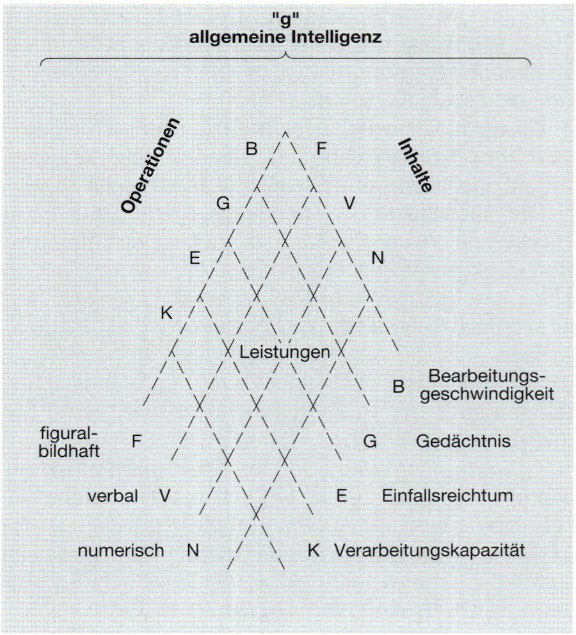

Abb. **5-2** Intelligenzmodell von Jäger [26].

In der Pädiatrie werden Intelligenztests zur Diagnostik geistiger Minderbegabung verwendet, während zur Erfassung von kognitiven Leistungsausfällen bei Schädigungen des Gehirns (nach Unfällen etwa oder durch Tumore) spezielle neuropsychologische Untersuchungsverfahren eingesetzt werden, wie z. B. der Aachener Aphasietest (AAT) [27] oder das Diagnosticum für Cerebralschädigung (DCS) [28].

Die Intelligenz-**Struktur**-Forschung, die zu den oben beschriebenen Intelligenzmodellen führt, ist sehr stark durch die Operationalisierung der Intelligenz über die Aufgaben von entsprechenden Tests beeinflußt. Eine genauere Analyse der Denkvorgänge, die beim Lösen solcher Aufgaben ablaufen, im Rahmen der Intelligenz-**Prozeß**-Forschung zeigt allerdings, daß beispielsweise viele Aufgaben zum räumlichen Vorstellungsvermögen de facto etwas anderes erfassen (nämlich so etwas wie generelle Problemlösefähigkeit), also wenig valide sind [29]. Denkpsychologen weisen daneben darauf hin, daß zum erfolgreichen Bewältigen von Problemsituationen sehr viel mehr gehört als die Geschwindigkeit und Genauigkeit einfacher kognitiver Operationen, die in der Regel von den Intelligenztests erfaßt werden. Es fehlen höhere Organisationsformen des Denkens (wie z. B. komplizierte Schlußfolgerungsprozesse) und Variablen wie Kreativität [30].

Weiterentwicklungen der statistischen Modelle

Die Konstrukte Extraversion, Neurotizismus und Intelligenz gehören zum sog. Eigenschaftsansatz innerhalb der Persönlichkeitsforschung. Er geht davon aus, daß Verhalten und Erleben von Menschen weitgehend durch deren Persönlichkeitseigenschaften im Sinne von überdauernden Verhaltensdispositionen bestimmt werden.

Die grundlegende Gegenposition stellt der Situationismus dar: Nicht die Eigenschaften bestimmen das Verhalten einer Person, sondern vor allem die Charakteristika der Situation, in der sich das Individuum gerade befindet [31].

Ob ein Patient zu einem bestimmten Zeitpunkt ängstlich ist, hängt dann vor allem davon ab, ob die Situation (z.B. die Durchführung einer gefährlichen Operation) angstauslösend ist, und weniger davon, ob er eine hohe Ausprägung des Merkmals Ängstlichkeit aufweist. Aus der Kontroverse zwischen Vertretern der beiden gegensätzlichen Positionen entstand als Synthese der **Interaktionismus.**

Der Interaktionismus nimmt die Annahmen beider Ansätze auf und führt sie zusammen: Nicht nur die Person mit ihren Eigenschaften oder lediglich die Charakteristika der Situation determinieren Erleben und Verhalten eines Menschen, sondern beide, **Person** und **Situation,** bestimmen in Wechselwirkung (Interaktion) miteinander, wie der Mensch sich verhält bzw. was er erlebt.

Persönlichkeit und Krankheit

Kognitive Persönlichkeitstheorien, die nicht dem statistisch geprägten Eigenschaftsansatz angehören, werden oft vernachlässigt (so auch im Gegenstandskatalog) und selten zum Gegenstand empirischer Untersuchungen gemacht. Das betrifft Theorien wie die von Bandura, Kelly, Mischel und Rotter [32]. Sie zeichnen sich alle dadurch aus, daß sie erforschen, wie sich der Mensch mit Hilfe von Erwartungen, Plänen, Strategien und **Alltagstheorien** aktiv mit sich und seiner Umwelt auseinandersetzt.

Solche Ansätze analysieren dann, wie ein Mensch damit umgeht, daß er sein Leben lang seine Beine nicht mehr wird bewegen können (Querschnittslähmung nach einem Unfall), oder er ständig damit rechnen muß, daß nach einer Krebsoperation doch noch Metastasen entdeckt werden.

Verschiedene Gebiete der Medizin arbeiten an der Klärung von Zusammenhängen zwischen psychologischen Variablen (Typ-A-Verhalten, Reaktionen auf Streß usw.) und dem Entstehen und Verlauf körperlicher Erkrankungen. Die **Psychoneuroimmunologie** beispielsweise erforscht den

Einfluß von belastenden Lebenssituationen und Persönlichkeitsmerkmalen auf die Funktion des menschlichen Immunsystems, damit implizit auch auf die Anfälligkeit für Infektionskrankheiten, Autoimmunerkrankungen usw. Bei Medizinstudenten fand man z.B. am ersten Tag ihrer Prüfungen eine geringere Aktivität der sog. *natural killer cells* (die der Immunabwehr dienen) als einen Monat zuvor. Studenten mit hohen Testwerten in den Skalen „Einsamkeit" und „belastende Lebensereignisse" zeichneten sich ebenfalls durch einen niedrigeren Aktivitätsgrad dieser Zellen aus [33]. Anders als die klassische, psychoanalytisch geprägte Psychosomatik ist die Psychoneuroimmunologie schon teilweise in der Lage, *psychosomatische Bindeglieder* zwischen Persönlichkeitsvariablen auf der einen Seite und dem Immunsystem auf der anderen Seite anzugeben [34, 35]. Eysenck sieht in psychoimmunologischen Mechanismen mögliche Vermittlungsglieder zwischen Extraversion auf der einen und Krebserkrankungen auf der anderen Seite [21]. Andere Modelle zum Zusammenhang zwischen Persönlichkeitsmerkmalen und Krankheiten konzentrieren sich auf Gesundheitsverhalten und Copingstrategien als vermittelnde Variablen [19].

Studienfragen

Welchen Sinn haben Persönlichkeitsmodelle überhaupt?
(s.S. 123)
In welcher Beziehung stehen das topographische und das strukturelle Modell der Psychoanalyse?
(s.S. 125)
Welche Schlüsse kann ich vom Körperbau eines Patienten auf seinen Charakter ziehen?
(s.S. 125)

5.2 Systematische Verhaltensdifferenzen

Uwe Hentschel

Aufgaben der Differentiellen Psychologie

Das Ziel der 1900 von William Stern begründeten Differentiellen Psychologie ist die Erfassung und Erklärung inter- und intraindividueller Unterschiede in Dispositionen, Verhalten und Erleben. Von den Inhalten her kann auch bei differentiellen Fragestellungen im wesentlichen auf den Bereich der Allgemeinen Psychologie verwiesen werden. Für differentielle Aufgabenstellungen gibt es im Prinzip zwei Forschungsstrategien:

- Aufzeigen von relevanten Unterschieden zwischen biologischen (Geschlechts- und Altersgruppen) oder sozialen Gruppen (soziale Schichten, Kulturen),
- Sicherstellen der differentiellen Validität für ein bestimmtes Konstrukt (Intelligenz, Anpassungsstile) durch den Nachweis von Unterschieden bei verschiedenen Gruppen (u.a. auch konstruktbezogene Extremgruppen).

Normative Fragestellungen implizieren den Bezug auf Populations- oder Gruppenmittelwerte, bei **ipsativen** liegen intraindividuelle Abweichungsmaße zugrunde.

5.2.1 Intraindividuelle Differenzen

Intraindividuelle Unterschiede lassen sich am leichtesten an einfachen, kurzfristigen Schwankungen unterworfenen Leistungen, z.B. aus den Funktionsbereichen Wahrnehmung, Gedächtnis und Motorik, verdeutlichen. In der Selbstbeobachtung können sie sich als unterschiedliche *Tagesformen* zeigen, im Experiment lassen sich u.a. gezielt Verlaufsanalysen durchführen, auch unter Berücksichtigung biologischer Rhythmen als Hintergrundvariablen. Ein einfacher Indikator für Veränderungen von Körperfunktionen im Tagesverlauf ist die oral gemessene Temperatur (Abb. 5-3). Sie zeigt hohe Korrelationen mit psychologischen Aktivitätsskalen. Während die Leistung bei einfachen Reaktionen auf äußere Reize (z.B. Durchstreichen von Buchstaben, Vigilanzaufgaben) in weiten Bereichen parallel zur Temperaturkurve verläuft, nehmen andere Leistungen (z.B. die Gedächtnisspanne) unabhängig vom weiteren Anstieg der Temperaturkurve vom frühen Nachmittag an ab. In Signalentdeckungs- und Reaktionszeitex-

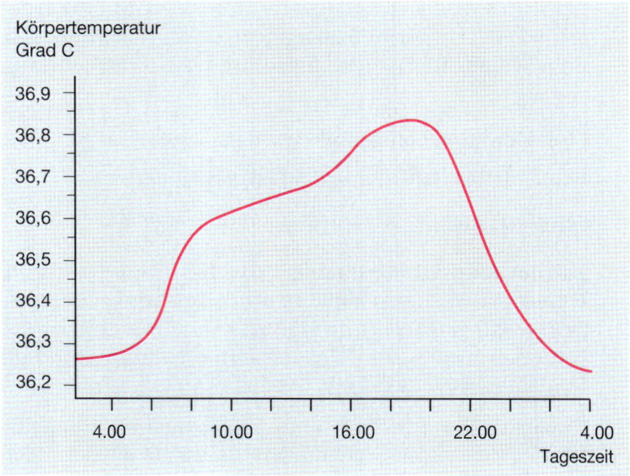

Abb. **5-3** Körpertemperaturkurve im Tagesverlauf (nach Blake 1971).

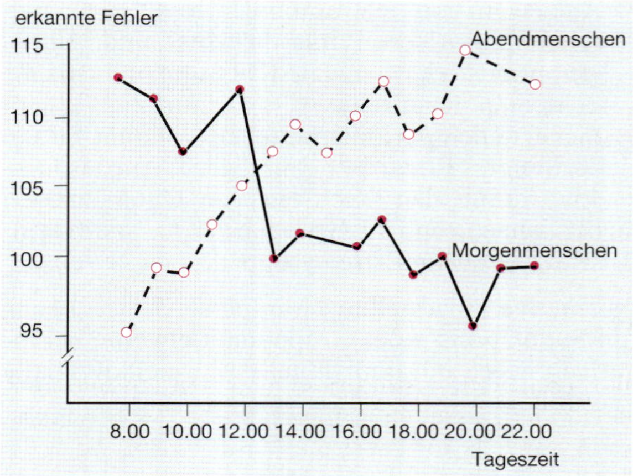

Abb. **5-4** Fehlerentdeckungsscores im Tagesverlauf bei Morgen- und Abendmenschen (nach Horne, Brass und Petitt 1980).

perimenten zeigt sich parallel zur Temperaturkurve eine bessere Signalunterscheidung (d') mit weniger Fehlern und schnelleren Reaktionszeiten [36].

Der Tagesrhythmus ist auch unter Gruppenvergleichsaspekten interessant. Wie die Abbildung 5-4 zeigt, fällt die Leistung von Leuten, die frühere Tageszeiten bei ihren Aktivitäten bevorzugen und die den Höhepunkt ihrer Temperaturkurve etwa eine Stunde früher (ca. 19 Uhr) erreichen, auch früher ab. Untersuchungen bei schwedischen Schichtarbeitern ergaben, daß *Abendmenschen* besonders stark mit Magen- und Darmbeschwerden auf Schichtarbeitsbedingungen reagieren, während *Morgenmenschen* allgemeinere, stärker sozial akzentuierte Klagen vorbringen [37]. Medizinpsychologisch relevante Fragen sind z.B. auch durch verschiedene differentialpsychologische Aspekte der Beziehung von Tagesrhythmus zu Schmerztoleranz, Arzneimittelresorption und -wirkung und dem Tagesablauf von Patienten im Krankenhaus gegeben.

5.2.2 Interindividuelle Differenzen

Geschlechtsunterschiede

Körperliche Unterschiede zwischen Männern und Frauen sind durch das chromosomale Geschlecht bestimmt. Für psychologische Geschlechtsunterschiede sind sehr viele Kontexte relevant (als Übersicht vgl. [38–42]):

Kinder erfahren in ihrer Ontogenese eine rollenspezifische Erziehung, sie identifizieren sich mit Jungen oder Mädchen ihrer Altersgruppe, sie wachsen in ihnen von der Gesellschaft vorgegebene Partner- und Berufsrollen hinein usw. Das althergebrachte Vorurteil einer männlichen Überlegenheit bei intellektuellen Leistungen wurde ab 1900 zunehmend durch experimentelle Beweise widerlegt. Um geschlechtsspezifische Untertestvorteile auszuschalten, wurden Intelligenztests später so standardisiert, daß es keine Geschlechtsunterschiede beim IQ gab. Relativ gesichert erscheint, daß Mädchen bessere Leistungen in Tests erbringen, die verbale Flüssigkeit, Gedächtnis, Wahrnehmungsgeschwindigkeit und motorische Fingerfertigkeit erfordern. Jungen schneiden im allgemeinen bei Testaufgaben zum mathematischen Denken, zur räumlichen Wahrnehmung und in Leistungstests für technische und naturwissenschaftliche Fächer besser ab. Die meisten dieser Unterschiede werden multikausal zu erklären versucht, wobei der geschlechtsstereotypischen Sozialisation ein besonderes Gewicht zugemessen wird. Das gilt auch für die Leistungsmotivation mit den Einstellungskomponenten *Hoffnung auf Erfolg und Furcht vor Mißerfolg* [43], für die allerdings nicht nur konsistente Unterschiede in einer Richtung gefunden wurden. Der bevorzugte Erklärungsansatz für geschlechtsspezifische Unterschiede in diesem Bereich geht dahin, daß bei Frauen die Leistungsmotivation viel stärker mit dem Bedürfnis nach sozialer Akzeptanz und Zugehörigkeit verbunden ist. Die Tatsache, daß Frauen in Statistiken über hervorragende wissenschaftliche und berufliche Leistungen eindeutig in der Minderzahl sind, kann sowohl durch Unterschiede in der Motivations- und Persönlichkeitsstruktur als auch durch das wahrscheinlich wichtigere Variablenumfeld äußerer, gesellschaftlich bedingter Umstände bzw. durch eine Interaktion beider Variablengruppen erklärt werden.

Bei neueren Fragebogenentwicklungen zur Erfassung geschlechtsspezifischer Persönlichkeitsunterschiede wird zunehmend von der auch biologisch zu vertretenden Annahme ausgegangen, daß Maskulinität und Femininität nicht nur die zwei Pole einer Dimension darstellen. So lassen sich (mindestens) zwei unabhängige Faktoren und ein *Androgynitätsmaß* unterscheiden. Geschlechtsspezifische Persönlichkeitsunterschiede spiegeln sich u.a. in Interessen, Berufswünschen, Gefühlskontrolle und den Verhaltensdimensionen Aggressivität und Abhängigkeit wider. Aggressives Verhalten tritt häufiger bei Jungen auf. Tierversuche bei Mäusen mit Testosterongaben in frühen Entwicklungsphasen ebenso wie Karyotypanomalien (XYY) beim Menschen legen zunächst eine physiologisch-genetische Bedingtheit nahe. Alternativerklärungen berücksichtigen auch hier stärker soziales Lernen.

Die Hypothese der differentiellen Verstärkung, der die Annahme zugrunde liegt, daß ein Verhalten über längere Zeit im allgemeinen nur dann aufrechterhalten wird, wenn es mit den Erwartungen der Umgebung übereinstimmt, wird auch durch Längsschnittuntersuchungen gestützt. Bei Jungen zeigt sich in der Spanne von der Kindheit zum Erwachsenenalter eine bedeutend größere Stabilität für aggressives, bei Mädchen für abhängiges Verhalten. Für die Medizinische Psychologie ist auch die Gefährdung des geschlechtsrollenspezifischen

Selbstbildes durch chirurgische (z.B. Uterus-, Mamma-Amputation) oder medikamentöse Interventionen (z.B. Gynäkomastie als Folge von Östrogenbehandlung des Prostatakarzinoms) ein wichtiges Problem.

Altersunterschiede

Hier soll vor allem auf Intelligenzunterschiede in der Lebensspanne des Erwachsenenalters eingegangen werden. Für die Altersspanne von etwa 20 bis 80 Jahren kann man generell von einer, allerdings meist nur mit Querschnittuntersuchungen festgestellten, kontinuierlichen Abnahme von somatisch-physiologischen Funktionen ausgehen. Das gilt z.B. für den Grundumsatz, das Herzvolumen, Hirn- und Lebergewicht, Nervenleitungsgeschwindigkeiten, einfache Reaktionszeiten und die Angaben von Männern über die Häufigkeit von Geschlechtsverkehr [44].

Läßt sich die Intelligenzentwicklung hier einfach als eine weitere Variable subsumieren? Die hierzu vorliegenden Ergebnisse sprechen nicht dafür. Für die in Abbildung 5-5 aufgeführten Fähigkeiten ergibt sich z.B. durchweg ein stärkerer Abfall nur bei Querschnittuntersuchungen, der auf altersbezogene Stichprobenmerkmale zurückgeführt werden kann (mehr Versuchspersonen mit einem durch Krankheit und/oder ungünstige Lebensumstände bedingten Intelligenzabbau). Die Längsschnittdaten zeigen bis ins höhere Alter keine dramatischen Veränderungen. Baltes, der generell Plastizität als ein wichtiges Kennzeichen von Intelligenz ansieht, auch mit der direkten Konsequenz einer – häufig unterschätzten – intellektuellen Reservekapazität bei älteren Menschen, plädiert auch dafür, gerade die intraindividuellen Veränderungsmuster intellektueller Fähigkeiten stärker in den Mittelpunkt der Forschung zu stellen, um damit eine bessere Basis zur Erklärung der sonst nur schwer nachvollziehbaren interindividuellen Unterschiede zu schaffen [49].

Außer der individuellen Intelligenzentwicklung im Laufe des Erwachsenenlebens gibt es eine Reihe von kulturspezifischen Anforderungen für bestimmte Altersstufen. Auf einem allgemeinen Niveau hat Erikson z.B. für das Erwachsenenalter die bipolaren Stadien mit den positiven Polen Intimität, Generativität und Integrität postuliert, die sich durch konkrete verhaltensmäßige Anforderungen ergänzen lassen [46].

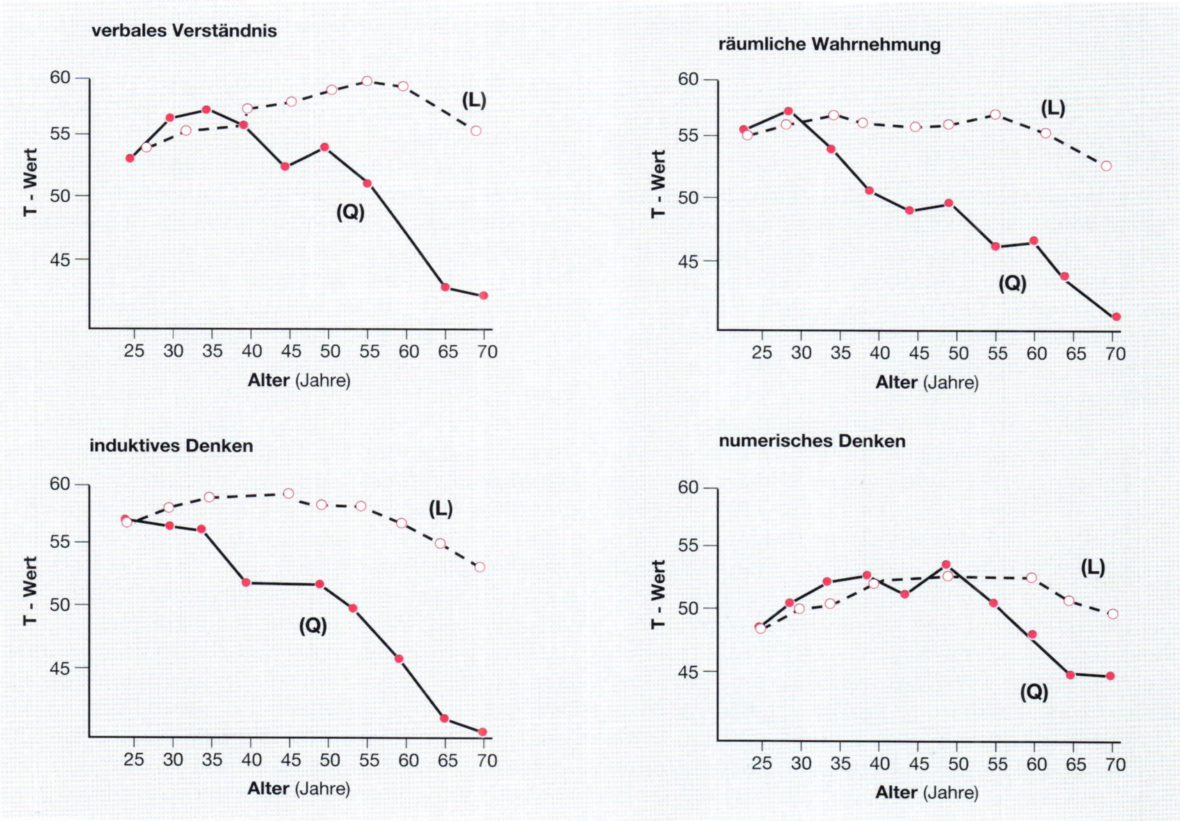

Abb. **5-5** Altersgradientenschätzung für 4 Untertests des SRA Mental Abilities Test aufgrund von Querschnitt (Q)- und Längsschnittuntersuchungen (L) [45].

Kulturabhängige Unterschiede

Die unter dem Aspekt des Kulturvergleichs interessanten Variablen kommen aus den Bereichen Wahrnehmung und Informationsverarbeitung, Sprache und Denken, Motorik und Ausdrucksverhalten sowie psychopathologische Symptome, z.T. verbunden mit der Erfassung kulturspezifischer Einstellung zu abweichendem Verhalten (als Übersicht vgl. [38–40, 47, 48]).

Viele Untersuchungen, u.a. auch zu Geschlechtsunterschieden, konnten den eingeschränkten Geltungsbereich theoretischer Aussagen und ethnozentrischer Annahmen verdeutlichen. Durch Probleme der Übersetzung und des Instruktionsverständnisses ergeben sich hier oft zusätzliche methodische Schwierigkeiten. Zu den als relativ gesichert geltenden Ergebnissen zählen Unterschiede bei **Wahrnehmungstäuschungen,** z.B. bei der *Müller-Lyerschen Täuschung,* der Europäer im Vergleich zu Bewohnern ländlicher Regionen in Afrika ohne *gezimmerte* Umgebung stärker unterliegen. Für den Bereich der **Intelligenz** ließen sich durch *culture-free* oder *culture-fair* Intelligenztests nur z.T. ethnozentrische Verzerrungen vermeiden. Unterschiede treten auch bezüglich affektiv-emotionaler Reaktionen auf. In einem Vergleich von zwei Sprachräumen (englisch/französisch) mit niedrig- (Haiti und Philippinen) und hochindustrialisierten (USA und Frankreich) Ländern zeigten sich mehr subjektiv erlebte Symptome bei den niedrig-industrialisierten. Anglophone Versuchspersonen gaben mehr somatische Symptome als Streßreaktionen an, frankophone mehr Gefühls- und Denkstörungen [50].

5.2.3 Verhaltensstile

Wie Umweltereignisse wahrgenommen und bewältigt werden, wird entscheidend von Wahrnehmungs-, Bewältigungs- und Attributionsstilen mitbestimmt. Untersuchungen zu Wahrnehmungs- bzw. kognitiven Stilen haben sieben deutlich unterscheidbare Dimensionen erbracht. Zu den am häufigsten untersuchten gehört das Konstrukt **Feldabhängigkeit/Feldunabhängigkeit,** mit dem die Fähigkeit zur wahrnehmungsmäßigen Ausdifferenzierung von Reizen in globalen Gestaltzusammenhängen erfaßt wird. Diese Dimension zeigt Querverbindungen zu Intelligenz, Geschlechts- und Kulturunterschieden sowie zu Unterschieden zwischen psychopathologischen Symptommustern [51]. Die eher als pathologisch anzusehenden Abwehrmechanismen (z.B. Verleugnung, Projektion, Verdrängung) verhindern im Gegensatz zu den sog. internalen Bewältigungsstilen eine realitätsadäquate Wahrnehmung. Außer einer Anzahl von Einzelmechanismen gibt es auch das übergreifende dichotome Konstrukt **Repression/Sensitization** (R-S), das die Informationsverarbeitung angstauslösender Reize durch Gefahrverleugnung versus übervigilante Wahrnehmung zu beschreiben versucht (als Übersicht über neuere Entwicklungen der Theorie und empirischen Forschung zu Abwehrmechanismen vgl. [52]).

Cohen und Lazarus [53] rechnen zu den Bewältigungsstilen auch **Handlungen;** sie unterscheiden:

- Informationssuche
- direkte Handlungen
- Handlungsvermeidung
- kognitive Prozesse und
- Hilfesuchen bei anderen

Für diese Stile kann auch eine direkte Beziehung zu allgemeinen Erwartungen angenommen werden, die jemand mit seinem Handeln verbindet. Die soziale Lerntheorie unterscheidet eine internale Attribuierung, bei der die Folgen auf das eigene Handeln bezogen werden, von einer externalen, bei der äußere Umstände (Glück, Schicksal usw.) als Hauptursache für ein Ereignis angesehen werden (*internal versus external locus of control,* **I-E**). Es liegen neben allgemeinen auch spezifische I-E-Skalen vor, wie z.B. zur Erfassung der Trinkmotivation von Alkoholikern [54].

Coping und **Attributionsstile** sind auch für die Bewältigung von Krankheit und Operationen von Bedeutung. So zeigen z.B. Patienten, die aktiv Informationen über einen allgemeinen oder kieferchirurgischen Eingriff suchen, eine langsamere Rekonvaleszenz mit vielen Komplikationen. Aktive Bewältigungsversuche erweisen sich in der zu Passivität zwingenden postoperativen Krankenhaussituation als nachteilig, sie sind dagegen von Vorteil bei längeren Rehabilitationsphasen außerhalb des Krankenhauses [53].

Ein anderer Gruppierungsversuch von Verhalten aus dem Bereich der Anpassungsstile ist durch die Einteilung in **Typ-A-** und **Typ-B-Verhalten** gegeben [55]. Typ-A-Verhalten ist im Gegensatz zu dem entspannten Lebensstil des Typs B u.a. gekennzeichnet durch Ungeduld und selbstverursachte Hetze, einen unermüdlichen beruflichen Einsatz mit schlecht definierten Zielen, Konkurrenzstreben und ein erhöhtes Kontrollbedürfnis mit einer oft durch Rationalisierung verdeckten feindselig-aggressiven Grundhaltung. Prospektive Studien in den USA konnten, allerdings ohne eine abschließende Erklärung für die physiologischen Bindeglieder, ein deutlich erhöhtes Risiko von Koronargefäßkrankheiten für Typ A im Vergleich zu Typ B nachweisen. Vor allem europäische Studien haben Zweifel an einem unbedingten Zusammenhang von Typ-A-Verhalten und Herzinfarkt aufkommen lassen, wobei die teilweise negativen Ergebnisse u.U. auch auf die methodisch problematische Erfassung von Typ-A-Verhalten zurückzuführen sein können. Zunehmend werden hier weitere Variablen berücksichtigt. So wird in den Untersuchungen von Siegrist und Mitarbeitern [56] sowie Untersuchungen in den Niederlanden und Belgien [57] die Zusatzannahme gemacht, daß durch Typ-A-Verhalten gekennzeichnete Herzinfarktpatienten vor dem Infarkt eine Periode von großer subjektiver Belastung und Distress (z.B. Partnerverlust und soziale Isolierung) durchmachen, die durch das erhöhte Bedürfnis nach Kontrolle in ihrem Verhalten noch verschärft werden und es zu einem Erschöpfungssyndrom kommen lassen können.

Zur Veränderung des gesundheitsgefährdenden Typ-A-Verhaltens, das durch differentielle Einflüsse der familiären Umgebung in Interaktion mit manchen Arbeitsbedingungen und Organisationsstrukturen der westlichen Industriegesellschaft gefördert zu werden scheint, wurden Trainingsprogramme zur Veränderung von Verhalten, kognitiver Verarbeitung und physiologischen Reaktionen entwickelt.

Differentielle Psychologie und Medizinische Psychologie

Unterschiede zwischen Menschen lassen sich unter sehr vielen verschiedenen Aspekten erfassen, die nicht alle für die Medizinische Psychologie gleich wichtig sind. Auch die hier aufgenommenen haben für den Arzt unterschiedlich starke unmittelbare Verhaltensrelevanzen. Aber auch Variablen, die nach diesem Kriterium nicht so stark im Zentrum stehen, wie z.B. Unterschiede zwischen Kulturen, können unter anderen Gesichtspunkten, wie der Einstellung zum Kranken und dem Vergleich von Behandlungsmethoden bei verschiedenen Krankheiten, für die Medizinische Psychologie grundsätzlich von großem Interesse sein. Die Zahl der Konstrukte in der Differentiellen Psychologie nimmt, u.a. durch die Einführung immer neuer Fragebogenskalen, ständig zu. Einzelbereiche lassen sich so u.U. besser erfassen, übergreifende Zusammenhänge werden dadurch nicht unbedingt deutlicher. Eine wichtige Aufgabe in dem Bemühen um ein besseres Verständnis menschlicher Reaktionsweisen, das auch im Interesse der Medizinischen Psychologie ist, besteht für die Differentielle Psychologie vor allem darin, einzelne Konstrukte in funktionalen Zusammenhängen zu untersuchen, um letztlich dem Ziel, auch individuelles Verhalten und Erleben gut beschreiben, vorhersagen und u.U. verändern zu können, näher zu kommen.

Studienfragen

Wie können intraindividuelle Verhaltensdifferenzen erklärt werden?
(s.S. 129, 130)
Welche interindividuellen Verhaltensdifferenzen kennen Sie und wie kommen sie zustande?
(s.S. 130, 131, 132)
Welche Verhaltensstile (als sog. Wahrnehmungs-, Bewältigungs- und Attributionsstile) können unterschieden werden?
(s.S. 132, 133)

Literatur

1 Herrmann, Th.: Lehrbuch der empirischen Persönlichkeitsforschung, 3. Auflage, S. 25. Hogrefe, Göttingen 1976.
2 Balck, F., H. Speidel: Auswirkungen auf die Persönlichkeit. In: Balck, F., U. Koch, H. Speidel (Hrsg.): Psychonephrologie. Psychische Probleme bei Niereninsuffizienz, S. 370–383. Springer, Berlin 1985.
3 Myrtek, M.: Streß und Typ-A-Verhalten, Risikofaktoren der koronaren Herzkrankheit? Eine kritische Bestandsaufnahme. Psychotherapie, Psychosomatik, Medizinische Psychologie, 35 (1985) 54–61.
4 Kretschmer, E.: Körperbau und Charakter, 26. Auflage. Springer, Berlin 1977.
5 Freud, S.: Die Traumdeutung. Fischer, Frankfurt 1942.
6 Freud, S.: Charakter und Analerotik. Gesammelte Werke VII. Imago, London 1969.
7 Abraham, K.: Psychoanalytische Studien zur Charakterbildung. Und andere Schriften. Fischer, Frankfurt 1969.
8 Hoffmann, S. O.: Charakter und Neurose. Ansätze zu einer psychoanalytischen Charakterologie. Suhrkamp, Frankfurt 1979.
9 Bräutigam, W., P. Christian: Psychosomatische Medizin, 3. Auflage. Thieme, Stuttgart 1981.
10 Kernbichler, A.: Zur Psychologie des Hypertonikers. In: Studt, H. H. (Hrsg.): Psychosomatik in Forschung und Praxis, S. 245–257. Urban & Schwarzenberg, München–Wien–Baltimore 1983.
11 Thomae, H.: Das Individuum und seine Welt. Hogrefe, Göttingen 1968.
12 Jung, C. G.: Psychologische Typen. Rascher, Zürich 1921.
13 Eysenck, H. J.: Sexualität und Persönlichkeit. Europa-Verlag, Wien 1977.
14 Amelang, M., D. Bartussek: Differentielle Psychologie und Persönlichkeitsforschung, 2. Auflage. Kohlhammer, Stuttgart 1985.
15 Netter, P.: Psychologische Aspekte der medikamentösen Schmerzbehandlung. In: Scheer, J. W., E. Brähler (Hrsg.): Ärztliche Maßnahmen aus psychologischer Sicht – Beiträge zur medizinischen Psychologie, S. 179–188. Springer, Berlin 1984.
16 Dahme, B., B. Flemming, P. Götze, G. Huse-Kleinstoll, H. J. Meffert, H. Speidel: Psycho-Somatik der Herzchirurgie. In: Beckmann, D., S. Davies-Oster-

kamp, J. W. Scheer (Hrsg.): Medizinische Psychologie, S. 236–274. Springer, Berlin 1982.
17 Wenderlein, M.: Psychosomatik in der Gynäkologie und Geburtshilfe. Thieme, Stuttgart 1981.
18 McCrae, R. R., P. T. Costa: Personality, coping, and coping effectiveness in an adult sample. Journal of Personality, 54 (1986) 385–405.
19 Frey, D., A. Mass: Persönlichkeit und Krankheit und Gesundheit. In: Herrmann, Th., E.-D. Lantermann (Hrsg.): Persönlichkeitspsychologie (S. 155–163). Urban & Schwarzenberg, München–Wien–Baltimore 1985.
20 Coppen, A., M. Metcalfe: Cancer and extraversion. British Medical Journal, 2 (1963) 18–19.
21 Eysenck, H. J.: Personality, stress and lung cancer. In: Rachman, S. (Ed.): Contributions to medical psychology, Vol. 3 (pp. 151–171). Pergamon Press, Oxford 1984.
22 Totman, R. G., J. Kiff: Life stress and susceptibility to colds. In: Osborne, D. J., M. M. Gruneberg, J. Eiser (Eds.): Research in psychology and medicine, Vol. 1 (pp. 141–148). Academic Press, London 1979.
23 Boring, E. G.: Intelligence as the tests test it. New Republic, 34 (1923) 35–37 (zit. n. Conrad, W.: Intelligenzdiagnostik. In: Groffmann, K. J., L. Michel (Hrsg.): Intelligenz- und Leistungsdiagnostik. Hogrefe, Göttingen 1983).
24 Groffmann, K. J.: Die Entwicklung der Intelligenzmessung. In: Heiss, R. (Hrsg.): Psychologische Diagnostik, S. 148–199. Hogrefe, Göttingen 1964.
25 Pawlik, K.: Dimensionen des Verhaltens. Huber, Bern 1968.
26 Jäger, A. O.: Intelligenzstrukturforschung: Konkurrierende Modelle, neue Entwicklungen, Perspektiven. Psychologische Rundschau, 35 (1984) 21–35.
27 Huber, W., K. Poeck, D. Weniger, K. Willmes: Der Aachener Aphasietest (AAT). Hogrefe, Göttingen 1983.
28 Eich, F. X.: Verfahren zur Leistungsmessung. In: Schmidt, L. R. (Hrsg.): Lehrbuch der Klinischen Psychologie, 2. Auflage (S. 325–351). Enke, Stuttgart 1984.
29 Putz-Osterloh, W., G. Lüer: Wann produzieren Probanden räumliche Vorstellungen beim Lösen von Raumvorstellungsaufgaben? Zeitschrift für Experimentelle und Angewandte Psychologie, 26 (1979) 138–156.
30 Dörner, D.: Denken, Problemlösen und Intelligenz. Psychologische Rundschau, 35 (1984) 10–20.
31 Mischel, W.: Personality and assessment. Wiley, New York 1968.
32 Fisseni, H.-J.: Persönlichkeitspsychologie. Auf der Suche nach einer Wissenschaft. Hogrefe, Göttingen 1984.
33 Kiecolt-Glaser, J. K., W. Garner, C. Speicher et al.: Psychosocial modifiers of immunocompetence in medical students. Psychosomatic Medicine, 46 (1984) 7–14.
34 Jemmott III, J. B., S. E. Locke: Psychosocial factors, immunologic mediation and human susceptibility to infectious diseases: How much do we know? Psychological Bulletin, 95 (1984) 78–108.
35 Schulz, K.-H., A. Raedler: Tumorimmunologie und Psychoimmunologie als Grundlagen für die Psychoonkologie. Psychotherapie, Psychosomatik, Medizinische Psychologie, 36 (1986) 114–129.
36 Posner, M. I.: Psychobiology of attention. In: Gazzaniga, M. S., C. Blakemore (Eds.): Handbook of psychobiology (pp. 441–480). Academic Press, New York 1975.
37 Appel, C.-P.: On individual differences in diurnal rhythm: Assessment and practical significance. Göteborgs Psychological Reports, 10 (2) (1980) 1–18.
38 Anastasi, A.: Differential psychology. MacMillan, New York 1964.
39 Tyler, L. E.: The psychology of human differences. Appleton Century Crofts, New York 1965.
40 Wiggins, J. S., K. E. Renner, G. L. Clore, R. J. Rose: The psychology of personality. Addison Wesley, Reading 1971.
41 Merz, F.: Geschlechtsunterschiede und ihre Entwicklung. Hogrefe, Göttingen 1979.
42 Hoyenga, K. B., K. T. Hoyenga: The question of sex differences. Little, Brown & Co., Boston 1979.
43 Heckhausen, H.: Motivation und Handeln. Springer, Berlin 1980.
44 Bromley, D. B.: The psychology of human aging. Penguin, Harmondsworth 1978.
45 Schaie, K. W., C. R. Strother: A cross-sequential study of age changes in cognitive behavior. Psychological Bulletin, 10 (1974) 305–320.
46 Erikson, E. K.: Childhood and society. Norton, New York 1950 (dt: Kindheit und Gesellschaft. Klett, Stuttgart 1971).
47 Serpell, R.: Culture's influence on behavior. Methuen, London 1976.
48 Triandis, H. C., W. W. Lambert (Eds.): Handbook of cross cultural psychology, Vol. 1–6. Allyn & Bacon, Boston 1980.
49 Baltes, P. B.: Notes on the concept of intelligence. In: Sternberg, R. J., D. K. Detterman (Eds.): What is intelligence: Contemporary viewpoints on its nature and definition, pp. 323–327. Ablex Publishing Corporation, Norwood 1986.
50 Guthrie, G. M., A. Verstraete, M. M. Deines, R. M. Stern: Symptoms of stress in four societies. Journal of Social Psychology, 75 (1975) 165–172.
51 Hentschel, U.: Kognitive Kontrollprinzipien und Neuroseformen. In: Hentschel, U., G. J. W. Smith (Hrsg.): Experimentelle Persönlichkeitspsychologie. Akademische Verlagsgesellschaft, Wiesbaden 1980.
52 Hentschel, U., G. Smith, W. Ehlers, J. G. Draguns (Eds.): The concept of defense mechanisms in contemporary psychology: theoretical, research and clinical perspectives. Springer, New York (im Druck).
53 Cohen, F., R. S. Lazarus: Coping and adaptation in health, health care and the health professions (pp. 608–635). Free Press, New York 1983.
54 Lefcourt, H. M. (Ed.): Research with the locus of control construct, Vol. 1. Academic Press, New York 1981.
55 Rosenman, R. H., M. A. Chesney: Stress. Type A behavior and coronary disease. In: Goldberger, L., S. Breznitz (Eds.): Handbook of stress (pp. 547–565). Free Press, New York 1982.
56 Siegrist, J., K. Ditmann, K. Rittner, L. Weber: The social context of active distress in patients with early myocardial infarction. Soc. Sci. Med. 16 (1982) 443–450.
57 Appels, A.: Gedrag en Hartinfarct [Verhalten und Herzinfarkt]. Ned. Tijdschr. Geneeskd., 129 (1985) 436–439.

6 Entwicklung

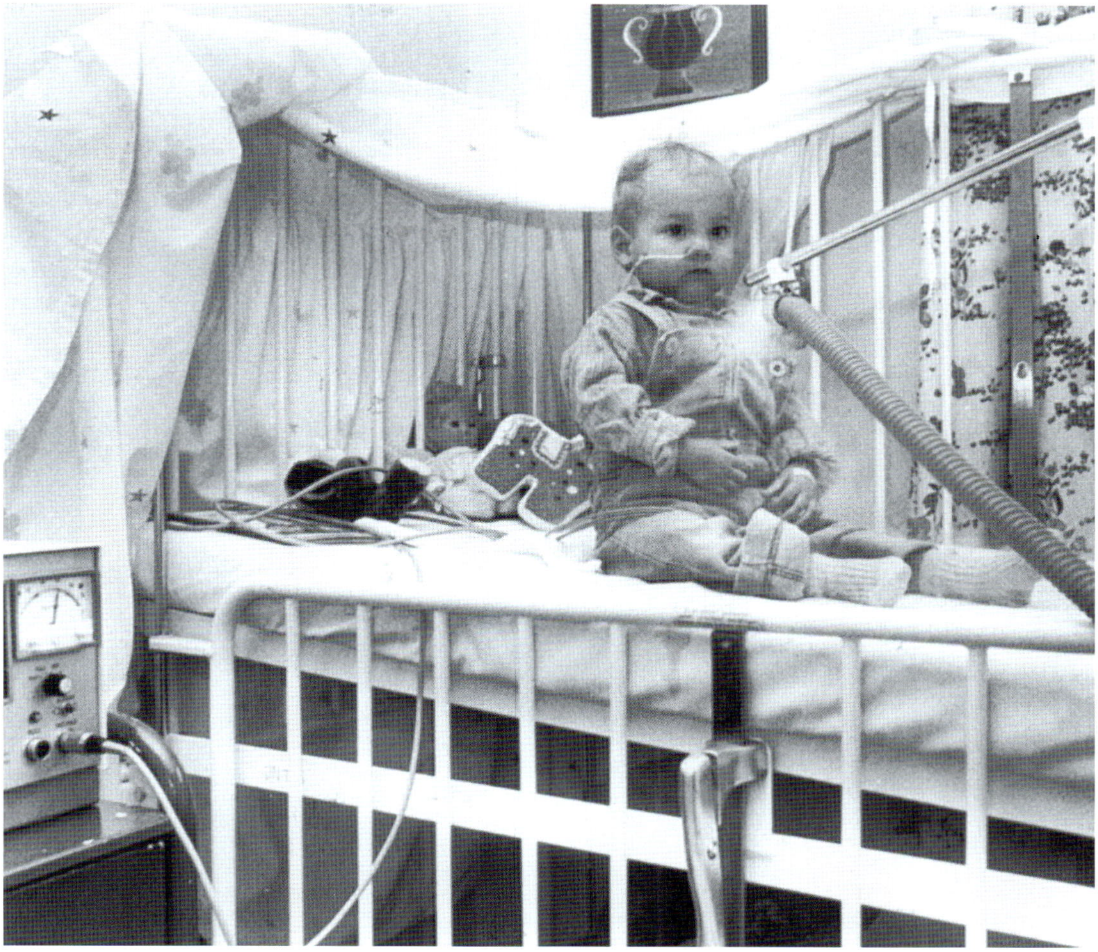

Inhalt

6 Entwicklung

6.1 Entwicklungspsychologische Methoden und Modelle

Meinold Peters und Ernest Feingold

Gegenstand der Entwicklungspsychologie

Die Entwicklungspsychologie befaßt sich mit Veränderungen des Verhaltens und Erlebens unter besonderer Berücksichtigung des Lebensalters.

Die Betonung des Zeitaspekts soll die durchaus problematische Abgrenzung der Entwicklungspsychologie von anderen Teilgebieten (z.B. der Klinischen Psychologie) erleichtern. Unbedingt zu beachten ist hierbei, daß die Variablen Zeit bzw. Lebensalter keine psychologische Bedeutung besitzen und daher nur zur Beschreibung, keineswegs aber als Erklärung von Veränderungen verwendet werden dürfen: Veränderungen werden durch über die Zeit wirksame Faktoren bedingt, nicht aber einfach dadurch, daß eine Person älter wird [1].

Methoden

Die traditionellen Methoden der Entwicklungspsychologie sind die Querschnitt- und die Längsschnittuntersuchung.

In der ökonomischeren und daher bei weitem häufigeren **Querschnittmethode** werden in verschiedenen Altersgruppen zum gleichen Zeitpunkt gleiche Variablen gemessen.

In der **Längsschnittstudie** wird die gleiche Stichprobe mit dem gleichen oder einem äquivalenten Meßinstrument wiederholt untersucht.

Beide Verfahren sind mit Mängeln behaftet [2]. So bietet die Querschnittuntersuchung keine Möglichkeit, Entwicklungsverläufe zu verfolgen. Sie vermag außerdem Alters- und Generationseffekte nicht zu trennen. Differieren z.B. 20- und 30jährige hinsichtlich Art und Umfang ihrer Gesundheitsvorsorge, so kann dies sowohl durch altersspezifische Faktoren (z.B. unterschiedliche berufliche Beanspruchung, finanzielle Möglichkeiten) als auch durch generationsspezifische Faktoren (z.B. verändertes Körperbewußtsein, neue Freizeitangebote) sowie durch deren Zusammenwirken bedingt sein. Die Längsschnittuntersuchung ist für Stichprobenverzerrungen anfällig, da nur besonders kooperative Probanden zu wiederholten Erhebungen über lange Zeiträume hinweg bereit sind. Diese Mehrfachmessungen machen Testwiederholungseffekte wahrscheinlich, d.h. Ergebnisverzerrungen, die u.a. auf Vertrautheit mit der Testsituation und dem Testinstrument oder auf abnehmendem Interesse beruhen. Die Ergebnisse einer Längsschnittuntersuchung zeigen nur den Entwicklungsverlauf der untersuchten Jahrgangsstufe auf, für andere Generationen besitzen sie keine Aussagekraft (zu Längs- und Querschnittstudien s.a. Kap. 1.5). Zur Überwindung der genannten und weiterer methodischer Probleme sind Sequenzmodelle vorgeschlagen worden, die eine Kombination der Quer- und Längsschnittmethode beinhalten [2].

Traditionelle und aktuelle Themen der Entwicklungspsychologie

Wird der Verlauf eines Entwicklungsprozesses überwiegend durch **Erbanlagen** determiniert, so sprechen wir von **Reifung. Umweltfaktoren** spielen beim Lernen eine entscheidende Rolle; unter dem Begriff **Lernen** werden alle durch Erfahrung, Beobachtung oder Übung bedingten Änderungen des Verhaltens oder Erlebens zusammengefaßt. Die Abgrenzung des Einflusses von Erbanlagen und Umwelt auf die Genese psychischer Merkmale ist ein klassisches Problem der Entwicklungspsychologie, dessen Lösung vor allem durch **Verwandtschaftsuntersuchungen** angestrebt worden ist.

In Zwillingsuntersuchungen wird die Merkmalsähnlichkeit eineiiger Zwillinge (EZ) mit der von zweieiigen (ZZ) verglichen. EZ besitzen eine identische Anlage (alle feststellbaren Unterschiede zwischen ihnen sind eine Folge von Umwelteinflüssen), während ZZ anlagemäßig verschieden alten Geschwistern gleich sind. EZ – auch getrennt aufgewachsene – weisen in Intelligenztests eine deutlich höhere Übereinstimmung auf als ZZ. Die durch solche Befunde nachgewiesene Bedeutung der Anlage für die Entwicklung der Intelligenz wird durch Untersuchungen an Adoptivkindern unterstrichen: Diese sind ihren leiblichen Eltern ähnlicher als den Adoptiveltern.

Die Aussagekraft von Verwandtschaftsuntersuchungen ist allerdings begrenzt. So ist z.B. zu beachten, daß EZ nicht nur gleiche Erbanlagen besitzen, sondern in aller Regel auch in einer ähnlicheren Umwelt leben als ZZ: EZ verbringen mehr Zeit miteinander, sie haben häufiger die gleichen Freunde, sie werden – da schwerer zu unterscheiden – ähnlicher behandelt etc. Ist die Erziehung getrennt aufwachsender EZ nicht vergleichbar, sind zwischen diesen häufig große Merkmalsunterschiede festzustellen.

Das **Anlage-Umwelt-Problem** kann außer durch Verwandtschaftsuntersuchungen noch durch **in-**

terkulturelle Vergleiche erforscht werden, ferner im Tierversuch durch die systematische Variation von Umgebung und Erbanlagen, d.h. Kreuzung von Tieren innerhalb der Extrembereiche hoher bzw. niedriger Merkmalsausprägung. In der neueren Literatur wird der Sinn einer Schätzung der Einflußanteile von Anlage und Umwelt angezweifelt und statt dessen das Zusammenwirken der beiden Komponenten (Reifungsprozesse können z.B. Vor- bzw. Rahmenbedingungen für Lerneinflüsse darstellen) sowie die Optimierung von Umweltbedingungen thematisiert [1, 2].

Die entwicklungspsychologische Forschung hat sich lange Zeit auf Kindheit und Jugendalter beschränkt. Seit den 60er Jahren gewinnt die Entwicklungspsychologie der gesamten Lebensspanne (s.a. Kap. 6.2.4) ständig an Bedeutung [3]. Die Vertreter dieses Ansatzes bemühen sich, Veränderungsprozesse von der Konzeption bis zum Tode zu verfolgen. Die Entwicklung ist in der mittleren und späten Lebensphase **weniger altersgebunden, universalistisch** (d.h. bei allen Individuen beobachtbar) und **unidirektional** (d.h. in eine Richtung und auf ein höheres Niveau zusteuernd) als in früheren Phasen. Als Kristallisationspunkte der Entwicklung sind vielmehr *kritische Lebensereignisse* wie Heirat, Elternschaft, Pensionierung usw. in Betracht zu ziehen und deren Bewältigung zu untersuchen, wobei zunehmend auf interindividuelle Differenzen und Besonderheiten geachtet wird (s.a. Kap. 2.2.3).

Theorien

Entwicklungstheorien lassen sich zwei Hauptkriterien entsprechend klassifizieren:

- Nach den angenommenen Bedingungen von Entwicklungsprozessen:

In der Anfangszeit der Entwicklungspsychologie standen auf der einen Seite Theorien im Vordergrund, die die genetische Determination von Entwicklungsveränderungen betonten, auf der anderen Seite Theorien, die die soziale Determination von Verhalten als entscheidend ansahen. Obwohl z.T. auch aus dieser Anfangszeit stammend, nehmen die heute vorherrschenden Theorien – die **kognitive,** die **psychoanalytische** und die **ethologische** – bezüglich dieser Frage eine vermittelnde Position ein:

Entwicklung ist danach ein Ergebnis der Interaktion von Reifungs- und Lernprozessen (s.o.).

- Nach der erfaßten Entwicklungsdimension:

Hinsichtlich der dabei ins Auge gefaßten Entwicklungsdimension unterscheiden sich die genannten Theorien jedoch grundlegend. Die Theorie Piagets rückt die kognitive, die Theorie Freuds die emotionale Dimension sowie die Frage der Persönlichkeitsentwicklung, und die Theorie Bowlbys die des sozial-affektiven Verhaltens in den Vordergrund.

Die kognitive Theorie nach Piaget

Piaget geht es in seiner Theorie um die Aufdeckung der inneren Entfaltungslogik intelligenten Verhaltens [4].

Nach Piaget vollzieht sich Entwicklung im Wechselspiel von Assimilation und Akkommodation. Bei der Assimilation dienen die eigenen Strukturen dazu, die Elemente der äußeren Welt zu erkennen und einzuordnen. Akkommodation ist der komplementäre, nach außen gerichtete Prozeß; das Individuum modifiziert dabei die eigenen Strukturen in Reaktion auf äußere Notwendigkeiten.

Die handelnde Auseinandersetzung mit der Umwelt im Säuglingsalter **(sensomotorisches Stadium)** führt Schritt für Schritt zur Herausbildung der Fähigkeit, dieses Handeln durch intrapsychische Operationen vorzubereiten bzw. zu ersetzen. Diese anfänglich sehr fehlerhaften Prozesse des Vorschulkindes (**voroperationales Stadium**) gewinnen erst beim Schulkind eine größere Stabilität (**konkret-operationales Stadium**); sie bleiben jedoch zunächst dem konkret Gegebenen verhaftet. Erst im Jugendalter entwickelt sich die Fähigkeit, in abstrakten Kategorien zu denken (**formal-operationales Stadium**). Diese fortschreitende Differenzierung kognitiver Strukturen kann nur in einer anregenden und vielgestaltigen Umwelt erfolgen (s.a. Kap. 6.2.6).

Die psychoanalytische Theorie nach Freud

In der Theorie Freuds steht die Entwicklung des Sexualtriebs im Mittelpunkt [5].

Die infantile Sexualität besteht aus Teilelementen, die Freud **Partialtriebe** nannte; diese besitzen jedoch keine Eigenständigkeit, sondern lehnen sich an Körperzonen an, die in den frühen Lebensabschnitten besondere Bedeutung besitzen und auch zur Bezeichnung der drei Entwicklungsphasen herangezogen wurden: der oralen, der analen und der phallischen (ödipalen) Phase.

Werden phasenspezifische Bedürfnisse nicht angemessen befriedigt, kann es in späteren Lebensabschnitten zu psychischen Konflikten und Störungen kommen.

In der **oralen Phase** wird der Kontakt zur Umwelt überwiegend durch die Lippen- und Mundregion hergestellt. Exzessive Befriedigung wie auch starke Frustration oraler Bedürfnisse kann nach psychoanalytischer Auffassung zu einer Fixierung auf orale Verhaltensformen führen, die sich im Erwachsenenalter z.B. in übermäßigem Alkoholgenuß oder in der Tendenz äußert, sich soziale Partner *einzuverleiben*. In der **analen Phase** gewinnt das Kind Kontrolle über die Schließmuskeln des Darmes und zunehmend über den eigenen Körper. Bei einer strengen Sauberkeitserziehung kommt es zur Ausbildung eines stark impulskontrollierenden, zwanghaften Verhaltens, während bei einer auf die phasenspezifischen Bedürfnisse und Fähigkeiten abgestimmten Erziehung Initiative und Selbstsicherheit gefördert werden. In der **phallischen Phase** (etwa im 4.–6. Lebensjahr) schließlich tritt die Bedeutung der Genitalien in den Vordergrund. Der sog. **Ödipuskomplex** (Ödipuskonflikt) wird zum zentralen Thema dieses Entwicklungsabschnitts. In seiner einfachen Form ist er gekennzeichnet durch (weitestgehend **unbewußte**) **sexuelle Wünsche** des Kindes in bezug auf den gegengeschlechtlichen Elternteil und **Todeswünsche** gegenüber dem als Rivalen erlebten gleichgeschlechtlichen Elternteil. Hinzu kommt die Angst vor dem Verlust der körperlichen Integrität durch einen aggressiven Akt dieses Elternteils als Strafe für das inzestuöse Begehren. Für das männliche Kind bedeutet dies: **Angst vor Kastration durch den Vater**. Die Lösung des Konflikts bietet sich ihm in einer **Identifikation** „mit dem Vater an: so zu werden wie dieses bewunderte und geliebte Vorbild, das er als Grundlage seines **Ich-Ideals** einverleibt" [6]. Die dabei erfolgende Ausbildung des **Über-Ich** als interner Kontrollinstanz erst verleiht dem Kind die Selbständigkeit, intrapsychisch Triebimpulse bearbeiten zu können. Dieser Phase kommt daher eine besondere Bedeutung für die Entstehung neurotischer Störungen zu.

Die ethologische Theorie nach Bowlby

In der ethologischen Theorie nach Bowlby wird die Entwicklung sozialer Beziehungen untersucht [7].

Das angeborene Verhaltensrepertoire ermöglicht es dem Säugling, bereits in den ersten Lebenswochen auf seine Umgebung Einfluß zu nehmen und an der **Herstellung sozialer Bindungen** mitzuwirken. Dieser sozialen Ausrichtung des menschlichen Neugeborenen als Ergebnis der Evolution kommt nicht nur eine Schutzfunktion zu, sondern sie verschafft dem Säugling auch die Möglichkeit, in der engen Beziehung zur Mutter die für das Überleben notwendigen Fähigkeiten zu erlernen. Voraussetzung dafür ist eine besondere Sensibilität und Reagibilität auf seiten der Eltern; diese gelten als biologisch vorprogrammiert. In diesem wechselseitigen Aufeinander-Ausgerichtetsein können sich fein abgestimmte **Interaktionsprozesse** entwickeln, die es dem Säugling ermöglichen, eine sichere Bindung an die Eltern aufzubauen. Dies wiederum ist Voraussetzung dafür, daß auch das älter werdende Kind angstfrei seine Umgebung explorieren und neue soziale Beziehungen eingehen kann.

Eine Störung dieses Interaktionsprozesses kann zu sozialen Problemen führen, in extremen Fällen zum **Hospitalismus-Syndrom,** d.h. zu sehr schweren emotionalen und kognitiven Beeinträchtigungen des Kindes.

Obwohl die hier kurz beschriebenen Theorien lediglich als Teiltheorien der menschlichen Entwicklung betrachtet werden können, entsteht aufgrund der unterschiedlichen Schwerpunktsetzung ein sich ergänzendes und damit umfassendes Bild [8].

Studienfragen

Beschreiben Sie die traditionellen Methoden der Entwicklungspsychologie mit ihren Vor- und Nachteilen!
(s.S. 137)
In welcher Entwicklungstheorie spielt der Begriff „Ödipuskomplex" eine Rolle? Ordnen Sie ihn dem Phasenmodell zu!
(s.S. 138, 139)

6.2 Lebensabschnitte

Sigrun-Heide Filipp, Peter Aymanns und Elke Freudenberg

Zielsetzung

Mit dem Begriff **kritische Lebensabschnitte** wird deutlich gemacht, daß wir

- den menschlichen Lebenslauf als in bestimmte Zeitzonen und Entwicklungsabschnitte gegliedert betrachten und
- bestimmten Lebensabschnitten das Attribut **kritisch** zuschreiben.

Ziel der folgenden Ausführung ist es, zu präzisieren, mittels welcher Konzepte wir zu einer Segmentierung des Lebenslaufs in voneinander abgehobene Lebensabschnitte gelangen, und welche Merkmale es uns nahelegen, manche davon als kritisch in einem noch zu definierenden Sinne zu qualifizieren.

Die Gliederung des Lebenslaufs

Von der Antike bis heute gibt es zahlreiche Versuche, den menschlichen Lebenslauf in Stadien zu gliedern [9]. Daß vielen dieser Versuche das bloße kalendarische Alter als Ordnungsprinzip zugrunde liegt, zeigt sich nicht nur in Bereichen unseres Alltags (z.B. Volljährigkeit), sondern auch in wissenschaftlichen Arbeiten, in denen z.B. von Jahreszeiten des Lebens gesprochen wird [10]. Zu bestimmten (Alters-)Zeitpunkten wird der Mensch jeweils vor bestimmte **Entwicklungsaufgaben** (z.B. Ablösung vom Elternhaus) gestellt oder hat lebensalterstypische Konflikte zu bewältigen. Unter welchem Blickwinkel erfolgt nun die Beschäftigung mit einzelnen Lebensabschnitten und welche Fragen stehen dabei jeweils im Vordergrund?

Verschiedene Lebensereignisse, die aufgrund sozialer und/oder biologischer Faktoren (Pubertät, Heirat) in hohem Maße an das Lebensalter gekoppelt sind, markieren als vorhersagbare, vergleichsweise universelle und zeitlich relativ fixierte Stationen den Übergang von einer Lebenslage in eine nächste. Zusätzlich erhalten Lebensläufe dadurch ihre individuelle Gliederung, daß unvorhersehbare und zeitlich weitestgehend unbestimmte Ereignisse entweder auf kollektiver (Naturkatastrophen) oder individueller Ebene (schwere Erkrankungen) als Zäsuren wirken. Die Einteilung des Lebenslaufs wird also nur partiell entlang der Achse des kalendarischen Alters vorgenommen. Lebensereignisse spielen dabei eine wesentliche Rolle, weil sie als **Markierereignisse** Ende bzw. Beginn eines bestimmten Lebensabschnittes anzeigen. Sie besitzen aber auch Prozeßcharakter (z.B. Auflösung einer Partnerschaft), indem sie selbst Abschnitte innerhalb des individuellen Lebenslaufs darstellen.

Die Analyse bedeutsamer Lebensereignisse

Befragte man Menschen danach, welche Ereignisse in ihrem Leben sie als **bedeutsam** erlebt haben, so würde man vermutlich eine Auflistung erhalten, die so reichhaltig wäre, wie es verschiedene Lebensläufe gibt. Bedeutsame Lebensereignisse sind zunächst einmal solche, an denen sich ein Wechsel in der Lebenslage festmachen läßt, zumindest im Bewußtsein des betroffenen Individuums. Eine Bedeutung erlangen solche Lebensereignisse aber auch insofern, als sie in der retrospektiven Betrachtung des eigenen Lebenslaufs prägnant heraustreten und, auch im subjektiven Erleben, zu seiner Gliederung beitragen.

Nicht immer werden allerdings Lebensereignisse in diesem Sinne als bedeutsam konzeptualisiert. In Anlehnung an die allgemeinpsychologisch orientierte Streßforschung wird argumentiert, daß Lebensereignisse deshalb zu erinnernswerten Ereignissen werden, weil sie der Person eine Veränderung ihres Verhaltens und eine Neuanpassung abverlangen, die mit einer erhöhten Streßbelastung verbunden ist. Vor diesem Hintergrund sind Lebensereignisse immer zugleich auch kritisch, weil sie Anpassungsleistungen fordern und – im Falle des Mißlingens der Anpassungsleistungen – mit einem erhöhten Risiko für nachfolgende physische und psychische Erkrankungen einhergehen (zum Überblick s. [11]). Diese Betrachtung ist jedoch zu einseitig und muß auf zwei Ebenen erweitert werden, um zu präzisieren, wodurch Lebensereignisse zu kritischen Ereignissen werden.

Zum einen wurde versucht, Lebensereignisse hinsichtlich einer Vielzahl von Dimensionen zu beschreiben (Vorhersagbarkeit, Beeinflußbarkeit, Erwünschtheit); zum anderen wurde betont, daß Lebensereignisse, wenn sie als kritisch gelten sollen, nicht losgelöst betrachtet werden dürfen von der **Person**, die mit einem Ereignis konfrontiert ist, und von dem **Kontext**, innerhalb dessen sich die Auseinandersetzung damit vollzieht [12]. Inwieweit Lebensereignisse kritisch sind und kritische Lebensabschnitte einleiten oder nicht, läßt sich letztendlich nur unter Beachtung der Trias **Person – Ereignis – Umweltkontext** beantworten. Im weiteren wollen wir daher fragen, welche Ereignis-, Person- und Kontextmerkmale im einzelnen dazu beitragen, daß wir von kritischen Lebensabschnitten sprechen sollten.

Attribute kritischer Lebensereignisse

Antworten auf die erste Frage liefern Studien, in denen der differentielle Vorhersagewert bestimmter Ereignismerkmale für das jeweilige Kriterium (z.B. psychiatrische Symptomatik, allgemeiner Gesundheitszustand etc.) ermittelt wurde. So wurde beispielsweise gezeigt, daß weniger das mit dem Ereignis einhergehende Ausmaß der Neuanpassung von Bedeutung ist als vielmehr seine **Unerwünschtheit** [13]. Doch auch innerhalb der unerwünschten Ereignisse gilt es weiter zu differenzieren: Man fand, daß unerwünschte Ereignisse keine Beziehung zu Merkmalen des Gesundheitszustandes aufweisen, wenn sie von der Person als **kontrollierbar** erlebt werden [14], d.h. wenn sie sich ihnen nicht ohnmächtig ausgeliefert glaubt. Innerhalb der Gruppe der **nicht-kontrollierbaren** Ereignisse wiederum stehen nur jene mit einem schlechten Gesundheitszustand in Verbindung, die für die Person nicht **vorhersehbar** waren. Ein erhöhtes Risiko für eine gesundheitliche Gefährdung geht demnach gerade von jenen Ereignissen aus, die für die betroffene Person unerwünscht sind und deren Eintreten sie nicht verhindern kann. Bedeutsam ist ferner, ob der Zeitpunkt, zu dem das Ereignis eintreten wird, vorhergesagt werden kann oder nicht, und damit die Möglichkeit besteht, sich auf das Ereignis vorzubereiten. Ähnliche Hinweise findet man in Studien, in denen die Folgen einzelner Ereignisse untersucht und die Ereignismerkmale Kontrollierbarkeit und Vorhersehbarkeit berücksichtigt wurden: Können alte Menschen, selbst wenn sie keine Entscheidungskontrolle über ihre Einweisung in ein Altersheim haben, dieses Ereignis hinreichend lange vorhersehen, so zeigen sie weit geringere Übergangsprobleme (bis hin zu einer signifikant höheren Lebensdauer), als wenn das Ereignis nicht vorhersehbar war [15].

Die **besonders kritischen Ereignisse** sind also jene, die eine hohe negative Valenz, eine geringe Kontrollierbarkeit und eine geringe Vorhersagbarkeit besitzen.

Ihnen läßt sich ein weiteres Merkmal hinzufügen: Ereignisse, die jenseits der biologisch oder sozial definierten Zeitpunkte **zu früh** oder **zu spät** eintreten, gehen mit einer höheren Belastung einher und besitzen häufiger negativere Folgen für die Gesundheit der Person als zeitlich angemessene. Dies wurde z. B. für den (ungewöhnlich frühen) Tod des Ehepartners oder den Eintritt einer chronischen Erkrankung nachgewiesen [16, 17].

Attribute der Person

Zur Beantwortung der zweiten Frage gilt es, auf seiten der Person jene Merkmale zu identifizieren, welche die Konfrontation mit einem Ereignis in eine **Krise** münden lassen können. Dazu einige exemplarische Befunde: In einer Studie an Patienten, die nach einem Unfall querschnittsgelähmt waren, erwiesen sich diejenigen, die jegliche Verantwortlichkeit für das Unfallgeschehen von sich wiesen, als psychisch stärker beeinträchtigt und dahingehend gefährdet, daß sie ärztliche Hilfeleistungen häufiger verweigerten [18].

Jenseits dieses **Vulnerabilitätsfaktors** hat man geprüft, welche Personen denn eine besondere Resistenz gegen die u. U. nachteiligen Folgen kritischer Lebensereignisse für ihre Gesundheit besitzen. Zu den Merkmalen, die besonders **widerstandsfähige** Personen auszeichnen, gehören etwa ein hohes Selbstvertrauen, die Überzeugung, Umweltereignisse durch eigenes Zutun positiv beeinflussen zu können (internale Kontrollüberzeugung), eine gewisse soziale Konformität sowie die Bereitschaft, schwierige Situationen als eine Herausforderung zu betrachten und entsprechend aktiv zu handeln.

Die Frage nach der Verwundbarkeit durch bzw. Resistenz gegen die Belastung in kritischen Lebensabschnitten steht und fällt damit, welche Bewältigungsstrategien einer Person zur Verfügung stehen.

So scheint z. B. bei der Bewältigung schwerer Erkrankungen die Fähigkeit einer Person, in der Krankheit einen Sinn sehen zu können, von hohem adaptiven Wert zu sein [17].

Merkmale kritischer Umweltkontexte

Eine wesentliche Rolle spielt aber auch, inwieweit derjenige, der von einem belastenden Lebensereignis betroffen ist, auf soziale Unterstützung durch Familienangehörige, Freunde oder professionelle Helfer zurückgreifen kann. Einen eindrucksvollen Beleg für die Bedeutung des Umweltkontexts erbrachte die Studie von Nuckolls und Mitarbeitern [19]: Kritische Ereignisse während der Schwangerschaft gingen mit einer höheren Wahrscheinlichkeit für Komplikationen während der Geburt einher, aber nur unter der Bedingung, daß die Frauen nicht auf ein **funktionierendes soziales Stützsystem** zurückgreifen konnten. (Zur Bedeutung familialer Unterstützung bei der Auseinandersetzung mit einer Krebserkrankung s. [101].)

Aber weder ein defizitäres soziales Stützsystem noch die Belastung in kritischen Lebensabschnitten allein stehen in einer bedeutsamen Beziehung zum Erkrankungsrisiko, wohl aber die Konfrontation mit kritischen Ereignissen bei gleichzeitiger sozialer Isolation.

Insofern richtet sich das Augenmerk auch auf jene Altersperioden (etwa im höheren Alter), in denen die Einbindung in ein soziales Stützsystem oft drastisch abnimmt. Denn gerade Menschen, die sich nicht angemessen in ihr soziales Netz eingebunden fühlen, weisen eine erhöhte Gefährdung auf, eine depressive Störung auszubilden oder körperlich zu erkranken.

Schließlich ist auch gut dokumentiert, daß kritische Lebensereignisse einen **kumulativen Effekt** besitzen:

Ereignisse, die im Kontext weiterer, oft chronischer Belastungen (z. B. am Arbeitsplatz) eintreten, übersteigen nicht selten das Anpassungspotential der betroffenen Person und gelten als Auslöser für eine Vielzahl psychosomatischer Erkrankungen.

Nach unserer bisherigen Kenntnis müssen wir davon ausgehen, daß es nicht so sehr einzelne Altersabschnitte sind, die gleichsam universell als kritisch zu qualifizieren sind. Vielmehr sind es ganz spezielle Ereignisse mit bestimmter Qualität und Thematik, die – in Abhängigkeit von der Person und ihrem Kontext – die Krisen eines Lebens ausmachen und dem Lebenslauf seine individuelle Gestalt geben können.

Im folgenden wollen wir uns dennoch an der durch biologische und soziale Bedingungen vorgegebenen normalen Struktur des Lebenslaufs orientieren und für die einzelnen chronologisch geordneten Altersperioden beispielhaft darstellen, was sie aus psychologischer Sicht besonders kennzeichnet und wodurch sie u. U. zu kritischen Phasen des Lebens werden können.

6.2.1 Familienplanung und Kinderwunsch

Niemand wird bestreiten wollen, daß **Schwangerschaft** und **Geburt** nicht nur als biologischer Prozeß zu betrachten sind, sondern zugleich auch immer ein höchst bedeutsames psychisches und soziales Geschehen darstellen, wobei ein besonderes Augenmerk der engen Wechselbeziehung zwischen physiologischen (hormonellen) und psychischen Vorgängen zukommen sollte. Die hohe individuelle Variabilität im **Schwangerschaftserleben** der Frau und ihre Einstellung zu dem erwarteten Kind stellen wichtige psychologische Faktoren dar, deren Rückwirkungen auf den Verlauf der Schwangerschaft und auf den Geburtsvorgang selbst in vielen Studien nachgewiesen wurden [20]. So geht eine negative, aber auch eine ambivalente Einstellung zur Schwangerschaft einher mit gehäuft auftretenden Beeinträchtigungen des körperlichen Wohlbefindens (z. B. Emesis gravidarum) über das erste Schwangerschaftsdrittel hinaus. Auch scheint ein höherer Anteil **unerwünschter** Kinder an der Gesamtgruppe der **Frühgeburten** und **Spätaborte** nachgewiesen, wobei es aus verschiedenen Gründen jedoch wichtig erscheint, den sozialen Status der Frau (fehlende Partnerschaft, ungünstige finanzielle Lage) zu berücksichtigen. Die Entscheidung zum **Schwangerschaftsabbruch** als Abschluß einer konflikthaften Auseinandersetzung zwischen ambivalenten Tendenzen wird neben psychosozialen und medizinischen Einflußgrößen auch durch die dem gesellschaftlichen Wandel unterworfene Einstellung der Schwangeren zum Abbruch selbst beeinflußt. Die intrapsychischen Folgen des Abbruchs dürften hiermit kovariieren und unterliegen starken interindividuellen Schwankungen; diese können von relativ geringen Beeinträchtigungen bis hin zu massiven Schuldgefühlen, Trauer, Depression, Angst und Selbstwertzweifeln reichen. Eine ungünstige Einstellung zur Schwangerschaft zeigt sich auch in negativen Reaktionen auf die Fetalbewegungen im zweiten Drittel der Schwangerschaft und in der mangelnden Bereitschaft, sich mit der eigenen weiblichen Geschlechtsrolle zu identifizieren. In einigen Studien erwiesen sich die Zusammenhänge zwischen einer negativen psychischen Gestimmtheit (Angst, Depressivität, Feindseligkeit etc.) und körperlichen Beschwerden bei ledigen Schwangeren stärker als bei verheirateten, wobei allerdings eine schlechte eheliche Beziehung ihrerseits als Belastungsfaktor während der Schwangerschaft wirken und negative Einstellungen zur Schwangerschaft hervorrufen kann (zum Überblick s. [21]).

Studienfragen

Wann kann man davon sprechen, daß ein Lebensereignis ein kritisches Ereignis darstellt?
(s. S. 140, 141)
Welche Auswirkungen hat eine ungünstige Einstellung der Frau zur Schwangerschaft auf den Schwangerschaftsverlauf?
(s. S. 142)

6.2.2 Geburt

Das letzte Drittel der Schwangerschaft ist in der psychologischen Forschung relativ gut untersucht, wobei insbesondere Zusammenhängen zwischen dem Ausmaß der Angst vor der Geburt und verschiedenen Aspekten des Geburtsverlaufs (Dauer der Geburt, Geburtskomplikationen, Höhe des Schmerzmittelkonsums etc.) Beachtung geschenkt wurde. Dabei zeigte sich u. a. auch, daß eine offene **Ablehnung der Schwangerschaft** von einem höheren Angstniveau, aber auch signifikant **stärkeren Schmerzempfindungen** begleitet ist, was dann auch zu einem erhöhten Schmerzmittelkonsum führt; dieser scheint unmittelbare Auswirkungen auf das Neugeborene selbst (Muskelspannung, Saugverhalten etc.) zu besitzen. Auch stand ein **hohes Angstniveau** vor der Geburt in einer Studie in engem Zusammenhang mit Bewegungsarmut, Apathie und Erbrechen bei dem Neugeborenen – ein Befund, der allerdings nicht in allen Untersuchungen repliziert werden konnte [22]. Die einzelnen Methoden der **psychosomatischen Geburtsvorbereitung** (z. B. das Einüben der Wehenbeatmung nach Lamaze, Schwangerschaftsgymnastik und spezifische Entspannungstechniken) zielen durch die Vermittlung von Wissen über den Geburtsablauf und durch das Einüben von Handlungsfertigkeiten auf eine Reduktion der Angst und der Schmerzwahrnehmung sowie in der Folge auf eine Verringerung des Schmerzmittelkonsums ab. Letzteres ist nicht nur wegen der genannten Rückwirkungen auf das **Neugeborene** selbst bedeutsam, vielmehr hat man bei Frauen, die sich intensiv auf die Geburt vorbereiten, auch eine intensivere positive Reaktion auf das Kind und eine höhere Bereitschaft zum Stillen beobachtet [23]. Darüber hinaus hängt die zeitliche Stabilität des **Stillverhaltens** in positiver Weise mit dem Bildungsgrad und damit einhergehend mit dem Grad der Informiertheit der Frauen über den komplexen psychosomatischen Prozeß des Stillens zusammen. Da der Stillvorgang insbesondere in den ersten Tagen sehr störanfällig ist, kommt der **Krankenhausorganisation** besondere Bedeutung zu: Kliniken, die das Stillen nach Bedarf ermöglichen und in denen die Frauen bei auftretenden Stillproblemen psychologische Unterstützung durch das Pflegepersonal erfahren, weisen den größten Anteil an voll stillenden Frauen bei der Entlassung auf. Gerade anfängliche Mißerfolge beeinträchtigen die Zuversicht der Frauen, überhaupt stillen zu können, und führen gehäuft zu einer vorzeitigen Aufgabe der Stillbemühungen [24].

In enger Verbindung zum Erleben der Schwangerschaft und der Geburt kann die erste **Kontaktaufnahme** zwischen Neugeborenem und Eltern in den Minuten und Stunden nach der Geburt gesehen werden. In umfangreichen Studien konnte man nachweisen, daß bestimmte Interaktionssequenzen in der ersten Kontaktaufnahme weithin universell beobachtbar sind und die **postpartale Phase** als sensible Periode der Bindung zwischen Mutter und Neugeborenem betrachtet werden kann [25]. Wenn Mütter die Möglichkeit hatten, unmittelbar nach der Geburt mit dem Neugeborenen Kontakt aufzunehmen, so begannen sie sehr bald, das Kind an den Gliedmaßen und am Körper zu berühren und seine Haut zu massieren. Sie suchten den Blickkontakt mit dem Säugling, wobei sie innerhalb weniger Minuten eine Haltung einnahmen, in der sich das Gesicht der Mutter und das Gesicht des Kindes direkt gegenüber waren. Die Sequenz der Kontaktaufnahme zwischen Mutter und Neugeborenem scheint in einigen Phasen identisch mit der Kontaktaufnahme durch den Vater zu sein (z.B. auf Schreien des Säuglings mit leichten rhythmischen Körperbewegungen zu reagieren). Dies wird vorwiegend dann beobachtbar, wenn der Vater mit dem Kind alleine ist; bei gleichzeitiger Anwesenheit der Mutter berührt der Vater das Kind häufiger, vokalisiert mehr und lächelt es mehr an als die Mutter.

Die Bedeutung der postpartalen Phase für die spätere **Mutter-Kind-Interaktion** stützen die Autoren durch folgenden Befund: Eine Gruppe von Müttern durfte das Neugeborene eine Stunde lang nach der Geburt und dann mehrere Stunden pro Tag bei sich haben, wobei die Mütter der Kontrollgruppe ihr Kind routinemäßig alle vier Stunden sehen konnten. Beobachtungen der Mutter-Kind-Interaktion ein Jahr später zeigten signifikante Unterschiede dahingehend, daß die Mütter der ersten Gruppe aufmerksamer, responsiver und gefühlsbezogener auf das Kind eingingen als die Mütter der Kontrollgruppe – ein Befund, der auch in anderen Kulturen repliziert wurde. Die Relevanz solcher Befunde für das sog. **Rooming-in**, also die gemeinsame Unterbringung von Mutter und Kind in einem Zimmer (s. Kap. 6.2.6), liegt auf der Hand; auch konnte nachgewiesen werden, daß Rooming-in-Kinder viel schneller sich auf einen angemessenen Schlaf-Wach-Rhythmus einpendeln als Kinder einer Vergleichsgruppe (zum Überblick s. [26]).

Vor diesem Hintergrund erhält auch die Frage nach dem **Risiko frühgeborener** Kinder einen neuen Akzent: In den ersten Lebensjahren beobachtete problematische Entwicklungsverläufe weisen, wie man aus Längsschnittstudien weiß, deutliche Zusammenhänge mit Frühgeburtlichkeit und mit Untergewichtigkeit (auch bei zeitgerecht geborenen Kindern) auf und manifestieren sich u.a. in einer Verzögerung der kognitiven und motorischen Entwicklung. Sieht man von eindeutig neurologischen Schädigungen ab, nimmt aber die Bedeutung biologischer Risikofaktoren für die weitere Entwicklung im Laufe der ersten Lebensjahre ab, sofern nicht zusätzliche psychosoziale Risiken gegeben sind, die sich mit zunehmendem Alter des Kindes immer stärker auswirken [26]. Da Frühgeburten in den meisten Fällen von der Mutter getrennt werden, ist der frühzeitige Aufbau der Interaktion und des Signalverstehens zwischen Mutter und Kind nicht in angemessener Weise möglich. Dies mag sich u.U. längerfristig ungünstig auf die Mutter-Kind-Interaktion auswirken, wobei hier an den Befund zu erinnern ist, wonach **frühgeborene Kinder** in der Gruppe der **mißhandelten Kinder** zahlenmäßig deutlich überrepräsentiert sind. Der **Aktivierungszustand** frühgeborener Kinder und hier insbesondere eine starke Unregelmäßigkeit im Schlaf-Wach-Rhythmus wirkt sich auch auf die Eltern dieser Kinder aus, denn solche Kinder können es den Eltern schwermachen, sich auf sie einzustellen und ihr Verhalten vorherzusagen.

Andere Befunde verweisen darauf, daß Kinder mit einem hohen biologischen Risiko (Frühgeburt, Untergewicht) dennoch eine günstige Intelligenz- und Sprachentwicklung im Alter von 3 Jahren aufweisen, wenn die Familie ein angemessenes Anregungsmilieu bietet (häufiges Vokalisieren zum Kind, kontingentes Reagieren der Mütter auf freundliche Verhaltensweisen, variantenreiche sächliche Stimulation in Reichweite des Kindes etc.).

Es läßt sich also die enge Verzahnung von biologischen und psychosozialen Faktoren im Prozeß der Schwangerschaft und der Geburt nachweisen; zugleich ist die verstärkende, aber auch kompensatorische Wirkung psychosozialer Faktoren bei Kindern mit hohem biologischen Risiko nachgewiesen.

Studienfragen

Welche Maßnahmen der Krankenhausorganisation sind für einen ungestörten Entwicklungsverlauf des Säuglings ratsam?
(s.S. 143)

6.2.3 Kindheit und Jugend

In psychologischen Arbeiten zum Säuglingsalter wird einhellig darauf verwiesen, daß der menschliche Säugling **sozial präadaptiert** ist, d.h. über eine Reihe **angeborener Verhaltensgrundlagen** verfügt, die den Aufbau und die Aufrechterhaltung sozialer Interaktionen sichern sollen. Säugling und betreuende Bezugsperson bilden im Verlaufe ihrer Interaktion ein hochdifferenziertes Signalsystem aus, welches die enge wechselseitige Kommunikation und die richtige Interpretation der Signale gewährleistet.

Die soziale Präadaptation menschlicher Säuglinge zeigt sich z.B. darin, daß es schon in den ersten Lebenstagen eine klare Präferenz für visuelle Reize gibt, die menschlichen Gesichtern ähneln, wie man in Studien mit verschiedenen Attrappen nachweisen konnte. Dabei versuchen die Säuglinge Blickkontakt aufrechtzuerhalten, indem sie dem menschlichen Gesicht durch Kopf- und Augenbewegungen folgen. Studien zur akustischen Wahrnehmung des Säuglings haben gezeigt, daß der bevorzugte Frequenzbereich dem der menschlichen Stimme entspricht und komplexe Lautgebilde beim Kind positivere Reaktionen auslösen als sog. reine Töne. Zudem konnte nachgewiesen werden, daß Säuglinge bereits in den ersten Tagen nach der Geburt mit synchronen Bewegungen auf die menschliche Stimme reagieren – eine angeborene rhythmische Fähigkeit, die von einigen Autoren als Voraussetzung des Spracherwerbs gesehen wird. Andererseits dient der kindliche Bewegungsrhythmus auch der Festigung der Mutter-Kind-Beziehung, da er von der Mutter als soziales Signal interpretiert wird.

Die auf die soziale Umwelt gerichtete **Wahrnehmung des Säuglings** führt also dazu, frühzeitig Gesicht, Stimme und Körper der wesentlichen Bezugsperson zu verknüpfen: So konnte man Verwirrung und eine Blickabwendung bereits bei 2 Wochen alten Säuglingen beobachten, wenn im Experiment der Mutter durch ein Tonband eine fremde Stimme unterlegt worden war oder wenn die Stimme aus einer anderen Richtung zu hören war. Auditive und visuelle Wahrnehmung im sozialen Bereich sind also schon teilweise koordiniert.

Die meisten Signale, die das Kind selbst aussendet, dienen der Bedürfnisbefriedigung, aber auch der Sicherung der sozialen Kontakte (Blickkontaktaufnahme, Ankuscheln etc.). Insbesondere das **Lächeln** hat eine herausragende Funktion als soziales Signal, wobei entsprechende mimische Reaktionen, die als spontan ausgelöstes Lächeln bezeichnet werden, bereits in den ersten Lebenstagen zu beobachten sind. Diese Reaktionen werden dann in zunehmendem Maße exogen auslösbar durch taktile oder akustische Stimulation. Lächeln im engeren Sinne tritt in der 5. oder 6. Woche auf und stellt auch hier eine bevorzugte Reaktion auf das menschliche Gesicht dar (*soziales Wiederlächeln*). Ab der 20. Lebenswoche etwa vermag das Kind zwischen fremden und vertrauten Personen zu differenzieren und lächelt bevorzugt bei vertrauten Gesichtern. Dem kindlichen Bindungsverhalten und seinen verschiedenen Ausdrucksformen stehen auf seiten des Erwachsenen Fürsorgeverhalten und der Aufbau gemeinsamer *Spiele* gegenüber, in denen die Mutter beispielsweise Vokalisationen oder mimische Reaktionen des Kindes nachahmt und somit einen *biologischen Spiegel* für den Säugling darstellt [27]. In diesen Studien hat man zugleich festgestellt, daß Mütter einen solchen Abstand zwischen ihrem Gesicht und dem Baby herstellen, daß eine optimale Sehschärfe für den Säugling resultiert.

Die wenigen Beispiele mögen deutlich gemacht haben, daß das hochdifferenzierte Interaktionssystem zwischen dem Säugling und seiner unmittelbaren sozialen Umwelt bedeutsam für den **Aufbau emotionaler Bindung** ist. Von seiner kognitiven Entwicklung her muß der Säugling zwischen primären Bezugspersonen und anderen Personen unterscheiden können, was üblicherweise zwischen dem 6. und 8. Lebensmonat erreicht wird, sowie über **Personpermanenz** verfügen, d.h. ein inneres Abbild von Personen (oder Gegenständen) besitzen, so daß diese auch außerhalb seines direkten Wahrnehmungsbereiches und bei zeitweiliger Abwesenheit weiterhin als existent angenommen werden. Da sich das Kind wegen seiner fortgeschrittenen motorischen Entwicklung auch selbst aktiv auf seine Bezugspersonen zubewegen kann, sind spezifische Verhaltensweisen des Kindes wie Anlächeln, manuelles Explorieren der Person, Ärmchen hochheben etc. Hinweise für eine Bindung an diese Personen. Die Qualität der Bindung läßt sich aus Reaktionen gegenüber unbekannten Personen (Fremdeln) und bei Abwesenheit der Bezugsperson (Trennungsangst) gut erschließen: Absinken der Stimmungslage, Weinen und Schreien, eine Reduktion der Erkundungs- und Spielaktivitäten sind die typischen Reaktionen, wenn z.B. die Mutter (insbesondere in unvertrauter Umgebung) den Raum verlassen hat, die etwa ab dem 6. Lebensmonat beobachtet werden und sich erst ab dem 3. Lebensjahr in ihrer Häufigkeit wieder verringern.

Nach Erikson vollzieht sich in diesem Entwicklungsabschnitt während des 1. Lebensjahres die Ausbildung von Urvertrauen. Hiermit ist die

Grundeinstellung gemeint, sich auf sich selbst und seine soziale Umwelt verlassen zu können. Das Kind erwirbt diese Einstellung durch beständige, sicherheitvermittelnde Muster der Eltern-Kind-Interaktion [28].

Die Frage, ob Bindungsverhalten gegenüber Müttern deutlicher ausgeprägt ist als gegenüber Vätern, ist naheliegend und wurde z.T. kontrovers beantwortet. Eine Längsschnittstudie über den Altersbereich von 7–13 Monaten brachte keine Hinweise auf eine mögliche Bevorzugung der Mutter; in der Altersspanne von 15–24 Monaten jedoch fällt dieser Vergleich nun deutlich zugunsten des Vaters aus: Auch wenn man die jeweiligen Aktivitäten des Erwachsenen kontrolliert, zeigen die Kinder signifikant häufiger Bindungsverhaltensweisen gegenüber dem Vater. Eine Detailanalyse zeigt deutliche Geschlechtseffekte: Jungen zeigen starke Präferenzen für den Vater, während bei den Mädchen in einigen Fällen der Vater, in anderen die Mutter und in manchen keiner der beiden präferiert wurde [29].

Über jene allgemeinen Beschreibungen der sozial-emotionalen Entwicklung hinaus wäre es natürlich interessant, inwieweit individuelle Differenzen in der Stärke der Bindung an eine Bezugsperson oder in ihrer Dauerhaftigkeit Vorhersagen für Sozialverhalten in späteren Lebensaltern gestatten. Jedoch lassen sich die Hinweise, die man aus Studien an Heimkindern oder an Kindern mit frühem Vater- oder Mutterverlust gewinnt, hier nur schwer heranziehen [30]. So bleibt denn die Frage, ob ein früh erworbenes **Urvertrauen** [28] die Sicherung sozialer Kontakte auch in späteren Altern erleichtert oder nicht, bislang im Bereich der Spekulation.

Exkurs: Zur Problematik der Kindsmißhandlungen

Psychologische Arbeiten zu den Bedingungen und Folgen der Kindsmißhandlung sind mit dem Problem einer extrem hohen Dunkelziffer dieses Delikts behaftet (die Schätzungen schwanken zwischen 70 und 90%). Damit stellt sich die Frage, inwieweit die bekanntgewordenen Fälle von Kindsmißhandlung, auf die man in den Studien zurückgreift, repräsentativ sind; zudem handelt es sich dabei meist um extreme Formen körperlicher Mißhandlung, während andere Vergehen gegenüber Kindern (sexueller Mißbrauch, psychischer Terror, extreme Vernachlässigung) oft gar nicht in das Blickfeld geraten.

Bei der Suche nach den Faktoren, die für Mißhandlungen an Kindern verantwortlich sein könnten, konzentriert man sich einerseits auf Merkmale der mißhandelnden Person und ihrer aktuellen Lebenssituation, andererseits aber auch darauf, ob sich mißhandelte Kinder ihrerseits durch besondere Merkmale auszeichnen. So zeigt sich, daß (kongenitale) Aktivitätsmerkmale von großer Bedeutung zu sein scheinen: Es gibt gut dokumentierte Befunde, wonach die sog. schwierigen Kinder besonders gefährdet für Mißhandlungen sind. Es handelt sich dabei um solche Kinder, bei denen eine hohe Irregularität der biologischen Funktionen, eine starke Ablehnung neuer Reize und schlechte Anpassung an situative Veränderungen, ein geringes Explorationsverhalten, eine vorwiegend negative Gestimmtheit und hohe Intensität der affektiven Reaktionen (z.B. exzessives Schreien) zu beobachten sind. Dieses Verhaltenssyndrom, aber auch eine starke Hyperaktivität bei Kindern scheint einen bedeutsamen Bedingungskomplex für Mißhandlungen darzustellen. Hingegen ist die Befundlage zu den Merkmalen, die die mißhandelnden Eltern auszeichnen, eher widersprüchlich und unklar. Allerdings gibt es deutliche Hinweise aus amerikanischen Studien, daß starke soziale Isolation, sowie Gefühle der Hilflosigkeit und Überforderung, verbunden mit dem Perfektionsanspruch, in der Erziehung alles richtig machen zu wollen, ein hohes Risiko für Kindsmißhandlung darstellen. Die Folgen der Kindsmißhandlung für die betroffenen Kinder, die man nur in gut kontrollierten Längsschnittstudien ermitteln könnte, sind noch nicht ausreichend erforscht. Zwar gibt es Hinweise, daß mißhandelte Kinder später ihrerseits stärker zu Mißhandlungen tendieren, doch ist die Zahl einschlägiger Studien sehr gering. Generell muß man jedoch davon ausgehen, daß im Falle langer Phasen von Mißhandlung die negativen psychologischen Folgen für die Kinder tiefgreifend und u.U. irreversibel sind.

Mit der sozial-emotionalen Entwicklung aufs engste verknüpft ist natürlich die **Sprachentwicklung.** Sie setzt lange vor dem ersten Wortgebrauch ein; sie hat ihre Vorläufer im Bewegungsrhythmus des Säuglings sowie in den diversen Formen des **Lallens** und der Artikulation von **Silben,** die u.U. schon sehr effiziente Kommunikationsformen darstellen. Beim Spracherwerb selbst sind wesentliche biologische Grundlagen als Voraussetzung zu beachten.

Eine bedeutsame reifungsbedingte Voraussetzung besteht in der Lateralisation der Gehirnhemisphären, deren funktionell verschiedene Arbeitsweise in komplizierter und z.T. noch nicht vollständig geklärter Beziehung zur Händigkeit steht. Dabei scheint bei Rechtshändern die linke Hemisphäre auf analytische Prozesse spezialisiert und für das Sprachvermögen von Bedeutung zu sein, während die rechte Hemisphäre eher auf holistische Prozesse (d.h. auch die Verarbeitung des affektiven Gehalts sprachlicher Mitteilung) spezialisiert ist. Da die Differenzierung der Hemisphären sich erst allmählich in der Entwicklung vollzieht, sollen Beginn und Ende der Hirnreifung die Zeitspanne festsetzen, innerhalb der der Spracherwerb biologisch gesteuert werden kann. Solange die zerebrale Organisation noch eine hinreichende Flexibilität aufweist, kann sich Sprache, z.B. bei Schädigung der linken Hemisphäre, mit der rechten entwickeln.

Jenseits der biologischen Grundlagen des Spracherwerbs erscheint die Phasenhaftigkeit in der Sprachentwicklung (d.h. eine klare Sequenz im Fortschreiten des Spracherwerbs) als universelles Phänomen, wobei jedoch hohe individuelle Variabilitäten hinsichtlich der zeitlichen Abfolge der Sprachentwicklung beobachtbar sind. Die Sprachentwicklung des Kindes kann jedoch durch fortlaufendes Korrigieren der kindlichen Sprache durch den Erwachsenen auch nachhaltig beeinträchtigt werden: So kann beispielsweise die Ausbildung des Stotterns begünstigt werden, wenn nicht beachtet wird, daß Verzögerungen in der Wortfindung und -produktion bis etwa zum 5. Lebensjahr ein natürliches Element kindlicher Sprache darstellen, und das Kind immer wieder sprachlich korrigiert wird.

Zu den wesentlichen sozial vermittelten Lernleistungen im Kleinkindalter gehört zweifellos die Kontrolle einer Reihe von Impulsen, die häufig als zentraler Aspekt der Sozialisation betrachtet wird. Beschränkungen hinsichtlich des kindlichen Bewegungsdrangs, der Häufigkeit seiner Bedürfnisbefriedigung, nicht aber zuletzt die Kontrolle über die Ausscheidungsorgane spielen in dieser Zeit eine wichtige Rolle. Daß Techniken und Zeitpunkt der **Reinlichkeitserziehung** in der psychologischen Literatur lange eine so große Beachtung gefunden haben, dürfte jedoch eher am Einfluß psychoanalytisch orientierter Autoren denn an der Bedeutsamkeit des Phänomens selbst liegen. Die Kontrolle über die Ausscheidungsorgane zu lernen, ist zwar an die Ausreifung bestimmter sensomotorischer Bahnen gebunden, sie wird jedoch über Lernvorgänge aufgebaut, die keineswegs qualitativ von anderen Lernvorgängen unterscheidbar sind. Wesentlich scheint dabei zu sein, inwieweit **Überforderungen** durch Erwartungen der Eltern auftreten und in welcher Weise *Mißerfolg* durch die Eltern an das Kind rückgemeldet wird und von welchen Sanktionen dieser begleitet ist. Sofern in dieser Zeit Verhaltensstörungen auftreten, sind sie entweder transienter Natur oder sie stellen eine Folge längerfristig wirksamer Sozialisationsbedingungen (z.B. feindseliges Verhalten der Mutter) dar, die sich dann u.U. auch bei der Reinlichkeitserziehung manifestieren. Eine besondere Betonung und Analyse der Reinlichkeitserziehung, die losgelöst ist von der Gesamtheit elterlichen Erziehungsverhaltens, den Merkmalen des häuslichen Milieus und der bisherigen Interaktionsgeschichte des Kindes mit seiner sozialen Umwelt, erscheint durch nichts zu rechtfertigen zu sein. Auch die in den Phasentheorien zur Entwicklung hervorgehobene Stellung der **Trotzphase** zwischen dem 2. und 3. Lebensjahr, in der das Kind den Forderungen der sozialen Umwelt seinen Widerstand entgegensetzt, stellt im Lichte der neueren Entwicklungspsychologie eine unzutreffende Verallgemeinerung einzelner auffälliger Verhaltensweisen als Kennzeichen einer ganzen Altersperiode dar.

Mit dem **Schuleintritt** vollzieht sich für das Kind ein einschneidender ökologischer Übergang, wobei nicht nur intellektuelle Tüchtigkeit und Leistung nun zu einem zentralen Thema werden, sondern auch universalistische Beziehungen aufgebaut werden müssen, in denen andere Menschen als prinzipiell austauschbare Träger sozialer Rollen (z.B. Lehrer) betrachtet werden.

Die Kriterien für die **Schulfähigkeit** eines Kindes (früher sprach man von Schulreife) werden bestimmt aufgrund seiner Lern- und Leistungsvoraussetzungen im **körperlichen** (Größe, Gewicht, Sinnestüchtigkeit und Motorik), **kognitiven** (Einsichts- und Erkenntnisfähigkeiten, Sprachentwicklung, Funktionen im Bereich des Wahrnehmens, Denkens und Gedächtnisses), **sozialen** (Selbständigkeit, Anpassungsfähigkeit, Fähigkeit zur Kontaktaufnahme und Identifikation mit dem Lehrer) und **motivationalen** Bereich (Ausdauer und Konzentration, Ausmaß des schulischen Leistungsmotivs). Die **Schuleingangsdiagnose** kann aber wegen der relativ geringen Validität der einschlägigen normorientierten Testverfahren (d.h. das Kriterium Schulerfolg setzt sich aus komplexen Bedingungsfaktoren zusammen, die im Schuleingangstest nicht alle erfaßt werden können) nicht allein auf der Basis der Testergebnisse gestellt werden; diesen kommt vornehmlich eine diagnoseergänzende und -abstützende Funktion zu. Neben der Diagnose der Schulfähigkeit gewinnen in der Schule selbst die Bewertung von **Schulleistungen** und die Feststellung individueller Leistungsunterschiede (z.B. bei der Notengebung) an Bedeutung. Die Zusammensetzung der Schulklasse entscheidet oft wesentlich darüber, an welcher Stelle in der **Tüchtigkeitsskala** sich der einzelne Schüler befindet. Die Schulklasse als soziale Bezugsgruppe beeinflußt die **Selbsteinschätzung** von Schülern hinsichtlich ihrer eigenen Tüchtigkeit und hat weitreichende Konsequenzen für die schulische **Leistungsmotivation.** Unbestreitbar ist aber auch, daß **Erwartungen des Lehrers** und seine Interaktion mit den einzelnen Schülern sich auf deren Begabungsselbstbild auswirken. Dabei haben sich auch scheinbar paradoxe Wirkungen feststellen lassen: Für das Begabungsselbstbild mag es oft besser sein, vom Lehrer getadelt denn gelobt zu werden; impliziert Tadel doch oft, daß der Lehrer den Schüler für begabt hält und ihn ermuntert, sich noch mehr anzustrengen; Lob hingegen (besonders bei einer leichten Aufgabe) mag dem Schüler signalisieren, daß der Lehrer seine Begabung nicht besonders hoch einschätzt. Frühe Erfahrungen in der Schule mögen somit auf ganz vielfältige Weise Weichenstellungen für Lern- und Leistungsmotivation sein.

Natürlich liegen die Bedingungen der Leistungsmotivgenese lange vor dem Schuleintritt auch im häuslichen Milieu: Neben den elterlichen Reaktionen auf Erfolg oder Mißerfolg des Kindes hat sich als bedeutsam erwiesen, daß die Leistungserwartungen an das Kind wohldosiert oberhalb seines aktuellen Fertigkeitsniveaus liegen und daß dem kindlichen Drang nach Selbermachen-Wollen in angemessener Weise nachgegeben wird. Bedeutsam für die Entwicklung des Leistungsmotivs ist gleichfalls die Sachumwelt, die dem Kind bei entsprechendem Anregungsgehalt auch Erfahrungen darüber ermöglicht, wie es durch sein eigenes Handeln die Umwelt verändern kann [100].

Während im Vorschulalter der kindliche Gütemaßstab vorwiegend an seinen eigenen Leistungsmöglichkeiten und -erfahrungen orientiert war, erlernt das Kind in der Schule, die eigenen Leistungsergebnisse auch relativ zu denen anderer Schüler und der Bezugsgruppe zu bewerten (*sozial-normativer Gütemaßstab*). In diesem Alter tritt neben die Bewertung der eigenen Leistung die sog. **Kausalattribuierung**, d.h. die Suche nach den Ursachen für Erfolg oder Mißerfolg. Auch das 6jährige Kind selbst erkennt schon den Zusammenhang zwischen dem eigenen Leistungsergebnis und dem Schwierigkeitsgrad der ihm gestellten Aufgabe und versucht, durch vermehrte Anstrengung schwierigere Aufgaben zu bewältigen. Mit anderen Worten:

Die Höhe der eigenen Anstrengung wird als Ursache für das Leistungsergebnis klar erkannt; erst später wird auch die Rolle der eigenen Begabung bei der Ursachenerklärung für Erfolg oder Mißerfolg hinzugezogen. Im Jugend- und Erwachsenenalter werden die Annahmen über die eigene Begabung zur entscheidenden Komponente für leistungsmotiviertes Verhalten, d.h. die Gefühle nach Erfolg und Mißerfolg, aber auch die Wahl einer bestimmten Aufgabenschwierigkeit in einer Leistungssituation hängen davon ab, welche Begabung sich die Person selbst zuschreibt.

Motivationale Faktoren spielen auch eine wichtige Rolle bei der Erklärung schulischer Leistungsresultate, beispielsweise der sog. *Underachiever*. Diese zeigen deutlich schlechtere Schulleistungen, als aufgrund der Werte in Intelligenztests zu erwarten wäre. Eine geringe Anstrengungsbereitschaft, die Furcht vor Mißerfolg oder eine Unterschätzung der eigenen Begabung kann als Ursache für die erwartungswidrig schlechte Leistung in Betracht gezogen werden. Sog. *Overachiever* erzielen hingegen bessere Schulleistungen, als aufgrund der Intelligenztestwerte zu erwarten wäre.

Mit dem Eintritt in die **Pubertät** ergeben sich qualitativ neue Entwicklungsaufgaben, die vor allem in einer angemessenen psychischen Anpassung an die (quantitativen und qualitativen) körperlichen Veränderungen liegen. Als *körperliche Veränderungen* dominieren ein verstärktes Längen- und Breitenwachstum und damit verbunden vorübergehende motorische Koordinationsschwierigkeiten, die Entwicklung der sekundären Geschlechtsmerkmale und insbesondere bei den männlichen Jugendlichen ein markanter Stimmwechsel (Stimmbruch). Hinzukommen hormonell bedingte Veränderungen des Körpergeruchs mit einer verstärkten Duftsekretion.

Biologische, psychische und soziale Merkmale nehmen bei pubertierenden Jugendlichen keineswegs einen synchronen Entwicklungsverlauf, und das Jugendalter wird daher häufig als Phase erhöhter Belastung durch innerpsychische und soziale Konflikte betrachtet [31].

Die große zeitliche Erstreckung dieser Lebensperiode, die keineswegs typisch für alle historischen Epochen oder Gesellschaftssysteme ist, ist in der Tat häufig dadurch gekennzeichnet, daß den biologischen und verhaltensmäßigen Möglichkeiten des Jugendlichen ein hohes Maß an sozialer Restriktion und ökonomischer Abhängigkeit gegenübersteht. Die **Übergangszeit** vom Kind zum Erwachsenen währt in den industrialisierten Ländern, bedingt durch verlängerte Ausbildungszeiten, sehr viel länger als in früheren Epochen. Mit der Übergangsposition zwischen Kindheit und Erwachsenenalter werden zudem Fragen nach der **Selbstdefinition** und der **Identitätsfindung** bedeutsam. Dies wird deutlich bei Jugendlichen, die im Vergleich zu ihrer Altersgruppe als körperlich akzeleriert bzw. retardiert gelten: Letztere zeigen häufiger ein geringes Selbstwertgefühl, negativere Vorstellungen von sich selbst, werden als sozial weniger attraktiv wahrgenommen, und müssen sich verstärkt um die Anerkennung in der sozialen Gruppe bemühen. Es sind also weniger die biologischen Korrelate der körperlichen Veränderungen als die Eigenwahrnehmung des veränderten Körpers und die sozialen Reaktionen auf die Veränderungen, die auf das Selbstbild zurückwirken. Der Gruppe der Gleichaltrigen kommt eine zentrale Funktion für den Aufbau der personalen Identität zu, da in der Bezugsgruppe zum einen Verhaltensstandards gesetzt werden, zum anderen aber auch soziale Fertigkeiten erworben und erprobt werden können (s.a. Kap. 7.5). Prozesse der inneren Ablösung vom Elternhaus mögen zuweilen als krisenhaftes Geschehen erscheinen, und Phänomene wie Mißbrauch von Suchtmitteln oder jugendliche Delinquenz werden häufig (vorschnell) mit diesen Prozessen in Verbindung gebracht.

Mögliche **Ablösungs- und Erziehungskonflikte** in der Pubertät nehmen ihren Ausgang oft in der verstärkten Orientierung des Jugendlichen nach außen und der Unsicherheit der Eltern, hierauf angemessen reagieren zu können. Eltern werten die veränderten Interessen des Jugendlichen oftmals als Verstöße gegen eingespielte Formen und Normen der familiären Interaktion. Das bis dato relativ geschlossene Familiensystem gerät in ein Ungleichgewicht.

Besonders problematisch wird diese Situation, wenn in der Familie ein kontrollierend-dirigistischer Erziehungsstil vorherrscht, den die Eltern auch weiterhin aufrechterhalten wollen. Die Veränderungen des Jugendlichen werden dann vielfach als unerwünschte Abweichungen definiert, die Außenorientierungen abgewertet (z.B. verstärktes Mißtrauen, kritische Bewertung der Freunde), wodurch das Konfliktpotential vergrößert wird. Die Entfremdung von der Familie kann durch diese Art familiärer Interaktion weiter vertieft werden (der Jugendliche fühlt sich unverstanden, ungeliebt usw.). In solchen Familien zeigt sich oftmals auch eine **Unfähigkeit zur Metakommunikation**, d.h. die den Abwertungen zugrundeliegenden Sorgen, Ängste und Unsicherheiten werden nicht thematisiert.

Insgesamt erscheint die Betrachtung des Jugendalters als **Sturm-und-Drang-Zeit,** die in besonderem Maße durch Konflikte und Krisen ausgezeichnet sein soll, nicht gerechtfertigt – bei einer „vergleichenden Analyse der Lebensalter" [32] scheint die Jugendzeit in dieser Hinsicht auch keineswegs eine exponierte Stellung einzunehmen.

Studienfragen

Was versteht man unter „sozialer Präadaptation des Säuglings" und inwiefern berührt diese die Entwicklung der Mutter-Kind-Beziehung?
(s.S. 144 links)

6.2.4 Erwachsenenalter

Es mag an den biologisch orientierten Entwicklungslehren früherer Jahre gelegen haben, daß das Erwachsenenalter als Forschungsthema lange vernachlässigt wurde. Man glaubte, aus dem Stillstand des Körperwachstums nach der Pubertät auch auf eine Stabilisierung im psychischen Bereich schließen zu müssen.

Heute wird Entwicklung als lebenslanger Prozeß begriffen, und Entwicklungsverläufe werden als Folge der Auseinandersetzung mit den jeweiligen spezifischen Anforderungen und Lebensereignissen des Individuums über die gesamte Lebensspanne hinweg betrachtet [33].

Allerdings zeichnen sich Entwicklungsveränderungen im Erwachsenenalter durch eine **hohe interindividuelle Variabilität** aus, und Ausmaß und Richtung dieser Veränderungen sind keineswegs so allgemein gültig, wie dies für manche Entwicklungsvorgänge in früheren Lebensaltern (z.B. in der kognitiven Entwicklung) zu beobachten ist.

Viele Ereignisse des Erwachsenenalters stellen oft tiefgreifende Einschnitte in die **Familienstruktur** wie auch in die Lebenssituation des einzelnen dar. Dabei wird auch den normalen und gemeinhin positiv erlebten Ereignissen (Heirat, Geburt der Kinder) die Qualität kritischer Lebensereignisse zugeschrieben, da auch hier oft tiefgreifende Prozesse der Neuanpassung und Reorganisation des eigenen Lebens gefordert sind. Von Bedeutung scheint dabei auch die Tatsache zu sein, ob diese Ereignisse in der normalen Sequenz eintreten oder nicht. So konnte gezeigt werden, daß die Ereignisabfolge (a) Geburt des ersten Kindes, (b) Heirat, (c) Beendigung der Berufsausbildung signifikant häufiger in einer Scheidung resultiert als die umgekehrte normale Reihenfolge.

Andere Ereignisse, wie etwa Scheidung, Partnerverlust, Krankheit und Tod, fordern darüber hinaus nicht nur Prozesse der Neuanpassung an oft dramatisch veränderte Lebensumstände heraus, sondern sie besitzen auch eine **hohe negative affektive Qualität.** Im Zentrum der **Bewältigung** solcher Ereignisse steht dann der Versuch, das emotionale Gleichgewicht wiederzugewinnen. Häufig lassen sich jedoch auch negative Auswirkungen auf den Gesundheitszustand der betroffenen Personen feststellen – bis hin zu dem Sachverhalt, daß das **Mortalitätsrisiko bei Witwern** in den ersten 6 Monaten nach dem Tod des Ehepartners signifikant anzusteigen scheint [34]. Zwei Jahre nach dem Tod des Ehepartners war dieser „Kummereffekt" nicht mehr zu beobachten.

Bei den Reaktionen auf das Erlebnis einer **Scheidung** scheinen hingegen Identitätskrisen und Erschütterungen des Selbstwertgefühls zu dominieren. Längsschnittstudien zur emotionalen Situation geschiedener Männer und Frauen zeigen zudem, daß im 1. Jahr nach der Scheidung starke Fluktuationen zwischen euphorischer und depressiver Gestimmtheit charakteristisch sind, während später Angst, Apathie und Depression vorherrschen und oft erst am Ende des 2. Jahres eine ausgeglichenere Stimmungslage beobachtbar ist. Allerdings spielt auch hier eine Vielzahl von Faktoren (z.B. Einbindung in das soziale Umfeld, ökonomische Aspekte, Regelung des Sorgerechts etc.) eine wesentliche Rolle, so daß man allgemeinere Aussagen zu den Folgen der Scheidung nur für jede spezifisch definierte Untergruppe machen kann [35].

Eine weitere Kategorie bedeutsamer Ereignisse des Erwachsenenalters stellen schwere Erkrankungen (s.Kap. 8.5) dar. Psychische Faktoren spielen nicht nur in der Ätiologie vieler Erkrankungen (z.B. bei koronaren Herzerkrankungen) eine

Rolle, vielmehr scheinen sie auch den Verlauf vieler Erkrankungen zu beeinflussen (z.B. Krebserkrankungen, [17]).

Aus psychologischer Sicht stellt die Art der Auseinandersetzung mit einer (chronischen) Erkrankung einen wesentlichen Faktor dafür dar, welchen Stellenwert sie im Leben des Patienten überhaupt gewinnt. Dies gilt in einem erweiterten Sinne für alle kritischen Ereignisse und Übergänge im Erwachsenenalter: Ob sie zu krisenhaften Erfahrungen werden und das Wohlbefinden dauerhaft beeinträchtigen oder ob sie **Entwicklungsanreize** darstellen, hängt weitgehend von den individuellen Bewältigungsmöglichkeiten (Coping) ab.

Ein vielbeachtetes Thema des Erwachsenenalters stellt auch die Frage nach dem Wandel der (intellektuellen) Leistungsfähigkeit dar. Lange Zeit verglich man hierzu die Leistungen von Personen unterschiedlichen Alters, und diese Vergleiche fielen oft zuungunsten der älteren Personen aus. Dennoch darf daraus, wie man heute weiß, keinesfalls auf einen allgemeinen **Abbau der Leistungsfähigkeit** – etwa in Intelligenztests – geschlossen werden. Übersehen wurde dabei, daß sich in diesen Altersdifferenzen zugleich auch immer Generationsunterschiede widerspiegeln [36], und daß zu berücksichtigen ist, daß die älteren Testpersonen wegen der unterschiedlichen soziohistorischen Umstände, in denen sie aufgewachsen waren, oft auch als jüngere Menschen keine höheren Intelligenztestwerte erreicht hatten, so daß geringere Testwerte der Älteren nicht notwendigerweise Abbauprozesse anzeigen. Solche Prozesse könnte man nur in Längsschnittstudien, d.h. mittels wiederholter Messungen über lange Zeiträume hinweg, feststellen.

Auch zeigte sich, daß man von einer globalen Auffassung der Intelligenz wegkommen muß und vielmehr die unterschiedliche Veränderung von einzelnen intellektuellen Fähigkeiten zu betrachten hat. So stellte man fest, daß für einen Bereich intellektueller Fähigkeiten, als **fluide Intelligenz** beschrieben, eine Abnahme mit dem Alter eher zu erwarten ist als für einen anderen, der als **kristalline Intelligenz** bezeichnet wird [37]. Im ersten Fall handelt es sich um Fähigkeiten, die sich in geistiger Beweglichkeit, einer raschen Orientierungsfähigkeit in neuen Situationen, in guter Kombinationsfähigkeit u.a. manifestieren sollen, während der zweite Bereich jene Aspekte der Intelligenz umfaßt, die auf allgemeines Wissen, Wortbeherrschung, Sprachverständnis und andere Kulturleistungen hindeuten. Für diese konnten keinerlei alterskorrelierte Abbauerscheinungen festgestellt werden.

Zudem ist der **Geschwindigkeitsfaktor** von wesentlicher Bedeutung, der in vielen Leistungen (auch in Intelligenztests) eine Rolle spielt: Ältere Menschen brauchen zur Lösung bestimmter Aufgaben mehr Zeit als jüngere und erreichen bei Aufgaben, deren Lösung zeitlich begrenzt ist, daher schlechtere Werte. Sofern man jedoch die Zeitbegrenzung eliminiert, verschwinden in vielen Testleistungen die vorher beobachteten Altersunterschiede. Ältere Personen erreichen sogar oft bessere Leistungen, da sie größere Sorgfalt in der Bearbeitung, größere Ausdauer und Leistungsgenauigkeit aufweisen [38]. Neuere Längsschnittstudien weisen für das höhere Lebensalter z.B. nach, daß gute Intelligenztestleistungen mit einem größeren Bemühen um Erweiterung des **Interessenspektrums** sowie aktiver Erhaltung der **sozialen Kontakte** einhergehen [36]. Zudem verweisen die Ergebnisse von Trainingsstudien darauf, daß die Intelligenztestleistungen selbst bei Personen im 8. und 9. Lebensjahrzehnt noch gesteigert werden können, also auch alte Menschen durchaus noch „lernfähig“ sind [39].

Demnach läßt sich die Annahme eines universellen Abbaus der Intelligenz nicht mehr halten, sondern es muß von höchst unterschiedlichen und individuell spezifischen Verläufen der Intelligenzentwicklung im hohen Alter ausgegangen werden.

In dem eben genannten Zusammenhang taucht immer wieder die Frage nach der Leistungsfähigkeit älterer Menschen am **Arbeitsplatz** auf, und sie spielt natürlich auch eine wichtige Rolle bei sozialpolitischen Fragen, etwa zum Ruhestandsalter. Auch hier findet man häufig die Annahme von der nachlassenden Leistungsfähigkeit, und ältere Arbeitnehmer sind oft die ersten, die im Zuge von Rationalisierungen ihren Arbeitsplatz verlieren. Man kann in diesem Zusammenhang von einer *Altersdiskriminierung* in der Berufswelt sprechen. So fragt man oft, ob ältere Arbeitnehmer an bestimmten Arbeitsplätzen gehäuft bzw. nur sehr selten vertreten sind. In der Tat findet man an Arbeitsplätzen, die eine große Gewandtheit und geistige Flexibilität erfordern, die hohe Anforderungen an die Aufmerksamkeit in bezug auf kleine Details stellen, die lange andauernde Konzentrationsleistungen fordern oder den Einsatz schwerer körperlicher Kraft verlangen, weitaus seltener ältere Personen vor [40]. Doch muß dies nicht notwendigerweise und in allen Fällen ein Beleg für eine verringerte Leistungsfähigkeit sein. Man muß auch annehmen, daß ältere Personen auf entsprechende Arbeitsplätze ausselektiert werden, d.h. sie verbleiben z.B. an alten Maschinen, da man von ihnen keine Umstellungsfähigkeit erwartet. Andererseits wird oft die Rolle der **langen Erfahrung** älterer Personen in der Berufswelt und/oder in ihrer spezifischen Arbeitssituation als ein wichtiger positiver Faktor betont. In Untersuchungen zeigt sich im übrigen, daß die berufliche Belastung im Altersvergleich zwischen dem 2. und 6. Lebensjahrzehnt keineswegs quantitativ zunimmt, sondern sich lediglich die Qualität der Belastungen ändert. Während für jüngere Personen Belastungen z.B. aus der Diskrepanz zwischen Erwartungen an den Arbeitsplatz und dem Berufsalltag resultieren oder im 4. Lebensjahrzehnt z.B. Probleme des beruflichen Weiterkommens im Zentrum stehen, ist es für die älteren Personen ein Problem, daß sie sich zunehmend weniger zutrauen und Konkurrenzprobleme mit jüngeren Kollegen und insbesondere jüngeren Vorgesetzten als Quelle beruflicher Belastung erleben [41].

Es muß sich dahinter nicht notwendigerweise ein tatsächlicher Abstieg beruflicher Leistungsfähigkeit verbergen; oft spielen Vorurteile über die verminderte Leistungsfähigkeit im Erwachsenenalter eine fatale Rolle, die zuweilen auch das Selbstbild älterer Menschen kennzeichnen.

Studienfragen

Welche Veränderungen der intellektuellen Leistungsfähigkeit des Menschen sind mit zunehmendem Lebensalter zu beobachten?
(s.S. 149)

6.2.5 Altern

Eine wichtige Zäsur im Lebenslauf stellt das Ereignis der **beruflichen Ausgliederung** dar, und zwar nicht nur für denjenigen, der aus dem Berufsleben ausscheidet, sondern natürlich auch für das von dem Ereignis gleichermaßen mitbetroffene soziale Umfeld (z.B. die Ehefrau). Damit wird der Übergang in den *dritten Lebensabschnitt* markiert, in dem nicht nur biologische Veränderungen (z.B. höheres Erkrankungsrisiko) eine Rolle spielen, sondern in dem auch die psychologischen und sozialen Aspekte des höheren Erwachsenenalters Gegenstand der Betrachtung werden.

Die Frage nach den psychischen und sozialen Folgen der beruflichen Ausgliederung läßt sich, wie kaum anders zu erwarten, nur immer unter Berücksichtigung einer Vielzahl von Randbedingungen beantworten. Ob die Ausgliederung aus dem Berufsleben gut bewältigt wird oder nicht, hängt u.a. davon ab, ob es sich dabei um die altersgemäße Versetzung in den Ruhestand handelt oder womöglich um eine vorzeitige und von der Person nicht erwartete und (noch) nicht erwünschte Versetzung in den Status des Arbeitslosen oder Frührentners. Die Versetzung in den Ruhestand wird, wenn sie unmittelbar bevorsteht oder zurückliegt, als weit negativer erlebt denn in größerem Abstand (1–2 Jahre vorher oder danach). Aktuelle Probleme der Neuorientierung und Anpassung an die veränderte Lebenslage tragen offenbar zu einer deutlichen, wenngleich zeitlich umgrenzten Reduktion der Lebenszufriedenheit bei. Bei differenzierter Betrachtung zeigt sich, daß längerfristige Anpassungsprobleme an den Ruhestand aus der Bedeutung resultieren, die die berufliche Tätigkeit für die betroffene Person hatte. Sofern diese eine wichtige Quelle der Selbstachtung oder der Aufrechterhaltung sozialer Kontakte war und sofern diese Wertaspekte der Arbeit für den betroffenen Menschen in der Phase des Ruhestands nicht ersetzt oder kompensiert werden können, sind Anpassungsprobleme eher wahrscheinlich. (In vielen Studien schätzt man den Anteil der Problemfälle auf ca. ein Drittel.)

Anpassungsprobleme scheinen um so geringer zu sein, je realistischer die Person das Ausmaß der mit dem Ruhestand einhergehenden Lebensveränderung eingeschätzt hat, je besser sie bereits für die Zeit des Ruhestands Aktivitäten vorausgeplant hat, je aktiver sie insgesamt und je besser ihre soziale Einbindung ist [42].

Interessanterweise sind die Art des bislang ausgeübten Berufes, die Höhe des beruflichen Status und die bisherige Arbeitsplatzzufriedenheit offenbar weitgehend ohne Bedeutung [43], d.h. subjektive Faktoren scheinen von größerem Gewicht denn objektive Merkmale der bisherigen Berufstätigkeit.

Ein weiteres Thema des dritten Lebensabschnittes, insbesondere oft in den Medien aufgegriffen, stellt die **Sexualität** im höheren Erwachsenenalter dar. Während Altersstereotype relativ eindeutig Sexualität mit Jugendlichkeit und körperlicher Attraktivität assoziieren, und demzufolge älteren Menschen sexuelles Interesse entweder nicht zugeschrieben oder nicht zugebilligt wird, ist die empirische Befundlage hierzu keineswegs eindeutig. Ergebnisse einer Studie berichten von einem Abfall der sexuellen Leistungsfähigkeit [44]; in der Duke-Längsschnittstudie [45] zum höheren Erwachsenenalter zeigte sich keinerlei lineare Beziehung zwischen Lebensalter und sexuellen Aktivitäten; schließlich berichten andere Autoren, daß 60% der 60–75jährigen und 30% der über 75jährigen noch immer sexuell aktiv sind [46]. Aus den vorliegenden Studien läßt sich also keinerlei allgemeine Schlußfolgerung ziehen; dafür hängt das Ausmaß sexueller Aktivitäten und sexueller Leistungsfähigkeit im höheren Alter von zu vielen – im einzelnen noch gar nicht erforschten – Faktoren ab. Zudem ist es wegen der hohen Tabuisierung dieses Themenbereiches oft schwierig, auf aussagefähige Studien zurückzugreifen, insbesondere wenn diese auf Befragungen basieren. Unumstritten scheint in jedem Fall zu sein, daß die hohe interindividuelle Variabilität stärker ins Auge fällt denn universelle Veränderungsprozesse. Wichtig ist in diesem Zusammenhang das Klimakterium.

Bei Frauen setzt die Menopause etwa im 50. Lebensjahr ein, bei Männern zeigen sich hormonelle Veränderungen (Abnahme der Testosteronbildung) ab dem 60. Lebensjahr. Während Männer in dieser Zeit häufig über eine Abnahme der sexuellen Potenz und des sexuellen Interesses klagen, stehen für Frauen vor allem somatische Beschwerden (z.B. Übelkeit, Hitzewallungen, Schwindelanfälle) im Vordergrund.

Die Anpassung an klimakterielle Veränderungen kann durch soziale Faktoren wie Verlauf der partnerschaftlichen Beziehung und die subjektive Einstellung der Frau zu diesen Veränderungen erleichtert bzw. erschwert werden. Zu einer der zentralen Fragestellungen der psychologischen **Altersforschung** gehört, inwieweit **physiologische Leistungsveränderungen,** die sich potentiell in den unterschiedlichsten Bereichen niederschlagen können, so kompensiert werden können, daß eine angemessene Lebensführung und ein hohes Maß an Lebenszufriedenheit erhalten bleiben.

Zu den schwerwiegendsten Folgen physiologischer Leistungsveränderungen etwa im sensorischen oder motorischen Bereich gehört sicher, daß alte Menschen nicht nur bisherige Aktivitäten aufgeben und damit oft in zunehmende **soziale Isolation** geraten, sondern auch, daß sie zunehmend der **Hilfe durch andere Menschen** bedürfen und somit in Abhängigkeit von anderen Menschen geraten.

Mit Sicherheit muß auch hier von einer sehr engen Verzahnung somatischer und psychischer Vorgänge ausgegangen werden, da körperliche Abbauprozesse häufig auch als Folge vorgängiger psychischer Prozesse aufgefaßt werden müssen. Das höhere Erwachsenenalter ist z.B. durch eine Vielzahl von **Verlustereignissen** gekennzeichnet, mit denen oft das Gefühl einhergeht, das eigene Leben nicht mehr kontrollieren zu können und ihm hilflos ausgesetzt zu sein. Daß solche psychischen Zustände Rückwirkungen auf die körperliche Verfassung haben und selbst das Mortalitätsrisiko erhöhen, scheint zwischenzeitlich hinreichend nachgewiesen [47]. Daß ein guter Gesundheitszustand umgekehrt zu den wichtigsten Prädiktoren dafür gehört, wie alte Menschen ihr Leben meistern und wie sie z.B. die Einweisung in ein Altenheim bewältigen, mag nicht sehr überraschen. Interessanterweise ist jedoch oft nicht so sehr der objektiv feststellbare körperliche Zustand als vielmehr die subjektive Wahrnehmung der eigenen körperlichen Befindlichkeit entscheidend [48].

Viele alte Menschen werden auch infolge veränderter familienstruktureller Bedingungen (d.h. Eingrenzung auf die Kernfamilie) mit der **Einweisung in ein Altenheim** konfrontiert. Studien zu den Folgen der Einweisung ins Altersheim zeigen, daß Bewältigungs- und Anpassungsprozesse um so erfolgreicher verlaufen, je stärker die betroffenen Menschen an der Entscheidung der Altersheimeinweisung beteiligt waren und das Gefühl der Entscheidungsfreiheit hatten, je länger sie die Möglichkeit hatten, sich auf die Einweisung einzustellen und die neue Wohnumwelt vorauszusehen und je weniger insgesamt sie personelle Autonomie verlieren [49].

Fast alle Studien verweisen darauf, daß in dem Maße, in dem alten Menschen ein angemessenes Maß an **Verantwortlichkeit** für ihr eigenes Leben zugestanden wird, Befindlichkeits- und Zufriedenheitsmaße erhöht sind.

Dies gilt auch für die Bewohner von Altenheimen. Obschon systematische Studien dazu fehlen, muß man davon ausgehen, daß es nicht so entscheidend ist, an welchem Ort alte Menschen ihren Lebensabend verbringen (in häuslicher Pflege oder im Altersheim), sondern daß es darauf ankommt, welches Maß an Kontrolle über ihr eigenes Leben sie noch zu besitzen glauben, inwieweit eine Aufrechterhaltung ihrer Selbstachtung möglich ist, und von welcher Qualität das soziale Gefüge ist, das sie umgibt. Daß soziale Isolation, dort wo sie auftritt, nicht aus einem natürlichen Bedürfnis nach sozialem Rückzug alter Menschen resultiert, sondern durch ihre Umgebung aufgezwungen wird, scheint wohl in vielen Fällen zuzutreffen [50]. Dabei bestehen vielfältige Möglichkeiten, die soziale Situation sowie die Wohn- und Lebenssituation alter Menschen so zu verbessern, daß sich dies auch günstig auf deren körperlichen und seelischen Zustand auswirkt.

Altern, d.h. das Durchschreiten der Zeit in jedem individuellen Lebenslauf, ist ein biologischer Vorgang. Daß jeder Mensch an der einen oder anderen Stelle seines Lebens an einem kritischen Lebensabschnitt ankommt, in dem neue Anforderungen gestellt und Reorientierungen in seinem Leben ihm abverlangt werden, macht die Dynamik von Lebensläufen aus. Aus entwicklungspsychologischer Perspektive ist dabei besonders beeindruckend, daß das Durchschreiten eines Lebens und die Bewältigung seiner Ereignisse kein universeller, nach naturgesetzlichen Prinzipien verlaufender Prozeß ist, sondern – multifaktoriell bedingt – jeden Menschen mit einer ungeheuren Vielfalt differentieller Entwicklungsverläufe und Veränderungsmuster konfrontiert. Fast jedes Ereignis innerhalb des Alterungsprozesses ist einzigartig und läßt kaum überindividuelle Aussagen über Verlaufsrichtung und Geschwindigkeit zu; es verlangt die Suche nach Rahmenbedingungen, Einflußfaktoren oder moderierenden Faktoren.

Die Vielfalt der Entwicklungsverläufe und die Tatsache, wann welche Lebensabschnitte für den jeweiligen Menschen kritisch werden, machen das aus, was als die spezifische Einzigartigkeit eines Lebens umschrieben wird.

Studienfragen

Welche Bedeutung hat im Alter die Sexualität? (s. S. 150, 151)

6.2.6 Kind und Krankheit

Petra Bergerhoff und Beate Ukrow-Bischoff

Kindliche Vorstellungen über den menschlichen Körper, Krankheitsursachen, medizinische Behandlungen und Tod unterscheiden sich bis zum 12. Lebensjahr deutlich von den Vorstellungen Erwachsener. Aufklärung über die Krankheit und die erforderlichen Behandlungsmaßnahmen kann nur dann Angst reduzieren und die Kooperationsbereitschaft stärken, wenn sie dem Entwicklungsstand des Kindes angepaßt ist. Bevor dem Kind also Informationen gegeben werden, sollte im Gespräch mit ihm herausgefunden werden, welche Vorstellungen es über seinen Körper, seine Krankheit und deren Ursachen hat. Erklärungen sollten die Vorstellungen des Kindes einbeziehen oder ihm behutsam neue Ideen anbieten, die höchstens eine Stufe über seinem aktuellen kognitiven Entwicklungsstand (s. u.) liegen dürfen. Als Einstieg und zur Erleichterung des Gesprächs kann man das Kind bitten, einen Menschen mit seinen inneren Organen zu malen [51] oder „alles, was in einem Menschen drin ist" in einen vorgegebenen Umriß einzuzeichnen [52].

Die meisten empirischen Untersuchungen, die sich mit der Entwicklung der kindlichen Vorstellungen über den menschlichen Körper, Krankheit und Tod befassen, beziehen sich auf die Theorie der kognitiven Entwicklung von J. P. Piaget [53].

Phasen der kognitiven Entwicklung nach Piaget
Danach durchläuft das Kind in seiner kognitiven Entwicklung vier Stadien, wobei auf höheren Stufen Elemente der vorausgehenden integriert werden. Fortschreitende körperliche Reifung und Auseinandersetzung mit der sozialen und materiellen Umwelt bewirken gemeinsam das Erreichen der nächsthöheren Stufen. Umweltbedingungen, die dem Kind reichhaltige Möglichkeiten zur Auseinandersetzung bieten, haben einen günstigen Einfluß auf seine kognitive Entwicklung. Das Alter eines Kindes ist deshalb nur ein Anhaltspunkt für seinen geistigen Entwicklungsstand.

Sensomotorisches Stadium (0–2 Jahre). Auf der Basis angeborener Verhaltensweisen (Reflexe) setzt sich das Kind vor allem handelnd mit seiner Umwelt auseinander. Etwa zwischen dem 6. und 8. Lebensmonat begreift es, daß äußere Objekte unabhängig von seiner Wahrnehmung existieren, es beginnt, die äußere Welt innerlich zu repräsentieren: **Objektpermanenz.** Im 2. Lebensjahr werden innere Repräsentationen von Handlungen entwickelt. Das Kind kann sich nun aus der Erfahrung Ergebnisse seiner Handlungen vorstellen. In Interaktion mit der sozialen Umwelt, vor allem mit der Mutter, beginnt das Kind, die sprachlichen Repräsentationen der Welt zu verstehen und selbst zu gebrauchen.

Phase des präoperationalen Denkens (2–6/7 Jahre). Das Denken des Kindes ist noch an seine Wahrnehmung gebunden, wobei die eigene aktuelle Sichtweise als einzig mögliche erlebt wird: **egozentrisches Denken.** Das Denken ist **artifizialistisch,** d. h. alles wird als von Menschen gemacht erlebt, und **finalistisch,** d. h. alles ist gemacht, um einen bestimmten Zweck für den Menschen zu erfüllen. Das Kind kann noch nicht sicher zwischen Lebendem und Unbelebtem unterscheiden und schreibt auch unbelebten Objekten Leben, Willen und Motive zu: **animistisches Denken.**

Phase des konkret-operationalen Denkens (6–11 Jahre). Das Kind entwickelt die Fähigkeit, in bezug auf anschaulich-konkrete Gegebenheiten logisch zu denken. Damit wird es fähig zu erfassen, daß z. B. Menge, Gewicht und Volumen einer Substanz gleichbleiben, wenn ihre Form geändert wird: Es erwirbt den **Invarianzbegriff.** Das Kind wird fähig, Material- oder Begriffsmengen aufgrund gemeinsamer Merkmale zu klassifizieren und ineinandergeschachtelte Klassifikationssysteme (Klasseninklusion) zu verstehen. Mit der Entwicklung eines linearen Zeitbegriffs kann das Kind die Eindimensionalität, d. h. das einseitige Fortschreiten der Zeit verstehen.

Phase des formal-operationalen Denkens (ca. ab 11 Jahren). Das Kind wird fähig, zwischen allgemeinen Formen, z. B. der Struktur eines Problems, und konkreten Inhalten zu unterscheiden. Es kann nun verstehen, daß ein Ereignis durch mehrere Einflußvariablen bedingt sein kann, versucht, diese aus dem konkret beobachteten Fall zu abstrahieren und Hypothesen über ihr Zusammenwirken aufzustellen; d.h. das Denken geht über die gegebenen Informationen hinaus und wird **hypothetisch-deduktiv.**

Kindliches Körperkonzept

Kinder in der präoperationalen Phase kennen vom Körperinneren zuerst das, was sinnlich wahrnehmbar ist: die tastbaren Knochen, das bei Verletzungen sichtbar werdende Blut, das pochende Herz, den „hungrigen" und „gesättigten" Magen und die Lungen, die sich beim Atmen füllen und entleeren. Den Kindern sind zwar einige Organe bekannt, die sie dann auch den entsprechenden Körperregionen zuordnen können, sie fragen sich aber noch nicht, was die Organe tun oder wozu sie nötig sind [51].

In der Phase des konkret-operationalen Denkens wird das Kind zunehmend fähig, zwischen Organen und ihren Funktionen zu unterscheiden und die Funktionen im einzelnen zu begreifen, z.B. daß das Herz schlägt und dabei das Blut in die Arme und Beine pumpt. Mit dem allgemein entstehenden Verständnis für kausale Zusammenhänge kann das Kind auch erfassen, daß z.B. die Bewegung des Armes auf der Tätigkeit der Muskeln beruht.

Mit Beginn der Phase des formal-operationalen Denkens kann das Kind physiologische Erklärungen verstehen und körperliche Vorgänge korrekt darstellen. Es kann einerseits zwischen den Organen und ihren Aufgaben unterscheiden und andererseits das Zusammenwirken der Organe für die Lebenserhaltung erfassen.

Kindliche Krankheitskonzepte

Kinder haben in Abhängigkeit von ihrem kognitiven Entwicklungsstand typische Muster zur Erklärung von Krankheiten ([54] zit. n. [55]):

- Präoperationale Vorstellungen: Augenscheinlichkeit, Ansteckung
- Konkret-operationale Vorstellungen: Übertragung, Einverleibung
- Formal-logische Vorstellungen: physiologische und psychophysiologische Erklärungen

Am Anfang der präoperationalen Phase sehen sie die Ursache von Krankheit in äußeren Objekten, die in **augenscheinlichem Zusammenhang** mit der Krankheit erlebt werden. Räumliche oder zeitliche Nähe wird dabei nicht berücksichtigt. Ein Kind könnte z.B. behaupten, daß es die Sonne war, die ihm seine Erkältung „einfach gemacht hat". Etwas ältere Kinder in dieser Phase führen Krankheit auf **Ansteckung** durch andere Personen oder Gegenstände zurück. Da für das Kind völlig unverständlich und nicht kontrollierbar ist, wie die Krankheit von einer Person auf die andere übergeht, greift es zu magischen Erklärungen. Sehr oft erlebt es Krankheit als Folge von oder Bestrafung für „Bösesein" (z.B. könnte ein an Diabetes erkranktes Kind die Vorstellung haben, daß es krank wurde, weil es heimlich Kekse gegessen hat).

Kinder in der konkret-operationalen Phase können besser zwischen sich selbst und der Außenwelt unterscheiden und damit Krankheitsursachen in der Außenwelt von den Folgen trennen, die es an sich selbst verspürt. Krankheit wird nun mit **Übertragung oder Verseuchung** durch äußere Objekte erklärt. Die Übertragung erfolgt durch Berührung, z.B. weil man etwas Schmutziges angefaßt hat oder Hautkontakt mit einer kranken Person hatte. Später in dieser Phase wird das Eindringen von Krankheitserregern mit **Einverleibung (Internalisation)** erklärt, d.h. die Krankheitserreger gelangen durch Schlucken oder Einatmen in den Körper. Über das, was sie dort bewirken, und die jeweils beteiligten Organe hat das Kind allerdings nur vage Vorstellungen.

Kinder in der formal-operationalen Phase können **physiologische Erklärungen** verstehen. Sie beschreiben Krankheit als fehlgesteuertes Funktionieren der inneren Organe, das durch verschiedene äußere Faktoren verursacht sein kann. Wenn sie erkennen, daß auch Gefühle und Gedanken die Funktionen des Körpers beeinflussen können, entwickeln sie **psychophysiologische Erklärungen.** Als mögliche psychische Ursachen von Krankheiten nennen sie vor allem Sorgen und Ärger.

Kindliches Todeskonzept

Kindliche Vorstellungen über den Tod sind einerseits von den Vorstellungen der Eltern, ihren religiösen Überzeugungen und allgemeinen kulturellen Faktoren beeinflußt, andererseits durch die kognitive Entwicklung strukturiert. Ob die Entwicklung des Todeskonzepts durch eigene Erfahrungen des Kindes mit Sterben und Tod beschleunigt wird, ist beim derzeitigen Kenntnisstand nicht entscheidbar [56]. Für uns Erwachsene ist es in der Regel selbstverständlich, daß der Tod das Aufhören aller Lebensfunktionen bedeutet, daß er nicht rückgängig gemacht werden kann (Irreversibilität) und daß alle Menschen sterben müssen (Universalität). Das Kind entwickelt ein vollständiges Verständnis dieser drei Komponenten zwischen dem 5. und 12. Lebensjahr [56, 57].

Aufhören aller Lebensfunktionen: Das Kind faßt Totsein zunächst nur als quantitativ vom Lebendigsein verschieden auf; d.h. der Mensch kann „ein bißchen tot" sein und deshalb nicht mehr atmen, durchaus aber noch zum Hören, Fühlen und Denken fähig sein. Das Kind versteht den Tod erst dann als vollständiges Ende aller Lebensfunktionen, wenn es das animistische Denken überwunden hat und ganz sicher zwischen Lebendem und Unbelebtem unterscheiden kann.

Irreversibilität: Bevor Kinder die Endgültigkeit des Todes verstanden haben, vergleichen sie den Tod oft mit Zuständen wie Schlaf, Ohnmacht oder Trennung durch eine Reise, also mit Zuständen, die sie als ähnlich erleben oder aus eigener Erfahrung kennen, die aber reversibel sind.

Universalität: Auch wenn Kinder schon wissen, daß Menschen sterben können, bedeutet das zunächst nicht für sie, daß alle Menschen sterben müssen. Sie glauben, sie selbst oder Menschen, die ihnen wichtig sind, müßten nicht sterben.

Selbst wenn Kinder den Tod noch nicht vollständig kognitiv erfassen, können sie ahnen und an den Reaktionen der Menschen in ihrer Umgebung erleben, daß Sterben und Tod mit schmerzlichen Gefühlen und Angst verbunden sind. Nach den Berichten klinischer Beobachter wissen viele lebensbedrohlich erkrankte Kinder intuitiv, daß ihr Leben bald zu Ende sein kann. Dabei äußern sie ihre Befürchtungen und Fragen selten verbal, sondern symbolisch, z. B. als Angst vor Krieg oder Feuer, oder als Symptome, wie z. B. Einschlafstörungen. Bemühungen der Familie und des Klinikpersonals, ihr Wissen um die Diagnose oder auch den Tod eines anderen Kindes auf der Station zu verheimlichen, wirken sich belastend aus. Das Kind erlebt sie als Verbot, seine Ängste und Fragen mitzuteilen. Man nimmt ihm damit die Möglichkeit, sich verstanden und in seiner Not angenommen zu fühlen [55, 58–60].

Angst des Kindes vor Arzt und Krankenhaus

Auch bei nicht so schwerer Erkrankung bedeutet Kranksein häufig Arztbesuche oder gar Krankenhausaufenthalt, d. h. Kinder werden mit einer fremden Umgebung (Räumen, Personen, Gegenständen) und unbekannten und oftmals unangenehmen Situationen (z. B. Blutentnahme, Betäubung, Röntgen) konfrontiert. Das kindliche Verhalten in nicht vertrauten Situationen wird beeinflußt durch die **Angst vor Fremdsituationen,** die sich im Alter von 7–10 Monaten entwickelt. Diese Angst geht einher mit einem spezifischen Verhalten [61]: Bei geringer Angst neigt das Kind dazu, die neue Situation zu erkunden, bei starker Angst hat es die Tendenz, der Situation zu entfliehen. Ist eine Flucht nicht möglich, äußert sich die Angst z. B. durch Weinen, negative Stimmungen und Unsicherheit. Das bedeutet, daß Arztbesuche allein schon durch die Fremdheit der Umgebung und der Situation beim kranken Kind Angstreaktionen erzeugen können. Das Ausmaß von Angst und Aufregung variiert dabei je nach Art der Situation: Kinder sind z. B. bei der ärztlichen Visite, während der sie lediglich mit dem Stethoskop abgehört werden, ängstlicher als bei der Verabreichung von Medikamenten durch die Krankenschwester [62].

Die Anwesenheit von Bezugspersonen mildert aber die Angst sowohl in einer bekannten als auch in einer unbekannten Umgebung und erhöht die Bereitschaft, diese Umgebung auszukundschaften [61, 63]. Die Bezugsperson kann hier als Modell fungieren, das dem Kind durch seine Reaktionen Verhaltensmöglichkeiten eröffnet. Dabei muß allerdings berücksichtigt werden, daß Eltern für ihre kranken Kinder beim Arzt oder im Krankenhaus auch ein „Negativ-Modell" abgeben können: Die präoperativen Ängste von Kindern korrelieren eng mit der Ängstlichkeit der Mutter [64].

Kind und Krankenhaus

Angst vor fremden Umgebungen erklärt zumindest teilweise die Ängstlichkeit und Erregung von Kindern bei ärztlichen Eingriffen und Krankenhausaufenthalten. Die psychischen Folgen von Krankenhausaufenthalten lassen sich darüber hinaus auf dem Hintergrund der **Bindungstheorie** besser verstehen: Das Kind richtet sich ab dem 4. Lebensmonat auf bestimmte Personen aus. Ab dem 6. Monat entwickelt es spezifische Bindungen an einige wenige Personen [65]. Die **Trennung von der bevorzugten Bindungsperson** stellt sodann für das Kind ein traumatisches Erlebnis dar. Es zeigt Kummer, Verhaltensstörungen und ein typisches Bindungsverhalten (z. B. Weinen, Anklammern); der wahrgenommene Verlust ruft eine Verhaltenssequenz von Protest, Verzweiflung und Entfremdung von der Bindungsperson hervor [66–68].

Sowohl die bindungstheoretischen Annahmen als auch die Überlegungen zur Angst vor Fremdsituationen lassen erwarten, daß Kinder selbst bei einem kurzfristigen Krankenhausaufenthalt ohne die Anwesenheit von Bezugspersonen Angst und Verhaltensstörungen entwickeln. Tatsächlich belegen empirische Untersuchungen eindeutig den Zusammenhang von Krankenhausaufenthalt und dem vermehrten Auftreten von emotionalen, körperlichen und Verhaltensstörungen wie z. B. Ängstlichkeit, Reizbarkeit, Teilnahmslosigkeit und Erschöpfung, Schlaf- und Appetitstörungen, Einnässen und Einkoten [69–72]. Als einer der ersten hat René Spitz diese Störungen beschrieben, die durch Krankenhaus- oder Heimaufenthalte verursacht werden können, und für sie den Begriff des **(psychischen) Hospitalismus** geprägt [73, 74]. Wird das Kind zu Hause behandelt oder die Bezugsperson mit aufgenommen, verringern sich diese Störungen. Daß sich mit zunehmender Länge des Krankenhausaufenthalts für die Kinder auch die Belastung verstärkt [66–68, 73, 74], ist allerdings keine gesicherte Erkenntnis: Der Streß- und Erregungszustand von Kindern im Krankenhaus sinkt mit zunehmender Aufenthaltsdauer, was auch als **echte Eingewöhnung** in die zuvor unbekannte Situation interpretiert werden kann. Die durch die Hospitalisierung hervorgerufenen Verhaltensauffälligkeiten sind auch noch einige Wochen nach der Entlassung festzustellen [70, 75]. Für Langzeiteffekte über diesen Zeitraum hinaus gibt es hingegen keine Belege. Übereinstimmung herrscht allerdings wieder bei der Beobachtung, daß die Reaktionen der Kinder von ihrem Alter und ihrem Entwicklungsstand abhängen: Kinder im Alter von ca. 7 Monaten bis 4 oder 5 Jahren reagieren empfindlicher auf die fremde Umgebung „Krankenhaus" und die Trennung von der Bezugsperson als ältere (Schul-)Kinder.

Kindliche Bewältigungsfähigkeiten und Kontrollüberzeugungen

Wie das Kind die Krankenhaussituation erfährt, hängt von seiner kognitiven Entwicklung ab (s. o.). Es hängt zudem von der Entwicklung seiner Fähigkeit ab, Streßsituationen in seinen Gedanken, Gefühlen und mit seinem Verhalten zu bewältigen – also von seinen sog. **Coping-Fähigkeiten.** Für die Analyse von Coping-Prozessen hat insbesondere Lazarus einen theoretischen Rahmen geliefert [76–78] (s. a. Kap. 8.5.2).

In einer Untersuchung von Reissland [102] wurden 58 Kinder im Alter von 4–13 Jahren, die sich wegen einer Tonsillektomie im Krankenhaus befanden, zu ihren Vorstellungen von Gesundheit und Krankheit, ihrer Angst, ihrem Umgang mit der Krankenhaussituation und mit Schmerzen etc. befragt. Die Studie zeigte, daß Kinder je nach Entwicklungsstufe über unterschiedliche Coping-Möglichkeiten verfügten: Im Alter von 7–13 Jahren war es den Kindern möglich, Angst vor Schmerzen kognitiv zu bewältigen (z. B. „ich denke an etwas anderes"; „ich denke, ich sei in Ferien"); die jüngeren Kinder lenkten sich motorisch ab (spielten ein Spiel) bzw. drückten Angst und Schmerzen durch Weinen und Rufen nach der Mutter aus. Das Ausmaß der Angst war allerdings in beiden Gruppen gleich groß.

Kinder haben wie Erwachsene implizite Annahmen darüber, inwieweit sie durch ihr eigenes Handeln Situationen beeinflussen können. Sie haben **externale Kontrollüberzeugungen,** wenn sie glauben, daß ihre Handlungsbemühungen ohne Wirkung sind, bzw. **internale Kontrollüberzeugungen,** wenn sie annehmen, Situationen durch eigenes Verhalten beeinflussen zu können [79] (s. a. Kap. 3.3.7). Kontrollüberzeugungen haben Auswirkungen auf das Verhalten: So reagieren Kinder mit externaler Kontrollüberzeugung auf eine Tonsillektomie mit nach innen gerichtetem Verhalten, z. B. Rückzug und Furcht, während Kinder mit internaler Kontrollüberzeugung in derselben Streßsituation nach außen gerichtetes Bewältigungsverhalten zeigen: Feindseligkeit, Aggressivität [80]. Kontrollüberzeugungen bilden sich im Laufe des Sozialisationsprozesses heraus. Bei jüngeren Kindern überwiegen – auch aufgrund ihrer objektiv größeren Abhängigkeit – externale Kontrollüberzeugungen. Mit zunehmender Selbständigkeit und entsprechenden Umwelterfahrungen können Kinder auch internale Kontrollüberzeugungen entwickeln [81].

Verbesserung der Krankenhaussituation

Forschungsarbeiten, aber auch die engagierte Arbeit von Kinderärzten (z. B. [82]) und des Aktionskomitees „Kind im Krankenhaus" haben dazu beigetragen, daß Krankenhäuser in ihrer organisatorischen und räumlichen Gestaltung den Patienten „Kind" mehr in den Mittelpunkt rücken.

Die zentralen Verbesserungsvorschläge sind:

- uneingeschränkte Besuchszeit für Eltern, aber auch für Geschwister und Freunde,
- Mitaufnahme (Rooming-in) von Müttern oder Vätern,
- Mitnahme von eigenem Spielzeug,
- Einrichtung eines Spielzimmers,
- Einführung der Gruppenpflege, d. h. Zuordnung sämtlicher pflegerischen Tätigkeiten für ein Kind bzw. eine kleine Gruppe von Kindern auf eine Pflegekraft.

Rooming-in und liberalisierte Besuchszeitregelungen tragen empirisch nachweisbar dazu bei, emotionale und Verhaltensstörungen von Kindern während und nach dem Krankenhausaufenthalt zu reduzieren [70, 83]. Am häufigsten sind die oben genannten Verbesserungsvorschläge bisher in Universitätskliniken und Kinderkrankenhäusern realisiert worden. Oft ist jedoch auch heute noch die Pflege an Funktionen orientiert, d. h. die Kinder werden bei jeder Maßnahme (Füttern, Medikamentenvergabe, Waschen, Verbandwechsel etc.) von einer anderen Pflegekraft versorgt [75]. Dadurch vergrößert sich die Anzahl der (fremden) Personen, mit denen Kinder im Krankenhaus täglich in Kontakt kommen.

Nach einer Auszählung in einer australischen Universitätsklinik mit an Funktionen orientierter Pflege betraten zwischen 6.00 und 18.00 Uhr 106 Personen insgesamt 327mal pro Tag das Sechs-Bett-Zimmer einer Kinderstation, das während der Beobachtungszeit nur mit drei bzw. vier Kindern belegt war. Den größten Teil machten die Krankenpflegekräfte aus; die zweitgrößte Gruppe waren vertraute Personen, nämlich Besucher (Erwachsene und Kinder); dann folgten Ärzte und Medizinstudenten, Mitpatienten aus anderen Zimmern und weiteres Krankenhauspersonal [84].

Vorbereitung von Kind und Eltern

Die meisten Vorbereitungsmaßnahmen basieren auf Annahmen zum Lernen am Modell: In Büchern [85–88] oder Filmen [89] werden Kinder gezeigt, die in den verschiedenen Stationen des Krankenhausaufenthalts beispielgebend mit den äußeren Anforderungen und mit ihren Gefühlen umgehen. Außerdem wollen diese Maßnahmen durch die Vermittlung von Informationen die Umwelt „Krankenhaus" für Kinder vertrauter machen.

Die Vorbereitung von Kind und Eltern auf den Krankenhausaufenthalt erfolgt durch
- (Bilder-)Bücher oder Filme,
- Puppenspiel-Vorführungen,
- Rollenspiele,
- Führungen durch das Krankenhaus,
- Informationsveranstaltungen des Krankenhauses.

Solche Vorbereitungsmaßnahmen haben sich in einer Reihe empirischer Studien als sehr erfolgreich erwiesen: Kinder, die auf die Krankenhausabläufe vorbereitet wurden, reagieren mit weniger Angst und Verhaltensstörungen als die Kinder der Kontrollgruppen [90]. Die Wirksamkeit von Vorbereitungsmaßnahmen ist allerdings altersabhängig: z.B. profitieren Kinder mit starker Angst im Vorschulalter von Informationen eines Fotobilderbuches mehr als Schulkinder [91]. Bei starken Ängsten vor ärztlichen Eingriffen bedarf es mitunter einer psychotherapeutischen Betreuung.

Es wurde ein verhaltenstherapeutisches Programm entwickelt und evaluiert, um leukämiekranke Kinder auf eine Knochenmarkpunktion vorzubereiten [92]. Die behandelnden Ärzte hatten bis dahin erfolglos versucht, diesen Eingriff vorzunehmen, da sich die Kinder heftig wehrten und nicht ruhig liegenblieben, was für eine Knochenmarkpunktion unbedingt erforderlich ist. Das Programm begann 45 Minuten vor dem Eingriff: Die Kinder lernten eine einfache Atemübung. Für das „richtige" Atmen und das Stilliegen während des Eingriffs wurde eine Belohnung (eine kleine Trophäe) in Aussicht gestellt. Zur weiteren Unterstützung lernten die Kinder eine Vorstellungsübung kennen: Der Lieblingsheld verleiht ihnen Kräfte, der Eingriff stellt einen Test für diese Kräfte dar. Danach wurde der Ablauf der Knochenmarkpunktion im Rollenspiel geübt, wobei die Kinder zuerst die aktive und dann die passive Rolle übernahmen. Außerdem sahen die Kinder einen Film, in dem ein Modellkind knochenmarkpunktiert wurde. Die Angst und die Erregung der Kinder nahmen während der Vorbereitung und auch während des Eingriffs deutlich ab.

Betreuung durch das Krankenhauspersonal

Die Mitaufnahme der Bezugsperson stellt für Kinder sicherlich eine optimale Form der Betreuung während des Krankenhausaufenthaltes dar. Da eine Mitaufnahme aber nicht immer möglich ist, stellt sich die Frage, was Ärzte und Pflegekräfte tun können, um Angst und Streß abzubauen. Hier ist vor allem an emotionale Unterstützung (Lob, Zuspruch, beruhigender und tröstender Körperkontakt) und kognitive Unterstützung (Information über Teilschritte) während medizinischer Maßnahmen zu denken. Eine vielversprechende Möglichkeit ist die Streß-Punkt-Betreuung, eine Kombination aus Information und Unterstützung: Ein und dieselbe Krankenpflegekraft ist in potentiell belastenden Situationen (z.B. Blutentnahme, ärztliche Visite, Nachmittag vor der Operation) anwesend, informiert das Kind über das bevorstehende Geschehen und unterstützt es emotional während der medizinischen Maßnahmen [93].

Studienfragen

Welches sind die Ursachen für die Entstehung von Hospitalisierungsschäden, und wie kann man sie vermeiden?
(s.S. 154, 155)
Wie entsteht bei Kindern Angst vor ärztlichen Eingriffen, und wie kann man ihr vorbeugen?
(s.S. 154)
Ein siebenjähriges Kind fragt einen Arzt nach seiner Krankheit. Wie sollte der Arzt bei der Aufklärung vorgehen, und was sollte er beachten?
(s.S. 152, 153)

6.3 Sozialisation

Klaus Hurrelmann

6.3.1 Theoretische und methodische Grundlagen

Begriff

Der Begriff Sozialisation hat sich interdisziplinär vor allem in der Soziologie, Psychologie und

Pädagogik entwickelt, in den letzten Jahren aber auch in angrenzenden Gebieten wie der Biologie, Psychiatrie und (Sozial-)Medizin an Bedeutung gewonnen. Sozialisation bezeichnet den Prozeß der Auseinandersetzung eines Menschen mit gesellschaftlichen Werten, Normen und Handlungsanforderungen. Dabei wird angenommen, daß der Mensch als ein bei Geburt „biologisches Wesen" nur durch diesen Prozeß zu einem „menschlichen Wesen" und zu einem anerkannten Mitglied der Gesellschaft werden kann [94].

Die Sozialisationsforschung untersucht, in welcher Weise und in welchem Ausmaß soziale, kulturelle, ökonomische und auch ökologische (Umwelt-)Faktoren Voraussetzungen und Bedingungen für die menschliche Persönlichkeitsentwicklung sind. Die Forschung in diesem Bereich zeigt sehr deutlich, daß Menschen in allen Lebensabschnitten nicht einfach nur durch soziale und Umweltfaktoren geprägt werden, sondern daß sie sich auf eine je individuelle Weise mit ihrer sozialen und räumlichen Umwelt auseinandersetzen und soweit wie möglich durch eigenes, aktives Handeln auf sie einzuwirken versuchen. Es muß deshalb von einer wechselseitigen Beziehung zwischen dem Menschen und der gesellschaftlichen Realität um ihn herum ausgegangen werden, wobei ein Mensch einerseits durch seine Lebensumstände sehr stark beeinflußt wird, andererseits aber auch eben diese Lebensumstände durch seine eigenen Aktivitäten mitgestaltet. Wie aktiv diese Gestaltung ist, hängt auch sehr stark von angeborenen Faktoren wie der körperlichen Konstitution und dem psychischen Temperament ab.

Theorien

Es gibt vor allem psychologische und soziologische Theorien der Sozialisation. Die soziologischen konzentrieren sich stärker darauf, den Einfluß von Lebensbedingungen auf die Persönlichkeitsentwicklung zu untersuchen. Die psychologischen stellen hingegen die Art und Weise der Verarbeitung von Lebensbedingungen durch den einzelnen Menschen in den Vordergrund. Beide Ansätze ergänzen sich und müssen zur vollständigen Erklärung miteinander in Beziehung gesetzt werden. Die bekanntesten psychologischen Theorien in diesem Bereich sind die Lerntheorie, die psychoanalytische Theorie, die Entwicklungstheorie und die ökologische Theorie. Die bekanntesten soziologischen Theorien sind die Systemtheorie, die Handlungstheorie und die Gesellschaftstheorie. In den letzten Jahren werden sie zunehmend durch biologische Theorien ergänzt, die die Entwicklung des Körpers in Abhängigkeit und in Auseinandersetzung mit sozialen und ökologischen Umweltbedingungen zum Thema machen [95].

Phasen der Sozialisation

Sozialisation ist ein lebenslanger Prozeß. Die Entwicklungsschritte in jeder einzelnen Lebensphase bilden die Voraussetzung für die darauf folgende. Daraus ergibt sich, daß die frühen Sozialisationsphasen von großer Ausgangsbedeutung sind. In ihnen werden die Grundstrukturen der Persönlichkeit herausgebildet und die fundamentalen Muster für soziales Verhalten gebildet. Das elementare Erlernen von sozialen Regeln und Umgangsformen in der frühen Kindheit wird aus diesem Grund auch oft als **primäre** Sozialisation bezeichnet. Die darauf aufbauende Weiterentwicklung und Variation von Verhaltensmustern wird in Abgrenzung hiervon als **sekundäre** Sozialisation bezeichnet. Die Grenzen zwischen diesen beiden Phasen sind fließend. Die frühen Lebensphasen sind auch deswegen von besonderer Bedeutung, weil in ihnen die grundlegenden Schritte der Sprachentwicklung und damit auch der Intelligenzentwicklung erfolgen. Auch für diesen Bereich gilt, daß in späteren Lebensphasen durch intensive Lern- und Trainingseffekte Weiterentwicklungen des Sprach- und Intelligenzvermögens möglich sind. Den frühen Grundlagen in diesem Bereich kommt aber eindeutig eine tragende Rolle zu [95].

In jedem Abschnitt des menschlichen Lebenslaufs ergeben sich ganz spezielle Anforderungen und Herausforderungen an das soziale Verhalten und die damit verbundene Persönlichkeitsentwicklung. In allen Gesellschaften gibt es einigermaßen feste Definitionen dafür, wie sich ein Mensch als kleines Kind, als Jugendlicher oder als Erwachsener angemessen zu verhalten hat. Im Bewußtsein breiter Bevölkerungsschichten gibt es so etwas wie Vorstellungen von einer „Normalbiographie", die ein Mensch zu durchlaufen habe: Die unbeschwerte Kindheitsphase endet mit dem Eintritt in die Schule, die schulische Ausbildungsphase führt zur Vorbereitung auf den Berufseintritt und bereitet auch auf ein späteres eigenes Familienleben vor. Nach Abschluß der schulischen und beruflichen Ausbildung wird der Eintritt in eine verantwortliche Berufstätigkeit erwartet, meist parallel dazu auch die Gründung einer eigenen Familie mit eigenen Kindern. Nach einer kontinuierlichen beruflichen Tätigkeit wird ein Höhepunkt der Berufslaufbahn um das 50. Lebensjahr herum erwartet. Durch die Pensionierung wird der Austritt aus dem aktiven Berufsleben definiert. Die anschließende Altersphase soll weitgehend von gesellschaftlichen Verpflichtungen freigestellt sein.

Solche Muster der gesellschaftlichen Normalität existieren in allen Industriegesellschaften, doch haben sie sich in den letzten Jahrzehnten deutlich gelockert. Die Spielräume für die **eigenständige Gestaltung** des Lebenslaufs sind größer geworden, zugleich damit aber auch die Anforderungen, den

Lebenslauf selbst zu strukturieren und nach eigenen Maßstäben aufzubauen. Diese Möglichkeiten der weitgehend individuellen Gestaltung des eigenen Lebenslaufs können das Leben bereichern, aber zugleich auch sehr schwierige Herausforderungen für jeden einzelnen Menschen mit sich bringen, weil gesellschaftliche Unterstützungen und Absicherungen nicht mehr so selbstverständlich sind wie früher.

Geschlechtsrollen

Für die beiden Geschlechter sind die sozialen Bedingungen der Persönlichkeitsentwicklung unterschiedlich. Bis in die Gegenwart hinein sind in breiten Schichten der Bevölkerung feste Vorstellungen darüber vorhanden, welche Verhaltensweisen und Persönlichkeitsmerkmale als typisch männlich und typisch weiblich gelten können. So wird männlichen Kindern, Jugendlichen und Erwachsenen ein großes Ausmaß an aktivem und durchsetzungsbezogenem Verhalten zugestanden. Zugleich wird von ihnen wie selbstverständlich die Aufnahme einer Berufstätigkeit und das Durchlaufen einer Berufskarriere erwartet. Demgegenüber werden weiblichen Kindern, Jugendlichen und Erwachsenen stärker gefühlsbetonte und auf Unterstützung anderer ausgerichtete Verhaltensmerkmale zugeschrieben, zugleich verbunden mit der Erwartung, daß sie sich intensiv um Belange der Familie und vor allem auch der Kindererziehung zu kümmern hätten [96].

Obwohl sich diese Rollenmuster in den letzten Jahren aufzulösen beginnen, sind sie immer noch starke Orientierungspunkte und Maßstäbe für das Verhalten der beiden Geschlechter. Die Rollenmuster werden auch schon früh in der familialen und schulischen Erziehung zugrunde gelegt. Die Konsequenz ist, daß Männer mehrheitlich aggressive und auf Vorherrschaft ausgerichtete Verhaltensweisen zeigen, Frauen gefühlsbezogene und zurückgezogene. Beide Geschlechter reagieren auf Herausforderungen im Lebensalltag in unterschiedlicher Weise. Während Frauen sensibler und selbstkritischer mit persönlichen, Beziehungs- und Berufskrisen umgehen, kommt es bei Männern öfter zum Ausagieren von Konflikten bis hin zu Gewalthandlungen gegen andere. Vermutlich hängt es hiermit zusammen, daß Frauen stärker als Männer mit psychosomatischen Symptomen auf Belastungen im Alltag reagieren und auch selbstkritischer ihrer eigenen Gesundheitssituation gegenüber sind. Vermutlich haben die unterschiedlichen Reaktionsweisen der beiden Geschlechter auch eine biologische Komponente, die sich auf angeborene physiologische und innerorganismische Muster bezieht.

Instanzen der Sozialisation

Zu den wichtigsten, von der Gesellschaft meist bewußt eingerichteten Instanzen der Sozialisation gehören Familien, Bildungseinrichtungen (Kindergärten, Schulen, Hochschulen, Weiterbildungseinrichtungen) sowie Pflege- und Hilfseinrichtungen. Den Familien und Bildungseinrichtungen kommen für die Sozialisation die entscheidenden Aufgaben zu. Die Familie ist vor allem für die primäre Sozialisation verantwortlich, während in Schulen intellektuelle und soziale Kompetenzen trainiert werden. Die Schulen sollen auch auf die Übernahme einer späteren verantwortlichen Familienrolle, einer Bürgerrolle und einer Berufsrolle vorbereiten. Sie haben eine wesentliche Funktion für die Vorwegnahme (Antizipation) von späteren Rollenanforderungen.

Je früher und aktiver diese Vorwegnahme geschieht, desto reibungsloser vollzieht sich der Übergang in eine neue Rolle im Lebenslauf. Erhebliche zeitliche Verzögerungen, z. B. beim Übergang von der Schule in den Beruf, können zu persönlichen Verunsicherungen führen und sich in psychischen, sozialen und auch somatischen Symptomen der Belastung niederschlagen. In den modernen Industriegesellschaften mit ihren typischerweise sehr lang gestreckten Ausbildungsphasen in Schule, Berufsbildung und Hochschule liegt hier eine grundsätzliche Problematik.

Die Bewältigung der jeweils spezifischen Anforderungen und Herausforderungen, die ein Lebensabschnitt mit sich bringt, ist eine Voraussetzung dafür, daß ein Mensch zu einem in sich gefügten Bild von der eigenen Persönlichkeit kommen kann – ein Zustand, der oft auch als „Identität" bezeichnet wird. Die Herausbildung einer solchen Identität ist in modernen Gesellschaften wegen der Vielfalt von Anforderungen in Familie, Ausbildung, Beruf, Freizeit und der Vielfalt von Anforderungen in den unterschiedlichen Lebensphasen strukturell sehr schwierig geworden.

6.3.2 Schichtspezifische Sozialisation

In den modernen Industriegesellschaften haben sich die Lebensbedingungen der unterschiedlichen Bevölkerungsgruppen durch ein ausgebautes Wohlfahrtsstaatssystem stark aneinander angeglichen. Dennoch gibt es immer noch spürbare Unterschiede zwischen verschiedenen Bevölkerungsschichten, die Auswirkungen auf die Persönlichkeitsentwicklung der Menschen haben, die diesen Schichten angehören.

Merkmale sozialer Schichten

Bevölkerungsgruppen lassen sich soziologisch vor allem nach Einkommen, Besitz, Berufsposition und Wohnsituation unterscheiden. Je nach der Kombination dieser Merkmale lassen sich unterschiedliche soziale Lebenslagen identifizieren. Menschen gleicher Lebenslage können als Angehörige einer „sozialen Schicht" bezeichnet werden. Die Sozialisationsforschung hat durch viele Untersuchungen zeigen können, daß Menschen in gleicher Lebenslage auch ähnliche Wertvorstellungen, Einstellungen und Verhaltensweisen entwickeln. Sie setzen sich auch in gleicher Art und Weise mit der sozialen und räumlichen Realität auseinander, die sie um sich herum vorfinden [94].

Von besonderer Bedeutung ist ganz offensichtlich die Qualität und Länge der Ausbildung und die damit meist eng verbundene Art und Weise der Arbeits- und Berufstätigkeit. Die Sozialisationsforschung konnte zeigen, daß Ausbildungs- und Arbeitsbedingungen die Persönlichkeitsentwicklung prägen. Auf diesem Wege wirkt sich die Berufstätigkeit von Eltern nicht nur auf deren eigene Persönlichkeitsentwicklung, sondern ganz offensichtlich auch auf die ihrer Kinder aus. Eltern tragen diejenigen Wertvorstellungen und Lebensstile in den familialen Erziehungsprozeß hinein, die sie selbst an ihrem Arbeitsplatz wahrnehmen und entwickeln. Die Arbeits- und Berufserfahrungen von Eltern haben zwar keinen direkten Einfluß auf ihr Erziehungsverhalten, doch wirken sie sich über unterschiedliche Persönlichkeitsmerkmale und Einstellungen auf das ganze Klima des Umgangs in der Familie und damit auch auf ihr Erziehungsverhalten aus.

Neben der elterlichen Arbeitserfahrung spielen auch materielle, soziale und Wohnbedingungen der Familienmitglieder eine wichtige Rolle. Die Ausstattung des Wohngebietes mit Kindergärten, kulturellen Einrichtungen und Spielplätzen ist von ebenso großer Bedeutung wie die Ausstattung der Wohnung selbst (ihre Größe und Einrichtungsqualität) sowie auch das ganze soziale Umfeld der Wohnung. Sehr häufig ist aber auch ein Zusammenhang dieser Gegebenheiten mit der finanziellen Lage der Familie zu erkennen, und diese hängt nach wie vor sehr stark von der beruflichen Position der Eltern ab. Aus diesem Grund kann auch heute immer noch von einer starken Beeinflussung des Familienklimas durch die berufliche Position und das damit verbundene Prestige sowie die finanzielle Situation der Eltern ausgegangen werden [97].

Erziehungsstile in der Familie

Je einfühlsamer Eltern auf die Persönlichkeitsmerkmale eines Kindes eingehen, je mehr Anregungen und Entfaltungsmöglichkeiten sie ihm einräumen, je klarer sie dabei auch die eigenen Wertvorstellungen und Verhaltenserwartungen definieren, desto günstiger sind die Entwicklungsvoraussetzungen für das Kind. Die Sozialisationsforschung konnte zeigen, daß diese Voraussetzungen besonders in den Familien vorliegen, die auch günstige Situationen in finanzieller, räumlicher und sozialer Hinsicht aufweisen.

Die Art und Weise, wie Eltern auf ihre Kinder eingehen und wie sie mit ihren Kindern umgehen, hängt sehr stark von ihren eigenen Erfahrungen am Arbeitsplatz ab. Väter und Mütter, die an ihrem Arbeitsplatz einen hohen Grad an Selbständigkeit und viele Entscheidungsbefugnisse gewohnt sind, übertragen diese Situation auf den Familienbereich. Sie neigen dazu, auch bei ihren eigenen Kindern Selbständigkeit und Selbststeuerung sehr hoch zu bewerten und positiv zu belohnen. Je weniger eigene Einfluß- und Kontrollmöglichkeiten Väter und Mütter an ihren Arbeitsplätzen haben, desto weniger Selbstentfaltungsmöglichkeiten räumen sie auch ihren eigenen Kindern ein. Diese Zusammenhänge gelten nicht unbedingt in jeder Familie, aber ein Trend in diese Richtung ist in vielen Familienuntersuchungen immer wieder gefunden worden [98].

Mit dem hohen Ausmaß der Betonung von Selbständigkeit geht ein offener Stil der Kommunikation einher, mit dem die Eltern selbständige sprachliche und auch gestische Äußerungen ihrer Kinder positiv belohnen. Die sprachliche Entwicklung von Kindern in diesen Familien erweist sich deswegen als reichhaltiger und beweglicher, was eindeutig positive Auswirkungen auf die gesamte Leistungsfähigkeit und auch die intellektuelle Entwicklung hat. Kinder, die gewohnt sind, über Gedanken und Gefühle mit ihren Eltern zu kommunizieren, entwickeln auch eine ausgeprägte Fähigkeit, ihren Wortschatz zu erweitern und verschiedene Kombinationsmöglichkeiten von sprachlichem Ausdruck zu bilden.

Mit dem beweglicheren und vielfältigeren Sprachschatz und Sprechvermögen steigert sich ganz offensichtlich die Fähigkeit, Erlebnisse und Erfahrungen in einer solchen Weise zu verarbeiten, daß schnelle Lernfortschritte auch in intellektueller Hinsicht gemacht werden. Diese Entwicklung der intellektuellen Fähigkeiten zahlt sich später im schulischen Bereich aus, zumal im Unterricht eine gute sprachliche Ausdrucksfähigkeit positiv gewürdigt wird.

In den hier geschilderten Zusammenhängen sind die Hintergründe dafür zu suchen, daß Kinder aus den sozial besser gestellten Schichten der Bevölkerung im Durchschnitt auch über bessere schulische Leistungserfolge verfügen. Langfristig führt diese Entwicklung dazu, daß diese Kinder auch mit den besseren Schulabschlüssen die Schule verlassen und wiederum, wie ihre Eltern, gehobene und karrieremäßig aussichtsreiche berufliche Positionen einnehmen können. In diesem Sinne kann vorsichtig von einer sozialen Übertragung (manchmal im Sprachspiel auch als „soziale Vererbung" bezeichnet) der Sozialschichtzugehörigkeit von einer Generation auf die nächste gesprochen werden [94].

Lebensstile und Gesundheitskonzepte

Die unterschiedlichen sozialen, ökonomischen und infrastrukturellen Bedingungen, die ein Mensch in Familie, Ausbildungsbereich und später dann im Berufsbereich vorfindet, hinterlassen nach den Erkenntnissen der Sozialisationsforschung ihre Spuren in einem spezifischen Lebensstil. Hierunter ist eine jeweils charakteristische Kombination von Verhaltensmustern vor allem im Privat- und Freizeitbereich zu verstehen, die als Ausdrucksform der individuellen Verarbeitung der jeweiligen Lebenslage gewertet werden kann.

Die Lebensstile können unterschiedlich stark durch den Grad an bewußter Lebensplanung und Lebensgestaltung charakterisiert sein. In der Regel gilt, daß Menschen in privilegierter Lebenssituation, die auch im beruflichen Bereich über ein hohes Einfluß- und Verantwortungsniveau verfügen, im Blick auf die Planung und Gestaltung ihres eigenen Lebens bewußter und langfristig vorausschauender sind. Menschen in weniger privilegierten Lebenslagen, die etwa durch materielle Mängel, viele unangenehme Lebensereignisse, ungünstige Wohnbedingungen usw. gekennzeichnet sind, zeichnen sich im Vergleich stärker dadurch aus, daß sie eine kurzfristigere und auf unmittelbare Befriedigung ausgerichtete Lebenskonzeption entwickeln [99].

Diese unterschiedlichen Lebensstile wirken sich auch auf das gesundheitsrelevante Verhalten und die damit zusammenhängenden Konzepte von Gesundheit und Krankheit aus. Der Lebensstil einer planvollen und bewußten, langfristig angelegten Lebensgestaltung bezieht auch die möglicherweise gesundheitsgefährdenden Verhaltensweisen mit in sein Spektrum ein. Die Konsequenz ist, daß diese Menschen ihren Lebensstil vergleichsweise stärker so ausrichten, daß sie sich durch ihr aktives Verhalten nicht gesundheitlich gefährden; z. B. ist der Anteil von ständigen Rauchern, ständigen Alkoholtrinkern und sich falsch Ernährenden in diesen Bevölkerungsschichten geringer.

Bevölkerungsgruppen mit einem überdurchschnittlichen Ausmaß an Berufsprestige, Familieneinkommen, Ausbildung und Wohnkomfort sind auch dadurch charakterisiert, daß sie in höherem Ausmaß sportliche Aktivitäten betreiben, auf ihre körperliche Hygiene und auf Signale einer herannahenden Krankheit sensibel achten. Durch die günstige berufliche und soziale Position und damit auch materielle Situation, die sich z. B. bis in die Versicherungslage hinein auswirken kann, fällt es ihnen auch leichter, sich psychischen und medizinischen Rat und Hilfe in Belastungs- und Krisensituationen zu holen. Die Konsequenz ist, daß die aktive Inanspruchnahme von Hilfe durch die professionellen Versorgungsnetzwerke höher ist als bei den Bevölkerungsgruppen, die in ungünstiger sozialer und materieller Lebenslage sind [95].

Soziale Ungleichheit hat Auswirkungen sowohl auf die Chance, sich durch eigenes Verhalten ein gesünderes Leben zu gestalten, als auch auf die Chance, sich im Bedarfsfalle Unterstützung durch Fachleute zu holen. Die hier beschriebenen Unterschiede zeigen sich bereits bei Kindern und Jugendlichen, die je nach familialer Herkunft unterschiedliche Gesundheitsvorstellungen haben: Kinder und Jugendliche aus den sozial privilegierten Familien sind eher für vorbeugende (präventive) Verhaltensweisen ansprechbar als andere und erweisen sich als sensibler in der Wahrnehmung von Vorboten von Krankheitssymptomen.

6.3.3 Soziale Fehlentwicklungen

Soziale Risikofaktoren

In modernen Industriegesellschaften nehmen einige soziale Risiken für die Persönlichkeitsentwicklung insbesondere von Kindern und Jugendlichen in den letzten Jahrzehnten zu. In erster Linie ist hier an die **Umstrukturierung von Familien** zu denken. Durch ein hohes Ausmaß an Trennungen und Scheidungen (etwa jede dritte Partnerschaft ist betroffen) erweisen sich immer mehr Familien unfähig, eine dauerhafte, verläßliche und dichte emotionale Bindung anbietende Beziehung zu den eigenen Kindern einzugehen. Trennung und Scheidung der Eltern führen zu erheblichen psychischen und sozialen Belastungen für Kinder und Jugendliche, unabhängig vom Alter, in dem sie eintreten. Auch die Zunahme von Kleinstfamilien, die nur noch aus einem Elternteil und einem Kind bestehen, kann für Kinder und Jugendliche zu einem Belastungsfaktor werden, da in diesen Familien so viele organisatorische, zeitliche und finanzielle Belastungen aufeinanderprallen, daß oft die Qualität des Kontaktes zwischen Elternteil und Kind leidet.

Weitere soziale Risikofaktoren sind in den hohen **Leistungserwartungen** zu sehen, die heute von Eltern an Schulkinder gerichtet werden. Wegen der hochgeschraubten Anforderungen im Beschäftigungssystem sind hochqualifizierende Schulabschlüsse schon fast zu einem „Muß" für Jugendliche geworden. So hat sich z. B. in der westlichen Bundesrepublik Deutschland der Anteil der Jugendlichen mit Abitur von 1960–1990 mehr als verdoppelt, ebenso der Anteil der Jugendlichen mit einem qualifizierenden Abschluß nach zehn Schuljahren. Wie Untersuchungen zeigen, ergibt sich hieraus ein hoher unterschwelliger Leistungsdruck der Eltern gegenüber den eigenen Kindern, der bei

Versagenserlebnissen zu psychischen Überforderungen und auch zu psychosozialen und psychosomatischen Störsymptomen führen kann. Viele Symptome wie Konzentrationsschwierigkeiten, Nervosität, Unruhe und diffuse Kopf- und Rückenschmerzen werden teilweise hierauf zurückgeführt.

Schließlich ist auf soziale Belastungsfaktoren im sog. **Freizeitbereich** hinzuweisen: Kindern und Jugendlichen werden heute sehr einseitig massenmediale Anregungen gegeben; sie leiden aber unter einem Defizit an motorischen Anregungen, die es ihnen gestatten würden, Körpererfahrungen und emotionale Erfahrungen zu machen. Der Freizeitbereich ist in einer materiell sehr gut ausgestatteten Wohlstandsgesellschaft inzwischen zu einem Feld mit vielen neidvollen Vergleichen und sozialen Spannungen geworden. Durch die frühe Orientierung an Gleichaltrigen kommt es deswegen heute sehr stark zu sozial abweichendem Gruppenverhalten. Antisoziales und kriminelles Verhalten tritt überwiegend in Gruppen (Banden, Cliquen) auf. Es wird in der Fachliteratur als ein Verhalten gewertet, das eine Reaktion auf fehlende Anerkennung und fehlende Belohnung in schulischen und beruflichen Leistungsbereichen von Jugendlichen darstellt [99].

Das hohe Ausmaß an sozialer Abweichung (Aggressivität, Gewalt, Diebstahl, Zerstörung usw.) in der heutigen Gesellschaft muß als eine Art „soziale Krankheit der Gesellschaft“ gewertet werden. Es ist letztlich ein Signal dafür, daß Menschen aus den gesellschaftlich anerkannten und vorgezeichneten Wegen nicht die persönliche Entfaltung vollziehen können, die sie für eine gesunde Persönlichkeitsentwicklung benötigen. Es ist in der Regel auch ein Zeichen für starke soziale Ungleichheiten und Ungerechtigkeiten in einer Gesellschaft, die als Wettbewerbsgesellschaft strukturiert ist.

Je nach individuellem Naturell reagieren Menschen auf Vernachlässigung, Erniedrigung, Zurückstufung oder Demoralisierung mit „aktiver“ oder „passiver“ Abweichung und Auffälligkeit. Zu diesen passiven Formen werden in der Sozialisationsforschung die nach innen gerichteten, psychisch, sozial und somatisch ausgedrückten Formen der Beeinträchtigung des Wohlbefindens gerechnet, wie psychische Stimmungsstörungen bis hin zur Depression und psychosomatischen Beeinträchtigungen. Zunehmend wird in der Fachliteratur auch die Vermutung geäußert, daß manche Formen von lang anhaltenden chronischen Krankheiten auf dauerhaften sozialen „Streß“ zurückzuführen sein können. Solche Stressoren können z.B. in lang anhaltenden Partnerschaftskonflikten, Leistungskrisen und Versagenserlebnissen im Ausbildungsbereich, Mißerfolgserlebnissen und Versagungen im Berufs- bereich und Enttäuschungser leb- nissen im Bereich von Wert- und Sinnorientierung liegen [99].

Soziale Extremsituationen

Besonders in sozialen Extremsituationen kann es zu einem hohen Ausmaß an psychosozialer und psychosomatischer Beeinträchtigung von Menschen kommen. Zu solchen Extremsituationen sind auch in den heutigen Wohlstandsgesellschaften Armut (relativer materieller Mangel) und schwere Krankheit zu rechnen. Ausgangspunkt für materielle Mängelsituationen kann u.a. eine lang anhaltende Arbeitslosigkeit sein. Letztlich sind es gesellschaftlich verursachte Ausgangsbedingungen, die Menschen in bestimmten Lebenslagen heftigen Konflikten, Überforderungen und Beeinträchtigungen aussetzen und sie in eine ausweglose und potentiell krankmachende Situation hineintreiben.

Daß Menschen in einer solchen ausweglosen Situation auch zu „untauglichen“ Formen der **Bewältigung** ihrer schwierigen Lebensumstände greifen, kann nicht überraschen. So kommt es gerade in Situationen von Armut, sozialer Randständigkeit, Häufung von sozialen Schicksalsschlägen usw. besonders zu Verhaltensweisen, die objektiv absolut gesundheitsschädigend sind, wie etwa Alkohol- und Nikotinmißbrauch, Nutzung illegaler Drogen, unzureichende Hygiene, unzureichende Bewegung, falsche Ernährung, ungeschütztes Sexualverhalten usw. Diese Verhaltensweisen können z.T. als Versuch gewertet werden, sich aus einer unangenehmen und als ausweglos empfundenen Situation zu befreien; sie stellen also in sozialisationstheoretischer Perspektive eine Art **Problemlösungsversuch** dar, der aber nach gesellschaftlichen Maßstäben untauglich bleiben muß.

Soziale Netzwerke

Die angemessenen **Kompetenzen,** um sich mit den verschiedenen Handlungsanforderungen in einer Lebenssituation auseinanderzusetzen, können durch ein funktionierendes soziales Umfeld aufgebaut oder wiederhergestellt werden. Deswegen kommt der Existenz oder Nichtexistenz eines sozialen Netzwerkes eine wichtige Bedeutung zu. Das mögliche Unterstützungspotential, das die soziale Umwelt zur Verfügung stellt, kann ausschlaggebend dafür sein, ob ein Mensch in einer sozial ungünstigen Lebenssituation in eine soziale Fehlentwicklung hineingetrieben wird oder nicht. Die Unterstützung kann sich dabei auf verschiedene Dimensionen beziehen: finanzielle, technische, soziale und emotionale Unterstützung beim Aufbau der eigenen Bewältigungskapazität [97].

Wie die Sozialisationsforschung zeigt, ist ein dichtes und intensives Netzwerk von sozialen Beziehungen im Familien- und Freundesbereich ein günstiger „Puffer“, um Belastungen abzufangen.

Besonders bei lang andauernden Belastungen kann ein funktionierendes Unterstützungssystem vor sozialen Fehlentwicklungen bewahren. Da in den heutigen Industriegesellschaften durch die bereits angesprochene Lockerung von Familienbindungen und Verwandtschaftsbezügen die natürlichen sozialen Netzwerke sich mehr und mehr verflüchtigen, kommt den „künstlichen“ eine erhöhte Bedeutung zu. Von besonderer Bedeutung sind hier zum einen Nachbarschafts-, Freundschafts- und Berufskontakte, Vereins- und Verbandsbezüge und zum anderen die mehr formellen und professionell organisierten Unterstützungen durch soziale, psychologische und auch medizinische Dienste.

Studienfragen

Definieren Sie den Begriff „Sozialisation“! Welche Sozialisationsphasen und Sozialisationsinstanzen sind Ihnen bekannt?
(s. S. 157, 158)
Wie unterscheiden sich die Erziehungsstile von Eltern in verschiedenen sozialen Schichten?
(s. S. 159)
Wie unterscheiden sich Lebensstile und Gesundheitskonzepte in verschiedenen sozialen Schichten?
(s. S. 160)

Literatur

1 Montada, L.: Themen, Traditionen, Trends, S. 3-88. In: Oerter, R., L. Montada (Hrsg.): Entwicklungspsychologie. Urban & Schwarzenberg, München–Wien–Baltimore 1982.
2 Trautner, H. M.: Lehrbuch der Entwicklungspsychologie. Bd. 1. Hogrefe, Göttingen 1978.
3 Oerter, R.: Entwicklung und Sozialisation. Auer, Donauwörth 1978.
4 Piaget, J., B. Inhelden: Die Psychologie des Kindes. Fischer, Frankfurt 1977.
5 Brenner, Ch.: Grundzüge der Psychoanalyse. Fischer, Frankfurt 1976.
6 Elhardt, S.: Tiefenpsychologie, S. 92. Kohlhammer, Stuttgart 1978.
7 Bowlby, J.: Bindung. Kindler, München 1975.
8 Miller, P. H.: Theories of developmental psychology. Freeman, San Francisco 1983.
9 Olbrich, E.: Normative Übergänge im menschlichen Lebenslauf: Entwicklungen oder Herausforderungen? S. 123–138. In: Filipp, S.-H. (Hrsg.): Kritische Lebensereignisse. Urban & Schwarzenberg, München–Wien–Baltimore 1981.
10 Levinson, D. J.: The seasons in a man's life. Balantine, New York 1978.
11 Katschnig, H. (Hrsg.): Sozialer Stress und psychische Erkrankung. Urban & Schwarzenberg, München–Wien–Baltimore 1980.
12 Filipp, S.-H.: Ein allgemeines Modell für die Analyse kritischer Lebensereignisse, S. 3–52. In: Filipp, S.-H. (Hrsg.): Kritische Lebensereignisse. Urban & Schwarzenberg, München–Wien–Baltimore 1981.
13 Ross, C. E., J. Mirowsky: A comparison of life-event weighting schemes: Change, undesirability, and effect-proportional indices. Journal of Health and Social Behavior, 20 (1979) 166–177.
14 McFarlane, A. H., G. R. Norman, D. L. Streiner, R. Roy, D. J. Scott: A longitudinal study of the influence of the psychosocial environment on health status: A preliminary report. Journal of Health and Social Behavior 21 (1980) 124–133.
15 Schulz, R.: The effects of control and predictability on the physical and psychological well-being of the institutionalized aged. Journal of Personality and Social Psychology, 35 (1976) 563–573.
16 Parkes, C. M., R. Brown: Health after bereavement: A controlled study of young Boston widows and widowers. Psychosomatic Medicine, 34 (1972) 449–461.
17 Filipp, S.-H., P. Aymanns, T. Klauer: Formen der Auseinandersetzung mit schweren körperlichen Erkrankungen als Prototypen kritischer Lebensereignisse: Eine Verlaufsstudie. Forschungsbericht Nr. 1 des F. A. E.-Projektes, Universität Trier 1983.
18 Bulman, R. J., C. B. Wortman: Attributions of blame and coping in the „real world“: Severe accident victims react to their lot. Journal of Personality and Social Psychology, 35 (1977) 351–363.
19 Nuckolls, K. B., J. Cassel, B. H. Kaplan: Psychosocial assets, life crisis, and the prognosis of pregnancy. American Journal of Epidemiology, 95 (1972) 431–441.
20 Lukesch, H.: Schwangerschafts- und Geburtsängste. Enke, Stuttgart 1981.
21 Lukesch, M.: Psychogene Faktoren der Schwangerschaft. Universität Salzburg, Dissertation 1975.
22 Lukesch, H., M. Lukesch: Konstruktion und Validieren eines Fragebogens über die Einstellung zur Schwangerschaft. Zeitschrift für Entwicklungspsychologie und Pädagogische Psychologie, 8 (1976) 142–144.
23 Entwisle, D. R., S. G. Doering, T. W. Reilly: Sociopsychological determinants of women's breast-feeding behavior: A replication and extension. American Journal of Orthopsychiatry, 52 (1982) 244–260.
24 Macy, C., F. Falkner (Hrsg.): Schwangerschaft und Geburt. Beltz, Weinheim 1980.
25 Klaus, M. H., J. H. Kennell: Maternal-infant bonding. In: Klaus, M. H., J. H. Kennell (Eds.): Maternal-infant bonding (pp. 1–15). Mosby, St. Louis 1976.
26 Rauh, H.: Frühe Kindheit, S. 124–194. In: Oerter, R., L. Montada (Hrsg.): Entwicklungspsychologie. Urban & Schwarzenberg, München–Wien–Baltimore 1982.
27 Grossmann, K. E.: Emotionale und soziale Entwicklung im Kleinkindalter, S. 25–86. In: Rauh, H. (Hrsg.): Jahrbuch für Entwicklungspsychologie 1. Klett-Cotta, Stuttgart 1979.

28 Erikson, E. K.: Childhood and society. Norton, New York 1950 (dt.: Kindheit und Gesellschaft. Klett, Stuttgart 1971).
29 Lamb, M. E.: The development of parental preferences in the first two years of life. Sex Roles, 3 (1977) 495–497.
30 Filipp, S.-H., P. Aymanns, T. Klauer: Verlust und Verlustverarbeitung in Kindheit und Erwachsenenalter. In: Kugemann, W., S. Preiser, K. A. Schneewind (Hrsg.): Psychologie und komplexe Lebenswirklichkeit. Hogrefe, Göttingen 1985.
31 Oerter, R.: Jugendalter, S. 242–313. In: Oerter, R., L. Montada (Hrsg.): Entwicklungspsychologie. Urban & Schwarzenberg, München–Wien–Baltimore 1982.
32 Thomae, H.: Vergleichende Psychologie der Lebensalter, S. 269–292. In: Rosenmayr, L. (Hrsg.): Die menschlichen Lebensalter. Kontinuität und Krisen. Piper, München 1978.
33 Filipp, S.-H., E. Olbrich: Human development across the life span: Overview and highlights of the psychological perspective. In: Sorensen, A. B., F. E. Weinert, L. Sherrod (Eds.): Human development: Interdisciplinary perspectives (pp. 343–375). Lawrence Erlbaum Associates, Hillsdale 1985.
34 Stroebe, W., M. S. Stroebe, K. Gergen, M. Gergen: Der Kummer-Effekt: Psychologische Aspekte der Sterblichkeit von Verwitweten. Psychologische Beiträge, 22 (1980) 1–26.
35 Fthenakis, W. E., R. Niesel, H.-R. Kunze: Ehescheidung: Konsequenzen für Eltern und Kinder. Urban & Schwarzenberg, München–Wien–Baltimore 1982.
36 Rudinger, G.: Altern und Leistung, S. 103–122. In: Lehr, U. (Hrsg.): Altern – Tatsachen und Perspektiven. Bouvier, Bonn 1983.
37 Horn, J. L., R. B. Cattell: Age differences in primary mental ability factors. Journal of Gerontology, 21 (1966) 210–220.
38 Löwe, H.: Einführung in die Lernpsychologie des Erwachsenenalters. Deutscher Verlag der Wissenschaften, Berlin 1970.
39 Baltes, P. B., S. L. Willis: Plasticity and enhancement of intellectual functioning in old age: Pennstate's adult development and enrichment project (ADEPI). In: Craik, F. I. M., E. E. Trehub (Eds.): Aging and cognitive processes (pp. 353–389). Plenum Press, New York 1982.
40 Heron, A., S. Chowns: Semiskilled and over forty. Journal of Occupational Psychology, 34 (1960) 264–274.
41 Lehr, U., H. Thomae: Konflikt, seelische Belastung und Lebensalter. Westdeutscher Verlag, Köln 1965.
42 Atchley, R. C.: Retirement as a social institution. Annual Review of Sociology, 8 (1982) 263–287.
43 Kasl, S. V.: The impact of retirement. In: Cooper, C. L., R. Payne (Eds.): Current concerns in occupational stress (pp. 137–187). Wiley, Chichester 1980.
44 Masters, W. H., V. E. Johnson: Human sexual inadequacy. Little, Brown & Co., Boston 1970.
45 Palmore, E. (Ed.): Normal aging. Duke University Press, Dorham 1970.
46 Broderick, C. B.: Adult sexual development. In: Wolman, B. J. (Ed.): Handbook of development psychology (pp. 726–733). Prentice Hall, Englewood Cliffs 1982.
47 Seligman, M. E. P.: Helplessness: On depression, development, and death. Freeman, San Francisco 1975.
48 Thomae, H.: Erlebte Unveränderlichkeit von gesundheitlicher und ökonomischer Belastung. Zeitschrift für Gerontologie, 12 (1979) 439–459.
49 Schulz, R., G. Brenner: Relocation of the aged: A review and theoretical analysis. Journal of Gerontology, 32 (1977) 323–333.
50 Atchley, R. C.: The life course, age grading and age-linked demands for decision making. In: Datan, N., L. H. Ginsberg (Eds.): Life-span developmental psychology. Normative life crisis (pp. 261–278). Academic Press, New York 1975.
51 Crider, C.: Children's conceptions of the body interior. In: Bibace, R., M. E. Walsh (Eds.): Children's conceptions of health, illness, and bodily functions (pp. 49–65). Jossey Bass, San Francisco 1981.
52 Gellert, E.: What do I have inside me? How children view their bodies. In: Gellert, E. (Ed.): Psychosocial aspects of pediatric care (pp. 19–36). Grune & Stratton, New York 1978.
53 Piaget, J., B. Inhelder: Die Psychologie des Kindes. Fischer, Frankfurt 1977.
54 Bibace, R., M. E. Walsh: Development of children's concepts of illness. Pediatrics, 66 (1980) 912–917.
55 Petermann, F., M. Noeker, U. Bode: Psychologie chronischer Krankheiten im Kindes- und Jugendalter. Psychologie Verlags Union, München 1987.
56 Habermas, T., H. P. Rosemeier: Kognitive Entwicklung und Todesbegriff, S. 263–279. In: Seiffge-Krenke, I. (Hrsg.): Jahrbuch der medizinischen Psychologie, Bd. 4. Springer, Berlin 1990.
57 Speece, M. W., S. B. Brent: Children's understanding of death: A review of three components of a death concept. Child Development, 55 (1984) 1671–1686.
58 Wolff, G.: Was wissen denn schon die Kinder? S. 49–56. In: Engelke, E., H.-J. Schmoll, G. Wolff (Hrsg.): Sterbebeistand bei Kindern und Erwachsenen. Enke, Stuttgart 1979.
59 Ostermann, E.: Begleitung lebensbedrohlich erkrankter Kinder. Erfahrungen im Umgang mit Dialysepatienten, S. 99–107. In: Engelke, E., H. J. Schmoll, G. Wolff (Hrsg.): Sterbebeistand bei Kindern und Erwachsenen. Enke, Stuttgart 1979.
60 Steinhausen, H. C.: Psychologische Probleme und Aufgaben bei bösartigen Krankheiten im Kindesalter. Klinische Pädiatrie, 188 (1976) 489–498.
61 Löschenkohl, E.: Umweltbewältigung bei Kindern im Krankhenhaus. Psychologie in Erziehung und Unterricht, 28 (1981) 161–174.
62 Schmidt, L. R., H. Saile, J. Holzki, P. Heller: Die psychische Situation von Kindern vor der Operation: Ergebnisse einer Pilotstudie, S. 45–52. In: Scheer, J. W., E. Brähler (Hrsg.): Ärztliche Maßnahmen aus psychologischer Sicht – Beiträge zur medizinischen Psychologie. Springer, Berlin 1984.
63 Ainsworth, M. D. S., S. M. Bell: Attachment, exploration, and separation: illustrated by the behavior of one-year-olds in a strange situation. Child Development, 41 (1970) 49–67.
64 Wilker, F.-W.: Untersuchungen zu präoperativen Ängsten von Kindern in Abhängigkeit von Einstellungen der Eltern. Universität Ulm (unveröffentlichtes Manuskript) 1977.
65 Grossmann, K. E., P. August, E. Fremmer-Bombik, A. Friedl, K. Grossmann, H. Scheuerer-Englisch, G. Spangler, C. Stephan, G. Süß: Die Bindungstheorie: Modell und entwicklungspsychologische

Forschung, S. 31–55. In: Keller, H. (Hrsg.): Handbuch der Kleinkindforschung. Springer, Berlin 1989.
66 Bowlby, J.: Separation anxiety: a critical review of the literature. Journal of Child Psychology and Psychiatry, 1 (1960) 251–269.
67 Bowlby, J.: Die Trennungsangst. Psyche, 15 (1961) 411–464.
68 Robertson, J.: Kinder im Krankenhaus. Reinhardt, München 1974.
69 Vernon, D. T. A., J. M. Foley, R. R. Sipowicz, J. L. Schulman: The psychological responses of children to hospitalization and illness. A review of the literature. Charles C. Thomas, Springfield/Illinois 1965.
70 Troschke, J. v.: Das Kind als Patient im Krankenhaus. Eine Auswertung der Literatur zum psychischen Hospitalismus. Reinhardt, München 1974.
71 Minsel, W.-R., H. P. Rosemeier: Das kranke Kind im Krankenhaus, S. 88–109. In: Minsel, W.-R., R. Scheller (Hrsg.): Brennpunkte der Klinischen Psychologie. Bd. 3: Psychologie und Medizin. Kösel, München 1982.
72 Bergerhoff, P.: Kinder im Krankenhaus, S. 665–672. In: Markefka, M., B. Nauck (Hrsg.): Handbuch der Kindheitsforschung. Luchterhand, Neuwied 1993.
73 Spitz, R. A.: Hospitalism. An inquiry into the genesis of psychiatric conditions in early childhood. The Psychoanalytic Study of the Child, 1 (1945) 53–74.
74 Spitz, R. A.: Hospitalism. A follow-up report. The Psychoanalytic Study of the Child, 2 (1946) 113–117.
75 Friedrich, H., E. Mönkeberg-Tun, B. Rachel: Familie und Krankenhaus. Kohlhammer, Stuttgart 1983.
76 Lazarus, R. S.: Psychological stress and the coping process. McGraw Hill, New York 1966.
77 Lazarus, R. S., S. Folkman: Stress, appraisal and coping. Wiley, New York 1984.
78 Hall, D.: Social and psychological care before and during hospitalization. Social Science & Medicine, 25 (1987) 721–732.
79 Rotter, J. B.: Generalized expectancies for internal vs. external control of reinforcement. Psychological Monographs, 80 (1966) 1–28.
80 Rothbaum, F., J. Wolfer, M. Visintainer: Coping behavior and locus of control in children. Journal of Personality, 47 (1979) 118–135.
81 Susman, E. J., L. D. Dorn, J. C. Fletcher: Reasoning about illness in ill and healthy children and adolescents: cognitive and emotional developmental aspects. Journal of Developmental and Behavioral Pediatrics, 8 (1987) 266–273.
82 Biermann, G.: Mutter und Kind im Krankenhaus. Ein Situationsbericht aus der Bundesrepublik Deutschland. Reinhardt, München 1978.
83 Wandschura, T., E. Löschenkohl: Kind im Krankenhaus: Zwei Bedingungsmodelle für die Verstärkung/Hemmung von Verhaltensstörungen. Praxis der Kinderpsychologie und Kinderpsychiatrie, 28 (1979) 51–55.
84 Grant, V. J.: Pedestrian traffic in a paediatric ward. New Zealand Medical Journal, 96 (1983) 91–93.
85 Becker, A., E. Niggemeyer: Ich bin jetzt im Krankenhaus. Otto Maier, Ravensburg 1972.
86 Löschenkohl, E., G. Erlacher: Kinder an chirurgischen Stationen: Überprüfung eines kognitiv orientierten Interventionsprogrammes zur Reduktion von Verhaltensstörungen. Praxis der Kinderpsychologie und Kinderpsychiatrie, 30 (1981) 81–91.
87 Welsh, R., G. Zotter: Bald geht's dir wieder gut! Jugend und Volk, Wien 1982.
88 Dworzak, H., S. Höfling: „. . . dann war ich wieder gesund." Steffi erzählt vom Krankenhaus. Pestalozzi, Erlangen 1990.
89 Ferguson, B. F.: Preparing young children for hospitalization: a comparison of two methods. Pediatrics, 64 (1979) 656–664.
90 Falck, H. S.: Social and psychological care before and during hospitalization. Social Science & Medicine, 25 (1987) 711–720.
91 Huber, H. P., M. Gramer: Influence of age and preoperative anxiety on preparing children for surgery. The German Journal of Psychology, 13 (1991) 213–221.
92 Jay, S. M., C. H. Elliott, M. Ozolins, R. A. Olson, S. D. Pruitt: Behavioral management of children's distress during painful medical procedure. Behavioral Research in Therapy, 23 (1985) 513–520.
93 Visintainer, M. A., J. A. Wolfer: Psychological preparation for surgical pediatric patients: the effect of children's and parents' stress responses and adjustment. Pediatrics, 56 (1975) 187–202.
94 Hurrelmann, K.: Einführung in die Sozialisationstheorie. Beltz, Weinheim 1986.
95 Hurrelmann, K., D. Ulich (Hrsg.): Handbuch der Sozialisationsforschung. Beltz, Weinheim 1991.
96 Tillmann, K. J.: Sozialisationstheorien. Rowohlt, Reinbek 1989.
97 Bronfenbrenner, U.: Die Ökologie der menschlichen Entwicklung. Klett, Stuttgart 1981.
98 Bernstein, B.: Studien zur sprachlichen Sozialisation. Schwann, Düsseldorf 1972.
99 Hurrelmann, K.: Sozialisation und Gesundheit. Somatische, psychische und soziale Risikofaktoren im Lebenslauf. Juventa, Weinheim 1988.
100 Heckhausen, H.: Entwicklungsschritte in der Kausalattribution von Handlungserlebnissen, S. 49–85. In: Görlitz, D., F. Heider (Hrsg.): Kindliche Erklärungsmuster. Entwicklungspsychologische Beiträge zur Attributionsforschung, Bd. 1. Beltz, Weinheim 1983.
101 Aymanns, P.: Krebserkrankung und Familie. Zur Rolle familialer Unterstützung im Prozeß der Krankheitsbewältigung. Huber, Bern 1992.
102 Reissland, N.: Cognitive maturity and the experience of fear and pain in hospital. Social Science & Medicine, 17 (1983) 1389–1395.

7 Soziales Verhalten

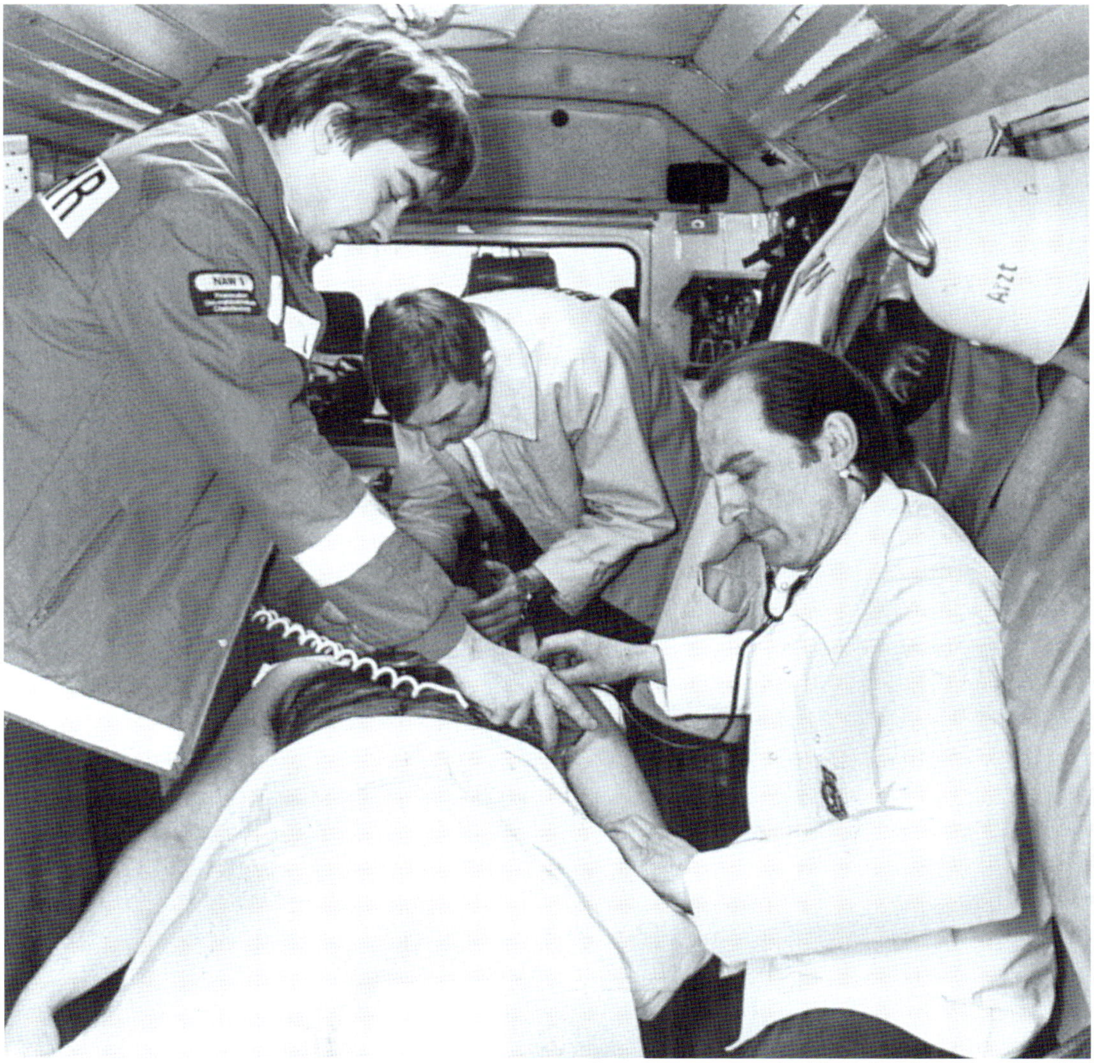

Inhalt

7 Soziales Verhalten

7.1 Soziale Wahrnehmung und Personenwahrnehmung

Ursula Piontkowski

Soziale Wahrnehmung bezieht sich auf die Identifizierung und Verarbeitung von Informationen aus der sozialen Umwelt. Soweit es sich dabei um Informationen über Personen als Teil der sozialen Umwelt handelt, sprechen wir von Personenwahrnehmung.

Die Begrenztheit des menschlichen Informationsverarbeitungssystems macht eine fortwährende reduktive und induktive Aufmerksamkeitszentrierung auf ausgewählte Reize notwendig. Die Mechanismen zur Verarbeitung der komplexen Reizvielfalt können unter zwei Hauptprozesse subsumiert werden: **Inferenz** und **Selektion.**

Inferenzprozesse sind immer dann notwendig, wenn das Individuum, um sich situations- und ursachenangemessen zu verhalten, nach Gründen, Ursachen oder Ordnungskategorien für beobachtete Ereignisse oder Handlungen sucht. Das Individuum zieht solche (kausalen) Schlußfolgerungen auf der Grundlage seiner bisherigen Erfahrungen oder indem es sich an den Urteilen und Einschätzungen relevanter anderer Personen orientiert.

Attributionstheoretische Ansätze führen die Inferenzprozesse auf ein allgemeines Motiv zurück: Das Individuum will seine Umgebung nicht nur beobachten, sondern es will Ereignisse in seiner Umwelt verstehen, erklären und vorhersagen können. Es will seine Umgebung kontrollieren können und benötigt hierfür ein Ordnungs- und Begründungsschema.

Nach Heider, auf den alle Attributionstheorien zurückführbar sind, stehen dem Individuum vier Ursachenfaktoren zur Verfügung [1]: Die Ursache für ein Ereignis kann

- in einem stabilen Merkmal einer Person liegen, der Person wird eine Fähigkeit zugeschrieben;
- auf einen variablen Personfaktor zurückgeführt werden, die Person konnte das Ereignis aufgrund ihrer Anstrengung bewirken;
- in einem stabilen Zustand der Umgebung (Schwierigkeit) gesehen werden;
- auf einen variablen Umgebungsfaktor (Zufall) zurückgeführt werden.

Welcher Ursachenfaktor wahrgenommen wird, hängt von der Bedingungsanalyse ab, die der Beobachter vornimmt. Hierzu sind vor allem Vergleiche mit anderen Personen und Vergleiche über einen Zeitraum hinweg nützlich. Tritt ein Ereignis nur im Zusammenhang mit der in Frage stehenden Person ein, nicht aber mit anderen Personen, so liegt es nahe, die Ursache in einer Besonderheit, einem (stabilen) Merkmal dieser Person zu suchen. Tritt das Ereignis aber in einer bestimmten Umgebung bei nahezu allen Personen ein, ist vermutlich eine (stabile) Umgebungsbedingung die Ursache. Zeigt mehrmalige Beobachtung, daß die Ereignisse inkonsistent sind, so wird auf variable Faktoren (Zufall oder Anstrengung) attribuiert.

In Weiterentwicklungen des Ansatzes wurden diese vier Ursachenfaktoren differenziert und bereichsspezifisch analysiert. Kelley betrachtet die Inferenzprozesse des wahrnehmenden Individuums als eine Art naive Varianzanalyse [2]. Darunter ist folgendes Prinzip zu verstehen: Das Individuum beobachtet die Ereignisse und stellt fest, mit welchem Ursachenfaktor (Kelley unterscheidet die Faktoren Umweltgegebenheit, Person und besondere Umstände zu bestimmten Zeitpunkten) sie über die Zeit hinweg in systematischer Weise zusammenhängen.

Beispiel: Herr X hat einen Kollegen Y, über den er sich schon häufiger geärgert hat, weil Herr Y Vereinbarungen über Arbeitsaufteilungen nicht eingehalten hat. Mit anderen Kollegen funktionieren solche Vereinbarungen. Herr X beobachtet zudem, daß Herr Y auch Terminabsprachen nicht einhält, Zustimmungen zu Entscheidungen wieder zurücknimmt u.ä. Herr X schlußfolgert möglicherweise: Es kann nicht am Gegenstand der Vereinbarungen liegen, da solche Absprachen mit anderen Kollegen ja möglich sind (Ausschluß des Ursachenfaktors „Umweltgegebenheit"); es kann nicht an einem bestimmten Zeitpunkt gelegen haben, zu dem Herr Y evtl. besonders viel zu tun gehabt hat (Ausschluß des Ursachenfaktors „besondere Umstände"); es muß an Herrn Y liegen (Inferenz auf den Ursachenfaktor „Person"): Herr Y ist unzuverlässig.

Normalerweise hat ein Individuum weder Gelegenheit noch Zeit oder Kapazität für eine so aufwendige Analyse; daher wendet es bestimmte **Kausalschemata** an, das sind durch Erfahrung gewonnene Wahrscheinlichkeitsannahmen über das Zusammenwirken von Ursachenfaktoren für bestimmte Effekte. Sie basieren hauptsächlich auf zwei **Inferenzprinzipien**.

- **Abschwächungsprinzip:** Kann ein Ereignis durch verschiedene Ursachen plausibel erklärt werden, dann zieht der Beobachter nur mit größter Vorsicht eindeutige (kausale) Schlußfolgerungen.
- **Steigerungsprinzip:** Sind mit einer Handlung bestimmte Kosten, Nachteile oder Risiken verbunden, und wird sie dennoch ausgeführt, so vermutet ein Be-

obachter in stärkerem Maße eine Absicht beim Handelnden und schließt verstärkt auf die Person als Ursachenfaktor.

Attributionsschemata sind subjektive, phänomenale Erklärungskonzepte auf der Grundlage von Erfahrungen und Bewertungsmustern des jeweiligen Beobachters. Sie können dementsprechend Wahrnehmungs- und Schlußfolgerungsverzerrungen und -fehler mit weitreichenden Konsequenzen beinhalten.

Der *actor-observer-Ansatz* [3] beschreibt **Attributionsverzerrungen,** die durch die unterschiedliche Perspektive des Handelnden und des Beobachters entstehen. Der Beobachter tendiert in stärkerem Maße dazu, die Handlungen einer Person auf stabile Personmerkmale zurückzuführen. Der Handelnde dagegen sieht seine Handlungen stärker durch situative Faktoren bedingt. Hierfür gibt es verschiedene Erklärungsmöglichkeiten. Zum einen kann es daran liegen, daß der Handelnde seine Attribution gleichsam im Längsschnitt durchführen kann, mit wesentlich mehr Informationen über sich selbst und über die seiner Handlung vorausgehenden Bedingungen. Dem Beobachter stehen zumeist nur querschnitthafte Informationen zur Verfügung. Zum anderen bringen die unterschiedlichen Perspektiven des Beobachters und des Handelnden eine Aufmerksamkeitsfokussierung auf unterschiedliche Ausschnitte des Geschehens mit sich. Schließlich spielen aber auch Mechanismen eine Rolle, die als Selbstverteidigungsprinzipien bezeichnet werden können. Der Handelnde will sich – zumal bei negativen Handlungen – nicht festgelegt wissen auf unflexible Persönlichkeitsdispositionen.

Nach dem *actor-observer-Ansatz* kann es zu verschiedenen **Fehlattribuierungen** kommen:

- Eine Person kann zuwenig Selbstattribuierungen vornehmen. Vereinfacht gesagt, hat eine solche Person die Tendenz, immer nur andere für etwas verantwortlich zu machen, nie sich selbst.
- Eine Person fühlt sich selbst für alles verantwortlich und sieht nicht das Einwirken situativer Kräfte oder anderer Personen. Hier liegt ein überhöhtes Maß an Selbstattribuierungen vor.
- Eine Person nimmt gegenüber anderen Personen zu viele dispositionelle Attribuierungen vor. Sie unterschätzt den Einfluß der Situation auf das Verhalten anderer.
- Eine Person setzt bei anderen Personen zuwenig Konsistenz voraus. Sie beschreibt und entschuldigt das Verhalten anderer fortwährend durch äußere Umstände.

Für Fehlattribuierungen dieser Art bietet sich folgendes Interventionsprinzip an: Durch Veränderung der Betrachtungsperspektive wird dem Individuum ein anderes Inferenzprinzip nahegelegt.

Beispiel: Es werden Videoaufzeichnungen von Verhaltenssequenzen gemacht, in denen der Patient z.B. mit seiner Familie interagiert. Je nach Art der Fehlattribuierung werden gegenläufige Perspektiven durch entsprechende Kameraführung fokussiert. Dem Patienten wird z.B. die Abhängigkeit seines Verhaltens von den Handlungen und Forderungen seines Partners verdeutlicht.

Attributionstendenzen können sich als dispositionelle Merkmale manifestieren: Personen unterscheiden sich im Ausmaß, in dem sie sich selbst als Verursacher sehen und in dem sie glauben, Kontrolle über ihre Umwelt ausüben zu können. In vielen Bereichen hat sich das Ausmaß interner (versus externer) Kontrollerwartung (wie sie etwa in der *locus of control*-Skala von Rotter operationalisiert ist [4]; deutsche Normierung s. [5]) als wichtige Einflußgröße erwiesen: bei Störungen im schulischen Leistungsbereich ebenso wie in der Depressionsforschung oder bei psychosomatischen Erkrankungen.

Die Prognose scheint insgesamt günstiger zu sein für diejenigen Patienten, die bereit sind, unter gewissen Bedingungen auch für negative Ereignisse die Verantwortung zu übernehmen.

Ergebnisse aus der Rehabilitationsforschung zeigen [6], daß Unfallopfer besser mit ihrer Verletzung und eventuellen Folgen fertig werden, wenn sie sich selbst eine gewisse Schuld an dem Unfall geben können. Die Einsicht in das eigene Fehlverhalten bedeutet zugleich die Möglichkeit, in Zukunft ähnliche gefährliche Situationen besser meistern zu können. Dies gilt nur für den Fall situativer Fehlreaktionen, nicht aber, wenn das Opfer sein Verhalten als moralisches oder charakterliches Versagen wertet.

Es ist wichtig, daß das Ausmaß, in dem sich eine Person Verantwortung zuschreibt für das, was um sie herum geschieht, realistisch und den Ereignissen angemessen ist. Zu starke Selbstattributionen, wie sie etwa bei depressiven Patienten zu beobachten sind, die sich für alles verantwortlich fühlen, was schiefläuft, rufen Schuldgefühle hervor und sind daher ein Teil des Störungsbilds.

Auch der Erfolg von **Selbsthilfegruppen** hängt davon ab, inwieweit es den Mitgliedern gelingt, die Anteile des eigenen Verhaltens an der Entstehung und der Bewältigung von Problemsituationen zu erkennen. Die günstigeren Voraussetzungen von Patienten, die gelernt haben, nicht auf die Hilfe anderer Personen zu warten, sondern selbst etwas zu tun, bestehen darin, daß oft allein schon durch die größere Aktivität dieser Patienten der Kontakt mit der Umwelt stabilisiert wird. Häufiger Kontakt mit anderen Personen ermöglicht es z.B. Behinderten, sich auch an die negativen Reaktionen der Umwelt zu gewöhnen und selbst wiederum Reaktionsmöglichkeiten zu entwickeln, während Kontaktvermeidung nur Angst- und Selbstunsicherheitsgefühle fördert.

Die **aktive Mithilfe** des Patienten zu wecken, indem der Arzt ihm die Möglichkeiten zu eigenen hilfreichen Aktivitäten aufweist, dürfte bei vielen (insbesondere psychosomatischen) Krankheitsbildern sinnvoll sein. Eine Grenze muß jedoch dort gezogen werden, wo der Patient nicht nur in die Mitverantwortung für therapie- oder rehabilitationswirksame Maßnahmen gezogen wird, sondern auch für die Entstehung der Krankheit verantwortlich gemacht wird. Darüber hinaus gibt es aber auch Krankheitsbilder, bei denen der Krankheitsverlauf günstig beeinflußt werden kann, indem der Arzt auf mögliche oder faktische externe Einflüsse aufmerksam macht. Watts weist mit Recht darauf hin, daß es keine Attributionstendenz gibt, die unter allen Bedingungen günstig ist, daß es vielmehr auf die individuelle Sichtweise des Patienten in Wechselwirkung mit dem spezifischen Krankheitsbild und der Gesamtpersönlichkeit des Patienten ankommt [7]. Hinzuzufügen ist, daß auch die Erklärungsschemata des Arztes und die daraus resultierenden Erwartungen an den Patienten eine große Rolle für die Bewältigungsstrategien des Patienten spielen.

Attributionsschemata wirken sich auf das konkrete Interaktionsverhalten aus und können zumal in asymmetrischen Interaktionsbeziehungen (Lehrer–Schüler, Eltern–Kind, Arzt–Patient) einen Prozeß initiieren, der als *self-fulfilling prophecy* bekannt geworden ist: Durch einmal gebildete Hypothesen über die Ursache eines Verhaltens werden die Weichen für ein verstärktes Auftreten dieses Verhaltens gestellt, obwohl die Annahmen über die Ursachen falsch sein können.

Beispiel: Es konnte gezeigt werden, daß Eltern epileptischer Kinder unerwünschte Verhaltensweisen oft auf die Krankheit zurückführen und sie somit als unabänderlich hinnehmen. Für die Kinder setzt hier ein Zirkel ein: Für unerwünschte Verhaltensweisen werden sie nicht zur Verantwortung gezogen, sie lernen nicht, ihr Verhalten zu kontrollieren (Verlust der internalen Verantwortungszuschreibung); das unerwünschte Verhalten wird verstärkt, die Umwelt reagiert negativ auf sie, die Kinder (und Eltern) fühlen sich abgelehnt und führen dies auf die Krankheit zurück [8].

Weitere Umsetzungen attributionstheoretischer Ansätze für den therapeutischen Bereich finden sich in [9].

Unter **Selektionsmechanismen** werden vor allem diejenigen Faktoren zusammengefaßt, die dem Individuum eine ökonomische und effektive Reduktion der aufzunehmenden Reizvielfalt aus seiner Umwelt gestatten. Dabei werden wahrnehmungserleichternde und wahrnehmungshemmende Faktoren unterschieden.

Positive Bewertungen, Interessen, Vertrautheit gehören zu den fördernden Faktoren. Auch die Motivationslage eines Menschen nimmt Einfluß auf seine Wahrnehmung. Hat ein Mensch z.B. Hunger oder Durst, so ist seine **Wahrnehmungsbereitschaft** für Hinweise auf Essen oder Trinken deutlich erhöht. Darüber hinaus werden die bedürfnisrelevanten Objekte oft auch im Vergleich zu neutralen Objekten als überhöht eingeschätzt. Wie in vielen experimentellen Untersuchungen hierzu gefunden worden ist, beeinflußt offenbar der Wert, den ein Wahrnehmungsobjekt für eine Person hat, ihre Wahrnehmungsgenauigkeit. Diese Befunde haben zur Formulierung der Akzentuierungstheorie geführt, die im wesentlichen drei Annahmen aufstellt:

- Je größer der Wert eines Objektes ist, desto stärker wird der Eindruck von diesem Objekt durch den Wertaspekt verzerrt.
- Je größer das individuelle Bedürfnis nach diesem Objekt ist, desto verzerrter ist die Eindrucksbildung.
- Je schwieriger (z.B. mehrdeutiger) die Wahrnehmungssituation ist, desto eher werden Wertaspekte herangezogen.

Da diese Prozesse auch bei der Wahrnehmung von Personen nachzuweisen sind, hat das Akzentuierungsprinzip auch in Theorien über die Entwicklung von Einstellungen und Stereotypen gegenüber Individuen und Gruppen Eingang gefunden (s. Kap. 7.3).

Individuelle und soziale negative Bewertungen der Reize führen zu einer **Wahrnehmungshemmung (Abwehr)**. Es handelt sich aber nicht um eine Mehr- bzw. Weniger-Wahrnehmung, sondern um eine erhöhte bzw. erniedrigte Bereitschaft, eine Reaktion auf einen Reiz zu zeigen.

Es ist nicht sicher zu sagen, ob ein positiv bewerteter Reiz in der Tat schneller erkannt wird als ein negativer Reiz. Es spricht einiges dafür, daß man sich bei einem negativen (z.B. sozial unerwünschten) Reiz erst einmal seiner Wahrnehmung sicherer sein will, bevor man auf ihn reagiert.

Die klassischen Experimente zur Wahrnehmung von tabuisierten Wörtern ergaben zwar eine längere Reaktionszeit (im Vergleich zu neutralen oder positiven Wörtern); daraus kann jedoch nicht abgeleitet werden, daß es sich in der Tat um eine verlängerte Wahrnehmungszeit handelt.

Der Einfluß individueller und sozialer Determinanten auf die Wahrnehmung und Verarbeitung von Umweltreizen ist nicht unmittelbar. Vielmehr scheint zuzutreffen, daß die Motive, Einstellungen, Werte und Bedürfnisse des Wahrnehmenden sich auf die **Wahrnehmungserwartung** auswirken. Der Wahrnehmende hat aufgrund seiner früheren Erfahrungen mit ähnlichen Situationen bestimmte Erwartungen an das Eintreten von Wahrnehmungsereignissen. Daß die Erwartung von Ereignissen die Wahrnehmung der Ereignisse beeinflußt, konnten Luderer und Bischoff am Beispiel des Schmerzerlebens zeigen [10]. Sie weisen auf, daß die Intensität der Schmerzerwartung ein Indikator für die Intensität des erlebten Schmerzes ist. Die Vorhersage des Schmerzerlebens von Patienten läßt sich durch ihre vorausgegangenen Erfahrungen mit Schmerzen und durch die Sicherheit ihrer Erwartungen präzisieren. Die Autoren diskutieren diese Befunde auf dem Hintergrund der Hypothesentheorie der Wahrnehmung.

Die **Informationsverarbeitung** erfolgt nach der *Hypothesentheorie der Wahrnehmung* [11] in drei Stufen:

- Bereitstellung einer Wahrnehmungshypothese, Vorhersage eines Wahrnehmungsereignisses,
- Informationseingabe über die Reizsituation,
- Prüfung der Hypothese.

Erweist sich die Hypothese als zutreffend, ist der Wahrnehmungsvorgang abgeschlossen, andernfalls muß eine neue Hypothese bereitgestellt werden. Trifft bereits die erste Wahrnehmungshypothese zu, ist der Wahrnehmungsprozeß und entsprechend die Reaktionszeit kürzer. **Wahrnehmungsabwehr** bzw. eine erhöhte Bereitschaft, störende, negative Reize zu ignorieren, kann innerhalb dieser Theorie damit erklärt werden, daß das Eintreten einer Reizsituation für unwahrscheinlich gehalten oder für unwahrscheinlich erklärt wird. Die Unterdrückung solcher Hypothesen und damit auch der Wahrnehmungsreaktion geschieht häufig bei bedrohlichen Informationen. Die mit bedrohlichen Informationen verbundene Angst scheint einerseits eine korrekte Wahrnehmungserwartung zu verzögern, andererseits kann dadurch auch ein exakterer Prüfvorgang mit verschiedenen Alternativhypothesen angestoßen werden. Die angstevozierende Hypothese wird erst akzeptiert, wenn weniger bedrohliche Annahmen nicht mehr zur Verfügung stehen. Im psychoanalytischen Ansatz ist das Phänomen der Wahrnehmungsabwehr als Abwehrmechanismus der Verleugnung gefaßt (s. Kap. 3.2.2).

Beispiel: Die für die Brustkrebsfrüherkennung wichtige Selbstbeobachtung der Patientin scheitert oft daran, daß bereits die für die Wahrnehmungsprüfung notwendige Handlung, das Abtasten der Brust, unterlassen wird. Die Patientin vermeidet also bereits die Möglichkeit zur Wahrnehmung, aus Angst, eine bedrohliche Hypothese aufstellen zu müssen. Hier ist es sehr wichtig, der Patientin wiederholt genaue Handlungsanweisungen zu geben, damit sie sich überhaupt in die Wahrnehmungssituation begibt.

In analoger Weise lassen sich mit der Hypothesentheorie der Wahrnehmung auch die Wirkungen wahrnehmungserleichternder Faktoren wie positive Bewertungen, Interessen, hypothesenkonforme Bedürfnisse u. ä. interpretieren.

Die Wahrnehmung sozialer Objekte (insbesondere die Personenwahrnehmung) wird als eine Form der Interpretation und Kategorisierung der Informationen aus der sozialen Umwelt gesehen [12]. Dabei findet sowohl eine Anpassung des Kategoriensystems, welches das Individuum benutzt, an die Umwelt statt als auch eine Anpassung der Informationen aus der Umwelt an das Kategoriensystem. Die Kategorien sind vereinfacht gesagt Schubkästen, in die Objekte mit gleichen oder ähnlichen Attributen abgelegt werden. Die Bildung von Kategoriensystemen für soziale Interaktionen ist eng verbunden mit der Bewertung von sozialen Objekten. Bewertungen wie faul, intelligent, geizig sind Begriffe, mit denen bereits ein Kind lernt, zwischen Personen zu differenzieren, und mit denen jeweils eine Reihe anderer Attribute assoziiert ist.

Bei den **ersten** Kontakten mit fremden Personen wird nach einer passenden Kategorie gesucht und damit zugleich der zugehörige Bedeutungskontext aktiviert. Dies erleichtert die Interaktion, führt aber auch zu Fehleinschätzungen. Einordnungen nach sozialer Schichtung, nach dem sozialen Status, nach Nationalitäten, aber auch nach Sympathie, Religionszugehörigkeit, Schönheit sind verbreitete Kategorien, nach denen die Wahrnehmung von Personen und das Verhalten ihnen gegenüber organisiert wird.

Immer wenn **wertende Aspekte** an der Kategorisierung beteiligt sind, wird das Kategoriensystem besonders heftig verteidigt, und die Informationen aus der Umwelt werden *passend* gemacht.

Wenn Anständigkeit und Ehrlichkeit Attribute der gleichen Kategorie sind wie eine gepflegte äußere Erscheinung, dann passen Leute mit ungebügelten Hosen nicht in diese Kategorie. Anderslautende Informationen werden, wenn nicht ignoriert, dann doch so umgedeutet (etwa als Ausnahme), daß keine Änderung des Kategoriensystems notwendig wird.

Studienfragen

Auf welche Ursachenfaktoren können Ereignisse attribuiert werden?
(s. S. 167, links unten)
Was sind Fehlattribuierungen und welche Interventionsmöglichkeiten gibt es?
(s. S. 168, links unten)
Wie erklärt die Hypothesentheorie der Wahrnehmung selektive Wahrnehmung?
(s. S. 170, links unten)

7.2 Kommunikation

Ursula Piontkowski

Verbale Kommunikationsprozesse werden in der Psychologie zunehmend unter sprachpsychologischen Aspekten betrachtet. Eine differenzierte Betrachtung der verschiedenen (Kommunikations-) Funktionen von Sprache ist bereits in Bühlers Modell vorhanden [13]. Sender, Empfänger und Mitteilungsobjekt stehen jeweils in einer spezifischen Beziehung zu dem Zeichen (dem Element eines Zeichen- oder Kommunikationssystems, das von Sender und Empfänger benutzt wird). Die Darstellungsfunktion beschreibt die Beziehung zwischen Zeichen und Objekt: das Zeichen hat **Symbolcharakter.** Mit der Ausdrucksfunktion wird die Beziehung zwischen Sender und Zeichen beschrieben: das Zeichen hat **Symptomcharakter.** Wird das Zeichen langsam und leise gesprochen, kann dies bedeuten, daß der Sender müde, traurig, depressiv ist. Die Appellfunktion charakterisiert die Beziehung zwischen Zeichen und Empfänger: das Zeichen hat **Signalcharakter,** es soll eine bestimmte Reaktion beim Empfänger hervorrufen.

Körperliche und seelische Beschwerden haben oftmals Signalcharakter, der aber dem Sender nicht unbedingt bewußt sein muß und vom Empfänger nicht immer verstanden wird. So können sich etwa die Phasen, in denen ein Mann sehr viel Alkohol trinkt, systematisch mit Phasen abwechseln, in denen seine Frau über Herz- und Kopfschmerzen klagt.

Die Informationsübermittlung innerhalb eines Kommunikationssystems funktioniert nur dann erfolgreich, wenn Sender und Empfänger über einen gemeinsamen Code für die Zuordnung von Zeichen und Bedeutungen verfügen. Da der Code zweier Personen nie vollständig übereinstimmt, ist auch die übermittelte Information nicht eindeutig.

Ausdrucks- und Appellfunktionen haben in hohem Maße verhaltenssteuernde Effekte in der Kommunikation. Der Handlungscharakter von Sprache wird vor allem von der Sprechakttheorie betont: Indem der Sprecher etwas sagt, handelt er, steuert er die Interaktion. Er bittet, fordert auf, befiehlt, droht. Auch hier wird eine gewisse Übereinkunft (ein gemeinsamer Code) zwischen Sender und Empfänger darüber vorausgesetzt, wie eine Sprechhandlung in einer Äußerung zu realisieren ist, und es gibt implizite Übereinkünfte über Regeln, nach denen verbale Interaktionen zu strukturieren sind [14].

Da die verschiedenen Regelsysteme verbaler Kommunikation zumeist nur implizit vorhanden sind und zwischen den Kommunikationspartnern im allgemeinen auch nicht (vollständig) explizierbar sind, kann es zu teilweise großen (inzidentellen wie auch intendierten) Störungen im Kommunikationsprozeß kommen.

Die Möglichkeit, mit einer Äußerung unterschiedliche Informationen mitzuteilen, wird im **Kommunikationsmodell von Watzlawick** [15] mit der Unterscheidung zwischen Inhalts- und Beziehungsaspekt ausgedrückt. Dabei wird davon ausgegangen, daß der semantische Gehalt einer Mitteilung (der Inhaltsaspekt) bestimmt und spezifiziert wird durch den Beziehungsaspekt (den pragmatischen Gehalt). Das bedeutet: der Beziehungsaspekt gibt dem Empfänger einen Interpretationsrahmen für die Mitteilung an. Auf diese Weise wird erklärbar, warum ein Satz in einer Interaktionssituation z. B. als Aufforderung, in einer anderen als Drohung verstanden wird. Auch die Äußerung einer Suizidabsicht hat neben dem Inhaltsaspekt oft auch einen Beziehungsaspekt („hilf mir“, „wehe, wenn du mich verläßt“, „ich bin an allem schuld“). Der Beziehungsaspekt versteht sich dementsprechend als eine **Metakommunikation.** Die inzwischen eingebürgerte Verwendung des Begriffs Metakommunikation entspricht nicht exakt dieser Definition; denn das Sprechen über eine Kommunikation (Wie hast du das gemeint? Ich bin davon peinlich berührt u.ä.) kann demnach selbst wieder einen Inhalts- und einen Beziehungsaspekt haben. Auch eine Gleichsetzung von Inhaltsaspekt mit verbaler und Beziehungsaspekt mit nonverbaler Kommunikation ist nur bedingt möglich. Das wird deutlich in den sog. **paradoxen Kommunikationen,** durch die eine **Beziehungsfalle** (**double bind**) aufgebaut wird. „Sei doch nicht immer so nachgiebig“ ist eine Aufforderung, die nicht erfüllt werden kann. Käme der Aufgeforderte ihr nach, indem er widersprechen würde, gäbe er wiederum dem Auffordernden nach. Für den Empfänger dieser Mitteilung gibt es also keinen Ausweg aus dieser Situation. Voraussetzung ist allerdings, daß er diese Äußerung wörtlich nimmt.

Double-bind-Situationen sind durch folgende Merkmale gekennzeichnet:

- Eine Person spricht gegenüber ihrem Interaktionspartner ein primäres negatives Gebot aus. „Tu das und das nicht, oder ich bestrafe dich", oder „Wenn du das und das nicht tust, bestrafe ich dich".
- Zugleich existiert ein sekundäres Gebot, das in Widerspruch zu dem ersten steht und das von gleicher Wichtigkeit für die Interaktion ist. Das sekundäre Gebot wird meist nur implizit mitgeteilt, kann aber verbal expliziert werden. „Betrachte mich nicht als Strafinstanz".
- Der Interaktionspartner, an den die Gebote gerichtet sind, hat keine Möglichkeit, das Interaktionssystem zu verlassen. Es existiert „ein tertiäres negatives Gebot, das dem Opfer untersagt, das Feld zu räumen" [16].

Durch wiederholte Erfahrungen solch widersprüchlicher, unausweichlicher Interaktionssituationen verfestigt sich die Beziehungsfalle.

Es wird angenommen, daß paradoxe Kommunikationsstrukturen innerhalb einer Familie oder einer dyadischen Beziehung zu psychischen Erkrankungen führen können, wenn die Situation als unausweichlich erlebt wird. Es muß aber berücksichtigt werden, daß paradoxe Kommunikationen relativ häufig vorkommen, und daß dementsprechend die paradoxe Kommunikation nicht alleinige Bedingung für eine Störung sein kann, sondern daß auch auf der Empfängerseite korrespondierende Voraussetzungen gegeben sein müssen, z.B. eine gewisse Selektivität bei der Wahrnehmung und Interpretation sozialer Situationen.

Unter **nonverbaler Kommunikation** werden alle Arten von Informationsübermittlung verstanden, die ohne das Medium der Sprache geschehen.

Als Einteilungsaspekt zur Klassifikation nonverbaler Informationen werden gern die Sinnesorgane herangezogen, die zur jeweiligen Informationsrezeption benutzt werden. Auf dem auditiven Kommunikationskanal werden z.B. Lautstärke, Pausen, Intonationen vermittelt. Visuell werden z.B. Mimik, Gestik, Habitus, Blickkontakt, räumliche Nähe kodiert. Taktile Kommunikationsaspekte beziehen sich auf den Körperkontakt, olfaktorische auf die Geruchswahrnehmungen, thermale auf Wärmeempfindungen, gustatorische auf Geschmacksempfindungen.

Die meisten Informationen werden aus dem **akustisch-auditiven** und dem **optisch-visuellen Kanal** bezogen. Neben Merkmalen der Sprechstimme, die z.B. ganz entscheidend für die erste Beurteilung der Sympathie oder Antipathie ist, haben Mimik, Blickkontakt und das raumbezogene Verhalten starke interaktionssteuernde Funktionen. Durch Blickkontakt wird eine Beziehung hergestellt und die Grunddimension festgelegt, auf der die Interaktion stattfinden soll. Die Hauptinteraktionsdimensionen – Dominanz versus Submission und Freundlichkeit versus Feindlichkeit – haben ihre Entsprechung in den Blickformen Fixieren, Senken des Blickes, Lächeln und Anstarren. Über mimische Signale werden vor allem die emotionalen Zustände des Senders vermittelt. Die Dekodierbarkeit nonverbaler Informationen ist jedoch begrenzt. Selbst über den optisch-visuellen Kanal können nur relativ grobe Informationskategorien vermittelt werden.

Das **Verhalten im Raum** umfaßt u.a. Informationen über die soziale Nähe und Distanz zum Interaktionspartner (gemessen über die physikalische Distanz), über die persönliche Sphäre, über hierarchische Strukturen in der Interaktion (abgebildet in Sitzplatzwahl und -anordnung). (Eine differenzierte Übersicht über Zugangswege und Ergebnisse zur nonverbalen Kommunikation bietet [17].) Im allgemeinen wird das Verhalten im Raum durch situative und persönlichkeitsspezifische Faktoren gesteuert. Die Sitzplatzanordnung in einem Hörsaal ist durch die spezifischen Anforderungen einer Vorlesungssituation bestimmt. Führt eine Person auch ein Zweiergespräch lieber mit einer verhältnismäßig großen physikalischen Distanz, so ist dies vermutlich auf ein persönlichkeitsspezifisches Bedürfnis nach einer großen persönlichen Sphäre zurückzuführen. Konfligieren situative Raumfaktoren und persönlichkeitsspezifisches Distanzbedürfnis, entsteht eine **Belastungssituation** für das Individuum.

Die aus situativen (funktionalen) Gründen notwendige Unterbringung mit einer fremden Person in einem Zimmer während eines Krankenhausaufenthaltes bedeutet für den Patienten eine Verletzung seiner persönlichen Sphäre. Zur Belastung durch die Krankheit an sich kommen nun Belastungen durch Umgebungsfaktoren hinzu. Umgebungsfaktoren sind eine wichtige Gruppe von Streßfaktoren im Krankenhaus. In einem fremden Bett schlafen, unbekannte Apparate in der Umgebung haben, ungewöhnliche Gerüche wahrnehmen u.ä. gehören zu solchen Belastungsfaktoren [18]. Aber auch Raumfaktoren aus der Arzt-Patient-Interaktion können den Patienten zusätzlich belasten. Die Visite am Fußende des Krankenbettes schafft zunächst nur eine räumliche Distanz zwischen Arzt und Patient, zumeist entsteht aber zugleich eine persönlich-soziale Distanz, die weitere Belastung mit sich bringt: Arzt und Patient müssen lauter sprechen, der Mitpatient hört mit, die persönliche Sphäre wird verletzt.

Die Effektivität der Informationsvermittlung und -verarbeitung ist u.a. durch die zugrundeliegende Kommunikationsstruktur bedingt. Es lassen sich fünf **Kommunikationsgrundmuster** unterscheiden: Rad, Ypsilon, Kette, Kreis und totales Kommunikationsnetz [19]. Die Kommunikationsnetze unterscheiden sich nach dem Grad der **Zentralität,** der in positiver Beziehung zur Kommunikationseffizienz steht. **Rad, Ypsilon** und **Kette** haben zentrale Positionen, über die alle Kommunikationen laufen und koordiniert werden; sie sind effektiver als der Kreis oder das totale Kommunikationsnetz. **Kreisförmiger** Informationsfluß und **totaler** Informationsaustausch bewirken jedoch aufgrund ihres **dezentralisierten** Informationsflusses eine größere Zufriedenheit der beteiligten Mitglieder. Welche Kommunikationsstruktur zu wählen ist, entscheidet sich nach dem Kommunikationsziel und der Art der Kommunikationssituation. Sollen Leistungen in möglichst kurzer Zeit erreicht werden, so ist eine zentralisierte Kommunikationsstruktur effektiver. Gilt es dagegen, alle Interaktionspartner auf einen Sachverhalt zu verpflichten, den Zusammenhalt untereinander zu fördern, so wird dies eher durch ein dezentralisiertes Kommunikationsnetz erreicht.

Bedingungen für Kommunikationsstörungen lassen sich an verschiedenen Stellen eines Kommunikationssystems lokalisieren. Sie können durch bestimmte Gegebenheiten der Kommunikationsstruktur ebenso wie durch prozessuale oder personale Variablen evoziert werden.

Zwischengeschaltete Informationsträger: Je mehr Positionen in einem Kommunikationsnetz durchlaufen werden müssen, um so eher kann Information verzerrt werden oder verlorengehen. In hierarchisch organisierten Systemen nimmt das Ausmaß der weitergegebenen Informationen kontinuierlich mit jedem zwischengeschalteten Informationsträger ab.

Der Krankenpfleger erhält als Anweisung nur noch einen Bruchteil derjenigen Information, die der Stationsarzt an die Stationsschwester weitergegeben hat.

Um gravierende Konsequenzen zu vermeiden, müssen die weitergegebenen Informationen zumindest so eindeutig und redundant formuliert sein, daß eine Uminterpretation aufgrund eigener Schlußfolgerungen ausgeschlossen ist. Umgekehrt ist auch der Informationsfluß von unten nach oben selektiv.

Die Stationsschwester gibt nur diejenigen Informationen an den Stationsarzt weiter, die sie für wichtig und bedeutsam hält.

Zur Effektivitätsüberprüfung eines Kommunikationssystems gehört daher die Explizierung der Kriterien für die Informationsselektion.

Soziale Distanz: Zu große soziale Distanz zwischen Kommunikationspartnern ist ebenfalls eine Quelle möglicher Störungen. Soziale Distanz beschreibt die (Un-) Ähnlichkeit zwischen Kommunikationspartnern auf einer sozialen Bewertungsdimension. Im allgemeinen werden darunter wahrgenommene Unterschiede im sozialen Status verstanden, die sich in der Häufigkeit von Kontakten in Kommunikationsmustern, aber auch in der Wahl der Gesprächsthemen äußern können.

Daß Patienten oft keine Fragen stellen, obwohl sie nicht alles verstanden haben, liegt nicht daran, daß sie besonders schüchtern sind. Sie befinden sich während des Gesprächs mit dem Arzt in einer sozialen Situation, die für sie im allgemeinen durch soziale Distanz und soziale Hierarchie gekennzeichnet ist.

Für solche Situationen gelten bestimmte implizite Kommunikationsnormen. Dazu gehört, daß Fragen im allgemeinen von oben nach unten, vom Ranghöheren zum Rangniedrigeren gestellt werden. Sollen diese Barrieren abgebaut werden, so muß dem Patienten ermöglicht werden, eine andere Situationsdefinition aufzubauen.

Kommunikationsrichtung: Einseitiger Informationsfluß kann zu einer quantitativen und qualitativen Reduktion der übermittelten Informationsmenge führen. Im Kontext von Untersuchungen zur Selbsteröffnung hat sich gezeigt, daß eine Weitergabe von Informationen über die eigene Person in einem Prozeß des wechselseitigen Austauschs geschieht: Eine Person ist um so eher bereit, Informationen über sich mitzuteilen (sich selbst zu eröffnen), je mehr auch ihr Partner über sich informiert.

Sympathie: Von besonderer Bedeutung für das Entstehen und/oder Überwinden von Kommunikationsbarrieren ist die Sympathie-/Antipathie-Dimension. In einer Untersuchung über Voraussetzungen und Prognosen für einen günstigen Therapieverlauf zeigte sich, daß für sog. YAVIS-Patienten eine vergleichsweise günstige Prognose gestellt werden kann [20]. Der Hauptgrund wird darin gesehen, daß sich Therapeuten am liebsten und intensivsten mit Patienten beschäftigen, die folgende Merkmale aufweisen: young, attractive, verbal, intelligent, successful. Sie bevorzugen Patienten, die aufgrund ihrer physischen und intellektuellen Voraussetzungen eher in der Lage sind, Kommunikationsbarrieren zum Therapeuten zu überwinden und eine positive Beziehung aufzubauen.

Veränderte Kommunikation bei körperlichen und seelischen Beeinträchtigungen

Verändertes oder auffälliges Kommunikationsverhalten gehört zum Störungsbild einer Reihe von Beeinträchtigungen. Die Palette der Kommunikationsstörungen ist breit und vielschichtig und oft nicht ausschließlich einem bestimmten Krankheitsbild zuzuordnen. **Sprachstörungen** treten in Form von Artikulationsstörungen oder Aphasien auf. Hier ist der Wunsch zur Kontaktaufnahme, als einem wichtigen Kriterium sozialer Kommunikation, vorhanden, aber nicht problemlos zu realisieren. Die Aphonie als Konversionssymptom ist oft ein Zeichen von Überlastung und in bezug auf die soziale Kommunikation ambivalent. Einerseits wird Kommunikation vermieden, zum anderen aber Aufmerksamkeit durch das Symptom angefordert. Von **Kommunikationsdefiziten** wird bei autistischen Kindern ausgegangen, deren Sprachverhalten viele Eigentümlichkeiten aufweist. Besonders fällt hier die Echolalie auf, die oft verbunden ist mit einem falschen Gebrauch von Pronomina und mit Wortneuschöpfungen. Auffälliges **Redeverhalten** ist oft Hinweis auf eine affektive Störung. Depressive Patienten sprechen sehr langsam, mit langen Pausen zwischen ihren wenigen Worten und mit leiser, monotoner Stimme. In manischen Phasen ist der Redestrom des Patienten dagegen kaum zu unterbrechen, er ist laut und häufig ideenflüchtig. Eine Veränderung des im engeren Sinne (sozialen) Kommunikationsverhaltens ist bei verschiedenen Persönlichkeitsstörungen zu beobachten. Während Patienten mit einer schizoiden Persönlichkeitsstörung in sozialen Situationen eher gelangweilt, abwesend und unnahbar erscheinen, sind Patienten mit histrionischer Persönlichkeitsstörung emotional ungewöhnlich expressiv. Ihre Beziehungen zu anderen Menschen sind oft belastet, da sie häufig versuchen, ihre Interaktionspartner zu manipulieren und zu kontrollieren. Das Kommunikationsverhalten bei Borderline-Persönlichkeitsstörungen ist durch Instabilität gekennzeichnet: Einstellungen und Gefühle zu sich selbst und anderen Menschen gegenüber können sich innerhalb kurzer Zeit scheinbar ohne jeden Grund verändern, es kommt zu plötzlichen Zornausbrüchen, die Patienten sind reizbar und streitsüchtig.

Veränderte Kommunikation auf der nonverbalen Ebene zeigen Hypertoniker, wenn sie starken Streß erleben [59]. In solchen Situationen erstarren sie mimisch (Null-Mimik), was dazu beiträgt, daß sie von Interaktionspartnern als abweisend erlebt werden und ihnen ebenfalls abweisend geantwortet wird. Auf diese Weise erhöht sich die Streßhaftigkeit der Situation noch zusätzlich für die Hypertoniker.

Studienfragen

Was bedeutet im Kommunikationsmodell von Watzlawick et al. Metakommunikation?
(s. S. 171, rechts.)
Welche interaktionsrelevanten Informationen werden über nonverbale Kommunikation vermittelt?
(s. S. 172, links unten.)
Zu welchen Krankheitsbildern gehören Sprech- oder Redestörungen?
(s. S. 173, rechts unten, S. 174 links oben.)

7.3 Einstellungen

Ursula Piontkowski

Einstellungen sind die positiven und negativen Bewertungen eines Objektes durch eine Person, die die Bereitschaft zu einem bestimmten Verhalten gegenüber diesem Objekt beeinflussen. Einstellungen bestehen aus drei Komponenten. Die **kognitive** Komponente bezieht sich auf das individuelle Wissens-, Glaubens- und Überzeugungssystem einer Person gegenüber dem Einstellungsgegenstand, die **affektive** auf die Gefühle gegenüber diesem Gegenstand und die **verhaltensmäßige** auf die Tendenz, handlungsmäßig in spezifischer Weise zu reagieren.

Die Beziehung zwischen Einstellung und Verhalten ist aber nicht so eng, wie man vermuten möchte. Immer wieder stellt man fest, daß Menschen eine bestimmte Einstellung zwar äußern (z.B. negative Gefühle gegenüber Ausländern), daß sie sich im konkreten Fall aber ganz anders verhalten. Es muß also noch Faktoren geben, die zwischen einer Einstellung und dem Verhalten gegenüber einem Objekt vermitteln.

> Menschen setzen ihre Einstellungen nicht unmittelbar in Verhalten um. Mitbestimmend für das Verhalten sind intervenierende Variablen wie z.B. die Verhaltensnormen einer Gruppe, der eine Person angehört, oder die erwarteten positiven und negativen Konsequenzen aus einer Verhaltensweise.

Die Berücksichtigung intervenierender Variablen trägt sicher der komplexen Beziehung zwischen sozialer Einstellung und Verhalten eher Rechnung als das einfache Einstellungs-Handlungs-Modell; Einstellungen werden aber immer noch als die eigentlichen Verhaltensdeterminanten aufgefaßt, die durch andere Faktoren gestört, allenfalls modifiziert werden. Kritiker der bisherigen Einstellungsforschung befürworten dagegen ein Modell wechselseitiger Beeinflussung [21]. Einstellungskonformes Verhalten wird um so eher gezeigt, je mehr dieses Verhalten den Normen einer Bezugsgruppe entspricht, der ein Individuum angehört. Raucher rauchen in einer Gruppe von Nichtrauchern weniger. Aber auch die Normen einer Bezugsgruppe haben Einfluß auf die Einstellung. Die Eingebundenheit in ein religiöses Wertsystem erhöht die Wahrscheinlichkeit einer negativen Einstellung gegenüber Schwangerschaftsunterbrechungen. Unter der Annahme einer wechselseitigen Beziehung zwischen Einstellung und Verhalten traten andere Frageperspektiven in den Vordergrund: Kann vom Verhalten auf zugrundeliegende Einstellungen geschlossen werden, und werden Einstellungen durch Verhaltensperformanz beeinflußt?

Diese Fragen knüpfen an Probleme der Selektion und Inferenz an, wie sie in Kapitel 7.1 behandelt worden sind. Auch hier ist eine lineare Beziehung nicht sinnvoll anzunehmen.

Zur Erfassung sozialer Einstellungen stehen eine ganze Reihe differenzierter Methoden zur Verfügung [22, 23]. Es werden in bezug auf ein bestimmtes soziales Objekt (das kann ein Verhalten sein wie Rauchen, Medikamentengebrauch, eine bestimmte Person oder eine Gruppe, etwa der Ehepartner, der Therapeut, eine Selbsthilfegruppe, eine Situation, wie etwa ein Schwangerschaftsabbruch, eine Organtransplantation) positive und negative Aussagen nach bestimmten Kriterien formuliert, ausgewählt und in eine Skala integriert. Vom Individuum werden zu diesen Aussagen zustimmende oder ablehnende Reaktionen erfragt; sie bilden die Grundlage für die Einstufung des Individuums hinsichtlich seiner Einstellung.

Die Verfügbarkeit des Methodeninventars zur Erfassung von Einstellungen hat zur Beliebtheit des Einstellungskonzeptes in der klassischen Form erheblich beigetragen.

Bedingungen von Einstellungsänderungen

Einstellungsänderungen bedeuten eine Umstrukturierung zumindest einer der drei Komponenten, welche eine Einstellung konstituieren. Sie können demnach durch Modifikation entweder des kognitiven, des affektiven oder des verhaltensmäßigen Aspekts verändert werden.

Eine Änderung eines dieser Aspekte kann zu entsprechenden Veränderungen auf den anderen Dimensionen führen.

Beispiel: Gelingt es durch eine Aufklärungskampagne über die Bedeutsamkeit der Früherkennung bei bestimmten Krebserkrankungen, Personen davon zu überzeugen, daß es wichtig ist, sich regelmäßigen Vorsorgeuntersuchungen zu unterziehen (kognitive Komponente), dann können möglicherweise vorhandene aversive Gefühle gegenüber derartigen Untersuchungen reduziert und eine tatsächliche Untersuchungsteilnahme bewirkt werden.

Die Alltagserfahrung zeigt jedoch, daß das Verhältnis gerade zwischen der kognitiven Komponente und der Verhaltenskomponente nicht immer konsistent ist: Personen können überzeugt sein, daß Rauchen gesundheitsschädlich ist, und geben das Rauchen dennoch nicht auf.

Allgemein verweist die Beibehaltung eingeschliffener Verhaltensweisen trotz besseren Wissens auf eine unterschiedliche Stärke, Differenziertheit und Komplexität der drei Komponenten. So kann bei einer starken Ausprägung der affektiven Komponente eine Verhaltensänderung durch alleinige Modifikation der kognitiven Komponente kaum erreicht werden. Will man eine Einstellungsänderung bei bestimmten Personengruppen erzielen, so erfordert dies eine sorgfältige Analyse gerade auch der Stärke und Komplexität der Komponenten, die der zu modifizierenden Einstellung zugrunde liegen.

Einstellungsänderung ist häufig als Ergebnis eines Kommunikations- und Beeinflussungsprozesses betrachtet worden, bei dem vor allem Merkmale des **Kommunikators,** der **Mitteilung** und des **Empfängers** eine Rolle spielen. Als eine besonders wichtige Kommunikationsvariable hat sich die **Glaubwürdigkeit des Senders** erwiesen.

Kommunikatoren mit größerer Glaubwürdigkeit, d. h. Vertrauenswürdigkeit und Sachkenntnis, können größere Einstellungsänderungen bewirken als weniger glaubwürdige Sender.

Es ist eine Form sozialer Macht, die hier dem Sender aufgrund seiner Expertenstellung, seiner höheren sozialen Position, seiner Befugnisse und Kompetenzen zugeschrieben und auch akzeptiert wird. Die Glaubwürdigkeit eines Kommunikators hängt u.a. davon ab, welche Intentionen dem Kommunikator für seine Beeinflussungsabsicht zugeschrieben werden.

Bezüglich der Art der Mitteilung zeigt sich, daß **zweiseitige Kommunikation** in der Regel effektiver ist, d.h. es dürfen nicht nur einschlägige Argumente vorgebracht werden, sondern es müssen auch die Gegenargumente aufgezeigt werden.

Dieser Sachverhalt liegt darin begründet, daß Einstellungsänderungen nur bei einem gewissen Grad an erlebter Diskrepanz zur bisherigen Einstellungsausformung erfolgen. Eine Erklärung hierfür wird von der **Dissonanztheorie** geliefert [24]. Sie besagt, daß durch das Hinzufügen einstellungsdiskrepanter Elemente zu den bisherigen kognitiven Elementen ein motivationaler Zustand der kognitiven Dissonanz entsteht, der nach Auflösung drängt. Bei zu starker Dissonanz kann das Individuum Dissonanzreduktionsmechanismen einsetzen, die es ihm ermöglichen, die ursprüngliche Einstellung beizubehalten. Schätzt das Individuum beispielsweise die zu erwartenden Konsequenzen aus einer Einstellungsänderung als unrealistisch, zu aufwendig, zu umfassend für sein sonstiges Wertsystem ein, so kann es die einstellungsdiskrepanten Elemente in ihrer Bedeutsamkeit abwerten, und damit entfällt die Notwendigkeit einer Einstellungsänderung. Bei mittlerer Dissonanz hingegen kann eine schrittweise Änderung erfolgen. (Zur handlungstheoretischen Einordnung der Dissonanztheorie s. Kap. 3.2.4.)

Bei zu starken einseitigen Beeinflussungsversuchen tritt häufig **Reaktanz** beim Empfänger auf. Das Individuum fühlt sich unter Druck gesetzt; es sieht sich in seiner Entscheidungs- und Verhaltensfreiheit eingeschränkt und versucht seine Freiheit wiederherzustellen. Dazu stehen ihm verschiedene Mechanismen zur Verfügung [25]. Es kann die bedrohte Verhaltensweise nun erst recht ausführen, oder es weicht auf eine ganz ähnliche Verhaltensweise aus. Ein Patient, der eindringlich vor Alkoholkonsum gewarnt wird, kann dies als Verbot und somit als Bevormundung, als Freiheitsbeschränkung interpretieren und die Warnung ignorieren.

Merkmale des Empfängers: Eindeutige Befunde über Zusammenhänge zwischen Beeinflußbarkeit und Persönlichkeitsmerkmalen gibt es nicht, wenngleich viele Variablen untersucht worden sind (z.B. Intelligenz, neurotische Abwehrhaltung, Introversion/Extraversion, Dogmatismus). Vielmehr scheinen es Prozeßvariablen zu sein, die auf der Empfängerseite eine Änderung begünstigen. Zu solchen Prozeßvariablen gehören Selbstverpflichtung, Öffentlichkeit und Aufwendungen, die ein Individuum im Zusammenhang mit einstellungsdiskrepanten Elementen erbringen muß.

Die Bedeutung dieser Variablen ist vor allem in Untersuchungen aufgezeigt worden, die mit der Methode des Rollenspiels arbeiteten. Die Ausführung einstellungsdiskrepanten Verhaltens im Rollenspiel stellt eine Diskrepanz zwischen verhaltensmäßigen und bewertenden Komponenten der Einstellung dar, bewirkt Dissonanz und führt unter gewissen Bedingungen zu Einstellungsänderungen. Insbesondere die Variante des emotionalen Rollenspiels kann anhaltende Einstellungs- und Verhaltensänderungen bewirken [26].

In einem Rollenspiel sollten Versuchspersonen Patienten darstellen, welche vom Arzt die Diagnose Lungenkrebs gestellt bekommen. Die Versuchspersonen erhielten u.a. die Aufgabe, sich besonders in die Emotionen des Patienten einzufühlen. Bei den Versuchspersonen konnte nicht nur eine anhaltende (Wiederholungsmessung nach 18 Monaten) Einstellungsänderung gegenüber dem Rauchen festgestellt werden, auch die Verhaltensänderung dauerte fort [27].

Die Identifikation mit dem Patienten hat hier offensichtlich bewirkt, daß die Versuchspersonen Maßnahmen zur Abwendung der Gefahr (Änderung des Verhaltens) getroffen haben. Die Furchterregung durch die einstellungskonträren kognitiven, verhaltensmäßigen und vor allem affektiven Komponenten war hier so stark, daß der Ausweg über Maßnahmen zur Furchtkontrolle (Abwertung, Negierung der Informationen) nicht gewählt werden konnte.

Einstellungen gegenüber sozialen Objekten gehen oft einher mit der Tendenz, Kategorien zu bilden und Personen, Gruppen oder Objekte danach zu klassifizieren (soziale Wahrnehmung). Diese Kategorisierungen haben ihren Grund in einem **Ökonomisierungsprinzip.** Sie erleichtern eine erste Orientierung gegenüber sozialen Objekten, über die nur begrenzt Informationen zur Verfügung stehen. Solche Kategorisierungen führen in der Regel zu Akzentuierungen in der Wahrnehmung und Beurteilung des sozialen Objektes. Unterschiede zwischen Objekten verschiedener Klassen werden verstärkt, Objekte innerhalb einer Klasse werden homogenisiert. Tajfel beschreibt die Einteilung der Umwelt nach Kategorien mit bestimmten Zwecksetzungen als „eine Bedingung sine qua non für das Überleben eines Individuums oder einer sozialen Gruppe" [12].

Solange es sich bei dem Prozeß der sozialen Kategorisierung vorwiegend um kognitive Ordnungsversuche mit den Merkmalen der Generalisierung, Überakzentuierung und Vereinfachung handelt, spricht man von **Stereotypen.** Stereotypen lassen sich definieren als vorgefaßte Meinungen über die Persönlichkeit von Mitgliedern einer Gruppe. Handelt es sich dabei um Beschreibungen der eigenen Gruppe, so spricht man von einem Autostereotyp, bei Beschreibungen einer fremden Gruppe von einem Heterostereotyp. Kommen wertende, emotionale Elemente hinzu, handelt es sich um **Vorurteile.**

In neueren sozialpsychologischen Ansätzen werden vor allem die kognitiven Anteile und die soziale Funktion von Stereotypen stärker betont [28]. Die Bildung und Anwendung von Stereotypen vollzieht sich im Kontext der für ein Individuum relevanten Bezugsgruppen. Dabei steht die Sicherung bestehender Normen und Werte im Vordergrund mit dem Ziel, den Zusammenhalt in der eigenen Gruppe zu fördern und klare Abgrenzungen zu anderen sozialen Gruppen zu ziehen. Im Gegensatz hierzu ist in persönlichkeits- und tiefenpsychologischen Ansätzen die Bildung von Stereotypen und diskriminierenden Vorurteilen primär als Mechanismus zur **Selbstwertverteidigung** und **Aggressionsabfuhr** gesehen worden [29].

Das Verhalten gegenüber Minoritäten ist besonders stark durch Stereotypen geprägt. Dabei wird eine ungewöhnliche (sozial unerwünschte) Eigenschaft mit einer spezifischen (kleinen) sozialen Gruppe in Verbindung gebracht.

Beispiele: Alkoholiker sind labil und verantwortungslos. Italiener sind faul.

Diese Kategorisierungen werden aufrechterhalten und erfahren eine Bestätigung dadurch, daß ein Individuum sich entsprechend seiner Kategorisierung selektiv verhält, d.h. nur passende Reize wahrnimmt, und schließlich durch Erwartungen an das soziale Objekt erwartungskonformes Verhalten hervorruft (Attributionsprozesse und selffulfilling-Mechanismen).

Bedingungen der **Stereotypisierungen:** Stereotypisierungen haben eine Funktion darin, daß sie uns helfen, die Komplexität der Welt zu reduzieren. Eine weitere, sehr wichtige Funktion liegt darin, daß wir die Beschreibungen, die wir auf unsere eigene und auf andere Gruppen anwenden, benutzen, um unsere Identität zu definieren. Indem wir uns die Merkmale der eigenen Gruppe zuschreiben und uns zugleich von den Merkmalen der anderen Gruppen distanzieren, formen wir unser Bild von uns. Da Menschen im allgemeinen eine positive Identität (positives Selbstkonzept) haben wollen, liegt hier die Begründung dafür, daß wir uns und die eigene Gruppe positiver sehen als die andere Gruppe. Tatsächlich erhöht die Gelegenheit, zwischen Gruppen zu diskriminieren, den Selbstwert einer Person. Dies macht es so schwierig, Stereotypisierungen und Vorurteile abzubauen. Bereits eine willkürliche oder vordergründige Gruppenaufteilung genügt, um die eigene Gruppe zu begünstigen und die andere zu benachteiligen. Zu den stärksten Einflußfaktoren, die Vorurteilsbildung und Stereotypisierung begünstigen, gehört der Wettbewerb mit einer Gruppe. Findet dieser Wettbewerbskontakt auch noch unfreiwillig oder in einer unangenehmen Atmosphäre statt und resultiert daraus eine Prestige- oder Statusminderung, dann werden Stereotypisierungen und Vorurteile sehr verstärkt. Die Annahme, daß Kontakte Vorurteile und Stereotypisierungen mindern, gilt nur unter bestimmten Voraussetzungen. Dazu gehören:

- Kontakte zwischen statusgleichen Mitgliedern,
- ein soziales Klima, das die Kontakte zwischen den Gruppen begünstigt,
- enger und nicht nur zufälliger Kontakt,
- der Kontakt muß angenehm oder belohnend sein,
- Kooperation in wichtigen Aktivitäten,
- Entwicklung gemeinsamer Ziele, die wichtiger sind als die individuellen Ziele.

Studienfragen

Wie erklärt die Dissonanztheorie Einstellungsänderung?
(s. S. 175, rechts Mitte)

Welche Funktionen haben Stereotypisierungen?
(s. S. 176, rechts unten, S. 177, links oben.)

Welche Voraussetzungen müssen gegeben sein, damit durch sozialen Kontakt Stereotypisierungen gemindert werden?
(s. S. 177, links)

7.4 Interaktion in Gruppen

Ursula Piontkowski

Für Interaktionsprozesse in Gruppen gelten die gleichen Voraussetzungen wie für dyadische Interaktionen: Personen treten mit bestimmten Vorstrukturierungen in eine Kontaktsituation ein. Dazu gehören ihre Ziele, die sie in der Situation erreichen möchten, Vorstellungen von den Möglichkeiten, diese Ziele zu verwirklichen, und ihre Einstellungen gegenüber den Interaktionspartnern. Auf diese Weise bilden sie Pläne und Verhaltensmuster, nach denen sie den Kontakt strukturieren. Da alle an einer Interaktion beteiligten Personen ihre eigenen Vorstrukturierungen besitzen, gilt es, sie in der konkreten Interaktion auszuhandeln oder durchzusetzen.

Eine soziale Interaktion liegt dann vor, wenn zwei oder mehrere Personen auf der Grundlage von Verhaltensplänen Verhaltensweisen aussenden und wenn dabei die grundsätzliche Möglichkeit zum wechselseitigen Einwirken besteht.

(Zu den wichtigsten Theorien und Gegenstandsbereichen dyadischer Interaktion s. [30].) Je nach dem Ausmaß der tatsächlichen wechselseitigen Berücksichtigung unterscheiden Jones und Gerard vier Interaktionsniveaus [31]:

- **Pseudokontingente Interaktionen** liegen vor, wenn die Verhaltensweisen der Interaktionspartner jeweils lediglich durch die eigenen internen und vorgefertigten Verhaltenspläne bestimmt sind. Die Individuen verfolgen in der sozialen Situation Ziele, die sie bereits vor Beginn der Interaktion gesetzt und definiert haben. Auf diesem Interaktionsniveau liegt keinerlei inhaltsthematische wechselseitige Einflußnahme vor; die einzige Reaktion auf den Interaktionspartner besteht darin, so lange zu warten, bis dieser zu sprechen aufhört. Nicht nur der floskelhafte Austausch von *Höflichkeiten* weist Pseudokontingenz auf, auch das gar nicht so selten zu beobachtende *Nebeneinanderherreden* ist keine wirkliche Interaktion.
- **Asymmetrische Kontingenz** bedeutet, daß ein Interaktionspartner nach seinen vorab festgelegten Verhaltensplänen agiert, während der andere vor allem nur auf diese Verhaltensweisen reagiert. Interaktionen zwischen Partnern mit großer sozialer oder Rollendistanz sind häufig asymmetrisch. Visiten, Anamnesen, Befragungen laufen gewöhnlich auf diesem Niveau ab.
- Auf dem Niveau der **reaktiven Kontingenz** liegt zwar eine wechselseitige Orientierung an den Reaktionen des Partners vor, dafür ist aber die

Steuerung nach den eigenen Verhaltensplänen reduziert. Es handelt sich oft um ein spontanes reaktives Verhalten, für das die Konsequenzen nicht bedacht werden. Es tritt z.B. auf in Situationen mit großer emotionaler Belastung, wenn etwa eine anfängliche Meinungsverschiedenheit zu einem Streit mit großer Ich-Beteiligung aufgeschaukelt wird.

- Erst wenn **wechselseitige Kontingenz** vorliegt, kann von einem echten Austausch von Beziehungen gesprochen werden. Beide Interaktionspartner reagieren in einer doppelten Steuerung sowohl nach eigenen Vorstellungen als auch auf die interaktive Situation (z.B. gemeinsames Problemlösen).

Wechselseitige Kontingenz bedeutet nicht, daß beide Interaktionspartner in bezug auf Wissen, Status, Alter und ähnliche Merkmale gleich sein müssen. Wichtig ist jedoch, daß beide Partner zu einem **adaptiven Verhalten** an die Problemsituation und an den Partner bereit sind.

Die Arzt-Patient-Dyade ist im allgemeinen durch große Unterschiede der Interaktionspartner bestimmt, wobei vor allem das größere medizinische Fachwissen dem Arzt eine dominierende Rolle verschafft. Das bedeutet jedoch nicht, daß damit automatisch eine asymmetrische Beziehung entstehen muß. Wird das Anliegen des Patienten als gemeinsames Problem gesehen und definiert, dann kann es auch in der Arzt-Patient-Interaktion zum optimalen Problemlösen unter wechselseitiger Kontingenz kommen. Der Patient kann durch genaues Auskunftgeben zur Diagnose beitragen, ebenso wie er durch Befolgen der gemeinsam abgesprochenen Behandlungspläne den Therapieerfolg beeinflussen kann.

Die oft festzustellende Nichtbefolgung (*Non-Compliance*) von Verordnungen kann durchaus die Folge einer asymmetrischen Interaktionssituation sein.

Wenn der Patient während des Arztbesuches keine Gelegenheit hatte, seine (vielleicht auch nur vagen) Vorstellungen über Ursachen und Behandlung mitzuteilen, wird er die Verordnungen des Arztes eventuell als eine Maßnahme (einen Verhaltensplan des Arztes) ansehen, die sein Anliegen nicht hinreichend berücksichtigt. Erst wenn der Arzt die Sichtweise und die daraus resultierenden Verhaltenspläne des Patienten kennt, und wenn er darüber hinaus dem Patienten auch seine Problemanalyse und die daraus resultierenden Verhaltensvorschläge vermittelt hat, kann der Patient problemangemessenes Verhalten entwickeln.

Auch in Gruppen ist die kleinste Analyseeinheit für Interaktionsprozesse eine Dyade. Gleichwohl bezeichnet der Begriff Gruppe mehr als die Summe aller dyadischen Beziehungen. Zur Definition des Gruppenbegriffs gehört die Einbindung der Mitglieder in einen gemeinsamen Aufgaben- und Handlungskontext und die Entwicklung und Differenzierung von Rollen [32].

Mit Hilfe gruppendiagnostischer Verfahren kann das soziale Beziehungsnetz einer Gruppe dargestellt werden [33]. Durch Wahlen (bzw. Ablehnungen) nach verschiedenen sympathie- und aufgabenbezogenen Kriterien können in einem groben Raster sowohl die Positionen und Funktionen der einzelnen Mitglieder beschrieben werden, als auch Aussagen über das Gruppenklima getroffen werden. Solche **soziometrischen Daten** (vgl. Kap. 1.1) lassen sich graphisch mit einem **Soziogramm** veranschaulichen, in dem die Personen als Kreise und ihre Wahlen als Pfeile dargestellt werden. Die Stellung einer Person in der Gruppe läßt sich an der Zahl der positiven und negativen Wahlen in bezug auf das jeweilige Wahlkriterium erkennen. Stars der Gruppe vereinigen viele positive Wahlen auf sich, abgelehnte Mitglieder viele negative, Außenseiter erhalten nur sehr wenige Wahlstimmen. Personen mit wechselseitigen positiven Wahlen bilden eine Subgruppe. Je mehr **reziproke Wahlen** vorliegen, desto höher ist die **Gruppenkohäsion.** Wenngleich die Beliebtheitsstruktur einer Gruppe keineswegs identisch ist mit der Aufgabeneffektivitätsstruktur und dementsprechend auch jeweils unterschiedliche Mitglieder zentrale (Führungs-) Positionen und periphere (Außenseiter-) Positionen innehaben, sind sie nicht völlig unabhängig voneinander.

Sympathische Mitglieder haben in der Regel einen größeren Einfluß (auch im Aufgabenbereich) als abgelehnte Personen.

Interessanterweise besteht in der Regel zwischen dem Beliebtheitsführer und dem Aufgabenführer eine enge (positive) Beziehung. Sympathiewahlen haben eine Basis in der Reziprozität von Interaktionen:

Beziehungen unter Gruppenmitgliedern sind dann stabil, wenn es sich um subjektiv gleichwertige Interaktionspartner handelt.

Dieser Sachverhalt kann mit dem Begriffsinventar der **Austauschtheorie** [34] als ein ausgewogenes Kosten-Nutzen-Verhältnis der Interaktionspartner beschrieben werden. Die Bildung und Aufrechterhaltung einer Beziehung wird nach den Prämissen der Austauschtheorie durch drei Aspekte bestimmt:

- Die Interaktionspartner antizipieren die möglichen Interaktionskonsequenzen als Kosten-Nutzen-Kalkulation.
- Sie explorieren alternative Interaktionsmöglichkeiten.
- Sie vergleichen die bestehende Interaktion mit den Alternativen.

Wenngleich sich viele Beispiele dafür finden lassen, daß Menschen ihre zwischenmenschlichen Kontakte und Beziehungen danach bewerten, was sie ihnen gebracht haben und was sie im Gegenzug dafür bieten mußten, so ist nicht davon auszugehen, daß die Analysen der Beteiligten sich bewußt auf einem solchen Kalkulationsniveau vollziehen. Jedoch lassen sich Beziehungen ganz gut in Begriffen von Kosten und Nutzen beschreiben und daraus Prognosen für die weitere Entwicklung der Beziehung ableiten.

Ob ein Mitglied in einer Beziehung bleibt, hängt dann vom Ergebnis seines Kosten-Nutzen-Vergleichs ab. Je weniger Möglichkeiten es für alternative Beziehungen sieht, desto abhängiger wird es von der bestehenden Beziehung. Eine Ursache vieler Partnerschafts- und Familienprobleme liegt in dem Gefühl, abhängig zu sein, keine Alternativen zu haben. Für die betroffene Person gibt es zwei prinzipielle Ausgänge: Über die Entwicklung und den Gebrauch von Reaktanzmechanismen kann sie versuchen, ihren (subjektiven) Handlungsfreiraum wiederherzustellen. Gelingt ihr das nicht, ist ein Abgleiten in Hilflosigkeits- und Kontrollverlustgefühle wahrscheinlich.

Eine besonders extreme Form der interaktiven Abhängigkeit spiegelt sich in der von der Austauschtheorie beschriebenen Schicksalskontrolle wider. Ein Interaktionspartner kann (zumindest phänomenal) vollständig Nutzen und Kosten des anderen variieren und bestimmen, ohne daß dieser Einfluß nehmen kann. Obwohl Fälle objektiver Schicksalskontrolle relativ selten sind – am ehesten sind sie in unfreiwilligen Beziehungen (in Gefängnissen, Kliniken, Heimen) zu finden –, wird eine solche Einschränkung subjektiv häufiger erlebt.

Das Gefühl, bei einer Operation dem Chirurgen vollständig ausgeliefert zu sein oder die Angst eines alten Menschen vor einer Heimunterbringung, weisen auf eine solche Empfindung der unbeeinflußbaren Schicksalskontrolle hin.

Das soziale Beziehungsnetz einer Gruppe entwickelt sich erst im Laufe der Gruppenarbeit.

Der Zustand und das Funktionieren einer Gruppe kann daran abgelesen werden, wieviel Zeit sie für aufgabenbezogene und für sozial-emotionale Interaktionen aufwendet.

Eine Querschnittsanalyse der Gruppenstrukturen, wie sie mit soziometrischen Methoden erreicht wird, kann eine solche Funktionsdiagnose nicht leisten; hierzu sind aufwendige Analysen des Interaktionsprozesses notwendig. Zudem werden bei soziometrischen Wahlen Beziehungswünsche und nicht tatsächliches Interaktionsverhalten erfaßt. Eines der bekanntesten und zuverlässigsten Kategoriensysteme zur Erfassung interaktiven Verhaltens ist das Verfahren der **Interaktionsprozeßanalyse** (IPA) [35].

In 12 Kategorien werden die verschiedenen Stadien erfaßt, die eine aufgaben- und zielorientierte Gruppe von der Problemstellung bis zur Aufgabenlösung durchlaufen und bewältigen muß: Der Problemlösungsprozeß umfaßt die Phasen Orientierung, Bewertung, Kontrolle, Entscheidung, Spannungsbewältigung und Integration. Die Dynamik der Gruppenprozesse hat ihren Ausgangspunkt in den ersten drei Problembereichen. Zu Beginn eines Problemlösungsprozesses sind heterogene kognitive Orientierungen und Bewertungen vorhanden, die durch wechselseitige Beeinflussungsversuche (Kontrolle) der Mitglieder zu einer vereinheitlichten Problemstrukturierung integriert werden sollen. Je nach dem Grad der erfolgreichen Bewältigung dieser Stadien lassen sich Profile zufriedener oder unzufriedener Gruppen erstellen. Das Ausmaß gelungener Aufgabenbewältigung und emotionaler Integration wird in der Benutzungshäufigkeit und -richtung sozial-emotional positiver versus sozial-emotional negativer Verhaltenskategorien sichtbar.

Die Interaktionsprozeßanalyse hat auch Anwendung auf die Arzt-Patient-Interaktion gefunden. So fand man z.B., daß Patienten den Anordnungen des Arztes nicht folgten, wenn der Arzt zuvor sozial-emotional negative Verhaltensweisen gezeigt hatte [36].

Beobachtungssysteme zur Erfassung von Gruppenprozessen gibt es in großer Zahl. Im therapeutischen Bereich werden sie vor allem zur Diagnose von Konflikten [37] und als interventionsbegleitendes Meßinstrument [38] eingesetzt.

Überlegungen zu **Effizienzbedingungen** von Gruppen sind eng verbunden mit Modellen zum **Führungsverhalten.** Die meisten Annahmen hierzu gehen auf die klassischen Experimente von Kurt Lewin und seinen Mitarbeitern zurück [39]. Von den drei dort aufgewiesenen Führungsstilen – autokratisches, demokratisches und Laissez-faire-Verhalten – wurde lange Zeit der **demokratische** Führungsstil als der effektivste propagiert. Dies gilt aber nur bei bestimmten Gruppenkonstellationen und nur unter bestimmten Effektivitätskriterien. Es bedarf in der Regel einer genauen Analyse der organisatorischen und institutionellen Systembedingungen, um Empfehlungen für effektives Führungsverhalten geben zu können.

Auch therapeutische Patientengruppen, die sich schon bei den verschiedensten Krankheitsbildern als hilfreich erwiesen haben, unterliegen den allgemeinen gruppendynamischen Gesetzmäßigkeiten. Es bilden sich Sympathien und Antipathien, dominierende Mitglieder und Mitläufer heraus. Patientengruppen sind Problemlösegruppen, die stärker als andere Gruppen auf eine für alle Mitglieder effektive Problembewältigung angewiesen sind. Hier kommt dem Gruppenleiter bzw. Gruppeninitiator eine besonders wichtige Funktion zu. Im allgemeinen wird die sozial-emotionale Unterstützung der Mitglieder untereinander als besonders wichtig für den Erfolg der Patientengruppen betont. Nicht unterschätzt werden sollte aber auch der aufgabenorientierte Aspekt der Gruppenprozesse. Die Mitglieder können in der Gruppe sowohl neue Bewältigungsaktivitäten erarbeiten als auch erstmals untereinander erproben.

Intragruppen-Beziehungen werden verstärkt durch Intergruppen-Interaktionen.

Dieser Sachverhalt ist durch Experimente eindringlich belegt worden. Diese haben aber auch deutlich gemacht, daß die dabei stattfindende Abgrenzung zu anderen Gruppen die Konkurrenz zwischen den Gruppen fördert und bis zur offenen Feindseligkeit gehen kann.

In den Untersuchungen von Sherif wurden zwei Gruppen (Jugendliche im Alter von 12 Jahren) in spielerische Wettkampfsituationen (Ballspiele, Geländespiele) gebracht. Die Wettkampfatmosphäre breitete sich sehr schnell auch auf andere Tätigkeiten aus. Es erfolgten Überfälle und Angriffe auf das feindliche Lager. Innerhalb der beiden Gruppen nahm dagegen die Solidarität zu, und es entwickelte sich ein differenziertes Rollensystem mit verschiedenen Aufgabenteilungen. Ein Abbau der zum Schluß offenkundigen Feindseligkeiten konnte erst erreicht werden, nachdem beide Gruppen verschiedene Aufgaben gemeinsam zu lösen hatten [40].

Eine Erklärung für die abgelaufenen Prozesse läßt sich über die in Kapitel 7.1 und 7.3 angesprochenen Tendenzen zur sozialen Kategorisierung und Stereotypisierung ableiten.

Sozialer Einfluß in Gruppen

Der Einfluß der Gruppe auf ihre Mitglieder kann so weit gehen, daß sich die Urteile des einzelnen nicht mehr an der Realität, sondern an der (ggf. auch völlig falschen) Meinung der Majorität orientieren. Die berühmten Experimente von Asch [41] zum Gruppendruck sind zahlreich repliziert worden, und immer wieder ist aufgewiesen worden, daß offensichtlich falsche, aber übereinstimmende Urteile der Majorität einen enormen Einfluß auf das Urteil eines einzelnen Versuchsteilnehmers ausüben. Dabei handelte es sich um Vergleiche der Längen von Linien, also um Urteile über einen relativ einfachen, klaren Sachverhalt. Um wieviel stärker ist dann der Gruppeneinfluß in mehrdeutigen Situationen. Für die Gründe dieses konformen Verhaltens gibt es zwei Erklärungen. Zum einen wird der Majorität eine gewisse Glaubwürdigkeit als Informationsquelle zugeschrieben, welche größer zu sein scheint als die alternativ zur Verfügung stehende Informationsquelle der eigenen Wahrnehmung; d. h. das Individuum akzeptiert das Urteil anderer, weil es ihnen mehr vertraut als sich selbst. Es unterliegt dem **Informationseinfluß** der Majorität. Zum anderen hat das Individuum ein Bedürfnis nach Anerkennung durch die Gruppe und möchte nicht als Außenseiter gelten. Es beugt sich dem **normativen Einfluß** der Gruppe. Die Wirkung einer Majorität ist aber, so mächtig sie auch scheint, sehr labil: Bereits eine weitere Person, die das Urteil der ersten abweichenden teilt, kann diese aufheben. Und die Minorität kann noch mehr, als bloß dem Einfluß der Majorität zu widerstehen. Konsistentes Verhalten von Minoritäten kann seinerseits das Verhalten von Majoritäten beeinflussen.

Bedeutung der sozialen Systeme

Oft ist es notwendig, Personen nicht als Individuen zu betrachten, sondern sie als Teil eines sozialen Systems zu beschreiben, um ihr Verhalten zu verstehen. Denn soziale Systeme gehorchen eigenen Gesetzmäßigkeiten, können eine höchst spezifische Eigendynamik entfalten und entwickeln ausgefeilte Interaktionsmuster.

Zwei Menschen, die eine Beziehung miteinander eingehen, bilden bereits ein soziales System, ebenso wie die Familie, der Verein, der Betrieb usw. In einem solchen sozialen System übernimmt jedes Mitglied eine bestimmte Rolle oder Funktion und sorgt dafür, daß das System funktionsfähig bleibt. Die Rechte und Pflichten der Mitglieder eines sozialen Systems werden zu Beginn der Aufnahme von Beziehungen von den Mitgliedern ausgehandelt. Nach dem Prinzip des „quid pro quo" („etwas für etwas") werden Übereinkünfte getroffen, welche die Kosten und Nutzen der Interaktionspartner ausbalancieren und das System im Gleichgewicht halten sollen.

Bei einer solchen quid-pro-quo-Regel kann es sich zum Beispiel um Vereinbarungen handeln, die den Beziehungsstereotypen der Partner entsprechen, etwa „volle Gleichberechtigung" oder „Mann verdient das Geld – Frau sorgt für den Haushalt" usw. In persönlichen Beziehungen (Partnerschaften, Familien) entwickeln sich aber sehr schnell quid-pro-quo-Regeln, die wesentlich diffiziler sind.

Nicht immer sind diese „Spiel"-Regeln bewußt, aber gerade dies macht sie stabil, da dann das Funktionieren des Systems durch einen Automatismus gesichert wird. Die quid-pro-quo-Metapher steht für den höchst komplexen Prozeß, mit und in dem eine Beziehung, die Funktionen der Partner in der Beziehung und das Selbst- und Fremdbild der Beteiligten definiert werden.

Störungen im sozialen System können durch neue Vereinbarungen behoben werden, vorausgesetzt, die Partner halten sich an die Abmachungen. Dies setzt ein zumindest intuitives Wissen um Inhalt und Mechanismus der systemaufrechterhaltenden Regeln voraus. Konflikte können dann noch von den Partnern selbst ausgetragen und bewältigt werden. Dies geht jedoch nicht mehr, wenn die Interaktionsmechanismen dazu dienen, sich selbst und/oder den Partner zu täuschen, d. h. wenn die Abmachungen auf Wünschen und Vorspiegelungen über das Selbst und den Anderen beruhen und wenn beide Partner dieses Spiel mitspielen.

Die psychoanalytisch orientierte Familientherapie nennt dieses Phänomen **Kollusion** [60]. Es entspricht den „Familienmythen" der kommunikationstheoretischen Therapierichtung der Palo-Alto-Gruppe. [61]. Unter Kollusion wird das „heimliche Einverständnis" der Interaktionspartner verstanden, das Spiel des jeweils anderen zu spielen. Dabei ist es nicht notwendig, daß die Partner um diese Vereinbarungen wissen. Es gehört sogar zu einer Kollusionsbeziehung, den Spiel- und Illusionscharakter zu leugnen [62]. Das zentrale Problem einer Kollusionsbeziehung liegt darin, daß die Partner sich wechselseitig ein falsches Selbst aufdrängen oder sich in einem falschen Selbst bestätigen.

Studienfragen

Welche Interaktionsniveaus unterscheiden Jones und Gerard und auf welchem Interaktionsniveau läßt sich die Arzt-Patient-Beziehung beschreiben?
(s. S. 179, rechts)
Welchen Einfluß haben Minoritäten und Majoritäten auf den Urteilsprozeß in Gruppen?
(s. S. 182, links unten und rechts oben)
Was bedeutet Kollusion?
(s. S. 181 Mitte links)

7.5 Soziale Norm

Harald Lofink

Die Alltagserfahrung lehrt, daß zwischenmenschliches Verhalten bestimmten Regelmäßigkeiten und Gleichförmigkeiten unterliegt. Die sich täglich reproduzierenden Arbeitszwänge dokumentieren dies auf anschauliche Weise. Dienstpläne regeln die Arbeitszeit des Krankenhauspersonals, um eine permanente Patientenbetreuung sicherzustellen. Von der Einteilung gemäß Dienstplan (z. B. Nachtdienst) hängt es aber auch ab, welche Kontakte für den einzelnen Beschäftigten möglich und welche ausgeschlossen sind – sowohl während der Arbeitszeit als auch in der Freizeit.

Im Mittelpunkt einer Soziologie, die sich mit Regelmäßigkeiten und Wiederholungen sozialen Handelns befaßt, steht zwangsläufig der Begriff der sozialen Norm. Dabei geht es weniger um die Bewertung konkreter Handlungsabläufe als um die im Sinne Max Webers wertfreie Analyse von Gleichförmigkeiten sozialen Handelns [42]. Normalitätsbegriffe (s. u.) sind wichtig für Institutionen, die sich mit der inneren oder äußeren Ordnung befassen, sowie insbesondere für die Menschen, die mit solchen Institutionen in Berührung kommen.

Um soziales Verhalten erwartbar, kalkulierbar, d. h. in seinem Ablauf transparent zu machen, bedarf es seiner normativen Bindung. Wird Gesellschaft im Sinne von Popitz als Konglomerat wechselseitiger Verhaltensorientierung beschrieben, gilt, daß diese Orientierungen auch künftige Reaktionen anderer mit einbeziehen. Es ist somit existentiell für den Bestand einer Gesellschaft, daß sich „einigermaßen enttäuschungsgesicherte Erwartungen aufbauen lassen. Ist dies nicht möglich, bleiben die Handlungsbezüge gleichsam auf Schrumpfformen der Vergesellschaftung beschränkt. (...) Das noch ausstehende Handeln der jeweils anderen muß eine Voraussetzung gegenwärtiger Handlungen sein können" [43].

Ein mit Operationsvorbereitungen betrauter Assistenzarzt wird diese gemäß den Erwartungen des die Operation ausführenden (Chef-)Arztes vornehmen. Erst dieses Sich-verlassen-Können auf ordnungsgemäße Erledigung der z. T. zeitlich versetzten, aber ineinandergreifenden Handlungen ermöglicht eine erfolgreiche Operation.

„Bedingung dieses Sich-Verlassens auf zukünftiges Verhalten anderer ist Vertrauen" [43].

Eine solche normative Konstruktion der Wirklichkeit bedarf selbstverständlich einer inhaltlichen Fixierung des Normbegriffes.

Bahrdt definiert soziale Normen als „allgemein geltende und in ihrer Allgemeinheit verständlich mitteilbare Vorschriften für menschliches Handeln, die sich direkt oder indirekt an weitverbreiteten Wertvorstellungen orientieren und diese dann in die Wirklichkeit umzusetzen beabsichtigen. Normen suchen menschliches Verhalten in Situationen festzulegen, in denen es nicht schon auf andere Weise festgelegt ist. Damit schaffen sie Erwartbarkeiten. Sie werden durch Sanktionen abgesichert" [44].

Die Weigerung eines Krankenhauspatienten, sich den angeordneten therapeutischen Maßnahmen zu unterziehen, d.h. im therapeutischen Prozeß sich kooperativ zu verhalten, ist in der Regel wenig hilfreich für den Genesungsprozeß. Eine diesbezügliche Verzögerung ist bereits eine erste Sanktionsform. Unmittelbarer wirkt die Sanktion, wenn der behandelnde Arzt daraufhin eine Weiterbehandlung verweigert. In § 1, Abs. 6 der Berufsordnung für Ärzte in Rheinland-Pfalz heißt es:

„Der Arzt ist in der Ausübung seines Berufes frei. Er kann die ärztliche Behandlung ablehnen, insbesondere dann, wenn er der Überzeugung ist, daß das notwendige Vertrauensverhältnis zwischen ihm und dem Patienten nicht besteht."

Die von Bahrdt vorgenommene Definition impliziert mehrere Aspekte: zum einen, daß der einzelne sich an Bewertungsmaßstäben orientiert, von denen er zu Recht oder zu Unrecht glaubt, daß diese von anderen geteilt werden, zum anderen, daß es sich bei sozialen Normen um an persönlichen Erfahrungen, Überzeugungen oder Informationen festgemachte Vermutungen handelt, was andere billigen oder mißbilligen werden. Schließlich spricht Bahrdt Sanktionen an, die bei Nichteinhaltung der sozialen Normen wirksam werden. Diese Sanktionsgewalt kann Institutionen übertragen sein. Typische Institutionen mit Sanktionsgewalt stellen die Landesärztekammern dar.

Den **Normbegriff** kennzeichnen im wesentlichen drei Definitionsstränge:

- Norm als Verhaltensregelmäßigkeit bzw. Verhaltensgleichförmigkeit;
- Norm als Verhaltensforderung und
- Norm als Verhaltensbewertung.

Wenn Norm als Verhaltensregelmäßigkeit bzw. -gleichförmigkeit aufgefaßt wird, so ist damit ein gemeinsamer interaktions- bzw. verhaltenssteuernder Bezugsrahmen gemeint. Jedoch stehen bei davon abweichendem Verhalten keine Sanktionsmechanismen zur Verfügung. Somit rückt dieser Begriff von sozialer Norm in die Nähe des Begriffs Brauch (vgl. weiter unten). Erheblich weiter verbreitet als die eben genannte Variante des Normbegriffs ist Norm als Verhaltensforderung. Gemeinsam ist den Definitionen dieser Gruppe, daß die Verhaltenserwartungen an bestimmte Regeln, Vorschriften gebunden sind, bei deren Nichtbefolgung Sanktionen wirksam werden. Eine letzte Gruppe von Definitionen faßt Norm als Verhaltensbewertung auf. Allerdings bleibt es strittig, welche Bewertungsmaßstäbe normativ wirksam werden und welche nicht. Aus Verhaltensbewertungen entstehen häufig Verhaltensforderungen. Konsequent definiert Spittler Normen als „Verhaltensforderungen für wiederkehrende Situationen. Damit ist auch der Aspekt der Regelmäßigkeit mit in die Definition genommen, allerdings nur insofern, als ein bestimmtes Verhalten in wiederkehrenden Situationen regelmäßig gefordert wird. Ob das tatsächliche Verhalten die gleiche Regelmäßigkeit aufweist, ist eine andere Frage" [45]. Ähnlich versteht Popitz soziale Normen als „soziale Verhaltensregelmäßigkeiten, die in Fällen abweichenden Verhaltens durch negative Sanktionen bekräftigt werden" [43]. Soziale Verhaltensregelmäßigkeiten und negative Sanktionen bilden somit den Kern einer solchen Begriffsbestimmung.

In Anlehnung an Bahrdt müssen neben den normativ inspirierten Verhaltensregelmäßigkeiten noch folgende Formen unterschieden werden: biologische Konstanten, Gewohnheiten, Bräuche, dauerhafte Interessenlagen. Unter biologischen Konstanten werden hierbei Eigenschaften wie z.B. Alter und Geschlecht verstanden, wodurch ein potentielles Verhaltensrepertoire seine spezifische Begrenzung erfährt. Gewohnheiten hingegen beruhen auf sozialer Erfahrung; sie verringern „den Aufwand für Interpretationsleistungen und Handlungsentwürfe bei der Bewältigung vieler Situationen" [44]. Sie sind jedoch an keine Soll- oder gar Muß-Erwartungen geknüpft, womit ein ganz wesentliches Kriterium für soziale Normen, nämlich die Sanktionsfolgen bei deviantem Verhalten, entfällt. Ebenso wie bei Gewohnheiten kann auch bei Bräuchen von „geronnener" sozialer Erfahrung gesprochen werden. Hinzu kommt die Einbindung ins Kollektiv; ein Brauch wird immer von einer Vielzahl von Menschen akzeptiert.

In den Sozialwissenschaften herrscht weitgehend darüber Einvernehmen, daß bei der Betrachtung des strukturellen Aspekts sozialer Normen der Situations- und Interaktionszusammenhang berücksichtigt werden muß. Bedeutsam sind ferner die **Sanktionsstruktur** und die **Sanktionsgeltung** sowie die **Verhaltensgeltung** – insbesondere deren Verhältnis zueinander. Was nun den Bezugsrahmen, d.h. den Situations- und Interaktionszusammenhang angeht, so ist festzuhalten, daß sich soziale Normen in der Regel nur in bestimmbaren sozialen Einheiten beobachten lassen. Ein solcher sozialer Bereich wird in aller Regel eine soziale Gruppierung meinen, deren Gruppenziel durch situationsübergreifende Interaktionsprozesse realisiert wird, die wiederum durch Normen garantiert werden.

Dies läßt sich beispielsweise auf einer Krankenstation (soziale Einheit) im Zusammenspiel der Stationsmitglieder (Ärzte, Pflegepersonal, Patienten) beobachten. Regelmäßige Betreuung der Patienten, Medikamentengabe, die tägliche Visite mit ihrer Auswirkung auf die weitere Versorgung des Patienten, die nächtliche Dienstbereitschaft, die morgendliche Dienstbesprechung sind nur einige Beispiele für normativ geregelte Interaktionsprozesse.

Abstrakte Normsätze bekommen erst durch ihren situativen Bezug einen eindeutigen Sinn. Normen besitzen außerhalb der normrelevanten Situation keine Gültigkeit; sie sind kontextgebunden.

So ist es unbestritten sinnvoll, während einer Operation angemessene Bekleidung (z. B. Mundschutz, Handschuhe) zu tragen, Gespräche (Anweisungen) auf das sachlich Notwendige zu beschränken, was sich in entsprechenden normativen Regelungen niederschlägt. Eine Dienstbesprechung in gleicher „Montur" wirkte hingegen eher bizarr.

Wird normiertes Verhalten näher betrachtet, so ist eine Unterscheidung zwischen **Handlungsnormen** und **Sprachnormen** unentbehrlich. Diese können nämlich verschieden präzise normiert sein. So finden sich Handlungsnormen, bei denen die Normierung sich lediglich auf das Ziel, den Effekt der Handlung bezieht. Freidson spricht u. a. von dem „Muster der häuslichen Pflege" als einem Handlungsmuster (Norm) im Rahmen der Organisation professioneller Berufsausübung in Kliniken. Das Handlungsziel liegt fest. Es „... gründet sich auf die Annahme, daß für die Insassen nicht mehr getan werden kann (oder sollte), als für ihre Bequemlichkeit zu sorgen und ihnen Belästigungen zu ersparen, solange sie im Krankenhaus sind" [46]. Andere Handlungsnormen beziehen sich auch oder ausschließlich auf die Form der Handlung, auf die sie begleitende Gestik und Mimik. Die Präzisierung von Sprachnormen verläuft nach vergleichbaren Kriterien. Es kann der sprachliche Inhalt normiert sein, z.B. im Verbot zu lügen oder im Gebot, einen bestimmten Inhalt geheimzuhalten. Normiert sein kann aber auch die sprachliche Form: Sowohl Hochsprache als auch Dialekt können in bestimmten Situationen zur Norm werden – eine förmliche Anrede, Amtsdeutsch, Fachsprache [43].

Als **Normadressaten** bezeichnet man jeden Personenkreis, von dem in einer normrelevanten Situation normiertes Verhalten erwartet wird.

Von einer Nachtschwester wird erwartet, daß sie im Bedarfsfall verfügbar ist und erforderliche Maßnahmen (z.B. Anruf beim diensthabenden Arzt) ergreift.

Gelten Normen für alle Mitglieder einer sozialen Einheit, werden sie **allgemeine Normen** genannt (Hygienevorschriften auf einer Station; ärztliche Schweigepflicht). Besitzen sie jedoch nur für bestimmte Gruppen oder Einzelpersonen Gültigkeit, so handelt es sich um **partikulare Normen** (z. B. der spezifizierte Aufgabenbereich einer Arzthelferin).

Ein weiterer zentraler Begriff ist der der **Normbenefiziare.** Ein Normbenefiziar ist eine Personengruppe oder Einzelperson einer sozialen Einheit, der die Norm zugute kommt. Angemessene, d.h. im Rahmen geltender Bestimmungen vorgenommene ärztliche Versorgungsmaßnahmen fördern den Genesungsprozeß: sie kommen somit dem Patienten zugute. Wichtig ist, daß Normbenefiziare der betreffenden sozialen Einheit angehören müssen, sonst ließe sich der Begriff ins uferlose ausdehnen.

Es können drei Kategorien von Normbenefiziaren unterschieden werden:

- eine bestimmte Gruppe aus einer sozialen Einheit,
- jedes einzelne Mitglied einer sozialen Einheit, und
- eine soziale Einheit als solche, d.h. nicht das einzelne Mitglied, sondern die Gesamtheit [43].

Eine Person oder Gruppe, welche durch ihr Handeln eine Norm betont oder auf Stellenwert und Geltung hinweist, nennt man **Normsender.** Der Akt des Normsendens kann auf verschiedene Art erfolgen. Erstens durch ein bestimmtes Sprachverhalten, das die Wichtigkeit einer Norm betont (Intonation, Tonfall); zweitens durch bewußt normgerechtes Ausführen einer Handlung.

Das exakte Befolgen ärztlicher Anweisungen durch die Stationsschwester verdeutlicht einer anwesenden Lernschwester die Notwendigkeit entsprechenden Handelns (Vorbildeffekt).

Ein weiterer wichtiger Begriff ist der des **Normhüters.** Diesem kommt die Aufgabe zu, die Norm zu erhalten, indem er das Verhalten der Normadressaten beobachtet und kontrolliert, um Normbrüche feststellen zu können.

Regelmäßige Visiten dienen dem Arzt nicht nur zur Information über den Genesungsprozeß eines Patienten, sie ermöglichen ihm als Vorgesetzten auch die Kontrolle über das Befolgen seiner Handlungsanweisungen durch das Stationspersonal.

Dies geschieht mit dem Hintergrund, die Wahrscheinlichkeit der Entdeckung von Normbrüchen und somit die Sanktionierung derselben zu steigern, um eine größere Normkonformität zu erreichen. Zur Durchsetzung der Kontrollmaßnahmen werden im allgemeinen besondere Machtbefugnisse benötigt. Dies spiegelt sich in der Verantwortung eines Chefarztes, auf seiner Station einen reibungslosen Handlungsablauf zu gewährleisten.

Die täglichen Handlungsanweisungen sind hierfür ebenso ein Beispiel wie die Bilanzierung vergangener Handlungsabläufe. Auf solche Weise wird den Stationsmitgliedern der notwendige Orientierungsrahmen vermittelt. Dies gibt **Halt** [47, 48]:

„Der äußere Halt ist als sozialer zu sehen, indem die Umwelt des Individuums (z.B. in Primär- und Sekundärgruppen, in Bezugsgruppen etc.) eine positive Stütze liefert und inhibierend wirkt durch die von ihr ausgeübte informelle und formelle Sanktionsmacht. Äußerer und innerer Halt sind dabei komplementär: Eine Person mit starkem Ich und Über-Ich und hoher Selbstbeherrschung wird auch ohne Unterstützung durch andere dem Druck zum abweichenden Verhalten eher widerstehen können. Ist der innere Halt nur schwach ausgeprägt, muß der äußere Halt sehr stark sein (...). Mit der Differenzierung in die beiden Formen der Haltstrukturen ist also nichts anderes gemeint, als interne, individuelle Kontrolle des einzelnen und externe Kontrolle durch andere“ [49].

Wenn eine Krankenschwester sich für einen raschen Genesungsprozeß ihrer Patienten in besonderem Maße verantwortlich fühlt und sich dies in außergewöhnlicher Fürsorge bei gleichzeitigem korrektem Befolgen der ärztlichen Anweisungen niederschlägt, handelt es sich um eine Wirkung **interner Kontrolle.** Analog hierzu spricht Rohde von „sachgesteuerter subjektiver Kontrolle“ [50]. Sachverantwortung erzeugt somit Engagement. Hieraus kann gefolgert werden:

Je engagierter das Stationspersonal sich verhält, um so geringer wird die Notwendigkeit **externer Kontrolle**, z.B. durch Vorgesetzte.

Als **Normsetzer** werden Akteure bezeichnet, die neue Normen in einer sozialen Einheit zur Geltung bringen. Die Fähigkeit zur Normsetzung kann verschieden begründet sein; bestimmte Gruppen können durch Normen legitimiert sein, ihrerseits Normen zu setzen; andere Gruppen können dies aufgrund ihrer Autorität oder unter Anwendung von Gewalt tun.

Bei einer Normsetzung werden verschiedene Stufen der Innovation unterschieden. Die niedrigste innovative Stufe ist die Normierung eines bereits existenten Verhaltens, d.h. die Sanktionierung eines zukünftigen Nichtverhaltens. Normsetzung auf niedrigster Stufe liegt vor, wenn z.B. entgegen offizieller Anordnung (Verwaltungsverfügung) sich bestimmte Dienstzeitregelungen auf einer Station als effektiver im Hinblick auf die zu erbringenden Leistungen erwiesen haben und diese stationsinternen Regelungen von seiten der Verwaltung schließlich akzeptiert werden und in künftigen Anordnungen Eingang finden. Als höchste Stufe der Innovation gelten sog. Gründungsnormen; hier werden neue Grundnormen, neue übergeordnete Normen geschaffen. Dies kann u.U. zur Entstehung einer neuen sozialen Einheit führen (Einrichtung neuer Klinikabteilungen aufgrund wachsender Differenzierung des medizinischen Kenntnisstandes – insbesondere auch der technischen Differenzierung und damit einhergehender Spezialisierung).

Sanktionsaspekt sozialer Normen: Wie bereits angedeutet, werden soziale Normen durch Sanktionen abgesichert, d.h. ein Normbruch wird sanktioniert. Ein Normbruch führt in aller Regel zu Konflikten, denn der durch den Normbruch geschädigte Benefiziar fordert Genugtuung. Dies geschieht, indem die Situation, die durch den Normbruch entsteht, als Ausnahmesituation definiert wird. Nun kann die Situation als etwas ausnahmsweise Erlaubtes, als etwas Außerordentliches gebilligt sein. Eine Normbruch-Sanktionssituation verlangt nach festen Regelungen. Normbrüche können von verschiedenen Personen oder Personenkreisen sanktioniert werden.

Beim Benefiziar kommt der Sanktion meist der Charakter einer Schadensabwehr oder Vergeltung zu.

Ein Beispiel hierfür sind die Regreßansprüche eines Patienten oder seiner Angehörigen bei nachgewiesenem ärztlichen Kunstfehler.

Eine Sanktion kann aber auch durch die Gruppenöffentlichkeit oder eine Teilgruppe erfolgen. Daneben gibt es **Sanktionsinstanzen.** Diese sind nicht an Personen oder Personenkategorien festgemacht; vielmehr handelt es sich hierbei um soziale Positionen, deren Inhaber Entscheidungen über Sanktionen fällen dürfen oder müssen. So obliegen in Rheinland-Pfalz Rügerecht und Ordnungsbefugnis gegenüber Ärzten dem Vorstand der Landesärztekammer. Sanktionsinstanzen übernehmen Entscheidungen, die zuvor dem betroffenen Benefiziar oder der Gruppenöffentlichkeit zustanden. Sanktionsinstanzen entscheiden über Sanktionen nur nach genauen Verfahren und festen Regeln. Schließlich kann auch eine Sanktionierung durch den Normbrecher selbst erfolgen.

Beispiel: Eigene Kündigung nach Dienstvergehen aufgrund wiederholten Alkoholkonsums eines Arztes während seiner Dienstzeit.

Eine wichtige Unterscheidung bildet jene zwischen primärer und sekundärer Devianz. **Primäre Devianz** meint hierbei die ursprüngliche normverletzende, abweichende Handlung. „Sekundäre Abweichung beruht (...) auf einer in der Folge eines bestimmten Verhaltens vorgenommenen Rollenzuschreibung seitens der sozialen Umwelt als Abweicher“ [49]. „Während primäre Devianz verschiedenartige (...) Ursachen haben kann (...) ist sekundär abweichendes Verhalten durch gesellschaftliche Reaktionen verursacht. Diese Reaktionen, d. h. Etikettierungsvorgänge, die auf primäre Devianz folgen, resultieren in einem eingeengten Handlungsspielraum, einer Einschränkung des

Symbol- und *Aktionsfeldes* [51], was erhebliche Auswirkungen auf Sozialisationsvorgänge, soziale Rollen und Selbstkonzept der betreffenden Person hat. (...) Der Betreffende ist also gezwungen, sich mit dem Etikett *Abweicher* und den diesbezüglichen Erwartungen der sozialen Umwelt auseinanderzusetzen" [49].

Aus einer Klinikapotheke verschwinden wiederholt Arzneimittel als Folge unzureichender Kontrolle (primäre Devianz) durch den zuständigen Pharmazeuten. Sekundäre Devianz liegt dann vor, wenn dieser Person gegenüber z.B. der Vorwurf der Unzuverlässigkeit erhoben wird, sich unter dem übrigen Personal Mißtrauen ausbreitet, Kontakte reduziert werden. Selbstzweifel und wiederholte Rechtfertigungsversuche zeigen weitere mögliche Konsequenzen auf seiten des betroffenen Pharmazeuten.

Komponenten der Normgeltung: Hier wird zunächst ganz allgemein unterschieden zwischen Geltung einer Norm und deren Nichtgeltung. Die Geltung läßt sich untergliedern in **Verhaltensgeltung und Sanktionsgeltung.** „Die Geltungsstruktur bezieht sich, soweit wie möglich, auf Verhaltensakte. Aber nicht immer lassen sich normkonforme Verhaltensakte zählen, z. B. offensichtlich nicht im Fall von Diebstahl. (...) Häufig wird sich die Analyse auf die Sanktionsgeltung konzentrieren. Dabei werden, je nach Fragestellungen, oft lediglich Teilstrukturen relevant (z.B. Häufigkeit von Sanktionen bei bekanntgewordenen Normbrüchen)" [43]. Die Nichtgeltung von Normen unterteilt sich in drei Bereiche. Zum einen gibt es Fälle, bei denen Normbruch und Normbrecher wohl bekannt sind, aber auf Sanktionen verzichtet wird.

Eine einmalige Verspätung bei Dienstantritt einer ansonsten dienstbeflissenen Krankenschwester wird in aller Regel keine Sanktionierung zur Folge haben.

Hinzu kommen nicht aufgeklärte Normbrüche und nicht entdeckte Normbrüche. Die Behandlung der Normgeltung führt zwangsläufig zur Frage nach dem Verhältnis von Herrschaft (Macht, Einfluß) und Normen. „Macht bedeutet jede Chance, innerhalb einer sozialen Beziehung den eigenen Willen auch gegen Widerstreben durchzusetzen, gleichviel worauf diese Chance beruht. Herrschaft soll heißen die Chance, für einen Befehl bestimmten Inhalts bei angebbaren Personen Gehorsam zu finden" [42].

Hieraus läßt sich ableiten, daß die Normstrukturen einer Gesellschaft ebenso wie die Verteilung der Sanktionsgewalt Aufschluß geben über die Herrschaftsstruktur einer Gesellschaft. Die Delegation bestimmter Entscheidungen seitens des Staates an standesrechtliche Vereinigungen, wie z.B. die Ärztekammern, bietet hierfür ein Beispiel.

Bahrdt führt aus: „Im allgemeinen sind die *herrschenden* Normen auch die Normen der *Herrschenden.* Die Herrschenden behalten sich nicht nur vor, Normen zu setzen, andersartige Normen zu diskriminieren, sondern auch negative Sanktionen festzulegen und zu verhängen und ferner durch Zubilligung von Belohnungen für die Erfüllung ihrer Normen soziale Aufstiege zu regulieren. (...) Herrschaftsstrukturen lassen sich nicht ohne Analyse der geltenden Normen bzw. Normensysteme begreifen. Ob sich jedoch Herrschaft und Ungleichheit aus der Tatsache, daß jede Gesellschaft Normen und Sanktionen kennt, ausreichend verständlich machen läßt, ist zweifelhaft" [44].

Soziale Normen sind sozial gültige Regeln des Handelns.

Wie Normen vom Handelnden internalisiert werden und in Übereinstimmung stehen mit seinem tatsächlichen Handeln (Rollenhandeln), dies soll nun im folgenden Kapitel 7.6 anhand des Rollenbegriffs dargestellt werden.

Studienfragen

Was sind wesentliche oder essentielle Merkmale, durch die sich Normen definieren lassen?
(s.S. 181 f.)

7.6 Soziale Rolle

Harald Lofink

Der Rollenbegriff – eine Zentralkategorie soziologischer Begriffsbildung – hat im Verlauf seiner Entwicklung unterschiedliche Ausprägungen erfahren. So finden sich gegenwärtig in den Sozialwissenschaften im wesentlichen zwei Begriffsbestimmungen. Zentrales Unterscheidungsmerkmal ist dabei die unterschiedliche Betonung des **individuellen Handlungsspielraums,** der einem Rolleninhaber zur Verfügung steht. Die interpretative Gestaltung der Rolle durch den Rollenträger zeigt sich in dem Fall eines niedergelassenen Arztes, der am Wochenende, obschon keine Dienstverpflichtung besteht, sich dennoch um einen Patienten seiner Klientel sorgt und diesen auch in seiner dienstfreien Zeit besucht. *Dienst nach Vorschrift* würde ein solches Verhalten nicht erlauben. Der Verhaltensspielraum ist demnach von entscheidender Bedeutung bei der Ausübung einer Rolle.

„Unter sozialer Rolle verstehen wir (...) ein **Bündel von Verhaltenserwartungen,** die von einer Bezugsgruppe (...) an Inhaber bestimmter sozialer Positionen herangetragen werden. Von den Positionsinhabern wird erwartet, daß sich aus der Erfüllung der speziellen Normen regelmäßiges und daher voraussehbares Verhalten ergibt, auf das sich das Verhalten anderer Menschen, die ihrerseits gleichartige oder andere Positionen innehaben (...), einstellen kann" [44].

Allerdings unterschlägt eine solche Definition die notwendigen Interpretations- und Verständnisleistungen der Interpretationspartner, die in einer konkreten Handlungssituation erbracht werden müssen. Jeder Mensch trägt während seines Lebens eine Vielzahl verschiedener sozialer Rollen; dabei wechselt er bereits täglich mehrfach von einer Rolle in eine andere.

So verläßt z.B. ein Mann nach dem Frühstück seine Rolle als Vater, um bald darauf am Arbeitsplatz die Rolle des Chefarztes zu übernehmen (Berufsrolle), zwischenzeitlich hatte er noch die Rolle eines Verkehrsteilnehmers inne und sprach vor Betreten der Klinik mit einem Freund (Rolle des Freundes).

Die Rollenerwartungen sind dabei jedoch recht unterschiedlich, was später noch erläutert wird.

Um zur rechten Zeit am rechten Ort adäquates Verhalten zeigen zu können, bedarf es bestimmter Kenntnisse über den jeweiligen Kontext (Relevanzbereich der Rolle). Ein Chefarzt auf einer Station (Verhaltensraum) sieht sich vielfältigen Erwartungen des Pflegepersonals, der Patienten sowie seiner Kollegen ausgesetzt.

Ein Individuum muß somit bei Übernahme einer sozialen Position (Chefarzt) die hieran geknüpften Erwartungen (Rollennormen) kennen, um künftig als Positionsinhaber diese situationsgerecht ausgestalten zu können (Rollenträger). Der bereits mehrfach aufgetauchte Begriff der sozialen Position erweist sich hierbei als eng an den Begriff der Rolle gebunden.

„Bei **sozialer Position** denken wir an dauerhafte, verfestigte, von einzelnen Personen ablösbare Knotenpunkte im Geflecht sozialer Beziehungen" [44]. Rolle verkörpert demgemäß den dynamischen Aspekt einer sozialen Position. Der Positionsbegriff verdeutlicht sich in dem Gefühl der Vakanz, beispielsweise der fehlende Vater in einer Einelternfamilie. Ein Rollenhandeln findet in dem genannten Fall nicht statt, dennoch existiert die soziale Position (Vater), nur ist sie zeitweilig oder auf Dauer im konkreten Fall nicht besetzt.

Ein weiterer wesentlicher Punkt bei der Betrachtung der sozialen Rolle ist der **Grad ihrer Formalisierung.** Die Begriffe **formelle** und **informelle Rolle** lassen sich hierbei als die beiden Endpunkte eines Kontinuums auffassen. Eine formelle Rolle weist ein hohes Maß an Reglementierung auf, die Verhaltensvariabilitäten sind reduziert. Die Verbindlichkeit der Rollenvorschriften schafft in einem positiven Sinne Entlastung. Sie entbindet den betreffenden Rollenträger davon, ständig neue Entscheidungen treffen zu müssen. Negativ gewendet wirken strenge Rollenvorschriften (starke Formalisierung) u.U. repressiv [52].

Detaillierte Reglementierungen einer formellen Rolle können zur Ausbildung informeller Rollenstrukturen führen.

Der regelmäßige und nicht geregelte Kontakt zu Bediensteten auf anderen Stationen sowie die freundschaftlichen Beziehungen einzelner in den Arbeitspausen sind willkommene Unterbrechungen in dem formell geregelten Arbeitsablauf. Solche Kontaktnischen ermöglichen z.B. einem Arzt, nach einer Operation auf Abstand zu gehen, die Anspannung während der Operation im privaten Kontakt wieder abzubauen.

Informelle Rollen weisen nur spärlich reglementierte und formalisierte Verhaltensanforderungen auf.

Wird das gesamte Beziehungsgeflecht einer sozialen Rolle betrachtet, so wird ersichtlich, daß einer Rolle in der Regel eine Mehrzahl von **Bezugsgruppen** mit ihren potentiell unterschiedlichen Rollenerwartungen zugeordnet ist.

In einem Wörterbuch der Soziologie heißt es: „Bezugsgruppe, (...) Bezeichnung für eine Gruppe, mit der sich eine Person identifiziert, an deren Normen und Wertvorstellungen sie ihr eigenes Verhalten mißt und deren Ziele, Meinungen, Vorurteile usw. sie zu ihren eigenen macht. (...) In der soziologischen Rollentheorie auch Bezeichnung für diejenigen Gruppen oder Instanzen, deren Verhaltenserwartungen eine bestimmte soziale Rolle definieren" [53].

Eine Rolle teilt sich in einzelne Sektoren. So ist z.B. die Rolle des niedergelassenen Arztes immer bezogen und abgestimmt auf die Erwartungen der entsprechenden Bezugsgruppen, wie z.B. Patienten, Arzthelferinnen, Vertreter von Arzneimittelfirmen oder der Kassenärztlichen Vereinigung.

Parsons kennzeichnet die Arztrolle als eine funktional spezifische, affektiv neutrale, universale und kollektivorientierte. Funktional spezifisch meint hierbei die technische Kompetenz, das diagnostisch-therapeutische Spezialwissen, welches vom Arzt erwartet wird. Affektiv neutral bedeutet, daß z.B. Fachgespräche mit Kollegen nicht aufgrund von Antipathie oder Sympathie, sondern allein von der Sache her bestimmt sein sollten. Universal ist die Arztrolle, weil sie prinzipiell von jedem Gesellschaftsmitglied – im Krankheitsfall – aktiviert werden kann. Unter Kollektivitätsorientierung versteht Parsons schließlich, daß der Arzt verpflichtet ist, das Wohl des Patienten über seine eigenen Interessen zu stellen [58]. Der idealtypische Charakter dieser Wesensmerkmale der Arztrolle wird deutlich durch zunehmende Spezialisierungen im medizinischen Bereich mit Arztrollen, die nur noch einem begrenzten Bevölkerungsteil potentiell zugänglich sind (z.B. Gynäkologe). Dies bedeutet eine Einschränkung des Universalismus der Arztrolle. Aber auch die Kollektivitätsorientierung wird gelegentlich von wirtschaftlichen Überlegungen (ökonomische Effizienz) überlagert (z.B. Auslastung der Bettenkapazität einer Klinik; Arzneimittelverordnung).

Sind die Erwartungen der einzelnen Bezugsgruppen seitens des Arztes (Rollenträger) in Einklang zu bringen, so besteht keine Behinderung für ein erfolgreiches Rollenhandeln. Sind die Rollenerwartungen der diversen Bezugsgruppen hingegen nur schwer miteinander vereinbar, sind die Erwartungen in den einzelnen Sektoren gar widersprüchlich, so wird dies mit hoher Wahrscheinlichkeit zu einem **Intra-Rollenkonflikt** führen. Der Rollenträger gerät in den Konflikt, unterschiedliche Erwartungen an seine Rolle zu integrieren. Dies kann u.U. zum Scheitern des Rollenspiels führen.

Analog verhält es sich beim **Inter-Rollenkonflikt.** Wie bereits erwähnt, hat der Mensch in seinem Leben stets mehrere Rollen inne. Überschneiden sich nun die Geltungsbereiche der verschiedenen Rollen, d.h. werden in einer spezifischen Situation sich einander ausschließende Verhaltenserwartungen an den Rolleninhaber herangetragen, so kommt es zu der genannten Konfliktform.

Wird ein Arzt auf einer Notfallstation kurz vor Ende seiner Arbeitszeit noch mit einem Patienten konfrontiert und entscheidet er sich für dessen Behandlung, überzieht er dabei seine normale Arbeitszeit, so hat dies Auswirkungen auf den Geltungsbereich z.B. seiner Vaterrolle. Die Ansprüche seiner Familienangehörigen (Verhaltenserwartungen) können somit partiell nicht erfüllt werden (Zeitverlust), was sich konkret etwa in Vorwürfen des Ehepartners, beim Abendessen gefehlt zu haben, äußern kann.

Es bedarf somit seitens des Rollenträgers einer gewissen Rollenstrategie, um den verschiedenen Erwartungen gerecht werden zu können. Die einzelnen Rollen müssen aufeinander abgestimmt werden; sie sind u.U. räumlich und zeitlich voneinander zu trennen.

Gerade im Fall des niedergelassenen Arztes, dessen Praxis sich im eigenen Haus befindet, kann dies wiederholt zu Konflikten mit den Erwartungen der Familienangehörigen führen. Es ist bei der Betrachtung des **Rollenspiels** zudem wichtig, das Maß des inneren Engagements zu beachten, das eine Rolle erfordert. Es ist gerade eine Besonderheit der meisten Arztrollen, daß vom jeweiligen Rollenträger immer wieder ausfindig gemacht werden muß, was in einer spezifischen Situation angemessenes Handeln darstellt. Dieses Verstricktsein läßt sich nach Feierabend nicht einfach abschalten. „Hierbei kann das Individuum in einen bedrückenden Spannungszustand geraten. Einerseits muß es sich mit der Rolle und ihren Anforderungen immer wieder ausdrücklich auseinandersetzen, es muß also die Rolle objektivieren, d.h. eine gewisse Rollendistanz gewinnen. Zugleich muß es sich selbst objektivieren, also sich selbstreflexiv verhalten. Um die Rolle richtig spielen zu können, muß es sich selbst und die Rolle immer wieder zum Problem machen. Andererseits kann eine solche Rolle nur durchgehalten werden, wenn man sich selbst mit ihr identifiziert, also sein Ich mit der Rolle in eins setzt. Dies kann aber die Gefahr heraufbeschwören, daß ein Mensch in anderen Rollen versagt oder dann versagt, wenn eine souveräne sittliche Entscheidung von ihm verlangt wird, die sich nicht in einen Kanon von Rollenvorschriften einfügt. Man könnte die These vertreten, daß gerade diejenigen Rollen, die vordergründig viel Gestaltungsspielraum lassen, in einem tieferen Sinn die Gefahr der Selbstentfremdung heraufbeschwören“ [44].

Das folgende Kapitel 7.7 wendet sich dem Begriff der **sozialen Institution** zu, wobei deutlich wird, daß deren analytische Einheit nicht die einzelne Handlung ist, sondern die **soziale Rolle.**

Ein Komplex von aufeinander bezogenen Rollen ist somit eine erste, wenngleich noch vage Beschreibung des Sozialgefüges einer sozialen Institution.

Studienfragen

Welche Konfliktformen lassen sich im Zusammenhang mit dem Rollenbegriff unterscheiden?
(s.S. 187 links)

7.7 Institution

Harald Lofink

Soziale Institutionen erwachsen aus dem Bedürfnis, das alltägliche Beziehungsgeflecht in seinem Ablauf und seiner Konsequenz transparent werden zu lassen und somit Verhaltenssicherheit zu gewährleisten. Im Kern spiegeln sich hier die in besonderer Weise geprägten Handlungsabläufe (s.u.).

Der Begriff **Institution** bedeutet wörtlich **Einrichtung**. Gemeint sind Strukturen sozialer Interaktionszusammenhänge (zwischenmenschliche Beziehungen), die – normativ geregelt – einen bestimmten Verfestigungsgrad aufweisen.

Der Bogen spannt sich dabei von der Zweierbeziehung (Dyade) bis zu „Vielpersonen-Beziehungen“ [54].

In einem soziologischen Wörterbuch heißt es demnach auch: „Institution nennen wir die jeweils kulturell geltende, einen Sinnzusammenhang bildende, durch Sitte und Recht öffentlich garantierte Ordnungsgestalt, in der sich das Zusammenleben von Menschen darbietet. Der Anwendungsbereich des Terminus ist freilich schwankend, es fallen darunter Strukturen mit unübersehbarem Kleingruppenhintergrund (wie z.B. Ehe und Familie), andererseits auch große, z.T. hochkomplexe Systeme: Vertrags- und Verwaltungsformen, Phänomene wie Gastrecht, Asyl, Schuldknechtschaft, Sklaverei, Feudalismus, Herrschaftsformen (u. a. Bürokratie), Marktformen, die Städte u.a.m.“ [55]. Zu nennen ist auch das Gesundheitssicherungssystem. Die Definition läßt erkennen, daß es sich bei sozialen Institutionen um die eingerichtete Organisation sozialen Handelns handelt. Allerdings ist dieser Definition implizit die Negation der unterschiedlichen Bezugsebenen, worauf in einem neueren Beitrag insbesondere Schülein hinweist [56].

So zeigt eine Zweierbeziehung (z.B. Ehe) im Vergleich mit vereins- oder verbandsmäßig organisiertem Handeln eine deutlich andere Interaktionskonstellation. Bei einer Zunahme der **Quantität der Beziehungen** entwickeln sich daher **transsubjektive Organisationsformen** sozialen Handelns. Charakteristisch ist deren Eigendynamik. Sie sind losgelöst von Einzelinteraktionen und doch sind sie nichts anderes „als in spezifischer Weise strukturierte Interaktionszusammenhänge“ [56].

Es handelt sich somit bei sozialen Institutionen um sinnstiftende Rahmenbedingungen für soziales Handeln auf einer je spezifischen Ebene des sozialen Gesamtprozesses.

Im Bereich der Gesundheitssicherung wird u. a. die Institution der Ärztekammer von der des Krankenhauses unterschieden. Gelegentlich werden diese Einrichtungen auch als Subinstitutionen des Gesundheitssicherungssystems bezeichnet. Diese Teilbereiche im gesamtgesellschaftlichen Zusammenhang sind gesetzmäßig organisiert und zugleich in sich weiter differenziert. So existieren neben einer Bundesärztekammer die jeweiligen Landes- und Bezirksärztekammern. Der Geltungsbereich typisiert somit zum einen die jeweilige Institution, deren Zweckorientierung zugleich aber eine weitere Differenzierung nahelegt: z.B. Psychiatrische Klinik, Kreiskrankenhaus. Soziale Institutionen regeln demnach viele (quantitative Funktion), insbesondere aber verschiedenartige Einzelinteraktionen. Dies bedarf einer organisierten Binnenstruktur; zusätzlich zu den (Einzel-) Beziehungen entstehen Beziehungen zwischen den Beziehungen. „Der Teilprozeß der Beziehungen gewinnt Eigendynamik gegenüber der einzelnen Beziehung“ [56].

Ein Patient beispielsweise erlebt sich während seines Klinikaufenthaltes eingebunden in das Verhältnis von Ärzteschaft und Pflegepersonal. Es besteht ein komplexer Beziehungszusammenhang, der formelle Organisationsregelungen erforderlich werden läßt. Andernfalls würde ein Beziehungsfeld sich in eine Vielzahl von Einzelbeziehungen auflösen. „Soziale Institutionen existieren daher auch nicht als solche, sondern in Gestalt sozialer Organisationen“ [56]. Es liegt nahe, daß gerade hochentwickelte, industrialisierte Großgesellschaften wie die Bundesrepublik Deutschland ohne soziale Institutionen, d.h. ohne organisatorische Regelung ihrer Teilbereiche, nicht vorstellbar sind. Hierbei handelt es sich um nichts anderes als die funktionale Ordnung (Abstimmung) von sozialen Beziehungen und Rollen in den betreffenden Gesellschaftssegmenten. Entsprechende Handlungsvorschriften konkretisieren sich in der Konstruktion eines Positionsnetzes, welches wiederum am jeweiligen Zielentwurf orientiert ist. So richtet sich Gesundheitssicherung aus an den historisch und/ oder kulturell geltenden Maßstäben von Gesundheit und Krankheit. Für notwendig erachtete Positionen werden institutionell verankert (Chirurg, Internist, Anästhesist, Kinderkrankenschwester, Küchenhilfe usw.) und Leitlinien erforderlichen Handelns erstellt. Hierbei ist die Bedeutung (Prestige, Machtbefugnis) der einzelnen Positionen eng verknüpft mit dem Grad ihrer Definierbarkeit. Es existieren gerade im klinischen Bereich Positionen, die ein flexibles **Rollenspiel** erfordern und somit vom subjektiven Einsatz des Rollenträgers abhängig sind (personengebundene Kompetenz). Zu nennen wäre hier die Position des Chefarztes, dessen Entscheidungsspielraum häufig erst situationsgerechtes Handeln ermöglicht. Daneben existieren aber auch Positionen mit rein instrumenteller Funktion: z. B. Reinigungspersonal, Küchenhilfe; ihre Träger sind in ihren Handlungen stärker reglementiert, sie sind zudem rascher austauschbar.

Allen Positionsinhabern gemein sind die institutionell geregelten Verpflichtungsnormen, um so die Befriedigung eines gegebenen Bedürfnisses sicherzustellen (Institutionsziel). Von diesem Ziel (im Falle des Krankenhauses die Wiederherstellung von Gesundheit) abweichendes Verhalten wird sanktioniert – dem Interaktionsziel dienliches Verhalten belohnt.

„Drohungen im Hintergrund haben die Funktion, die Rollenträger zu konformem Verhalten zu bringen, auch wenn dies nicht unmittelbar ihren Bedürfnissen entspricht. (...) Da jedoch rein negative Sanktionen wenig mehr Effekt als Gehorsam haben, also keine Aktivität im Sinne von Engagement hervorbringen, gibt es stets auch positive Sanktionen. Für rollenkonformes Verhalten gibt es Gratifikationen: Geld, Examen, Anerkennung, Privilegien, Status. (...) Es handelt sich also um einen Tauschprozeß: Wer in einer sozialen Institution eine Position übernimmt, verpflichtet sich, rollenkonformes Verhalten zu zeigen und wird dafür (...) belohnt" [56].

Es existieren z. B. leistungsorientierte Regelungen für den beruflichen Aufstieg in einer Klinik (Dienstjahre, Aus- und Weiterbildung, Erfolg etc.), was sich u. a. in einer höheren Entlohnung niederschlägt. Hierdurch ergeben sich vermehrt Chancen für Bedürfnisbefriedigungen außerhalb der Institution (z. B. Freizeit).

Die wechselseitig aufeinander bezogenen Rollen in Institutionen stellen Handlungsmodelle für deren Mitglieder dar; sie regeln u.a. das Patientenverhalten im Krankenhaus. Ein Patient, der sich beharrlich weigert, verordnete Medikamente einzunehmen, handelt institutionellen Erfordernissen zuwider, auch wenn seine persönlichen Gründe für die Weigerung noch so einleuchtend sein mögen.

„Interaktion in sozialen Institutionen ist **entindividualisiert** und muß deshalb **standardisiert** werden, und diese Standardisierung vollzieht sich über Positionen und Interaktionsformen. Sie gewährleisten einen institutionsspezifischen Verlauf der Interaktion unabhängig von den jeweiligen konkreten Interaktionsteilnehmern" [56]. Eine solche **Regelmasse** (Interaktionsrichtlinien) bedarf jedoch ihrer Bestandssicherung. Das Positionsnetz, die Interaktionsformen, die Zweckzusammenhänge (s. u.) bedürfen der Korrektur, der Pflege, der Überprüfung und Stützung [56]. In Institutionen bedürfen „(...) Bestimmungen der Grenzen, die Auswahl der Mitglieder und Themen, die Verteilung von Macht und Informationen, die Festlegung legitimer Handlungen usw. (...) ständiger Vorkehrungen" [56]. Die Kooperation der einzelnen Funktionskreise einer sozialen Institution ist ein unabdingbares Erfordernis. Für das Krankenhaus bedeutet dies, daß der medizinische (M) und pflegerische Funktionskreis (PF) sowie der Kreis der Verwaltungs- und Versorgungsfunktion (V) ineinandergreifen müssen. Wichtig ist zudem, daß die genannten Funktionskreise untereinander, aber auch in ihrer jeweiligen Binnenstruktur hierarchisch gegliedert sind.

Die Abbildung 7-1 zeigt die relative Rangfolge der Positionen (I = höchster Rang bis V = niedrigster Rang) nach den je erforderlichen Qualifikationen und Ausbildungsbefugnissen. Sie deutet aber auch mögliche Konflikte und Gegensätze an, die durch unterschiedliche Aufgaben und deren Überschneidung im Alltag des Krankenhausbetriebs entstehen können [57].

Wenngleich institutionelle Kompetenzzuweisungen (formelle Modalitäten) eine Vielzahl potentieller Konflikte regeln, bestehen dennoch Räume für Interessengegensätze, die aus der Perspektive der institutionellen Teilbereiche (hier: Funktionskreise) sich erklären lassen. *Ressort-Egoismus* als Schlagwort beschreibt einen solchen Sachverhalt recht zutreffend.

Dies macht verstärkt deutlich, daß Transparenz und Angemessenheit intrainstitutioneller Kooperation erforderlich sind. Andernfalls ist eine Korrektur des institutionellen Rahmenkonzepts unabdingbar; insbesondere da, wo ein solches Konzept der realen Bedürfnislage nicht mehr oder nur partiell entspricht. So ist die Notwendigkeit von Re-

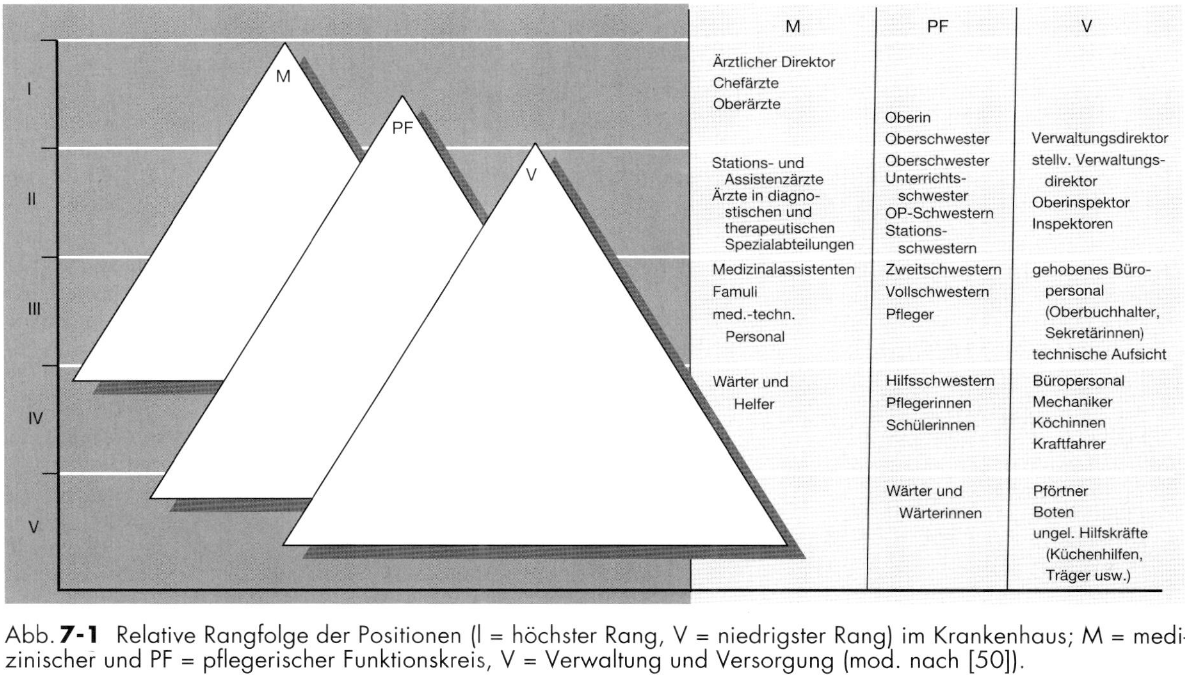

Abb. **7-1** Relative Rangfolge der Positionen (I = höchster Rang, V = niedrigster Rang) im Krankenhaus; M = medizinischer und PF = pflegerischer Funktionskreis, V = Verwaltung und Versorgung (mod. nach [50]).

formen im Gesundheitswesen der Bundesrepublik Deutschland von Fachleuten nie ernsthaft bestritten worden. Es stellt sich nur die Frage, ob Grundprinzipien – dies beträfe die institutionelle Grund- oder Gesamtstruktur – verändert werden sollen oder Korrekturen eher punktuell (systemimmanent) erfolgen müssen.

Wie sehr institutionelle Binnenregelungen gerade auch im Bereich des Krankenhauses Handlungsweisen zementieren und von daher Veränderungen erschweren, zeigt Schülein recht pointiert auf: „Wenn Krankenhäuser schon so gebaut und verwaltet werden, wie sich dies aus dem rein somatologischen Krankheitsbegriff ergibt, werden alle anderen möglichen Krankheitsbegriffe in ihnen selbst unanwendbar, Krankheiten, die mit ihm nicht übereinstimmen, werden in sein Schema gepreßt. Wenn also ein Krankenhaus viel Operationsräume und geräumige Apotheken hat, weil der Patient nicht als Person, sondern nur als defekte Maschine begriffen wird, die technisch versorgt und verwahrt werden muß, sind die Räumlichkeiten so, daß den hygienischen und medizinischen Erfordernissen Genüge getan wird. Auf der Strecke bleiben die Identitätsbedürfnisse der Patienten, die Kontaktmöglichkeiten mit Angehörigen und Freunden, auf der Strecke bleibt auch das Arzt-Patient-Verhältnis, welches sich auf ein Techniker-Apparat-Verhältnis reduziert. Damit fallen die psychosomatischen und ökologischen Aspekte von Krankheit unter den Tisch. Der Magenkranke, der mit seiner Krankheit auf unbewältigte berufliche und private Probleme reagiert, bekommt die Geschwüre herausgeschnitten und wird danach als geheilt entlassen“ [56].

Es bleibt noch zu betonen, daß trotz (oder vielleicht gerade wegen) des hohen Formalisierungsgrades sozialer Institutionen sich in ihnen auch informelle Interaktionsebenen bilden. Sei es nun die vom Pflegepersonal tolerierte *Rauchernische* für Patienten auf einer Station mit offiziellem Rauchverbot, oder betrifft es gar die Außendarstellung eines Krankenhauses.

„Außendarstellung und interner Prozeß fallen weit auseinander; eine Spaltung, die (...) auch in sozialen Institutionen immer dann auftritt, wenn die Außendarstellung in Gefahr gerät. Dann versucht die Organisation, Skandale zu vertuschen, Normbrüche zu verdecken, Konflikte zu verleugnen usw. Wann immer ein Verantwortlicher auf solche Pannen oder Pleiten angesprochen wird, gibt er sich im Normalfall äußerste Mühe, die entsprechenden Ereignisse zu verleugnen oder wenigstens zu verkleinern. Das Pendant dazu sind Strategien, intern die Spuren solcher Vorkommnisse zu vertuschen. Zu dem Zweck gibt es vom schlichten Dementi über Vernebelungsaktionen bis zu massiven Fälschungen oder dem Verschwindenlassen bedrohlicher Unterlagen allerhand Techniken“ [56].

Der Zugang zu Institutionen ist formell geregelt. Ausbildungsvoraussetzungen müssen erfüllt sein (Medizinstudium, Pflegerausbildung usw.), ein entsprechender (Stellenbesetzungs-) Bedarf existieren; dies betrifft das Personal. Aber auch der Kranke muß ein spezifisches Krankheitsbild aufweisen, um als Patient in der Institution Krankenhaus aufgenommen zu werden. Die Grenzen im Krankenhausbereich sind dabei fließend und richten sich nicht selten nach der gerade vorhandenen Bettenzahl. Dies bedeutet: nicht allein das Krankheitsbild, sondern auch die Kapazität eines Krankenhauses entscheidet über die **Mitgliedschaft** eines Patienten.

Studienfragen

Welches sind die charakteristischen Merkmale der Interaktion in sozialen Institutionen?
(s. S. 189 f.)

Literatur

1 Heider, F.: The psychology of interpersonal relations. Wiley, New York 1958.
2 Kelley, H. H.: Causal schemata and the attribution process. General Learning Press, Morristown 1972.
3 Jones, E. E., R. E. Nisbett: The actor and the observer: Divergent perceptions of the causes of behavior. General Learning Press, Morristown 1971.
4 Rotter, J. B.: Generalized expectancies for internal versus external control of reinforcement. Psychological Monographs, 80 (1966) 1–28.
5 Piontkowski, U., M. Ruppelt, M. Sandmann: Eine Normierung von Rotters I-E-Skala. Diagnostica, 28 (1981) 313–323.
6 Brewin, C.: Self-blame in accidental injury. In: Antaki, C., C. Brewin (Eds.): Attributions and psychological change (pp. 119–134). Academic Press, London 1982.
7 Watts, F. N.: Attributional aspects of medicine. In: Antaki, C., C. Brewin (Eds.): Attributions and psychological change (pp. 135–155). Academic Press, London 1982.
8 Ward, F., B. D. Bower: A study of certain social aspects of epilepsy in childhood. Developmental Medicine and Child Neurology, 20 (1978).
9 Brehm, S. S.: Anwendungen der Sozialpsychologie in der klinischen Praxis. Huber, Bern 1980.
10 Luderer, H. J., C. Bischoff: Schmerzerwartung und Schmerzwahrnehmung in experimentellen und klinischen Situationen. Medizinische Psychologie, 4 (1978) 164–178.
11 Lilli, W.: Die Hypothesentheorie der sozialen Wahrnehmung, S. 19–46. In: Frey, D. (Hrsg.): Kognitive Theorien der Sozialpsychologie. Huber, Bern 1978.
12 Tajfel, H.: Soziales Kategorisieren, S. 345–380. In:

Moscovici, S, (Hrsg.): Forschungsgebiete der Sozialpsychologie. Athenäum, Frankfurt 1975.
13 Bühler, K. Sprachtheorie, 2. Auflage. Fischer, Stuttgart 1965.
14 Searle, J. R.: Sprechakte. Suhrkamp, Frankfurt 1971.
15 Watzlawick, P., J. H. Beavin, D. D. Jackson: Menschliche Kommunikation. Formen, Störungen, Paradoxien. Huber, Bern 1969.
16 Bateson, G., D. D. Jackson, J. Haley, J. H. Weakland: Auf dem Wege zu einer Schizophrenie-Theologie, S. 11–43. In: Bateson, G. (Hrsg.): Schizophrenie und Familie. Suhrkamp, Frankfurt 1969.
17 Kendon, A., R. M. Harris, M. Ritchie (Eds.): Organization of behavior in face-to-face interaction. Mouton, Den Haag 1975.
18 Volicer, B. J., M. W. Burns: Preexisting correlates of hospital stress. Nursing Research, 26 (1977) 408–415.
19 Leavitt, H. J.: Some effects of certain patterns on group performance. Journal of Abnormal and Social Psychology, 46 (1951) 38–50.
20 Schofield, W.: Psychotherapy, the purchase of friendship. Prentice Hall, Englewood Cliffs 1964.
21 Meinefeld, W.: Einstellung und soziales Handeln. Rowohlt, Reinbek 1977.
22 Edwards, A. L.: Techniques of attitude scale construction. Appleton Century Crofts, New York 1957.
23 Petermann, F. (Hrsg.): Einstellungsmessung. Hogrefe, Göttingen 1980.
24 Festinger, L.: A theory of cognitive dissonance. Stanford University Press, Stanford 1957 (dt.: Theorie der kognitiven Dissonanz.: Huber, Bern 1978).
25 Wicklund, R. A.: Freedom and reactance. Lawrence Erlbaum Associates, Hillsdale 1974.
26 Nuttin, J. M.: Einstellungsänderung und Rollenspiel, S. 103–154. In: Moscovici, S. (Hrsg.): Forschungsgebiete der Sozialpsychologie, Bd. 1. Athenäum, Frankfurt 1975.
27 Janis, I. L., L. Mann: Effectiveness of emotional role playing in modifying smoking habits and attitudes. Journal of Experimental Research in Personality, 1 (1965) 84–90.
28 Lilli, W.: Grundlagen der Stereotypisierung. Hogrefe, Göttingen 1982.
29 Allport, D. W.: Die Natur des Vorurteils. Kiepenheuer & Witsch, Köln 1971.
30 Piontkowski, U.: Psychologie der Interaktion. Juventa, München 1976.
31 Jones, E. E., H. B. Gerard: Foundations of social psychology. Wiley, New York 1967.
32 Hofstätter, P. R.: Gruppendynamik. Rowohlt, Hamburg 1957.
33 Feger, H.: Soziale Beziehungen, S. 385–502. In: Klauer, K. J. (Hrsg.): Handbuch der Pädagogischen Diagnostik, Bd. 2. Schwann, Düsseldorf 1978.
34 Thibaut, J. W., H. H. Kelley: The social psychology of groups. Wiley, New York 1959.
35 Bales, R. F.: Interaction process analysis. Addison Wesley Press, Cambridge 1950.
36 Davies, M. S.: Variations in patients' compliance with doctors' advice: An empirical analysis of patterns of communication. American Journal of Public Health, 58 (1968) 274–288.
37 Scholz, O. B.: Diagnostik in Ehe- und Partnerschaftskrisen. Urban & Schwarzenberg, München–Wien–Baltimore 1978.
38 Grawe, K. (Hrsg.): Verhaltenstherapie in Gruppen. Urban & Schwarzenberg, München–Wien–Baltimore 1980.
39 Lewin, K., R. Lippitt, R. K. White: Patterns of aggressive behavior in experimentally created „social climates". Journal of Social Psychology, 10 (1939) 271–299.
40 Sherif, M., O. J. Harvey, B. J. White, W. R. Hood, C. W. Sherif: Intergroup conflict and cooperation. The robbers cave experiment. University Book Exchange, Norman 1961.
41 Asch, S.: Effects of group pressures upon the modification and distortion of judgements. In: Newcomb, T. M., E. L. Hartley (Eds.): Readings in Social Psychology. Holt, New York 1952.
42 Weber, M.: Soziologische Grundbegriffe, S. 42. Mohr, Tübingen 1960.
43 Popitz, H.: Die normative Konstruktion von Gesellschaft, S. 3, 39, 65. Mohr, Tübingen 1980.
44 Bahrdt, H. P.: Schlüsselbegriffe der Soziologie. Beck, München 1984.
45 Spittler, G.: Norm und Sanktion, S. 14, 21. Walter, Olten 1967.
46 Freidson, E.: Der Ärztestand. Enke, Stuttgart 1979, S. 110.
47 Reckless, W. C.: A non-causal explanation: Containment theory. Excerpta Criminologica (1962) 131–134.
48 Reckless, W. C.: Die Kriminalität in den USA und ihre Behandlung. o. V., Berlin 1964.
49 Lamnek, S.: Theorien abweichenden Verhaltens, S. 90, 220 ff. Fink, München 1979.
50 Rohde, J. J.: Soziologie des Krankenhauses, 2. Auflage. Enke, Stuttgart 1974.
51 Lemert, E. M.: Human deviance, p. 40. Prentice Hall, Englewood Cliffs 1967.
52 Wiswede, G.: Rollentheorie, S. 102 f. Kohlhammer, Stuttgart 1977.
53 Parsons, T.: Struktur und Funktion der modernen Medizin. In: König, R., M. Tönnesmann (Hrsg.): Probleme der Medizinsoziologie. Kölner Zeitschrift für Soziologie und Sozialpsychologie, Sonderheft 3, S. 10–57, 101. Westdeutscher Verlag, Köln 1958.
54 Siegrist, J.: Lehrbuch der Medizinischen Soziologie, S. 224. Urban & Schwarzenberg, München–Wien–Baltimore 1977.
55 Bernsdorf, W. (Hrsg.): Wörterbuch der Soziologie, S. 371. Fischer, Frankfurt 1972.
56 Schülein, J. A.: Mikrosoziologie, S. 217, 220 ff., 253. Westdeutscher Verlag, Opladen 1983.
57 Geissler, B., P. Thoma (Hrsg.): Medizinsoziologie. Eine Einführung für medizinische und soziale Berufe, 2. Auflage, S. 189. Campus, Frankfurt 1979.
58 Fuchs, W., R. Klima, R. Lautmann, O. Rammstedt, H. Wienold: Lexikon zur Soziologie. Westdeutscher Verlag, Opladen 1973.
59 Berbalk, H., A. Kohlhaas, J. Kemkensteffen, H. Koch, U. Schulz, G.-J. Meyer, K. H. Seidenstücker, V. Kollenbaum, D. Will: Mimik, Streß und Blutdruck – Eine psychophysiologische Untersuchung mit Hypo-, Normo- und Grenzwerthypertonikern. Verhaltenstherapie 1 (1991), 120–129.
60 Willi, J.: Die Zweierbeziehung. Rowohlt, Reinbek 1975.
61 Ferreira, A. J.: Familienmythen. In: Watzlawick, P., J. H. Weakland (Hrsg.): Interaktion. Huber, Bern 1980. S. 85–92.
62 Laing, R. D.: Das Selbst und die Anderen. Kiepenheuer & Witsch, Köln 1973.

8 Gesundheits- und Krankheitsverhalten

Inhalt

8 Gesundheits- und Krankheitsverhalten

8.1 Erklärungsmodelle von Krankheit und Kranksein

Peter Novak

Die hier beschriebenen Modelle stellen unter perspektivischer oder aspekthafter Begrenzung theoretische Zugänge zum Problem des Verstehens von Krankheit dar, welche zugleich teilweise über die praktische Lösung des Problems Krankheit entscheiden. Dabei richten sich praktische Lösungen auf das Ziel einer restitutio ad integrum oder auf die Herstellung eines neuen Zustands, da der Betroffene mit der Krankheit mindestens mutmaßlich besser leben kann als bisher. Es ist im Rahmen dieses Artikels nicht möglich und mit seiner Zielsetzung auch nicht vereinbar, alle Ansätze der jeweiligen Perspektive des Zugangs zum Erklären von Krankheit zu beschreiben.

Biomedizinisches Modell

Diese Modellvorstellung geht von der prinzipiellen Annahme aus:

> Veränderungen – im Extremfall *eine* Veränderung – der Struktur des Organismus (Organsystem, Organ, Gewebe, Zelle, zelluläre Substrukturen, Gene etc.) führen dazu, daß teilweise oder ganz das geordnete Zusammenspiel von Funktionen des Organismus (Homöostase) vorübergehend bis dauernd unterbrochen, d.h. gestört ist.

Es spielt für diese Vorstellung keine Rolle, ob die Strukturveränderung **exogen** oder **endogen** zustande gekommen ist. Gleichgültig ist also, ob die Bedingungen dafür im Organismus selbst liegen oder außerhalb von ihm.

Diese Modellvorstellung impliziert keine Entscheidung darüber, ob eine Strukturveränderung des Organismus auf dem Wege genetischer Vererbung entstanden ist, evolutiv oder involutiv bedingt ist, durch äußere Einwirkungen auf das Genom zustande kommt (z. B. radioaktive Bestrahlung), durch Einwirkungen von Bakterien, Viren, durch Einwirkungen chemischer oder physikalischer Art (Verletzungen, Hitze, Kälte, Lärm, Gase, Säuren etc.) oder durch psychische oder soziale Einflüsse. Sie ist auch neutral gegenüber einer Annahme, Strukturveränderungen eines Organismus seien immer Ergebnis einer Auseinandersetzung zwischen ihm und den gegebenen Bedingungen einer Umwelt, in die er sich begeben hat oder in der er sich befindet, wobei dieses Ergebnis außer von den Umweltbedingungen von den gegebenen oder erworbenen Aktions- und Reaktionsmöglichkeiten des Organismus abhängt. Das bedeutet, ein anatomisch-physiologisches Erklärungsmodell läßt sich durchaus in ein ganzheitlich-(holistisch-)ökologisches Konzept einbauen [1].

Keine Rolle spielt es auch, ob der Zustand eines Organismus aufgrund eigener oder fremder Wahrnehmung oder Erlebnisse als krank bezeichnet wird. Das bedeutet, die Zuschreibungsprozesse des Merkmals **krank** sind gleichgültig. Ob jemand sich selbst für krank hält, ob seine Familie oder Freunde sein Aussehen, sein Verhalten etc. als Ausdruck krankhafter Veränderungen verstehen, ob ein Psychologe, Arzt oder wer auch immer jemanden als krank betrachtet, beschreibt etc.: Alle diese Beobachtungs-, Interpretations- und Zuschreibungsprozesse können aus pathophysiologisch-anatomischer Sicht nur dann gültig sein, wenn mit Strukturveränderungen zusammenhängende Funktionsstörungen des betreffenden Organismus unter Anwendung physikalischer und chemischer Untersuchungsmethoden nachgewiesen werden (Abb. 8-1).

Diese Modellvorstellung beinhaltet bezüglich der Therapie von Krankheiten, daß nur solche Mittel geeignet sind, die pathologische Struktur- und Funktionsveränderungen eines Organismus vollständig oder teilweise rückgängig machen, den Fortschritt pathologischer Prozesse aufhalten oder verlangsamen oder einen soweit wie möglich erträglichen neuen Struktur- und Funktionszustand des Organismus herstellen. Wenngleich sich mit dieser Perspektive physikalische und chemische Therapiemittel wegen ihrer unmittelbaren Einwirkungsmöglichkeit auf den materiellen Organismus näher verbinden lassen, so sind im Prinzip psychische und soziale therapeutische Einwirkungsmöglichkeiten keineswegs ausgeschlossen. Nur müssen sie nachweisbar zu strukturell-funktionalen Veränderungen des Organismus führen, soll die pathophysiologisch-anatomische Perspektive weiterhin in Geltung bleiben [2, 3].

Nach dieser Modellvorstellung verfährt z. B. die chirurgische Diagnostik und Behandlung eines Knochenbruchs, einschließlich der dabei notwendigen Eingriffe eines Anästhesisten. Auch die röntgenologische, endoskopische, histologische und biochemische Diagnostik und die medikamentöse Therapie eines Zwölffingerdarmgeschwürs richtet sich nach dem gleichen Schema.

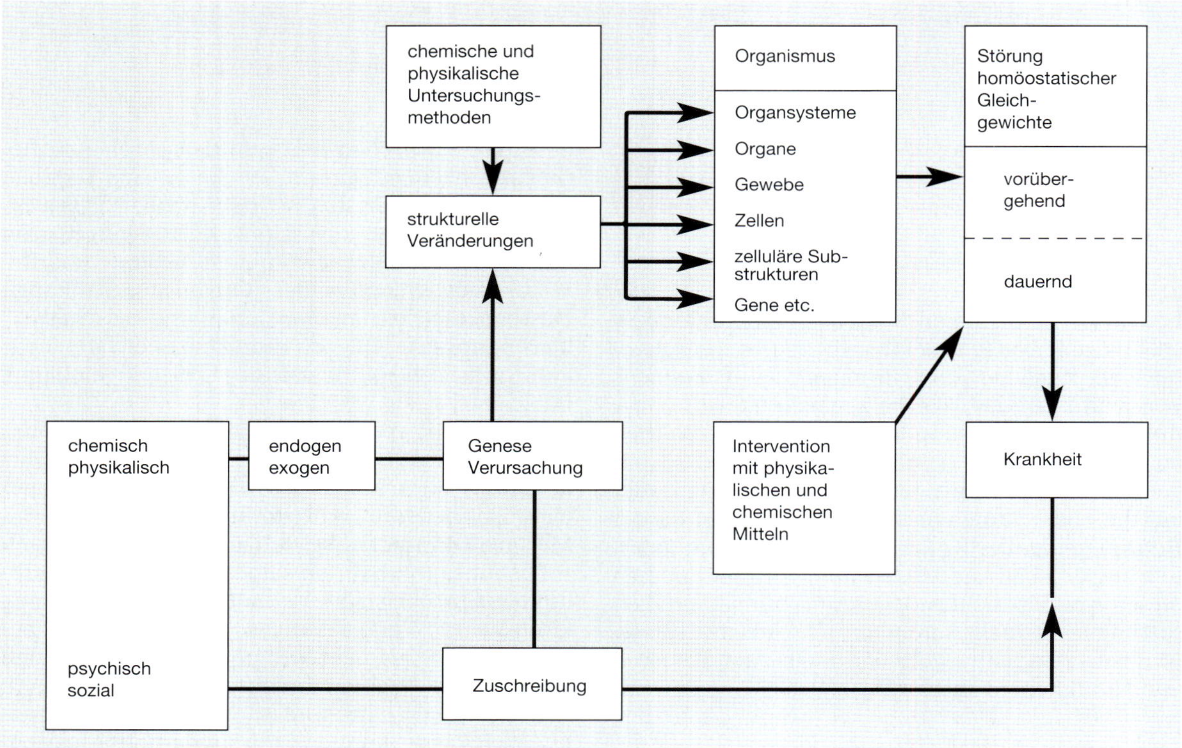

Abb. **8-1** Inhalt und Reichweite der pathophysiologisch-anatomischen Modellvorstellung von Krankheit.

Psychoanalytische Modellvorstellung

Diese Modellvorstellung geht von der prinzipiellen Annahme aus:

Es besteht ein Gegensatz zwischen körpergebundenen – also an den materiellen Organismus gebundenen Bedürfnissen (**Triebimpulsen**) – und existierenden sozialen Normen, an die die zugelassenen Möglichkeiten der Bedürfnisbefriedigungen gebunden sind.

Pathogenetisch entscheidend sind Situationen, in denen die individuellen Möglichkeiten nicht ausreichen, Bedürfnisse in normgerechter Weise diszipliniert und strukturiert zu befriedigen (**Integration von Triebimpulsen**), so daß es zu unvollständigen, teilweisen Befriedigungen, zu Verdrängungen der ursprünglichen Bedürfnisse und Ersatzbefriedigungen kommt (**Abwehr von Triebimpulsen**). Diese Versagungen werden als traumatisch erlebt. Die traumatischen Erlebnisse oder Erfahrungen sind dem Betroffenen nicht bewußt, können aber in der emotionalen und intellektuellen sprachlich vermittelten Auseinandersetzung mit einem psychoanalytisch ausgebildeten Therapeuten bewußt werden. Treten sie in besonders wichtigen Phasen der körperlich-seelischen Entwicklung des Individuums auf, so präformieren sie künftige Erfahrungen von Bedürfnissen und Möglichkeiten der Bedürfnisbefriedigung (Disposition). Die ursprüngliche traumatische Erfahrungssituation wird gleichsam wiederholt, ohne daß es gelingt, mit ihr aufgrund neuer Erfahrungen und aufgrund intellektueller Arbeit fertig zu werden oder sie zu vergessen.

Aus der Spannung zwischen dem Anspruch körpergebundener Bedürfnisse und den zugelassenen normgebundenen und insofern nur begrenzt möglichen Befriedigungen des Bedürfnisanspruchs resultiert dann Krankheit, wenn diese Spannung den Charakter eines andauernden, durch einen schlechten Kompromiß nur scheinbar gelösten oder ungelösten und schließlich destruktiven Konflikts annimmt (Symptombildung als Scheinlösung intrapsychischer Konflikte).

Im Prinzip betrifft diese destruktive Entwicklung den Menschen in seiner gesamten Existenz. Im besonderen jedoch kann sie stärker auf der kognitiven oder der emotionalen oder der somatischen Organisationsebene menschlichen Daseins in Erscheinung treten. Das bedeutet, der unbewußte und unbewältigte Konflikt zwischen Bedürfnisanspruch und normativer Beschränkung bringt einerseits Denkformen hervor, welche die kognitive Orientierung in einer gegebenen Umwelt erschweren, intellektuelle Leistungen im Hinblick auf allgemein anerkannte und geforderte Ziele beeinträchtigen und welche auffällig einförmig oder unflexibel oder auch angepaßt wirken. Andererseits kann der Konflikt stärker die Möglichkeiten beeinträchtigen, emotional bestimmte Beziehungen zu anderen Menschen zu entwickeln oder aufrechtzuerhalten. Schließlich kann er das Zusammenspiel der organischen Funktionen stören.

Der Konflikt zwischen Bedürfnisanspruch und normativer Bedürfnisdisziplinierung ist in der somatischen, psychischen und sozialen Entwicklung eines jeden Menschen unvermeidbar und eine Konfliktlösung notwendig. Sowohl konstruktive wie destruktive Konfliktlösungen kommen dadurch zustande, daß sich spätestens in den frühkindlichen extrauterinen Entwicklungsphasen psychomentale Instanzen bilden, welche die Vermittlungsfunktionen zwischen Bedürfnis- und Normanspruch übernehmen. Sie werden als **ICH-Instanzen** oder -Strukturen bezeichnet.

Zunächst fordern basale Bedürfnisse – z.B. das nach Nahrung – unmittelbare Befriedigung. Diese ist aber prinzipiell nicht erreichbar. Z.B. vergeht nach dem ersten Schrei eines Säuglings immer eine gewisse Zeit, bis seine Mutter mit dem Stillen beginnen kann. Im allgemeinen erhält er sogar nur zu bestimmten Zeiten Nahrung, welche seine Mutter, die Entbindungsklinik usw. nach Zweckmäßigkeit und/oder aufgrund kultureller bzw. individuell interpretierter Normen festlegen. Auf diese zunächst von außen gesetzte zeitliche Normierung einer Bedürfnisbefriedigung, zu der noch beispielsweise Haltung des Kindes und andere Riten des Stillens als weitere Normierungen hinzukommen, muß sich ein Kind so einstellen, daß es tatsächlich zur Befriedigung seiner Bedürfnisse gelangt.

Der Säugling muß die zunächst aufgezwungenen Disziplinierungen oder Normierungen für sich individuell so verarbeiten und gleichsam im voraus so mit ihnen rechnen, daß sie mit den eigenen Bedürfnissen vereinbar werden (**Integration von Triebimpulsen**).

Nach diesem Grundmuster werden zunächst von außen gesetzte Normierungen verinnerlicht, aber nicht wie im Spiegel abgebildet, sondern individuell interpretiert mit dem Ziel, sie einerseits in individuell bestimmter Form zu übernehmen und sie andererseits mit bestehenden Bedürfnissen zu vereinbaren. Die Vermittlungsbemühungen des ICH um Einigung zwischen Bedürfnis und Norm können mehr oder weniger gelingen oder auch vergeblich sein und scheitern. Mißlingen und Scheitern können daran liegen, daß äußere Bedingungen materieller oder normativer Art die Befriedigung von Bedürfnissen auf ein allgemein nicht erträgliches Maß beschränken oder überhaupt nicht zulassen, so daß auch bei individuellen Interpretationen von Normen kein Spielraum für Vereinbarungen mit Bedürfnissen bleibt. Andererseits kann dies aber auch daran liegen, daß Normen individuell falsch oder realitätsfern interpretiert und verinnerlicht werden. Dann können sie in einer so unvereinbar strengen Form Bedürfnissen gegenüberstehen, daß nur unzureichende oder gar keine Befriedigungschancen bestehen. Im ersten Fall scheitert das Individuum im Grunde an der von außen gegebenen Realität der materiellen und normativen Bedingungen für die Befriedigung seiner Bedürfnisse. Im zweiten Fall scheitert es im Grunde an seiner eigenen Auslegung der Realität der von außen gegebenen normativen Bedingungen. Allerdings können die Möglichkeiten der eigenen Realitätsinterpretation dadurch begrenzt sein, daß die Realität in bestimmten Formen begegnet, welche vor allem durch Bezugspersonen geprägt sind, die für die Bildung und Stabilität der Persönlichkeit und des Selbstgefühls besondere Bedeutung haben.

Von den Entwicklungsphasen, in denen die Vermittlung zwischen Bedürfnis und normativer Einschränkung der Bedürfnisbefriedigung scheitert, sowie davon, wie dieses Scheitern zustande kommt, hängt es ab, welche gesundheitlichen Störungen und Erkrankungen sich daraus ergeben können.

Es sind immer psychische Störungen, die Persönlichkeitsstruktur und Selbstgefühl betreffen, auch wenn Veränderungen körperlicher Strukturen und Funktionen im Vordergrund stehen sollten. In einer Kette von Bedingungen, die für die Auslösung von Erkrankungen in Frage kommen, können materielle (z.B. materielle Lebensbedingungen) oder soziale (z.B. Leistungszwänge, widersprüchliche Erwartungen) am Anfang stehen; entscheidend für psychoanalytische Erklärungsansätze ist das **intrapsychische Bemühen**, mit dem Scheitern der Vermittlung zwischen Bedürfnis und normativer Beschränkung der Bedürfnisbefriedigung fertig zu werden.

Die Magersucht eines Mädchens, bei der lebensbedrohliche Gewichtsabnahme und Ausbleiben der Menstruation im Vordergrund stehen, bietet ein Beispiel. Infolge Verlusts des Vaters, so stellt sich in einer psychoanalytischen Behandlung heraus, hat es während der sog. ödipalen kindlichen Entwicklungsphase keine Gelegenheit gehabt, seine sexuellen Triebimpulse in die üblichen Normen der Rolle des kleinen Mädchens zu integrieren, und wurde von der Mutter eher in die Rolle eines Jungen bzw. Mannes gedrängt – Projektion des Bildes ihres toten Mannes – und die es auch übernahm. Die Konfrontation mit der weiblichen Rolle durch unvermeidliche Begegnungen mit Jungen nach der Pubertät wurden für das Mädchen spürbar dadurch problematisiert, daß es errötete und sich davor sehr fürchtete. Es entdeckte, daß es seiner Errötungsangst Herr werden und damit sein Selbstgefühl erhalten konnte, wenn es seine Nahrungsaufnahme einschränkte und hart seinen Hunger bekämpfte. Mit dieser unvermeidlichen Begegnung tritt an das Mädchen die Versuchung heran, das weibliche Geschlechtsstereotyp real zu übernehmen. Der uneingestandene Wunsch, hier nachzugeben, äußert sich im Erröten. Es versagt sich jedoch diesen Wunsch, indem es sich durch Nahrungsentzug in einen Zustand bringt, der geschlechtsrollentypische heterosexuelle Begegnungen behindert bzw. nicht zuläßt [4].

Im Hinblick auf die Behandlung von Krankheiten ist die psychoanalytische Modellvorstellung durchaus vereinbar mit physikalischen und chemischen Therapiemitteln, ebenso mit lerntheoretisch orientierten Therapien und sozialtherapeutischen Verfahren. Soweit die psychoanalytische Perspektive für eine Krankheit von Bedeutung ist, kann diesen therapeutischen Methoden nur unterstützende Funktion bei einer konfliktverarbeitenden psychoanalytisch orientierten Therapie zukommen [5–7].

Verhaltenstheoretische Modellvorstellung

Diese Modellvorstellung geht von folgender prinzipieller Voraussetzung aus:

Formen des Verhaltens, die von Subjekten oder Adressaten oder Beobachtern dieses Verhaltens in Verbindung mit Krankheit gebracht oder als Krankheit bezeichnet werden, sind unter bestimmten Bedingungen zumindest teilweise erlernbar und verlernbar.

Dabei kann sich der Begriff *Verhalten* beziehen auf: körperliche Funktionszustände, emotionale Zustände (Gefühlsregungen), Formen des Wahrnehmens, Erkennens, Denkens, Vorstellens (kognitives Verhalten) sowie Formen sozialen Verhaltens (kollegiales Verhalten, Arbeitsverhalten, politisches Verhalten etc.). Diese Verhaltensformen lassen sich dann als erlernbar und verlernbar charakterisieren, wenn es sich bei Anwendung kontrollierter, experimenteller Analyseverfahren zeigt, daß sie bestehenden Regeln der Reiz-Reaktions-Beziehungen folgen, d.h. vor allem Regeln des **klassischen Konditionierens** (Ausbildung bedingter Reaktionen, Signallernen), des **operanten Konditionierens** (Lernen am Erfolg) und des **Lernens am Modell.**

Das krankhafte oder krankheitsrelevante Verhalten verletzt also nicht Regeln der Reiz-Reaktions-Beziehungen, sondern formulierte und informell eingespielte Regeln störungsfreier und erfolgreicher Auseinandersetzung zwischen Mensch und gegebener oder geschaffener Umwelt.

Beispiele: Angst vor starken und gefährlichen Tieren kann ein lebenswichtiges, auf jeden Fall Probleme der Begegnung mit ihnen erfolgreich bewältigendes Verhalten sein, welches Anlaß zur Entwicklung differenzierter Formen vorsichtigen Verhaltens geben mag. Tritt Angst jedoch bei der Begegnung auch mit ungefährlichen Tieren oder schon angesichts tierähnlicher Gegenstände häufig und intensiv auf, so kann das Leben in einer Wohngegend mit Haustieren und mit Kindern, die mit Tierfiguren spielen, sowohl für den Betroffenen wie für seine Umgebung zur Qual werden.

Sich aus ästhetischen, hygienischen oder Sauberkeitsgründen zu waschen, ist ein erwünschtes Verhalten, das zu unproblematischem Zusammenleben beiträgt, besonders auch dann, wenn es beendet wird, sobald sein Zweck erfüllt ist. Zum Problem wird es, wenn sich jemand stundenlang wäscht und nur mit großer Mühe damit aufhören kann.

Der Genuß von Alkohol zur Appetitanregung und zur Belebung gesellschaftlichen Zusammenseins ist verbreitetes und akzeptiertes Ritual, wird aber zum bedrohlichen Problem, wenn jemand so intensiv und häufig zum Alkohol greift, daß sich Wahrnehmungsstörungen, räumlich-zeitliche Desorientierungen, Zittern, weitere destruktive Organveränderungen, Arbeitsprobleme und Probleme zwischenmenschlicher Beziehungen einstellen.

Die Ausbildung erfolgreichen wie problematischen Verhaltens hängt ab von:

- artspezifisch und individuell angeborenen und in Sozialisationsprozessen erworbenen körpergebundenen Verhaltensdispositionen – dazu gehören auch angeborene und erworbene körperliche Schäden und Behinderungen;
- Umweltbedingungen, die als Reizsituation zu verstehen sind – das sind sozialökologische Be-

dingungen (z.B. klimatischer und geographischer Art, Wohnsituation, Ernährungssituation etc.), psychosoziale Bedingungen (z.B. liebevolle, tolerante oder zurückweisende, kalte Eltern und andere Bezugspersonen und -gruppen), sozioökonomische Bedingungen (z.B. Prestige, Vermögen, Einkommen, Armut, berufliche Ausbildung und Stellung etc.);
- Konsequenzen der realisierten Verhaltensform (z.B. Belohnung, Bestrafung, Ausbleiben unangenehmer Erfahrungen, Mißerfolg, Achtung, Mißachtung, Isolierung etc.).

Verhaltenstheoretisch orientierte Therapien haben das Ziel, problematisches Verhalten zu weniger problematischem Verhalten zu verändern oder es zu **löschen.** Dazu werden unter Anwendung der Regeln der Reiz-Reaktions-Beziehungen Techniken eingesetzt, die spezifisch für den individuellen Patienten und seine individuelle Umweltsituation entwickelt wurden. Dem geht eine differenzierte **Analyse** der Verhaltensdispositionen, der Umweltbedingungen und der Konsequenzen des zu therapierenden Verhaltens voraus. Medizinisch-therapeutische, sozialtherapeutische und auch nicht-verhaltenstheoretisch orientierte psychotherapeutische Eingriffe auf diesen Ebenen der Bedingungen problematischen Verhaltens können wichtige Voraussetzungen für den erfolgreichen Einsatz verhaltenstherapeutischer Techniken schaffen. Diese setzen an geeigneten unproblematischen Verhaltensstrukturen an und versuchen, sie mit dem problematischen Verhalten zu verbinden, mit dem Ziel, die Problematik des Verhaltens einzuschränken oder es zu löschen [8, 9].

Soziologische Modellvorstellung

Diese Modellvorstellung geht von der prinzipiellen Annahme aus:

> Wenn sich jemand als krank empfindet oder bezeichnet, oder wenn er als krank bezeichnet wird, so stellt dies eine soziale Reaktion auf sein unmittelbar oder mittelbar körpergebundenes Sozialverhalten dar.

Diese **soziale Reaktion** umfaßt

- die Etikettierung eines Verhaltens mit dem Prädikat *„das ist krankhaft"* oder *„dahinter steckt eine Krankheit"*, d.h. einen spezifischen Zuschreibungsprozeß;
- die Unterstellung oder Feststellung, daß dieses Verhalten nicht oder nicht mehr geltenden sozialen Regeln und Normen folgt oder zu folgen vermag (**deviantes** Verhalten);
- die Erwägung, Empfehlung, Verpflichtung oder den Zwang zu einer Veränderung des bisherigen Sozialstatus unter partiellen oder umfassenden Beschränkungen oder Vergünstigungen;
- die Annahme, daß das deviante Verhalten durch Mittel des Erkennens und Behandelns von Krankheiten zu kontrollieren und zu beeinflussen ist.

Auffälligkeiten des körperlichen Zustands und des Verhaltens, die unter medizinischer Perspektive krankheitsrelevant wären, können unter soziologischer Perspektive nicht an sich schon als symptomatisch für Krankheit gelten.

> Husten, Schnupfen und auch erhöhte Temperatur z.B. sind nicht an sich Krankheitssymptome oder Krankheit. Sie können erst dazu werden, wenn der Betroffene meint oder wenn andere ihm sagen, er könne heute *nicht wie normal* zur Arbeit gehen, er sei krank, oder wenn er einen Arzt aufsucht und dieser eine Erkrankung diagnostiziert, eine Behandlung beginnt oder empfiehlt und ein Arbeitsunfähigkeitsattest ausstellt. Nicht der Beinbruch an sich ist Krankheit, sondern er wird zur Krankheit dadurch, daß der Betroffene sich der Schmerzen nicht mehr erwehren kann, sich nicht mehr wie normal allein fortbewegen kann, und dadurch, daß ein Arzt die Diagnose „Fraktur" stellt, ihn krankschreibt, in ein Krankenhaus aufnimmt und behandelt. Nicht daß jemand gelegentlich Farben hört und Töne sieht, oder daß er eine belebte Straßenszene wie durch ein umgedrehtes Fernrohr verkleinert und wie eine Stummfilmszene erlebt, ist an sich Krankheit. Erst wenn man selbst oder andere oder ein Psychiater diese Eindrücke als *pathologisch* bezeichnet, erhalten sie den Bezug zu Krankheit oder werden zu Symptomen von Krankheit.

Krankheit ist daher das Ergebnis einer Selbst- oder Fremdzuschreibung, welcher die Feststellung sozialer Devianz und eine spezifische Deutung ihrer Ursachen zugrunde liegt. Diese Zuschreibung impliziert zugleich die Entscheidung, daß der Betroffene unfähig oder nur beschränkt fähig ist, normative Erwartungen (Pflichten, Ansprüche, Regeln) in üblichen oder gewohnten oder neuen sozialen Kontexten zu erfüllen.

> Beispiele: Schon länger bestehendes Zittern der Hände beeinträchtigte nicht die üblichen Arbeitsverrichtungen, macht nun aber feinmotorische Arbeiten unmöglich.
>
> Ein Taxifahrer wird gelegentlich in Verkehrsunfälle verwickelt und erzählt zufälligerweise einem Arzt, daß dies fast immer nachts an der gleichen Stelle, nämlich auf einer hell beleuchteten Brücke mit hohem Gittergeländer passiert

sei, worauf der Arzt vermutet, ein lichtinduzierbares Anfallsleiden könne die Unfälle verursachen, und dies sei dann im Hinblick auf das Taxifahren problematisch.

Das lebhafte, unkonzentrierte, aggressive Verhalten eines Kindes erweist sich als unvereinbar mit den Anforderungen einer schulischen Klassengemeinschaft und führt zur Vorstellung bei einem Psychiater.

Die Zuschreibung des Merkmals *krank* schafft durch die Feststellung teilweiser oder völliger Unfähigkeit, soziale Erwartungen, Normen, Verpflichtungen zu erfüllen (z. B. innerhalb der bisher ausgeübten Rolle als Taxifahrer, z. B. nach der Einschulung als Schulkind), **kritische Lebenssituationen**, d. h. Situationen, die Entscheidungen darüber verlangen, wie es nun weitergehen soll. Diese Entscheidungen über Erhalt und Veränderung des Sozialstatus können für das betroffene Individuum von unterschiedlich schwerwiegender Bedeutung sein. Im einen Fall bleiben Arbeiten unerledigt, weil man früher nach Hause geht und den folgenden Tag zu Hause verbringt, um sich auszuruhen und mit Hausmitteln zu kurieren. Im anderen Fall mag eine berufliche Umschulung oder vorzeitige Berentung zu erwägen sein (Aufgabe des bisherigen Sozialstatus), u. U. mit der Notwendigkeit verbunden, sich auf eine langdauernde, kostspielige und beeinträchtigende medizinische Behandlung einzulassen, d. h. den neuen Sozialstatus oder die Rolle des Patienten zu übernehmen und ein größeres Maß an Fremdbestimmung der weiteren Lebensführung zuzulassen.

Die Zuschreibung des Merkmals *krank*, besonders auch in der öffentlich legitimierten und legalisierten Form der ärztlichen Diagnose und Behandlung und der Einnahme der sozialen Rolle des Patienten, kann vom Betroffenen her gesehen erwünscht bis abgelehnt werden. Sind Kranksein und Patientsein eher ein erwünschter Zustand, so stehen die Vorteile der Entlastung von sozialen Verpflichtungen (Regeln befolgen, Rollennormen einhalten etc.) im Vordergrund. Der eher erwünschte Status des Patienten verbindet sich mit der Motivation zu sozialer Devianz. Wird dagegen der Status des Patienten eher abgelehnt, so stehen die damit verbundenen Einschränkungen und Belastungen im Vordergrund. Der von der Entscheidung für den Patientenstatus Betroffene wird dann mit sich selbst oder mit seinen Angehörigen über die Übernahme dieses neuen Status, d. h. in der Regel über einen Arztbesuch, verhandeln mit der Tendenz, diesen zu umgehen oder zu verzögern. Sollte er doch einen Arzt aufgesucht haben, so hat er die Tendenz, über die Art des diagnostischen Vorgehens, den Beginn, die Art und Dauer der Behandlung mit dem Arzt zu verhandeln. Im Extremfall treffen andere im Rahmen rechtlicher Regelungen die Entscheidung zur Übernahme des Patientenstatus, z. B. im Falle einer Zwangsunterbringung in einem psychiatrischen Krankenhaus.

Das soziologische Modell umfaßt nicht nur Analysen der Zuschreibungsprozesse des Merkmals *krank* für individuelles körpergebundenes Verhalten, welches durch eben diese Zuschreibung zumindest zur Bedingung, wenn nicht zur Ursache sozial devianten Verhaltens wird. Es umfaßt auch Analysen aufgrund der Hypothese, daß es mit unterschiedlichem Sozialstatus verbundene, für Individuen und Gruppen verbindliche Regeln, Normen, Ansprüche, Verpflichtungen etc. gibt, die mit körpergebundenen sozialen Bedürfnissen nicht zu vereinbaren sind und daher zu krankheitsrelevanten Veränderungen auf der somatischen, emotionalen und sozialen Verhaltensebene führen. Hierzu gehören Analysen widersprüchlicher Regeln und Erwartungen in einer arbeitsteiligen Gesellschaft (z. B. Regelungen der Schichtarbeit versus Regeln der Organisation des Alltagslebens, wie Schule, Familienleben, Einkaufszeiten etc.) im Zusammenhang mit sozial deviantem Verhalten und Krankheit (z. B. Vernachlässigung des Ehepartners und der Kinder, aggressive Ausbrüche in der Familie und am Arbeitsplatz, Fehlzeiten im Betrieb, Alkoholismus, psychosomatische Störungen etc.).

Das soziologische Modell hat sich als wichtiges Element komplexer Forschungsansätze zur Krankheitsätiologie erwiesen, insbesondere in der **Streßforschung** und **Life-event-Forschung**. Ebenso relevant ist es für **ganzheitliche, ökologisch orientierte** Ansätze der psychosomatischen Medizin. Auf das soziologische Modell aufbauende sozialanamnestische und sozialtherapeutische Ansätze sind Elemente von Prävention, Therapie und Rehabilitation ebenso wie von psychosozialer Arbeit und Beratung (Parsons 1951, Freidson 1970, Glatzel 1978, Trojan 1978, Naschold und Novak 1980, Ahrens und v. Gyldenfeldt 1981, Gerhardt 1981).

Studienfragen

Von welchen grundsätzlichen Annahmen gehen verhaltenstheoretische und psychoanalytische Modellvorstellungen aus, wenn es darum geht, Entstehung von Krankheit zu erklären?
(s. S. 196, 197)

Welche Prinzipien kennzeichnen biologische im Unterschied zu soziologischen Vorstellungen über die Entstehung von Krankheiten?
(s. S. 195, 199)

8.2 Prävention

Peter Becker

Von der Heilkunde zur Gesundheitswissenschaft

Das zwanzigste Jahrhundert ist durch Veränderungen auf dem Gesundheitssektor gekennzeichnet, die zu einer Neuorientierung der gesundheitsbezogenen Forschung und Praxis herausfordern. Dank verbesserter materieller Lebensgrundlagen sowie medizinischer Fortschritte bei der Bekämpfung akuter Erkrankungen ist die Lebenserwartung in westlichen Industrienationen deutlich angestiegen und haben sich die häufigsten Krankheiten und Todesursachen drastisch verändert (Matarazzo 1982). Es dominieren die **chronischen** Erkrankungen (wie koronare Herzerkrankungen und Krebs), die auch die häufigsten Todesursachen stellen. Chronische Krankheiten sind mit organmedizinischen Methoden nur in beschränktem Umfang zu behandeln. Hingegen werden sie durch die Verhaltensweisen und den Lebensstil des Menschen entscheidend beeinflußt. Es zeichnet sich ab, daß gesundheitsgefährdende Verhaltensweisen wie Rauchen, übermäßiger Alkoholkonsum, falsche Ernährung oder Typ-A-Verhalten bei Erwachsenen nur mehr begrenzt und mit sehr großem Aufwand zu korrigieren sind [10].

Mit der Dauer und Anzahl **gesundheitsgefährdender Verhaltensweisen** wächst die Wahrscheinlichkeit irreparabler Gesundheitsschäden und sinkt die Lebenserwartung [11].

Die aufwendige und teure Behandlung chronischer Erkrankungen trägt erheblich zu einer Kostenexplosion im Gesundheitswesen bei. Um diesen Entwicklungen zu begegnen, hat sich in den letzten Jahren in der Medizin und vor allem in der Psychologie und der Soziologie eine Hinwendung zu den Leitideen der **Prävention** sowie des **gesunden Lebens** vollzogen [12–18]. Die Heilkunde wird zur **Gesundheitswissenschaft,** und neben die Erforschung der Pathogenese tritt die Erforschung der *Salutogenese* [19]. Die neu aufgeworfenen Fragen lauten: Wie kommt es, daß bestimmte Menschen trotz zahlreicher Stressoren und Risikofaktoren in ihrem Leben ihre Gesundheit bewahren? Woher rührt ihre *Invulnerabilität*? Welches sind die Attribute eines gesunden Lebensstils? Aus der Beantwortung dieser Fragen erhofft man sich Einsichten in die Möglichkeiten einer Prävention.

Das Ziel präventiver Maßnahmen besteht zunächst einmal darin, künftige ungünstige Entwicklungen (eine Herausbildung von Risikofaktoren, eine Erkrankung oder eine Chronifizierung) durch breitenwirksame und gemeindenahe Maßnahmen zu verhüten. Im allgemeinen wird zwischen primärer, sekundärer und tertiärer Prävention unterschieden. Diese Begriffe haben jedoch keine sehr präzise Bedeutung, und ihr Sinngehalt hat sich in jüngster Zeit gewandelt. So wurde in den sechziger und frühen siebziger Jahren von Psychiatern und Psychologen unter primärer Prävention die Verhütung psychischer Erkrankungen verstanden. Später wurde der Begriff dahingehend erweitert, daß nicht nur psychische, sondern auch physische Erkrankungen verhütet und die (seelische und körperliche) Gesundheit gefördert werden sollten. Zur Abgrenzung der drei Stufen der Prävention kann Tabelle 8-1 dienen.

Tabelle **8-1** Erläuterung der drei bzw. vier Stufen der Prävention.

Augenblicklicher Gesundheitszustand	Verhütet werden soll(en)	Präventionsform
Gesundheit (keine Risikofaktoren)	Risikofaktoren	primordiale Prävention
Gesundheit (Vorliegen von Risikofaktoren)	akute Erkrankung	primäre Prävention
akute Erkrankung	chronische Erkrankung	sekundäre Prävention
chronische Erkrankung	vermeidbare Folgeschäden	tertiäre Prävention

Zur **primären Prävention** zählen alle Maßnahmen, die geeignet sind, die Inzidenzraten psychischer und physischer Erkrankungen in umschriebenen Populationen zu senken sowie die (seelische und körperliche) Gesundheit zu fördern.

Spezifische Prävention richtet sich dabei auf die Verhütung ausgewählter Krankheiten (z.B. Verhütung von Alkoholismus), während unspezifische Prävention auf eine Breitenwirkung abzielt. Die Überprüfung der Wirksamkeit präventiver Maßnahmen setzt voraus, daß hinreichend reliable und valide Methoden zur Feststellung des Grades von Gesundheit (bzw. Krankheit) vorliegen. Um eine Klärung der damit zusammenhängenden Fragen – etwa die Bestimmung von Gesundheitsindikatoren – haben sich verschiedene Autoren [12, 15, 20–22] bemüht. In jüngster Zeit stößt man gelegentlich auf den Begriff der **primordialen Prävention.** Es handelt sich dabei um eine spezielle Variante primärer Prävention mit dem Ziel, die Herausbildung von Risikofaktoren zu verhindern.

Sekundäre Prävention setzt bei Personen an, die bereits erste Krankheitszeichen aufweisen. Sie richtet sich auf die Verhütung einer Verschlimmerung oder Chronifizierung der Störung und umfaßt vor allem Früherkennungsmaßnahmen sowie möglichst frühzeitige Behandlung (z. B. mittels Methoden der Krisenintervention).

Tertiäre Prävention erfolgt in einem noch fortgeschritteneren Stadium der Erkrankung oder Behinderung und zielt auf die Verhütung vermeidbarer Beeinträchtigungen und Folgeschäden ab. Sie deckt sich nach einem weitverbreiteten Verständnis mit dem Begriff der Rehabilitation. (Einige Autoren verwenden den Begriff der tertiären Prävention auch im Sinne einer Rückfallprophylaxe.) Wir wenden uns im folgenden vor allem Fragen der primären Prävention zu.

Theoretische und methodische Grundlagen

Fortschritte bei der Prävention von Krankheiten und der Gesundheitsförderung sind nur durch interdisziplinäre Zusammenarbeit und durch sorgfältig geplantes, theoriegeleitetes Handeln zu erzielen. Unverzichtbar ist dabei der Rückgriff auf Erkenntnisse der psychologischen Grundlagenforschung, insbesondere der Allgemeinen, Sozial-, Entwicklungs-, Differentiellen und Physiologischen Psychologie, der Methodenlehre sowie der psychopathologischen und epidemiologischen Forschung. Diese Erkenntnisse werden von der neu konzipierten **Gesundheitspsychologie** für präventive Anwendungsfelder erschlossen [23, 24]. Explizit oder implizit stützen sich Präventionsprojekte auf ätiologische Modellvorstellungen sowie auf Gesundheitstheorien. In jüngerer Zeit wurden mehrere Ansätze zu umfassenderen Theorien von Gesundheit bzw. Krankheit formuliert [15, 25–28]. Exemplarisch sei ein von Becker [12] formuliertes Rahmenmodell dargestellt. Es geht von der Annahme aus, daß die Wahrscheinlichkeit für das Auftreten einer (psychischen) Erkrankung vom Verhältnis der Risikofaktoren zu den Schutzfaktoren – jeweils auf seiten eines Individuums sowie seiner Umwelt – abhängt. Zu den **Risikofaktoren** zählen konstitutionelle Vulnerabilitäten (z. B. eine Hirnschädigung oder Hypertonie) sowie *objektive* Stressoren (z. B. Belastungen am Arbeitsplatz oder in der Familie). Als **Schutzfaktoren** fungieren eine hohe seelische Gesundheit (als relativ stabile Eigenschaft) sowie förderliche Umweltbedingungen (z. B. soziale Stützsysteme).

Primäre Prävention kann entweder am Individuum oder seiner Umwelt ansetzen und entweder auf eine Verringerung von Risikofaktoren oder eine Stärkung der Schutzfaktoren hinauslaufen.

Bisher standen primär die Risikofaktoren auf seiten des Individuums im Mittelpunkt des Interesses [29], und es liegen weit mehr Instrumente zur Erfassung von Stressoren als von förderlichen Umweltbedingungen vor [30, 31].

Präventionsprojekte umfassen in der Regel umfangreiche diagnostische und verhaltensmodifikatorische Teilschritte. Zu den diagnostischen Aufgaben gehört die Identifikation von Risikopersonen mittels geeigneter Filterverfahren (**Screening**). Bei Vorliegen mehrerer Risikofaktoren wächst die Erkrankungswahrscheinlichkeit aufgrund von

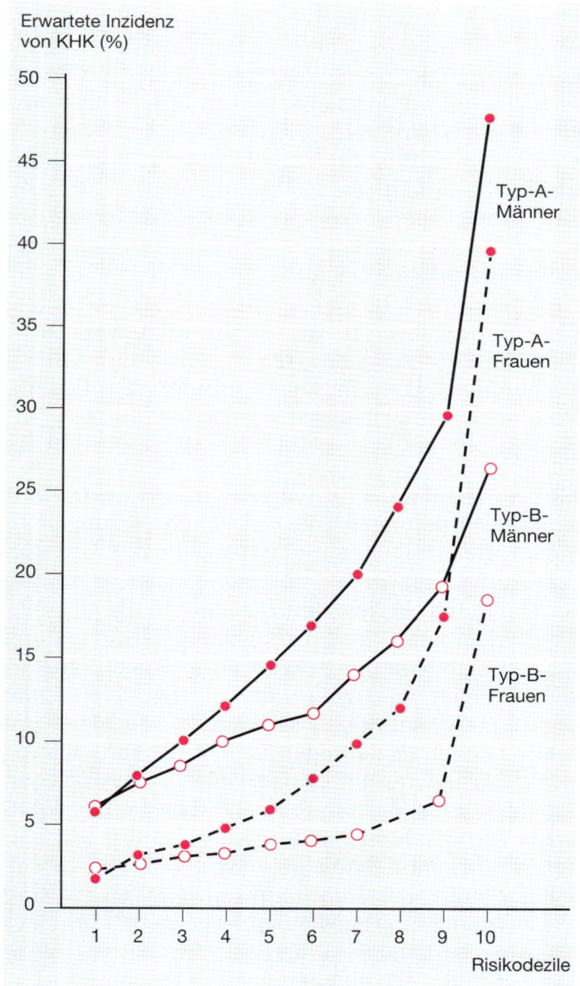

Abb. **8-2** Erwartete 10-Jahres-Inzidenz für KHK als Funktion der Risikodezile (basierend auf klassischen koronaren Risikofaktoren) bei Typ-A-Männern und Typ-A-Frauen im Alter zwischen 45 und 64 Jahren [32].

Synergismen häufig nicht additiv, sondern exponentiell. Zur Veranschaulichung kann Abbildung 8-2 dienen, die auf Ergebnissen der berühmten **Framingham-Studie** basiert [32]. Eine weitere wichtige diagnostische Aufgabe besteht in der Analyse der Motive für **Risikoverhalten.** Die Chancen einer erfolgreichen Prävention beispielsweise des Rauchens von Jugendlichen wachsen, wenn deren Motive bekannt sind [33]. So fand Apenburg [34], daß Jugendliche mit vorwiegend *konsumtiv-erlebnisorientierter* Freizeitgestaltung stärker zum Rauchen neigen als solche mit kreativen Freizeitaktivitäten. Aus diesem Ergebnis lassen sich freizeitpädagogische Präventivmaßnahmen ableiten [35].

Kernstück psychologischer Prävention ist die **Verhaltensmodifikation.** Diese kann über Aufklärungs-, Beratungs- oder Trainingsmethoden erfolgen. Reine Aufklärung über gesundheitliche Risikofaktoren und gesundheitsförderliches Verhalten bleibt in der Regel ohne erkennbare Auswirkung auf das offene Verhalten. Sie muß um konkrete Motivations-, Beratungs- und Trainingsangebote erweitert werden. In jüngerer Zeit wurden in der Bundesrepublik mehrere Modellversuche mit dem Ziel begonnen, **Ärzte zu Gesundheitsberatern** auszubilden [36]. Über die Ergebnisse des Modellversuchs berichten Bengel et al. [37]. Es zeigte sich, daß die erforderlichen psychologischen Methoden der Gesprächsführung und Patientenmotivierung sich nicht ohne weiteres in Schnellkursen vermitteln lassen. Ein wichtiger erster Schritt bei der Verhaltensmodifikation besteht darin, die Aufmerksamkeit der Zielpersonen zu wecken. Dabei muß der Einsatz geeigneter Medien sorgfältig erwogen und auf Erkenntnisse der Werbe- und Kommunikationspsychologie zurückgegriffen werden [35]. Eine Grundfrage, zu der zahlreiche Untersuchungsergebnisse vorliegen, lautet:

Wie kann man Personen ohne konkreten Leidensdruck zur Mitarbeit in Präventionsprojekten motivieren?

Ein möglicher, jedoch nur begrenzt empfehlenswerter Weg führt über **Angstinduktion.** Dabei hat die Forschung erbracht, daß im allgemeinen mittlere Grade der Angstinduktion Vorteile bieten. Bei generell ängstlichen Menschen oder solchen, die sich bereits in einem erhöhten Angstzustand befinden, muß die durch Warnung vor Gesundheitsschäden ausgelöste zusätzliche Angst niedrig und vorsichtig dosiert werden, andernfalls besteht die Gefahr *paradoxer Reaktionen* (z. B. Leugnung der Gefahr und Beibehaltung oder Intensivierung des Risikoverhaltens). Von entscheidender Bedeutung ist ferner das Aufzeigen konkreter und erfolgversprechender Wege zur Abwendung der Gefahr. Als fruchtbar für das Verständnis präventiven Verhaltens hat sich die **Theorie der Gesunderhaltungsmotivation** erwiesen [38]. Nach diesem Modell hängt die Motivation, sich vor einer bestimmten Krankheit zu schützen, von folgenden Bedingungen ab:

- wahrgenommene Schwere bzw. Gefährlichkeit der Krankheit,
- wahrgenommene persönliche Gefährdung durch die Krankheit (subjektives Erkrankungsrisiko),
- wahrgenommene innere und äußere Belohnungen des gesundheitsschädlichen Verhaltens,
- wahrgenommene Wirksamkeit der präventiven Maßnahmen,
- wahrgenommene Selbstwirksamkeit (Fähigkeit, das erforderliche präventive Verhalten auch durchzuführen),
- wahrgenommene Kosten (z. B. Barrieren, die dem präventiven Verhalten entgegenstehen).

Eine hoch motivierende Wirkung geht von geeigneten attraktiven **Modellen** aus (vgl. die soziale Lerntheorie von Bandura [39]). Diese Erkenntnis wurde u. a. dazu genutzt, durch die Darstellung attraktiver jugendlicher Nichtraucher-Modelle in Filmen die jugendlichen Zuschauer zum Nichtrauchen zu motivieren. Umgekehrt können Eltern, Lehrer oder Ärzte, die in ihrer Modellfunktion Risikoverhalten zeigen, einen ausgesprochen ungünstigen Einfluß ausüben (vgl. in diesem Zusammenhang auch die von Becker [40, 41] formulierte **Transmissionshypothese,** der zufolge nicht selten eine Übertragung psychischer Störungen und gesundheitsschädlicher Verhaltensweisen von den Eltern auf deren Kinder erfolgt).

Aus persönlichkeitspsychologischer Sicht ist damit zu rechnen, daß Personen mit **hoher seelischer Gesundheit** und **starker Verhaltenskontrolle** eher zu gesundheitsorientiertem Verhalten neigen bzw. zu motivieren sind als solche mit geringer seelischer Gesundheit und geringer Verhaltenskontrolle [40].

Troschke et al. [42] entwickelten zur theoretischen Fundierung der *Deutschen Herz-Kreislauf-Präventionsstudie* (DHP) ein umfassendes Erklärungsmodell gesundheitsrelevanter Verhaltensweisen, das fünf Ebenen von Bedingungen unterscheidet:

- individuelle (u. a. Kenntnisse, Lebensalter),
- sozialgruppenspezifische (u. a. Lebenslage, soziale Unterstützung),
- soziostrukturelle (u. a. gesundheitsrelevante Gemeindepolitik),
- gesellschaftliche (u. a. wirtschaftliche Rahmenbedingungen) und
- Bedingungen der materiellen Umwelt (u. a. Siedlungsdichte).

Auf jeder dieser Ebenen lassen sich präventive Ansatzpunkte finden.

Ausgewählte Anwendungsfelder

Präventivmaßnahmen können sich an Einzelpersonen, Gruppen (z.B. Familien, alle Schüler einer bestimmten Klasse, spezielle Risikogruppen), Institutionen (z.B. Betriebe, Schulen, Krankenhäuser), Gemeinden oder noch umfassendere soziale und politische Einheiten wenden. Bevorzugte Zielgruppen präventiver Maßnahmen waren in der Vergangenheit einerseits **Risikopersonen** und andererseits Gemeinden. Unter Risikopersonen versteht man jene Individuen, die im Vergleich zu geeigneten Referenzpersonen eine erhöhte Erkrankungswahrscheinlichkeit besitzen, weil sie eine erhöhte Anzahl von Risikofaktoren auf sich vereinen oder nur über wenige Schutzfaktoren verfügen. Die Risikofaktoren können entweder auf seiten der Individuen oder deren Umwelt vorliegen. Sie können krankheitsspezifischer oder -unspezifischer Art sein und sich entweder im Verhalten oder auf der konstitutionellen Ebene (z.B. als genetische Disposition, erworbene Hirnschädigung oder Hypercholesterinämie) manifestieren. Beispiele für unspezifische Risikofaktoren auf der Verhaltensebene sind z.B. Rauchen, Alkohol- und Drogenmißbrauch, ungesunde Ernährung oder Bewegungsmangel. Zu den unspezifischen Risikofaktoren in der Umwelt gehören u.a. Überforderungen in der Schule, schlechte Person-Umwelt-Passung am Arbeitsplatz (u.a. zu hohe oder zu geringe Anforderungen bzw. Dispositionsspielräume [15, 28, 31]), hohe Schadstoffbelastung in der Umwelt oder starke Lärmbelastung im Wohnbereich. Eine typische Risikogruppe für Herz-Kreislauf-Erkrankungen sind untere Vorgesetzte, die ausgeprägte Rollenkonflikte erleben und belastende Pufferfunktionen zwischen Arbeiterschaft und Betriebsleitung übernehmen müssen [43]. Als weitere Risikogruppen wurden Personen mit drohender oder eingetretener Arbeitslosigkeit, mit beruflichen Gratifikationskrisen (Mißverhältnis zwischen hoher Verausgabung am Arbeitsplatz und geringer Belohnung) und mit begrenzter Arbeitsplatzautonomie beschrieben [28]. Wichtige Hinweise auf die Existenz von Risikogruppen werden aus epidemiologischen Untersuchungen gewonnen.

Im folgenden seien exemplarisch Anwendungsfelder *gemeindeorientierter Prävention* beschrieben. Die größte Aufmerksamkeit fand und findet noch immer die **Prävention koronarer Herzkrankheit** (KHK) [44–47]. Zu den wichtigen Gründen hierfür zählen, daß KHK weltweit in den Industrienationen zur führenden Todesursache wurde und einige Risikofaktoren für KHK sowie konkrete Ansatzpunkte für Präventivmaßnahmen bekannt sind. Wie Hoffmeister et al. [48] hervorheben, werden kardiovaskuläre Krankheiten auch bei erfolgreicher Prävention die führende Todesursache bleiben. Von der Reduktion der Risikofaktoren kann lediglich eine Senkung der Morbiditäts- und Mortalitätsraten in jüngeren und mittleren Altersgruppen erwartet werden. In Präventionsprojekten wurden vor allem folgende Risikofaktoren berücksichtigt: Rauchen, Hypertonie, Hypercholesterinämie, Bewegungsmangel, Übergewicht, Geschlecht, Lebensalter und Typ-A-Verhalten (ein Persönlichkeitsmuster, das u.a. durch exzessive Konkurrenzhaltung, Ehrgeiz, Aggressivität und chronische Zeitnot gekennzeichnet ist). Es lassen sich zwei Arten von Präventionsprojekten unterscheiden: Zunächst standen unifaktorielle Studien, etwa zur Senkung des Blutdrucks oder des Cholesterinspiegels, im Vordergrund. In jüngerer Zeit dominieren **multifaktorielle Interventionsprogramme.** Da das Erkrankungsrisiko für KHK bei Vorliegen mehrerer Risikofaktoren steil ansteigt, erhofft man sich von multifaktoriellen Projekten, die mehrere Risikofaktoren in mäßigem Umfang senken, einen größeren Effekt als von unifaktoriellen Projekten, die ausschließlich einen Risikofaktor beeinflussen.

Multifaktorielle Interventionsstudien wurden in den USA, aber auch in verschiedenen europäischen Ländern, darunter Großbritannien, Belgien, Schweiz, Bundesrepublik Deutschland sowie die skandinavischen Länder, durchgeführt. Zu den bekanntesten Projekten zählen der amerikanische *Multiple Risk Factor Intervention Trial* (MRFIT), *das Stanford Heart Disease Prevention Program* (SHDPP) sowie das in Finnland, dem Land mit der höchsten Inzidenzrate von KHK, durchgeführte *Nordkarelien-Projekt.* Generell läßt sich zu den bisher realisierten Interventionsstudien anmerken, daß die meisten von ihnen eine statistisch bedeutsame, wenn auch bescheidene Senkung individueller Risikowerte und – soweit bisher zu überprüfen – auch der Mortalitätsrate an KHK bewirkten. Insoweit besteht Anlaß zu verhaltenem Optimismus. Auf der anderen Seite vermerkt Kaplan [49] in einer kritischen Kommentierung des Forschungsstandes, daß die Präventionsprojekte nicht zu einer Verlängerung der Lebenserwartung beitrugen, da an die Stelle von KHK andere Todesursachen (vor allem Krebserkrankungen) traten.

Im folgenden soll zunächst auf das inzwischen abgeschlossene und evaluierte *Stanford Heart Disease Prevention Project* eingegangen werden [50]. Der Versuchsplan sah die Auswahl dreier in soziologischer Hinsicht vergleichbarer kalifornischer Kleinstädte vor: Tracy, Gilroy und Watsonville. Tracy diente Kontrollzwecken. Die Einwohner von Gilroy und Watsonville wurden einer zweijährigen präventiven Aufklärungskampagne ausgesetzt. In Watsonville erhielt eine Subgruppe von Personen mit erhöhtem Risiko für KHK zusätzlich die Gelegenheit zu intensiven Gesundheitsberatungen und einem lerntheoretisch fundierten Gesundheitstraining. Die präventiven Bemühungen richteten sich auf eine gesündere Ernährung, Einschränkung oder Beendigung des Rauchens sowie Erhöhung der körperlichen Aktivität. Primäres Ziel war die Senkung der individuellen Risikowerte, die zu verschiedenen Zeitpunkten von Beginn bis Ende des Modellversuchs aus mehreren Indikatoren berechnet wurden. Wie der Vergleich von Experimental- und Kontrollgemeinden zeigte, konnte das angestrebte Ziel erreicht werden. Bei der Gruppe mit erhöhtem Erkrankungsrisiko erwies sich die Kombination von Aufklärung und intensiver Beratung gegenüber der reinen Aufklärung als wirksamer. Die Haupteffekte der Intervention zeigten sich im verbesserten Gesundheitswissen sowie in der Verringerung des Rauchens. Eine dauerhafte Reduktion des Übergewichts sowie des Bewegungsmangels war jedoch nicht zu erreichen. Gutzwiller et al. [47] gelang es im Rahmen des *Nationalen Forschungsprogrammes 1A* zur Prävention von KHK in der Schweiz, in ausgewählten Gemeinden den Tabakkonsum zu reduzieren, die Hypertoniekontrolle zu verbessern sowie die körperliche Aktivität (von Frauen) zu steigern. Keine nennenswerten Änderungen ergaben sich im Bereich gesunder Ernährung. Eine umfassende Modellrechnung erbrachte den Nachweis von Kostensenkungen im Gesundheitswesen.

Ganz generell läßt sich aus den Resultaten der bisher durchgeführten Präventionsprojekte schließen, daß die Beeinflussung von langjährig praktiziertem, eingeschliffenem Risikoverhalten bei Erwachsenen größere Schwierigkeiten bereitet, als ursprünglich angenommen wurde. Hier müssen offensichtlich neue Wege beschritten werden.

Eine der möglichen Strategien besteht darin, in **frühen Entwicklungsphasen** zu intervenieren, bevor sich das Risikoverhalten verfestigt hat. Exemplarisch sind Projekte zur **Prävention des Rauchens bei Jugendlichen.** Epidemiologische Studien weisen nach, daß die meisten Jugendlichen im Alter zwischen 12 und 14 Jahren mit dem Rauchen beginnen. Dies ist offenbar das *kritische Alter.* Mädchen scheinen etwas später zu beginnen als Jungen. Im Alter von 16 Jahren ziehen sie jedoch mit diesen gleich. Wie in mehreren Untersuchungen der Motive rauchender Jugendlicher festgestellt wurde, kommt dem Gruppendruck der Gleichaltrigen sowie der Modellwirkung einflußreicher und attraktiver Personen (Eltern, Lehrer, Gleichaltrige, Stars) eine besondere Bedeutung zu. Diese Tatsache läßt sich für präventive Zwecke nutzen. So wurden seit den siebziger Jahren mehrere auf diesen Erkenntnissen aufbauende modulare Präventionsprojekte in Schulen durchgeführt [46, 51, 52]. Neben einer Verbesserung des Wissens über die Wirkungen von Drogen und die tatsächliche Verbreitung des Drogenkonsums umfaßt ein wesentlicher Baustein das Training der Jugendlichen in bezug darauf, wie sie dem von anderen Jugendlichen ausgehenden Druck zu rauchen widerstehen können. Ein anderer Baustein sind Filme, in denen ältere Jugendliche, die an der betreffenden Schule bei ihren Mitschülern hohes Ansehen genießen, für Nichtrauchen plädieren. Unterstützend werden Filme vorgeführt, die über die Gefahren des Rauchens informieren. In einem der Projekte wurden die Schüler zusätzlich aufgefordert, sich vor einer Videokamera öffentlich zum Nichtrauchen zu bekennen und Argumente für ihre Entscheidung vorzubringen. Aus der kommunikationspsychologischen Grundlagenforschung ist bekannt, daß solche Maßnahmen die **Widerstandskraft gegenüber Beeinflussungsversuchen** erhöhen. In Botvins umfassendem Programm „Training von Lebensfertigkeiten" werden zusätzlich Hilfen zur Verbesserung der Autonomie und des Selbstvertrauens sowie zur Reduktion von sozialer Angst und Unsicherheit angeboten. Die Evaluation der Projekte erbrachte den Nachweis ihrer Effizienz: Es gelang, signifikant mehr Jugendliche vom Rauchen ganz abzuhalten oder zur Konsumreduktion zu bewegen, als unter Kontrollbedingungen.

Ein weites präventives Anwendungsfeld eröffnet sich in Kliniken [53]. Neben der Prävention von Komplikationen bei den verschiedensten medizinischen Maßnahmen – z.B. Operationen, Entbindungen, belastenden Untersuchungsverfahren – kommt der **Prophylaxe des psychischen Hospitalismus** bei Kindern im Krankenhaus erhöhte Bedeutung zu [53, 54]. Aus präventiver Sicht sollten Kinder – soweit möglich – frühzeitig auf einen Krankenhausaufenthalt vorbereitet werden. Als wirksamste Maßnahme zur Verhütung negativer Folgen galt und gilt weiterhin das **Rooming-in**, d.h. die Mitaufnahme der Mutter oder einer anderen nahen Bezugsperson. Günstige Erfahrungen wurden auch mit dem Einsatz einer *Observatrice* gewonnen, die ein Kind während des gesamten Krankenhausaufenthaltes betreut. Als erfolgreiche Methode der Streßbewältigung erwies sich die Vorbereitung von Kindern auf Operationen mit Hilfe von Foto-Bilderbüchern, Videofilmen oder Puppenspielen. Wichtige daran beteiligte psychologische Prozesse sind das Lernen am Modell sowie der Abbau von Ängsten aufgrund realistischer Deutung der Umweltsituation. Im Zusammenhang mit medizinischen Untersuchungen ist es besser, Kinder über zu erwartende Schmerzen aufzuklären, als sie zu belügen und einen Eingriff als schmerzlos hinzustellen.

Zu den klassischen **sekundär-präventiven** Maßnahmen zählt die Durchführung von **Früherkennungsuntersuchungen.** Unter bestimmten Voraussetzungen haben Versicherte einen Anspruch auf spezielle Untersuchungen zur Feststellung von Störungen während der Schwangerschaft, von Gesundheitsstörungen bei Säuglingen und Kleinkindern, zur Früherkennung von Krebs sowie von Herz-Kreislauf-Erkrankungen. Bedauerlicherweise werden diese präventiven Angebote nur von einem Teil der Bevölkerung in Anspruch genommen. So lagen in der Bundesrepublik Deutschland die Teilnahmequoten bei der Krebsfrüherkennung im Jahre 1977 bei etwa

35% der anspruchsberechtigten Frauen und 18% der Männer [54]. Zur Erklärung dieser Tatsache kann auf die oben dargestellte Theorie der Gesunderhaltungsmotivation zurückgegriffen werden. Diese bietet auch Ansatzpunkte für konkrete Verbesserungsvorschläge. Die mangelnde Teilnahmebereitschaft liegt nur zu einem geringen Teil an fehlender Informiertheit über das Angebot. Es ist auch nicht erforderlich, über die Gefährlichkeit von Krebs aufzuklären. Wichtiger sind hingegen die Informationen über den Nutzen der Maßnahmen (etwa die anschauliche Schilderung des Therapieerfolges anhand konkreter Einzelschicksale) sowie die Senkung von Barrieren, die der Teilnahme im Wege stehen. Hier bedarf es verstärkter situativer Hilfen, wie der Einführung einer Sondersprechstunde und eines effizienten Einbestellsystems oder der Durchführung von Früherkennungsuntersuchungen in Betrieben. Im Zusammenhang mit der Früherkennung von Störungen in der Schwangerschaft und bei Kleinkindern wurden in den skandinavischen Ländern und in Holland gute Erfahrungen mit sog. *Basishebammen* gewonnen. Solche speziell weitergebildeten Hebammen begleiten die Mütter von der Familienplanung über die Schwangerenberatung bis Ende des 1. Lebensjahres ihrer Kinder [54].

Probleme und künftige Aufgaben

Blickt man auf die Präventionsforschung der letzten Jahre zurück, so sind neben bemerkenswerten Teilerfolgen zahlreiche ungelöste Probleme nicht zu übersehen. Auf theoretischem Gebiet ist es erforderlich, differenziertere Modelle über die Mechanismen des Zusammenwirkens verschiedener Risikofaktoren und Schutzfaktoren zu entwickeln [26, 27]. Dabei dürfte es sich als fruchtbar erweisen, neben den bekannten kurzfristig **pathogenen** auch eventuelle längerfristig **gesundheitsförderliche** Effekte von **Stressoren,** vor allem im Kontext förderlicher Umweltbedingungen, zu betrachten. Auf dem Anwendungssektor erfolgte bisher eine einseitige Konzentration auf bestimmte individuelle Risikofaktoren unter Vernachlässigung von Risiko- und Schutzfaktoren in der Umwelt. Es dominierte eindeutig die klassische medizinische Ausrichtung auf somatische Risikofaktoren gegenüber der Berücksichtigung psychosozialer Faktoren. So wurden bisher keine multifaktoriellen Interventionsprojekte realisiert, die etwa das Typ-A-Verhalten, neurotische Dispositionen oder Stressoren am Arbeitsplatz oder in der Familie mitberücksichtigen. In einigen Projekten wurde mehr Wert darauf gelegt, mit geringem finanziellem und personellem Aufwand möglichst viele Personen anzusprechen, als sorgfältig erprobte, präzise beschriebene Verhaltensmodifikationen durchzuführen. Psychologen und andere Verhaltenswissenschaftler wurden nur selten an der Planung und Realisierung der Projekte beteiligt.

Generell zeichnet sich die Erkenntnis ab, daß künftig den (verhaltensstabilisierenden) **Umweltbedingungen** verstärkte Beachtung geschenkt werden muß. So genügt es beispielsweise nicht, wenn in einer Gemeinde für einen begrenzten Zeitraum ortsfremde Projektmitarbeiter ein Präventionsangebot unterbreiten. Günstiger ist es, auf vorhandene Ressourcen innerhalb von Gemeinden – also z.B. die Ärzteschaft, psychologische Beratungsstellen, Apotheker, Einrichtungen der Erwachsenenbildung, Unternehmensleitungen, Geschäftsleute oder die lokale Presse – zurückzugreifen und gemeinsam langfristige Konzepte umzusetzen. Wie ein solches Konzept erfolgreich und mit vergleichsweise bescheidenem finanziellem Aufwand zu realisieren ist, demonstrierten Stunkard et al. [55] am Beispiel des *Pennsylvania County Health Improvement Program.* In stärkerem Maße als bisher sollten auch gesetzgeberische Maßnahmen – etwa Erhöhungen der Tabak- und Alkoholsteuer, Verbot der Zigarettenwerbung – in Betracht gezogen werden [56].

Es ist erforderlich, das Gesundheitssystem so zu reorganisieren und finanzielle Anreize dafür zu schaffen, daß alle daran Beteiligten ein **stärkeres Interesse an Prävention** entwickeln.

Im bestehenden System werden Ärzte und Patienten belohnt, wenn es häufig zu Krankheitsbehandlungen, und nicht, wenn es aufgrund erfolgreicher Gesundheitsberatung zu seltenen Konsultationen kommt. Wie neueste Befunde belegen, werden von Ärzten und Apothekern in besorgniserregendem Ausmaß Psychopharmaka mit Abhängigkeitspotential (z. B. Benzodiazepine) verordnet bzw. verkauft [57]. Auch auf diesem Gebiet sind dringende Maßnahmen erforderlich, um zu verhindern, daß durch das bestehende Gesundheitssystem in großem Umfang Formen des Medikamentenmißbrauchs und der Medikamentenabhängigkeit erzeugt werden.

Da die vielen hier nur angedeuteten Probleme kaum in kurzer Zeit gelöst werden können und präventive Maßnahmen wegen ihres auf die Zukunft gerichteten Charakters erst nach Jahren evaluiert werden können, ist damit zu rechnen, daß Fortschritte auf dem Gebiet der Prävention nur in kleinen Schritten und langfristig zu erzielen sind [49].

Studienfragen

Wie lassen sich die Begriffe primäre, sekundäre und tertiäre Prävention beschreiben?
(s.S. 201, 202)
Welches sind körperliche und psychosoziale Risikofaktoren der koronaren Herzkrankheit?
(s.S. 204)

8.3 Krankheitsverhalten

Peter Novak

Begriffsbestimmung: Gesundheitsverhalten versus Krankheitsverhalten

Erwartungsgemäß sollte es einen klaren begrifflichen Unterschied zwischen Krankheits- und Gesundheitsverhalten geben. Indessen gibt es keine eindeutigen Kriterien der Differenz beider Begriffe. Außerdem wird der Begriff Gesundheitsverhalten in wissenschaftlichen Untersuchungen sehr viel seltener als der des Krankheitsverhaltens verwendet. Wenn es allerdings darum geht darzustellen, was Menschen, die sich nicht für krank halten, tun oder tun sollten, um ihren Gesundheitszustand zu erhalten oder zu verbessern, so ist eher von **Gesundheitsverhalten** als von Krankheitsverhalten die Rede. Dies gilt auch für den Fall, daß jemand sich vorsorglich ärztlich untersuchen läßt und dabei keine Krankheitssymptome im Sinne der Medizin festgestellt werden. Der unscharfe Grenzbereich bei Verwendung der Begriffe Gesundheitsverhalten oder Krankheitsverhalten ist dann betreten, wenn z.B. das Verhalten eines Menschen beschrieben wird, der sich vorsorglich untersuchen läßt in der Meinung, er sei gesund, bei dem aber der Arzt Krankheitssymptome feststellt.

Von **Krankheitsverhalten** ist überwiegend dann die Rede, wenn es um Beschreibung und Analyse des auf seinen Gesundheitszustand bezogenen Verhaltens eines Menschen geht, der sich für krank hält oder der von einer ärztlich bei ihm festgestellten Krankheit weiß.

Gesundheits- wie Krankheitsverhalten werden zum einen durch Institutionen, zum anderen auch außerhalb von Institutionen gesteuert und kontrolliert. Sie werden gesteuert

- individuell, im Familien-, Freundes- und Nachbarschaftskreis,
- durch Informationsmedien (Zeitschriften, Rundfunk, Fernsehen), die teils ohne, teils mit speziellem öffentlichem Auftrag Einfluß nehmen,
- durch medizinische Einrichtungen (vertrauens- und betriebsärztlicher Dienst, Gesundheitsamt, niedergelassene Ärzte, Krankenhäuser) und
- durch paramedizinische Einrichtungen (z.B. Beratungsstellen; die Bundeszentrale für Gesundheitliche Aufklärung z.B. ist eine Dienststelle des Bundesministeriums für Gesundheit, welche vor allem Gesundheitsverhalten, aber auch Krankheitsverhalten über die genannten Informationsmedien zu beeinflussen sucht).

Auf **Gesundheitserhaltung** und **Krankheitsvermeidung** abzielendes Verhalten unterliegt in geringerem Ausmaß der Kontrolle durch Institutionen (z. B. über Impfgesetze) – insbesondere durch medizinische Institutionen – als das **Krankheitsverhalten** solcher Personen, die sich in ärztlicher Behandlung, d. h. in der sozialen Rolle des Patienten befinden.

Anläßlich von Vorsorgeuntersuchungen an gesunden Erwerbstätigen, von Mikrozensuszusatzuntersuchungen und wissenschaftlichen Untersuchungen mittels Gesundheitstagebüchern stellte sich heraus, daß der größte Teil subjektiv wahrnehmbarer und wahrgenommener Störungen und Beeinträchtigungen, die medizinischer Behandlung bedurft hätten, unbehandelt blieb, weil die Betroffenen sich nicht zum Arzt begeben. Nur ein Drittel bis ein Viertel aller medizinisch behandlungsbedürftigen Symptome kann somit tatsächlich medizinisch behandelt und mithin kontrolliert werden. Die sog. *under-utilizers*, d.h. die, die zu wenig medizinische Versorgungsleistungen in Anspruch nehmen, scheinen im Hinblick auf Wirksamkeit (Effektivität) und Kosten-Nutzen-Relation (Effizienz) des Gesundheitswesens bei weitem das größere Problem darzustellen als die sog. *over-utilizers*, d.h. die, welche medizinische Versorgungsleistungen zu viel in Anspruch nehmen.

Um Problemen der Effektivität und Effizienz des Gesundheitswesens zu begegnen, ist es wichtig, Formen und Bedingungen des Krankheitsverhaltens in einer Bevölkerung zu kennen und zu wissen, **welche** Menschen unter **welchen** Bedingungen **welche** körperlichen und Verhaltenserscheinungen **wie** in Verbindung mit Krankheit bringen und **was** sie dann tun. In diesem Zusammenhang wird der Begriff **Laienätiologie** verwendet [58].

Dieser Begriff bezeichnet

- Vorstellungen unter medizinischen Laien darüber, welche **Ursachen** Krankheiten zugrunde liegen („Der Husten kommt von deinen ewig kalten Füßen"), sowie
- von medizinischen Laien vorgenommene **Zuschreibungen des Merkmals** *krank* („Du siehst nicht gut aus; du bist bestimmt krank").

Zum **Krankheitsverhalten**

- gehört all das, was sich Menschen in bezug auf Krankheit vorstellen, und was sie tun, ohne daß sie oder bevor sie eine medizinische Einrichtung in Anspruch nehmen. Dies wird in der englischsprachigen wissenschaftlichen Literatur meist als **hilfesuchendes Verhalten** bezeichnet (*help-seeking behavior* [59]);
- gehören Verhaltensmuster des Suchens, Findens und Inanspruchnehmens nicht-medizinischer und medizinischer Hilfen, die man bestimmten **Phasen oder Stadien des Hilfe-**

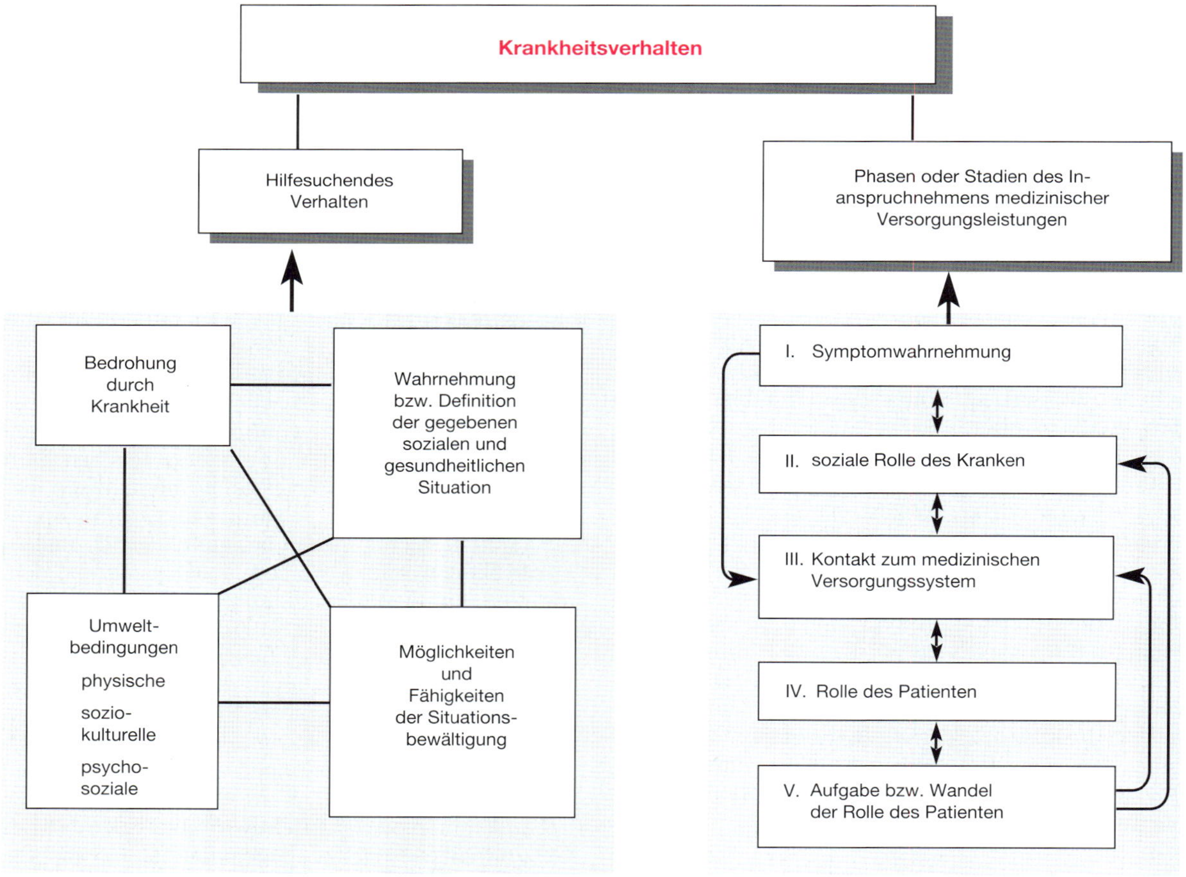

Abb. **8-3** Die wichtigsten Merkmale zweier Formen von Krankheitsverhalten.

suchens zuordnen kann, ohne damit zu präjudizieren, daß z.B. bis hin zu einer Krankenhausbehandlung alle Phasen oder Stadien nacheinander durchlaufen werden [60];
- gehören die Muster von Verhaltenserwartungen, mit denen das kranke Individuum in der **sozialen Rolle des Patienten** konfrontiert wird.

Im folgenden werden die wichtigsten Merkmale der ersten beiden Formen des Krankheitsverhaltens beschrieben (Abb. 8-3).

Hilfesuchendes Verhalten

Um die Ursachen des Krankheitsverhaltens von Personen und Gruppen als hilfesuchendes Verhalten zu verstehen, muß man die allgemeinen und besonderen Bedingungen ihrer physischen, soziokulturellen und psychosozialen Umwelt kennen, denn Krankheitsverhalten ist als ein kulturell und sozial gelerntes Antwortverhalten auf Bedrohungen durch Krankheit zu betrachten [59].

Zwei allgemeine Bedingungskomplexe bestimmen das Krankheitsverhalten, nämlich
- wie eine Person oder wie andere Personen, die für sie von besonderer Bedeutung sind (significant others), eine gegebene Situation **wahrnehmen** oder definieren, sowie
- die Fähigkeiten und Möglichkeiten einer Person und der für sie wichtigen anderen, eine gegebene Situation zu **bewältigen (Coping-Potential).**

Diese allgemeinen Bedingungskomplexe zu berücksichtigen, kann bereits Anhaltspunkte für Erklärungen dafür liefern, daß manche Menschen eine im medizinischen Sinne gesundheitliche Störung kaum beachten und es ablehnen würden, ihre Lebensführung darauf einzustellen, während sich bei anderen aus viel geringfügigeren Störungen tiefgreifende soziale und psychische Beeinträchtigungen entwickeln können.

Differenziert man diese allgemeinen **Bedin-**

gungskomplexe für Krankheitsverhalten, so kommt man zu einer ganzen Reihe von speziellen Bedingungen, welche die Entscheidung beeinflussen, wie man auf Bedrohungen durch Krankheit reagiert [59, 61]:

- Die **Wahrnehmbarkeit und Auffälligkeit von Krankheitszeichen und -symptomen.** Hierzu gehören Sichtbarkeit und Erkennbarkeit, aber auch wie Betroffene die Ernsthaftigkeit gegenwärtiger und künftiger Gefahr einschätzen, schließlich auch die Kenntnisse und soziokulturellen Vorprägungen der Betroffenen.
- Die **Häufigkeit und Dauer** des Auftretens sowie das **Ausmaß von Störungen** in Verbindung mit Krankheitszeichen und -symptomen. Hierzu gehören Störungen des Familienlebens, der Arbeitsfähigkeit und anderer sozialer Aktivitäten.
- Die **Toleranzschwelle** derer, die von Symptomen betroffen werden und/oder sie beurteilen.
- Der Widerspruch oder die **Konkurrenz zwischen individuellen Bedürfnissen** einerseits **und Interpretationen** wahrgenommener und beeinträchtigender Symptome als Zeichen behandlungsbedürftiger Krankheit andererseits.
- Die eingeschätzten **Kosten** einer Inanspruchnahme medizinischer Versorgungsleistungen. Hierzu gehören der zeitliche und finanzielle sowie vor allem auch der soziale und psychische Aufwand – der letztere im Hinblick auf Stigmatisierung, gesellschaftliche Ausgrenzung und Demütigung, z. B. als Anfallskranker, körperlich oder geistig Behinderter.

Stadien des Krankheitsverhaltens

Krankheitsverhalten, betrachtet als **Prozeß des Suchens, Findens und Inanspruchnehmens medizinischer Versorgungsleistungen,** kann in **fünf Stadien** oder Phasen verlaufen [60], die während einer *Krankenkarriere* durchaus nicht alle und auch nicht alle hintereinander auftreten müssen [61]. Dabei kommt in den beiden ersten Stadien oder Phasen noch kein Kontakt mit medizinischen Einrichtungen zustande.

Beispiel: Einem 50jährigen Winzer fällt auf, daß er während und nach der Arbeit immer häufiger ein Druckgefühl in den Knien verspürt, das sich gelegentlich bis zum Gefühl leichten Schmerzes steigert und ihn offenbar schon seit einiger Zeit veranlaßt hat, nicht mehr wie sonst vom Traktor zu springen. Er fragt sich, ob wohl mit seinen Knien etwas nicht stimme (Phase I).

Später spürt er eindeutig Schmerzen in den Knien, besonders bei Belastungen, und er beendet seine Arbeit früher als sonst. Er bittet seine Familie dafür um Verständnis und erkundigt sich bei Frau und Nachbarn, was man da tun könne. Eine Nachbarin gibt ihm eine Salbe zum Einreiben, empfiehlt warme Bäder und Massieren (Phase II).

Die Schmerzen werden nicht besser. Er ruft den Hausarzt an, klagt seine Beschwerden und erhält einen Termin (Phase III).

Pünktlich erscheint er in der Arztpraxis. Der Arzt untersucht ihn, teilt ihm mit, daß er eine Abnützung der Gelenkknorpel befürchte und überweist ihn einem Orthopäden. Dieser stellt in der Tat die befürchtete Diagnose und rät zu einer Operation. Die Operation wird durchgeführt (Phase IV).

Bei der Operation stellt sich heraus, daß eine Heilung nicht zu erreichen sein wird, wohl aber eine Besserung. Nach der Akutbehandlung werden medizinische Rehabilitationsmaßnahmen durchgeführt, und der Winzer nimmt seine Berufstätigkeit wieder auf, die er aber zeitlich und inhaltlich seiner Behinderung einigermaßen entsprechend anders organisiert (Phase V).

Phase I: Sie wird als die der **Symptomwahrnehmung** bezeichnet. Sie ist zugleich mit einer Beurteilung des eigenen Zustands verbunden, die sich phänomenologisch so beschreiben läßt: „Mit mir stimmt etwas nicht." Diesem Wahrnehmungsurteil mag eine Schmerzempfindung oder ein diffuses Mißempfinden zugrunde liegen. In einer Differenzierung des allgemeinen Wahrnehmungsurteils werden diese Empfindungen als mögliche Symptome einer bestehenden Krankheit gedeutet, und die Beurteilung des eigenen Befindenszustands als krank kann sich mit dem Gefühl einer mehr oder weniger massiven Lebensbedrohung verbinden. Die als Krankheitssymptome gedeuteten Mißempfindungen werden zugleich als Ursachen für die Einschränkung der Fähigkeit betrachtet, soziale Funktionen wie bisher erfüllen zu können.

Phase II: Dies ist die Phase des **Krankheitsverhaltens,** da die **soziale Rolle des Kranken** – noch nicht die des Patienten – übernommen wird. Die ihr entsprechende Beurteilung der eigenen Zustandswahrnehmungen läßt sich phänomenologisch in der Form wiedergeben: „Ich bin krank und brauche Hilfe." Im Rahmen dieser Selbstbeurteilung beginnt der *Kranke,* Erleichterung oder Befreiung von Symptomen durch Selbstbehandlung, z. B. mit Hausmitteln, zu suchen. Auch in der Familie und bei Freunden sucht er Auskunft und Rat. Er beansprucht zunächst innerhalb dieser vertrauten Lebensbereiche die *vorläufige Bestätigung* eines neuen sozialen Status, nämlich des Krankenstatus unter gleichzeitiger Befreiung von sonst *normalen* Aufgaben und Rollenverpflichtungen. Er sucht also Rat und Hilfe in einem System medizinischer Laien. In diesem *Laien-Bezugssystem,* das zugleich bestimmte Möglichkeiten der *Überweisung* an solche Instanzen und Personen enthält, die in ganz bestimmten krankheitsbezogenen Fragen für besonders zuständig gelten – daher auch *Laien-Zuweisungssystem (lay referral system)* – werden Gesundheitszustand und künftiges Verhalten diskutiert [58, 62, 63].

Phase III: In dieser Phase des Krankheitsverhaltens wird der **Kontakt mit dem medizinischen Versorgungssystem** aufgenommen, d. h. der Kranke ruft den Arzt oder ein Krankenhaus an bzw. begibt sich dorthin. Hier findet der Übergang vom Laien-Bezugssystem zum professionellen Bezugssystem statt. Ob der Betroffene diesen Übergang schwer oder leicht schafft, hängt ab von seinem Kenntnisstand über Krankheit, Medizin, medizinische Einrichtungen und ärztliches Handeln, von der räumlich-zeitlichen und sozialen Erreichbarkeit sowie von der Annehmbarkeit professioneller Hilfe.

Phase IV: Der Übergang ins professionelle Bezugssystem ist vollzogen, d.h. die Sprechstundenhilfe oder die Aufnahmestation haben eine Karteikarte bzw. ein Krankenblatt angelegt; erste medizinische Untersuchungen oder schon ärztliche Behandlungsmaßnahmen finden statt. Der Kranke befindet sich in der **Rolle des Patienten,** der nun von medizinischer Versorgung abhängig ist. Er hat die Kontrolle seines eigenen Gesundheitszustandes dem Arzt übertragen. Dabei akzeptiert und befolgt er im Prinzip – in Wirklichkeit jedoch nur mehr oder weniger korrekt – das ärztlich und von der Versorgungseinrichtung (z.B. Krankenhaus) vorgeschriebene Diagnose-, Behandlungs- und Verhaltensreglement (*Compliance*). Das Ergebnis dieser Phase des Krankheitsverhaltens hängt entscheidend von der Kommunikation zwischen Patient und Arzt ab. Die **Patient-Arzt-Kommunikation** ist in hohem Maße störanfällig durch unterschiedliche und u.U. nur schwer zu vermittelnde Vorstellungen bei Patient und Arzt über Krankheit und ihre Behandlung.

Phase V: In dieser Phase des Krankheitsverhaltens gibt der Kranke die Rolle des Patienten auf, bzw. ihm wird diese Rolle, die ihm Einrichtungen und Angehörige des Gesundheitswesens verliehen hatten, wieder abgenommen bzw. in veränderter Form **auf Dauer** zugeteilt. Die **Aufgabe der Rolle des Patienten** ist im allgemeinen an die Wiederherstellung und Gesundung des Kranken gebunden. In diesem Fall nimmt er in der Regel wieder die Rollen ein, die zu erfüllen die Krankheit ihn gehindert hatte. Der Kranke kann auch Gelegenheiten erhalten, schrittweise zu seinen bisherigen Rollenverpflichtungen zurückzufinden, insbesondere im Rahmen von **Rehabilitationsmaßnahmen.** Rehabilitationsmaßnahmen können aber auch dem Zweck dienen, den Kranken auf ein Leben mit eingeschränkten beruflichen und anderen sozialen Möglichkeiten vorzubereiten, wenn die Behandlung seiner Erkrankung keine vollständige Heilung bringen oder eine Chronifizierung oder eine Behinderung nicht vermeiden konnte. Er kann dann gezwungen sein, die häufig mit sozialen Benachteiligungen verknüpfte **Rolle des chronisch Kranken, des Langzeitpatienten oder des Behinderten** zu übernehmen. In diese Phase des Krankheitsverhaltens gehören schließlich auch die Interaktionsmöglichkeiten und -bedingungen des **Schwerstkranken** und **Sterbenden.**

Patientenkarriere und Krankenkarriere

Die Tatsache, daß eine Gesellschaft, die ein gegliedertes System des Gesundheitswesens entwickelt hat, den Spielraum der in diesem Rahmen zugelassenen Verhaltensmöglichkeiten kranker Menschen auf bestimmte Formen begrenzt oder Krankheitsverhalten kanalisiert, wird in der wissenschaftlichen Literatur häufig als **Patientenkarriere** bezeichnet [62, 64–66]. In Analogie zur beruflichen Laufbahn umfaßt diese Patientenkarriere

- die Qualifikation des Kranken (d.h. seine psychischen, sozialen und somatischen Dispositionen zum Krankheitsverhalten wie z.B. ängstliche, passive, depressive oder aktive, extravertierte Grundeinstellungen sowie Alter, Geschlecht, Ausbildung, Sozialstatus, Kenntnisstand, medizinischer Befund);
- die institutionellen Möglichkeiten des Gesundheitswesens, diesen Qualifikationen gerecht zu werden, mit ihnen adäquat umzugehen (z.B. in Form ambulanter oder stationärer Behandlung, in Form spezialärztlicher oder allgemeinärztlicher Behandlung, in Form präventiver, diagnostischer oder rehabilitativer Maßnahmen etc.) sowie
- mehr oder weniger vorgeschriebene Laufbahnstellen, die der Patient im Gesundheitswesen nacheinander einnimmt (z.B. Vorstellung beim niedergelassenen Hausarzt oder Primärarzt unter Vorlage eines Krankenscheins, primärärztliche Untersuchung und Behandlung oder Überweisung zu fachärztlicher Untersuchung, dann u.U. Klinikeinweisung und -behandlung, von dort Einweisung in eine Spezialklinik, Rücküberweisung an den Hausarzt etc.).

Der Begriff **Krankenkarriere** beschränkt sich nicht auf den Kranken in Institutionen des Gesundheitswesens. Er umfaßt darüber hinaus

- einerseits vom Sozialstatus und der sozialen Lage abhängige Prozesse der Gefährdung bürgerlicher Existenz durch Krankheit (z.B. berufliche Disqualifizierung, Einkommensverlust, Arbeitsplatzverlust, Wohnungsverlust) und

- andererseits die spezifischen Möglichkeiten, den existentiellen Gefährdungen zu begegnen (Coping-Potential), welche durch Sozialstatus, familiale Unterstützung und Persönlichkeitsstruktur des Kranken bedingt sind [67].

Kulturelle Traditionen

Empirische Untersuchungen haben häufig Anhaltspunkte dafür geliefert, daß in Sozialisationsprozessen vermittelte **kulturelle Traditionen** verhaltensbestimmend auf zahlreiche Lebensbereiche einwirken, selbst wenn Menschen unterschiedlicher kultureller Prägung unter relativ ähnlichen äußeren sozialen Bedingungen leben. Dies trifft auch für das Krankheitsverhalten zu. Bekannt sind Befunde aus den USA über die Unterschiede des Schmerzverhaltens und der Symptomwahrnehmung bei Bürgern italienischer, jüdischer oder irischer Herkunft.

Schichtspezifisches Krankheitsverhalten

Besonders zahlreich und zwischen Industrieländern z.T. gut vergleichbar sind Ergebnisse über **Unterschiede des Krankheitsverhaltens in Abhängigkeit von der sozialen Schichtzugehörigkeit** [63, 68, 69]. Dabei lassen sich diese Differenzen nicht nur durch den Einfluß des Sozialstatus erklären, sondern auch durch spezielle Reaktionsformen auf die gegebene soziale Lage. In der Regel werden die unteren und mittleren Sozialschichten miteinander verglichen, ohne daß die zugrundeliegenden Schichtmodelle der verschiedenen Studien im einzelnen miteinander übereinstimmen.

Wie in anderen Lebensbereichen, so tendieren Angehörige der **unteren Sozialschichten** auch im Hinblick auf Probleme der Gesundheit und Krankheit zu kurzfristigen Lösungen.

Das Krankheitsverhalten der unteren Sozialschichten läßt sich eher als **gegenwartsorientiert** beschreiben, das der **mittleren** Sozialschichten dagegen eher als **zukunftsorientiert** [70].

Dieser Unterschied wird besonders deutlich bei der Wahrnehmung und Deutung von Symptomen, die im medizinischen Sinne krankheitsrelevant sein können. Befindensstörungen und Beeinträchtigungen werden z.B. von Angehörigen unterer Sozialschichten erst dann in Verbindung mit Krankheit gebracht, wenn sie sich deutlich auf die Arbeitsleistung und Arbeitsfähigkeit auswirken, wenn sie als **körperliche Funktionsstörungen** in Erscheinung treten oder wenn sie als Ergebnis körperlicher Funktionsstörungen interpretiert werden.

In diesem Zusammenhang wird die Neigung, emotionale, Befindens- und Beziehungsstörungen als Ergebnis körperlicher Funktionsstörungen zu interpretieren, dagegen psychische und soziale Ursachen auszuschließen oder zu übersehen, als **Somatisierungstendenz** bezeichnet. Die Fähigkeit, *Vorboten* drohender Krankheit frühzeitig wahrzunehmen und im medizinischen Sinne adäquat zu deuten, ist im Unterschied zu Angehörigen der mittleren Sozialschichten weniger ausgebildet. Letztere sind dagegen eher in der Lage, Befindensauffälligkeiten schon als Symptome wahrzunehmen, wenn die Erfüllung ihrer alltäglichen Verpflichtungen noch nicht berührt ist. Erwerbstätige der unteren Sozialschichten neigen besonders dann stärker zur Verleugnung auch körperlicher Symptome, wenn sie um die Erhaltung ihres Arbeitsplatzes fürchten. In wirtschaftlichen Krisenzeiten gehen daher die Krankmeldungen, d.h. die betrieblichen Fehlzeiten zurück, während beispielsweise die gemeldeten Betriebsunfälle zunehmen.

Präventivmaßnahmen zum Vermeiden oder frühzeitigen Erkennen von Krankheit werden von Angehörigen der unteren Sozialschichten im Vergleich zu Mittelschichtangehörigen sehr viel seltener wahrgenommen, selbst wenn sie nicht mit finanziellem Aufwand verbunden sind.

Arztaffines und arztaversives Verhalten

Im Zusammenhang mit der unterschiedlichen und durchaus nicht bedarfsangemessenen Inanspruchnahme ärztlicher und überhaupt medizinischer Dienstleistungen durch verschiedene Problemgruppen werden die Begriffe arztaversives (arztmeidendes) und arztaffines (arztsuchendes) Verhalten gebraucht [71]. Individuen wie auch soziale Gruppen (z.B. die Angehörigen einer Sozialschicht, einer Kulturtradition etc.) können sich arztaversiv oder arztaffin verhalten. Es kann sein, daß Einzelpersonen oder Angehörige einer bestimmten sozialen Gruppe (z.B. als Frauen, alte Menschen, Arbeiter, Ausländer etc.) die Erfahrung gemacht haben, daß in medizinischen Einrichtungen und durch Ärzte nicht auf ihre soziale Situation, ihre Bedürfnisse, ihre Empfindungen, ihre Beschwerden, ihren Sprach- und Denkstil, ihre Verständigungs- und Verstehensschwierigkeiten Rücksicht genommen wird. Selbst wenn es einmalige Erfahrungen oder gar nicht einmal die eigenen Erfahrungen waren, können sie doch generalisiert werden und arztaversives Verhalten bedingen.

Hinzu kommt, daß empirische Untersuchungen

immer wieder mittelschichtorientierte Einstellungen des Personals medizinischer Einrichtungen und entsprechende Verhaltensformen gezeigt haben. Es existieren im Gesundheitswesen weitverbreitete Vorurteile darüber, was z. B. ein Arbeiter oder eine Frau vom Lande nicht verstehen kann, was man ihnen vergebens erklären würde, bis zu welchem Grade sie psychisch und intellektuell differenziert sind, welche Therapieformen sie gar nicht mitmachen könnten etc. Die Tatsache, daß die meisten Ärzte und relativ große Teile des übrigen medizinischen Personals aus Mittelschichtfamilien stammen, stabilisiert zusätzlich die Distanz, wenn nicht Aversion zwischen dem Kranken und den Einrichtungen des Gesundheitswesens.

Arztaversives Verhalten läßt sich somit nicht nur deuten als primär von krankheitsbedrohten Individuen und Gruppen ausgehend, sondern zumindest ebenso als sekundäre resignative und mißtrauische Reaktion auf Distanzierung und Zurückweisung der Angehörigen bestimmter sozialer Gruppen durch die Einrichtungen des Gesundheitswesens [63].

Die Distanzierung des Gesundheitswesens gegenüber bestimmten sozialen Gruppen kommt z.B. nicht nur in der direkten Konfrontation in der Arztpraxis oder im Krankenhaus zum Ausdruck, sondern auch in der unterschiedlichen Arztdichte strukturschwacher und strukturstarker Regionen, von Stadtrand- und Innenstadtbezirken oder von traditionellen Arbeiter- und Mittelschichtbezirken in Großstädten etc.

Angehörige der **Mittelschichten** zeigen im Vergleich zu denen der unteren Sozialschichten häufiger ein **arztaffines Verhalten,** gerade auch dann, wenn es um emotionale und Beziehungsstörungen geht.

Dies wird u.a. dadurch begünstigt, daß sie im Denken und Sprechen weniger dem Einzelnen und Konkreten verhaftet bleiben, sondern vielmehr übergreifende und hochdifferenzierte Zusammenhänge herstellen und darstellen können. Sie verfügen über ein abstraktes und differenziertes Begriffssystem, das dem wissenschaftlich orientierten Sprachgebrauch im Gesundheitswesen nicht fern steht. Häufig haben zudem Mittelschichtangehörige Ärzte im Verwandtschafts-, Freundes- oder Bekanntenkreis.

Selbst- und Laienhilfe

Bei der Darstellung der Phasen oder Stadien des Hilfesuchens schien das *Laien-Zuweisungssystem* eher im Vorstadium des Suchens und Inanspruchnehmens professioneller medizinischer Hilfen lokalisiert zu sein. Die gegenwärtig sich auch in der BRD rapide ausbreitenden Organisationen der Selbst- und Laienhilfe haben jedoch erhebliche Bedeutung als Ergänzung präventiver, therapeutischer, vor allem aber nachsorgerischer und rehabilitativer Leistungen des Gesundheitswesens gewonnen. Die Gründe für die Entwicklung der heutigen Selbst- und Laienhilfe können sowohl als **Unzulänglichkeiten** (z.B. materielle, psychische und soziale Folgeprobleme medizinischer Behandlungen, u.a. bei psychisch Kranken, Patienten mit künstlichem Darmausgang, Multiple-Sklerose-Kranken, brustamputierten Frauen) wie auch als **Grenzen des medizinischen Versorgungssystems** bezeichnet werden (z.B. ökonomische Grenzen der Entwicklung von Nachsorge und Rehabilitation im Verhältnis zum Aufwand für kurative Medizin, Grenzen der Wiederherstellung alltagspraktischer Fertigkeiten bei lange hospitalisierten Patienten, Notwendigkeit medizinischer Spezialisierung unter Verlust person- und situationsbezogener *ganzheitlicher* Orientierung) [72].

Historisch vergleichend betrachtet könnte es scheinen, wie wenn die heutige Selbst- und Laienhilfe an die Netzwerke **gegenseitiger Unterstützung,** Beratung und Hilfe (**social support systems**) anknüpft, die in traditionsverwurzelten Arbeiterschichten zur Bewältigung von Krankheitsproblemen (**Coping**) bestanden. Allein aufgrund der Notwendigkeit größerer räumlicher Mobilität für heutige Arbeiterschichten gibt es diese traditionsgebundenen Netzwerke gegenseitiger Unterstützung nur noch rudimentär [73].

Die heutige Selbst- und Laienhilfeentwicklung geht eher von **Mittelschichtangehörigen** und **Mittelschichtpatienten** aus, die häufig von Ärzten, Angehörigen anderer medizinischer Berufe sowie Sozialwissenschaftlern mit praktischem Bezug zum Gesundheitswesen unterstützt werden. Krankheitsverhalten in Form der Selbst- und Laienhilfe hat erhebliche Beachtung in der Sozial- und Gesundheitspolitik erhalten.

Bedeutung und Komplexität der Erforschung des Krankheitsverhaltens

Was tun **welche** Menschen unter **welchen** Bedingungen und in **welchen** Situationen, um sich vor Krankheit zu schützen und gesund zu bleiben, um wieder gesund zu werden oder um so erträglich wie möglich mit Krankheit zu leben?

Theoretische und empirische Kenntnisse hierüber werden in dem hochkomplexen Begriff **Krankheitsverhalten** zusammengefaßt. Kenntnisse über Krankheitsverhalten sind wichtig, um z. B. die Wirksamkeit von ärztlichen Maßnahmen und von

Institutionen der gesundheitlichen Versorgung richtig einzuschätzen oder um Kosten-Nutzen-Berechnungen bei Einführung neuer Leistungen des Gesundheitssicherungssystems aufstellen zu können. Diese Kenntnisse nützen auch unmittelbar dem Arzt und anderen Gesundheitsberufen, wenn es darum geht zu beurteilen, welche diagnostischen und therapeutischen Maßnahmen welchen Patienten angeboten oder auch zugemutet werden können. Schließlich – so hat sich gegenwärtig für gesundheits- und sozialpolitische Planungen herausgestellt – ist es von Bedeutung, in welchem Umfang und wie mit gesundheitlichen Problemen außerhalb des Gesundheitssicherungssystems umgegangen wird, d.h. im Rahmen der Selbst- und Laienhilfe, um hier u.U. zu fördern und zu unterstützen.

Ziel dieses Kapitels ist, die Bedeutung und Komplexität dessen sichtbar zu machen, was der Begriff Krankheitsverhalten umfaßt – ohne Anspruch auf Vollständigkeit.

Studienfragen

Was versteht man unter Kranken- und Patientenkarriere?
(s.S. 210 f.)
Welche allgemeinen Bedingungen bestimmen das Krankheitsverhalten?
(s.S. 207, 208)

8.4 Krankenrolle

Peter Malzahn

Verhaltenserwartungen

Auf der Basis sozialer Normen in unserer Gesellschaft entwickeln sich soziale Positionen und Rollen, mit deren Einnahme bzw. deren Zuschreibung der einzelne unterschiedlich verbindliche Verhaltenserwartungen verknüpft. Beispielsweise sind die sozialen Erwartungen an eine Person A in der Rolle des Abteilungschefs andere als an dieselbe Person in der Rolle des Familienvaters (s. Kap. 7.6). Diese allgemeinen rollenbezogenen Erwartungen verändern sich, indem besondere Veränderungen der körperlichen, seelischen und sozialen Situation des Rollenträgers für ihn selbst und für andere wahrnehmbar werden. Die soziale Bewertung derartiger Prozesse wird vor allem durch Merkmale der Abweichung vom sog. Normal-Gesunden gesteuert. Die in diesem Zusammenhang entstandenen **spezifischen sozialen Erwartungen** bilden den Hintergrund für eine Definition der Rolle des Kranken in seinen verschiedenen Bezugsgruppen. Von einem kranken Chef oder Familienvater werden in den jeweiligen Bezugsgruppen andere Verhaltensweisen erwartet als von dem entsprechenden gesunden Rollenträger. Es wird hierdurch versucht, die krankheitsbedingten Verhaltensabweichungen von der allgemeinen Norm durch veränderte Erwartungs- und Bewertungsmuster neu zu definieren und damit gesellschaftlich einordnungsfähig zu machen.

Der Kranke wird so zum Adressaten partieller Normen:

> Trotz krankheitsbedingter Abweichung von generellen Rollenerwartungen (z.B. Berufsrolle) ist es dem Kranken doch möglich, sich im **partiellen** Rahmen rollenkonform zu verhalten, wenn er den Erwartungen an seine Krankenrolle entspricht [74].

D.h.: Der bettlägerige Familienvater fällt zwar aus seiner Rolle der unermüdlich außer Haus arbeitenden Autorität; wenn er sich aber unter der Pein seiner Krankheit willig in alle erforderlichen Maßnahmen findet, wird ihm die Rolle des braven Patienten *gestattet* (aber auch mit normativem Druck *auferlegt*).

„Aushandeln" der Krankenrolle

Die ersten Versuche, das Phänomen Krankheit zu ergründen (und u.U. auch zu *be*-gründen) und die Krankenrolle zu definieren, vollziehen sich in der Regel im nicht-medizinischen sozialen Umfeld des Kranken (von den Experten in einer weitgehend medikalisierten Gesellschaft als **Laiensystem** bezeichnet) und hier vor allem im Rahmen primärer Bezugsgruppen (Familie, Freunde etc.).

Diese Definitionsversuche vollziehen sich unter zwei Aspekten:

1) Aspekt der **Krankheit**
   - subjektives Krankheitsempfinden (Schmerz, Angst, Hilflosigkeit etc.),
   - soziale Wirkungen des Krankheitsprozesses (Erscheinungsform, Image, Verlaufsgestalt).
2) Aspekt der **sozialen Rolle**
   - Akzeptierung bzw. Zurückweisung der Krankenrolle durch den Kranken,
   - Zuweisung bzw. Verweigerung der Krankenrolle durch gesellschaftliche Gruppen.

Diese vier Dimensionen stecken den generellen Bezugsrahmen ab, in dem im Laiensystem die Krankenrolle ausgehandelt wird [75].

Hierbei entstehen häufig Konfliktsituationen:

> Der Angestellte B wird von seiner Partnerin gedrängt – entgegen seiner eigenen Überzeugung –

durch Mehrarbeit in seiner Firma die Prokura zu erlangen. Der Hausarzt hält B für akut infarktgefährdet (**Zuschreibung** der Krankenrolle); die Ehefrau hält B für einen Versager (**Verweigerung** der Rollenzuschreibung). B selbst ist ambivalent: Einerseits hat er ein subjektives Krankheitsempfinden und möchte dem Konflikt entfliehen und krankgeschrieben werden (**Akzeptierung** der Krankenrolle); andererseits will er seine Frau nicht enttäuschen und seinen Kollegen gegenüber möchte er sich beweisen (**Verweigerung** der Krankenrolle).

Derartige Konflikte lassen sich folgendermaßen typisieren: „Dort, wo Handeln in beruflichen und anderen sozialen Zusammenhängen als Möglichkeit zur Erlangung von Autonomie und Selbstverwirklichung gesehen wird, muß alles, was diese Möglichkeit verbaut, als destruktiv gewertet werden. Dieser Bewertung entspricht dann folgerichtig auch ein Verhalten, das man (...) als Widerstand gegen die Übernahme der Krankenrolle bezeichnen könnte. Kranksein heißt, der Gefahr ausgesetzt zu sein, aus dem sozialen Lebenszusammenhang ausgeschlossen und mit der Vernichtung seiner sozialen Existenz konfrontiert zu sein. Das Individuum nimmt die Situation des Krankseins als eine Form von Abweichung wahr, die sein Selbstbild und seine Identität bedroht. In diesem Falle kann die Krankenrolle nicht entstehen, die die Abweichung kanalisieren würde ...“ [76].

Auf der anderen Seite gibt es Menschen, die trotz ihrer Krankheit in eine sozial normale Existenz drängen, dort aber nicht akzeptiert werden.

Krankheiten, die Ekel, Angst, Unsicherheit oder Unverständnis erregen, werden oft nicht nur nicht akzeptiert, sondern mitsamt dem Kranken ausgegrenzt oder zurückgewiesen. Diese Menschen sind durch ihre Krankheit stigmatisiert. Bei derartigen **Stigmatisierungen** kann es sich um chronische Krankheiten handeln, um Körperbehinderungen, Tbc, Blindheit, Zwergwuchs, um psychische Krankheiten etc.; aber eben auch darum, „gesessen“ zu haben, einer religiösen oder „rassischen“ Minderheit anzugehören. Solche Vorurteile (s. Kap. 7.3) sind verbreitet und resistent.

Rollenübernahme bzw. Zuweisungsprozesse unterscheiden sich im Gesundheitswesen nach Art, Dauer und Beteiligung in Abhängigkeit von der **Sozialschichtzugehörigkeit** (s. Kap. 11) der Rollenträger. In gesellschaftlich benachteiligten Schichten hat das Laiensystem eine stärkere Bedeutung als in oberen Sozialschichten, u.a. mitbedingt durch verschieden hohe Barrieren im Zugang zum medizinischen Expertensystem (Arztpraxis, klinische Ambulanz etc.). Schon vergleichsweise früh haben verschiedene Autoren versucht, im Vorfeld der Übernahme der Krankenrolle Modelle individueller Krankheitserkenntnis zu entwickeln und Konsequenzen daraus zu ziehen.

Mechanic listet z. B. zehn Faktoren auf, welche die Reaktion auf Krankheit (bzw. ihre Symptome) mitbestimmen; hierunter auch die Bereitschaft zur Mitleidenschaft und die Toleranzschwelle der Angehörigen, der Informationsgrad des Kranken und seiner Angehörigen und konkurrierende Möglichkeiten der Interpretation von Symptomen [77].

Der Zugang zur Krankenrolle stellt sich in den meisten Fällen als langwieriger Entscheidungsprozeß dar, der mitgeprägt ist von emotionaler Irritation und sozialen Konflikten.

Rollenerwartungen und Rollenverhalten (Der Kranke)

Der komplexe Entscheidungsprozeß, ob ein Kranker sich in die Obhut ärztlicher Experten begibt, vollzieht sich weitgehend im Laiensystem. Diese Zeit vor Eintritt des Kranken in den Einflußbereich medizinischer Organisationen zeichnet sich als eine **unorganisierte Phase** der Krankheit aus [78]. In dieser Phase sucht der Kranke nach Kriterien zur Definition seiner Krankenrolle und ist dabei vorwiegend auf eigene Erfahrungen und Kenntnisse bzw. die seiner Laienumwelt angewiesen. Die Auseinandersetzung mit der Krankheit ist weitgehend von Mutmaßungen und Unsicherheiten bestimmt.

Auf den Träger der Krankenrolle werden spezifische Erwartungen und Wünsche gerichtet. Über das Individuelle hinaus lassen sich generelle, gesellschaftlich verbindliche Verhaltenserwartungen im Hinblick auf die Krankenrolle formulieren. Dieses Bündel von Erwartungen macht es dem Kranken u. U. leichter, sich aus der Phase irritierter Suche nach verhaltenssteuernden Kriterien zu lösen und aufgrund derartiger Orientierungsraster in eine Phase relativer Stabilisierung einzutreten (Coping) (s. Kap. 8.5).

In grundsätzlichen Definitionsansätzen der Krankenrolle werden Verpflichtungen des Rollenträgers, aber auch entlastende Anteile der Krankenrolle beschrieben [79]:

- Der Kranke soll von seinen normalen sozialen Rollenverpflichtungen weitgehend befreit sein.
- Der Kranke soll für seine Situation nicht verantwortlich gemacht werden.
- Da Krankheit als gesellschaftlich unerwünscht gilt, soll sich der Kranke verpflichten, gesund werden zu wollen.
- Um dies bestmöglich zu realisieren, soll der Kranke fachkundige Hilfe aufsuchen.

Allerdings kommt im Einzelfall eine Fülle konkreter Faktoren modifizierend hinzu, wie z.B. die familiäre, berufliche, gesellschaftliche Position, Persönlichkeitsmerkmale, Art, Schweregrad, Chronizität der Erkrankung, die

Arbeitsmarktlage, Stigmatisierung, Laienätiologie, religiöse, magische Orientierungen, sekundärer Krankheitsgewinn („Wer sich von sozialen Rollenverpflichtungen zu befreien wünscht, kann dies am leichtesten, wenn er die Krankenrolle wählt“ [80]) etc. Im konkreten Krankheitsfall dominieren oft Konfliktpotentiale das Krankheitsverhalten; die Kranken- (bzw. Patienten-)Rolle ist entsprechend von handlungsrelevanten Widersprüchen und Ambivalenzen gekennzeichnet.

Die institutionalisierte Krankenrolle (Der Patient)

Tritt der Kranke zum Zweck der Diagnose oder der Therapie in Kontakt mit medizinischen Institutionen, empfindet er nicht nur *subjektiv* als Kranker Beeinträchtigung, sondern es werden auch Befunde *objektiviert*. Er wird damit zum Patienten: Er ist nicht mehr „nur“ aufgrund eigener Beurteilung krank, sondern er wird *krankgeschrieben*. Dieser Definitionsakt wird vom Arzt mit Hilfe seines Definitionsmonopols vollzogen, das er durch staatlich kontrollierte Ausbildung und seine Verpflichtung zu ethischem Verhalten erworben hat.

Erst nach diesem Verwaltungsakt wird der Kranke in der Rolle des Patienten *gesellschaftsfähig*. In dieser **organisierten Phase** seiner Krankheit gewinnt er sozusagen an öffentlicher Glaubwürdigkeit, etwa seiner Familie gegenüber, vor allem aber im Arbeitsbereich und in versicherungsrechtlicher Hinsicht: Arbeitgeber leisten in der Regel Lohnfortzahlungen, Kassen und Versicherungen beteiligen sich am krankheitsbedingten Mehrkostenaufwand.

Die Patientenrolle entwickelt sich wie die Rolle des Kranken und das damit verbundene Krankheitsverhalten in einem Prozeß sozialen Lernens. Die Institutionalisierung des Gesundheitswesens in unserer Gesellschaft ist sehr fortgeschritten. Die Patientenrolle ist in diesem Rahmen als Ergänzung der Krankenrolle um die Dimension expertengesteuerter Einflüsse zu verstehen. Entsprechend orientieren sich die generellen Erwartungen an den Kranken als Patienten im Kontakt mit den Einrichtungen und Rollen des öffentlichen Gesundheitswesens weitgehend an den Organisationszielen dieser Institutionen.

Erwartet wird in erster Linie, daß der Patient lernt, seine Rolle zu spielen, indem er sich den funktionalen und strukturellen Notwendigkeiten der Institutionen weitgehend unterwirft.

Zu diesen zielorientierten Anteilen der Patientenrolle in medizinischen Organisationen gehört, daß der Patient sich generell vorbehaltlos in die institutionalisierten Selbstverständlichkeiten des Medizin-Betriebes schickt, Eingriffe in seine körperliche (u.U. auch seelische) Intimsphäre duldet, Schmerzen und Wartezeiten erträgt, für ihn undurchschaubare Handlungen an sich geschehen und anderes über sich ergehen läßt – als Opfer für möglichst reibungslose Besserungs- und Heilungsaktivitäten.

Der Kranke gerät als Patient (z.B. im Krankenhaus) in ein System vielfältiger Fremdverantwortlichkeiten und institutioneller Determinierung. Den **Bedürfnissen** nach sozialen Kontakten, Mobilität, Vertrauen, Information etc. stehen oft gefestigte **Imperative** gegenüber wie Isolation, Fixierung, Kontrolle, Informationsselektion und -monopolisierung. Die allgemeine Suggestivität, die vom medizinischen (vor allem ärztlichen) Personal ausgeht, im Zusammenwirken mit Ritualen, Apparaturen und vielfältigen (anderen) Barrieren, weist den Patienten in soziale Distanz (s.u.). Hier läuft er leicht Gefahr, als Handlungsobjekt verunselbständigt zu werden.

Medizinisch institutionalisierte Erwartungsstrukturen begegnen auf seiten des Patienten allerdings unterschiedlichen Einstellungen und Reaktionsmustern.

Z.B. kann man empirisch zwei Grundtypen von Patientenerwartungen unterscheiden [81]:

Die eine Gruppe erwartet **familiäre** Geborgenheit, psychosoziale Bereicherung, Entlastung, Versorgung und Zuwendung; diese Patienten sind in der Regel angepaßt, rezessiv und häufig am väterlichen Charisma des Arztes orientiert. Die Erwartungen der anderen Gruppe werden als **instrumental** bezeichnet; diese Patienten wollen in der Mehrzahl ohne größeren Gefühlsaufwand und ohne illusionäre Erwartungen an das medizinische Personal durch Kompetenz und den Einsatz moderner medizinischer Technik geheilt und schnellstens in ihre gewohnte (soziale) Umgebung entlassen werden.

Allerdings stellen sich manche Bedürfnisse des Patienten in seiner komplexen und konfliktreichen psychosozialen Situation in medizinischen Organisationen als **ambivalent** dar: So kann rationale Bearbeitung der Krankheitssituation gegen magische Beschwörungen und Mystifikationen stehen, Genesungswille gegen Krankheitsgewinn, Zukunftsorientierung gegen Sicherheit im Status quo, Eigenverantwortlichkeit und Durchsetzung gegen Selbstaufgabe und Überantwortung, Überlebenswille gegen Todessehnsucht etc. [75].

Die vorbehaltlose Hinnahme medizinischer Maßnahmen durch den Patienten und seine Verpflichtung zur Befolgung therapeutischer Anordnungen (Compliance, s. Kap. 9.4)) als Erwartungen an seine Patientenrolle stützen sich allerdings auf eine wesentliche Voraussetzung:

Der Kranke muß einen deutlichen **Vertrauensvorschuß** in die Arzt-Patient-Beziehung mitbringen.

(Die gängige *Fünf-Minuten-Medizin* ist in ihrer sozial-spartanischen Praxis nicht sonderlich geeignet, noch nicht vorhandenes Vertrauen entstehen zu lassen.) Der Vertrauensvorschuß des Patienten ist allerdings nicht unbegründet, sondern entsteht in der gegenseitigen Abhängigkeit von Patient- und Arztrolle in unserer Gesellschaft: Der Rollenverpflichtung zur vorbehaltlosen Einlassung des Patienten stehen auf seiten des Arztes zwei entsprechende komplementäre Rollensegmente (s. Kap. 7.6) gegenüber:

Die Verpflichtung zu **affektiver Neutralität** (ärztliches Handeln frei vom Einfluß persönlicher Gefühle) und **Orientierung an der funktionalen Spezifität** (fachliche Kompetenz) sind u. a. vertrauensbildende ärztliche Faktoren für den Patienten.

Bewertungen von Krankheit

Krankheit ist im sozialen Kontext einzugrenzen als ein von allgemeingültigen Normen abweichendes Verhalten (Devianz).

So gesehen rückt Krankheit unter anderen sozialen Auffälligkeiten beispielsweise in die Nähe von Kriminalität. Gemeinsam mit Kriminalität ist Krankheit **sozial unerwünscht,** aber in allen Gesellschaften **real vorhanden.** Zudem sind in unserer Gesellschaftsform sowohl gegen Krankheit als auch gegen Kriminalität umfangreiche Abwehr- und Bewältigungssysteme institutionalisiert worden, wie präventive, kurative und rehabilitative Einrichtungen bzw. Strafrecht (Sanktionsdrohung), Strafprozeß- und Strafvollzugsrecht.

Die Bewertung (Etikettierung: *labeling*) eines Individuums als „abweichend" (deviant) impliziert die folgenden Dimensionen: das Verhalten des Abweichenden; das Verhalten der Kontrollinstanz; das gesellschaftliche Paradigma (Gesundheit, Leistung, soziales Verhalten etc.), von dem abgewichen wird. Das Wesentlichste am abweichenden Verhalten ist der an Kontrollinstanzen gebundene Definitionsaspekt: Abweichendes Verhalten ist Verhalten, das Menschen(gruppen) als „abweichend" **etikettieren.** Allgemein, aber besonders im Gesundheitsbereich sind die persönlichen und sozialen Auswirkungen der Etikettierung für den einzelnen wichtig (z. B.): Erst wenn jemand vom Arzt krank„geschrieben" ist, wird Krankheit durch diesen Definitionsprozeß zur **sozialen Wirklichkeit** mit der Konsequenz, daß der Kranke erst dann die Patientenrolle mit allen Erwartungs- und Verhaltensimplikationen übernehmen kann. Er **„fühlt"** sich nicht nur „irgendwie", sondern er **ist** ein „staatlich anerkannter" Kranker.

(Für den Arzt bleibt in diesem Zusammenhang aber immer die Paradigmafrage: An welchen Abweichungen orientiere ich mich in meinem therapeutischen Handeln? Vor allem im psychotherapeutischen Bereich ist diese Frage ebenso wichtig wie auch ganz besonders schwierig.)

Eine andere Dimension der Bewertung von Krankheit geht aus von der Wahrscheinlichkeit, mit der der Bewertende selbst möglicherweise in die Verhaltensabweichung Krankheit involviert sein kann („selbst betroffen sein ...", „zu tun haben mit ...", „gehört haben von ..."). Unter diesem Gesichtswinkel gehören Kranke in eine Kategorie **paranormaler** Abweichungen, denen man (im Vergleich zu Kriminellen) sozusagen täglich begegnen kann. Auch durch eigene Betroffenheit wird Krankheit fast für jeden Menschen mindestens einmal im Leben selbst erlebbar.

Nicht nur Unerwünschtheit allein bestimmt die Bewertung der Abweichung, sondern besonders auch der Grad der Wahrscheinlichkeit, mit dem sich Kontakte zu Trägern abweichenden Verhaltens (soziale Distanz) ergeben können.

In größerer **sozialer Distanz** entstehen z. B. eher Stereotypien und Vorurteile als in geringerer sozialer Distanz, wo Beurteilungen und Bewertungen deutlicher an der Handlungsrealität zu kontrollieren sind (s. Kap. 7.4).

Über diese sozialpsychologische Hypothese werden unterschiedliche Bewertungen verschiedener Krankenrollen verständlicher. Psychische und soziale Abweichungen werden daher gesellschaftlich anders – in der Regel negativer – beurteilt als körperliche Erkrankungen:

Während der körperlich Kranke meist auf mitfühlende und besorgte Zuwendung rechnen darf, wird das Urteil über psychisch Kranke u. a. eingefärbt durch negative Assoziationen mit Bedrohlichkeit, Unberechenbarkeit etc. sowie durch Zuweisung von Verantwortlichkeit für sozial auffälliges Verhalten („... kann sich nicht zusammenreißen!"). Mangelnde Krankheitseinsicht beim Kranken verschärft diesen negativen Aspekt.

Spätestens an dieser Stelle wird das Rollenkonzept von Parsons relativiert: Die von ihm genannten gesellschaftlichen Erwartungen an die Krankenrolle (s. o.) stimmen offenbar nicht vollständig im Hinblick auf die Rolle des **psychisch** Kranken. Dieser weitgehend positivistische Definitionsansatz beinhaltet sehr stark Belange des Managements von Krankheit aus der Zielperspektive des öffentlichen Gesundheitswesens.

In der abweichenden gesellschaftlichen Bewertung der Rolle des psychisch Kranken (im Vergleich zum körperlich Kranken) ist ein weiterer und wesentlicher Faktor von Bedeutung: Es ist für einen physisch Kranken wesentlich leichter, einen **Teil** von sich als störend, durch sich selbst oder andere abgelehnt zu sehen, als die massive Berührung des Selbstwertgefühls ertragen zu müssen, als *ganze Persönlichkeit* gestört und zugleich störend zu sein: Als *Irrer abgestempelt* zu werden, bedeutet eine **Totalisierung der Krankenrolle,** wie sie bei einem körperlich Kranken in diesem Ausmaß kaum vorstellbar ist. Die Rolle des psychisch Kranken bildet sozusagen eine Abweichung vom Parameter *normaler* Abweichungen und **bleibt anomisch** (Stigmatisierung):

> Während die Rolle des **physisch** Kranken mehr oder weniger durch die Rollenattribute der Krankheit ergänzt wird, bedeutet die Zuschreibung der Rolle des **psychisch** Kranken oft den Versuch einer weitgehenden Umstrukturierung der psychosozialen Einheit *Kranker* in eine grundsätzlich andere soziale Qualität.

In diesem starken Bedürfnis unserer Gesellschaft, psychisch Kranken besonders vorurteilsgeladene Stereotype zuzuweisen, manifestiert sich der Versuch der sozialen Distanzierung und damit der eigenen emotionalen Entlastung.

Studienfragen

Welche Bedeutung hat das Laiensystem für Krankwerden und Kranksein?
(s. S. 215, 216)
Was bedeutet Krankschreibung für den Kranken?
(216, 217)

8.5 Krankheitsverarbeitung

8.5.1 Sterben und Tod

Jörn W. Scheer

Am Ende einer schweren Krankheit stehen oft das Sterben und der Tod. Die „Verarbeitung" einer schweren Krankheit schließt daher in aller Regel auch eine Auseinandersetzung mit der Erwartung des Sterbens und der Unausweichlichkeit des Todes ein. Zweifellos ist das Sterben ein höchst individuelles Geschehen, über das letztlich nur der Betroffene Bescheid weiß, so daß jeder Mensch „seinen eigenen Tod stirbt", doch deutet die Entstehung der **Thanatologie** als der Wissenschaft vom Sterben darauf hin, daß ein Bedürfnis nach Erkenntnis von Regelhaftigkeit auch in den „letzten Dingen" besteht. Mehr als in vielen anderen Bereichen der menschlichen Existenz berühren sich hier psychologische Verständnisansätze mit Deutungsangeboten von Philosophie und Religion. Daß das Sterben aber zum Gegenstandsbereich der Medizinischen Psychologie geworden ist, findet seine Begründung darin, daß in unserer Kultur heutzutage zwei von drei Menschen in der Obhut der medizinischen Berufsgruppen sterben. Wer beruflich mit Sterbenden umgeht, sollte daher wichtige Befunde der Sterbenswissenschaft kennen [82, 83].

Bedingungen des Sterbens heute

Der Umgang mit dem Sterben in unserer Kultur ist mitbedingt durch einige Charakteristika des Sterbens heute [84]:

- Wenn man als „Beginn" des Sterbens die Kommunikation über eine mögliche Todesursache ansieht, dann dauert das Sterben heute länger als in früheren Zeiten. Das ist durch ein verändertes Spektrum der zum Tode führenden Krankheiten bedingt, aber auch durch lebensverlängernde Möglichkeiten der modernen Medizin, insbesondere der medizinischen Technik und der Pharmakotherapie.
- Das Sterben ist „seltener" als früher: Durch geringere Familiengröße und höhere Lebenserwartung erleben die Menschen durchschnittlich nur alle 10–15 Jahre einen Todesfall unter ihren Angehörigen.
- Das Sterben findet ganz überwiegend in Institutionen statt, in Krankenhäusern, Pflegeeinrichtungen, Altersheimen, nicht mehr, wie früher, in der lebenslang gewohnten Umgebung. Auch dies trägt dazu bei, daß viele Menschen nur wenig Kenntnisse über das Sterben haben. Viele dieser Institutionen sind nicht auf eine angemessene Betreuung von Sterbenden eingerichtet, insbesondere nicht Akutkrankenhäuser, in denen das Sterben den eigentlichen Zielen der Institution (von Krankheit zu heilen und Leben zu retten) zuwiderläuft.
- Tod und Töten scheinen in den Massenmedien allgegenwärtig zu sein. Dies verhindert jedoch nicht (fördert vielleicht eher), daß die Beschäftigung mit der eigenen Sterblichkeit und die Kommunikation über individuelles Sterben den Menschen schwerfallen. Diese Schwierigkeit ist allerdings nach mancherlei literarischem Zeugnis kein Spezifikum unserer Zeit. Weisman nennt es ein „primäres Paradox", daß „der Mensch die Universalität des Todes erkennt, sich aber seinen eigenen Tod nicht vorstellen kann" [85].

Diesen objektiven Bedingungen des Sterbens (denen weitere hinzugefügt werden könnten, z.B. die Verfügbarkeit schmerzstillender Mittel) stehen subjektive Faktoren gegenüber, die die Haltung gegenüber dem Tod und den Umgang mit dem Vorgang des Sterbens – des eigenen wie des fremden – beeinflussen:

- philosophische und religiöse Vorstellungen von der Bedeutung des Todes („Todeskonzepte" [86]), die den Tod in unterschiedlicher Weise als „Teil des Lebens" ausweisen,
- individuelle Sinnzuschreibungen, die in der Lebensgeschichte des einzelnen wurzeln,
- emotionale Befindlichkeiten (z. B. Inhalte und Ausprägungen von Todesangst, s. Kap. 3.3.2),
- überdauernde, zu Persönlichkeitsmerkmalen gewordene Bewältigungsformen (s. o.),
- Erfahrungen mit dem Sterben und dem Tod in der näheren Umgebung (Miterleben von schwerer Krankheit, aber auch Erfahrungen mit kollektiven Bewältigungsformen wie z. B. Trauerritualen).

Die Auseinandersetzung mit dem eigenen Sterben

Ungeachtet der Individualität des Sterbens ist ärztlichen und pflegerischen Betreuern von Sterbenden immer wieder aufgefallen, daß Äußerungen und Verhalten von Sterbenskranken in der Zeit vor dem Tod bestimmte Ähnlichkeiten aufweisen. Die aus der Schweiz stammende amerikanische Psychiaterin Elisabeth Kübler-Ross hat fünf Phasen beschrieben, die Sterbende nach ihrer Erfahrung durchlaufen – beginnend mit der Mitteilung über die Diagnose einer zum Tode führenden Erkrankung [87].

1) Nicht-Wahrhabenwollen und Isolierung
2) Zorn
3) Verhandeln
4) Depression
5) Zustimmung

1) Die Mitteilung der Diagnose wird von vielen sterbenskranken Patienten zunächst nicht ernsthaft zur Kenntnis genommen, sie leugnen die Tatsache: „Das betrifft nicht mich", „da muß jemand die Befunde vertauscht haben" usw. Ist diese **Verleugnung** nicht mehr aufrechtzuerhalten, kommt es zu einer **Isolierung,** d. h. gefühlsmäßigen Trennung von Kenntnis der Diagnose und begleitendem Affekt. Die Patienten wirken erstaunlich sachlich, nicht deprimiert, wie sie nach Meinung der Betreuer eigentlich sein müßten.
2) In der zweiten Phase wird der Patient von **Zorn** über das Unvermeidliche erfaßt, ihn empört, daß „gerade er" betroffen ist, er empfindet dies als zutiefst ungerecht. Dieser Zorn richtet sich oft gegen die Personen in der Umgebung, wie Ärzte, Schwestern und Pfleger, aber auch die Angehörigen, denen „ungerechtfertigte" Vorwürfe gemacht werden.
3) Es folgt eine Phase des **Verhandelns** um Aufschub, sei es mit dem Arzt, sei es mit einer übergeordneten Instanz wie Gott oder dem Schicksal. Der Kranke bietet irgendeine Gegenleistung, von Wohlverhalten bis zur Organspende.
4) Ist die Erkenntnis der Situation unabweisbar, fällt der Kranke in eine tiefe **Depression,** die zwei Aspekte hat: einerseits die *Trauer über den Verlust* von Gesundheit, körperlicher Unversehrtheit, Arbeitsfähigkeit, finanzieller Sicherheit usw. und andererseits, seltener wahrgenommen, eine gleichsam *vorbereitende, antizipierende Trauer* über Erfahrungen, die nicht mehr erlebt, Taten, die nicht mehr vollbracht werden können usw.
5) Wird den Kranken ermöglicht, die genannten Phasen zu durchlaufen, dann erreichen sie einen Zustand der **Zustimmung,** des Akzeptierens des ihnen beschiedenen Schicksals, damit des Todes.

Die hier nur sehr schematisch skizzierten Phasen sind in den Werken von Kübler-Ross anschaulich und überzeugend beschrieben worden.

Andere Autoren haben allerdings die Beobachtungen von Kübler-Ross in Zweifel gezogen oder Modifikationen vorgeschlagen.

Relativierende Einwände machen geltend,

- die Erkenntnisse bezögen sich vor allem auf Patienten aus einem mittleren bzw. gehobenen sozialen Milieu mit einer entsprechenden Einbettung in die vorherrschenden kulturellen Normen unserer Gesellschaft;
- Persönlichkeit und Biographie des einzelnen Patienten würden in einer schematischen Phasendarstellung unzureichend berücksichtigt;
- Erkrankungsverlauf und Art der Behandlung spielten eine gewichtige Rolle, was die Allgemeingültigkeit der Phasentypologie in Frage stelle;
- die Beobachtungen gelten am ehesten für Patienten mit einem bestimmten Krankheitsverlauf, wie er vor allem im Endstadium von Krebskrankheiten auftrete.

Koch und Schmeling haben die Befunde und Mitteilungen verschiedener Forscher so zusammengefaßt [88]:

„Als erste Reaktion auf die Kenntnis der Diagnose wird regelmäßig ein Schock beschrieben, oft gefolgt von Unglauben und dem Gefühl der Betäubtheit, wonach eine Phase emotionaler Bewegtheit – Angst, Depression, Ärger, Feindseligkeit, Vorwürfe, Schuldgefühle – sich anschließt. Diese Gefühle nehmen in ihrer Intensität im weiteren Verlauf ab. Über diese erste Zeit hinaus gibt es **Anpassungsmechanismen,** mit denen sich unheilbar Kranke auf die neue Realität einstellen, wobei die Möglichkeit besteht, diese Realität zu akzeptieren oder aber die Wirklichkeit zurückzuweisen (**Abwehrmechanismen**)."

Die Autoren nennen als häufige Mechanismen

Verleugnung, Regression auf frühe, von Abhängigkeit geprägte Verhaltensmuster, eine *egozentrische* Beschränkung auf das Interesse am eigenen Körper, *Rationalisierung* und *Intellektualisierung* im Umgang mit der Erkrankung und ihrer Lage, *Projektion* z.B. von Angst, *Isolierung* vom Affekt (s.o.), *Neudefinition* ihrer Situation (z.B. durch Entdeckung von guten Seiten).

Weiter heißt es: „Die meisten Todkranken kommen offenbar, wenn genügend Zeit zur Verfügung steht und den Kranken in der Auseinandersetzung mit ihrer Situation geholfen wird, dazu, ihren eigenen Tod zu akzeptieren."

Problematisch an Phasenbeschreibungen wie den genannten ist vor allem, daß sie möglicherweise dazu verführen, ihre Regelhaftigkeit zu überschätzen. Wenn etwa Ärzte oder Krankenschwestern in bester Absicht, einem Patienten ein „angemessenes Sterben" zu ermöglichen, versuchen sollten, ihm von einer Phase in die „nächste" zu verhelfen, dann würden sie wahrscheinlich an seinen wirklichen Bedürfnissen vorbeigehen. Zu beachten ist in jedem Falle,

- daß derartige Phasen nicht in einer strengen zeitlichen Abfolge verlaufen,
- daß Patienten Elemente verschiedener Phasen gleichzeitig erleben können,
- daß Gefühlszustände „früherer" Phasen (z.B. das Nicht-Wahrhabenwollen) jederzeit wieder eingenommen werden können.

Wichtig ist dagegen – und das Verdienst daran, diese Erkenntnis weithin bekanntgemacht zu haben, wird Kübler-Ross auch von Kritikern zugesprochen –, daß es überhaupt Gefühlszustände bei schwerkranken Patienten gibt, die mit einer gewissen Regelmäßigkeit und im allgemeinen zeitlich begrenzt als Bestandteile des Sterbeprozesses und unabhängig von dem Verhalten der betreuenden Personen auftreten. Wenn ein Patient seinen Zorn z.B. „ungerechterweise" gegen eine Krankenschwester richtet, kann sie in Kenntnis des genannten Sachverhaltes vermutlich eher damit umgehen, als wenn sie den Zorn direkt auf sich bezieht und entsprechend auf den Patienten reagiert (z.B. mit Rückzug oder Abweisung). Ebenso kann es ihr dann leichter fallen, Depression und Trauer eines Patienten, der weiß, daß er sterben muß, zu akzeptieren, sie ihm zu belassen als etwas, was im Prozeß des Sterbens unvermeidlich ist, und nicht den Versuch zu machen, diese Gefühle durch allzu einfachen Trost zu beseitigen oder zu bagatellisieren.

Folgerungen für das Krankenhauspersonal

Die im Krankenhaus arbeitenden Personen (vor allem Ärzte und Pflegekräfte) sind die Menschen, mit denen die Sterbenden am meisten zu tun haben. Gerade sie haben jedoch oft besondere Schwierigkeiten, den Anforderungen gerecht zu werden, die Menschen in einer derart extremen Lebenssituation an sie stellen.

- Das Krankenhaus ist – abgesehen von besonderen Einrichtungen wie „Hospizen" – eine Institution, die auf Erhalt des Lebens und nicht auf Begleitung des Sterbens eingerichtet ist. Dies zeigt sich in vielerlei Einzelheiten: Bauweise, Betriebsabläufe, Dienstpläne usw., die ein Eingehen auf die besonderen Bedürfnisse von Sterbenden behindern.
- Die ständige Konfrontation mit der eigenen Sterblichkeit durch das Miterleben des Todes führt zu einer starken emotionalen Labilisierung, insbesondere, wenn Alter und Lebensumstände denjenigen des einzelnen Betreuers ähneln.
- Diskrepanzen zwischen dem Anspruch an das eigene Verhalten und der alltäglich erlebten Unzulänglichkeit, diesen Anspruch zu verwirklichen, bedeuten zusätzliche Belastung.
- Ärzte und Pflegekräfte stehen oft als überforderte „Vermittler" zwischen Patienten und Angehörigen.
- Es fehlen Möglichkeiten, die geschilderten Belastungen aufzuarbeiten und so zu mindern.

In dieser Situation können **Bewältigungsversuche** auftreten, die den unten als Formen der Krankheitsbewältigung geschilderten ähneln. Es wurden entsprechend typische Haltungen charakterisiert [89]:

- **Vermeidung** des Kontaktes zu und der Kommunikation mit Patienten, mit der Folge verstärkter sozialer Isolation des Patienten;
- **Verleugnung** beängstigender Realität, wie bedrohlicher Situationen und Zustände, mit dem Risiko des Versäumnisses notwendiger Maßnahmen;
- Flucht in die **Überaktivität,** die u.U. noch mögliche Eigenaktivitäten der Kranken blockieren kann;
- **Entmündigung** und **Verkindlichung,** die die – an sich unvermeidliche – Regression in der Situation des Patienten unnötig verstärken und überdies seine dramatische Situation verharmlosen und verniedlichen;
- **Versachlichung** als eine Form von Rationalisierung (als Abwehrmechanismus, s. Kap. 3.2.2), die die emotionale Betroffenheit des Patienten ignoriert;
- **Überidentifikation** mit der Lage des Patienten, welche die Einhaltung einer für angemessenes berufliches Handeln notwendigen emotionalen Distanz verhindert, und
- **Resignation,** die dazu führen kann, einen Patienten „zu früh" aufzugeben und ihn, auch bei Beibehaltung der medizinischen Minimalversor-

gung, bei der emotionalen Bewältigung seiner Situation sich selbst zu überlassen.

Von vielen Autoren wird daher die Notwendigkeit betont, bei der Aus- und Fortbildung von Krankenpflegepersonal und Ärzten in besonderem Maße die Betreuung von Schwer- und Todkranken zu berücksichtigen. Ein derartiger Ausbildungskurs wurde z. B. von Koch und Schmeling vorgelegt [88]. Sie empfehlen eine besondere Schulung der Kommunikation mit Schwerkranken („aktives Zuhören"), die sich an den Regeln des nicht-direktiven Gesprächs orientiert (s. Kap. 9.3.2). Darüber hinaus wäre wünschenswert, in Einrichtungen, die Sterbende betreuen, ständig die Möglichkeit zur Aufarbeitung der emotionalen Belastung für die betreuenden Personen zur Verfügung zu stellen (z. B. in Balintgruppen).

Zur Situation der Angehörigen

Grundsätzlich sind für die emotionalen Reaktionen von Angehörigen auf die Mitteilung einer zum Tode führenden Erkrankung eines Patienten ähnliche Phasenabläufe beschrieben worden wie für die Patienten selbst. Es hat den Anschein, als handele es sich bei derartigen Reaktionen um allgemein vorkommende Formen des Umgangs mit dramatischen und kaum erträglichen Belastungen. Hier sind Arzt und Pflegekraft trotz der eigenen Belastungen als Vermittler gefordert, da sie grundsätzlich Zugang sowohl zu den seelischen Vorgängen haben, die sich bei den Patienten abspielen, als auch zu denen, die die Angehörigen erleben. Dies ist besonders von Bedeutung, weil diese Prozesse oft nicht „synchron" verlaufen: So kann bei Angehörigen der Prozeß der antizipierenden Trauer, im Sinne einer Vorwegnahme des Verlustes, weiter fortgeschritten sein als beim Patienten selbst, oder ein Patient hat das Stadium der „Zustimmung" erreicht, wenn die Angehörigen „noch nicht soweit" sind. Der Vorgang des Trauerns bei Angehörigen ist allerdings ein langfristiges Geschehen, das den zeitlichen Rahmen, der der Unterstützung durch den Arzt gesetzt ist, weit überschreitet (s. Kap. 3.3.6).

Studienfragen

Wie unterscheiden sich Coping und Abwehr?
(zu Kap. 8.5.2, s. S. 222)
Charakterisieren Sie einige Bewältigungsformen im Umgang mit Krankheit! Nennen Sie beispielhaft Besonderheiten der Bewältigung von chronischen Krankheiten!
(zu Kap. 8.5.2, s. S. 222, 223, 224)
Welche Phasen der Auseinandersetzung mit dem Unvermeidlichen machen unheilbar Kranke nach Kübler-Ross durch? Wie beurteilen Sie den praktischen Nutzen solcher Phasenbeschreibungen?
(zu Kap. 8.5.1, s. S. 218, 219)

8.5.2 Psychische Verarbeitung von Krankenhausaufenthalten

Jörn W. Scheer

Krankheitsbedingte Belastungen

Ist jemand krank geworden, dann muß er diese Tatsache *verarbeiten,* mit ihr fertig werden. Was genau er verarbeiten muß, ist bei näherem Hinsehen höchst unterschiedlich:

- Belastungen, die – kurzfristig oder langfristig – durch die **Krankheit unmittelbar** hervorgerufen werden: Schmerzen, Funktionseinschränkungen, Behinderungen, Abhängigkeit, Verlust an Lebensqualität, Angst usw.
- Belastungen, die durch die erforderliche **Behandlung** entstehen: Schmerzen, Einschränkungen, Nebenwirkungen.
- Belastungen, die durch die **Situation** bzw. die Bedingungen, unter denen jemand krank ist und behandelt wird, verursacht werden, z. B. die Isolierung im Krankenhaus oder die technisch-apparative Atmosphäre einer Intensivstation.

Die **Formen der Auseinandersetzung** mit den genannten Faktoren sind individuell sehr verschieden, sie reichen z. B. von Verleugnung über passive Hinnahme und sachlich-technische Beschäftigung bis zur aktiven Auseinandersetzung. Sie sind aber auch von Situation zu Situation verschieden und hängen von einer Vielzahl von Determinanten ab. Hierzu zählen die **Persönlichkeit** des Betroffenen, seine **Vorerfahrungen** mit anderen belastenden Situationen, die **Unterstützung,** die er in seinem sozialen Umfeld erfährt, und nicht zuletzt die Art und Weise, wie professionell Beteiligte, z. B. Ärzte und Schwestern, mit ihm umgehen.

Die Gesamtheit dieser vom Individuum geforderten Anpassungs- und Verarbeitungsleistungen wird nach dem englischen Wort für *fertig werden mit etwas* als Coping bezeichnet, im Deutschen meist als **Bewältigungsprozesse.** Ihre Erforschung hat erst in den letzten 20 Jahren in systematischer Weise begonnen und steht sowohl konzeptuell als auch methodisch noch in der Anfangsphase.

Reaktionen auf Belastungen sind in der **Streßforschung** seit Selye ausgiebig untersucht worden. Der experimentelle Ansatz engte die Untersuchungsfelder jedoch rigoros auf sog. Laborsituationen ein, deren Verhältnisse nur sehr begrenzt auf Belastungssituationen im wirklichen Leben übertragbar sind. Schon die Definition dessen, was als belastend gilt, also die *Reiz-Seite,* stößt auf

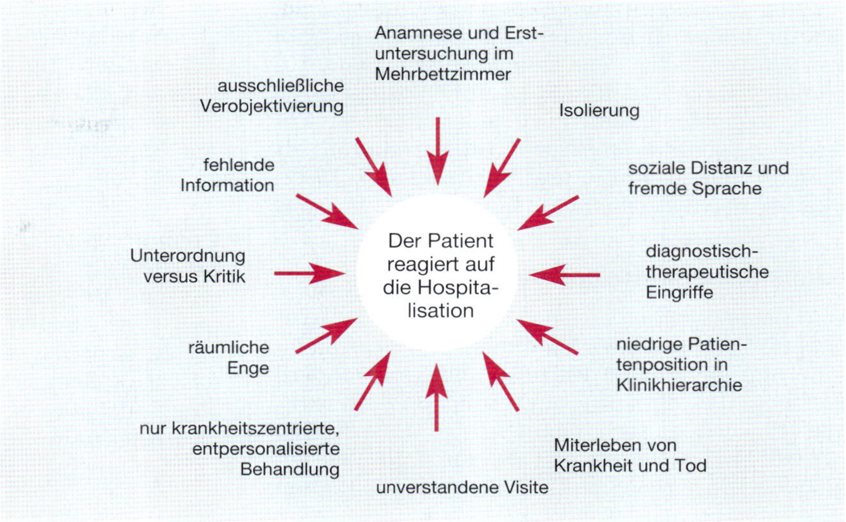

Abb. **8-4** Belastungsfaktoren des Krankenhauses, auf die der Patient reagiert (mod. n. [91]).

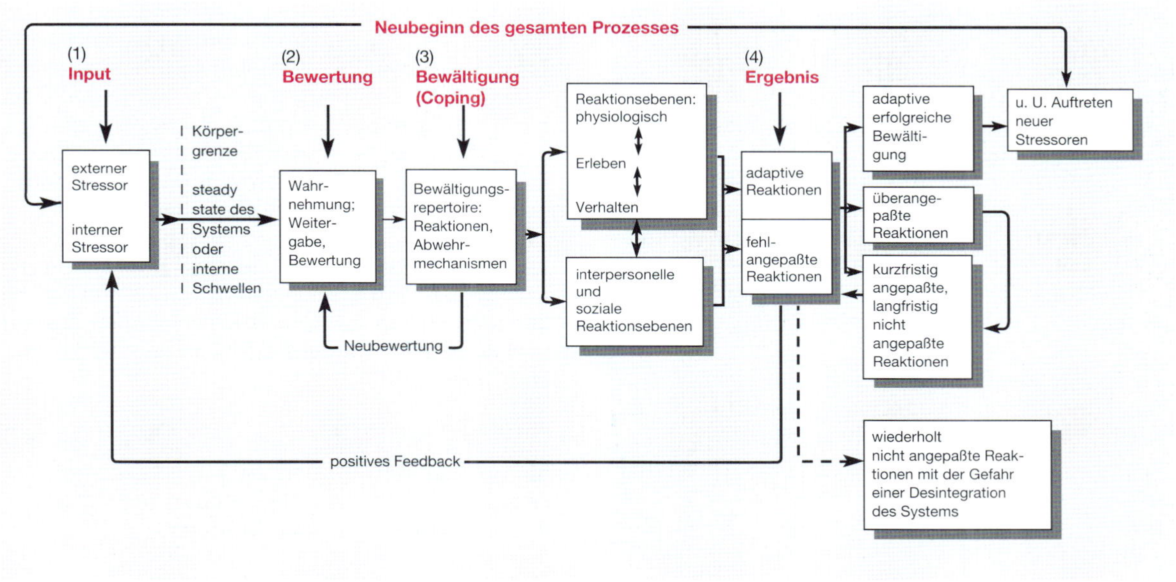

Abb. **8-5** Flußdiagramm der Bewältigung von Streß (Lumsden 1975, n. [90]).

Schwierigkeiten, weil jeder einzelne seine eigenen Erfahrungen mit Belastungen mitbringt, die seinen Umgang mit der Krankheit prägen.

Bereiche der Belastung und Bedrohung durch Krankheit sind nach Schmidt [90]:

- unmittelbare Lebensbedrohung und Angst zu sterben,
- Bedrohung der körperlichen Intaktheit und Unversehrtheit durch die Krankheit selbst oder durch diagnostische und therapeutische Maßnahmen, wobei Körperverletzungen und dauerhafte Veränderungen des Körperschemas ebenso zu beachten sind wie Schmerzen und andere negative Begleiterscheinungen von Krankheiten und deren Behandlung,
- Belastung durch die Notwendigkeit der Anpassung an neue Umwelten wie das Krankenhaus und an andere Bezugspersonen wie Ärzte, Pflegepersonal oder Mitpatienten,
- Bedrohung des Selbstkonzepts und der Zukunftsplanungen,
- Veränderung des gewohnten Handlungssystems und infolgedessen Gefährdung der Erfüllung bisher ausgeübter sozialer Rollen und Tätigkeiten und damit verbundene Trennung von der Familie, den Freunden sowie anderen bisher vorhandenen Bezugspersonen und sozialen Unterstützungssystemen.

Da heute der größte Teil der schweren Gesundheitsstörungen im Krankenhaus behandelt wird, kommt den spezifischen Belastungsfaktoren, die mit der **Krankenhaussituation** verbunden sind, eine besondere Bedeutung zu. Nach Befragungen von Krankenhauspatienten ergaben sich die in Abbildung 8-4 dargestellten Belastungsfaktoren [91].

Im folgenden werden exemplarisch zwei Bereiche genauer erörtert: die **Intensivstation** als Beispiel der technisierten Medizin und **Herzoperationen** als gravierende Eingriffe.

Krankheitsbewältigung und -abwehr

Vor allem Lazarus beschrieb, daß bei der Auseinandersetzung mit Stressoren nicht nur physiologische und emotionale Prozesse ablaufen, sondern daß kognitive Prozesse, insbesondere **Bewertungen** (Einschätzungen), eine wichtige Rolle spielen [92, 93]. Entscheidend ist dabei auch die Beurteilung der vorhandenen **Verhaltensmöglichkeiten** (Reaktionsebenen): Kann Einfluß auf die Situation genommen werden oder ist nur eine nach innen gerichtete (z. B. die eigenen Affekte oder Kognitionen betreffende) Reaktion möglich? Welche Konsequenzen hat die eine oder andere Reaktion? Dabei ist der Bewältigungsvorgang als eine längerdauernde Aktivität zu verstehen, nicht als eine kurzfristige Reaktion. Mehrfache Neubewertungen sind eher die Regel als die Ausnahme, so daß sich ein Flußdiagramm zur Verdeutlichung eignet (Abb. 8-5). Speziell bei der Krankheitsverarbeitung ist zu beachten, daß auch die objektiven Veränderungen ständige Neubewertungen erfordern.

Abbildung 8-5 ermöglicht ein besseres Verständnis scheinbar unvernünftiger Verhaltensweisen.

Beispielsweise ein Patient vor dem Herzinfarkt, der die Vorbotensymptome bagatellisiert: Er nimmt die Beschwerden irgendwann wahr, interpretiert sie aber nicht als Koronarsymptome, oder er bewertet sie im Vergleich zu den Notwendigkeiten des Funktionierens in Beruf und Familie zu gering, er verleugnet die Bedrohlichkeit, er dissimuliert vielleicht aus Rücksicht auf die Angehörigen oder den nach seiner Meinung ohnehin überlasteten Hausarzt. Bricht er dann zusammen und gelangt auf die Intensivstation, so regrediert er vielleicht in eine kindliche Versorgungshaltung und möchte am liebsten gar nicht mehr verlegt werden, auch wenn sein Zustand die Intensivbehandlung nicht mehr erfordert. Oder aber er überspielt seine Hilflosigkeit, möchte besonders schnell wieder aufstehen, paßt sich damit vordergründig an die Erwartungen an, aber behindert u. U. eine Gesundung durch vorzeitige Reaktivierung [94].

Viele der Methoden, mit denen Patienten versuchen, mit ihrer Krankheit fertig zu werden, erinnern an die aus der Psychoanalyse bekannten **Abwehrmechanismen.**

In der Literatur über Bewältigungsprozesse herrscht jedoch keine Einigkeit über eine Abgrenzung von Bewältigung und Abwehr.

Ein Teil der Autoren unterscheidet Abwehr als gewissermaßen mißlingende von einer erfolgreichen Bewältigung (Coping) belastender Situationen [95].

Coping ist demnach zweckbestimmt und zweckmäßig, flexibel, gezielt-realitätsangemessen und an den vorhandenen Möglichkeiten orientiert. **Abwehr** dagegen ist gekennzeichnet durch Rigidität, Realitätsverzerrung, Fehleinschätzung der eigenen Möglichkeiten usw. Coping findet eher **bewußt** statt, während Abwehr eher einer **unbewußten Logik** folgt.

Wenn diese Unterscheidung auch plausibel erscheint, so muß man doch bei der Analyse einzelner Verhaltensweisen feststellen, daß sich die Unterschiede verwischen und oft keine klare Einordnung des Verhaltens vorgenommen werden kann. Beispielsweise stellt ein Abwehrmechanismus wie Verleugnung oder Verdrängung in manchen Situationen ein realitätsangepaßtes Verhalten dar (die Art und Weise, wie manche Karzinompatienten mit den ihnen vermittelten Informationen umgehen, wenn sie zwischen Wissen und Nicht-Wissen wechseln).

Andere Autoren sehen demgegenüber Abwehrprozesse als intrapsychische Coping-Weisen, im Unterschied von nach außen gerichteten Verhaltensweisen wie Handeln oder Suche nach zusätzlicher Information [93].

Vorläufig ist es sicher sinnvoll, **Coping als den übergeordneten Begriff** zu betrachten, der die Gesamtheit der Versuche umfaßt, mit belastenden Situationen fertig zu werden.

Damit soll nicht bestritten werden, daß es erfolgreichere und weniger erfolgreiche Versuche gibt. Jedoch sind die Kriterien hierfür heute noch nicht hinreichend ausgearbeitet.

Bewältigungsformen

Sowohl für die Forschung als auch für die Praxis nützlich ist der Versuch, Bewältigungsformen zunächst einmal zu beschreiben. Die Möglichkeiten, die dem einzelnen im Krankheitsfalle zur Verfügung stehen, gliedern sich in drei Bereiche [96]:

- Handeln
- kognitiver Prozeß
- intrapsychischer Vorgang

Tabelle 8-2 enthält Beispiele für entsprechende Pa-

Tabelle **8-2** Klinisch relevante Bewältigungsformen [96].

Handeln

- **Kompensation.** Ablenkende Wunscherfüllung: Kaufen, Essen, Tun. („Ich gönne mir etwas Gutes.")
- **Zuwendung.** Verstehende Zwiesprache: Zuhören, Aussprechen, Beistehen. („Jemand muß mich in der Krankheit ja verstehen.")
- **Rückzug.** Allein mit sich selbst: Isolieren, Abkapseln, Aus-dem-Weg-Gehen. („Will von allem nichts mehr wissen.")
- **Wut ausleben.** Gestaute Aggression ausdrücken: ungehalten, verärgert, reizbar. („Euch andern zahl ich es schon heim.")
- **Altruismus.** Für andere etwas tun: Gefallen erweisen, Hilfe leisten, Sympathie ausdrücken. („Solange es mir möglich ist, will ich etwas für euch tun.")
- **Zupacken.** Angriff als Verteidigung: aktiv in Abklärung, Verstehen der Krankheit; betont kooperativ in der Therapie (tackling). („Mit dem werde ich schon fertig.")

Kognition

- **Dissimulieren.** Krankheit herunterspielen: Bagatellisieren, Ignorieren, Ablenken. („Es ist alles nur halb so schlimm.")
- **Ablenken.** Aufmerksamkeit weg von Krankheit: Hinwenden, Beschäftigen, Ablenken. („Das ist mir im Moment wichtiger, als krank zu sein.")
- **Valorisieren.** Sich selbst aufwerten: Erfolg suchen, phantasieren, erinnern. („Mir gelingt sonst viel Wichtiges.")
- **Problemanalyse.** Kognitive Analyse der Krankheit und ihrer Folgen: vernunftmäßiges Erkennen, Abwägen und Entscheiden. („Gut verstanden ist halb gewonnen.")
- **Vermeiden.** Den Problemen der Krankheit aus dem Wege gehen: Ablenken, Weglaufen, Nicht-Hinsehen. („Dies alles geht mich gar nichts an.")
- **Rumifizieren.** Gedanklich in der Krankheit festkrallen: Grübeln, Hin-und-Her-Bewegen. („Ist es so, oder doch nicht so...?")
- **Stoizismus.** Hinnehmen, was immer die Krankheit bringt: mit Fassung tragen, Akzeptieren. („Dies zu ertragen ist mir nun mal auferlegt.")

Intrapsychisch-emotional

- **Haltung bewahren.** Inneres Gleichgewicht auch in Krankheit aufrechterhalten: Selbstkontrolle, Fassung nicht verlieren, Selbstbeherrschung. („Ich muß mich zusammenreißen.")
- **Fatalismus.** Krankheit als unabwendbar hinnehmen: Aufgeben, Resignieren. („Nützt doch alles nichts mehr.")
- **Auflehnung.** Gegen Krankheit und Folgen auflehnen: Protest, mit dem Schicksal hadern. („Warum gerade ich?")
- **Selbstbeschuldigung.** Sich selbst Schuld an Krankheit zuordnen: Fehler bei sich suchen, Schuld tilgen. („Ich verdiene es nicht besser.")
- **Emotionen.** Ausdruck der durch die Krankheit ausgelösten Gefühle: Angst, Wut, Verzweiflung, Niedergeschlagenheit.
- **Religiosität.** Halt im Glauben: gottgewollt, dem Menschen auferlegt. („Jedem schlägt seine Stunde, aber Gott steht mir bei.")

tientenäußerungen. Es ist wichtig zu bedenken, daß ein Patient sich nicht unbedingt für eine dieser Formen entscheidet und dabei bleibt, sondern daß die Bevorzugung nach Situation und Krankheitsphase wechseln kann.

Diese Einteilung unterscheidet sich von der klassischen Konzeption der Abwehrmechanismen im psychoanalytischen Sinne, obwohl Berührungspunkte erkennbar sind. Die meisten dieser Abwehrmechanismen eignen sich ebenfalls zur Charakterisierung mancher Verhaltensweisen von Patienten. Von besonderer Bedeutung sind dabei **Verleugnung** und **Verdrängung.** Dabei steht im Vordergrund, daß Phänomene, die ein Außenstehender für unübersehbar hält, offensichtlich nicht wahrgenommen werden, so z.B. manche Krankheitssymptome bei Krebspatienten oder die mitgeteilte Diagnose, die zwischenzeitlich „vergessen" wird. **Regression** wird schon durch eine Reihe von Bedingungen der Krankenhausbehandlung gefördert

dert und ist als mehr oder weniger unfreiwillig akzeptiertes Merkmal der Patientenrolle oft beschrieben worden. Sie erleichtert dem Patienten aber darüber hinaus oft, mit bestimmten Belastungen durch die Krankheit umzugehen, z.B. in einer *kindlichen* Vertrauenshaltung notwendige, oft unangenehme Maßnahmen hinzunehmen, während sie andererseits auch die Frühphase der beginnenden Rehabilitation behindern kann, wenn ein Patient in der Regression „fixiert" bleibt.

Einem anderen persönlichkeitspsychologischen Zugang entstammt die Betonung der Polarität von **kognitiver Vermeidung** (Repression) der Auseinandersetzung mit Bedrohung oder Belastung: „Was ich nicht weiß, macht mich nicht heiß", und **aktiver Zuwendung** (Vigilanz, Sensitivierung): „Wer auf alles gefaßt ist, den kann nichts überraschen." Diese Dimension wird sowohl als Persönlichkeitsdimension verstanden (Byrne) als auch als aktuelle Auseinandersetzungsform (s. u.).

Erfassung und Berücksichtigung von Bewältigungsformen

Wer die Verarbeitung von Krankheit und Belastung berücksichtigen will, ob als Forscher, als klinisch tätiger Arzt oder als Krankenschwester bzw. -pfleger, steht vor der Notwendigkeit, diese zu erfassen – über den subjektiven, oft von Vorurteil und Gegenübertragung getrübten Eindruck hinaus. Leider wird hier bisher überwiegend mit Fragebögen gearbeitet, obwohl nur ein Teil der entsprechenden Verhaltens-, Denk- und Empfindungsweisen der Reflexion des Betroffenen so zugänglich ist, daß sie derartig erfaßbar wären. Im deutschen Sprachraum ist hier vor allem der **Streßverarbeitungsfragebogen** zu nennen, der erfaßt, wie ein Individuum überhaupt auf Belastungen und Irritationen reagiert [97]. In der Forschung werden auch halbstrukturierte Interviews mit standardisierten Einschätzverfahren für bestimmte Verhaltensweisen der Patienten verwendet [98]. Dem klinisch tätigen Arzt stehen bis jetzt jedoch keine Verfahren zur Verfügung, die es gestatten würden, die Bewältigungsformen, denen ein Patient zuneigt, zuverlässig zu erfassen [99]. Eine entsprechende Schulung müßte heute, das Gespräch betreffend, am ehesten noch in Balintgruppen erfolgen, die, jedenfalls für Krankenhausärzte, hier eine wichtige Funktion haben können.

Entsprechend den methodischen Problemen ist bis heute wenig bekannt darüber, welche Bewältigungsformen von welchen Individuen bevorzugt eingesetzt werden (im Sinne eines in der individuellen Entwicklung herausgebildeten Persönlichkeitsmerkmals). Man weiß wenig über den Verlauf, d.h. Regelhaftigkeiten hinsichtlich Wechsel und Stabilität in verschiedenen Phasen des Krankheits- und Gesundungsprozesses. Und es gibt wenig gesicherte Erkenntnisse darüber, welche Bewältigungsformen unter welchen Bedingungen sinnvoll und daher eventuell zu fördern sind.

Das wäre aber wichtig, um zu wirklich relevanten Erkenntnissen und, darauf aufbauend, zu Empfehlungen für den Umgang mit Patienten zu kommen. Bisher liegen erst zu einigen Bereichen eingehendere Untersuchungen vor [94, 100, 101].

Beispiele für Bedingungen und Folgen der Behandlung

Apparatemedizin

Die moderne Hochleistungsmedizin ist in vielen Bereichen auf den Einsatz von apparativer Technik angewiesen. Deren äußerlich erkennbare Merkmale wie Monitore, Kabel, Schläuche, Infusionsgeräte sind vielfach beschuldigt worden, zusätzlich zu den krankheitsbedingten Belastungen das sog. **ICU-Syndrom** (*intensive care unit syndorme*) zu verursachen, das psychoseähnliche Zustände (vorwiegend deliranter und paranoider Natur) umfaßt. Die Genese dieser relativ seltenen Erscheinungen ist noch unklar, jedoch nicht eindeutig auf das Intensivbehandlungsmilieu zurückzuführen [100].

Im Gegenteil, vielfach findet sich in Befragungen, daß Patienten überwiegend die Intensivbehandlung und gerade auch die apparative Überwachung und Versorgung als nicht nur lebensrettend, sondern auch als psychisch entlastend und stützend empfinden. Wenn Patienten gleichsam einen psychischen Vorhang herunterlassen und sich vielfach nach der Verlegung nicht mehr an die Intensivbehandlung erinnern, dann mag man das als **Verleugnung** bezeichnen. Von manchen Autoren wurde diese Art von Verleugnung sogar als förderlich für den Verlauf und die Verarbeitung von Krankheit überhaupt bezeichnet. Daraus resultierte die Empfehlung, Patienten in derartigen Situationen nach Möglichkeit in der Verleugnung zu unterstützen.

Auf der anderen Seite könnte diese Art von Verleugnung aber auch eine Notlösung sein, die sich deshalb aufdrängt, weil andere Möglichkeiten der Situationsbewältigung, nämlich das Gespräch mit Betreuungspersonen (seien es Schwestern, Pfleger oder Ärzte), fehlen. Spricht man Patienten auf Intensivstationen frühzeitig an und gibt ihnen nicht nur Informationen in Erfüllung einer gesetzlich vorgeschriebenen Aufklärungspflicht, sondern ermöglicht ihnen, Ängste und Wünsche zu äußern, dann findet man oft nichts von Verleugnung, sondern komplexe Konstellationen von Verarbeitungsversuchen, die sich in der Regel weniger auf die *Apparatemedizin* als vielmehr auf Sorgen wegen der Vorgänge im eigenen Körper, der Familie, der Zukunft etc. beziehen. Da sich hier das Personal oft überfordert fühlt, neigt es zum Rückzug vom Krankenbett und vergibt dadurch die Chance, gerade die Sicherheit, die die apparative Versorgung im Prinzip bietet, zu nutzen, um den Patienten zu einer realitätsangepaßten Bewältigung ihrer Schwierigkeiten zu verhelfen.

Natürlich gibt es Unterschiede zwischen verschiedenen Bereichen. Auf den internistischen Intensivstationen mit einem hohen Anteil an Herzinfarktpatienten sowie Problempatienten, die mit hochkomplizierten medizinischen Techniken einer Langzeitbehandlung bedürfen, gibt es andere emotionale Probleme als auf chirurgischen postoperativen Wachstationen mit einer Vielzahl von Routinefällen, aber auch z. B. Karzinompatienten. In jedem Falle hängt die Verarbeitung von Krankheit und Behandlung bei den Patienten in besonderem Maße davon ab, wie dem **Behandlungsteam** selbst die Verarbeitung von Krankheit und Behandlung gelingt; denn auch für das Team gibt es spezifische Belastungen, und die medikamentöse Sedierung von Patienten mag *auch* der Beruhigung und Entlastung des Personals dienen [100].

Operative Eingriffe

Belastende Ereignisse wie Operationen erfolgen meist nicht unvorhergesehen. Die Verarbeitung setzt schon antizipatorisch im Vorfeld ein. Daher ist im Prinzip eine Beeinflussung durch präventive Maßnahmen möglich. Schon 1958 fand Janis, daß zwischen dem postoperativen Befinden und dem präoperativen Geschehen keine einfache lineare Beziehung bestand: Nicht nur Personen mit sehr hoher präoperativer Angst ging es nach der Operation in psychischer Hinsicht nicht gut, sondern auch solchen, die völlig frei von antizipatorischen Ängsten und Befürchtungen waren. Bei diesen schien das Fehlen von Informationen zu einem trügerischen Gefühl von Unverletzlichkeit geführt zu haben, das postoperativ enttäuscht werden mußte und zu aggressiv gefärbten Reaktionen führte.

> Personen mit einem mittleren Ausmaß an präoperativen Ängsten wurden am besten mit der Operation fertig.

Janis leitete aus derartigen Befunden ab, daß eine *Befürchtungsarbeit (work of worrying)* geleistet werden müsse, ähnlich wie die *Trauerarbeit* nach schweren Verlusten. Dies legte die Überlegung nahe, ob man nicht durch bewußte und dosierte *Impfung* mit Angst ein optimales Niveau der vorbereitenden Bewältigung erzielen könne. Das setzte allerdings voraus, daß man präoperativ das Angstniveau eines Patienten zuverlässig beurteilen könnte. Rückhaltlose Aufklärung z. B. kann nämlich manche Patienten wiederum in eine kaum kontrollierbare Panik versetzen [100].

Spätere Untersuchungen zeigten, daß die Janissche Einteilung der Patienten, die an das Byrnesche Konzept von Repression/Sensitization erinnert, nicht allgemein gültig ist. Davies-Osterkamp und Salm [101] fanden bei Patienten in kardiologischen Belastungssituationen (Operationen bzw. Katheter) mehrere verschiedene Haltungen, die sich sowohl in Selbsteinschätzungen als auch in Beurteilungen, die auf Interviews beruhten, zeigten:

- eine **angstvoll-hilflose** Verfassung,
- eine **vigilante Angstbewältigung** durch intensive Beschäftigung mit Befürchtungen und Risiken (mit ihrem Gegenstück einer vermeidenden Haltung),
- eine optimistische Haltung der **Selbstaufwertung,**
- eine positive **Zukunftsorientierung,**
- eine **sachlich-technische** Beschäftigung mit dem bevorstehenden Ereignis selbst.

In diesen verschiedenen Haltungen zeigen sich, wenn überhaupt, jeweils unterschiedliche Aspekte von *Verleugnung.* In einem Schema haben die Autorinnen die Zusammenhänge dargestellt, um anzudeuten, wie differenziert die Auseinandersetzungsformen von Patienten in der gleichen Situation sein können (Abb. 8-6). Über Zusammenhänge mit postoperativen Verarbeitungsformen und über mögliche Interventionen zur Verbesserung der Verarbeitung ist jedoch noch wenig bekannt – auch weil die Festlegung und Bewertung entsprechender Kriterien ein noch weithin ungelöstes Problem ist.

Chronische Krankheit, Behinderung und Verstümmelung

Durch die Fortschritte der Medizin überleben heute viele Menschen schwere Erkrankungen, ohne geheilt zu werden, und müssen oft längere Zeit mit Behinderungen und Einschränkungen leben, die verarbeitet werden müssen. Kennzeichnend für ihre Situation ist

- die **Langfristigkeit** von Bedrohung und Belastung, in vielen Fällen eine latente Todesdrohung,
- die **Nicht-Heilung,** die bestenfalls eine Anpassung an ein irreparables Defizit ermöglicht,
- die **Einschränkung,** Behinderung, Belastung, also eine schwere Minderung der Lebensqualität durch die Krankheit, aber auch durch die Behandlungsmaßnahmen (z. B. die häufige Dialyse bei chronischem Ausfall der Nierenfunktion, die Nebenwirkungen von Zytostatika in der Chemotherapie bei Krebserkrankungen),
- die **Abhängigkeit** von der Behandlung, vom Personal, von Maschinen, von Bezugspersonen.

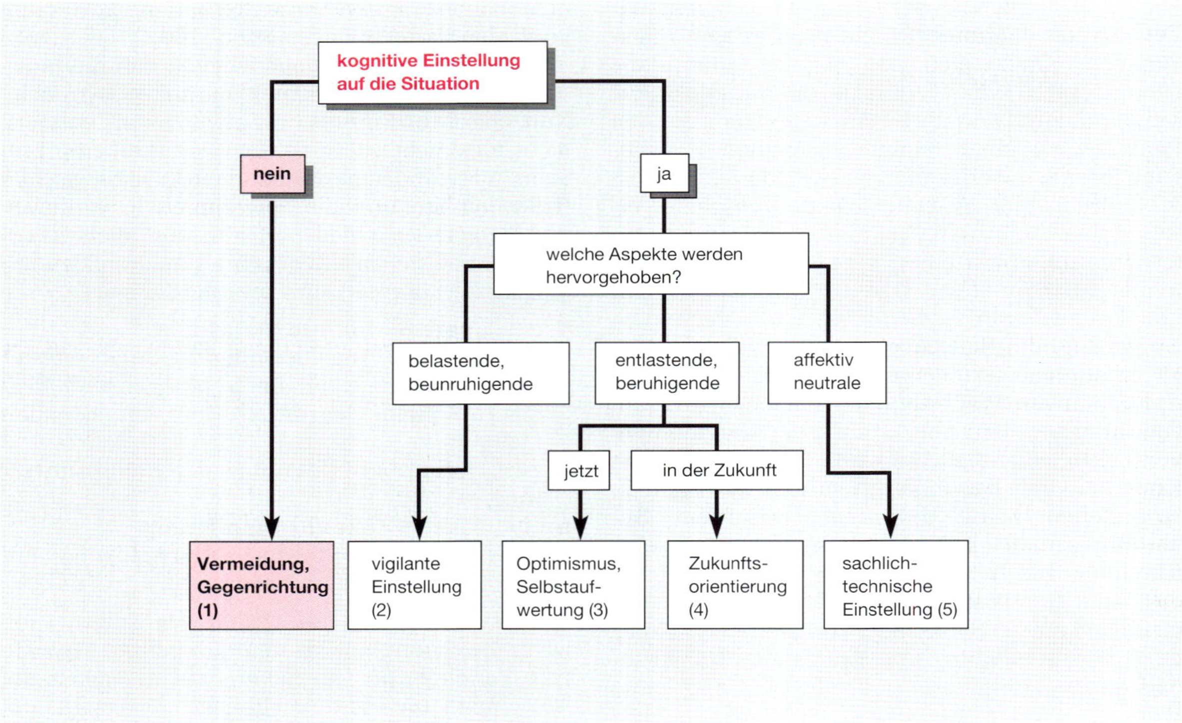

Abb. **8-6** Bewältigungsversuche (1–5) bei Patienten in kardiologischen Belastungssituationen [102].

Die umfangreiche Problematik, die Gegenstand der neuentstandenen Rehabilitationspsychologie ist, kann hier nur gestreift werden [103]. Mehr als bei akuten Erkrankungen kommt hier den Personen des sozialen Umfeldes eine besondere Bedeutung bei der Krankheitsbewältigung zu, insbesondere den Familienangehörigen [104].

Bei der **chronischen Hämodialyse** steht ein Abhängigkeitskonflikt im Vordergrund, der sich durch das Angewiesensein auf Maschinen und Experten ergibt [100]. Hilflosigkeit und Regression sind typische Reaktionen, die durch das Verhalten der Umwelt noch verstärkt werden können. Depressive Reaktionen sind Untersuchungen zufolge geringer, wenn die Patienten glauben, die Bedingungen ihres täglichen Lebens kontrollieren zu können, nicht nur in bezug auf die Abhängigkeit von der Dialyse. Diese subjektive Kontrollierbarkeit spielt auch in anderen Zusammenhängen eine Rolle für die Verarbeitungsmöglichkeit von Belastungen.

Etwas anders stellt sich die Situation bei Patienten nach **Nierentransplantation** dar, bei denen nicht nur die Funktion substituiert, sondern das betroffene Organ selbst ersetzt wurde. Zwar ist das Problem der Abhängigkeit erwartungsgemäß verringert, doch ließ sich der mit dieser Verbesserung verbundene anfängliche Optimismus nicht voll bestätigen. Die Patienten leiden unter Nebenwirkungen der immunsuppressiven Medikation (die die Abstoßung des fremden Organs verhindern soll) und leben doch in der ständigen Angst vor der Abstoßung und der dann erneut erforderlich werdenden Dialyse. Bestimmte seelische Probleme werden möglicherweise von den Patienten der Dialysebehandlung nur zugeschrieben und entfallen nicht automatisch oder nur vorübergehend, wenn die Dialyse durch ein anderes Verfahren ersetzt wird.

Wie ein **Organersatz** im Einzelfall verarbeitet wird, hängt von einer Vielzahl von Faktoren ab: der Art der Prothese, dem Anlaß des Eingriffs, der Bedrohlichkeit der Situation ohne den Eingriff, der Wahrnehmbarkeit der Prothese für den Betroffenen selbst und für andere. Eine Hüftendoprothese z. B. erfordert sicher generell geringere Bewältigungsanstrengungen als eine künstliche Herzklappe. Es scheint, daß eine Prothese um so besser verkraftet wird, je weniger der Träger und die Umwelt sie wahrnehmen [105].

Während der Dialysepatient zwar Einschränkungen seiner Körperfunktionen hinnehmen muß, im übrigen aber heutzutage keine äußerlich sichtbaren Zeichen seiner Behinderung trägt, ist dies bei vielen verletzungsbedingten chronischen Funktionseinschränkungen anders, z. B. bei **Querschnittgelähmten,** bei **Amputierten,** bei durch Krankheit oder Eingriff **Entstellten.**

Karney hat vier Stadien der Verarbeitung bei **Querschnittgelähmten** beschrieben (n. [106]):

1) das **Schockerlebnis,** wenn der Patient Ausmaß und Folgen der Verletzung zu erkennen beginnt,
2) eine **Abwehrreaktion,** die durch Verleugnung gekennzeichnet ist,
3) eine **depressive Hinnahme** der Beeinträchtigung,
4) **Arrangement** und **Adaptation** an die veränderten Verhältnisse und Lebensbedingungen.

Entscheidende Bedeutung bei der langfristigen Verarbeitung kommt der Umwelt zu, die durch ihre Reaktionen die Isolierung, in der sich die Patienten durch ihre Andersartigkeit sehen, noch verstärken (**Stigmatisierung**) oder vermindern kann [90]. Bei Patientinnen mit Brustkrebs beispielsweise wirken mehrere Belastungsfaktoren auf unterschiedlichen Ebenen zusammen. Zusätzlich zur Todesdrohung durch die Erkrankung und die *Neben*-Wirkungen des Eingriffs (Amputation, Bestrahlung) müssen das veränderte Körperschema, die vermeintliche Minderwertigkeit als Frau und oft hieraus erwachsende Probleme mit den Partnern verarbeitet und bewältigt werden. Dieser Prozeß kann sich über Jahre erstrecken, ist wohl selten ganz abgeschlossen und verläuft ebenfalls keineswegs nach festen Gesetzmäßigkeiten. Entgegen landläufiger Meinung betrifft er ältere Frauen durchaus nicht in geringerem Maße als jüngere [90].

Wenn durch chronische Krankheit oder Behinderung die gewohnten Rollenaktivitäten nicht beibehalten werden können, so bedingt dies generell eine Veränderung des **Selbstkonzeptes,** die oft nicht ohne Unterstützung bewältigt werden kann. Eine solche Veränderung des Selbstkonzeptes ist erforderlich, um langfristige Veränderungen in der Lebensführung zu akzeptieren, z.B. regelmäßige Dauermedikation bei Herzinfarktpatienten oder Diätvorschriften bei Diabetikern. Die unzureichende Akzeptierung der *Rolle des chronisch Kranken* ist sicher eine der Ursachen für die **Non-Compliance** (s. Kap. 9.4) bei chronisch kranken Patienten.

Dies ist um so mehr zu erwarten bei Personen, die subjektiv gesund, aber objektiv gefährdet sind, z.B. manche Personen mit Bluthochdruck oder solche mit einer angeborenen Fettstoffwechselstörung, die das Infarktrisiko erhöht, ohne mit Beschwerden verbunden zu sein und zufällig im Zusammenhang mit Herzinfarkten bei Verwandten entdeckt wird [94]. In all diesen Fällen kommt es in besonderem Maße auch darauf an, welche Bewältigungsstrategien die Familien der Betroffenen zu verwirklichen in der Lage sind. Dabei geht es nicht einfach nur um *Unterstützung.* Balck et al. haben beschrieben, wie das **System Familie** sich im Falle eines Dialysepatienten ändert, um die Belastungen bewältigen zu können: Die Familie neigt dazu, interne Spannungen zu vermindern, die Kongruenz von Meinungen zu erhöhen, ein positives emotionales Klima zu schaffen, gleichwohl die interne Kommunikation zu reduzieren. Damit geht jedoch eine z.T. **feindselige Abgrenzung** nach außen einher, und die Familienmitglieder haben Schwierigkeiten mit den Anforderungen der Außenwelt (z.B. in der Schule). Es ist offenbar ein zu hohes Maß an Energie erforderlich, um das Familiensystem bei chronischer Krankheit eines Mitglieds als solches aufrechtzuerhalten, als daß die einzelnen Familienmitglieder entlastet werden und sich individuell entwickeln können [104].

Von großer Bedeutung ist die **Bewertung** des Eingriffs (der Krankheit, der Maßnahme, der Veränderungen) durch den Patienten, und hier spielt auch die prämorbide Persönlichkeit eine Rolle. Der folgenreiche Eingriff der Kolektomie beispielsweise bedingt die Anlegung eines künstlichen Darmausgangs (Anus praeter), dessen Handhabung hohe Aufmerksamkeit erfordert. Wie Freyberger [107] beschreibt, bedeutet dies für Kolitispatienten einerseits eine geringere Belastung als die vorher bestehende Erkrankung und kommt andererseits sogar bestimmten Persönlichkeitszügen entgegen (indem die notwendigen apparativen Reinigungsprozeduren durch Befriedigung narzißtischer Triebwünsche stabilisierend wirken). Demgegenüber berichten Küchenhoff und Wirsching [108] über postoperative Beeinträchtigungen durch Störungen des Sexuallebens und auch eine geringere berufliche Rehabilitation. Sie bemerkten bei den Stomaträgern zudem recht unterschiedliche psychische Verarbeitungsformen:

- depressiver Rückzug
- rollenkonformer Verzicht
- sekundärer Krankheitsgewinn
- überkompensatorische Verleugnung
- zwanghafte Abwehr
- Katharsis mit Reifung

Bewältigungsformen und Krankheitsverlauf

Krankheitsverarbeitung ist nicht nur eine psychische Begleiterscheinung eines primär somatischen Geschehens. Abgesehen von der Bedeutung der Bewältigungsprozesse für das psychische Befinden während der Krankheit haben die Formen der Krankheitsbewältigung, die dem einzelnen zur Verfügung stehen, oft Einfluß auf den Verlauf der Krankheit selbst. Dies gilt besonders für die Phase krankheitsbedingter Beeinträchtigungen nach der eigentlichen Krankheit, die Viefhues [109] in Anlehnung an von Weizsäcker als zweite Krankheit bezeichnet hat. Deswegen sollte der Arzt die wichtigen Bewältigungsformen von Patienten kennen. Zu warnen ist vor allzu schematischen Betrachtungs- und Vorgehensweisen. Die individuellen Ziele und Werte des einzelnen Patienten sollten bei der Erörterung von Bewältigungsformen mehr berücksichtigt werden [110], weil sie die Kriterien für effektives Coping entscheidend beeinflussen können.

Studienfragen

Wie können Patienten operative Eingriffe bewältigen und welche Erklärungen gibt es dafür? (s. S. 225)

Welche positiven und negativen Bedeutungen kommen der Umwelt bei der langfristigen Verarbeitung chronischer Krankheit, Behinderung und Verstümmelung zu? (s. S. 225, 226, 227)

8.5.3 Unterstützungssysteme (Möglichkeiten und Risiken von Selbsthilfegruppen)

Michael Lukas Moeller

Psychosoziale Belastungen brustkrebskranker Frauen

Die seelische Situation an Brustkrebs erkrankter Frauen soll stellvertretend für die Lage chronisch Kranker stehen: das große Loch, die tiefe Depression, und damit auch der Beginn einer seelischen Selbstkonfrontation nach Abklingen des emotionalen Schocks, folgt der Entlassung aus dem Krankenhaus. Die betroffenen Frauen erklären, daß ihnen das kühle Ritual der Klinik, die Vorbereitung und Durchführung von Operation und Bestrahlung doch wenigstens jenen zwangsjackenähnlichen Halt in tiefer Verzweiflung boten, den sie dort mehr denn je benötigten, anders aber nicht fanden. Das macht auf eine, wenn auch kärgliche, psychotherapeutische Nebenwirkung der technischen Apparatemedizin aufmerksam: selbst sie bietet noch Geborgenheit in dürftigster Form. Allerdings kann sich darauf die moderne Medizin keineswegs etwas zugute halten. Das Geborgenheitsgefühl könnte eher das regelmäßige Gespräch mit Leidensgenossinnen bewirken (im übrigen ohne die Kosten des Gesundheitswesens im geringsten zu erhöhen). Mangels solcher Gespräche aber glauben die meisten Frauen, nur noch ein hoffnungsloses Elend vor sich zu sehen. Sie sind seelisch auf nichts vorbereitet:

- nicht auf die körperliche und seelische Ermattung, die zunächst ein ganz anderes Verhalten im Alltag erfordert, wenn sich die Depression nicht noch vertiefen soll;
- nicht auf die verständlicherweise immer wieder auftauchenden Gedanken an Selbstmord;
- nicht auf die hilflosen Reaktionen der Familienmitglieder, die ebenso verunsichert und unvorbereitet der Situation begegnen und fälschlicherweise einen Zustand wie vorher erwarten;
- nicht auf die ebenso verständliche Belastung der ganzen Partnerschaft, die bis zu Scheidungsabsichten führen kann, und vor allem nicht auf die monate-, oft jahrelange Störung der sexuellen Beziehung;
- nicht auf die andauernde, nur kurzfristig wegzuwischende zweifache Angst: vor dem Sterben durch Metastasen oder eine erneute Krebserkrankung und vor dem Leben ohne den vollständig intakten Körper einer Frau;
- nicht auf die tiefe Kränkung durch diese lebensnotwendige Verletzung des eigenen körperlichen Selbstwertgefühls;
- nicht auf den meist sehr versteckten, aber unvermeidlichen, tiefen Neid auf die gesunde Frau;
- nicht auf die verunsichernde und isolierende gesamte Lebenssituation, in der eine Frau kaum wissen kann, ob ihre Familienmitglieder – noch mehr aber ihre Kollegen am Arbeitsplatz – auf kleine, sonst harmlose Anzeichen hin eine erneute Erkrankung argwöhnen;
- nicht auf die innere Situation, wegen dieses schweren Leidens bis zu einem gewissen Grad anders als die anderen, und damit allein zu sein.

Gerade diese zuletzt genannte mehrfach bedingte **seelische Isolation** wird als die schlimmste Folge der Erkrankung angesehen. Sie gleicht der Lage zahlreicher anderer Menschen, die behindert, unfallverletzt oder chronisch krank sind. Die kurze Skizze der durchschnittlich zu erwartenden Krise macht deutlich, daß es der regelmäßigen, jahrelangen Aufarbeitung eines sehr komplexen psychosozialen Geflechtes aus Ängsten, Konflikten und Störungen bedarf.

Für die Krankheitsverarbeitung bieten sich prinzipiell drei Perspektiven an:

- Allgemeine Psychologisierung der Medizin, wie sie durch die Aufnahme der Fächer Medizinische Psychologie, Medizinische Soziologie und Psychosomatik/Psychotherapie bereits eingeleitet wurde.
- Ausbau spezialisierter Dienstleistungen, wie sie heute in einigen Modellprogrammen erprobt werden, z. B. langfristige Familientherapien bei Multiple-Sklerose-Patienten in Göttingen, Betreuung onkologisch Kranker auf Stationen in Hamburg, Familientherapie für Krebspatienten in Gießen.
- Aktivierung der Verantwortungsübernahme der Betroffenen selber, d.h. innerhalb der natürlichen Gruppe (Familie, Freundeskreis, gelegentlich auch am Arbeitsplatz) oder in eigens dafür geschaffenen Selbsthilfegruppen.

Bedeutung und Überlastung familiärer Selbsthilfe

Eine neue Untersuchung ergab, daß organmedizinische Krankheitsepisoden – sofern sie keinen schweren Grad erreichen – in mehr als 90% der Fälle in **familiärer Selbsthilfe** bewältigt werden [111].

Angesichts solcher Ergebnisse stehen die Gesundheitspolitiker und Ärzte plötzlich vor dem Phänomen, nur einen kleinen Bruchteil der Krankheits- bzw. Gesundheitsversorgung zu leisten. Die Fachleute werden wenigstens relativiert.

In diesem Zusammenhang ist aber auch an die ganz andere Situation bei schweren chronischen oder gar lebensbedrohlichen Erkrankungen, wie Krebs, zu denken, bei denen die familiäre Selbsthilfeleistung sehr häufig völlig versagt. Vor der Deutschen Krebshilfe berichtete Mildred Scheel, daß jede zehnte Frau, die an Krebs erkrankt ist, von ihrem Partner verlassen wird. Wer in der Lage ist, die Veränderung der Familienverhältnisse feiner und genauer einzusehen, die dadurch entstehen, daß ein Mitglied der Familie an Krebs erkrankt – ein Kind, die Mutter oder der Vater –, ahnt, welche ungeheure Wirkung meist unbewußt eine solche Erkrankung nicht nur auf das Seelenleben und die Lebensqualität des einzelnen, sondern auch auf die der Partner und der Familie hat. Es gilt heute zu erkennen, daß die Familie nur bedingt in der Lage ist, diese psychosozialen Belastungen aufzufangen. Familientherapeutische Ansätze sind daher unbedingt zu fördern. Allerdings werden sie bei dem Mangel an entsprechenden Fachleuten keine große Breitenwirkung erzielen können. Sozialpolitisch gesehen ist ein sich heute brisant entwickelnder anderer Weg vielversprechender: die Förderung gesundheitsbezogener Selbsthilfegruppen durch eine sinnvolle Zusammenarbeit mit den Fachleuten.

Vielfalt und Einheit der Selbsthilfegruppen

Die Formenvielfalt der Selbsthilfegruppen ist für manchen inzwischen recht verwirrend. International lassen sich acht Arten unterscheiden. Die drei wesentlichen gesundheitsbezogenen Selbsthilfezusammenschlüsse, auf die es hier ankommt, sind die Gesprächsgemeinschaften, zu denen alle **Anonymous**-Gruppen und zahlreiche nicht nach speziellen Programmen arbeitende Kleingruppen (z.B. Paargruppen) gehören; die **Selbsthilfegruppen**, wie in der Frauenselbsthilfe nach Krebs, und die großen **Selbsthilfeorganisationen**, wie die Rheuma-Liga, der Psoriasis-Bund, die Multiple-Sklerose-Gesellschaft und zahlreiche weitere medizinische und nicht-medizinische Vereine. Die anderen fünf sollen nur kurz benannt werden: Zu den bewußtseinsverändernden Selbsthilfegruppen gehören die Frauengruppen der Emanzipationsbewegung oder die Homosexuellengruppen; zu den lebensgestaltenden Selbsthilfegruppen unter anderem Wohngemeinschaften und Landkommunen. In arbeitsorientierten Selbsthilfegruppen haben sich jugendliche und ältere Arbeitslose zusammengefunden, um sich eine berufliche Tätigkeit zu erschließen. Mehr und mehr entwickeln sich auch ausbildungsorientierte Selbsthilfegruppen – etwa für Krankenschwestern, Sozialarbeiter, Psychotherapeuten – oft als selbstorganisierte Fortbildung. Und schließlich sind alle Bürgerinitiativen zu den Selbsthilfegruppen zu zählen. Die entscheidenden Merkmale aller Selbsthilfegruppen sind **Selbstbetroffenheit** und **Handeln in eigener Sache.**

Selbsthilfeorganisationen – zusammengefaßt etwa im Bundesverband Hilfe für Behinderte mit insgesamt inzwischen 33 bundesweiten Vereinigungen und über einer Viertelmillion Mitgliedern – sind bürokratisch organisiert und verfolgen im wesentlichen **äußere** Selbsthilfeziele, wie Informationen der Betroffenen, gelegentliche Diskussionsrunden, Forschungsförderung, Öffentlichkeitsarbeit und vor allem Gesetzesänderung zugunsten ihrer Kranken.

Selbsthilfegruppen dagegen sind weniger bürokratisiert und arbeiten in der Regel lokal. Sie sind teils spontan auf Einzelinitiativen hin entstanden, teils im Rahmen der bundesweiten Selbsthilfeorganisationen als Ortsgruppen zu verstehen. Hierzu gehören alle eher informierenden Selbsthilfegruppen, die meist auch ein zwangloses Zusammensein ermöglichen, sich gemeinsam Vorträge anhören, sehr häufig Krankenbesuche machen und sich auch sonst beraten. Sehr oft entschließen sie sich zu gemeinsamen kleineren Aktivitäten, zu einer Gymnastikgruppe, einer Schwimmgruppe, einer Wandergruppe. Deren Vielfalt ist vorteilhaft, weil sie unterschiedlichen Menschen die unterschiedlichsten Zugänge zur Gruppenselbsthilfe bietet. So werden etwa im Ludwigsburger Modell Selbsthilfegruppen für brustkrebserkrankte Frauen angeboten, die zunächst keine besonders tiefgehende Aufarbeitung des persönlichen Leidens ermöglichen. Doch selbst eine Bastelgruppe z.B. hat als **Schleusengruppe** eine enorme Bedeutung, weil sie die Scheu vor der Gruppe verringert und sich aus dem Kreis der Teilnehmerinnen nach und nach Personen finden, die an einer intensiveren Gesprächsgruppe teilzunehmen bereit sind.

Gesprächsgemeinschaften

Die Gesprächsgemeinschaften sind eine besondere Form der Selbsthilfegruppen. Sie können aus allen Formen von Selbsthilfegruppenzusammenschlüssen entstehen, also von den großen bundesweiten Vereinigungen angeregt werden und deren tragendes Element bedeuten, aus kleinen Aktivitätsgruppen erwachsen oder von Betroffenen oder auch von Fachleuten spontan oder langfristig geplant werden.

Eine Gesprächsgemeinschaft hat ein relativ klar festgelegtes **Setting:**

- alle Gruppenmitglieder sind gleichberechtigt;
- jeder bestimmt über sich selbst;

- jede Gruppe entscheidet selbstverantwortlich;
- jeder geht in die Gruppe wegen eigener Schwierigkeiten;
- was in der Gruppe besprochen wird, sollte in der Gruppe bleiben und nicht nach außen dringen (Gruppenschweigepflicht);
- die Teilnahme ist kostenlos.

Zu einer Gesprächsgemeinschaft finden sich 6–12 Personen (bzw. 5 Paare oder 3 Familien) zusammen. Sie lernen im regelmäßigen Gespräch ohne die Mitwirkung eines Gruppenleiters oder Therapeuten mit ihrer inneren und äußeren Situation angemessener umzugehen, und sie versuchen, ihre persönlichen Ziele gemeinsam zu erreichen. Sie treffen sich in der Regel über mehrere Jahre hinweg einmal die Woche zu einer Sitzung von 2 Stunden Dauer in einem möglichst neutralen Raum.

Untersuchungen ergaben, daß die Resultate dieser Gruppen außerordentlich positiv sind und denen einer ambulanten, psychoanalytisch orientierten Gruppentherapie gleichen [112, 113].

Allerdings ist zu beachten, daß die angegebene Gruppenordnung eingehalten wird. Denn sie enthält indirekt jene grundlegenden Regeln, die eine Selbstregulation der Gruppe garantieren. Das **Kleingruppenprinzip,** das **Kontinuitätsprinzip** und das **Gruppenselbsthilfeprinzip** stehen dabei im Vordergrund [114]. Gruppenselbsthilfeprinzip besagt z. B.: Hier hilft nicht einer dem anderen und der wieder ihm – wie es die Anekdote vom Tauben und Lahmen wiedergibt, denn das wäre wechselseitige Fremdhilfe –, vielmehr hilft hier jeder sich selbst und hilft damit den anderen, sich selbst zu helfen.

Der entscheidende Vorgang in solchen kleinen überschaubaren Gruppen ist also die Tatsache, daß jeder für jeden zu einem kleineren oder größeren Vorbild wird. Das Lernen am Modell ist also die Grundlage.

Die **Emotions-Anonymous**-Selbsthilfegruppen für seelische Gesundung fassen das in den lakonischen und revolutionären Satz: **„Keine Fragen, keine Ratschläge, jeder über sich selbst.“**

Grenzen und Gefahren der Gesprächsgemeinschaften

Sie ergeben sich vor allem aus dem *demokratischen Arbeitsbündnis* [115]. Gesprächsgemeinschaften arbeiten führerlos, aber nicht **führungslos.** Werden die Erfahrungen anderer Gruppen, insbesondere die Setting-Regeln und die drei Grundprinzipien, nicht ausreichend beachtet, was bei jungen Selbsthilfegruppen häufiger der Fall ist, so werden Rahmen und Richtung des Gruppengeschehens verzerrt. Meist ist vorzeitiger Zerfall das Ergebnis, sehr selten eine Chronifizierung im Sinne einer sektenartigen malignen Regression der Gruppe. **Agieren mit dem Arrangement** und einfaches **Wegbleiben** sind zwei typische Widerstandsformen in Selbsthilfegruppen [116].

Gesamttreffen: Lösung von Gruppenproblemen

Aus der Praxis der Selbsthilfegruppen sind sechs Kernprobleme vereinzelt arbeitender Gesprächsgemeinschaften bekannt [117]:

1. Wie kann eine Gruppe **von den Erfahrungen der anderen lernen?** Das bedeutet konkret: Wie läßt sich die Gruppenselbsthilfe verbessern? Wie lassen sich Probleme angehen, die eine Gruppe als Ganzes nicht zu lösen können meint? Wie läßt sich Fehlentwicklungen vorbeugen?
2. Wie kann gemeinsames Reden und gemeinsames Handeln zugleich erreicht werden? Mit anderen Worten: Wie läßt sich **Selbstveränderung** – also Reflexion des eigenen Erlebens und Verhaltens und damit Aufarbeitung seelischer Belastungen – verbinden mit **Sozialveränderung,** d.h. mit gemeinsamer Planung für Initiativen, die als sozialpolitische und politische Konsequenz des Erkenntnisgewinns der Gruppen anzusehen sind?
3. Wie können **neue Interessenten** kontinuierlich informiert und aufgenommen werden, ohne daß die Gruppenarbeit gestört wird und ein Kampf gegen ständige Gruppenvergrößerung geführt werden muß?
4. Wie lassen sich die gemeinsamen alltäglichen Aufgaben im Rahmen der **Selbstorganisation möglichst wirksam** lösen und in ihrer Belastung verteilen, so etwa Raumbeschaffung und vor allem die meist vernachlässigte Bekanntgabe nach außen?
5. Wie soll die Zusammenarbeit mit Fachleuten vonstatten gehen, ohne die Eigenständigkeit der Gruppen zu gefährden?
6. Wie ist der Neigung zu vereinzeltem Arbeiten der Gruppen zu begegnen, die so häufig zu vorzeitigem Zerfall, zu apolitischer Minisolidarität oder zu einer Art Selbstghettoisierung führt?

Für die gleichzeitige Behebung dieser sechs Kernprobleme gibt es keine geeignetere Lösung in der Praxis als die eines **konkreten Verbundes mehrerer ähnlicher Gesprächsgemeinschaften in einer Region.** Dieser Zusammenschluß realisiert sich in einer machbaren gemeinsamen Aktivität: im **monatlichen Gesamttreffen.** Es handelt sich um einen 2stündigen Termin, der zusätzlich zu den üblichen wöchentlichen Gruppensitzungen vereinbart wird und meist an einem anderen Ort stattfindet. Das **Gesamttreffen** ist sozusagen die **Selbsthilfegruppe der Selbsthilfegruppen.** Die Sitzung findet in Form eines offenen Gespräches statt (vgl. Protokolle in [118]). Nur in besonderen Problemfällen kommen alle Mitglieder der Gruppe, in der Regel erscheinen 2–3 Gruppenvertreter, die nicht immer dieselben sein sollten (rotierende Delegierte).

Zusammenarbeit mit Fachleuten

Das Gesamttreffen dient nicht nur zur Optimierung der Gruppenarbeit und als Anlaufstelle für Interessierte, sondern als angemessener Ort für die Zusammenarbeit mit Fachleuten.

Ärzte, Sozialarbeiter oder etwa im Gesundheitswesen tätige Psychologen können vor allem zwei Aufgaben versehen: als Vermittler für Selbsthilfegruppen wirken oder auf dem monatlichen Gesamttreffen als Begleiter von Gesprächsgemeinschaften tätig sein.

Die ärztliche Funktion als Vermittler zu Selbsthilfegruppen wird heute von Ärzteverbänden und Krankenkassen gleichermaßen empfohlen. Sie bedeutet zunächst nur, daß jeder Arzt eine Adressenliste der lokalen Selbsthilfegruppen vorliegen hat, die er dem Patienten aushändigen kann. Außerdem geht es aber auch darum, die Betroffenen zu Selbsthilfegruppen und zu Gesprächsgemeinschaften zu ermutigen. Darüber hinaus kann er als Begleiter der Gesprächsgemeinschaften am monatlichen Gesamttreffen teilnehmen. Im Gegensatz zum traditionellen Abhängigkeitsverhältnis des Patienten zum Arzt ist hier allerdings die absolut gleichgestellte Beziehung zu beachten.

Der Arzt berät also nicht die Gruppen, er berät **mit** ihnen.

Die Weltgesundheitsorganisation, Büro Europa, hat in ihren mittelfristigen Entwicklungslinien für das Gesundheitswesen die Förderung des Selbsthilfepotentials der Betroffenen in den Mittelpunkt gestellt. In diesem Zusammenhang ist 1984 an der Abteilung für Medizinische Psychologie des Universitätsklinikums Frankfurt eine Psychosoziale Ambulanz eingerichtet worden, die nunmehr gezielt versucht, Selbsthilfegruppenarbeit und medizinische/psychotherapeutische Fachleistung sinnvoll miteinander zu verbinden. Zahlreiche Polikliniken und Beratungsstellen innerhalb der psychosozialen Versorgung beginnen mehr und mehr, Gesprächsgemeinschaften anzuregen und die Entwicklungsbedingungen dieser Gruppen zu verbessern. Nach den USA, Kanada und Großbritannien ist 1984 auch in der Bundesrepublik Deutschland eine Nationale Kontaktstelle zur Förderung und Entwicklung von Selbsthilfegruppen gegründet worden. Diese Deutsche Arbeitsgemeinschaft Selbsthilfegruppen fördert insbesondere regionale Kontaktstellen (inzwischen in 30 deutschen Städten). Die bisher zu beachtende Entwicklung der Selbsthilfegruppen in den USA läßt darauf schließen, daß auch in der Bundesrepublik Deutschland ähnlich wie im städtischen Regierungsbezirk Rockland County der USA die Versorgungsleistung durch Selbsthilfegruppen die entsprechende professionelle Versorgung bei weitem übertrifft [118].

Damit wird in unserer Zeit ein alter Satz des Hippokrates wieder wahr: „Der Arzt ist nur der Helfer, der Patient aber der Arzt.“

Studienfragen

Welche Gruppierungen rechnet man zu den medizinischen Selbsthilfegruppen-Formationen? (s. S. 229)

Wie lautet das Prinzip der Gruppenselbsthilfe? (s. S. 230)

Literatur

1 Uexküll, T. v., W. Wesiack: Wissenschaftstheorie und Psychosomatik. In: Uexküll, T. v. (Hrsg.): Lehrbuch der Psychosomatischen Medizin. Teil 1. Urban & Schwarzenberg, München–Wien–Baltimore 1979.
2 Doerr, W., G. Quadbeck: Allgemeine Pathologie. Springer, Heidelberg 1970.
3 Naschold, F., P. Novak: Bedingungen für eine Systemanalyse des Gesundheitswesens: Integrale Erklärung von Krankheit in der heutigen Gesellschaft, S. 3–27. In: Schönbäck, W. (Hrsg.): Gesundheit im gesellschaftlichen Konflikt. Urban & Schwarzenberg, München–Wien–Baltimore 1980.
4 Thomä, H.: Über die psychoanalytische Behandlung eines magersüchtigen Mädchens, S. 267–316. In: Thomä, H. (Hrsg.): Schriften zur Praxis der Psychoanalyse: Vom spiegelnden zum aktiven Psychoanalytiker. Suhrkamp, Frankfurt 1981.
5 Freud, S.: Vorlesungen zur Einführung in die Psy-

choanalyse. Neue Folge. Teil III. Studienausgabe Bd. 1. Fischer, Frankfurt 1969.
6 Bally, G.: Einführung in die Psychoanalyse Sigmund Freuds. Rowohlt, Reinbek 1961.
7 Mertens, W.: Psychoanalyse. Kohlhammer, Stuttgart 1981.
8 Kanfer, F. H., G. Saslow: Verhaltenstheoretische Diagnostik, S. 24–59. In: Schulte, D. (Hrsg.): Diagnostik in der Verhaltenstherapie, 2. Auflage. Urban & Schwarzenberg, München–Wien–Baltimore 1976.
9 Buser, K., U. Kaul (Hrsg.): Medizinische Psychologie, Medizinische Soziologie, 2. Auflage. Fischer, Stuttgart 1981.
10 Nathan, P.: Prevention of alcoholism. A history of failure. In: Rosen, J. C., L. J. Solomon (Eds.): Prevention in health psychology (pp. 34–71). University Press of New England, Hannover 1985.
11 Belloc, N. B.: Relationship of health practices and mortality. Preventive Medicine, 2 (1973) 67–81.
12 Becker, P.: Psychologie der seelischen Gesundheit. Bd. 1: Theorien, Modelle, Diagnostik. Hogrefe, Göttingen 1982.
13 Becker, P.: Primäre Prävention, S. 355–389. In: Schmidt, L. R. (Hrsg.): Lehrbuch der Klinischen Psychologie, 2. Auflage. Enke, Stuttgart 1984.
14 Becker, P.: Prävention, S. 429–438. In: Schwarzer, R. (Hrsg.): Gesundheitspsychologie. Hogrefe, Göttingen 1990.
15 Becker, P., B. Minsel: Psychologie der seelischen Gesundheit. Bd. 2: Persönlichkeitspsychologische Grundlagen, Bedingungsanalysen und Förderungsmöglichkeiten. Hogrefe, Göttingen 1986.
16 Brandtstädter, J., A. v. Eye: Psychologische Prävention. Grundlagen, Programme, Methoden. Huber, Bern 1982.
17 Hurrelmann, K.: Sozialisation und Gesundheit. Juventa, Weinheim 1988.
18 Matarazzo, J. D., N. E. Miller, J. A. Herd, S. M. Weiss (Eds.): Behavioral health: A handbook of health enhancement and disease prevention. Wiley, New York 1984.
19 Antonovsky, A.: Health, stress and coping, Jossey-Bass, San Francisco 1979.
20 Abele, A., P. Becker (Hrsg.): Wohlbefinden. Theorie, Empirie, Diagnostik. Juventa, Weinheim 1991.
21 Potthoff, P., D. Schwefel: Subjektive Gesundheit in einer Großstadtbevölkerung. Öffentliches Gesundheitswesen, 47 (1985) 507–513.
22 Renn, H.: Soziale Indikatoren und Indikatorensysteme in der Bewertung präventiver Gesundheitspolitik. Prävention, 2 (1979) 3–11.
23 Schmidt, L. R., P. Schwenkmezger, G. E. Dlugosch: The scope of health psychology. In: Schmidt, L. R., P. Schwenkmezger, J. Weinman, S. Maes (Eds.): Theoretical and applied aspects of health psychology (pp. 3–28). Harwood, London 1990.
24 Schwarzer, R. (Hrsg.): Gesundheitspsychologie. Ein Lehrbuch. Hogrefe, Göttingen 1990.
25 Antonovsky, A.: Unraveling the mystery of health. How people manage stress and stay well. Jossey-Bass, San Francisco 1987.
26 Becker, P.: Die Bedeutung integrativer Modelle von Gesundheit und Krankheit für die Prävention und Gesundheitsförderung. In: Paulus, P. (Hrsg.): Prävention und Gesundheitsförderung. Perspektiven für die psychosoziale Praxis, S. 91–197. GwG-Verlag, Köln 1992.
27 Becker, P.: Seelische Gesundheit als protektive Persönlichkeitseigenschaft. Zeitschrift für Klinische Psychologie, 21 (1992) 64–75.
28 Siegrist, J.: Soziale Krisen und Gesundheit. Auswirkungen und Folgerungen für die Prävention. Prävention, 14 (1991) 43–49.
29 Abholz, H.-H., D. Borgers, W. Karmaus, J. Korporal: Risikofaktorenmedizin: Konzept und Kontroverse. De Gruyter, Berlin 1982.
30 Becker, P.: Biographische Korrelate der seelischen Gesundheit im höheren Lebensalter: Der Einfluß belastender und förderlicher Lebensbedingungen. Zeitschrift für Klinische Psychologie, Psychopathologie und Psychotherapie, 34 (1986) 292–306.
31 Moos, R. H.: Creating healthy human contexts. Environmental and individual strategies. In: Rosen, J. C., L. J. Solomon (Eds.): Prevention in health psychology (pp. 366–389). University Press of New England, Hannover 1985.
32 Haynes, S. G., M. Feinleib, E. D. Eaker: Type A behaviour and the ten-year incidence of coronary heart disease in the Framingham Heart Study. In: Rosenman, R. H. (Ed.): Psychosomatic risk factors and coronary heart disease: Indications for specific preventive therapy (pp. 80–92). Huber, Bern 1983.
33 Von Troschke, J.: Modell zur Sozialisation des Rauchens. Prävention, 12 (1989) 112–114.
34 Apenburg, E.: Determinanten des Rauchens bei Kindern und Jugendlichen. Prävention, 9 (1986) 3–6.
35 Pott, E., M. Nilson-Giebel, C. Riempp, D. Sandkühler, J. v. Troschke: Ohne Rauch geht's auch. Eine Kampagne der BZgA zur Förderung des Nichtrauchens bei Jugendlichen. Prävention, 14 (1991) 92–97.
36 Brühne-Scharlau, C., F. W. Schwartz: Gesundheitsberatung durch Ärzte. Prävention, 7 (1984) 14–19.
37 Bengel, J., U. Koch, C. Brühne-Scharlau (Hrsg.): Gesundheitsberatung durch Ärzte. Ergebnisse eines Modellversuchs in Hamburg und in der Pfalz. Deutscher Ärzteverlag, Köln 1988.
38 Prentice-Dunn, S., R. W. Rogers: Protection motivation theory and preventive health: Beyond the Health Belief Model. Health Education Research, 1 (1986) 153–161.
39 Bandura, A.: Lernen am Modell. Ansätze zu einer sozialkognitiven Lerntheorie. Klett, Stuttgart 1976.
40 Becker, P.: Diagnostik und Bedingungsanalyse des Gesundheitsverhaltens. In: Schröder, H., K. Reschke (Hrsg.): Psychosoziale Prävention und Gesundheitsförderung (S. 105–124). Roderer, Regensburg 1992.
41 Becker, P.: Differentialätiologie, S. 100–127. In: Schmidt, L. R. (Hrsg.): Lehrbuch der Klinischen Psychologie. Enke, Stuttgart 1984.
42 Troschke, J. v., R. Kupke, O. Gutjahr, M. Kluge, W. v. Stünzner, E. Wiche: Die soziostrukturelle Prozeßevaluation der Deutschen Herz-Kreislauf-Präventionsstudie (DHP). I. Theoretische Grundlagen zur Erklärung gesundheitsbezogener Verhaltensweisen. Prävention, 8 (2) (1985) 35–41.
43 Stocksmeier, U., T. Kuhn, H. Muth, U. Schwenker: Untere Vorgesetzte sind eine besondere Risikogruppe für Herz-Kreislaufkrankheiten, S. 405. In: Amelang, M. (Hrsg.): Bericht über den 35. Kongreß der Deutschen Gesellschaft für Psychologie in Heidelberg 1986. Bd. 1: Kurzfassungen. Hogrefe, Göttingen 1986.
44 Mannebach, H., S. Gleichmann, U. Gleichmann:

Risikofaktoren-Modifikation: Stand der Interventionsforschung. Prävention, 5 (1982) 72–79.
45 Myrtek, M.: Herzinfarktprophylaxe, S. 152–175. In: Minsel, W.-R., R. Scheller (Hrsg.): Brennpunkte der Klinischen Psychologie. Bd. 2: Prävention. Kösel, München 1981.
46 Roskies, E.: Modification of coronary-risk behavior. In: Krantz, D. S., A. Baum, J. E. Singer (Eds.): Handbook of psychology and health. Vol. 3: Cardiovascular disorders and behavior (pp. 231–276). Erlbaum, Hillsdale 1983.
47 Gutzwiller, F., B. Junod, E. Schweizer (Hrsg.): Wirksamkeit der gemeindeorientierten Prävention kardiovaskulärer Krankheiten. Huber, Bern 1985.
48 Hoffmeister, H., B. Junge, D. Schön: Prävention von Herz-Kreislaufkrankheiten: Bewertung des Erfolgs von Interventionsstudien. Bundesgesundheitsblatt, 27 (1984) 141–150.
49 Kaplan, R. M.: The connection between clinical health promotion and health status. A critical overview. American Psychologist, 39 (1984) 755–765.
50 Meyer, A. J., J. D. Nash, A. L. McAlister, N. Maccoby, J. W. Farquhar: Skills training in a cardiovascular health education campaign. Journal of Consulting and Clinical Psychology, 48 (1980) 129–142.
51 Evans, R. I., R. M. Rozelle, M. B. Mittelmark et al.: Deterring the onset of smoking in children: Knowledge of immediate physiological effects and coping with peer pressure, media pressure, and parent modeling. Journal of Applied Social Psychology, 8 (1978) 126–135.
52 Botvin, G. J., E. Baker, N. L. Renick, A. D. Filazzola, E. M. Botvin: A cognitive-behavioral approach to substance abuse prevention. Addictive Behaviors, 9 (1984) 137–147.
53 Schmidt, L. R.: Psychologie in der Medizin. Anwendungsmöglichkeiten in der Praxis. Thieme, Stuttgart 1984.
54 Basler, H.-D.: Medizin-psychologische Interventionsmöglichkeiten im präventiven Bereich, S. 38–65. In: Schneller, T. (Hrsg.): Medizinische Psychologie III. Kohlhammer, Stuttgart 1980.
55 Stunkard, A. J., M. R. J. Felix, R. Y. Cohen: Mobilizing a community to promote health. The Pennsylvania County Health Improvement Program (CHIP). In: Rosen, J. C., L. J. Solomon (Eds.): Prevention in health psychology (pp. 143–190). University Press of New England, Hannover 1985.
56 Warner, K. E., H. A. Murt: Economic incentives and health behavior. In: Rosen, J. C., L. J. Solomon (Eds.): Prevention in health psychology (pp. 236–274). University Press of New England, Hannover 1985.
57 Glaeske, G.: Arzneimittelmißbrauch und Möglichkeiten zur Prävention. Prävention, 14 (1991) 58–63.
58 Ferber, C. v.: Soziologie für Mediziner. Springer, Heidelberg 1975.
59 Mechanic, D.: Medical Sociology, 2nd edition. Free Press, New York 1978.
60 Suchman, E.: Social patterns of illness and medical care. Journal of Health and Human Behavior, 6 (1965) 2–16.
60a Suchman, E.: Stages of illness and medical care. Journal of Health and Human Behavior, 6 (1965) 114–128.
61 Wolinsky, F. D.: The sociology of health. Little, Brown & Co., Boston 1980.
62 Freidson, E.: Profession of medicine. Dodd, Mead & Co., New York 1970 (deutsch: Der Ärztestand. Enke, Stuttgart 1979).
63 Siegrist, J.: Lehrbuch der Medizinischen Psychologie, 3. Auflage. Urban & Schwarzenberg, München–Wien–Baltimore 1977.
64 Goffman, E.: The moral career of the mental patient. Psychiatry, 22 (1959) 123–142 (deutsch: Die moralische Karriere des Geisteskranken, S. 127–166. In: Goffman, E.: Asyle. Suhrkamp, Frankfurt 1973).
65 McKinlay, J. B.: The concept „patient career" as a heuristic device of making medical sociology relevant to medical students. Social Science and Medicine, 6 (1971) 441–460.
66 Gerhardt, U.: Typenkonstruktion bei Patientenkarrieren, S. 53–77. In: Kohli, M., G. Robert (Hrsg.): Biographie und soziale Wirklichkeit. Metzler, Stuttgart 1984.
67 Gerhardt, U.: Krankenkarriere und Existenzbelastung. Zeitschrift für Soziologie, 5 (1976) 215–236.
68 Schmädel, D.: Schichtspezifische Unterschiede im Gesundheits- und Krankheitsverhalten der Bevölkerung der Bundesrepublik Deutschland, S. 112–123. In: Ritter-Röhr, D. (Hrsg.): Der Arzt, sein Patient und die Gesellschaft. Suhrkamp, Frankfurt 1975.
69 Geissler, B., P. Thoma (Hrsg.): Medizinsoziologie. Eine Einführung für medizinische und soziale Berufe, 2. Auflage. Campus, Frankfurt 1979.
70 Siegrist, J., H. Bertram: Schichtspezifische Variationen des Krankheitsverhaltens. Soziale Welt, 21/22 (1970) 206–218.
71 Moeller, M. L.: Krankenverhalten und Krankenversorgung in der psychosozialen Medizin, S. 140–157. In: Volkholz, V., G. Elsner, B. Geissler, M. Kriescher-Fauchs, P. Thoma (Hrsg.): Analyse des Gesundheitswesens. Athenäum/Fischer, Frankfurt 1974.
72 Ferber, C. v., B. Badura (Hrsg.): Laienpotential, Patientenaktivierung und Gesundheitsselbsthilfe. Oldenbourg, München 1983.
73 Thorbecke, R.: Bewältigung von Krankheitsepisoden in der Familie, S. 52–111. In: Ritter-Röhr, D. (Hrsg.): Der Arzt, sein Patient und die Gesellschaft. Suhrkamp, Frankfurt 1975.
74 Pflanz, M., J. J. Rohde: Deviant behaviour or conformity. Social Science and Medicine, 4 (1970) 645–653.
75 Malzahn, P.: Die psychosoziale Situation des Patienten, S. 253–286. In: Geissler, B., P. Thoma (Hrsg.): Medizinsoziologie, 2. Auflage. Campus, Frankfurt 1979.
76 Keupp, H.: Abweichung und Alltagsroutine. Hoffmann & Campe, Hamburg 1976.
77 Mechanic, D.: Psychiatrische Versorgung und Sozialpolitik. Urban & Schwarzenberg, München–Wien–Baltimore 1975.
78 Balint, M.: Therapeutische Aspekte der Regression. Die Theorie der Grundstörung. Klett, Stuttgart 1970.
79 Parsons, T.: Struktur und Funktion der modernen Medizin, S. 10–57. In: König, R., M. Tönnesmann (Hrsg.): Probleme der Medizinsoziologie. Kölner Zeitschrift für Soziologie und Sozialpsychologie, Sonderheft 3. Westdeutscher Verlag, Köln 1958.
80 Pflanz, M.: Medizinsoziologie, S. 237–344. In: König, R. (Hrsg.): Handbuch der empirischen Sozialforschung, Bd. 14. Enke, Stuttgart 1979.
81 Coser, R. L.: A home away from home. Social Problems, 4 (1956) 3–12.

82 Winau, R., H. P. Rosemeier (Hrsg.): Tod und Sterben. De Gruyter, Berlin–New York 1984.
83 Wittkowski, J.: Psychologie des Todes. Wissenschaftliche Buchgesellschaft, Darmstadt 1990.
84 Schmied, G.: Sterben und Trauern in der modernen Gesellschaft. Piper, München 1988.
85 Weisman, A. D.: On dying and denying, 2nd edition. Behavioral Publications, New York 1978.
86 Rosemeier, H. P.: Untersuchungen zur Psychologie der Todeskonzepte, S. 217–233. In: Winau, R., H. P. Rosemeier (Hrsg.): Tod und Sterben. De Gruyter, Berlin–New York 1984.
87 Kübler-Ross, E.: Interviews mit Sterbenden. Kreuz-Verlag, Stuttgart (auch als Gütersloher Siebenstern-Taschenbuch Nr. 71) 1969.
88 Koch, U., C. Schmeling: Betreuung von Schwer- und Todkranken. Ausbildungskurs für Ärzte und Krankenpflegepersonal. Urban & Schwarzenberg, München–Wien–Baltimore 1982.
89 Köhle, K., C. Simons, B. Kubanek: Zum Umgang mit unheilbar Kranken, S. 1199–1244. In: Uexküll, Th. v. (Hrsg.): Psychosomatische Medizin. Urban & Schwarzenberg, München–Wien–Baltimore 1990.
90 Schmidt, L. R.: Psychologie in der Medizin. Anwendungsmöglichkeiten in der Praxis. Thieme, Stuttgart 1984.
91 Engelhardt, K., A. Wirth, L. Kindermann: Kranke im Krankenhaus. Enke, Stuttgart 1973.
92 Lazarus, R. S., J. R. Averill, E. M. Opton: The psychology of coping: Issues of research and assessment. In: Coelho, G. V., D. A. Hamburg, J. E. Adams (Eds.): Coping and adaptation (pp. 249–315). Basic Books, New York 1974.
93 Lazarus, R. S., L. Launier: Stress-related transactions between person and environment. In: Pervin, L. A., M. Lewis (Eds.): Perspectives in interactional psychology (pp. 287–327). Plenum, New York 1978.
94 Scheer, J. W., E. Brähler (Hrsg.): Ärztliche Maßnahmen aus psychologischer Sicht. Beiträge zur Medizinischen Psychologie. Springer, Berlin 1984.
95 Haan, N.: Coping and defending. Academic Press, New York 1977.
96 Heim, E., K. Augustiny, A. Blaser: Krankheitsbewältigung (Coping) – ein integriertes Modell. Zeitschrift für Psychotherapie, Psychosomatik, Medizinische Psychologie, 33 (1983) 35–40.
97 Janke, W., G. Erdmann, W. Boucsein: Der Streßverarbeitungsfragebogen (SVF). Ärztliche Praxis, 30 (1978) 1208–1210.
98 Davies-Osterkamp, S., A. Salm: Ansätze zur Erfassung psychischer Adaptationsprozesse in medizinischen Belastungssituationen. Medizinische Psychologie, 6 (1980) 66–80.
99 Prystav, G.: Psychologische Copingforschung: Konzeptbildungen, Operationalisierungen und Meßinstrumente. Diagnostica, 27 (1981) 121–138.
100 Beckmann, D., S. Davies-Osterkamp, J. W. Scheer (Hrsg.): Medizinische Psychologie. Forschung für Klinik und Praxis. Springer, Berlin 1982.
101 Langosch, W. (Hrsg.): Psychische Bewältigung der chronischen Herzerkrankung. Springer, Berlin–Heidelberg–New York–Tokyo 1985.
102 Davies-Osterkamp, S.: Angst und Angstbewältigung bei chirurgischen Patienten, S. 148–167. In: Beckmann, D., S. Davies-Osterkamp, J. W. Scheer (Hrsg.): Medizinische Psychologie. Springer, Berlin 1982.
103 Stegie, R., U. Koch: Rehabilitation in the Federal Republic of Germany. German Journal of Psychology, 6 (1982) 221–255.
104 Angermeyer, M. C., H. Freyberger (Hrsg.): Chronisch kranke Erwachsene in der Familie. Enke, Stuttgart 1982.
105 Speidel, H., M. v. Kerekjarto, B. Knauf, P. Probst: Psychische und psychosoziale Probleme bei Prothesenträgern. Ein Vergleich zwischen Patienten mit Hüftendoprothesen, künstlichen Herzklappen und unter chronischer klinischer Hämodialyse. Medizinische Psychologie, 1 (1974) 127–158.
106 Tewes, U., B. Mayer: Medizinisch-psychologische Interventionsmöglichkeiten im rehabilitativen Bereich, S. 140–180. In: Schneller, T. (Hrsg.): Medizinische Psychologie III. Kohlhammer, Stuttgart 1980.
107 Freyberger, H.: Die Psychosomatik der Kranken mit Colitis ulcerosa, Morbus Crohn und funktionellen Diarrhöen, S. 166–175. In: Jores, A. (Hrsg.): Praktische Psychosomatik. Huber, Bern 1981.
108 Küchenhoff, J., M. Wirsching: Hilfe bei seelischen Problemen von Anus-praeter-Patienten, S. 103–110. In: Englert, G., R. Winkler (Hrsg.): Verbesserung der Lebensqualität von Stomaträgern. ILCO-Verlag, Freising 1983.
109 Viefhues, H.: Resozialisation: Sozialanamnese und Sozialtherapie, S. 100–117. In: Viefhues, H. (Hrsg.): Lehrbuch Sozialmedizin. Kohlhammer, Stuttgart 1981.
110 Broda, M.: Determinanten der Krankheitsverarbeitung. In: Langosch, W. (Hrsg.): Psychische Bewältigung der chronischen Herzerkrankung, S. 130–138. Springer, Berlin–Heidelberg–New York–Tokyo 1985.
111 Grunow, D., H. Breitkopf, H. J. Dahme, R. Engfer, V. Grunowlutter, W. Paulus: Gesundheitsselbsthilfe im Alltag. Enke, Stuttgart 1983.
112 Stübinger, D. K.: Psychotherapeutische Selbsthilfegruppen in der BRD. Dissertation Humanmedizin, Gießen 1977.
113 Daum, K.-W.: Selbsthilfegruppen. Eine empirische Untersuchung von Gesprächs-Selbsthilfegruppen. Psychiatrie-Verlag, Wunstorf 1984.
114 Moeller, M. L.: Selbsthilfegruppen. Selbstbehandlung und Selbsterkenntnis in eigenverantwortlichen Gesprächsgruppen. Rowohlt, Reinbek 1978.
115 Moeller, M. L.: Das demokratische Arbeitsbündnis in Selbsthilfegruppen. Einige Folgen der Deprofessionalisierung für die therapeutische Beziehung. Psychosozial, 2 (1979) 36–66.
116 Moeller, M. L.: Gruppenpsychotherapie und Selbsthilfegruppen. Gruppenpsychotherapie & Gruppendynamik, 19 (1983) 142–157.
116a Moeller, M. L.: Möglichkeiten, Grenzen und Gefahren psychotherapeutisch arbeitender Selbsthilfegruppen. Psychotherapie, Psychosomatik, Medizinische Psychologie, 33 (1983) 66–77.
117 Daum, K. W., J. Matzat, M. L. Moeller: Psychologisch-therapeutische Selbsthilfegruppen. Forschungsbericht, Schriftenreihe des Bundesministers für Jugend, Familie und Gesundheit. Kohlhammer, Stuttgart 1984.
118 Moeller, M. L.: Anders helfen. Selbsthilfegruppen und Fachleute arbeiten zusammen. Klett-Cotta, Stuttgart 1981.
118a Moeller, M. L.: Selbsthilfegruppen. Bedeutung für die ärztliche Praxis. Medizinische Klinik, 76 (6) (1981) 16–21.

9 Arzt-Patient-Beziehung

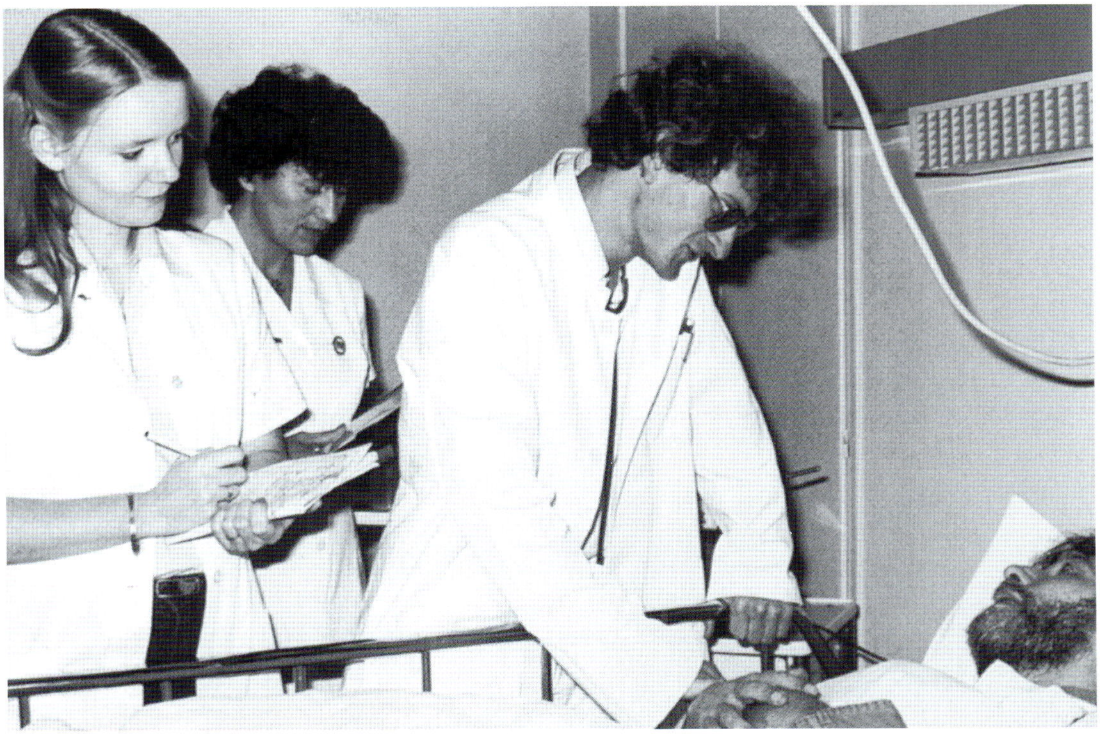

Inhalt

9 Arzt-Patient-Beziehung

9.1 Arztrolle

9.1.1 Formelle und informelle Rolle des Arztes

Dieter Beckmann

Definitionen

So wie andere Rollen wird auch die Arztrolle durch Erwartungen bestimmt. Je nach der Ebene der Erwartungen unterscheidet man **formelle (positionsspezifische)** und **informelle (personenspezifische)** Aspekte der Arztrolle. Die positionsspezifischen Erwartungen definieren das Berufsbild, die Rechte und Pflichten, aber auch Sanktionen bei Verletzungen der mit den Erwartungen verbundenen Normen des Verhaltens. Die Normen ärztlichen Verhaltens sind einerseits seit der Antike tradiert, andererseits jedoch auch von den Erwartungen der jeweiligen Epoche abhängig. Die grundlegenden Normen ärztlicher Ethik sind wiederum Teil allgemeiner ethischer Prinzipien, so daß bis heute umstritten ist, ob es überhaupt eine spezifische ärztliche Ethik gibt [1].

Normativer Aspekt

Der Weltärztebund nahm 1948 das Genfer Ärztegelöbnis an, das sich prinzipiell am **Eid des Hippokrates** orientiert.

Das Ärztegelöbnis betont fünf Prinzipien:
- das Wohl des Kranken
- die Würde des Menschen
- die Erhaltung des Lebens
- die Abwendung von Schaden und
- die Vertrauenswürdigkeit des Arztes

Gesetzlich geregelt ist die Pflicht des Arztes, bei Notfällen **Erste Hilfe** zu leisten, den Patienten über die Natur seines Leidens aufzuklären **(Aufklärungspflicht)** und die ärztliche **Schweigepflicht.** Die Aufklärungspflicht bezieht sich auf die Rechtsauffassung, daß ärztliche Eingriffe den Tatbestand der Körperverletzung erfüllen. Hierdurch rückt die Einwilligung des Patienten in den Mittelpunkt möglicher Behandlungen. Ethisches Grundprinzip der Einwilligung ist das Recht des Patienten auf Selbstbestimmung, auch wenn diese aus ärztlicher Sicht schädlich sein kann. Bei Notfällen, Bewußtlosigkeit oder auch in anderen Grenzbereichen gilt der mutmaßliche Wille des Patienten als Maßstab. Neuerdings wird die Einwilligungsfähigkeit des Patienten vermehrt diskutiert, da sie bei großer institutioneller oder auch persönlicher Abhängigkeit (z.B. in Anstalten) beeinträchtigt sein kann [2].

Die Aufklärung des Patienten hat in Form eines **Dialoges** zu geschehen (Prinzip der gemeinsamen Verantwortung von Patient und Arzt). Aufklärungsgespräche oder auch -broschüren reichen nicht [3]. International setzen sich demokratisch besetzte **Ethik-Kommissionen** auch für die klinische Praxis, nicht nur für die medizinische Forschung, immer mehr durch, da neben dem Patienten und dem Arzt auch Angehörige des Patienten und Pflegekräfte Mitverantwortung tragen [1].

Als ethisch besonders kritisch haben sich medizinische Situationen erwiesen, die mit dem Lebensbeginn (Geburtenkontrolle, Sterilisation, Insemination, pränatale Diagnostik, Abort und Frühförderung), mit Lebenskrisen (Intensivbehandlung, operative Eingriffe, Organtransplantationen, künstliche Organe, psychiatrische Zwangsmaßnahmen, Behinderung) und dem Lebensende (Behandlungsabbruch, Reanimation, Sterbehilfe und Wahrhaftigkeit des Arztes bei Sterbenden) verbunden sind. Besonders der Umgang mit Todkranken ruft ethische Grundprobleme hervor, die in Grenzbereichen den Arzt sehr belasten können, zumal ihm allein passive Sterbehilfe erlaubt ist [4]. Ethisch problematische Grenzsituationen sind in der Regel auch mit psychologischen Schwierigkeiten verbunden.

Viel zitiert werden die fünf **Rollenerwartungen** von Parsons [5]:
- affektive Neutralität
- universale Hilfsbereitschaft
- Altruismus
- Kompetenz und
- funktionale Spezifität

Gemessen am Genfer Gelöbnis erscheint hier die ärztliche Ethik verkürzt auf pragmatische Ideale und erweitert um die Erwartung der affektiven Neutralität. Gerade aber die Erwartung affektiver Neutralität ist in dieser Form der Generalisierung nicht richtig, da der Patient auch personenbezogene Erwartungen hat, die mit emotionalen Bedürfnissen verbunden sind. Wesentlicher als affektive Neutralität ist, daß der Arzt für jeden Patienten vertrauenswürdig sein muß. Die funktionale Spezifität ärztlicher Tätigkeit kann durch die Begriffe Vorbeugung, Behandlung und Rehabilitation beschrieben werden. Zentrales Merkmal der funktionalen Spezifität ärztlicher Tätigkeit ist auch die Legitimation, bei Krisen eingreifen zu dürfen, auch wenn die Krisen nicht mit organischen Krankheiten verbunden sind. Krisen äußern sich häufig durch psychische oder auch psychosomatische Symptome.

Ärztliche Aufgaben

Die Arztrolle bezieht sich je nach institutionellen Bedingungen auf drei Bereiche:

- Vorbeugung (Prävention: vorbeugende Gesundheitsberatung und Vorbeugungsmaßnahmen). Die vorbeugende Gesundheitsberatung ist Aufgabe aller Ärzte, hat jedoch in der Primärversorgung der niedergelassenen Ärzte eine besondere Bedeutung.

  Der allgemeine Gesundheitszustand der Bevölkerung korreliert mit Normalgewicht, mäßigem Alkoholgenuß, Nichtrauchen, mäßiger körperlicher Aktivität, ausreichender Nachtruhe u. a. m. Die Rolle des Arztes als Lebensberater war früher bedeutsamer [6]. Der aus der Antike stammende Begriff der Diätetik (Lehre von der gesunden Lebensführung) wird heute nicht selten mit dem Begriff **Humanökologie** gleichgesetzt. – Das Nicht-Einhalten verbreiteter Gesundheitsnormen bezeichnet man als Risikoverhalten. Durch primäre Prävention (Vorsorge) versucht auch der Staat, über beamtete Ärzte, Krankenkassenregelungen u. a. m. direkt und indirekt Vorbeugung zu betreiben. Umstritten sind heute die institutionellen Bemühungen um die sekundäre Prävention (Früherkennung), da der Aufwand gemessen am Nutzen häufig außerordentlich groß ist.

  Ähnlich wie bei der Vorsorge sind auch bei der Früherkennung die Möglichkeiten des Arztes beschränkt, da sich der größte Teil der Verfahren auf pädagogisch-psychologische Techniken (Gesundheitserziehung und Aufklärung) bezieht. Die Bedeutung der Sozialwissenschaften rückt auch deshalb bei der Medizin immer mehr in den Vordergrund [7].

> Die **Lebenschancen** des Menschen sind nur zum geringeren Teil durch kurative medizinische Maßnahmen beeinflußbar. Sehr viel bedeutsamer sind die humanökologischen Grundbedingungen wie Ernährung, Wohnverhältnisse, Arbeit, Hygiene, Kinderzahl u. a. [8], die mit sozialpolitischen Grundbedingungen von Gesellschaften in Zusammenhang stehen.

- **Behandlung** (kurative Medizin: Diagnose und Therapie von Krankheiten). Der größte Teil von Krankheiten wird im **Laiensystem** (Verwandte/Bekannte) diagnostiziert und behandelt (Selbstbehandlung). Das Laiensystem weist den Kranken bei Mißerfolg dann zunächst halbprofessionellen Beratern (Apothekern, Heilpraktikern u. a.) zu, bevor der Kranke den Arzt erreicht (**Krankenkarriere**). Die Rolle des Arztes ist also durch Erwartungen, die im Laiensystem ausgeformt werden, mitbestimmt. Eine zentrale Bedeutung spielt die Selbstdiagnose des Kranken (Laienätiologie), weil hierdurch der Patient typische **Behandlungserwartungen** (Operation, Medikation, Kur, Konfliktlösung u. a.) hat, die im Widerspruch zu den ärztlichen Maßnahmen stehen können. Die Non-Compliance (Nicht-Einwilligung in ärztliche Maßnahmen) ist besonders bei chronischen Krankheiten sehr hoch.
  Die ärztliche Grundausbildung und auch die Facharztausbildung sichern zunächst die ärztliche Kompetenz im kurativen Bereich, wobei wiederum naturwissenschaftliche Kenntnisse ganz im Vordergrund stehen. Deshalb kommt der Arzt häufig auch in Schwierigkeiten, wenn er mit psychisch Kranken zu tun hat; er neigt oft zur Somatisierung der Erkrankung. (Die Tendenz, psychische Krankheiten somatisch erklären und behandeln zu wollen, bezeichnet man als Somatisierungstendenz.)
- **Rehabilitation** (Wiedereingliederung chronisch Kranker). Mit gestiegener Lebenserwartung haben die chronischen Krankheiten enorm zugenommen. Die Arztrollen im rehabilitativen Bereich gliedern sich danach, ob der Arzt zunächst in der Primärversorgung als **Lebensberater** (vgl. Vorbeugung) tätig ist oder als Angehöriger von Rehabilitationskliniken sich auf bestimmte Rehabilitationsbereiche spezialisiert hat (Fachärzte).

  Als Lebensberater rückt der **Familienmediziner** [9] immer mehr in den Vordergrund, weil der Umgang mit chronischer Krankheit besonders den Ehepartner des Patienten, aber auch andere Familienmitglieder, mitbetrifft (z. B. Heimdialyse, behinderte Kinder, Krebskranke u. a. m.). Der Umgang des Arztes mit Familien chronisch Kranker erfordert Kenntnisse in Ehe- und Familientherapie, die durch Zusatzausbildungen gewonnen werden können.
  Die ärztlichen Aufgaben in **Rehabilitationszentren** und -kliniken richten sich zunehmend mehr auf medizinpsychologische Bereiche, wie z. B. auf Ausarbeitung von verhaltenstherapeutischen Übungsprogrammen, Schulung der Pflegekräfte und sozialtherapeutische Maßnahmen. Andererseits ist die Rehabilitationspsychologie ein noch wenig entwickeltes Gebiet. Viele Kurkliniken haben heute psychosomatische Abteilungen, die sich mit Hilfe von Psychotherapeuten den psychologischen Problemen der Kranken zuwenden.

Ärztliche Macht

Die ärztliche Macht ergibt sich aus der Asymmetrie der Beziehung zwischen Arzt und Patient (Hilfe geben – Hilfe suchen) [10]. Aus historischer Sicht muß jedoch betont werden, daß der Arztberuf in unserer Kultur schon immer mit **sozialen Kontrollfunktionen** verbunden war (Kontrolle von Sexualität, Schwangerschaft, abweichendem Verhalten, Einweisung in Anstalten u. a.; [11]).

Aus psychoanalytischer Sicht erwartet der hilflose Patient eine autoritäre Vaterfigur, der Arzt ist in der Regel mit der autoritären Rolle identifiziert [12]. Besondere Bedeutung hat auch die tradierte Aufsichtspflicht des Arztes über andere Heilhilfsberufe (Schwestern, Pfleger, technisches Personal). Das Pflegepersonal ist von ärztlichen Entscheidungen abhängig, wodurch in Krankenhäusern nicht selten Spannungen entstehen, weil das Pflegepersonal zu den Patienten mehr emotionale Beziehungen entwickelt als die Ärzte (z. B. Intensivstationen).

Die Kontrolle ärztlicher Macht geschieht im wesentlichen über die Ärztekammern. Jeder Arzt ist Pflichtmitglied. Die Kammern überwachen die Berufspflichten des Arztes (Landesärztekammern). Sie sind Körperschaften des öffentlichen Rechts, jedoch nur auf Landesebene. Die Bundesärztekammer ist ein freiwilliger Zusammenschluß der Landesärztekammern. Die Kammern dürfen nicht mit den Berufsverbänden verwechselt werden (Marburger Bund, Hartmannbund u. a.), die sich im wesentlichen um Sicherungen der Standesprivilegien, Fortbildung und Interessenvertretungen kümmern.

Die Ärzte sind in der Regel haftpflichtversichert, um Schadensersatzansprüchen von Patienten gewachsen zu sein. Besonders über Kunstfehlerprozesse üben neuerdings Gerichte einen starken Druck auf Ärzte aus, so daß u. a. die Aufklärungspflicht immer mehr Geltung erlangt hat. Auch die ärztliche Gebührenordnung zur Vergütung ärztlicher Leistungen greift erheblich in die freie Berufsausübung der Ärzte ein. So wird z. B. das ärztliche Gespräch im Vergleich zu Laborleistungen erheblich unterbewertet. Trotz juristischer und auch gebührenrechtlicher Grenzen ärztlicher Macht bestimmen die Ärzte sich im wesentlichen selbst über die Kammern und Berufsverbände. Im Prinzip duldet das Selbstverständnis der Ärzte nur die Selbstkontrolle.

Informelle Rolle

Die Bedeutung personenbezogener Erwartungen von Patienten ist heute unbestritten, nicht nur im Bereich der Betreuung Behinderter, Alter und psychisch Kranker. Es wurde eindrücklich aufgezeigt, daß Patienten häufig ein Symptom präsentieren, um Hilfe bei emotionalen, interpersonalen oder auch sozialen Krisen zu finden [13].

Der Patient erwartet den menschlich kompetenten Arzt.

Bei sterbenden Patienten wird dieser Aspekt häufig als **Rollenverlust** des Arztes beschrieben: Der Arzt als Mensch rückt ganz in den Vordergrund, wenn er als Arzt nicht mehr helfen kann. Dieser Begriff ist aus Sicht der ärztlichen Ethik falsch, da er die Auffassung enthält, daß sich die Rolle des Arztes ausschließlich auf medizinische Interventionen beschränkt.

Richtig ist der Begriff des Rollenwechsels: Der Arzt muß die Fähigkeit haben, zwischen medizinisch-instrumentellen Erwartungen (formelle Rollen) und personenbezogenen Erwartungen (informelle Rollen) zu unterscheiden.

So ist ein Behandlungsabbruch (z. B. Intensivbehandlung) kein Abbruch der Beziehung zum Patienten und seinen Angehörigen.

Die wesentlichsten personenbezogenen Erwartungen können hier nur kurz erwähnt werden [11]. Gemeinsames Merkmal personenbezogener Erwartungen ist die Angst des Patienten vor dem Arzt (Angst vor der Diagnose, vor schmerzhaften Eingriffen, vor schamhaften Situationen u. a.). Je nach Form der Angstabwehr erwartet der Patient eine mächtige Vaterfigur, den technisch-sachlichen oder auch den unsicheren Arzt. Besonders bekannt wurde das **Helfersyndrom** [14]: Da der Arzt sich nicht selten mit der Hilflosigkeit des Patienten unbewußt identifiziert, der aber vom Arzt mehr Hilfe erwartet als dieser geben kann, ist der Arzt in einer überhöhten Helferrolle. Diese Rolle enthält die Gefahr, daß der Arzt schließlich die Hilflosigkeit des Patienten unbewußt für die Abwehr eigener Hilflosigkeit braucht. Der Arzt wird vom Patienten um so mehr in eine idealisierte Machtposition gebracht, je depressiver und kränker der Patient sich fühlt. Hierdurch kommt der Arzt in den Konflikt, zwischen Patientenerwartungen und persönlicher Bewertung zu vermitteln. Je nach persönlicher Lösung des Konflikts identifiziert sich der Arzt mehr oder weniger mit unterschiedlichen Bewältigungsformen, um der Idealisierung zu entgehen, sie überzubetonen oder auch ambivalent zu beantworten.

Nach Koch ist der Arzt so, wie er sein möchte: tatkräftig, klar und konzentriert [15]. Auch aus Sicht des Patienten ist der Arzt klar, geordnet und gelöst. Der Arzt wird mit idealisierten Merkmalen ausgestattet. Siegrist wies nach, daß der Arzt seine überlegene Position verteidigt [16].

Wenn ein Patient den Arzt um Information bittet, sichert der Arzt seinen Informationsvorsprung ab. Fragen des Patienten werden vom Arzt häufig nicht beantwortet, uminterpretiert oder auch kommentiert, aber nur selten direkt beantwortet.

Nach einer Reihe von empirischen Untersuchungen ist die **Sprache** des Arztes von entscheidender Bedeutung [17]: Der Arzt redet überhaupt zu wenig, so daß der Patient sich nicht angenommen fühlt. Er benutzt eine weitgehend unverständliche Fachsprache. Er verbalisiert Aufforderungen in autokratischer Form, so daß die Nicht-Einwilligung (Non-Compliance) als Widerstand des Patienten häufig zur emotionalen Konsequenz wird. Der Arzt sichert sich gegenüber den emotionalen Belastungen durch den Patienten ab, indem er der Kommunikation ausweicht.

Arbeitsbündnis

Die Kommunikationsprobleme auf der informellen Ebene der Arzt-Patient-Beziehung sind durch ein geschickt ausgeformtes Arbeitsbündnis zwischen Patient und Arzt überwindbar. Grundmerkmal eines Arbeitsbündnisses ist die **therapeutische Spaltung.**

Der Arzt soll hiernach das Leiden des Patienten identifikatorisch mittragen und gleichzeitig die Krankheit distanzierend behandeln.

Diese Ausgewogenheit zwischen Nähe und Distanz zum Patienten kann über Selbsterfahrungsgruppen, Balintgruppen u. a. m. gelernt werden. Wesentliches Ziel einer derartigen Ausbildung ist die Kontrolle der **Gegenübertragung** des Arztes, d h. die Kontrolle der hinderlichen emotionalen Haltungen und Reaktionen des Arztes auf Emotionen des Patienten. Nach psychoanalytischer Auffassung ist ein leidender Mensch sehr häufig in einer **Regression,** so daß seine Emotionen unbewältigte frühere Erfahrungen widerspiegeln (Übertragung), auf die der Arzt nicht unkontrolliert emotional reagieren sollte (Kontrolle der Gegenübertragung). In einem gelungenen Arbeitsbündnis hat der Patient kein Bedürfnis, den Arzt zu idealisieren, er wird auch zum Arzt eine realistische Beziehung in der Einschätzung ärztlicher Möglichkeiten entwickeln können. Nur hierdurch eröffnet sich letztlich die Möglichkeit der **Selbstbestimmung** des Patienten [11].

Studienfragen

Welche Bedeutung haben die Merkmale „affektive Neutralität" und „funktionale Spezifität" der sozialen Rolle des Arztes in der Arzt-Patient-Beziehung?
(s. S. 237, 238)
Welche personengebundenen Erwartungen verbinden Patienten mit dem Verhalten des Arztes?
(s. S. 239, 240)

9.1.2 Berufliche Sozialisation

Peter Novak

Sozialisation

Die **berufliche Sozialisation zum Arzt** spielt hier eine zentrale Rolle. Man kann sie nur dann im ganzen sichtbar machen und im einzelnen beschreiben, wenn geklärt ist, was unter Sozialisation zu verstehen ist (vgl. Kap. 6.3).

Sozialisation umfaßt alle Vorgänge, durch die menschliche Individuen in einer zumindest menschlich mitgestalteten Welt einen Platz finden oder erhalten. Dadurch werden sie also in einer menschlichen Lebenswelt, die dann auch die ihre ist, „verortet". Mit *social location* hat Robert King Merton, ein Klassiker der Soziologie, Sozialisation allgemein als Prozeß bezeichnet. Dies ist zugleich auch als Hinweis gemeint, wo Sozialisation systematisch einzuordnen ist: Es handelt sich um ein zentrales Konzept der Sozialwissenschaften, d. h. der Soziologie und der Psychologie. Dabei wird auf dem Wege der theoretischen wie auch auf dem der empirischen Forschung untersucht, unter welchen geschichtlich sich verändernden oder relativ gleichbleibenden Bedingungen alle Menschen das werden und – mit Bezug auf verschiedene Lebensphasen eine Zeitlang – bleiben, was ihre besondere Stellung unter den anderen Lebewesen bestimmt: Angehöriger einer in irgendeiner Weise **verfaßten Gemeinschaft.** Die Nähe zu dem, was schon Aristoteles als Antwort auf die Frage „was ist der Mensch?" fand, ist beabsichtigt: Der Mensch ist, indem er es sein Leben lang beständig mehr oder weniger aktiv wird, *zoon politikon*. D. h. in dem Fall, den Aristoteles als Muster darstellt, das Wesen, das dem Zusammenleben mit seinesgleichen selbst die Form von Verfassungen – hier in Gestalt der griechischen *polis* oder des Stadtstaats – gibt und das ohne Bezug dazu als menschliches Wesen weder existenzfähig noch denkbar ist.

Das **sozialwissenschaftliche Konzept Sozialisation** ist offenbar sehr weitreichend. Es hat Bezug zum „Wesen" des Menschen ebenso wie dazu, wie man in verschiedenen Kulturen und Gesellschaften in die Rolle der Frau oder des Mannes hineinwächst, wie man zum Angehörigen dieses oder jenes Berufs wird, wie man diese oder jene gesellschaftliche Stellung erwirbt und sichert oder verliert usw.

Wie viele Gegenstände und Konzepte der Sozialwissenschaften, so kommt auch Sozialisation anderen wissenschaftlichen und praktischen Bereichen menschlichen Lebens nahe, z. B. der Ökonomie, der politischen Wissenschaft oder auch dem alltäglichen und von den Zeitläuften abhängigen Umgang mit Begriffen, die im Jargon verwendet werden. Dabei kommt es zu mitunter folgenschweren Mißverständnissen, und gerade Sozialisation bietet dafür ein bekanntes Beispiel.

Zur Mehrdeutigkeit von „Sozialisation" (engl. socialisation) – die im Deutschen immerhin noch durch die, wenn auch oft übersehene Differenzierung zwischen „Sozialisierung" und „Sozialisation" gemildert werden könnte – bemerkt Merton mit sarkastisch humorigem Blick auf den damals in USA zeitgenössischen fanatischen McCarthyismus: „Bekanntermaßen können Homonyme mehr als ein Doppelleben führen. Der Arzt gebraucht ‚Percussion' diagnostisch, der Musiker ästhetisch, der Revolverheld zerstörerisch" [18].

Sozialisation im hier gemeinten Sinn – so dürfen wir Merton wörtlich zitieren – „bezeichnet die Prozesse, durch die Menschen selektiv Werte, Einstellungen, Interessen, Fertigkeiten und Kenntnisse erwerben, die charakteristisch für die Kultur der Gruppen sind, deren Mitglied sie sind oder sein möchten" [18]. Die ersten und grundlegenden dieser Prozesse finden bereits im Mutterleib statt, da der soziokulturell in vielfältiger und unterschiedlicher Weise bestimmte Alltagsrhythmus der Mutter auch die leibgebundenen Bedürfnisbefriedigungen des reifenden Kindes regelt. Sozialisationsprozesse begleiten und bestimmen das gesamte Leben bis zum Tode, und wenn man die Rolle oder die Bedeutung des Sterbenden in verschiedenen Gesellschaften und unter verschiedenen gesellschaftlich-kulturellen Bedingungen betrachtet, dann kann man dies unter dem Gesichtspunkt tun, daß auch der Sterbende einen Sozialisationsprozeß durchmacht.

Die Art und Weise, wie Menschen das erwerben, was ihnen Sozialisationsprozesse vermitteln, bezeichnet man als Lernen (vgl. Kap. 4). Alle Formen des Lernens sind – abgesehen von den ersten Lebensphasen – für alle Sozialisationsprozesse während eines Lebenslaufs bedeutend, wenn auch nicht immer gleichbedeutend. Lehrplanungen für die schulische und erst recht für die berufliche Ausbildung unterschätzen oft die große Bedeutung des Modellernens, des Lernens am Vorgelebten, am Vorbild [19]. Dies gilt in besonderem Maße für das medizinische Curriculum.

Es wird immer noch zwischen Primär- und Sekundärsozialisation unterschieden, wenngleich die Unterscheidungskriterien nicht ganz klar sind. Jedenfalls bezieht sich die **Primärsozialisation** auf die ersten kindlichen Lebensphasen bis hinein ins Kindergarten- und Vorschulalter, und als wichtigste Sozialisationsagentur – neben dem und innerhalb des jeweiligen kulturellen Milieus – gilt die Familie. Daneben spielen auch hier schon die *peers*, d. h. die etwa Gleichaltrigen, eine bedeutende Rolle. Zur **sekundären Sozialisation** rechnet man den größten Teil der schulischen Ausbildung, das Hereinwachsen in die Position des Jugendlichen, des Verliebten, des Partners und auch Ehepartners, die berufliche Ausbildung und Karriere, die Vorbereitung und Gestaltung des Lebens als Ruheständler etc.

Sozialisation zum Arzt

Wie man Arzt wird, läßt sich somit als sekundärer Sozialisationsprozeß beschreiben und analysieren. Dieser Prozeß besteht darin, die professionelle Rolle des Arztes zu erlernen. In diesem Lernprozeß werden **Wissen** und **Kenntnisse** (z. B. der Anatomie und der Physiologie), **Fertigkeiten** (z. B. einen Kropf tasten, die Herzgrenzen bestimmen, die Lunge abhorchen), **Einstellungen** (z. B. lieber einmal einen gesunden Blinddarm für entzündet halten und operieren als einen wirklich entzündeten übersehen) und **Werte** (z. B. Gesundheit ist das am wenigsten verzichtbare Gut des Menschen) vom Lernenden erworben und so kombiniert, daß er motiviert und fähig wird, die Rolle des Arztes in einer professionell und sozial akzeptierten Weise auszuüben [18].

Wissen und Fertigkeiten werden direkt gelernt, wobei der Lernende weiß und demonstriert bekommt, was er lernen soll, evtl. auch in welcher Zeit. Die für die berufliche Sozialisation ebenso notwendigen Einstellungen, Werte und Verhaltensmuster dagegen lernt er eher indirekt, sozusagen als Nebenprodukte seines Kontakts mit den Lehrenden, mit den älteren und gleichaltrigen Kommilitonen, mit den Angehörigen des medizinischen Personals und mit den Patienten [18].

Berufliche Sozialisation ist der Prozeß, durch den Medizinstudenten das professionelle Selbst des Arztes erwerben, und d. h. auch einen für Ärzte kulturüblichen Lebensstil entwickeln [18]. Damit werden sie zu **Insidern** einer im Vergleich mit vielen anderen Berufsgruppen außerordentlich festgefügten, in sich geschlossenen und ihre Identität behauptenden Kulturgemeinschaft der Ärzte. Dafür stellt das Medizinstudium eine wichtige, aber nicht hinreichende Bedingung dar. Hinzu treten **Weiterbildung** (z. B. zum Facharzt für Kinderheilkunde) und berufsbegleitende kontinuierliche **Fortbildung** sowie mehr oder weniger aktive Mitgliedschaft – in Gestalt der Ärztekammern: Zwangsmitgliedschaft – in **ärztlichen Standes- und Interessenorganisationen** und andere Formen der Teilnahme am besonderen Leben der Ärzteschaft. Im beruflichen Sozialisationsprozeß wird der Medizinstudent vergleichsweise so zum Insider der ärztlichen Berufsgruppe wie ein in Deutschland geborener und in engem Kontakt mit deutschen Kindern aufgewachsener türkischer Jugendlicher Insider deutscher kultureller Gruppen werden kann. Auf diesen Insiderstatus ist auch beim Arztberuf der für Angehörige einer Profession typische Anspruch zurückzuführen, nur sie selbst könnten angemessen und vollständig der „Symbolismen und sozial geteilten Wirklichkeiten" ihrer

Gruppe gewahr werden und besäßen allein die Fähigkeit, „die feinkörnigen Bedeutungen von Verhalten, Gefühlen und Werten" des ihnen kulturell Eigenen zu verstehen [20].

Nicht nur die soziale und durchaus auch ökonomische Attraktivität des ärztlichen Berufs, sondern auch der beschriebene Insider-Anspruch seiner Angehörigen sowie die Prägung ihres gesamten individuellen und familiären Lebens durch die **berufliche Identität** tragen dazu bei, daß viele ihrer Kinder vergleichsweise häufig selbst Ärzte werden; d. h. damit findet die häufige **Selbstrekrutierung** des ärztlichen Berufs eine Erklärung.

Profession und Professionalisierung des ärztlichen Berufs

Zum angemessenen Verständnis der beruflichen Sozialisation des Arztes gehört die Darstellung eines charakteristischen Komplexes von Merkmalen dieses Berufs, dessen zusammenfassender Begriff bereits mehrfach erwähnt wurde: Profession. Was also macht den Arztberuf zur Profession und wie hat er diesen Status erworben?

Eliot Freidson, ein Klassiker der medizinischen Soziologie, der den Arztberuf als Profession zu einem seiner Hauptarbeitsgebiete gemacht hatte, kommt zu dem Ergebnis, **Autonomie** charakterisiere im Kern diesen Beruf als **Profession.** Autonomie versteht er als Kontrolle über Inhalt und Ausübungsbedingungen der eigenen Tätigkeit, die durch rechtliche und politische Vorzugsstellung unterstützt wird und vor Einmischung von seiten anderer Berufe schützt [21].

Welches sind die wichtigsten Einzelmerkmale der Autonomie des ärztlichen Berufs? Nur der Arzt verfügt über das staatlich gesicherte Recht, selbständig Krankheit festzustellen (Diagnose) und zu behandeln – das sog. **Definitions- und Behandlungsmonopol**. Eine einzige Ausnahme bildet in Deutschland der Beruf des Heilpraktikers. Der Arzt darf allerdings – auch im Rahmen der kassenärztlichen Versorgung – bestimmte Aufgaben der Diagnose und Therapie delegieren, z. B. solche der Psychotherapie an speziell qualifizierte Psychologen.

Der Arztberuf allein führt den Auftrag aus, die medizinische Versorgung der Mitglieder der gesetzlichen Krankenversicherung sicherzustellen, der ursprünglich vom Staat den gesetzlichen Krankenkassen erteilt worden war (**Sicherstellungsauftrag**). Die dafür verantwortlichen Kassenärztlichen Vereinigungen haben den Status von Körperschaften des öffentlichen Rechts, auch die Hauptvereinigung, die Kassenärztliche Bundesvereinigung (KBV). Diese Einrichtungen handeln mit den Kassenverbänden nicht nur die Entgelte für ärztliche Tätigkeiten aus und verteilen die Geldmittel als Honorare aufgrund der nachgewiesenen Leistungen des Arztes, sondern sie haben auch die Aufgabe, darüber zu wachen, daß die Ärzte bei der Verschreibung von Medikamenten wirtschaftlich verfahren.

Der Arztberuf verfügt über Mittel zur **ethischen und rechtlichen Normierung** der Tätigkeiten seiner Mitglieder. D. h. er verfügt über eine eigene **Berufsgerichtsbarkeit,** die z. B. darüber befindet, unter welchen Umständen der Arzt Behandlung verweigern darf, unter welchen Umständen eine Approbation (das ist die vom Innenministerium der Länder ausgestellte Berechtigung zur selbständigen Ausübung der ärztlichen Tätigkeit) zurückzuziehen ist. Sie erarbeitet die Weiterbildungsordnungen für die Spezialisierungen zu fachärztlichen Tätigkeiten (z. B. als Chirurg, als Allgemeinmediziner, als Sozialmediziner) und sorgt dafür, daß die Fachärzte sich auch auf ihr Gebiet beschränken (das Merkmal der **funktionalen Spezifität** ärztlichen Handelns [22]). Die Rechtshoheit wird von den Landesärztekammern wahrgenommen, die als Körperschaften des öffentlichen Rechts den Schutz des Staates genießen.

Sowohl die gültige Rechtsprechung als auch ein seit der griechischen Antike überlieferter **ethischer Normenkodex,** der sog. hippokratische Eid, gewährleisten die Grundlage der berufsständischen autonomen Überwachung der Tätigkeit der Ärzte. Der hippokratische Eid besitzt noch – in Form von heutigen Verhältnissen angepaßten, ethisch begründeten Normensystemen – Gültigkeit (z. B. Deklaration von Genf 1948 [23]) und bestimmt teilweise die ärztliche Berufsordnung.

Bereits der hippokratische Eid verpflichtete als eine Art Dienstcid den Arzt zur Ausübung einer professionellen Berufstätigkeit oder einer Profession im modernen Sinne [24–29].

An erster Stelle des ärztlichen **Pflichtenkatalogs** im hippokratischen Eid steht die Pflicht zur Einheit und Geschlossenheit des ärztlichen Berufsstandes auf der Basis gegenseitiger kollegialer Unterstützung und der Erwerb, die Wahrnehmung, Erweiterung und Vermittlung von Wissen und Fertigkeiten, die nur dem Arzt vorbehalten sein sollen. Andererseits soll der Arzt sich nur darauf beschränken, was nicht schon in die Zuständigkeit eines anderen Heilkundeberufs fällt; d. h. er soll z. B. Blasensteinoperationen nicht durchführen (vgl. wiederum das Merkmal funktionale Spezifität der sozialen Rolle des Arztes [22]).

Die Anwendung ärztlichen Wissens und ärztlicher Fertigkeiten soll von nichts anderem als vom Nutzen des Kranken geleitet sein, weder von eigennützigen Interessen des Arztes noch von irgendwelchen anderen Interessen (vgl. das Merkmal **Kollektivitätsorientierung** der beruflichen Rolle des Arztes [22]). Jeder Weitergabe von Informationen, die er im Zusammenhang seiner beruflichen Tätigkeit bekommt, soll sich der Arzt enthalten; das ist die **ärztliche Schweigepflicht**, welche die Arzt-Patient-Beziehung gegen jeden Einfluß von außen abschirmt und das Vertrauen des Patienten sichert. Erfüllt der Arzt diese Verpflichtungen, dann steht ihm hohes gesellschaftliches Ansehen (Prestige) zu, wenn nicht, das Gegenteil [30].

Die ärztliche Profession der Antike verfügte nicht über eine Monopolstellung hinsichtlich Definition und Behandlung von Krankheit. Die moderne ärztliche Profession hat diesen Vorteil, der in Deutschland öffentlich-rechtlich gesichert ist. Gleichwohl gab es auch in Deutschland bis hinein ins erste Drittel des 20. Jahrhunderts neben dem Arzt zahlreiche und unterschiedlich qualifizierte Berufe, die die Heilkunde ausüben durften. Erst 1933, nach der nationalsozialistischen Machtergreifung, führte der jahrzehntelange Kampf führender und prominenter Ärzte gegen das sog. **Kurpfuschertum** durch Erlaß eines Gesetzes zum Erfolg, das die ärztliche Monopolstellung sicherte, zugleich aber über alle jüdischen und kommunistischen Kassenärzte und -zahnärzte Berufsverbot verhängte. Dies leitete vernichtende Verfolgungen der Betroffenen ein und führte zur Emigration zahlreicher hochqualifizierter ärztlicher Forscher und Praktiker. In der Nachkriegszeit konnte die ärztliche Standespolitik an die damals erreichten Erfolge anknüpfen und diese weiter sichern. – Die Berufsverbote waren selbstverständlich aufgehoben.

Die **moderne Professionalisierung** des ärztlichen Berufs ist untrennbar mit dem Prozeß der Industrialisierung und mit seinen sozialen, politischen und insbesondere sozialpolitischen Folgen verknüpft. Grundbedingung für diesen Prozeß war die im 19. Jahrhundert erreichte Vorherrschaft des universal begründbaren, mathematisch-naturwissenschaftlich orientierten und technologisch instrumentierten Handelns, verbunden mit der Durchsetzung der liberalistischen Denk- und Handlungsorientierungen des 18. Jahrhunderts. Führende und prominente Ärzte propagierten und übernahmen diese wissenschaftlich-technologische und politische Orientierung als Leitlinie auch des ärztlichen Handelns. Dies ermöglichte ihre Forderung nach **einheitlicher ärztlicher Ausbildung** und davon ausgehend einen **Monopolanspruch auf Krankenversorgung,** der sich mit den Erfolgsaussichten wissenschaftlich-technologisch geleiteten Erkennens und Behandelns begründen ließ. Eine grundsätzlich naturwissenschaftliche Orientierung ärztlichen Handelns konnte zugleich ein exklusives, d.h. andere „Heilkundige" ausschließendes **Expertentum** des Arztes in Gesundheitsfragen beanspruchen, das gegen Eigeninteressen der Berufsangehörigen, aber auch der Patienten schützt. Denn gerade wegen seiner erfolgssichernden wissenschaftlichen Herangehensweise an das individuelle Leiden des Kranken muß der Arzt von allen etwaigen materiellen und emotionalen Interessen seiner selbst und des Patienten absehen; sein Mitleid muß er zurückstellen, wodurch das persönliche Leiden zum Fall (casus, case) einer allgemeinen, ideal universellen Nosologie wird. Das sind die Merkmale der **affektiven Neutralität** und der **universalistischen Objektwahrnehmung** der ärztlichen Berufsrolle [22]. Damit aber, nämlich mit der universalen Begründung und ihrer durchgehenden gesellschaftlichen Akzeptanz, lassen sich sowohl Erfolgsaussichten wie auch Verantwortlichkeit ärztlichen Handelns öffentlich begründen, da es sich grundsätzlich wissenschaftlich-technologisch orientiert. Diese Leitlinie wurde zur einzigen der medizinischen Forschung im 19. Jahrhundert und ermöglichte deren bahnbrechende Erfolge. Sie gewann auch rasch wachsende Bedeutung in der ärztlichen Ausbildung und Krankenversorgung, und sie leitete die zunehmende Spezialisierung ärztlicher Tätigkeiten ein.

Der Industrialisierungsprozeß brachte Massen von Lohnabhängigen hervor, deren hilflose wirtschaftliche und gesundheitliche Lage die politische Brisanz der sog. **sozialen Frage** erzeugte, zugleich aber auch einen Bedarf an Fürsorge und effektiver Krankenversorgung, den sich niemand allein leisten konnte, aber auch niemand auf der Grundlage gegenseitiger Hilfe oder personaler Solidarität. Daher wurde die ökonomische Sicherstellung von gesundheitlichen Versorgungsleistungen, deren definierte Wirksamkeit (Effektivität) und deren Erschwinglichkeit (affordability) wissenschaftlich und politisch konsensfähig sein mußten, zur Aufgabe für die Organisation kollektiver oder gemeinschaftlicher Solidarität. Im Deutschen Reich des späten 19. Jahrhunderts hätte die gewerkschaftliche Selbsthilfeorganisation mit Unterstützung der sozialdemokratischen Partei, also eine nicht staatstragende Einrichtung, diese Aufgabe übernehmen können. Doch in Sorge um seine Stabilität nahm sich der Staat in Form der **Sozialgesetzgebung** dieser Aufgabe an. Er begründete dies mit der Überzeugung, „daß die Heilung der sozialen Schäden nicht ausschließlich im Wege der Repression sozialdemokratischer Ausschreitungen, sondern gleichmäßig auf dem der positiven Förderung des Wohles der Arbeiter zu suchen sein werde". Diese „Fürsorge" zu organisieren betrachtete er als „eine der höchsten Aufgaben eines Gemeinwesens, welches auf den sittlichen Fundamenten des christlichen Volkslebens steht" (Kaiserliche Botschaft vom 17.11.1881; [31]).

Die sozialpolitisch notwendige Nachfrage nach Sicherstellung einer effektiven und erschwinglichen gesundheitlichen Versorgung und das wissenschaftlich-technologisch ausweisbare Angebot von Ärzten, die vehement die Professionalisierung ihres Berufs betrieben, bewegten sich aufeinander zu.

Einige **Daten zur Professionalisierung des ärztlichen Berufs** in Deutschland [19, 31–38]:

1848 Prominente Ärzte solidarisieren sich während der Märzrevolution mit den Armen der Bevölkerung und werden verfolgt. Rudolph v. Virchow, Begründer der Zellularpathologie: „Der Arzt ist der natürliche Anwalt der Armen".

1852 Erfassung der Ärzte in Preußen unter dem Gesichtspunkt ihrer einheitlichen Ausbildung.

1869 Führende Ärzte und Mitglieder der Berliner Medizinischen Gesellschaft fordern mit Erfolg auf dem Reichstag des Norddeutschen Bundes Freigabe der Ausübung der Heilkunde und Aufhebung des Kurierzwangs, d. h. der Pflicht zur kostenlosen Behandlung Armer, und Aufnahme des ärztlichen Berufs in die Gewerbeordnung. Im Vertrauen auf die „Urteilsfähigkeit der breiten Volksmassen" soll sich die hohe Qualität ärztlicher Leistungen gegen andere Anbieter („Kurpfuscher") am Markt durchsetzen und die wirtschaftliche Lage der Ärzte verbessern – eine enttäuschte Erwartung.

1871 Nach Gründung des Deutschen Reiches gibt die Regierung das Aufsichtsrecht über die Ärzte auf und begnügt sich damit, gewisse Berufspflichten gesetzlich zu verankern.

1873 Der Dresdener Arzt Hermann Eberhard Friedrich Richter gründet den **„Ärztevereinsbund",** der eine für alle Mitglieder verbindliche Standesordnung erarbeitet. Er kann als Vorläufer der heutigen Bundesärztekammer gelten.

1881/1883 Kaiserliche Botschaften, welche gesetzliche Unfall- und Krankenversicherung für Arbeiter ankündigen und propagieren.

1884 Das Krankenversicherungsgesetz tritt in Kraft. Krankenkassen werden eingerichtet, die mit Ärzten Einzelverträge zur Sicherstellung der Versorgung abschließen bzw. Ärzte anstellen.

1900 Der Leipziger Arzt Hermann Hartmann gründet den **„Verband der Ärzte Deutschlands zur Wahrung ihrer wirtschaftlichen Interessen"** (nach seinem Tod „Hartmann-Bund"), der nach dem Muster der Gewerkschaften streikähnliche Kampfmaßnahmen durchführt, d. h. die Versorgung der Mitglieder bestimmter Kassen aussetzt, um kollektiv höhere Tarife für ärztliche Leistungen gegen die Krankenkassen durchzusetzen. Der sog. vertragslose Zustand ließ sich bis 1955 von den Kassenärztlichen Vereinigungen (KVen) gegen Krankenkassen geltend machen, wenn es um ärztliche Tarifforderungen ging.

1913 Im Berliner Abkommen wurden erstmals – noch als private Vereinbarung – Verträge zwischen Kassenverbänden und Ärztevereinen geschlossen.

1923 Das Berliner Abkommen erhält den Status eines Gesetzes und wird zum Vorläufer des Kassenarztrechts.

1924 Der Bremer Ärztetag verabschiedet eine Facharztordnung.

1931 Erlaß einer Notverordnung infolge der Weltwirtschaftskrise durch die Weimarer Regierung mit dem Zugeständnis der Regelung aller kassenärztlichen Fragen durch Selbstverwaltungsorgane der neu geschaffenen KVen, denen alle Kassenärzte angehören mußten (Zwangsmitgliedschaft).
Auf dem Kölner Ärztetag wird erneut die Forderung nach Zurücknahme der Kurierfreiheit (vgl. 1869) im Zusammenhang mit der Lösung der „Kurpfuscher-Frage" gestellt.

1933 Diese Forderung führt nach der nationalsozialistischen Machtergreifung zum Erfolg, die ärztliche Monopolstellung wird gesetzgeberisch verankert: „Der Arzt soll ein offizieller Träger des Gesundheitsdienstes am deutschen Volk werden; die Reichsärzteschaft ist in ihrer Gesamtheit ein einheitliches Organ der Gesundheitspflege".
Die Zulassung von Juden zum Medizinstudium wird erheblich erschwert. 30% der deutschen Ärzte sind Mitglieder des nationalsozialistischen Deutschen Ärztebundes.

1935 Die Reichsärztekammer wird eingesetzt und die **Reichsärzteordnung** verkündet. „§ 1.1.: Der Arzt ist zum Dienst an der Gesundheit des einzelnen Menschen und des gesamten Volkes berufen. Er erfüllt eine durch dieses Gesetz geregelte öffentliche Aufgabe."
Nach dem zweiten Weltkrieg werden in der Bundesrepublik Deutschland die **Landesärztekammern** und die **Kassenärztlichen Vereinigungen** (KVen) neu gegründet.
Die Bundes-Ärzteordnung normiert:
„§ 1.1.: Der Arzt dient der Gesundheit des einzelnen Menschen und des gesamten Volkes. 2.: Der ärztliche Beruf ist kein Gewerbe, er ist seiner Natur nach ein freier Beruf."

1965 Die Gebührenordnung für Ärzte (GOÄ) wird verabschiedet.

Prozeß der Sozialisation zum Arzt

Wer Arzt werden will, muß den Studiengang Humanmedizin an wissenschaftlichen Hochschulen – in den neuen Bundesländern bis vor kurzem noch auch an Medizinischen Akademien – erfolgreich absolvieren. Damit erhält er die Ärztliche Approbationsurkunde, die ihn dazu berechtigt, den ärztlichen Beruf selbständig auszuüben. Das ist eine unerläßliche Bedingung, doch das Medizinstudium begrenzt durch Anfang und Ende keineswegs den ärztlichen Sozialisationsprozeß. Vielmehr kann er lange vor der Aufnahme des Studiums beginnen und endet nicht während des gesamten Berufslebens.

Bereits im Kindes- und Jugendalter kann Motivation oder Bereitschaft, den Beruf des Arztes zu erlernen, bewußt oder unbewußt gebildet werden, Wahrnehmung und Interessen selektiv in Richtung Medizin lenken und schließlich die Entscheidung zur beruflichen Ausbildung bestimmen. Dies ist häufig der Fall bei Kindern und Jugendlichen, die unter ihren Eltern oder sonstigen Verwandten und engen Bekannten Ärzte haben. Gelegentlich wirkt sich dieser Umstand auch abschreckend auf die Berufswahl aus. Frühere Erlebnisse mit Ärzten und medizinischen Einrichtungen können ebenfalls für die spätere Berufswahl von Bedeutung sein. Motivationen und Interessen hinsichtlich einer beruflichen Sozialisation zum Arzt können verschwinden, aber auch nur scheinbar verschwinden, um überraschend doch noch die Berufswahl zu bestimmen.

Wie weit und intensiv auch „vorcurriculare"

ärztliche Sozialisationsprozesse vorangeschritten sein mögen: In ein Studium der Medizin können sie nur dann münden, wenn der für den Arztberuf Ambitionierte die Hochschulreife oder das Abitur erworben hat, d. h. jene allgemeinbildende Qualifikation, die aufgrund bisheriger Erfahrungen und darauf gestützter rechtlicher Regelungen erwarten läßt, daß er eine zum Beruf führende wissenschaftlich orientierte und höchst anstrengende Ausbildung aufnehmen und erfolgreich durchhalten wird. Doch auch diese Qualifikation, obwohl unerläßlich, ist noch nicht ausreichend. Eine überdurchschnittliche allgemeine Abiturleistung, bei der außergewöhnliche Leistungen in den naturwissenschaftlichen Fächern auffallen, wird in weitgehender Übereinstimmung mit besonderer Eignung für das Universitätsstudium naturwissenschaftlicher Disziplinen assoziiert. Im Falle des Medizinstudiums besteht eine derartige Übereinstimmung nicht; es können schlechtere als überdurchschnittliche und auch naturwissenschaftlich weniger als hochleistungsstarke Abiturienten für den Arztberuf hoch geeignet sein, der offenbar nicht allein als angewandte Wissenschaft verstanden wird. Hinzu kommt, daß das Medizinstudium in Deutschland für die öffentliche Hand außerordentlich aufwendig ist, und von daher wäre eine hohe Rate an *drop-outs* wegen Abbruch oder Leistungsversagen höchst ineffizient. In der Tat bestehen nur 20–25% der Kandidaten eines jeden Termins die ärztliche Vorprüfung nicht, und dieser Anteil tendiert kontinuierlich über die erste bis zur dritten Ärztlichen Prüfung gegen null, während der Abiturnotendurchschnitt von der ersten bis zur letzten Staatsprüfung zunimmt. Daher entscheidet nicht ausschließlich der Abiturnotendurchschnitt über die Zulassung zum Studium, sondern es wird auch ein **standardisierter Eignungstest** eingesetzt, dessen Validitätskriterien nicht unbezweifelt sind. 15% der Studienplätze werden hochschulintern nach reglementierten **Auswahlgesprächen** vergeben. Hinzu kommt schließlich immer wieder das Bestreben, möglichst über eine Verkleinerung der Studienanfängerzahlen die Anzahl der ärztlichen Approbationen zu reduzieren, da der Ärztebedarf längst gedeckt sei und eine Erweiterung des Ärzteangebots auf dem Wege nicht mehr unterbindbarer Konkurrenz unter den Ärzten zu einem Qualifikationsverlust der ärztlichen Versorgung führen würde – wenngleich bisher keine validen Bedarfskriterien entwickelt worden sind und verläßliche Bedarfszahlen daher nicht existieren können.

Mit der Einführung der **Ärztlichen Approbationsordnung (ÄAppO)** 1970, die die „Bestallungsordnung" ersetzte, waren Reformziele der ärztlichen Ausbildung verbunden [39]. Der Bedeutung psychologischer und soziologischer Erkenntnisse und Forschung wurde damit Rechnung getragen, daß die Fächer Medizinische Psychologie und Medizinische Soziologie seither im vorklinischen Studienabschnitt zu lehren und zu prüfen sind. Obwohl beide Fächer rasch attraktive und systematisch ausgearbeitete Grundlagen- und praxisbezogene Lehrangebote einsetzen konnten und – besonders durch geschickte Drittmitteleinwerbungen – bedeutende Forschungspotentiale entwickelten, sind Institutionalisierung und Ausstattung dieser Disziplinen an den ärztlichen Ausbildungsstätten – eine Aufgabe der zuständigen Länderministerien – marginal geblieben im Vergleich zum Ausbildungs- und Forschungsbedarf. Im Prozeß der deutschen Wiedervereinigung wurde bisher die Situation beider Disziplinen in den neuen Bundesländern nicht verbessert und die künftige Entwicklung behindert. Es scheint unvermeidlich, daß die ärztliche Ausbildung in Deutschland hinsichtlich der Vermittlung sozialwissenschaftlich-medizinischer Kenntnisse und Fertigkeiten hinter der in vergleichbaren Industrieländern zurückfällt und daß auch in der sozialwissenschaftlich-medizinischen Forschung Entwicklungsstörungen auftreten werden. Das **Reformziel,** dem angehenden Arzt schon im vorklinischen Grundlagenstudium auch den Zugang zur psychischen und sozialen Verfaßtheit des menschlichen Daseins und jedes einzelnen Menschen zu vermitteln, ergänzend zum Zugang zu seiner körperlichen oder somatischen Verfaßtheit, ist schwerer erreichbar und für den Studenten schwerer erkennbar geworden. Noch stärker dagegen ist die Vermittlung auf den menschlichen Organismus bezogener naturwissenschaftlicher und technologischer Kenntnisse, Fertigkeiten, Denk- und Handlungsstile in den Vordergrund und dem Studenten als Anforderung entgegengetreten.

Im vorklinischen Teil seiner Ausbildung lernt der Medizinstudent nicht den Umgang mit dem Patienten. Dieser begegnet ihm nicht als individuelles Subjekt in seiner komplizierten somatischen, psychischen und sozialen Verfaßtheit, sondern als wissenschaftliches Objekt, dessen Strukturen und Funktionen sich mittels universell geltender Kategorien und Methoden beschreiben, analysieren und beeinflussen lassen. Jeder wissenschaftlich-analytische Zugang (approach) reduziert den Menschen unvermeidlich zum Objekt. Das gilt für den sozialwissenschaftlichen Ansatz in gleicher Weise wie für den naturwissenschaftlichen, und dies hat die großen Fortschritte der Medizin in Diagnose und Therapie ermöglicht. Die **universalistische Objektauffassung** als notwendiges Merkmal ärztlichen Verhaltens kann ernsthaft nicht in Zweifel gezogen werden [22]. Es kann auch kein Zweifel daran bestehen, daß der angehende Arzt lernen muß, die Scheu vor verletzenden Eingriffen in den menschlichen Leib zu überwinden, die Scheu vor fließendem Blut und dem Anblick und der unmittelbaren Nähe des Toten, den Ekel, den Anblick und Geruch körperlicher Zersetzungen, Ab- und Aussonderungen hervorrufen. Er muß auch mit seinen **Affekten** der Zuneigung, der Abneigung, des Mitleids umgehen lernen, um Routine, d. h. Sicherheit und Entschlossenheit im Einsatz diagnostischer und therapeutischer Mittel zu erwerben. Wen die Angst, dem Patienten wehzutun, zögern läßt, eine Vene ordentlich zu stauen und eine Kanüle durch die Gewebe rasch bis ins Lumen zu stechen, tut dem Patienten sicher mehr weh als der kühle Routinier. Was damit gelernt wird, wurde als **affektive Neutralität** und notwendiges Merkmal ärztlichen Handelns bezeichnet [22].

Die **praktischen Übungen** der vorklinischen Lehrveranstaltungen vermitteln nicht nur ausdrücklich für das ärztliche Handeln grundlegende Kenntnisse und Fertigkeiten, sondern unausdrücklich auch die beschriebene **Distanz zu Affekten, Emotionen, Empathie.** Besonders augenfällig wird dies am Kursus der makroskopischen Anatomie, dem Präparierkurs, der die Studenten nicht nur **physisch** und intellektuell, sondern auch emotional stark beansprucht. Abgesehen von seiner Funktion, Strukturen und Funktionen des menschlichen Organismus unter dem Gesichtspunkt der Topographie erkennbar und lernbar zu machen, begegnet dem Studenten hier auch der Mensch als toter oder verstorbener, aber nicht in Gestalt des noch lebenswarmen oder doch schon erkalteten „frischen" Leibes, sondern in Gestalt eines schon längere Zeit chemisch behandelten Präparats, das jedoch am Ende des Kurses zumeist feierlich bestattet wird. Kulturanthropologisch kann der Präparierkurs auch als **Initiationsritus** verstanden werden.

Auch der Kursus Medizinische Psychologie vermittelt u. a. die beschriebene **affektive Neutralität.** Hier jedoch läßt die Praxis der Lehrveranstaltung Affekte, Emotionen, Empathie nicht ausdrücklich und unmerklich zurück- und wegtreten, sondern sie werden ausdrücklich erkennbar und erlebbar gemacht mit dem Ziel, den Umgang mit ihnen, ihren Einsatz in der ärztlichen Praxis zu lernen und einzuüben, nicht sie zu verdrängen. Dies ist nur ein, wenn auch sehr wichtiges Ziel sozialwissenschaftlicher Lehre im medizinischen Curriculum, das nicht ein für allemal in wenigen Stunden zu erreichen ist, sondern im Prinzip studienbegleitend beständige Einübung (rehearsal) erfordert.

Der Einführung der ÄAppO 1970 ist die Erprobung von Unterrichtsmodellen vorausgegangen, mit einem **patienten- und problembezogenen** und daher **fächerübergreifenden Unterricht,** der sehr viel besser geeignet ist, für eine bedarfs- und bedürfnisbezogene **ärztliche Versorgung** auszubilden als traditionelle Ausbildungsformen. Dieses Modell hat sich in der Praxis der medizinischen Fakultäten bisher nicht durchsetzen können, wird aber von seinen Protagonisten beständig weiterentwickelt (z. B. Murrhardter Kreis). Einzelne Formen seiner Umsetzung in die Praxis behaupten sich erfolgreich und attraktiv bis heute, z. B. das Hausarzt-Besuchsprogramm für Vorkliniker in Ulm und die dortigen und die Marburger studentischen Anamnesegruppen.

Die ÄAppO selbst und ihre bisher 7 Novellierungen wollten den Bezug der Ausbildung zur Praxis und besonders den zur ambulanten und primärärztlichen Praxis verstärken unter Berücksichtigung ökologischer und psychosozialer Probleme. Nicht nur Kurse des ökologischen Stoffgebiets unter Betonung der Sozialmedizin, Kurse der Psychosomatik und Psychotherapie sowie der Allgemeinmedizin wurden mit der Zeit obligatorisch neu eingerichtet. Auch das **Praktische Jahr (PJ)** und der **Arzt im Praktikum (AiP)** wurden zur **Verstärkung des Praxisbezugs** eingeführt. Schließlich unternahm die bisher letzte, die 7. Novellierung der ÄAppO vom 21. 12. 1989 den Versuch, die Kluft zwischen vorklinischem und klinischem Studium zu überbrücken, indem sie den vorklinischen Studienabschnitt um 3 Seminare und 2 Praktika mit zusammen 132 Pflichtstunden ergänzte, die den klinischen Bezügen der Grundlagenfächer und dem Bezug zur ärztlichen Praxis gewidmet sind:

Seminare:	• Anatomie • Physiologie • Biochemie	96 Std.
Praktika:	• Berufsfelderkundung	12 Std.
	• Einführung in die klinische Medizin	24 Std.

Wenngleich zumindest scheinbar die Kluft zwischen der praxisfernen vorklinischen und der praxisnahen (klinikpraxisnahen) klinischen Ausbildung schmaler wird, so bleiben die Unterschiede doch deutlich. In den klinischen Studienabschnitten werden angewandtes Grundlagenwissen sowie praktische medizinische Techniken und Fertigkeiten vermittelt. Da jedoch in den Universitätskliniken zu wenig Lehrkräfte und zu wenig Betten (d. h. Patienten) zur Verfügung stehen, und da auch die Lehrkrankenhäuser diesen Mangel nicht ausgleichen konnten, ist die Ausbildung innerhalb klinischer ärztlicher Berufsfelder mangelhaft. Für die Ausbildung innerhalb der Felder ambulanter ärztlicher Tätigkeit, insbesondere in den Praxen niedergelassener Ärzte, gibt es bisher keine geeignete Organisationsform.

Neben der Vermittlung von Kenntnissen, Fertigkeiten und Techniken in der Nähe oder innerhalb ärztlicher Praxis führen die klinischen Studienabschnitte den Studenten auf dem Wege des Modelllernens partiell in die **ärztliche Kultur** mit ihren verschiedenen Stileigentümlichkeiten ein. Famulatur, PJ und AiP sind Organisationselemente der Ausbildung, die besonders geeignet erscheinen, dem Medizinstudenten den Weg zum **Insider der ärztlichen Profession** zu ebnen. Durch Vermittlung der institutionellen Rahmenbedingungen und der rechtlichen Normen ärztlicher Berufstätigkeit wirkt der Kurs des ökologischen Stoffgebiets an dieser Funktion mit.

Eine studienbegleitende Reflexion des ärztlichen Sozialisationsprozesses, des ärztlichen Handelns und der Arzt-Patient-Interaktion im Krankenhaus und in der Praxis niedergelassener Ärzte unter gegebenen und zu gestaltenden Arbeitsbedingungen ist im medizinischen Curriculum nicht vorgesehen. Für die Durchführung der neuen vorklinischen Seminare und Praktika stehen den medizinischen Fakultäten keine ausreichenden Personalmittel, Räume und Sachmittel zur Verfügung. Als Addition zu den übrigen Pflichtlehrveranstaltungen belasten sie zusätzlich Curriculumplanung, Lehrende und Studierende. Daher ist nicht damit zu rechnen, daß auf diesem Wege das Ziel „Vertrautwerden mit der ärztlichen Praxis“ der Verwirklichung näherrückt. Es muß die längst gestellte Aufgabe gelöst werden, fachbezogene Spezialaspekte von Ausbildungsgegenständen unter Bezug auf definierte Ausbildungsziele zu gewichten, zu eliminieren und miteinander zu integrieren. Im Bundesministerium für Gesundheit (BMG) liegen bereits erste Entwürfe vor zu einer völligen Neufassung der ÄAppO, die diesen Forderungen zu entsprechen versuchen, u. a. mit der Aufhebung der Trennung zwischen vorklinischen und klinischen Studienabschnitten. Soweit die medizinischen Fakultäten davon Kenntnis haben, sind erhebliche Einwände formuliert worden.

Als bedeutender Teil der Sozialisation zum Arzt weist die ärztliche Ausbildung erhebliche Mängel auf, die der Vorbeugung ärztlichen Fehlverhaltens in der Praxis im Wege stehen und ihm sogar Vorschub leisten. Zahlreiche empirische Untersuchungen ärztlichen Handelns – wie auch anderer Bereiche beruflicher Praxis – weisen allerdings darauf hin, daß ärztliche Leistung und ärztliches Fehlverhalten weder durch persönliche Vorzüge und Mängel noch durch Vorzüge oder Mängel der Ausbildung hinreichend erklärbar sind, sondern daß dafür der Organisation, dem sozialen Milieu, der konkreten Arbeitssituation eine überragende Bedeutung zuzuschreiben ist [29]. Soll also **Reform ärztlicher Ausbildung** die **Bedarfs- und Bedürfnisangemessenheit ärztlichen Handelns** steigern, so ist zu berücksichtigen, daß die Prozesse der beruflichen Sozialisation des Arztes weit über das Hochschulstudium der Medizin hinausreichen, daß daher Fort- und Weiterbildung und die konkrete Arbeitsorganisation, Arbeitssituation und Arbeitsbelastung als Bestandteile des Sozialisationsprozesses den Effekt der Ausbildung in erheblichem Maße beeinflussen. Die ärztliche Ausbildung berücksichtigt den beruflichen Sozialisationsprozeß des Arztes nur dann angemessen, wenn sie ihn als jahrzehnte- bzw. lebenslangen Prozeß unter gegebenen und sich wandelnden gesellschaftlichen Bedingungen erkennbar und erfahrbar macht.

Schon zu Beginn der 70er Jahre hatte vor allem Freidson gefordert, in wissenschaftlichen Untersuchungen der Sozialisation für den ärztlichen Beruf das gegebene und sich wandelnde soziale Milieu, das wichtige Rahmenbedingungen für Ausbildung und Ausübung dieses Berufs bildet, stärker zu berücksichtigen. Die sozialwissenschaftliche Forschung jedoch entsprach dieser Forderung erst viele Jahre später, hauptsächlich in den USA, in Kanada und Großbritannien. Sie geht von den unstrittigen Beobachtungen in hochindustrialisierten Ländern aus, daß der wissenschaftlich-technologische Fortschritt besonders die diagnostischen, aber auch die therapeutischen Möglichkeiten ärztlicher Eingriffe stark erweitert und in hohem Maße spezialisiert hat. Die entsprechende Zunahme der Spezialisierung sowohl der ambulanten wie besonders auch der im Krankenhaus tätigen Ärzte führte zu einem Mangel ganzheitlicher Diagnose- und Behandlungsansätze, die vor allem in der Allgemeinmedizin wirksam sind. Dadurch stieg objektiv der Bedarf an und subjektiv – d. h. auf seiten der Patienten – das Bedürfnis nach ganzheitlich ausgerichteter primärärztlicher Versorgung. In diesem Zusammenhang ebenso wie im Zusammenhang mit zunehmender Vertretung bürgerlicher Rechte durch die Bürger selbst hat sich auch die Arzt-Patient-Beziehung gewandelt, sowohl formell (Patientenrechte) wie auch informell (Auftreten der Patienten im Krankenhaus und in der Arztpraxis). Die ärztliche Autorität in Fragen der Durchführung diagnostischer und therapeutischer Maßnahmen gilt nicht mehr uneingeschränkt. Der Patient macht häufiger und ausdrücklicher von seinem Recht Gebrauch, Entscheidungen über diagnostische und therapeutische Eingriffe selbständig zu treffen. Zunahme von Selbst- und Laienhilfe einschließlich Selbstmedikation sind Ausdruck dafür, daß und wo ärztliche Hilfe in problementsprechender Weise als nicht erreichbar, unzureichend oder überflüssig empfunden wird (vgl. Kap. 8.5.3). Auch empirische Untersuchungen konnten zeigen, daß sich Patienten heute sehr viel mehr als früher nicht nur als Hilfesuchende, sondern auch als Verbraucher oder Kunden verhalten und einseitige ärztliche Entscheidungen damit in Frage stellen.

Die wenigen seit den späten 80er Jahren vorliegenden wissenschaftlichen Untersuchungen, die dem Milieuwandel ärztlicher Ausbildung und Berufsausübung mehr oder weniger ausdrücklich Rechnung tragen, lassen die Ergebnisse früherer Studien über die Sozialisation zum ärztlichen Beruf durchaus nicht als überholt erscheinen, wohl aber als ergänzungsbedürftig.

In einer 1978–1983 in den USA durchgeführten Längsschnittstudie konnte gezeigt werden, daß von den Medizinstudenten zweier unterschiedlicher medizinischer Hochschulen ca. 40% am Ende ihrer Ausbildung den Patienten mehr Rechte und den Ärzten weniger zubilligten als zu Beginn ihres Studiums. Etwa 15% hatten dagegen am Ende der Ausbildung eine weniger egalitäre Einstellung entwickelt, während der Rest zu Beginn und am Ende der Ausbildung die gleiche Einstellung zeigte. Die eher an primärärztlicher Versorgung orientierte medizinische Hochschule förderte stärker die Entwicklung der egalitären und partnerschaftlichen Auffassung der Arzt-Patient-Beziehung bei ihren Studenten, die eher forschungsorientierte medizinische Ausbildungsstätte förderte stärker einen Wandel zu autoritärer Einstellung [40].

Ob eine medizinische Hochschule sich an ärztlicher Primärversorgung oder an medizinischer Forschung orientiert oder einen Mittelweg zwischen den Extremen wählt, hat nach den Ergebnissen einer kanadischen Studie kaum einen Einfluß darauf, daß die sozialpolitische Einstellung ihrer fortgeschrittenen Studenten einen deutlichen Trend zum sozialpolitischen Konservativismus in der Hinsicht aufweist, daß soziale Benachteiligungen von bestimmten Bevölkerungsgruppen beim Zugang zu Leistungen des Gesundheitswesens in zunehmendem Maße nicht wahrgenommen oder geleugnet werden. Der persönliche soziale Hintergrund der Studenten hatte hier viel mehr Einfluß auf die Entwicklung einer für die Ausübung des ärztlichen Berufs wichtigen Einstellung als die ärztliche Ausbildung [41].

In allen Industrienationen wählen viel weniger junge Ärzte Gebiete der ärztlichen Primärversorgung, insbesondere Allgemeinmedizin, für ihre Weiterbildung als dies dem Bedarf und der berufspolitischen Forderung entspricht. Ärzte, die sich für Primärversorgung entscheiden, sind – so konnte eine Studie in den USA zeigen [42] – weniger abhängig von Prestige, das sich mit einem ärztlichen Spezialgebiet verbindet, auch weniger abhängig von der Meinung der Studienkollegen, von Einkommensvorteilen und anspruchsvollem Lebensstil. Patienten langfristig zu betreuen und sich Wahlmöglichkeiten für spätere Spezialisierung auf Teilbereiche allgemeinärztlicher Tätigkeit offenzuhalten, bestimmen häufiger ihre berufliche Entscheidung.

Als die sozialwissenschaftliche Untersuchung der medizinischen Versorgung und der Arzt-Patient-Beziehung noch ganz dem Selbstbild der ärztlichen Profession folgte, wurde der Patient als der zur Selbsthilfe unfähige Hilfesuchende betrachtet, der sich an den Arzt im Vertrauen auf den selbstlosen Helfer wendet, den sein Berufsethos auf den Dienst am Menschen verpflichtet. Zu diesem Zeitpunkt wurden die Fragen gestellt, mit welchen berufsbezogenen Einstellungen Medizinstudenten ihr Studium beginnen, ob und in welcher Richtung sich diese Einstellungen im Verlauf und bis zum Ende der Ausbildung wandeln. Diese Fragen stellen sich heute erneut, wenn im Zuge gesellschaftlichen Wandels der Patient nicht nur als vertrauensvoll Hilfesuchender dem Arzt begegnet, sondern auch als anspruchsberechtigter Klient im Rahmen eines Dienstleistungsvertrags.

Frühere Untersuchungen in den USA kamen zu dem Ergebnis, daß Medizinstudenten ihr Studium mit einer als idealistisch bezeichneten Einstellung beginnen. Sie glauben von ganzem Herzen daran, daß ärztliche Praxis etwas Wunderbares ist und daß sie beginnen, ihr Leben in den Dienst am Menschen zu stellen. Sie erwarten, daß sie dafür hart und fleißig arbeiten müssen, daß sie daher eine Menge gesicherter Erkenntnisse erwerben müssen, daß dieses Wissen von unmittelbarem Nutzen für ihre spätere ärztliche Tätigkeit ist und daß sie in entsprechender Weise vom ärztlichen Lehrpersonal unterrichtet werden. Doch der Anpassungsdruck an einen praxis- und patientenfernen Unterricht und Unterrichtsstoff, vor allem in der Vorklinik, der Prüfungsdruck, die beobachteten Umgangsformen mit Patienten in der Klinik, der Erfolg kritiklos anpassungswilliger Studienkollegen enttäuschen ihre idealistischen Ambitionen. Bei wissenschaftlichen Untersuchungen, die emotionale und psychosoziale Einstellungen mit Hilfe von Skalen messen, erreichen sie mit fortschreitendem Studium immer weniger Wertungen für „Idealismus", aber zunehmend mehr für „Zynismus". Sie werden anscheinend zum „hartgesottenen, gefühllosen Doktor". Der Arztberuf wandelt sich für sie von der „edlen Berufung" (noble profession) zum „einträglichen Geschäft" (racket) [43, 44].

Allerdings wurde in einer Längsschnittstudie gezeigt, daß Medizinstudenten solche als zynisch bezeichneten Haltungen zwar erwerben und einsetzen, um Enttäuschungen und Frustrationen während des Studiums zu bewältigen, daß sie aber zugleich und getrennt davon ihre idealistischen Vorstellungen vom ärztlichen Beruf bewahren. Die Studie kommt zu dem Schluß, daß die ursprüngliche idealistische Einstellung der Medizinstudenten dem ärztlichen Beruf gegenüber am Ende des Studiums wieder in den Vordergrund tritt, „gleichwohl im Rahmen mehr realistischer Alternativen. Ihr Idealismus ist nun besser informiert, obwohl nicht weniger selbstlos" [44].

Eine hinsichtlich der Fragestellung vergleichbare Querschnittstudie, die 30 Jahre später in Großbritannien veröffentlicht wurde und Medizinstudenten im 1., 3. und 5. Ausbildungsjahr untersucht, kommt im Gegensatz dazu zu dem Ergebnis, daß für die medizinischen Studienanfänger die Aussicht auf Sozialprestige, hohes Einkommen und beruflichen Erfolg in erster Linie attraktiv ist. Eine altruistische Einstellung zum künftigen Beruf besteht durchaus, insofern dieser als bedeutend für die Menschheit eingeschätzt wird, ohne daß allerdings klar zu sein scheint, was die Studenten damit meinen. Medizinstudenten im 3. Ausbildungsjahr unterscheiden bereits klar, was bedeutend für die Menschen und was für Ansehen und Erfolg des Arztes wichtig ist. Auch sie plazieren ihre Interessen stärker im Bereich von Ansehen und Einkommen. Im letzten Ausbildungsjahr erkennen die untersuchten Medizinstudenten deutlich, daß materielle berufliche Erfolge mit hohen Kosten im persönlichen menschlichen Bereich verbunden sind. Sie sind nicht mehr so stark an Geld, Ansehen und Erfolg interessiert, sondern entwickeln vielmehr ein Berufsbild des Arztes, der z. B. als Allgemeinmediziner oder auch als Psychiater eher Leiden lindert als in Gestalt z. B. eines hochspezialisierten Chirurgen u. U. spektakuläre Heilungserfolge erzielt. „An der Schwelle ihrer beruflichen Karriere" so die Schlußfolgerung, hier wie 30 Jahre zuvor, „hat Materialismus dem Idealismus den Vorrang überlassen" [45].

Obwohl bedeutende wissenschaftliche Erkenntnisse über die Sozialisation und Sozialisationserfahrungen von Medizinstudenten verfügbar sind, gehen Arbeiten zur Entwicklung und Novellierung der ärztlichen Ausbildungsordnung und der ärztlichen Weiterbildungsordnungen in der Bundesrepublik Deutschland normativ und regulativ vor, ohne sich auf den internationalen Stand der Forschung zu stützen. Zudem besteht ein großes nationales Defizit an entsprechender Forschung.

Studienfragen

Worin unterscheiden sich Professionalisierung des Arztberufs und berufliche Sozialisation des Arztes?
(s. S. 241, 242, 243, 244)
Was erwirbt der Medizinstudent in seiner beruflichen Sozialisation und wie ist diese formal geregelt?
(s. S. 245, 246)

9.2 Interaktion

9.2.1 Einfluß institutioneller Rahmenbedingungen (ambulant)

Stephan Ahrens und Monika Hasenbring

In der ambulanten medizinischen Versorgung kommt dem **Allgemeinarzt** eine – für Fragen der Arzt-Patient-Beziehung – ganz besondere Bedeutung zu: Im Idealfall nimmt er eine Mittlerstelle zwischen dem System laienhafter Beratung (durch Verwandte, Freunde, Medien) und dem Facharzt ein [46]. Mit einer Filterfunktion für das genaue Erkennen einer Krankheit besitzt er eine Schlüsselstellung im weiteren Krankheitsverlauf eines Patienten. Er wird mit einem breit gefächerten Krankheitsspektrum konfrontiert und muß dabei eine umfassende Diagnose stellen, die nicht nur somatische, sondern auch psychische, wirtschaftliche und arbeitsmedizinische Aspekte der Erkrankung berücksichtigt. Dabei ist sein Kontakt zum Patienten oftmals eher informeller, persönlicher Art als der des Facharztes. Würde er sich allein auf die somatischen Aspekte einer Erkrankung beschränken, würde er seiner Aufgabe nicht gerecht. D. h., daß das Gespräch – neben den objektiven Befunden einer Labor- und Apparatemedizin – eine der wesentlichen Informationsquellen für Diagnostik und Therapie darstellt. Empirische Befunde über den zeitlichen Anteil des Gesprächs an diagnostisch-therapeutischen Maßnahmen bestätigen das [47, 48].

Eine gelungene Kommunikation zwischen Arzt und Patient ist also Voraussetzung dafür, daß sich der Arzt ein umfassendes Bild von der Situation des Patienten machen und angemessen diagnostisch und therapeutisch handeln kann.

In einer mittlerweile sehr großen Anzahl theoretischer wie empirischer Arbeiten wird eine Vielzahl von Problemen aufgezeigt, die den Erfolg der Arzt-Patient-Interaktion beeinträchtigen.

Modell der Arzt-Patient-Beziehung

Bis heute existiert kein theoretisches Modell der Arzt-Patient-Beziehung, das in der Lage wäre, die Vielzahl bisher untersuchter Variablen zu integrieren sowie deren Beziehungen untereinander eindeutig zu definieren.

In Anlehnung an Pendleton [49] formulieren wir ein hypothetisches Modell (Abb. 9-1), in dem die wichtigsten der bisher thematisierten Variablen aufgeführt werden. Wir gehen dabei von der Annahme aus, daß der Erfolg eines Arztbesuches u. a. von relativ **zeitüberdauernden Personen-Variablen** (sowohl auf der Seite des Arztes als auch auf der Seite des Patienten) und von **Prozeß-Variablen** abhängt, mit denen das aktuelle Geschehen während einer Konsultation beschrieben wird. Über definierte **Ergebnis-Variablen** wird versucht, den Erfolg einer Behandlung zu beurteilen.

Die in Abbildung 9-1 vorgenommene Untergliederung ist eine willkürliche; Überschneidungen sind denkbar. So kann sich die Zufriedenheit eines Patienten, hier als Ergebnis-Variable definiert, schon während des Kontaktes

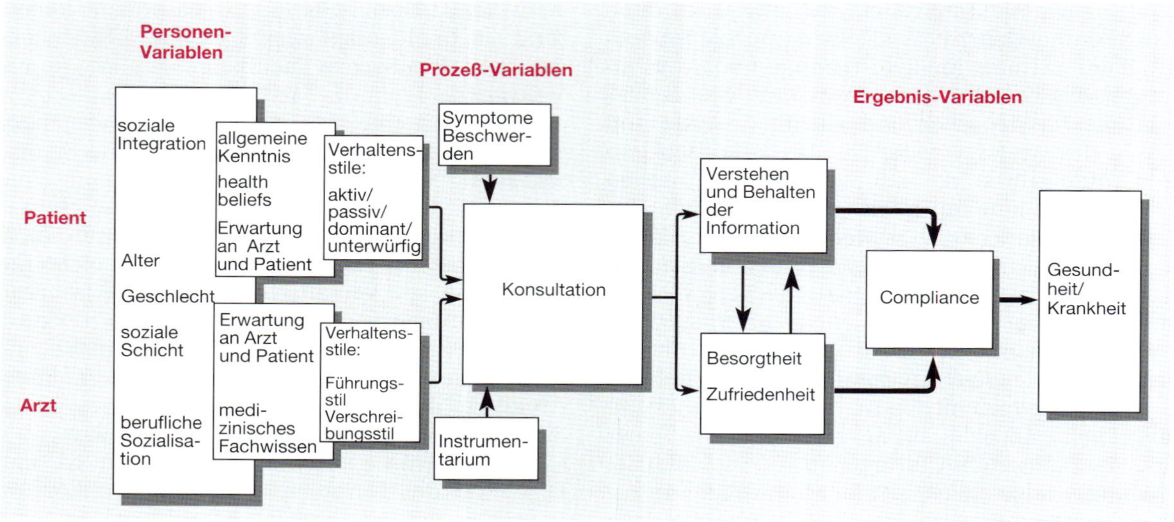

Abb. **9-1** Modell der ambulanten Arzt-Patient-Interaktion (die Ergebnis-Variablen wurden nur für den Patienten definiert).

mit dem Arzt verändern und das weitere Geschehen als Prozeß-Variable mitgestalten. Weiterhin sind komplexe Wechselwirkungen anzunehmen, von denen im Modell der Übersicht halber nur einige angedeutet sind.

Ergebnis-Variablen

Entsprechend der Zeitspanne nach einer Konsultation ist es möglich, Aspekte kurz-, mittel- und langfristiger Effektivität zu unterscheiden.

Das angestrebte Langzeitergebnis einer medizinischen Behandlung ist in jedem Fall eine **Besserung im Gesundheitszustand** des Patienten. Dieser Aspekt eignet sich jedoch nicht, um die Effektivität einer Arzt-Patient-Interaktion widerzuspiegeln, da außer dieser eine Vielzahl anderer, vor allem biologischer und u. U. psychosozialer Variablen den Krankheitsverlauf beeinflussen.

Zufriedenheit

Die meisten Untersuchungen liegen zur Zufriedenheit des Patienten vor, einer meist kurzfristig nach einer Konsultation erhobenen Variablen. Dabei variieren Definition und Erfassungsmodus in den vorliegenden Studien beträchtlich, so daß ein Vergleich der Ergebnisse erschwert wird. In einer methodenkritischen Übersichtsarbeit werden Vor- und Nachteile der Verwendung verschiedener Frageformen sowie des jeweiligen Antwortmodus (freie Antwort, Ja-Nein-Antwort, mehrstufiges Rating) diskutiert [50]. Man kann zeigen, in welchem Ausmaß die Antworten auf die Frage nach der Zufriedenheit von der Frageform abhängen. So lag z. B. in einer Untersuchung die Rate derjenigen, die mit den Erklärungen ihres Arztes zufrieden waren, auf eine direkte Frage hin bei 75%, auf eine unspezifische, offene Frage hin bei 4% [51].

Eine wesentliche Frage ist darüber hinaus, welche Rolle einerseits das direkte Ergebnis eines Arztbesuches (z. B. die Reduzierung der Besorgtheit, die Linderung der Symptome), andererseits verschiedene Aspekte der Kommunikation zwischen Arzt und Patient für die Zufriedenheit des Patienten spielen.

Empirischen Befunden zufolge wirken sich folgende Bedingungen günstig auf die Zufriedenheit des Patienten aus: das Empfinden, daß der Arzt persönlich an einem interessiert ist [52], die Vermittlung ausreichender Informationen z.B. über Wirkungen und Nebenwirkungen der Medikamente [53], ein freundliches und empathisches Verhalten des Arztes [54].

Verstehen und Behalten der vom Arzt gegebenen Informationen

Eine weitere kurzfristige Ergebnis-Variable stellt die Information dar, die der Patient in einer jeweiligen Konsultation erhält. Die Effektivität der Kommunikation zwischen Arzt und Patient kann danach beurteilt werden, wieviel der gegebenen Informationen ein Patient versteht und in Erinnerung behält. Es gibt vier verschiedene Methoden der Erfassung der **verstandenen** Informationen [55]:

- Befragungen von Patienten, ob sie die ihnen vermittelte Information verstanden haben: Dabei liegt der Prozentsatz nicht-verstandener Informationen (über drei verschiedene Untersuchungen hinweg) für die Diagnosemitteilung zwischen 7 und 47%, für Überlegungen zur Ätiologie zwischen 17 und 47%, zur Behandlung zwischen 14 und 43%, für die Prognose zwischen 13 und 53% [56].
- Direkte Verständnistests, in denen der Untersu-

cher den Patienten direkt befragt, welche Anweisungen der Arzt ihm gegeben hat: Aus einem Überblick über mehrere Untersuchungen kann geschlossen werden, daß zwischen 35 und 87% der Anweisungen nicht verstanden wurden [56].

- Allgemeine Kenntnistests zu medizinischen Fragen, eine eher indirekte Methode, mit der man einen Eindruck laienhafter Vorstellungen zu Gesundheit und Krankheit bekommen kann: Laien vermuten z. B. fälschlicherweise, die Prognose für Lungenkrebs sei gut [57]. Man kann damit rechnen, daß solch irreführende Krankheits- und Gesundheitsvorstellungen zu oftmals nicht aufgedeckten Verständnisschwierigkeiten zwischen Arzt und Patient führen.
- Das Verstehen schriftlicher Informationen: Nach einer Aufstellung über verschiedene Studien (u. a. bezüglich des Verstehens von Röntgenmitteilungen, Medikamentenbeschreibungen) wurden etwa 70% der vorgegebenen Informationsblätter von mehr als der Hälfte der untersuchten Personen nicht verstanden [55].

Eine Voraussetzung dafür, daß die vom Arzt gegebenen Anweisungen vom Patienten auch befolgt werden, ist, daß dieser die Worte des Arztes auch in Erinnerung behält. Daß dies nicht selbstverständlich ist, zeigen zahlreiche Untersuchungen. So wird u. a. in einer Studie an Allgemeinarzt-Patienten berichtet, daß 50% der gegebenen Informationen wieder **vergessen** werden [58].

Einen Einfluß auf das Verstehen und Behalten von Anweisungen und Verschreibungstexten haben wahrscheinlich verschiedene Personen-Variablen, wie das Alter der Patienten, ihr Grad an Angst und Leidensdruck, mit dem sie in die Praxis kommen, ihr allgemeiner Kenntnisstand zu medizinischen Fragen und auch Prozeß-Variablen, wie die Menge und Komplexität der vom Arzt vermittelten Informationen, die Bereitschaft des Patienten, bei Nicht-Verstehen nachzufragen.

Non-Compliance

Ein besonderes Problem, welches die Wirksamkeit von Maßnahmen zur Prävention und Therapie beeinflussen kann, ist das Ausmaß der sog. Non-Compliance von Patienten (s. Kap. 9.4), d. h. eine Tendenz, ärztliche Maßnahmen nicht zu befolgen. Complianceraten bezüglich der Durchführung einer empfohlenen Impfung von 60 und 64%, bei einer speziellen Hämodialysediät von 28% sowie bei der Einhaltung einer Tuberkulostatikatherapie und einer Langzeitmedikation von 55 und 63% wurden berichtet [59].

Personen-Variablen

Zu den Personenmerkmalen auf seiten des Arztes, die einen Einfluß sowohl auf die Gestaltung des aktuellen Konsultationsgeschehens als auch auf die Effektivität einer Behandlung nehmen, zählen im wesentlichen Einstellungen des Arztes zu Gesundheit und Krankheit, Erwartungshaltungen an den Patienten sowie relativ zeitüberdauernde Verhaltensstile.

Einstellungen

In einer Untersuchungsreihe an holländischen Allgemeinärzten zeigte sich, daß die Einstellung der Ärzte zu psychosozialen Problemen mit der Fähigkeit zusammenhängt, mit solchen Problemen im Rollenspiel umzugehen [49]. Man kann somit annehmen, daß eine eher ablehnende Einstellung gegenüber psychosozialen Aspekten einer Erkrankung dazu führt, daß diese in der Praxis entsprechend weniger zur Sprache kommen [60] und damit oftmals wesentliche Voraussetzungen für eine korrekte Diagnose fehlen. Eine andere Untersuchung konnte in diesem Zusammenhang zeigen, daß die wiederholte Verschreibung von Psychopharmaka stärker mit der Einstellung des Arztes zu diesen Medikamenten zusammenhing als mit der jeweiligen Situation des Patienten [61].

Verhaltensstile

In einer umfangreichen Studie an Allgemeinärzten aus England, Holland und Irland und insgesamt 2500 tonbandprotokollierten Konsultationen identifizierte man vier Verhaltensstile bezüglich der Diagnosefindung sowie sieben Verschreibungsstile, die graduell jeweils einem mehr **arztzentrierten** (der Arzt stellt direkte Fragen und sammelt Informationen, trifft die Entscheidungen und gibt Anweisungen an die Patienten) oder einem mehr **patientenzentrierten** Verhalten zugeordnet werden können (der Arzt hört zu, geht auf die persönliche Situation des Patienten ein, stellt offene Fragen, nennt ihm Entscheidungsalternativen, läßt ihn die Anordnung selbst treffen) [62]. Es ist bisher wenig geklärt, wie sich diese Verhaltensstile auf die Effektivität einer Behandlung auswirken, die Autoren haben keine entsprechenden Daten erhoben. Nach verschiedenen Untersuchungen verwirklicht die Majorität der Ärzte – zumindest bis in die frühen 70er Jahre – einen wenig patientenzentrierten Verhaltensstil [12, 63].

Es wurde versucht, das im Bereich der Betriebspsychologie entwickelte Kontingenzmodell [65, 66] auf die Arzt-Patient-Beziehung zu übertragen [64]. In diesem Modell wird ein Zusammenhang zwischen dem Führungsstil eines Vorgesetzten und der Effektivität der ihm zugeordneten Gruppe postuliert, in Abhängigkeit von drei Situationsparametern: **Gruppenatmosphäre** (emotionales Beziehungsverhältnis), **Aufgabenstruktur** (Klarheit der Ziele und Eindeutigkeit der Lösungswege) und **Positionsmacht** (Einfluß des Vorgesetzten durch seine Stellung innerhalb der Gruppe).

Bezogen auf die Arzt-Patient-Beziehung verstehen die Autoren Effektivität als Behandlungserfolg, den Führungsstil sehen sie in der Dimension patientenzentrierte versus leistungszentrierte ärztliche Einstellungen und Verhaltensweisen repräsentiert. Unter den Situationsparametern schätzen sie das emotionale Beziehungsverhältnis als das wichtigste Merkmal ein; die Aufgabenstruktur übertragen sie in die „Klarheit der klinischen Aufgabe“, wobei sie annehmen, daß Gesundheitsstörungen, deren Hauptaspekt nicht eindeutig im organischen Bereich liegt (z. B. labile Hypertonie), im Vergleich zu rein organisch bedingten (z. B. renale Hypertonie) als eher unklar und problematisch empfunden werden. Unter Positionsmacht, dem dritten Situationsparameter, verstehen die Autoren „die dem Arzt gegebene Dispositionsfreiheit bezüglich seines ärztlichen Handelns im Umgang mit Patienten“. Die Dichotomisierung der Parameter (gut/schlecht, klar/unklar, stark/schwach) ergibt acht unterschiedliche Kombinationsmöglichkeiten, in deren Abhängigkeit Zusammenhänge zwischen ärztlichem Führungsstil und Effektivität überprüft werden können. So kommen die Autoren zu der Annahme, daß bei einem positiven emotionalen Beziehungsverhältnis zwischen Arzt und Patient und Vorliegen einer renalen Hypertonie ein eher leistungsorientiertes Arztverhalten, etwa im Hinblick auf ökonomische Gesichtspunkte, als effektiv eingeschätzt wird. Dagegen wäre bei Vorliegen eines negativen Beziehungsverhältnisses und einer labilen Hypertonie des Patienten ein stärker patientenorientiertes Verhalten des Arztes notwendig, um letztlich erfolgreich zu handeln. Das Modell ermöglicht es grundsätzlich, differenzierte Argumente in die Diskussion um eine optimale Form des ärztlichen Gesprächsstils zu bringen; bis heute fehlt jedoch eine vollständige theoretische Abklärung sowie eine empirische Absicherung des Gesamtmodells.

Verschreibungspraxis

Einen weiteren wichtigen Aspekt ärztlichen Verhaltens stellt die Verschreibungspraxis dar. In einem Vergleich zweier Studien von 1969 und 1977 zeigt sich, daß die Rate an Verschreibungen, die ohne eine ärztliche Konsultation ausgestellt wurden, von 25 auf 39% anstieg (bezüglich Langzeitmedikationen von 14 auf 41%) und daß dabei die Bereitschaft der Patienten, diese Medikamente zu nehmen, sank. Die Zahl der befragten Patienten, die angaben, ihr behandelnder Arzt neige zu schnell zu einer Verschreibung, stieg in den Jahren 1964–1977 von 2 auf 7% an; die gleiche Frage bezüglich der Ärzte im allgemeinen wurde zu 46% bejaht [67].

Betrachtet man die Ergebnisse von Studien zu den wesentlichen Determinanten der Zufriedenheit eines Patienten, so sind dies die Aspekte, daß der Arzt persönlich an einem interessiert ist, daß er ausreichend Informationen z. B. über Wirkungen und Nebenwirkungen der Medikamente gibt, sowie ein freundliches, warmes und einfühlendes Verhalten des Arztes (s. o.).

Werden Rezepte häufig außerhalb der Konsultation ausgestellt, fallen diese Aspekte der Arzt-Patient-Beziehung vollkommen weg.

Soziodemographische Variablen

Auf seiten des Patienten konzentrierten sich die frühen Untersuchungen in diesem Gebiet auf Zusammenhänge zwischen verschiedenen **soziodemographischen** Variablen und der Effektivität der Behandlung. Obwohl zahlreiche empirische Untersuchungen Hinweise dafür liefern, daß die Compliancerate z. B. in höherem Alter, bei geringerem Bildungsstand sowie in unteren sozialen Schichten niedriger ist, was z. T. über ein geringeres Verständnis ärztlicher Anweisungen in diesen Gruppen erklärt wird, existieren genausoviel Untersuchungen, die entweder keine solchen Zusammenhänge oder gar gegenteilige Beziehungen belegen [68].

Ein wesentlicher Faktor scheint die **soziale Integration** zu sein [69]. Es konnte gezeigt werden, daß Mitglieder von Gemeinschaften mit sehr engen Bindungen mehr Skepsis gegenüber dem professionellen Gesundheitssystem haben und dabei dazu neigen, sich eher gegenseitig zu helfen als offizielle Hilfe in Anspruch zu nehmen.

Allgemeiner Kenntnisstand zu medizinischen Fragen

Ein Grund für das Nicht-Verstehen und das Nicht-Behalten der ärztlichen Informationen ist in der geringen Kenntnis selbst einfacher medizinischer Begriffe und Zusammenhänge zu sehen [70]. So wird berichtet, daß ein großer Prozentsatz der untersuchten Personen nicht einmal annähernd die Lage einiger wichtiger Organe im Körper kannte [71]. Es ist von daher anzunehmen, daß ein großer Teil der vom Arzt gegebenen Informationen für viele Patienten zu kompliziert ist und damit unverständlich bleiben muß. Mindestens ebensoviel positive wie auch negative Befunde gibt es zum Zusammenhang zwischen dem allgemeinen Kenntnisstand und der Compliancerate [72].

Das „Health Belief Model“

Sehr differenzierte Voraussagen zum Complianceverhalten macht das in den 50er Jahren entwickelte *Health Belief Model* [73]. Das Modell beruht auf den entscheidungstheoretischen Begriffen der *Wertigkeit* bzw. *Attraktivität* eines Zieles und der subjektiv empfundenen *Wahrscheinlichkeit*, mit der das Ziel erreicht werden kann. Es werden sog. *health beliefs* formuliert, von denen die Motivation zur Inanspruchnahme des Gesundheitswesens abhängig ist:

- Grad des Interesses an allgemeinen Gesundheitsfragen (Gesundheitsmotivation),
- Ausmaß wahrgenommener Anfälligkeiten für eine bestimmte Krankheit,
- angenommener Schweregrad der Auswirkungen (organischer/sozialer Art) bei Eintreten einer entsprechenden Krankheit,
- möglicher Nutzen einer jeweiligen Gesundheitsmaßnahme gegenüber den Kosten (physische/psychische Ungemach bei Einhalten einer Maßnahme, Nebenwirkungen, finanzielle Einbußen).

Stimuli externer Art (Anstoß durch Zeitschriftenmaterial oder Angehörige) oder interner Art (Wahrnehmung von Symptomen) setzen ein entsprechendes Verhalten in Gang. Folgende Beziehungen sind bisher empirisch belegt:

Je stärker das Ausmaß subjektiv empfundener Anfälligkeit für eine bestimmte Krankheit und je schwerwiegender die vermuteten Auswirkungen, desto eher werden z. B. Früherkennungsmaßnahmen für Krebs in Anspruch genommen [74].

Ein **zu starkes** Ausmaß an Angst und Besorgnis kann jedoch das Verhalten wieder **hemmen** [75], es sei denn, der Patient verspricht sich von der ärztlichen Maßnahme eindeutig einen Vorteil und erfährt dabei eine deutliche Angsterleichterung [76].

Die bisher gefundenen Beziehungen machen eines deutlich:

Will man als Arzt einen Patienten erfolgreich motivieren, die gegebenen Empfehlungen einzuhalten, ist es sinnvoll und notwendig, Ängste und Besorgnis, Erwartungshaltungen und Überzeugungen des Patienten zu einem jeweiligen Problem in Erfahrung zu bringen.

Das Konzept des „Health Locus of Control“

Dem Konzept des *Health Locus of Control* [77] zufolge haben Personen unterschiedliche Vorstellungen darüber, wer oder was Einfluß auf ihre Gesundheit bzw. den Verlauf einer Krankheit hat. Einige Personen schreiben Einflußmöglichkeiten eher ihrer eigenen Person zu (*intern*), andere glauben primär an den Einfluß wichtiger anderer Personen (*extern – powerful others*), wiederum andere glauben an den Einfluß von Schicksal oder Zufall (*extern – fatalism*). Einzelne Befunde weisen darauf hin, daß Personen, die als *intern kontrolliert* beschrieben werden können, eher an Maßnahmen der Gesundheitserhaltung teilnehmen [78]. Man diskutiert die Möglichkeit, die Art der Behandlung auf solche *beliefs* abzustimmen [79]:

Hat man Personen vor sich, die eigene Kontrollmöglichkeiten betonen, könnte man ihnen eine größere Wahl- und Entscheidungsfreiheit bezüglich der Behandlungsform ermöglichen. Glaubt eine Person hauptsächlich an den Einfluß von Zufällen, könnte man ihr Einflußmöglichkeiten von *powerful others* nahelegen, um so ihre Bereitschaft zu einer aktiven Mitarbeit zu fördern.

Das Konzept der Ursachenattribuierung

Man kann weiterhin vermuten, daß laienhafte Vorstellungen von Patienten über mögliche Ursachen ihrer Beschwerden einen Einfluß darauf haben, wie sie die Worte des Arztes aufnehmen und die von ihm vorgeschlagenen Maßnahmen befolgen.

Ein Patient mit herzneurotischer Symptomatik z. B., der von einem organischen Herzleiden als verursachendem Faktor überzeugt ist, wird auf ein auf psychische Konfliktbearbeitung hinauslaufendes Behandlungsangebot mit Skepsis und Ablehnung reagieren.

Werden die Vorstellungen des Patienten nicht angesprochen, so ist denkbar, daß der Patient das Vertrauen und damit die Basis für eine Zusammenarbeit verliert.

Prozeß-Variablen

Das aktuelle Geschehen in einem Arzt-Patient-Kontakt läßt sich auf verschiedenen Ebenen beschreiben: auf der Ebene des Verbalverhaltens, auf der Ebene von Handlungen (z. B. die körperliche Untersuchung), über nicht-verbale und paraverbale Informationen und schließlich über äußere Merkmale der Situation (Sitzordnung, vorhergehende Wartezeit etc.).

Verbalverhalten

Eine Reihe von Autoren untersuchte Zusammenhänge zwischen bestimmten **Gesprächstechniken** und kurzfristigen Ergebnis-Variablen. So kam man über eine faktorenanalytische Auswertung zur Differenzierung dreier Formen des Arztverhaltens: direkte Sachfragen, einfühlende und unterstützende Äußerungen sowie Dominanz [80]. Es zeigte sich, daß direkte Sachfragen zwar eine größere Informationsmenge über den Patienten brachten, aber nicht mehr Einsicht in dessen Problematik ermöglichten als die mehr offenen, einfühlendes Verstehen signalisierenden Fragen. Das empathische Verhalten ging darüber hinaus mit einer größeren Zufriedenheit des Patienten einher.

In einer Untersuchung fand man in 52 Erstgesprächen eine erhöhte *affektive Zufriedenheit* dann, wenn den Patienten zu Beginn der Behandlung ausreichend Zeit gegeben war, ihre Anliegen in eigenen Worten anzusprechen, sowie eine erhöhte *kognitive Zufriedenheit,* wenn der Arzt zu einem späteren Zeitpunkt des Gespräches von sich aus den Patienten über seine Sicht der Krankheit und der Behandlungsmöglichkeiten informierte [81]. Diese Befunde weisen auf die Bedeutung zweier Aspekte hin:

Förderlich für die Zufriedenheit des Patienten (und damit möglicherweise für die Compliance) sind, besonders zu Beginn der Konsultation, ein **ruhiges Zuhören, offene Fragen** sowie ein **einfühlendes Verstehen** von seiten des Arztes. Wichtig ist weiterhin, daß der Arzt **von sich aus** ausreichend **Informationen** vermittelt.

Daß scheinbar gerade die **spontane, ungefragte Informationsvermittlung** wichtig ist, macht das Ergebnis einer experimentellen Studie deutlich [82]. Die Autorin trainierte eine Gruppe von Patienten jeweils direkt vor einem Arztbesuch darin, ihre Anliegen klar zu formulieren sowie die gewünschten Informationen in konkrete Fragen zu kleiden, und verglich diese mit einer Gruppe nicht vorbereiteter Patienten. In der Experimentalgruppe fand sich sowohl eine erhöhte Zahl tatsächlich gestellter Fragen als auch eine höhere Compliancerate. Dennoch äußerten die Personen eine geringere Zufriedenheit, darüber hinaus Gefühle von Angst oder Ärger. Es ist denkbar, daß diese Patienten zwar nach dem kurzen Training in der Lage waren, aktiv Fragen zu stellen, daß sie dies dennoch nicht konfliktfrei konnten. Es scheint leichter und zufriedenstellender für die Patienten, wenn der Arzt ausreichend Informationen von sich aus gibt.

Nicht-verbales und paraverbales Verhalten

Nicht-bewußte Erwartungshaltungen sowie die unterschiedlichsten Gefühlsregungen werden eher auf der Ebene des nicht-verbalen (Mimik, Gestik, Körperhaltung, Blickkontakt, Distanz) und paraverbalen Verhaltens (Lautstärke der Stimme, Betonung, Sprechgeschwindigkeit) vermittelt (Argyle 1969). Gefühle der Depressivität und Niedergeschlagenheit werden z. B. über eine verlangsamte und gleichförmige Sprechweise, eine starre Körperhaltung sowie durch mangelnden Blickkontakt mit eher einseitiger Blickrichtung ausgedrückt; Gefühle der Angst eher durch eine unsichere, zittrig klingende Stimme, über eine angespannte Körperhaltung, besonders der Hände, Arme und Schultern, sowie über einen unruhigen Blickkontakt. Man kann annehmen, daß Patienten oftmals das wahre Ausmaß gerade negativer Gefühle aus den unterschiedlichsten Gründen (um das Gefühl der Kontrolle zu wahren, aus Scham oder Angst, den Arzt zu sehr zu belästigen) verbal nicht zum Ausdruck bringen und es daher für den Arzt oft zuverlässiger ist, auf nicht-verbale Signale zu achten. Patienten ihrerseits versuchen, das nicht-verbale Verhalten des Arztes zu deuten, um Informationen über ihren Zustand zu erhalten, die sie in den wörtlichen Mitteilungen vermissen [83]. Empirischen Befunden zufolge besteht ein positiver Zusammenhang zwischen der Sensitivität von Ärzten für nicht-verbale Signale und der Zufriedenheit ihrer Patienten mit der Konsultation. Eine größere Zufriedenheit fand man z. B. bei solchen Patienten, deren Ärzte nicht-verbale Signale wahrnehmen und verstehen konnten [84].

Patienten scheinen die Fürsorge und das Einfühlungsvermögen ihres Arztes um so höher einzuschätzen, je stärker dessen Fähigkeit (in einem Test beurteilt worden) ist, die nicht-verbal signalisierten Gefühle seiner Patienten zu erkennen und seinerseits auf der nicht-verbalen Ebene zu kommunizieren [85].

Räumlich-zeitliche Merkmale der ambulanten Arztpraxis

Nicht zuletzt werden Aspekte der Praxiseinrichtung sowie die Organisation des zeitlichen Ablaufs einen Einfluß auf die Zufriedenheit des Patienten und möglicherweise auf seine Bereitschaft zur Compliance nehmen.

Wichtige Spezifika der Praxiseinrichtung sind der **mühelose Zugang** zur Praxis (besonders für ältere oder körperlich behinderte Patienten), ein **kurzer Weg** (bezüglich Haltestellen öffentlicher Verkehrsmittel), eine **ruhige** und **beruhigende Atmosphäre,** eine ausreichende **Größe der Räume,** besonders des Warteraumes (eine ausreichende körperliche Distanz zwischen den Patienten soll gewährt sein). Die Terminplanung im Praxisablauf und die Terminsteuerung sollten so geregelt sein, daß berufstätige Patienten auch abends einen Arztbesuch wahrnehmen können und daß **Wartezeiten** so **kurz** wie irgend möglich gehalten werden [86].

Studienfragen

Welche Personenvariablen können auf die Arzt-Patient-Beziehung einwirken?
(s. S. 251 f.)
Wie können sog. Prozeß-Variablen die Beziehung zwischen Arzt und Patient beeinflussen?
(s. S. 253 f.)

In welcher Form beeinflussen Ergebnisvariablen die Arzt-Patient-Interaktion bzw. das Konsultationsgeschehen?
(s. S. 250)

9.2.2 Einfluß institutioneller Rahmenbedingungen (stationär)

Bernadette Fischl

Die Situation des Arztes im Krankenhaus

Probleme der Anpassung

Die Besonderheiten der beruflichen Alltagswelt des Krankenhausarztes verlangen von diesem ein hohes Maß an Adaptation [87], wobei besonders die Arbeitsbelastung, das eigene Berufsverständnis, die Dualität von Professionalismus und Bürokratie im Krankenhaus (s.Kap.7.7), Rollenkonflikte, ethische Fragen und psychischer Streß zu nennen sind.

Statistische Daten zur **Arbeitsbelastung** im Krankenhaus weisen immer wieder eine Abnahme der Patienten pro Krankenhausarzt aus und verleiten zu dem Schluß, daß sich die Arbeitsbelastung für den einzelnen Arzt verringert haben müßte. Dem ist entgegenzuhalten, daß die Zunahme der Patientenzahl die der Bettenzahl weit übersteigt, da sich die durchschnittliche Verweildauer der Patienten im Krankenhaus verkürzt hat, daß die Arbeitszeit reduziert, vom geteilten Dienst auf Schichtdienst umgestellt wurde und die Funktionsleistungen (diagnostisch, therapeutisch) drastisch zugenommen haben [88], was eine Entwicklung zur **Arbeitsintensivierung** zur Folge hatte. Die verbreitete Auffassung, das Krankenhauspersonal sei für die in der öffentlichen Kritik angeführte mangelnde Qualität der Patientenbetreuung verantwortlich zu machen, ist entschieden zu korrigieren [88]. Die wirklichen Ursachen lägen eher in ökonomischen und politischen Voraussetzungen (z. B. dem Zwang zu Sparmaßnahmen und Rationalisierung) und in organisationsstrukturellen Bedingungen (z. B. dem Prinzip der Arbeitsteilung). Zusätzlich habe sich der Schwerpunkt der ärztlichen Arbeitszeit vom direkten Kontakt mit dem Patienten weg zur Durchführung, Befundung, Bewertung technischer Untersuchungen hin verlagert, wodurch die Arbeitsintensität nochmals verschärft würde [88].

Arbeitsbelastung entsteht nicht nur durch die Quantität der anstehenden Arbeit, sondern auch durch qualitative Besonderheiten. Konflikte in jeder Form können die Arbeitsbelastung, unabhängig von ihrem objektiven Ausmaß, subjektiv für den Arzt erhöhen, z. B. Diskrepanzen zwischen dem eigenen Berufsverständnis und dem, was ihm durch Krankenhausstrukturen „aufgedrängt" wird, da in der ärztlichen Hierarchie des Krankenhauses „die Freiheit des freien Arztberufes" in Frage gestellt wird und die ärztliche Berufsgruppe „zwischen Herrschaft und Kollegialität" steht [89].

Neben Konflikten, die aus unterschiedlichen Anforderungen in Familie und Beruf resultieren, und ethischen Problemen der ärztlichen Rolle (s. Kap. 9.1) liegt ein weiteres Problemfeld in der **Technisierung** und **Spezialisierung** des medizinischen Arbeitsfeldes, der „Anonymität ihrer modernen Wirksamkeit". Auf seiten der Ärzte konnten bisher zwei Arten von Reaktionen gegenüber diesen Anforderungen festgestellt werden:

- „die zeitkritische Revolte nach rückwärts", die z. B. den Arzt als „Helfer der Natur" idealisiert, und
- „die anpassungsbemühte Neuorientierung nach vorwärts", z. B. im Sinne einer relativ unkritischen Technikbegeisterung.

Eine adäquate Verarbeitung der Anforderungen der modernen Medizin scheint nur gewährleistet, wenn der einzelne Arzt die „Möglichkeit selbstkritisch-analytischer Kontrolle" ebenso hat wie ein „motivstarkes ethisches Bewußtsein" [90].

Als allgemeines Charakteristikum ärztlicher Tätigkeit ist der permanente **Entscheidungsdruck** von Bedeutung, unter dem jeder Arzt bei der Konfrontation mit immer neuen Patienten und damit immer neuen medizinischen Problemen steht. Im Krankenhaus kann der Arzt eher als sein Kollege in der freien Praxis soziale Möglichkeiten der Entscheidungsfindung bzw. -rechtfertigung nutzen (Visiten, Besprechungen). Soziale Praktiken im Umfeld diagnostischer und therapeutischer Entscheidungen sind aus soziologischer Sicht **Berufsrituale,** mit verschiedenen Funktionen [91]:

- Bewältigung von Unsicherheit
  - begrenzte Behauptungen („soweit ich das bis jetzt beurteilen kann")
  - Wahrscheinlichkeitsdenken (Vergleich von Krankheitshäufigkeiten)
  - Konzentration auf Forschungsprobleme (Anregen von Studien)
  - Bitte um Rücksprache (Konsultation von Kollegen, Vorgesetzten)
  - sokratisches Belehren („Wir müssen mit Unsicherheiten leben")
  - Entscheidung, sich nicht zu entscheiden (beobachtendes Abwarten)
  - Galgenhumor (reaktives Lachen bei „gemischten Gefühlen")
  - Überrealismus (Galgenhumor ohne provokatives Lachen)
- Erleichterung der Entscheidungsfindung
  - Betonung klinischer Erfahrung (Hinweis auf frühere, ähnliche Fälle)
  - Hinweis auf wissenschaftliche Evidenz (Zitieren von Forschungen)
  - Verhandeln über Verantwortung (z. B. bei Zuständigkeit mehrerer Ärzte)

- Bewertung von Ergebnissen
  - große Fallbesprechungen (Dramatisierung von Erfolgen)
  - Mortalitätskonferenzen (Dramatisierung von Mißerfolgen)

Ritualisierte Verhaltensweisen bei Krankenhauspersonal können (psychodynamisch) als Mechanismen zur Abwehr negativer Affekte oder (soziologisch) als bedeutungserzeugende und -vermittelnde soziale Akte interpretiert werden. In jedem Fall wird die gegebene Struktur der Organisation Krankenhaus genutzt, umgekehrt auch die Organisation durch die Mitglieder geformt. Und beide Auffassungen stehen im Gegensatz zur Ideologie der Heilberufe, daß ihre Handlungen rein zweckrational sind oder zu sein haben.

- Begrüßungsrituale im Krankenhaus („Wie geht's?") können Informationen erfragen (rational) oder abblocken; letzteres kann Desinteresse (z. B. unbewußte Abwehr von Überforderungsgefühlen) oder den Wunsch, den Kranken aufzumuntern, signalisieren (soziale Bedeutung).
- Berührungen des Patienten, Pulsmessen (während der Untersuchung als rationale Handlung, bei einem ängstlichen Patienten zur Beruhigung), Vermeidungs- und Verbergungsrituale (zur Abwehr eigener Ängste bei Todesfällen im Krankenhaus), Initiationsrituale des Personals (Kleidung als Statussymbol), Rituale der Achtung gegenüber Autorität (Sich-Erheben, Plazieren der Hände vor/hinter dem Körper) sind weitere Beispiele für ritualisierte Verhaltensweisen des Krankenhauspersonals [92].

Probleme der Kooperation

Eine Krankenhausstation muß folgende Voraussetzungen erfüllen, um ihre Ziele der Kooperation und des gemeinsamen Erfolgs im Hinblick auf den Patienten zu erreichen (Soll-Zustand) [93]:

- ausreichende Informations-/Kommunikationskanäle zwischen Teammitgliedern,
- Übereinstimmung über gemeinsame Funktionen und Voraussetzungen,
- klar definierte Verteilung der Rollen und der Autorität.

Der „Ist-Zustand" jedoch weicht davon schon bezüglich der **Kommunikationskanäle** ab, da soziale Distanz und relative kommunikative Abstinenz zwischen den Berufsgruppen vorherrschen (s. Kap. 7.7). Für den **Informationsfluß** sind Informationsstau und positionsspezifische Informiertheit [94] charakteristisch, was wiederum mit Statusdifferenzierungen einhergeht [95]. Besonders die Positionen der Stationsschwester und des Stationsarztes sind für Informationsstauungen prädisponiert.

Die Berufsgruppen im Krankenhaus sind zwar voneinander abhängig, setzen aber unterschiedliche Prioritäten und beteiligen sich an der Patientenversorgung nicht mit gleicher Macht, gleichem Auftrag und gleicher institutioneller Unterstützung [96], woraus unterschiedliche **Berufsideologien** resultieren. Es sind „zweckgebundene Ideologien", in denen die Zwecke der Institution Krankenhaus „gleichsam durch das Medium eines sozialen Kollektivs gebrochen" werden [97]. Bei den Ärzten herrscht z. B. „das Mandat zu heilen" gegenüber „der Mission zu helfen" des Pflegepersonals vor, was auch zu Unterschieden in den *Einstellungen gegenüber dem Patienten* führen dürfte. So zeigen die Schwestern im allgemeinen dem Patienten gegenüber mehr Wertschätzung, sehen ihn insgesamt günstiger, idealisieren ihn mehr und identifizieren sich mehr mit ihm als die Ärzte. Die Einstellungsunterschiede wiederum stehen in Beziehung zu **interpersonellen Konflikten** zwischen Ärzten und Pflegepersonal. Ärzte schätzen z. B. Schwestern geringer, bei denen eine besonders hohe Ausprägung ihrer „typischen" Einstellung vorliegt, und vice versa [98]. Diese Einstellungsunterschiede scheinen notwendiger Teil der organisatorischen Struktur eines Krankenhauses zu sein: Im Unterschied zum Pflegepersonal tragen Ärzte die letzte Verantwortung für den Patienten; Erfolg und Nicht-Erfolg der Therapie wird ihnen angelastet, wobei die psychologische Distanz zum Patienten ihnen hilft, eigene Gefühle und Ängste abzuwehren.

Die dritte Voraussetzung für ein funktionierendes Arbeitsteam, die klare Rollen- und Autoritätsverteilung, ist für die Ärzte als ranghöchste Mitglieder des Teams, von denen die anderen Kompetenz, Entscheidungsfähigkeit und eindeutige Anordnungen erwarten, klarer als die **Rollendefinition** der Schwestern. Bei ihnen sind bezüglich ihrer Kompetenzen und Stellung in der Hierarchie Rollendiskordanzen (widersprüchliche Rollenerwartungen) häufig [95].

Eine grundsätzlich unzulässige ärztliche Anordnung kann zu einem Konflikt der Schwester zwischen ihrem Berufsideal der eigenständig-kritischen Verantwortung für den Patienten und dem der Achtung ärztlicher Autorität führen: In einer experimentellen Studie [99] forderte ein der Schwester unbekannter Arzt des Krankenhauses telefonisch die Gabe einer Überdosis eines Medikaments, das sie nicht kennt, an einen Patienten der Station. Es erwies sich hier der zweite Motivkomplex, nämlich Kritik und Tadel des Arztes zu vermeiden, als der stärkere: 21 von 22 Schwestern waren bereit, diese Anordnung ohne Forderung einer schriftlichen Fassung, ohne anderweitige Rücksprache, ohne Verzögerung durchzuführen. Der Rollenkonflikt äußerte sich nur in Phänomenen der „Psychopathologie des Alltags", in „Versprechern" darin, daß das Medikament trotz auffälliger Position im Arzneischrank auf Anhieb nicht gefunden werden konnte.

Für den Patienten haben solche Rollenkonflikte und Kompetenzunsicherheiten des Pflegepersonals hohes Gewicht, da die Kontaktdichte zwischen ihm und den Schwestern stärker ist und weniger Ausweichmöglichkeiten existieren, als dies beim Arzt der Fall ist.

Die Situation des Patienten im Krankenhaus

Institutionelle Vereinnahmungen des Patienten

Der Patient im Krankenhaus hat keine „Stellung", sondern bestenfalls eine „Lage", die strukturbedingt allgemein und tendenziell inhuman ist [100, 101]. Die Priorität des Ziels „Patientenversorgung" des Krankenhauses impliziert noch nicht die „Patientenzentriertheit der Versorgung" im Krankenhaus. Der hospitalisierte Patient muß eine Reihe von Verlusten und Restriktionen hinnehmen. Dies kann mit den folgenen Hypothesen zusammengefaßt werden [101], die auch empirisch (Patientenbefragungen) mittlerweile gut gesichert werden konnten [102]:

- **Psychosoziale Entwurzelung,** d. h. die Trennung von seiner vertrauten physischen Umwelt, von bekannten sozialen Bezügen (Familie, Freunde), der Zwang zur Einschränkung seines Rollenrepertoires und Statusverlust:
  - Ich denke oft daran, was die zu Hause jetzt wohl ohne mich machen.
  - Besonders, wenn ich aufwache, muß ich mich erst wieder daran gewöhnen, daß ich hier im Krankenhaus liege.
  - Ich leide darunter, daß ich Dinge, an denen ich hänge, nicht um mich haben kann.
- **Relative Entpersönlichung,** d. h. die Umdefinition der Identität des Patienten und Autonomie-Einschränkungen durch ich-fremde Routinen und Regelungen:
  - Es ist mir manchmal doch unangenehm, daß mich hier die anderen Leute im Bademantel bzw. Schlafanzug sehen.
  - Man kann hier eigentlich gar nichts tun, ohne ständig damit rechnen zu müssen, die Aufmerksamkeit der anderen auf sich zu ziehen.
  - Man kann sich hier eigentlich nicht richtig gehenlassen, weil ständig jemand Fremdes das Zimmer betreten kann.
- **Relative Infantilisierung,** d. h. Verstärkung der bereits krankheitsbedingten Regression durch die institutionell erwartete Verpflichtung zur Annahme der Krankenrolle und zur Anpassung an das Krankenhaus bei gleichzeitiger Ent-Pflichtung von gewohnten Aufgaben.
  - Bei manchen Anordnungen des Personals wünschte ich mir, mitreden zu dürfen.
  - Man darf hier manches nicht tun, von dem man nicht so recht einsieht, warum.
  - Man fühlt sich im Krankenhaus als Patient so behandelt, als wäre man ein kleines Kind.
  - Manchmal denke ich mir, daß Kranksein auch seine angenehmen Seiten hat: Man wird mal so richtig umsorgt (krankheitsbedingte Infantilisierung).

Von Siegrist stammt der Ausdruck „institutionelle Vereinnahmungen" [103] des stationären Patienten; er unterscheidet organisatorische Maßnahmen, die vom Patienten einen *abrupten Rollenwechsel* bei Aufnahme ins Krankenhaus, Unterordnung unter einen *kollektiven Tagesablauf, ständige Präsenz* und *Kontaktbegrenzung* abverlangen, von sozialen Verhaltensweisen des Personals, die *Informationsbegrenzung, Unpersönlichkeit der Beziehungsformen* und hohes, gering geregeltes *Sanktionspotential* beinhalten.

Der Patient, von Familienmitgliedern ins Krankenhaus gebracht, wird von diesen bei seiner Aufnahme getrennt, wird gebeten, sich auszuziehen und ins Bett zu legen, obwohl er gerade noch im Auto zur Klinik gefahren war; es wird ihm ein Nachtkästchen und ein Schließfach für persönliche Dinge zur Verfügung gestellt (Rollenwechsel). An den folgenden Tagen wird er wie alle anderen Patienten (viel zu früh) geweckt und erhält seine Mahlzeiten, ob er Hunger hat oder nicht (kollektiver Tagesablauf). Ohne Ankündigung wird er zu Untersuchungen abgerufen, vor denen er aber dann lange auf einem Gang warten muß (ständige Präsenz). Seine Familie kommt ihn zu bestimmten Zeiten besuchen; er selbst kann nur beschränkt Kontakt zu ihr oder Freunden aufnehmen; u. U. sind keine Telefonanschlüsse im Zimmer vorhanden (Kontaktbegrenzung). Die tägliche Visite läuft schematisiert und in Eile ab, so daß er evtl. noch nach einer Woche wenig über den Ausgang der Untersuchungen weiß (Informationsbegrenzung). Außerhalb der Visite kommt das Personal nur ins Zimmer, um gewisse Verrichtungen an ihm oder Mitpatienten vorzunehmen, ein Gespräch kommt kaum auf (Unpersönlichkeit der Beziehungsformen). Bittet er eine Schwester um eine Gefälligkeit oder beschwert er sich über ein Detail des Stationsablaufs, läuft er Gefahr, als „ansprüchlich" oder „als Meckerer" eingestuft (Sanktionspotential) zu werden.

Der Patient kommt also in einen Routinebetrieb, der ihm hohe Anpassungsleistungen abverlangt. Wie sieht er selbst nun diese Anforderungen? Einerseits sind Klagen von Patienten häufig [104, 105], andererseits kann sicherlich davon ausgegangen werden, daß ein Großteil der Klagen von den Patienten gar nicht geäußert wird [103, 104, 106] und sie selbst ihre Situation im Krankenhaus weniger dramatisch darstellen als mit diesem Thema befaßte Sozialwissenschaftler. Man spricht diesbezüglich von einer „Diskrepanz zwischen der objektiven Lage und ihrer subjektiven Aneignung durch die Betroffenen" [103].

45% ehemaliger Krankenhauspatienten klagten über:

- „lange schlaflose Nächte",
- „Vermissen des gewohnten Schlafrhythmus",
- „zu frühes Wecken",
- „endloses Warten" [107].

Vgl. dazu auch Abbildung 9-2.

Viele Patienten nehmen geäußerte Kritik wieder zurück oder sind so zurückhaltend, daß es erst gar nicht zu solcher kommt. Die Gründe hierfür stehen

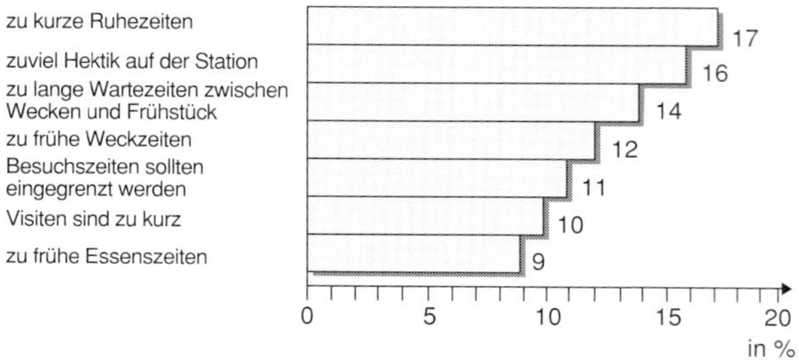

Abb. **9-2** Kritik am Tagesablauf im Krankenhaus (mod. n. [153]; N = 106 internistische Patienten).

Tabelle **9-1** Begründung von (N = 739) Patienten für das Verschweigen von Kritik [104].

Grund	Anteil der Patienten (%)
Realismus (Kritik zu trivial, Abhilfe zu aufwendig)	27
Klagen stehen Patienten nicht zu	18
Persönlichkeit des Patienten (zu schüchtern)	17
keine Gelegenheit	10
Rücksicht auf andere (keine Umstände machen)	9
Meinung, daß sich nichts ändern würde	7
Furcht vor Repressalien	6
Furcht vor spöttischer/negativer Aufnahme der Kritik	5

im Zusammenhang mit den genannten „Vereinnahmungen“ des Patienten durch das Krankenhaus (s. a. Tab. 9-1) und könnten durch eine hochwirksame Mischung aus antizipatorischer Anpassungsleistung, institutionellem Anpassungsdruck und realer Sanktionsangst erklärt werden [103].

Die allgemeine Situation des Patienten und die Möglichkeiten seiner Anpassung variieren allerdings je nach Art und Schwere seiner Krankheit, seinem subkulturellen Hintergrund, seiner Persönlichkeit, der krankenhausinternen Situation und der Orientierung des Patienten gegenüber seiner Krankheit und dem Krankenhaus [89].

Emotionale Probleme

Die soziale Situation des Krankenhauspatienten als Träger der Krankenrolle ist gekennzeichnet durch die Merkmale Hilfsbedürftigkeit, technische Inkompetenz und **emotionale Abhängigkeit.** Diese, wie die rein körperliche Abhängigkeit von anderen Personen, führt zu **regressiven Neigungen.** D. h.: die Phase der akzeptierten Krankheit, in der die Patientenrolle voll übernommen wird, ist von Verhaltensweisen und affektiven Reaktionen begleitet, die kindlichen Entwicklungsstufen entsprechen, wie die starke Bindung an Bezugspersonen, verstärkter Triebgehorsam, Interessenbegrenzung sowie Hypochondrie. Psychosoziale Entwurzelung und Statusdeprivation führen zusätzlich bei gleichzeitiger Entpersönlichung der Beziehungen und Autonomieeinschränkung sowie dem Wegfallen von Intimschranken zu Gefühlen der **Hilflosigkeit**, zu **Ängsten** und **depressiven Reaktionen** (s. Kap. 3.3.2 und 3.3.7). Die Autoritätsstruktur des Krankenhauses, die einen starken sozialen Druck und ein hohes Maß an Kontrolle über den Patienten bewirkt, läßt im Grunde wenig Möglichkeiten zu anderen Reaktionen, z. B. aggressivem oder selbständigem Verhalten [87]. In diesem Sinne spricht man auch von „veranstalteter Depressivität“, die nicht eine individuelle, krankheitsbedingte oder persönlichkeitsbestimmte Störung bedeutet, sondern die „Organisation des Krankseins im Krankenhaus“ und deren Konsequenzen für den Patienten [97].

Bestätigen können diese Auffassung Befunde [108], nach denen zwar Beziehungen zwischen der Persönlichkeitsdimension Neurotizismus und täglich während des Krankenhausaufenthalts erhobenen Angstwerten von Patienten bestehen, die allerdings weit weniger eng an Tagen mit mäßigem Streß (z. B. Aufnahmetag) und gar nicht mehr an Tagen mit hohem Streß (z. B. Untersuchungstag) vorhanden war (Abb. 9-3). Besonders hohe Angstwerte wurden u. a. in Zusammenhang mit bestimmten Diagnosen (Infektionen, Tumoren) und bei unklarer Diagnose gemessen.

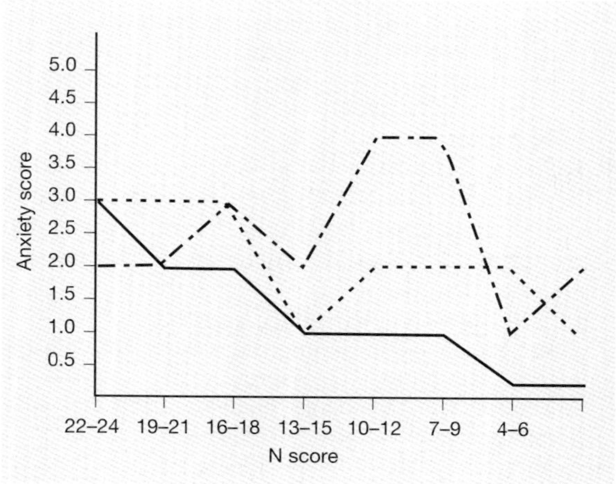

Abb. **9-3** Angst- und Neurotizismus-Werte von Patienten während ihrer Hospitalisation (—), am Aufnahmetag (- - -), am Tag einer speziellen Untersuchung (· - - ·) [108].

Tabelle **9-2** Gedanken und Gefühle unterschiedlicher Patientengruppen während des Krankenhausaufenthalts [107].

	Befragte insgesamt	Alter (Jahre)				Bildung	
		< 34	35–49	50–64	≥65	Volksschule mit Lehre	Realschule, Studium
	(%)	(%)	(%)	(%)	(%)	(%)	(%)
Angst, ob ich jemals wieder ganz gesund werde	58	42	60	62	69	61	52
Ich hatte das beruhigende Gefühl, hier in richtigen Händen zu sein	43	36	41	47	47	43	41
Ich hatte Angst um die berufliche Zukunft	14	14	17	20	4	14	11
Ich kam mir im Krankenhaus manchmal besser versorgt vor als zu Hause	9	7	8	9	13	10	8
Ich hatte Angst, bei längerer Krankheit in wirtschaftliche Probleme zu geraten	10	8	15	14	5	12	7
Ich hatte das Gefühl, medizinisch gut versorgt, aber als Mensch ziemlich einsam zu sein	26	21	25	29	28	25	27
Ich befürchtete, daß während meines Krankenhausaufenthalts ohne mich zu Hause private Probleme entstehen	21	26	27	18	15	22	21
Ich zweifelte manchmal daran, ob mir die Ärzte, Pfleger und Angehörigen die ganze Wahrheit gesagt haben	13	8	14	16	15	14	11
Ich bin mir manchmal sehr klein und sehr verletzbar vorgekommen	4	6	5	3	2	4	5
Mich quälte oft die Ungewißheit, was mir wirklich fehlt	10	10	13	14	15	13	12
Ich habe das bisherige Leben noch einmal gründlich überdacht, Zwischenbilanz gezogen	8	6	9	8	8	7	9
Ich hatte manchmal das Bedürfnis, es möge mich doch jemand streicheln oder mir die Hand halten	8	16	7	5	3	7	10
Ich hatte Angst, die alte Leistungsfähigkeit nicht mehr wiederzuerlangen	26	17	31	33	25	28	22
Zahl der Befragten insgesamt	2550	641	585	610	644	1800	740

Frage: Wenn man im Krankenhaus liegt, da gehen einem ja doch viele Dinge durch den Kopf. Sagen Sie mir bitte anhand dieser Karte, welche dieser Gedanken oder Gefühle Sie beschäftigt haben. (Den Befragten wurde eine Karte vorgelegt.)

Quelle: INFAS-Repräsentativerhebung (Sonderstudie: Zur Humanität im Krankenhaus) im Bundesgebiet einschließlich Westberlin (2550 Befragte), 1979, Adressen-Random

Generell werden im Krankenhaus auch Ängste des Patienten verstärkt, die bereits das Auftreten seiner Erkrankung aktivierte, etwa Furcht vor Fremden, Trennung, Liebesverlust, Verletzung des Körpers, Verlust von Körperfunktionen, Schmerzen, Bedrohung der narzißtischen Integrität [109] (s. Tab. 9-2).

In seiner emotional labilen Lage ist der Krankenhauspatient abhängig von Kommunikationsmöglichkeiten mit Personen, denen er vertrauen und seine Ängste mitteilen kann. Dies gestaltet sich aber als schwierig, da sich der Patient im Krankenhaus einer Vielzahl fremder Personen gegenübersieht, mit denen er nur kurze, oberflächliche Kontakte hat. Die Arzt-Patient-Beziehung mit seinem Hausarzt wird im Krankenhaus zu einer Ärzte-Patient-Beziehung („vom Dual zum Plural" [110]), auf die er wenig Einfluß hat, in der er sein Gegenüber nicht wählen kann („fragwürdig freie Arztwahl" [110]). Häufig bleibt er mit seinen Ängsten und seiner Hilflosigkeit allein.

Kognitive Probleme

Siegrist beschreibt den Krankenhauspatienten als eine kognitiv desorganisierte Person, die – unabhängig von Schmerzen und körperliche Beeinträchtigung – besonderen Belastungen ausgesetzt ist. Vier spezifische (empirisch bestätigte) Verhaltens- und Befindensweisen sind festzustellen [111]:

- **Verlust von Selbstkontrolle,** die an kognitive Orientierung gebunden ist.
  - z. B. häufiges Weinen bei stationären Patienten; „wenn ich hier noch lange bleibe, werde ich einfach verrückt".
- **Erhöhte Sensibilität,** da die reduzierte Umwelt mit allen zur Verfügung stehenden kognitiven und affektiven Energien besetzt wird.
  - z. B. „Wenn man krank ist, faßt man vieles anders auf"; „Mir geht hier alles durch den Kopf, viel mehr als früher."
- **Starkes Bedürfnis nach thematisch relevanter Information,** da der Patient starke Tendenzen zur kognitiven Reorganisierung hat.
  - „Ich möcht's wissen, damit ich mich danach richten kann"; „Wenn ich im unklaren bin, habe ich Angst."
- **Egozentrischer Wahrnehmungsmodus,** da der Patient bei Anlässen solcher Informationsaufnahme (Visite) eine gesteigerte Erwartungshaltung zeigt mit der Gefahr der Fehldeutung von Information und Überbewertung von Dauer und Bedeutung ärztlicher Zuwendung.
  - Die durchschnittliche Dauer der Stationsvisite von 3,7 Minuten pro Patient wurde von Patienten im Durchschnitt auf 10,7 Minuten geschätzt.

Verhaltensprobleme

75% der Patienten sind in den Augen des Personals „gute" Patienten, geben dem Anpassungsdruck im Krankenhaus nach, ergreifen keine Eigeninitiative, lassen sich helfen, klagen und beschweren sich nicht (Abb. 9-4).
25% jedoch sind „schlechte" Patienten, wehren sich gegen Bevormundung, stellen Ansprüche oder äußern Kritik an ihrer Situation. Auch dieses Verhalten ist eine Reaktion auf erlebten Kontrollverlust, ein Versuch, verlorene Freiheiten wiederzuerlangen. Vor allem jüngere Patienten mit höherer

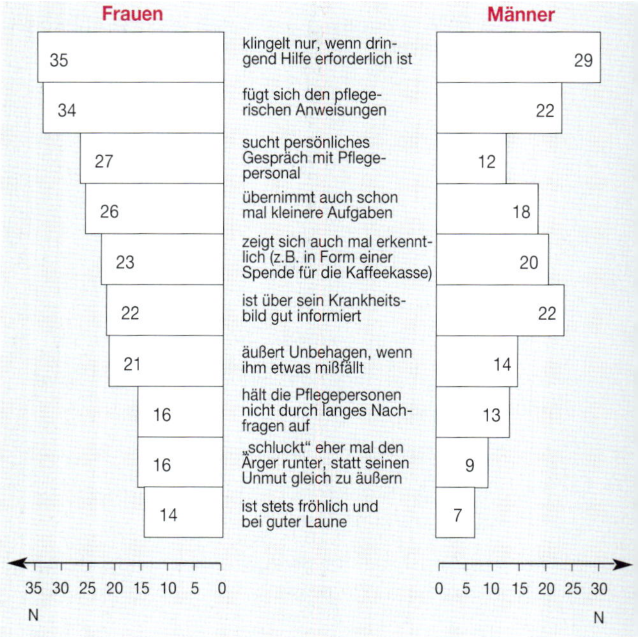

Abb. **9-4** Charakteristik des idealen Patienten (mod. n. [153]).

Schulbildung neigen zu autonomeren, von der Krankenrolle abweichenden Einstellungen. Beide Verhaltensformen sind jedoch für den Patienten problematisch, können Gesundheitsrisiken in sich tragen, mag *„good patient behavior"* auch den Erwartungen des Personals entsprechen und *„bad patient behavior"* den erlebten Kontrollverlust mildern [112, 113] (Tab. 9-3).

Folgen für die Arzt-Patient-Beziehung

Problembereich Information und Aufklärung
(s. Kap. 9.3.1)

Untersuchungsergebnisse zu **Informationsbedürfnissen** von Patienten deuten darauf hin, daß diese recht hoch sind. Ca. 90% der Patienten [114, 115] wünschen, über Krankheit und Behandlung informiert zu werden; bei Vorliegen einer bösartigen Krankheit möchten immerhin noch 80% der Patienten informiert werden, wobei vor allem diagnostische und prognostische Fragen interessieren, während Informationen zur Therapie oder Aufenthaltsdauer im Krankenhaus eher an späterer Stelle rangieren [115]. Jüngere Patienten wollen häufiger informiert werden als ältere [116]. Insgesamt ist dabei dem Patienten nicht so sehr die Mitteilung einer abstrakten Diagnose wichtig; er will vielmehr wissen, was seine Krankheit und ihre Ursache bzw. ihre Diagnose für sein weiteres Leben bedeutet [117]. Diese Fragen bleiben für ihn während des gesamten stationären Aufenthalts relevant [118].

Tabelle **9-3** Problematische Verhaltensweisen von Krankenhauspatienten und mögliche Folgen [112].

Zustand	Verhalten	Kognitionen	Affekte	Physischer Zustand	Reaktion Personal
Kontrollverlust (Entpersönlichung)	Nicht-diskriminierende Suche nach und Verwendung von Information; Klagen gegenüber Personal	Inadäquate Erwartungen; Verwirrung	Angst	Stärkere physische Reaktionen auf Symptome und noxische medizinische Verfahren; evtl. erhöhter Verbrauch von Medikamenten; längere Verweildauer	Unpersönliche Behandlung
„good patient behavior" (Hilflosigkeit)	Compliance, Passivität, erlernte Hilflosigkeit, Unfähigkeit zur Informationsaufnahme und Vermittlung zustandsbezogener Information	Gefühle der Hilflosigkeit, Machtlosigkeit, evtl. Leugnung, Fatalismus	Angst und Depression	evtl. Entleerung der Norepinephrin-Speicher; auch Beziehung zwischen Hilflosigkeit und plötzl. Tod sowie fortschreitender Abbau der Gesundheit	Empfängliche Reaktion bei Notfällen, aber laufend Versäumen von Bemühungen um Information vom Patienten
„bad patient behavior" (Reaktanz)	Klagen gegenüber Personal, Forderung nach Zuwendung, „Meutern", evtl. Selbst-Sabotage	Sich-Festlegen auf das Recht, Bescheid zu wissen, Mißtrauen bezüglich des eigenen Zustands, der Behandlung und des Verhaltens des Personals	Ärger	Erhöhte Katecholaminausschüttung u. Hydrocortison-Produktion; evtl. Aggravation von Blutdruckveränderungen, Bluthochdruck, Tachykardie, Angina pectoris; evtl. Erschöpfung der Adrenalinspeicher	Herablassendes Verhalten; Ignorieren der Klagen des Patienten; medizinische Behandlung, um den Patienten versöhnlich zu stimmen; Überweisung an Psychiater evtl. vorzeitige Entlassung

Das **tatsächliche Wissen** der Patienten über sie betreffende medizinische Belange ist dagegen allgemein unzureichend, teilweise alarmierend gering [119]. Dies gilt gleichermaßen für diagnostisches und therapeutisches Wissen, obgleich ersteres etwas höher ist, [117, 121, 122], für Kenntnisse über poststationäre Belange [118], für medizinischen Wortschatz [123], für Wissen über das Krankenhaus [120] (hier wären Informationsbroschüren bzw. Patientenhefte angebracht). Dies trifft für (mit Information) zufriedene ebenso wie für unzufriedene Patienten zu [124].

Daten zur ärztlichen Einschätzung der Informationsbedürfnisse von Patienten und zu Aufklärungsintentionen der Ärzte können dieses Informationsdefizit erklären helfen [115, 121]: Dabei wurden 53 Ärzte befragt. Ihre Mitteilungen machten sie abhängig von der Prognose des Leidens, der psychischen Labilität des Patienten, seiner Kooperationsbereitschaft und seiner Intelligenz. Die Art ihrer Mitteilungen gliedert sich wie folgt auf:

- 83%: vollständige Aufklärung über die diagnostischen Maßnahmen
- 76%: Aufklärung über die therapeutischen Maßnahmen
- 47%: Aufklärung über die Diagnose
- 13%: Aufklärung über die Prognose [121].

Ärzte schätzen die Medizinkenntnisse ihrer Krankenhauspatienten als gering ein. Dies entspricht weitgehend auch der Realität [120]. Der Wunsch der Patienten nach Aufklärung allgemein und in bezug auf die Art der Aufklärung entspricht allerdings nicht den Vermutungen der behandelnden Ärzte über das Informationsbedürfnis ihrer Patienten [114, 121]. Untersuchungen in den USA zufolge nähern sich aber Aufklärungsbedürfnisse der Patienten und Aufklärungsabsichten der Ärzte [125].

Das Verhalten der Ärzte in Situationen, die eine Informationsvermittlung erlauben, spiegelt ihre Einstellungen wider. Gut erforscht ist in Deutschland das **ärztliche Verhalten während der Visite** [94, 126, 127]. Eine angemessene Informationsvermittlung wird möglicherweise häufig dadurch verhindert, daß die Patienten selten Eigeninitiative entwickeln und selten fragen [128]. Doch bei genauer Betrachtung des Ablaufs einer Visite kann man erkennen, daß dazu kaum Gelegenheit besteht, bzw. daß auf Initiativen der Patienten nur unbefriedigend reagiert wird. Darüber hinaus werden häufig Informationen nicht verstanden oder sogar wieder vergessen [129].

500 Patienten, mit denen zuvor in unterschiedlichem zeitlichen Abstand ein präoperatives Aufklärungsgespräch geführt wurde, wurden dazu befragt [130]. Dabei ergab sich, daß 33% der Patienten sich nicht mehr an die Inhalte der Aufklärung erinnern konnten. 49% von ihnen konnten sich noch daran erinnern, daß es um die Notwendigkeit der Operation und deren nicht geringe Risiken ging, und 18% der Patienten konnten den exakten Inhalt des Gesprächs wiedergeben.

An den **Erinnerungs- und Verständigungsschwierigkeiten** von Patienten tragen meist die Ärzte selbst Schuld: Unverständliche Formulierungen (z. B. zu lange Sätze), schlechte Satzgliederung, wichtige Punkte werden zu selten wiederholt, und die ärztlichen Mitteilungen sind meist zu wenig konkret und spezifisch. Dies erhöht die Wahrscheinlichkeit, daß Gesprächsinhalte von Patienten vergessen werden. Hilfsmittel, die die Verständlichkeit verbessern könnten, wie z. B. visuelle Materialien, werden selten verwendet [127, 131, 133].

Eine wesentliche Rolle spielt ferner der emotionale Zustand, in dem ein Patient Informationen aufnehmen soll; so bedingen sehr niedrige und sehr hohe Angst des Patienten eine verminderte Aufnahmefähigkeit, eine Tatsache, die vom Arzt berücksichtigt werden müßte [134]. Das Aufklärungsgespräch ist nicht als Einwegkommunikation vom Arzt zum Patienten zu verstehen, sondern als wechselseitiges Geschehen, in dem der Behandler sich am Kranken orientieren und seine Informationen so gestalten sollte, daß sie vom Patienten sowohl verstanden als auch akzeptiert werden. Die **Zufriedenheit** des Patienten mit dem Arzt-Patient-Gespräch und sein Befolgungsverhalten gegenüber ärztlichen Anordnungen (**Compliance;** s. Kap. 9.4) hängen wesentlich von der Gestaltung des Interaktionsprozesses zwischen Arzt und Patient ab, u.a. davon, in welchem Maße der Arzt nonverbal eigene Gefühle auszudrücken und nonverbale emotionsbezogene Äußerungen des Patienten entschlüsseln kann [135].

Aufklärung, Information und Beruhigung vor diagnostischen und therapeutischen Maßnahmen sind schließlich dazu geeignet, die Komplikationsraten während und nach den Eingriffen zu vermindern. Forschungsergebnisse deuten darauf hin, daß Aufklärung dem Patienten vor allem dabei hilft, realistische Erwartungen aufzubauen und eigene Kontrollmöglichkeiten wahrnehmen zu können. Die positiven Auswirkungen lassen sich dann durch unterschiedliche Maße am Patienten erfassen: z. B. durch standardisierte psychologische Tests, Selbst-Rating von Stimmung und Schmerzen, Analgetika-Verbrauch, Länge des Krankenhausaufenthalts und körperliche Parameter wie Herzrate, Blutdruck, Urinretention, Hautwiderstand, biochemische Parameter [116, 121, 136].

In einer empirischen Studie erwies sich im übrigen ein (unstrukturiertes) ärztliches Gespräch als Aufklärungsverfahren für Gallen- und Blinddarmpatienten hinsichtlich der Wissensvermittlung genauso wirksam wie eine Broschüre (mit allgemeinen und speziellen Informationen über Eingriffe im Bauchraum und deren Risiken, Verhaltenshinweisen); es brachte aber eine deutlich ausgeprägte emotionale Stabilisierung (Reduktion von Angst und Nervosität) mit sich [137].

Problembereich „Entpersonifizierung"

Immer wieder kann festgestellt werden, daß das Krankenhauspersonal nur unzureichend über die Persönlichkeit des ihm anvertrauten Patienten, seine Biographie, sein soziales Umfeld sowie über seine psychischen Probleme im Zusammenhang mit seiner Krankheit informiert ist [117, 138]. Wie kommt es zu dieser Vernachlässigung des gesamten Bereichs, der den einzelnen Patienten als Menschen charakterisiert? Der hierfür verantwortliche Prozeß wird als eine **„Triade struktureller Inhumanität"** des Krankenhauses beschrieben [139]:

- In der Medizin müssen ständig eine Unzahl von Befunden und Erscheinungen zu Krankheitsbildern und -namen zusammengefaßt, also Ereignisse, **Patienten und ihre Symptome typisiert** und objektiviert werden. Dies geschieht um der medizinischen Erkenntnis willen, also um Diagnosen stellen und differentialdiagnostische Überlegungen anstellen zu können, und ist stets mit einem gewissen Grad der Distanzierung vom „Objekt" der Erkenntnis verbunden.
- Das Typisieren und Objektivieren von Ereignissen hat pragmatische Bedeutung. Dabei ist wesentlich, daß auch das therapeutische Handeln wiederum routinisiert abläuft und somit als ereignisbezogene Aktion typisiert ist.
- Zusätzlich treten im Krankenhaus die behandelnden Ärzte und Schwestern als zu Positionen typisierte Akteure auf, im Nebeneinander der Funktionskreise und Übereinander der Statusgruppen.

Das Krankenhaus stellt somit normative Regulationen individuellen Verhaltens zur Verfügung. Bevorzugt werden dabei zum einen interpersonelle gegenüber intrapersonellen Vergleichen, zum anderen Typisierungen, die rein Organisches und Meß- bzw. Objektivierbares beinhalten. Als Folge dieses „klinischen Blicks" kommt es zur Vernachlässigung psychosozialer Diagnostik.

Weitere Ursachen für die mangelhafte ärztliche Kenntnis der persönlichen Krankengeschichte von Patienten sind die gängigen **Rollenerwartungen an den Arzt,** die dazu führen, daß er zwar beim Übersehen organischer Befunde „bestraft" wird, nicht jedoch bei Unkenntnis psychosozialer Faktoren. In seiner Aus- und Weiterbildung wird ihm das Verständnis psychosozialer Komponenten nur ansatzweise nahegebracht. Nicht zuletzt spielen Prestige und ökonomische Gründe eine Rolle.

Objektivierter Umgang mit dem Patienten scheint jedoch in seinem Ausmaß von Arzt- und Patienten-Variablen abzuhängen. Hinweise darauf liefern Untersuchungen [140, 141], nach denen die Intensität der Arzt-Patient-Beziehung und damit die Möglichkeit, auch über persönliche Dinge mit dem Arzt zu sprechen, mit höherer Schulbildung zunimmt (Erklärung: Wegfallen von Sprachbarrieren), bei männlichen Patienten stärker ausgeprägt ist als bei weiblichen und mit fachgeprägten Einstellungen der Ärzte variieren kann [142]. Bemerkenswert ist das Ergebnis, daß eine Vertiefung der Arzt-Patient-Beziehung bei längerem Krankenhausaufenthalt nur dann stattfinden kann, wenn der Erstkontakt bei der Aufnahme des Patienten sich bereits gut entwickeln konnte und intensiv war [141].

Dabei erweist sich die Wahrnehmung unpersönlicher ärztlicher Umgangsformen durch den Patienten unabhängig von der medizinisch-technischen Betreuung, die 90% der Patienten zufriedenstellt. Die Mehrheit dieser Patienten gibt an, keinen persönlich-menschlichen Kontakt zu Ärzten und Pflegepersonal zu haben, obwohl sie ihn wünschen. Die Erwartungen der Patienten beinhalten nicht allein krankheitsbezogene Behandlung – dies ist nur bei 11% der Patienten der Fall –, sondern auch persönlichkeitsbezogene Behandlung (73% der Patienten) [117].

Beispiele: „Die Untersuchungen sind ja ganz gut. Aber was dann kommt, spottet jeder Beschreibung ... Die Ärzte gucken hier ja nicht nach uns. Die Visiten ... sind doch lächerlich: ‚Guten Tag' und ‚Wie geht's' und wieder raus. Aber das im Eiltempo." – „Ich glaube, sich mit dem Patienten zu unterhalten, das gehört dazu, sonst kommt man sich vor wie eine Maschine." – „Sie (die Ärzte) sehen den Patienten als Fall und erst in zweiter Linie als Mensch. Es ist wichtig, daß den Arzt nicht nur die Organe interessieren, sondern daß er auf den Menschen eingeht."

Die Folgen der Vernachlässigung psychosozialer Faktoren bestehen nicht allein darin, daß die Erwartungen der Patienten nicht erfüllt werden und ihre Reaktionen im Krankenhaus sowie u. U. ihr Beschwerdebild unverständlich bleiben. Konsequenzen ergeben sich auch für die Urteilsfähigkeit der Ärzte: Denn die **Beurteilung der Prognose** und des Krankheitsverlaufs unter Einbeziehung psychosozialer Kriterien ist den Voraussagen überlegen, die anhand rein somatischer Kriterien getroffen werden [143]. Als entscheidend für die Genesungschancen des Patienten erwiesen sich nicht spezifische Belastungsfaktoren oder -konstellationen, sondern die Tatsache, ob er sich in der Lage sieht, solche Belastungen zu bewältigen.

Die Patienten selbst internalisieren nicht selten das in der Medizin übliche Krankheitsverständnis und wollen ihre Krankheit als objektivierbares Geschehen, unbeeinflußt von ihrem Erleben und Verhalten, verstanden wissen. Abhängig von früheren Erfahrungen mit dem Gesundheitssystem äußert sich dies in der Erwartung „mechanistischer" Symptombeseitigung (durch Ärzte, Medikamente) und Ablehnung eigener Verantwortung für den Behandlungsverlauf. Allerdings wandelt sich der verinnerlichte objektivierte Krankheitsbegriff durch die Erfahrung der eigenen Krankheit (so daß diese Beobachtung den erfragten Erwartungen bezüglich persönlichkeitsbezogener Behandlung nicht widersprechen muß).

Tabelle **9-4** Formen der Abweisung von Krankenproblemen [144].

- Vermeidung (begünstigt durch Funktionsteilung, z. B. Funktionspflege, Konsiliar-System)
- Fall-Denken
  - Vergegenständlichung der Krankheit durch Reduktion des Krankseins
  - Typisierung und Klassifizierung der Krankheit und des Kranken
  - Krankheitsgeschichte statt Krankengeschichte
  - Lokalisierung (der Mann am Fenster)
  - Numerierung (der Fall von Zimmer ...)
  - Funktionalisierung (die Frau, die zum Röntgen soll)
- Rückzug in das Arztzimmer (Verwaltung) oder in das Laboratorium (Wissenschaft)
- Verleugnung des Selbst-Betroffenseins (z. B. der Krebskrankheit oder dem Sterben gegenüber)
- Einstufung eines schlecht angepaßten Kranken als „Problempatient"
  - Psychopath
  - depressiv
  - misanthrop
  - aufsässig-streitsüchtig
  - bösartig
  - „undankbarer Patient"

Wie geht nun der Arzt tatsächlich mit dem Patienten um, wenn dieser „menschliche Regungen" zeigt, psychische Probleme bei ihm sichtbar werden, sein Verhalten auffällt? Der Patient wird „abgewiesen" (Tab. 9-4) oder seine subjektive Situation wird deshalb gar nicht wahrgenommen, weil seine Äußerungen „harmonisch" in erwartete Verhaltensmuster passen, z. B. bei depressiver Zurückgezogenheit des Patienten und damit verbundener „Anspruchslosigkeit" und Willfährigkeit. Die Probleme des Patienten können auch fehlinterpretiert oder übergangen werden, weil man sich im Krankenhaus nicht zuständig fühlt, oder sanktioniert werden. Insgesamt rückt man sie „in die Marginalität" [101].

Positive Formen der Auseinandersetzung mit Patientenproblemen, soweit sie institutionalisiert sind, kommen gar nicht recht zur Wirkung, da sie wegen mangelnder Kapazitäten unzulänglich bleiben müssen, z.B. die Krankenhausseelsorge, der Sozialdienst oder entsprechende Laienhelferorganisationen. Ihre Inanspruchnahme setzt zudem die Wahrnehmung der Probleme des Patienten durch ihn selbst oder andere voraus, wovon eben keineswegs ausgegangen werden kann.

Sicherlich erfüllt die Distanzierung vom Patien-

Tabelle **9-5** Beispiele für Wechselbeziehungen zwischen Personal und Patienten im Krankenhaus.

Einstellungen + Verhalten Personal (Arzt-Variablen)		Erleben und Verhalten Patient (Patient-Variablen)	
Informationsvermittlung, Empathie		Geschlecht	
nehmen zu	←	weiblich	
Höflichkeit		Alter	
nimmt zu	←	steigend	
Unterbrechungen/Aufmerksamkeit		äußere Erscheinung	
nehmen ab nimmt zu	←	elegant	
			[154]
Betriebsklima auf Station		Einschlafverhalten	
schlecht	→	Schwierigkeiten häufiger	
Qualifikation der Vorgesetzten		Einschlafverhalten	
niedrig	→	Schwierigkeiten häufiger	
Vorhersehbarkeit der Arbeitsschritte		Einschlafverhalten	
gering	→	Schwierigkeiten häufiger	
Einstellung zum Patienten		Einschlafverhalten	
abwertend	→	Schwierigkeiten häufiger	
Kontaktnetz zwischen Schwestern		Einschlafverhalten	
engmaschig	→	Schwierigkeiten häufiger	
			[138]
Verhalten der Nachtpfleger		nächtliche Rufe des Patienten	
patientenzentriert	→	weniger häufig	
			[138]
gruppendynamische Position Arzt		Einstellungen zur Therapie	
G: energisch, autoritär	→	kritisch, Fehler bemerkend	
α: „beliebt"	→	positiv, Fehler u. U. übersehend	
β: Spezialist	→	neutral, je nach Erfolg	
Ω: ängstlich, unsicher	→	ablehnend	
gruppendynam. Position Schwester		erlebtes Klima auf Station	
G: hart, autoritär	→	streng, angespannt	
α: eigene Person einbringend	→	warm, persönlich	
β: aufgabenorientiert	→	sachlich	
Ω: unsicher	→	gereizt	
			[155]

Tabelle 9-5 (Fortsetzung)

Behandlungsentscheidungen		Krankheitsbewältigung (chronisches Asthma)
Hospitalisationsdauer steigt	←	starke Angstreaktionen
Steroidtherapie intensiver	←	starke Angstreaktionen
Urteil über Schwere der Krankheit		starke Angstreaktionen
abhängig von Sensitivität des Arztes		starke Angstreaktionen
– bei hoher Sensitivität:		
Urteil unabh. von Angst des Patienten	←	starke Angstreaktionen
medizinische Behandlung des psychologischen Problems		
– bei mäßiger Sensitivität:		
Urteil abh. von objektiven Befunden	←	starke Angstreaktionen
– bei niedriger Sensitivität:		
Urteil abh. von Angst des Patienten	←	starke Angstreaktionen
Konfundierung psychologischer und medizinischer Probleme		
		[156]
Insuffizienz, Verunsicherung		psychogene (funktionelle) Krankheit
aggressives Agieren	←	Patient + seine Krankheit fügen sich nicht in ideologisches System rein naturwissenschaftlicher Medizin
Rationalisieren eigener Handlungen (Inaktivität oder Hyperaktivität)		
Vermeidung des Patienten		finales Krankheitsstadium
rasches Absolvieren (Visite)	←	Konfrontierung des Arztes mit Tod und Sterben
Rationalisierung der Vermeidung (Arbeitsbelastung, Zeitdruck)		
organisationsstrukturell bedingte funktionale Rollenerfüllung		rollengemäße Infantilisierung
rationales „Auschalten" von Emotionalität, oder	→	emotionale Mangelsituation
unkontrolliertes affektives Agieren		regressives, hilfloses Verhalten
		[145]
Sanktionen	←	„bad patient behavior", „Problempatient"
Überweisung an Psychosomatiker, Psychiater; Entlassung; Miß-/Verachtung; sedierende Medikation		
		[113, 138]
Übersehen von Patientenproblemen	←	„good patient behavior", Depressionen
		[101, 138]

ten Funktionen für den Arzt: Er „verschont" sich vor dessen „Person", z. B. vor der Gefahr, durch ihn betroffen zu sein. Auch der Arzt ist auf die Befriedigung emotionaler Bedürfnisse, auf Bestätigung angewiesen; werden das Verhalten eines Kranken, seine Äußerungen, sein Krankheitsbild für ihn unverständlich, versucht er, Insuffizienzgefühle und eigene Ängste zu vermeiden [117, 144, 145].

Problembereich Reflexion der Wechselwirkungen

Die Problematik besteht aber nicht darin, daß vielfältige Wechselwirkungen zwischen Einstellungen und Verhalten des Krankenhauspersonals und Erlebens- wie Verhaltensweisen des Patienten immer vorhanden sind, sondern daß diese „hinsichtlich ihrer Nützlichkeit oder Schädlichkeit für die Krankenbehandlung völlig unreflektiert bleiben. Das heißt, daß der Umgang zwischen Personal und Patient weitestgehend rationaler Klärung und Kontrolle entzogen ist" [138]. Die Folgen unreflektierter Wechselbeziehungen betreffen nicht nur den Patienten, indem sie Einfluß haben auf sein Befinden, sondern auch den Arzt, dessen Entscheidungsprozesse durch sie in irrationaler Weise mitbestimmt werden können.

Ohne Anspruch auf Vollständigkeit sind in Tabelle 9-5 einige Beispiele für Wechselwirkungen in den Beziehungen zwischen Patient und Krankenhauspersonal zusammengestellt. Es wird deutlich, daß sowohl positive wie negative Effekte dieser Prozesse möglich sind, die der Arzt bewußt nutzen könnte oder denen er bewußt gegenzusteuern hätte. Unabdingbare Voraussetzung hierfür sind die Wahrnehmung und Kenntnis eigener Gefühle und Reaktionsweisen des Arztes in der Arzt-Patient-Beziehung.

Möglichkeiten der Verbesserung

Grundsätzlich lassen sich die in der Literatur zu findenden Verbesserungsvorschläge danach unterscheiden, inwieweit auch strukturelle bzw. organisatorische Veränderungen eingeschlossen sind, oder ob sie „nur“ Veränderungen betreffen, die unter Beibehaltung gegebener Krankenhausstrukturen möglich sind. Es bleibt zu bemerken, daß aufgrund der Komplexität der Institution Krankenhaus Vorschläge nie allgemeingültig sein können [146].

Vielfach beschäftigen sie sich mit Informations- und Aufklärungsmöglichkeiten für den Patienten sowie mit Ansätzen zur Verbesserung seiner sozialen Situation im Krankenhaus:

- Schriftliches Informationsmaterial (Broschüren, Patientenhefte), Videofilme zur Orientierung des Patienten über seine Rechte, das Krankenhaus, seine Krankheit [146, 147] sind zu verstehen als zusätzliche Informationsquellen zum Gespräch mit dem Arzt.
- Verbesserte Betreuung des Patienten, z. B. durch Patientenvertreter [147] oder die Zuordnung eines „persönlichen“, psychologisch vorgebildeten Arztes oder einer Schwester, soll ermöglichen, auch Klagen, Kritik und emotionale Probleme zu äußern sowie Fragen zu stellen. Auch vor der Entlassung sollte der Patient dazu Gelegenheit haben, etwa durch ein „Entlassungsbüro“, und Info-Materialien für zu Hause bekommen [148].
- In Patientengruppen können die Kommunikation unter den Patienten, emotionale Unterstützung und Informationssuche gefördert werden [122, 146]. Aus ähnlichen Gründen ist eine wohlüberlegte Zimmereinteilung sinnvoll [105].

Immer wieder wird die Notwendigkeit einer intensiven Aus-, Weiter- und Fortbildung des Krankenhauspersonals in patientenzentrierter Medizin in Seminaren und durch Gruppenarbeit betont [115, 122, 145, 147], vor allem bezüglich langfristiger Auswirkungen. Zu verfolgende Ziele sollten nicht nur kognitiver Art im Sinne einer bloßen Wissenszunahme sein, sondern auch die Emotionalität und das tatsächliche Verhalten des Personals betreffen. Allerdings sind problematische Haltungen des Personals, z.B. seine Abwehr gegenüber Patientenproblemen, durch Weiterbildung allein nicht abzubauen; trotz erhöhter Motivation und größerem Verständnis wird das konkrete Handeln des Personals u. U. nur wenig verändert. Hierfür bedarf es nämlich der Vergrößerung des institutionellen Spielraums mit der Möglichkeit zur Einübung neuer Verhaltensweisen und Rollenauffassungen [138]. Neben der Veränderung von Einstellungen haben demnach auch Veränderungen auf den Ebenen der Handlungsroutinen und der Organisationsstruktur stattzufinden [122].

Die Breite und Durchschlagskraft von Verbesserungen struktureller Bedingungen kann dabei vom veränderten Visitenablauf (Vorbesprechung des Personals, Gespräch mit dem Patienten, Nachbesprechung außerhalb des Zimmers) [147] über die Reform der Zeitgestaltung für den Patienten im Krankenhaus (veränderter organisatorischer Tagesablauf unter Berücksichtigung von Lebensgewohnheiten des Patienten) [105, 146] und die Veränderung der Uniformierung des Personals [146] bis hin zur institutionellen Verankerung eines patientenzentrierten, psychosomatischen Konzepts in die Routine einer Klinik oder einer Krankenhaussituation [138, 149] reichen. Die breitesten Konzepte sind unter den Begriffen „klinische Psychosomatik“, „therapeutische Gemeinschaft“ und „klassenloses Krankenhaus“ zum Teil auch in den Massenmedien bekanntgeworden.

- Therapeutische Gemeinschaft meint das Wegfallen von Rollen-, Status- und Autoritätsdifferenzierungen im Stationsteam und bietet für den Patienten eine „stimulierende Atmosphäre der Selbstäußerung“ [150].
- Das klassenlose Krankenhaus strebt die Gleichstellung aller Patienten, Abschaffung privater Liquidation des Chefarztes und seiner Weisungsbefugnis gegenüber Fachärzten, eine kollegiale demokratische Leitung und Teamarbeit zwischen Ärzten und Pflegepersonal an [151].
- Klinische Psychosomatik bedeutet die Umsetzung eines theoretischen psychosomatischen Konzepts in die konkrete Organisation einer Station, die konzeptorientierte Ausbildung aller Beteiligten, die Umorganisation des Arbeitsablaufs mit dem Ziel der Intensivierung von Informationsaustausch zwischen Patient und Personal und ihrer Beziehungen insgesamt. Erhöhte emotionale Belastungen des Personals, die sich aus dem intensiveren Umgang mit den Patienten ergeben, sollten innerhalb der Station durch emotionale Unterstützung kompensiert werden, worauf der Arbeitsablauf ebenfalls abzustimmen ist [138, 149].

Nicht zuletzt sind die Forderungen nach psychologischer Fundierung von Architektur und Innenarchitektur des Krankenhauses [146] zu erwähnen, die der Bedeutung von Vorhersagbarkeit und Kontrolle sowie Gefühlen von Privatheit und territorialer Integrität [152] des Patienten Rechnung trägt.

Studienfragen

Was versteht man unter „institutionellen Vereinnahmungen" des Patienten im Krankenhaus?
(s. S. 257, 258)
Worauf sollte man in einem Aufklärungsgespräch mit einem Patienten achten?
(s. S. 260, 261, 262)
Welcher Gefahr kann das Krankenhauspersonal im Umgang mit einem „idealen" oder „guten" Patienten unterliegen?
(s. S. 260, 261, Tab. 9-3)

9.2.3 Asymmetrie und soziale Distanz

Johannes Siegrist

Krankheit als Störung sozialer Identität

Als gesellschaftliches Wesen ist der Mensch lebenslang auf soziale Interaktion angewiesen. Sie dient nicht nur dem Austausch, der Hilfeleistung und der sozio-emotionalen Unterstützung, sondern ist auch eine wichtige Voraussetzung für die Schaffung und Aufrechterhaltung sozialer Identität, d.h. das Bewußtsein, einen Platz im gesellschaftlichen Gefüge einzunehmen. Durch ein Geflecht vorbewußt ablaufender alltäglicher Interaktionen bestätigen wir uns wechselseitig unsere soziale Identität, schützen uns vor Erwartungsenttäuschungen oder aber leiden unter erfahrenen Diskrepanzen zwischen Selbst- und Fremdwahrnehmung. Krisen sozialer Identität entstehen im Erwachsenenalter typischerweise durch Unterbrechungen der Kontinuität von Rollenerwartungen, wie sie beispielsweise durch Arbeitslosigkeit, Scheidung, plötzliche Krankheit hervorgerufen werden können. Der Krankheit kommt in diesem Zusammenhang besondere Bedeutung zu, da der Körper Träger und Vermittler von Beziehungen der Person zur gesellschaftlichen Mitwelt ist. Wird er massiv gestört, dann werden auch die mit ihm verbundenen fraglosen sozialen Gegebenheiten erschüttert. Patienten befinden sich daher häufig in einem Zustand seelischer und sozialer Labilität, und in sozialen Interaktionen sind sie in besonderem Maße verunsichert und empfindsam. Auf diesem Hintergrund muß die Problematik von sozialer Distanz und Asymmetrie in der Arzt-Patient-Beziehung gesehen werden, deren Ursachen, Auswirkungen und Änderungsmöglichkeiten im folgenden kurz analysiert werden.

Soziale Distanz in der Arzt-Patient-Beziehung

Aus mindestens vier Gründen ist zwischen Arzt und Patient im allgemeinen eine deutliche soziale Distanz zu erwarten:

- Es besteht ein Gefälle der Kompetenz und des Wissens zwischen dem Experten, dem Mitglied einer akademischen Profession einerseits und dem Laien andererseits.
- Der Patient tritt in der Regel als Hilfesuchender, d.h. in spezifisch abhängiger Form dem Arzt gegenüber. Dieses Abhängigkeitsgefälle wird noch verstärkt durch die unterschiedliche Involvierung der beiden Partner: Der Arzt handelt in einer Situation beruflicher Routine, in welcher nicht die individuellen Begleitumstände der Erkrankung, sondern ihre allgemeinen, medizinisch faßbaren Merkmale das Zentrum der Aufmerksamkeit bilden. Für den akut erkrankten Patienten kann die Konfrontation mit dem Arzt dagegen ein einschneidendes, die biographischen Belange unmittelbar berührendes Moment darstellen, dessen Einmaligkeit und Eindrücklichkeit in scharfem Kontrast zu der durch berufliche Routine gedämpften partiellen Aufmerksamkeit des Arztes steht.
- Ärztliches Handeln ist mit Entscheidungsmacht ausgestattet, die in die Patientenbiographie deutlich eingreifen kann (z.B. Bescheinigung der Erwerbsunfähigkeit, Krankschreibung, Überweisung in eine stationäre Einrichtung).
- Soziokulturelle Unterschiede der Herkunft und des Lebensstils verstärken die genannten Distanzeffekte. Dies gilt in besonderem Maße für die verbale Kommunikation mit Patienten aus unteren sozioökonomischen Schichten (s. Kap. 11). In diesen Schichten findet sich häufiger ein von Bernstein als **restringiert** bezeichneter Sprachcode, in welchem Gesprächsabsichten nicht verbal explizit herausgearbeitet und gesondert ausgedrückt, sondern vielmehr häufig durch nicht-verbale Zeichen dargestellt werden, im Gegensatz zum **elaborierten Code** der Mittelschicht [157]. Daraus wird gefolgert: „Diese soziolinguistische Unterscheidung zwischen restringiertem und elaboriertem Code hilft uns bei der Aufklärung der beobachteten Schwierigkeiten, die Arbeiterpatienten gegenüber dem Arzt aufweisen. Obwohl Arbeiterpatienten genauso wie jene der mittleren Sozialschichten über ihre Krankheit informiert werden möchten, gelingt ihnen die Übernahme einer aktiven Rolle, welche das Stellen von Fragen mitbeinhaltet, schlechter als den Mittelschichten. Der Unterschied des linguistischen Codes zwischen Arzt und Unterschichtpatient kann daher zu einem Bruch in der Kommunikation führen" [158]. Dieser Bruch kann durch mangelnde sprachliche Gewandtheit, durch unterschiedliches Tempo, durch Scheu und übersteigerte Autoritätsbeziehung zum Arzt noch vertieft werden [159].

Auswirkungen der sozialen Distanz auf Kontakt- und Kommunikationsformen sind in medizinsoziologischen und soziolinguistischen Forschungen unter dem Begriff der **asymmetrischen Interaktion** beschrieben worden [16, 126, 160].

Asymmetrische Interaktion: das Beispiel Visite

Gelungene sprachliche Kommunikation ist an eine Reihe von Voraussetzungen gebunden, so u. a. an die Fähigkeit akustischer und semantischer Verständigung, die Bereitschaft des Zuhörens, die Fähigkeit, Initiativen zu ergreifen, sowie an die Integration verbaler, nonverbaler (Mimik, Gestik) und paraverbaler (Betonung, Sprechtempo) Äußerungen. Diese Voraussetzungen werden in **symmetrischen** sozialen Beziehungen, d. h. in Interaktionen, in denen beide Partner gleiche oder vergleichbare Ausgangsbedingungen (z. B. in Hinblick auf semantische Verständigung) und gleiche Einfluß- und Steuerungsmöglichkeiten im Verlauf des Gespräches besitzen, besser erfüllt als unter Bedingungen sozialer Distanz. Je höher die soziale Distanz, desto größer ist die Wahrscheinlichkeit, daß semantische Verständigungsprobleme auftreten (z. B. Fachsprache versus Laiensprache) und daß die Bereitschaft des Zuhörens und die initiative Gesprächssteuerung, d. h. die Rollen des Sprechers und Hörers, unterschiedlich verteilt sind.

In der Arzt-Patient-Beziehung wirkt sich dies häufig dahingehend aus, daß Patienten ihre Informationsbedürfnisse nicht adäquat äußern können [121], daß sie anamnestisch oder prognostisch wichtige Informationen nicht oder nicht ausführlich genug dem Arzt darstellen können [47], sowie daß Ärzte sich Patienten gegenüber nur teilweise verständlich ausdrücken und dadurch bei Patienten Erwartungsenttäuschungen hervorrufen [160]. Im Krankenhaus ebenso wie in der Arztpraxis ist jedenfalls die Diskrepanz zwischen Informations- und Kommunikationsbedürfnissen des Patienten und der erfahrenen kommunikativen Zuwendung von seiten des Arztes der am häufigsten geäußerte, empirisch überzeugend belegte Kritikpunkt [126].

Eine solche Diskrepanz hat nicht nur Folgen für das subjektive Befinden des Patienten, sondern wirkt sich auch auf körperliche Funktionen aus (s. Kap. 2.2.3). So ist z. B. in verschiedenen experimentellen Studien gezeigt worden, daß gut aufgeklärte, informierte Patienten bei schwierigen diagnostischen Eingriffen mit geringerem Streß reagieren als mangelhaft vorbereitete Patienten. Beispiele hierzu sind Hormonausschüttungen bei Gastroskopie, bei Probeexzision aus der Brust oder Venenpunktion. Auch die Komplikationsrate nach Operationen ist bei gut informierten Patienten geringer, ebenso der Schmerzmittelverbrauch, so daß sich zusammenfassend sagen läßt: **„Information, Instruktion** und **Zuwendung** erleichtern und beschleunigen zusammengenommen die Phase der Rekonvaleszenz – zum Teil in medizinisch bedeutsamen Dimensionen (Schmerzmittelverbrauch, Aufenthaltsdauer)" [121].

Modellartig ist die asymmetrische Beziehung zwischen Arzt und Patient in der Krankenhausvisite empirisch analysiert worden. Sicherlich lassen sich die dabei gewonnenen Erkenntnisse nicht auf andere Arten des Arzt-Patient-Kontaktes ohne weiteres übertragen. So ist z. B. die durchschnittliche Schwere der Krankheit im Akutkrankenhaus zu berücksichtigen. Sodann beeinträchtigen vielfältige Störfaktoren des Krankenhausbetriebes ein persönliches und ausführliches Gespräch (s. Kap. 9.2.2). Arbeitsteilung, Schichtdienst und Stellenrotation gefährden die kontinuierliche Betreuung, und die Konzentration ärztlichen Handelns auf akute Krankheitszustände verschließt allzuleicht den Blick für die Lebenssituation des Patienten vor und nach einem Krankenhausaufenthalt [16]. Dennoch zeigen sich in der ärztlichen Kommunikation während der Visite Auswirkungen typischer Einstellungen und Handlungsroutinen, die der Arzt während seiner Aus- und Weiterbildung erlernt und die er später in den unterschiedlichen Praxisfeldern ärztlichen Handelns anwendet.

Sowohl arbeitssoziologische Beobachtungen als auch Einschätzungen von Ärzten und Patienten haben ergeben, daß die Visite die einzige regelmäßige, im Tagesverlauf des Akutkrankenhauses fest verankerte, gemeinsame Situation darstellt, in welcher das Gespräch, der wechselseitige Informationsaustausch eine grundlegende Rolle spielt. Eine durchschnittliche internistische Stationsarztvisite dauert zwischen drei und vier Minuten pro Patient, und verschiedene Studien kommen übereinstimmend zu dem Ergebnis, daß gut die Hälfte des gesamten Gesprächsumfanges auf den Arzt entfällt. Im Durchschnitt stellt der Patient pro Visite eine einzige Frage. Lediglich 10–15% aller Initiativen entfallen auf ihn [126]. Fragen des Arztes an den Patienten sind überdies häufig suggestiv [161], und mit Unterbrechungen und Themenwechsel (s. u.) werden Patientenanteile des Gespräches fragmentiert.

Die daraus folgende relativ marginale, d. h. randständige Stellung des Patienten in der Visitenkommunikation wird auf traditionell-internistischen Stationen noch verstärkt, wenn Patienten prognostisch ungünstig erkrankt sind. Schwerkranke Patienten sind über ihre Krankheit signifikant schlechter informiert als leichter erkrankte, auch dann, wenn sie entsprechende Informationsbedürfnisse besitzen und geäußert haben. Hier stellt sich die Frage, ob bestimmte ärztliche Einstellungsmuster in der Gesprächssteuerung wirksam werden, deren Ziel es ist, potentiell belastende Situationen (z. B. Mitteilung infauster Prognosen, Auffangen schwieriger emotionaler Reaktionen bei Patienten, Eingestehen eigener Betroffenheit und Hilflosigkeit) zu vermeiden und eine damit einhergehende Verunsicherung der ärztlichen Rolle auszuschließen.

Eine empirische Untersuchung dieser Frage anhand von Visitenprotokollen bei prognostisch infausten Patienten hat gezeigt, daß auf traditionellen internistischen Krankenhausstationen in über 90% aller Fälle die Bitte des Patienten um Information über seine Krankheit durch den Arzt mit sog. asymmetrischen Verbalhandlungen quittiert wurde [16].

Asymmetrische Verbalhandlungen sind Gesprächsinitiativen, die vom Thema oder von der Person ablenken, das Thema transformieren oder die Antwort in typischer Weise in der Schwebe halten.

Die vier am häufigsten gefundenen Typen asymmetrischer Verbalhandlungen sind

- das Nicht-Beachten,
- der Adressaten- oder Themenwechsel,
- der Beziehungskommentar und
- die Mitteilung funktionaler Unsicherheit.

Während das Nicht-Beachten von Patienteninitiativen relativ selten zu verzeichnen war, konnten Adressaten- und Themenwechsel häufig registriert werden. Die folgenden Beispiele verdeutlichen **Themen-** und **Adressatenwechsel.** Beide Strategien sind deshalb naheliegend, weil die Visite den Charakter einer Arbeitsbeziehung besitzt und typischerweise eine Mehrpersonen-Veranstaltung darstellt.

Beispiel für Themenwechsel:

Patient, 57 Jahre alt, mit Kardiomyopathie.
Pat.: Wie lange, schätzen Sie, daß ich an dem Sauerstoff noch hängen muß?
Arzt: Äh, zunächst mal, Sie sagen Sauerstoff, gucken aber dahin (auf die Infusion)...
Pat. (lachend): Ja, nein, nein, ich mein' schon den Sauerstoff.
Arzt: Mhm-äh, das wollt ich Ihnen noch gerade sagen. Wir wollen heute nachmittag nochmals aus der Leiste das Blut entnehmen.

Beispiel für Adressatenwechsel:

Patientin, 51 Jahre, Mammakarzinom mit identifizierten Knochenmetastasen.
Pat.: Wenn man nichts machen tut, wird's ja nicht besser...
1. Arzt: Jaja, wir müssen jetzt erstmal sehen, was los ist. Gell?
2. Arzt: Wir können nicht einfach ins Blaue schießen, wir müssen wissen, was es ist. Gell? (Ärzte gehen zum nächsten Patienten).

Beim **Beziehungskommentar** geht es darum, daß der Arzt zwar zunächst scheinbar auf die Frage des Patienten eingeht, diese aber durch seine Antwort gleichzeitig umwandelt, inhaltlich verschiebt. Dies geschieht häufig dadurch, daß nicht der Inhalt, sondern der Beziehungsaspekt der Aussage thematisiert wird.

Beispiele:
Patientin, 33 Jahre, mit chronisch aggressiver Hepatitis.
Pat.: Das geht bestimmt noch lange, daß ich da oben bin (gemeint Krankenhaus). Nicht?
Arzt: Wir wollen Sie ja nicht unnötig plagen!

Patientin, 47 Jahre, mit metastasierendem Mammakarzinom.
Pat.: Hoffentlich habe ich nichts im Kopf!
Arzt: Ich weiß, daß Sie das jetzt sehr beunruhigt im Augenblick.

Bei der Mitteilung **funktionaler Unsicherheit** geht der Arzt scheinbar komplementär auf die Frage des Patienten ein, ohne jedoch eine inhaltlich ergiebige Information mitzuteilen. Hinweise auf fehlende Befunde stellen die häufigsten Beispiele in diesem Zusammenhang dar. Von funktionaler Unsicherheit darf jedoch nur dann gesprochen werden, wenn sichergestellt ist, daß der Arzt bereits im Besitz der Information ist.

Im Gegensatz zu ärztlichen Reaktionen auf traditionell-internistischen Stationen sind asymmetrische Verbalhandlungen bei Ärzten einer psychosomatisch-internistischen Modellstation in hochsignifikant geringerem Ausmaß vorgekommen [16]. Dies deutet zumindest darauf hin, daß psychotherapeutisch und psychosomatisch geschulte Internisten ein höheres Maß an ärztlicher Rollentoleranz aufweisen, d. h., daß sie stärker patientenzentriert, weniger professionsbestimmt handeln, daß sie Unsicherheit und affektive Belastung besser zu ertragen vermögen und damit in geringerem Maße auf die Erhaltung von Statusdistanz angewiesen sind als ihre traditionell ausgebildeten Fachkollegen.

Forschungsergebnisse dieser Art haben auch praktische Konsequenzen.

Änderungsmöglichkeiten

Obwohl die asymmetrische Beziehung zwischen Arzt und Patient aus strukturellen und organisatorischen Gründen prinzipiell gegeben ist, läßt sich ihr Umfang durch gezielte Änderungen deutlich verringern. Am Beispiel der Visite und darüber hinaus der Gestalt der Arzt-Patient-Beziehung im stationären Bereich ist gezeigt worden, daß bereits organisatorische Änderungen einen deutlichen Effekt ausüben. So gibt es heute gute Erfahrungen mit einer Entflechtung der Visitenfunktionen: Kurvenvisite, Fachgespräch und Organisationsabsprache werden in Vor- bzw. Nachbesprechungen von dem eigentlichen Krankenbesuch abgetrennt. Zusätzlich zur Visite werden weitere Anlässe einer verstärkten Kommunikation mit dem Patienten eingeführt, so z.B. das Aufnahme- und Entlassungsgespräch. Änderungen der Arbeitsorganisation müssen freilich, um effektiv zu sein, mit einer Verbesserung der Teamarbeit auf der Station einhergehen, ebenso mit einer Verbesserung des Informationsflusses und der Kooperation zwischen Ärzten und anderen Berufsgruppen im Krankenhaus sowie zwischen Ärzten und außerstationären Instanzen (z. B. Hausärzte, Rehabilitationseinrichtungen, Sozialstationen etc.). In einem eindrücklichen Modellversuch ist gezeigt worden, daß erst durch die Änderung der ärztlichen Einstellungen gegenüber dem Patienten und der damit einhergehenden Verbesserung kommunikativer Kompetenzen bei den Ärzten diese organisatorischen Änderungen für den Patienten voll zum Tragen kommen: In der explizit **patientenzentrierten Visite,** die im Durchschnitt doppelt so lang wie die herkömmliche dauert, stellt der Patient dreimal so viele Fragen, erhöht sich sein Gesprächsanteil auf beinahe die Hälfte der gesamten Kommunikation und reduziert sich der Anteil asymmetrischer Verbalhandlungen bei schwerkranken Patienten auf 15%. Patienten der Modellstation erhielten insgesamt zu 63% (in herkömmlichen internistischen Stationen 28%) vom Arzt spontane, d. h. auf eigene Initiative veranlaßte, krankheitsbezogene Informationen [162]. Inzwischen liegen Ergebnisse einer groß angelegten vergleichenden soziologischen Studie an sieben internistisch-psychosomatischen und acht traditionell-internistischen Stationen vor, die sowohl ein deutlich höheres Ausmaß patientenbezogener Visitenaktivität bei Ärzten wie auch höhere Arbeitszufriedenheit und verbesserte Teamarbeit bei Pflegepersonen der untersuchten Modellstationen zeigen [163].

Nach dem Gesagten erscheint es gleicherweise möglich und notwendig, die asymmetrische Beziehung zwischen Arzt und Patient durch arbeitsorganisatorische Maßnahmen, veränderte Einstellungen und eine stärker patientenzentrierte Arztrolle zu reduzieren. **Ein solcher Änderungsprozeß beginnt bereits in der medizinischen Ausbildung.** Medizinische Psychologie und Soziologie, Psychotherapie und Psychosomatik sind Disziplinen, deren Aufgabe u. a. darin besteht, die genannten Probleme in ihrer vollen Tragweite sichtbar zu machen, Änderungsmöglichkeiten wissenschaftlich zu begründen und praktisch zu vermitteln.

Studienfragen

Was versteht man unter asymmetrischer Kommunikation in der Arzt-Patient-Beziehung?
(s. S. 267, 268)
Warum kommt asymmetrische Kommunikation in der herkömmlichen Arzt-Patient-Beziehung so häufig vor?
(s. S. 267)
Sehen Sie Möglichkeiten einer Verringerung asymmetrischer Kommunikation zwischen Arzt und Patient, wenn ja, über welche Prozesse?
(s. S. 268, 270)

9.2.4 Beziehungsdiagnostik und Therapieeffekte

Friedrich-Wilhelm Deneke

Interaktion als wechselseitige Beeinflussung

Eine Definition von Interaktion umfaßt die „gegenseitige Beeinflussung von Individuen innerhalb von und zwischen Gruppen und die dadurch entstehenden Änderungen des Verhaltens oder der Einstellungen, Meinungen etc.“ [164]. Interaktionen sind also immer **zirkulär:** Das Verhalten eines Menschen (A) ist Reaktion auf das Verhalten von (B) und gleichzeitig wiederum Aktion für (B). A und B befinden sich also in einem Kreisprozeß ständiger wechselseitiger Beeinflussungen. Diese Zirkularität bleibt prinzipiell auch dann gültig, wenn die Interaktionspartner (wie dies für die Arzt-Patient-Beziehung gilt) unterschiedlich einflußreich sind, um die Beziehung nach Form und Inhalt zu gestalten. Bestimmte Beeinträchtigungen dieser zirkulären Interaktion zwischen Arzt und Patient sind von besonderer klinischer Bedeutung, weil sie die Entwicklung einer konstruktiven Beziehung behindern oder direkt schon Beziehungsstörungen anzeigen.

Die Beziehung zwischen Arzt und Problempatient

Die Angaben in der Literatur zur Häufigkeit von Problempatienten schwanken, weil den einzelnen Untersuchungen keine einheitliche Definition des Problempatienten zugrunde lag. Die häufigsten Prozentangaben liegen zwischen 30 und 50% [165]. Die Anzahl der Patienten in Krankenhäusern und Praxen, die von den Ärzten als problematisch erlebt werden, ist also beträchtlich. Der Patient kann für den Arzt *zum Problem* werden, wenn

- sich die Diagnosefindung im rein organmedizinischen Sinne schwierig gestaltet,

- der Arzt keine organische, sondern primär eine psychosoziale Ätiologie der Krankheit vermutet,
- der Arzt die Beziehung zum Patienten als schwierig erlebt (der Patient für ihn z. B. zur „Nervensäge" geworden ist) [166].

Diesen verschiedenen Bedingungen ist gemeinsam, daß der Arzt jeweils an die Grenzen seiner fachlichen Kompetenz geführt wird. Den aus der Kränkung geborenen Ärger darf er aber wiederum nicht zeigen, weil seine Berufsethik ihn darauf verpflichtet, sich jedem Patienten aufmerksam und anteilnehmend zuzuwenden. Die Gefährdung der Beziehung zwischen Arzt und Problempatient resultiert vor allem aus zwei Umständen:

- Die Ambivalenz, die der Arzt dem Problempatienten gegenüber spürt, wird sich dem Patienten mitteilen, der die sprachlichen und/oder außersprachlichen Mitteilungen seines Arztes als doppelbödig, zwiespältig oder inkongruent wahrnimmt. Mit anderen Worten erlebt er sie als paradoxe, wechselseitig nicht deckungsgleiche Mitteilungen – „der Arzt behandelt mich und möchte mich gleichzeitig nicht behandeln" –, die ihn in der Wahrnehmung des Arztes verwirren und in seinem Verhalten verunsichern.
- Die Beziehung zwischen Arzt und Patient ist in der Regel ausgeprägt asymmetrisch. Die äußere Situation und die innere Befindlichkeit des Patienten – seine Bedrohungsgefühle angesichts seiner Krankheit, sein Aufenthalt in der fremden, für ihn nur mangelhaft transparenten Praxis-/Krankenhausumgebung – führen dazu, daß der Patient in einer infantil-abhängigen Position fixiert wird, die ihn den Arzt als übermächtige Person erleben läßt, auf die er angewiesen ist.

Eine solche Beziehungskonstellation – der schwächere, abhängige Partner ist inkongruenten, paradoxen Mitteilungen ausgesetzt; er ist auf die Beziehung angewiesen, kann sie daher nicht verlassen – wird mit dem Terminus **double bind** (Doppelbindung) bezeichnet [167]. Insbesondere für die Beziehung zwischen Arzt und Problempatient gilt, daß sie in besonderer Weise für solche Doppelbindungen anfällig ist – mit der Folge, daß es beim Patienten zu Wahrnehmungsirritationen und Verhaltensstörungen kommt und die Entwicklung einer offenen, transparenten, von seiten des Patienten vertrauensvollen Beziehung zum Arzt gefährdet ist.

Die Dynamik von Übertragungs- und Gegenübertragungsreaktionen

Die Beobachtung und Bearbeitung von Übertragungs- und Gegenübertragungsvorgängen spielt speziell in der psychoanalytischen Diagnostik und Therapie eine zentrale Rolle. Die Übertragung ist ein allgemeinmenschliches Phänomen. Sie bezeichnet Vorgänge, die sich in jeder Beziehung – wenn auch zumeist unbewußt und daher unreflektiert – entwickeln, und die die Wahrnehmung des jeweils anderen Menschen, die emotionale Einstellung und das Verhalten ihm gegenüber sehr nachdrücklich beeinflussen können.

Übertragung läßt sich definieren als ein Vorgang, bei dem „ein Mensch Gefühle, Phantasien, Wünsche, Einstellungen und Reaktionsmuster, die aus seinen früheren (oder sonstwie lebensgeschichtlich bedeutsamen) Interaktionserfahrungen mit einer bestimmten Bezugsperson stammen, auf eine andere Bezugsperson bezogen wiederholt" [168].

Gemäß dieser Definition bleiben also alte Erfahrungen (einschließlich unbewältigter Konflikte, abgewehrter Triebwünsche, Ängste etc.) bis in die Gegenwart dynamisch wirksam; sie werden in einer gegenwärtigen Beziehung reaktiviert und gestalten diese aktuelle Beziehung nach dem Muster der alten.

Beispiel: Eine ältere Patientin mit Oberbauchbeschwerden ohne faßbaren organpathologischen Befund wird von einer jungen Ärztin überaus gewissenhaft untersucht und fürsorglich behandelt. Aber trotz der offensichtlichen Bemühungen der Ärztin ist der Patientin nichts recht: die Diagnostik immer noch nicht aufwendig genug, die Medikation absolut wirkungslos etc. Die biographische Anamnese fördert nun zutage, daß die Patientin eine wenig fürsorgliche, emotional kalte Mutter hatte. Sie hat dieses innere Mutterbild offenbar auf die Ärztin **übertragen** und zwar in einer Weise, die das reale Verhalten der Ärztin (deren tatsächliches Bemühen) massiv verkennt. Dieses Moment der **irrealen** Verkennung oder Wahrnehmungsverzerrung ist für die Diagnose einer Übertragungsreaktion sehr bedeutsam, weil es nämlich anderenfalls also wenn das Verhalten von Ärztin und Mutter der Patientin einander tatsächlich ähnelten schwierig wäre zu unterscheiden, ob es sich bei dem Verhalten der Patientin um eine Übertragungsreaktion oder eine situationsadäquate Reaktion auf die Ärztin handelt.

Übertragungsreaktionen lassen sich nach der vorherrschenden emotionalen Qualität unterscheiden in:

- **positive** Übertragung (freundliche, liebevolle Gefühle dominieren),
- **negative** Übertragung (Gefühle von Enttäuschung, Wut, Haß dominieren),

- **ambivalente** Übertragung (positive und negative Gefühle bestehen gleichzeitig nebeneinander).

Eine Übertragung ist in ihrer unbewußten Motivierung verständlich als der Versuch, eine früher erlittene und nicht überwundene traumatisierende Erfahrung in der Wiederholung, in der neuen Beziehung zu verarbeiten (als Versuch also, sich z. B. für eine erlittene Schmach wirkungsvoll zu rächen [169], sich einen unbewußten Wunsch zu erfüllen etc.).

Mit **Gegenübertragung** wird ein Übertragungsgeschehen bezeichnet, das sich auf den Arzt/Therapeuten/Analytiker bezieht. Praktisch-klinisch spielen dabei vor allem zwei Varianten eine Rolle:

Zum einen nennt man Gegenübertragung die spezifische Reaktion des Analytikers auf das Übertragungsangebot des Patienten. Eine solche Gegenübertragungsreaktion kann sich z. B. darin zeigen, daß ein Analytiker bei sich Bestrafungsimpulse gegenüber einem Patienten wahrnimmt, die dann im Verlauf der weiteren Behandlung verstehbar werden als spezifische Antwort des Analytikers auf die haßerfüllte Vaterübertragung, die der Patient auf ihn ausgebildet hat.

Zum anderen versteht man unter Gegenübertragung einen Vorgang auf seiten des Arztes oder Therapeuten, der der Übertragungsreaktion des Patienten in umgekehrter Richtung analog ist. D. h. der Arzt/Analytiker seinerseits reagiert auf den Patienten, als sei dieser eine bedeutsame Person seiner persönlichen Lebensgeschichte (etwa Vater, Mutter, rivalisierender Bruder etc.).

Unangemessene Übertragungs- und Gegenübertragungsreaktionen können jeweils für sich genommen schon die Arzt-Patient-Beziehung erheblich belasten. Die Problematik verstärkt sich aber noch weiter, wenn die Übertragungs- und Gegenübertragungsreaktionen von Patient und Arzt wie Schlüssel und Schloß ineinanderpassen und sich zirkulär aufschaukeln. Mit einer solchen zirkulär sich verstärkenden (Übertragungs-Gegenübertragungs-)Verschränkung hätten wir es zu tun, wenn die Ärztin im vorangehenden Beispiel in der mauligen Unzufriedenheit ihrer Patientin (also deren Übertragung auf die Ärztin) unbewußt Züge ihrer eigenen Mutter wiederfände, und die Ärztin sich in Wiederholung ihrer persönlichen Mutterbeziehung wiederum übermäßig schuldbewußt und verzweifelt bemühen würde, Anerkennung und Lob zu erlangen – anstatt das Verhalten der Patientin und ihre eigene Reaktion darauf als dynamisches Übertragungs-Gegenübertragungs-Geschehen zu begreifen und damit die **unerklärliche** Symptomatik der Patientin im ursächlichen Zusammenhang mit deren Enttäuschung über die Mutter zu verstehen.

Kann sich die Dynamik von Übertragung und Gegenübertragung von einer (Arzt-Patient-)Dyade zur anderen sehr unterschiedlich gestalten, so sind andere Interaktionsphänomene, der Placeboeffekt und die iatrogene Fixierung, schon umschriebener und eingegrenzter.

Placeboeffekt

An der Wirkung eines jeden Medikamentes ist neben der pharmakochemischen Wirksubstanz ein weiterer, ein suggestiver Faktor beteiligt, dessen Wirkung als Placeboeffekt bezeichnet wird.

Das Wissen um beide Wirkanteile macht es bei der Einführung eines neuen Medikamentes notwendig, dessen tatsächliche pharmakochemische Wirkung gegenüber einem Placeboeffekt nachzuweisen. Dies geschieht üblicherweise im sog. **Doppelblind-Versuch**. Diese Versuchsanordnung sieht zwei Gruppen vor: Eine Experimentalgruppe, die die zu prüfende Wirksubstanz erhält, und eine Kontrollgruppe, der ein Leerpräparat verabreicht wird, das keine Wirksubstanzen enthält. Weder Arzt noch Patient wissen, ob es sich jeweils um ein Voll- oder Leerpräparat handelt, die auch ihrer äußeren Form nach nicht unterscheidbar sein dürfen. Die pharmakochemische Wirkung gilt als nachgewiesen, wenn die beabsichtigte (z. B. antidepressive) Wirkung bei der Experimentalgruppe statistisch bedeutsam größer ausfällt als bei der Kontrollgruppe.

Die Wirkungen von Placebos zeigen Charakteristika, die denjenigen von Vollpräparaten entsprechen: Die Zeit-Wirkungs-Kurven von Placebos nehmen einen ähnlichen Verlauf (rascher Wirkungsanstieg, nach Erreichen des Wirkungsmaximums allmählicher Abfall). Die Placebowirkung steigt mit der Anzahl der verabreichten Dosen; sie zeigt zudem eine zirkadiane (vom Tageszeitpunkt abhängige) Rhythmik. Bemerkenswerterweise treten auch nach Placebogaben (unerwünschte) Nebenwirkungen auf, die sich nicht nur im subjektiven Befinden äußern, sondern auch (z. B. als Pupillenverengung) objektiv nachweisbar sind [170]. Placeboeffekte gehen wesentlich auf die Einflüsse von Erwartungen zurück, die an die Wirkung von Medikamenten geknüpft werden: Erwartungen des Arztes, die er dem Patienten vermittelt, und Erwartungen des Patienten selbst. Die Erwartungen des Patienten sind untrennbar mit der Person des Arztes und der Beziehung zu ihm verknüpft – der fachlichen Kompetenz, die er ihm zuschreibt, und dem Vertrauen, das er ihm entgegenbringt.

Bisher vorliegende Untersuchungsbefunde erlauben zwar keine präzisen Vorhersagen, bei welchen Patienten mit welchen Krankheiten und in welchen Situationen es zu Placeboeffekten kommen wird, es lassen sich aber doch Bedingungen angeben, die – empirisch ermittelt – das Auftreten von Placeboeffekten begünstigen [170, 171]:

- Art der Erkrankung: Bei der Schmerzbehandlung lassen sich eindrucksvolle Placeboeffekte nachweisen. So können beispielsweise Kochsalzlösungen bei akuten Wundschmerzen bis zu 90% der Wirkung von Morphinpräparaten erzielen [172]. Folgende Beschwerdekomplexe sind durch Placebogaben besonders günstig zu beeinflussen: Kopfschmerzen (50–70% der Fälle), rheumatische Beschwerden und andere entzündliche Prozesse (50–80%), Erkrankungen bzw. Beschwerden im Magen-Darm-Bereich wie z. B. Ulkusschmerzen (50–88%) [170].
  Die Untersuchungsergebnisse zur Abhängigkeit der Placebowirkung von Dauer und Schwere der Erkrankung sind bislang widersprüchlich.
- **Persönlichkeit des Arztes:** Ein vertrauenerweckender, nicht ängstlicher Arzt erzielt positivere Medikamentenwirkungen als ein verschlossener, pessimistischer Arzt. Weiß ein Arzt, daß einem Patienten ein Placebo verabreicht wird, so sinkt dessen Wirkung auf den Patienten beträchtlich. Gleichermaßen vermindern sich Medikamenteneffekte, wenn der Arzt an deren Wirkung nicht glaubt.
- **Persönlichkeit des Patienten:** Untersuchungen zu der Frage, ob Personen, die auf Placebos ansprechen, durch besondere Persönlichkeitseigenschaften ausgezeichnet sind, erbrachten keine einheitlichen Ergebnisse. Am ehesten scheinen ängstliche und extravertierte Personen auf Placebogaben positiv zu reagieren.
- **Situative Merkmale:** In Situationen, die die Patienten in hohem Maße bedrohen und belasten (so z. B. beim Erleben postoperativer Schmerzen), ist auch die Ansprechbarkeit auf Placebos erhöht.
- **Darreichungsform:** Die Beobachtung, daß Placebos, die in Spritzenform verabreicht werden, wirkungsvoller sind (gegenüber anderen Formen der Verabreichung), wurde zwar mehrheitlich, aber nicht einheitlich bestätigt [170]. Ferner beeinflussen Farbe und Größe einer Tablette ihre Placebowirkung. So erwiesen sich z. B. sehr große oder sehr kleine Tabletten (gegenüber durchschnittlich großen) als effektvoller.
- **Merkmale des subjektiven Erlebens und Befindens** sind am stärksten durch Leerpräparate suggestiv beeinflußbar, autonome Funktionen (z. B. Herzfrequenz) dagegen weniger und zentralnervös gesteuerte Leistungen am wenigsten.

Hat die Darstellung der Placeboeffekte gezeigt, daß die Medikamentenwirkung in erheblichem Maße von der Person des Arztes abhängig sein kann, so soll das Phänomen der iatrogenen Fixierung verdeutlichen, daß er u. U. schon die Ausgestaltung der Symptomatik seiner Patienten (wenn auch zumeist unbewußt und unabsichtlich) beeinflussen kann.

Iatrogene Fixierung

Viele Patienten erleben ihren Arzt als allmächtige, allwissende Person. Demzufolge stehen sie in der Gefahr, jene Symptome und/oder Befunde besonders zu beachten, denen der Arzt seinerseits in auffälliger Weise Aufmerksamkeit geschenkt hatte. Dieser Umstand kann sehr gravierend bei Patienten ins Gewicht fallen, die z. B. unter funktionellen Beschwerden leiden. Es handelt sich dabei um Patienten mit einer körperlichen Leitsymptomatik, deren Beschwerden aber organisch nicht begründbar, vielmehr überwiegend seelisch bedingt sind. Viele Patienten wehren sich dagegen, solche psychosomatischen Zusammenhänge wahrzunehmen. Sie halten also an der reinen Somatogenese ihrer Beschwerden fest, wenn man versucht (z. B. im Rahmen psychosomatisch-psychoanalytischer Erstgespräche, s. u.), solche Zusammenhänge herauszuarbeiten. Oft verweisen sie darauf, daß vorbehandelnde Ärzte doch einen Verdacht auf einen organischen Krankheitsprozeß geäußert hätten. Sie sind damit durch die Ärzte (**iatrogen**) auf einen Befund bzw. die Bedeutung eines bestimmten Symptoms **fixiert** und klammern sich daran, auch wenn dieser Verdacht in noch so vielen Kontrolluntersuchungen niemals bestätigt werden konnte. Dieser Vorgang einer iatrogenen Fixierung kann Teil einer geheimen Koalition zwischen Arzt und Patient im Rahmen einer speziellen Übertragungs-Gegenübertragungs-Verstrickung sein – dann nämlich, wenn Patient wie Arzt an der Somatogenese festhalten wollen: der Patient, weil er sich seinen seelischen Problemen nicht stellen will oder kann; der Arzt, weil er es in seinem omnipotenten Selbstverständnis als Somatiker nicht erträgt, die Grenzen seiner fachlichen Kompetenz erreicht zu haben.

Die Beobachtung der Interaktion als diagnostisches Instrument

In den bisherigen Zusammenhängen waren die dynamischen Faktoren, die innerhalb der Arzt-Patient-Dyade wirken, vorwiegend als Störvariablen beschrieben worden, die den Aufbau einer vertrauensvollen Beziehung behindern. Auffällige Beziehungsmerkmale können aber andererseits – wenn sie erkannt werden – äußerst wichtige Informationen liefern, um den Patienten in seiner Persönlichkeitsstruktur und die Genese seiner Krankheit verstehen zu können.

Psychoanalytisches Erstinterview und szenische Informationen

Hierbei wird die Gesprächsgestaltung des Erstinterviews weitgehend dem Patienten übergeben. Der Interviewer greift wenig strukturierend und dirigierend ein, mit gelegentlichen Fragen und Nachfragen, offen formuliert, um Form, Inhalt und zeitliche Abfolge der Mitteilungen des Patienten möglichst dessen Spontaneität zu überlassen. Der Interviewer versucht auf diesem Wege, sich allmählich ein Bild zu machen von den wichtigen früheren und jetzigen Beziehungen des Patienten, biographisch relevanten Traumatisierungen (wie z. B. der Tod nahestehender Personen) und sonstigen Lebenskrisen, deren Bewältigung, den drängenden bewußten und unbewußten Konflikten des Patienten und der Art und Weise, wie er versucht, störende, kränkende oder sonstwie unliebsame Vorstellungen, Phantasien oder Erinnerungen abzuwehren, also nicht ins Wachbewußtsein treten zu lassen.

Die Informationen, die der Interviewer erhält, lassen sich klassifizieren in [173]:

- **objektive Informationen** (wie Alter, Familienstand, Berufstätigkeit etc. – also Informationen, die insofern objektiv sind, als sie sich im Prinzip nachprüfen lassen),
- **subjektive Informationen** (die Art und Weise, wie der Patient die Daten seiner Lebensgeschichte subjektiv wahrnimmt und bewertet),
- **szenische Informationen** (diese Art von Informationen ist im Zusammenhang dieses Abschnittes von besonderem Interesse).

Beispiel: Eine Patientin hat sich in einer psychosomatischen Ambulanz zu einem Erstgespräch angemeldet. Der Interviewer hatte sein Arbeitszimmer mit angelehnter Tür vor dem verabredeten Termin noch einmal kurzfristig verlassen, war aber pünktlich zurück. Die Tür war jetzt weit geöffnet; mitten im Raum – mit dem Rücken zur Tür – stand die Patientin. Als sie den Interviewer hörte, fuhr sie herum, um mit deutlicher Empörung auszurufen: „Mein Gott, Sie haben mich zu Tode erschreckt!" Die Atmosphäre war schlagartig – noch vor dem eigentlichen Kennenlernen – aggressiv geladen: Die Patientin fühlte sich „unmöglich" behandelt, der Interviewer war verärgert, weil die Patientin ungebeten in seinen persönlichen Bereich eingedrungen war.

Die Patientin hatte – wie die weiteren Gespräche deutlich werden ließen – spontan eine für sie sehr typische Beziehungskonstellation **inszeniert:** Sie erlebt sich immer wiederkehrend als Opfer der Menschen ihrer Umgebung, die so rücksichtslos und aggressiv sind, daß sie sich ihrerseits wiederum nur mit Aggressivität dagegen zur Wehr setzen könne. Also: Schuld haben immer die anderen, ihren eigenen Anteil an der Entwicklung der Beziehungsstörungen (z. B. durch eigenes provozierendes oder distanzloses Verhalten) kann sie kaum wahrnehmen.

Von diesem Beispiel ausgehend läßt sich generalisierend festhalten: Spontan sich entwickelnde Beziehungskonstellationen (**Szenen**) können diagnostisch ungemein wichtige Informationen zum Verständnis eines Patienten liefern – Informationen, die der Selbstbeobachtung des Patienten nicht zugänglich sind, weil sie ihm nicht bewußt werden dürfen, um als Mechanismen zum Schutz seiner seelischen Gleichgewichtslage weiterhin wirkungsvoll zu bleiben. Nutzbar sind solche Informationen für den Diagnostiker nur unter der Bedingung, daß er seine eigenen Gefühle deutlich registriert, ohne aber in ein blindwütiges, unkontrolliertes Gegenverhalten (Agieren) zu verfallen, daß es ihm gelingt, sich aus der Position des Betroffenen zu befreien, um die Szene, in die er selbst verstrickt ist, aus einem gewissen Abstand zu betrachten und als **teilnehmender Beobachter** zu verstehen, wie ein Patient sich selbst und andere wahrnimmt und die Beziehungen zu seinen Mitmenschen konstelliert.

Die Balintgruppe

Hierbei handelt es sich um eine spezielle Methode zur diagnostischen Urteilsbildung im Rahmen einer Gruppe. Diese Arbeitsweise ist von Balint begründet worden, mit dem Ziel, die Übertragungs-Gegenübertragungs-Dynamik oder besondere Beziehungsstörungen innerhalb der Arzt-Patient-Dyade besser zu verstehen. Die Arbeit in der Gruppe läßt sich wie folgt beschreiben [174]:

Etwa acht bis zehn Ärzte treffen sich einmal pro Woche regelmäßig über 1½ bis 2 Stunden. Ein Kollege berichtet von einem Patienten, der ihm problematisch erscheint (weil er den Patienten nicht versteht, die Behandlung keine Fortschritte zeigt, oder weil er die Beziehung zum Patienten als schwierig erlebt). Der Bericht sollte möglichst spontan erfolgen und neben den Informationen zur Lebensgeschichte und gegenwärtigen Lebenssituation des Patienten die Schilderung einer konkreten, episodenhaften Interaktion zwischen Arzt und Patient enthalten, die anschaulich macht, wie beide miteinander umgehen. Die Gruppe erfragt nötigenfalls weitere Details, achtet auf besondere Auffälligkeiten (z. B. plötzliche Themenwechsel oder Veränderungen in der affektiven Tönung des Berichtes); sie versucht aber vor allem, die emotionalen Reaktionen und Vorstellungsbilder zu registrieren, die sich beim Zuhören einstellen. Diese Reaktionen und Beobachtungen werden in der

Gruppe diskutiert und zu ersten vorläufigen diagnostischen Hypothesen geordnet, wobei wiederum ein besonderes Gewicht auf das Verständnis des Übertragungs-Gegenübertragungs-Geschehens gelegt wird. Dynamische Prozesse, die sich in der Gruppe ereignen, können dabei eminent bedeutsame diagnostische Hinweise liefern. So z. B. wenn sich zwischen einzelnen Gruppenmitgliedern oder gegenüber dem berichtenden Kollegen ein aggressiv gefärbtes Klima ausbildet, dessen Wahrnehmung und Reflexion schließlich den diagnostischen Zugang zu den aggressiven Impulsen ermöglicht, die der behandelnde Kollege in der Beziehung zu seinem Patienten nicht wahrnehmen wollte, also abgewehrt hat.

Die Arbeit in der Balintgruppe verfolgt zusammenfassend verschiedene, sich überlagernde Ziele [175]:

- Die Analyse des Übertragungsverhaltens des Patienten soll ein besseres Verständnis der Krankheitsgeschichte des Patienten (seiner Konflikte und Beziehungsstörungen) ermöglichen.
- Die Analyse der Übertragungs-Gegenübertragungs-Verstrickungen soll den Arzt idealerweise in die Lage versetzen, sein Verhalten gegenüber dem Patienten so zu verändern, daß sich die Beziehung produktiv und vertrauensvoll entwickelt.
- Wenn möglich, sollte der Arzt versuchen, seine eigenen Einsichten in angemessener und verständlicher Form dem Patienten zu vermitteln, um diesem somit schrittweise ein **Verstehen** der unbewußten Motive und Konflikte, die an der Entstehung seiner Krankheit Anteil haben, zu ermöglichen.

Zusammenfassung

In den vorangehenden Abschnitten sind wichtige Aspekte der Interaktion zwischen Patient und Arzt dargestellt worden. Besonderes Gewicht wurde dabei auf jene dynamischen Interaktionsprozesse gelegt, die den Aufbau einer vertrauensvollen und hilfreichen Arzt-Patient-Beziehung gefährden. Aber es sollte zugleich vermittelt werden, daß Beziehungsstörungen auch diagnostisch genützt werden können, um die Krankheitsgeschichte eines Patienten besser zu verstehen. Mit der Balintgruppe wird ein m. E. hervorragendes Arbeitskonzept vorgestellt, um solche Beziehungsstörungen zwischen Arzt und Patient zu klären.

Studienfragen

In welcher Form ist die Beobachtung der Interaktion in der Arzt-Patient-Dyade als diagnostisches Instrument einsetzbar?
(s. S. 273, 274, 275)
Was ist ein Placeboeffekt und welche Bedingungen begünstigen sein Auftreten?
(s. S. 272, 273)
Was ist Übertragung und wie kann die Dynamik von Übertragungs- und Gegenübertragungsreaktion dargestellt werden?
(s. S. 271, 272)

9.3 Ärztliches Gespräch

9.3.1 Allgemeine Ziele und Funktionen

Frido Mann

Konsens und Arbeitsbündnis zwischen Arzt und Patient als Grundziel

Ein mittelalterliches Sprichwort lautet: *Medicus curat verbis, herbis, lapidibus.* Unter dem ärztlichen Heilhandeln wird hier an erster Stelle das Wort genannt, die verbale Einwirkung, und das bedeutet im allerweitesten Sinne psychotherapeutisches Handeln. Erst die fortlaufende Spezifizierung und Differenzierung der Naturwissenschaften und die Abwendung der Medizin von der ganzheitlichen Betrachtungsweise hin zur Naturwissenschaft seit über 150 Jahren lassen die verbale Einwirkung, den psychotherapeutischen Aspekt, in der ärztlichen Allgemeinpraxis zurücktreten. Es kommt zur „stummen Medizin" [176]. Die verbale Interaktion zwischen Arzt und Patient hat keinen eigenständigen therapeutischen Stellenwert. Das ärztliche Gespräch ist keine lehr- und lernbare Fähigkeit, sondern allgemeinmenschliches Beiprodukt ärztlicher Tätigkeit, das der persönlichen Begabung und Bemühung des einzelnen Arztes überlassen ist und mit der Erteilung der Approbation gewissermaßen mitgegeben wird [177].

Seit der Integration der sozialwissenschaftlichen Fächer in die Medizinerausbildung nach der neuen ÄAppO im Zuge einer verstärkten Reorientierung der Medizin an einem ganzheitlichen und vom dialogischen Prinzip bestimmten Menschenbild erhält das ärztliche Gespräch wieder eine eigenständige Bedeutung. Es wird zum Brennpunkt jeder Arzt-Patient-Beziehung und damit nicht nur zum allgemeinen Motor eines konstruktiven ärztlichen diagnostischen und therapeutischen Handelns, sondern ist auch selbst aktives und wechselseitiges

Handeln der am diagnostisch-therapeutischen Prozeß Beteiligten, die diesen Prozeß in allen Einzelschritten einschneidend steuern und gestalten können [127].

Allgemeinstes Ziel ärztlicher Gesprächsführung ist die Herstellung eines medizinisch, psychologisch und oft juristisch bedeutsamen Konsenses zwischen Arzt und Patient. Die Konsensbildung kann als Voraussetzung für die Herstellung eines den diagnostischen und therapeutischen Prozeß fördernden **Arbeitsbündnisses** zwischen Arzt und Patient gelten. Die Anfangsphase einer Arzt-Patient-Interaktion ist nicht nur in ihren Inhalten, sondern auch grundsätzlich formal von einer qualitativ unterschiedlichen Ausgangsposition beider Gesprächspartner gekennzeichnet. Die Auseinandersetzung des Patienten mit seiner Krankheit hat vor allem einen subjektiven, emotionsbetonten Charakter (Erfahrung eines Leidens mit affektiver Bewertung sowie mit oft unmittelbarem vitalen Betroffensein durch Schmerzen, Behinderungen etc.) und ist in der Regel sowohl in einen lebensgeschichtlichen (Vorerfahrung, Zukunftsplanung) als auch sozialen und gesellschaftlichen Kontext (Familie, Arbeitsplatz, Medizinalsystem) eingebettet. Ganz anders stellt sich das zunächst nicht personenbezogene, sondern sachliche, vom Einzelfall abgehobene und organzentrierte Krankheitskonzept dar, das der Arzt dem Patienten entgegenbringt. Es entstammt primär seinem medizinischen Wissen und ist durch eine Vielzahl abstrahierter Einzelerfahrungen mit Patienten bestätigt und ausgebaut worden. Das ärztliche Gespräch besteht nun in einem Prozeß des fortlaufenden Austausches zwischen diesen beiden verschiedenen Konzeptionen und hat eine schrittweise gegenseitige Annäherung, sogar eine mindestens teilweise Übereinstimmung zum Ziel. Einerseits beeinflußt der Arzt durch seine Kommentierung der Patientenmitteilungen sowie durch seine Art des Fragens das Gesprächsverhalten des Patienten und formt zunehmend das unbestimmte *vorgestaltige* Krankheitserleben des Patienten in Richtung auf das entsprechende Krankheitsbild der Medizin. Es kommt zu einer teilweisen Versachlichung der Leidenserfahrung des Patienten. Andererseits richtet der Arzt sein allgemeines Konzept auf diesen einen konkreten Patienten aus, auf die Besonderheit des Krankheitsgeschehens dieses lebendigen Menschen in seiner subjektiven Prägung und seiner lebensgeschichtlichen sowie sozialen Einbindung [178].

Ärztliche Gesprächsführung als erlernbare Kompetenz

Das beiderseitige Interaktionshandeln von Arzt und Patient unterliegt bestimmten wissenschaftlich erfaßbaren sprachlichen Regeln und Konventionen und vollzieht sich immer auf dem Hintergrund bestimmter psychologischer Voraussetzungen (Selbst- und Fremdwahrnehmungsprozesse, psychologische Einstellungen etc.) sowie sozialer Gegebenheiten (soziale Normen, Rollengegebenheiten, institutionelle, schichtspezifische und allgemeingesellschaftliche Faktoren). Die Beherrschung dieser Kommunikationsregeln auf der Grundlage psychologischer und sozialer Kenntnisse kann als eine wesentliche ärztliche Grundkompetenz unter allen anderen in der medizinischen Ausbildung zu erwerbenden Fachkompetenzen angesehen werden. Sie ist auf dem Hintergrund vorgegebener Lernziele mit Hilfe konkreter Methoden faktisch erlernbar.

Das erste Kennenlernen der Zielsetzungen des ärztlichen Gespräches und die Gewinnung erster eigener Erfahrungen zur psychologisch reflektierten Gesprächsführung ist in diesem Sinne heute ein ausdrückliches, im Lernzielkatalog der medizinpsychologischen Pflichtkurse für vorklinische Studiensemester verankertes Lernziel. Die in diesen Kursen u. a. durchgeführten **Rollenspielübungen** auf dem Hintergrund anschaulicher Demonstrationen von Arzt-Patient-Gesprächen aus der alltäglichen Praxis dienen in erster Linie dazu, eine Auseinandersetzung des Medizinstudenten mit Ziel, Methodik und Wirkung des ärztlichen Gespräches auf kognitiver und emotionaler Ebene zu fördern (u.a. Reflexion eigener und fremder Gesprächsstile, Berücksichtigung schichtspezifischer Sprachformen, Erkennen und Vermeiden typischer Gesprächsfehler etc.). Der Erwerb von Fähigkeiten zur psychologisch reflektierten Gesprächsführung sowohl in der Dyade (Gespräch mit Patienten und Angehörigen) als auch in der Gruppe (u. a. Stations- und Fallkonferenzen) auf der Verhaltensebene kann im Studium freilich allenfalls in Ansätzen erfolgen.

Auswirkungen des ärztlichen Gespräches

Die Auswirkungen des ärztlichen Gespräches auf den diagnostisch-therapeutischen Prozeß können im einzelnen empirisch-wissenschaftlich überprüft werden.

So geht aus empirischen Untersuchungen hervor, daß **Aufklärung,** Instruktion und Beruhigung vor größeren diagnostischen/therapeutischen Maßnahmen mit hoher Wahrscheinlichkeit die Komplikationsraten während oder nach Eingriffen vermindern, und daß sie auch den Verbrauch von Medikamenten verringern sowie die stationäre Behandlungszeit verkürzen können. Ferner vermag Aufklärung auch die subjektive Zufriedenheit mit einem offenen Arzt-Patient-Verhältnis zu erhöhen. Dadurch wächst die Fähigkeit und Bereitschaft (**Compliance**), ärztliche Verordnungen zu befolgen, und die Neigung zur Kooperation. Schließlich vermögen informierte Patienten zuverlässigere Anamnesen und präzisere Symptombeschreibungen zu liefern. Diese Forderung nach einer angemessenen Aufklärung des Patienten durch den Arzt steht jedoch im Kontrast zu den wirklichen Gegebenheiten vor allem in Krankenhäusern [127].

Elemente des konsensfördernden ärztlichen Gespräches

Die Herstellung eines für den diagnostischen und therapeutischen Prozeß bedeutsamen Konsenses zwischen Arzt und Patient hängt von einigen Faktoren ab, die sich zusammen unter zwei verschiedene, aber doch eng zusammengehörende Grundaspekte des ärztlichen Gespräches subsumieren lassen, den sachlichen Aspekt der Informationserhebung und Informationsvermittlung sowie den sozial-emotionalen Aspekt der transparent-offenen sowie verstehend-einfühlenden Kommunikation auf der Basis patientenzentrierter Grundeinstellung [127].

Der sachliche Aspekt der Informationserhebung und Informationsvermittlung

Erheben von Information (Beschwerdebild, Anamnese): Entsprechend einem mehrdimensionalen medizinischen Krankheitsverständnis erfaßt die Anamnese drei Hauptaspekte:

- biologisch-somatischer Aspekt (Grundfunktionen, jetzige und frühere Erkrankungen, körperliche Entwicklung),
- psychischer Aspekt (Krankheitserleben, Konflikte, Bewältigungsstile),
- sozialer Aspekt (Familie, Arbeitsbedingungen, wirtschaftliche Verhältnisse).

Wichtig ist, daß der Patient Gelegenheit findet, zunächst in freier Form mitzuteilen, was ihn am meisten bewegt (z. B. aktuelle Beschwerden). Im weiteren Gespräch engt der Arzt durch gezielte Befragung die Vielfalt der Möglichkeiten immer weiter ein; er macht typische Krankheitsbilder wahrscheinlich oder schließt sie aus. Dem entspricht eine bestimmte Abfolge der Frageform: am Anfang **offene Fragen** („Was führt Sie zu mir?"), dann **eingrenzende Fragen** („Wo spüren Sie den Schmerz am stärksten?"). **Alternativfragen** drängen den Patienten zur Entscheidung („Ist der Schmerz auf diese Stelle begrenzt oder strahlt er in den Rücken aus?"). Bei Schwierigkeit der Beschreibung empfiehlt sich ein Angebot verschiedener Antwortmöglichkeiten in Form einer **Katalogfrage** („Wie ist der Schmerz: plötzlich einschießend – gleichmäßig – klopfend?"). **Suggestivfragen** sind in jedem Fall zu vermeiden („Bei so starken Schmerzen haben Sie sicher mehr Tabletten nehmen müssen, als ich Ihnen verordnet hatte?").

Vermitteln von Informationen: Der Patient hat Anspruch, über sein Leiden und alle diagnostischen und therapeutischen Maßnahmen so weit aufgeklärt zu werden, wie er dies wünscht. Für jeden Eingriff wird juristisch das Einverständnis des Patienten gefordert. Dieses ist aber nur rechtsgültig, wenn es aufgrund der Information über Erfolgsaussichten, Risiken und Alternativen erfolgt (*informed consent*). Eine weitere Vorbedingung für eine verläßliche Zusammenarbeit (Compliance) im Hinblick auf **Therapieplanung** und **Therapiedurchführung** ist, daß der Patient über den Sinn der Verordnung orientiert ist.

Voraussetzungen für eine erfolgreiche Informationsvermittlung sind:

- daß der Patient zu diesem Zeitpunkt aufnahmefähig ist (in Zeiten intensiver emotionaler Bewegung, z. B. kurz vor einem Eingriff, ist das kaum der Fall) und
- daß die Mitteilung verständlich ist.

Bedingungen der Verständlichkeit [179, 180]:

- gedankliche Klarheit und Übersichtlichkeit (klare Gliederung, Fortlassen nebensächlicher Details, Hervorhebung und Wiederholung des Wichtigsten),
- einfache Sprache (kurze, einfache Sätze, Wortwahl entsprechend dem Wissensniveau des Patienten, Meiden bzw. Erklären von Fachausdrücken),
- Anschaulichkeit (konkrete Beschreibung, Demonstrationsmaterial).

Beispiel: 34jähriger Patient mit einer bisher erfolglos behandelten primär-chronischen Polyarthritis.
Arzt: Als Haupt- und Grunderkrankung liegt bei Ihnen eine sog. primär-chronische Polyarthritis vor. Das ist eine rheumatische Erkrankung. Sie haben verschiedene Beschwerden in den Gelenken. Angefangen hat's da an den Fingern. Jetzt haben Sie es in den Großzehen-Grundgelenken, und zwar aufgrund einer starken Gelenkabnutzung in den Großzehen-Grundgelenken an beiden Seiten. Als weitere Erkrankung, die nun schon jahrelang behandelt wird, ist dieser Schmerz an dem Ansatz der Sehne unterm Knie. Dort wurde mehrfach etwas hingespritzt. Es hat auf die Dauer nicht geholfen.

Der sozial-emotionale Aspekt der Arzt-Patient-Interaktion

Persönlich wichtige Information geht einher mit emotionaler Bewertung und Verarbeitung. Die Art der emotionalen Reaktion hat entscheidenden Einfluß auf den Krankheitsverlauf. So leitet eine Haltung des Aufgebens vielfach den Zusammenbruch ein. Der Arzt steht daher zwischen der Forderung nach aufrichtiger Information und dem Gebot, nicht zu schaden (*nil nocere*). Es gilt, die Zuversicht des Patienten zu stärken. Psychische Hilfe bewegt sich zwischen stützender Haltung und dem Aufdecken von Ängsten und Konflikten. Das **aktive Zuhören** (Empathie, einfühlendes Verstehen) ist ein wesentliches Mittel solcher bewußtmachender Bearbeitung [181, 182]. Dabei bemüht sich der Arzt, die oft noch unklaren und verschlüsselten Aussagen des Patienten in ihrer persönlichen Bedeutung und im Rahmen seiner sozialen Situation zu verstehen. Er teilt dem Patienten das Verstandene mit und hilft ihm auf diese Weise, seine Besorgnisse und Schwierigkeiten klarer zu sehen und zu bewältigen.

Beispiel:
Arzt: Also genauso wie Sie's jetzt gesagt haben, so fassen wir's auch auf. Sie fühlen sich im Grunde genommen durch unsere Erklärung ein wenig gereizt und überfordert. Sie fürchten sich vor dem, was wir Ihnen alles zusätzlich hierzu erklären müssen. So habe ich es verstanden.
Pat.: Ja, weil ich oft optimistischer ... sehr optimistisch hierhergekommen bin, und da wurde mir das alles gesagt und dann, jetzt ist auf einmal alles aus.
Arzt: Mhm, ja. Ich meine eben anhand dessen, was wir schon in den Tagen davor besprochen haben, sollten wir das jetzt einmal in Form dieser Zusammenfassung noch einmal Punkt für Punkt durchgehen. Ja? Mit Ihrem Einverständnis? Also...

In den Situationen, in denen vom Arzt in besonderem Maße ein **offen-transparentes Einbringen** eigener Gesichtspunkte erwartet wird (z. B. beim Vorliegen von Entscheidungskonflikten seitens des Patienten, bei Interessengegensätzen zwischen Arzt und Patient), kann eine offene Mitteilung eigener Gedanken und Gefühle seitens des Arztes den Konsensbildungsprozeß wesentlich fördern. Bei diesen gelegentlichen ärztlichen „Ich-Mitteilungen“ oder „Ich-Botschaften“ (Gordon 1974) handelt es sich freilich nie um die Mitteilung der inneren Befindlichkeit des Arztes als Privatperson, sie erfolgen vielmehr immer im Zusammenhang mit der Rolle und Verantwortung des Arztes im Rahmen seines ihm übermittelten gesellschaftlichen Auftrages [183].

Beispiel:
Arzt: Gut, aber jetzt bin ich doch sehr froh, daß wir darüber geredet haben und übereingekommen sind, diese Operation zu machen. Ich hätte sonst ein überaus ungutes Gefühl gehabt, und ich bin ehrlich erleichtert darüber, daß Sie sich zu dieser Entscheidung durchgerungen haben und mit neuem Mut darangehen.

Nonverbale Anteile

Bei jeder Arzt-Patient-Interaktion sind paraverbale und nonverbale Aspekte der Kommunikation von großem Gewicht:

- Tonfall (Klang, Lautstärke, Tonhöhe) und zeitliche Abstimmung des Sprechens (Dauer und Häufigkeit von Äußerungen, Pausen, Segmentierung des Sprachflusses),
- Blickkontakt, Mimik, Gestik, Körperhaltung (Zuwendung – Abschließen),
- Körperkontakt bei der körperlichen Untersuchung als kommunikativer Prozeß [184].

Einmal beruht die Diagnose somatischer Krankheiten in der ärztlichen Praxis oft auf nonverbalen, d. h. vom Patienten nicht verbalisierten oder nicht verbalisierbaren Symptomen. Insbesondere versuchen Patienten während der Exploration und Anamneseerhebung häufig, in ihren verbalen Äußerungen über ihren Affektzustand hinwegzutäuschen. Aber auch in jeder anderen Arzt-Patient-Interaktion spielen subtile nonverbale Signale für die Mitteilung wichtiger Sachverhalte eine große Rolle. Ihre Bedeutung ist sowohl dem Arzt als auch den Patienten oft kaum bewußt. Nichtsdestoweniger achten besonders Patienten in Anbetracht der häufigen Unsicherheit ihrer Situation stark auf den wirklichen oder vermeintlichen Inhalt nonverbaler Signale seitens des Arztes. Um so wichtiger dürfte bei jeder Analyse, Reflexion und praktischen Modifikation ärztlicher Gesprächsführung die Miteinbeziehung nonverbaler Verhaltensweisen sein.

Formen der Gesprächsführung in Abhängigkeit von ihren Funktionen

Die verschiedenen im medizinischen Alltag praktizierten Formen des ärztlichen Gespräches sind zumindest schwerpunktmäßig seinen verschiedenen obengenannten Teilfunktionen zuzuordnen und lassen sich in diesem Sinne in folgende fünf Gruppen zusammenfassen:

- Wenngleich die Konsensbildung zwischen Arzt und Patient im Dienste einer optimalen ärztlichen Diagnostik und Therapie das übergeordnete Ziel jeglicher ärztlichen Gesprächsführung ist, so kommt speziell beim Anfangs- und Endpunkt der Arzt-Patient-Interaktion, nämlich beim **Aufnahme-** sowie beim **Abschlußgespräch,** eben jener Konsensbildungsprozeß ganz explizit zur Geltung. Denn Verlauf und Ergebnis der ersten Begegnung zwischen Arzt und Patient können als sozusagen weichenstellend für die weitere Gestaltung der Arzt-Patient-Beziehung gelten, und auch das Abschlußgespräch entscheidet darüber, ob und wie weit eine Übereinkunft zwischen den beiden Gesprächs- und Arbeitspartnern über die gemeinsam zu verantwortenden Heilmaßnahmen erzielt werden konnte.

- Speziell **Anamnese** und **Exploration** dienen der für die Therapieplanung und damit auch für den Therapieerfolg maßgeblichen Erhebung von Informationen in einem Klima vertrauensvollen Einvernehmens zwischen Arzt und Patient.
- Das in der Regel auf Anamneseerhebung und Diagnosestellung folgende **Aufklärungsgespräch** über Untersuchungsergebnisse sowie über geplante medizinische Eingriffe ist der Informationsvermittlung an den Patienten gewidmet – ein Vollzug, der ebenfalls nur gelingen kann, wenn hier nicht nur dem sachlichen Informationsbedürfnis des Patienten, sondern auch seiner emotionalen Gesamtsituation mit entsprechend konstruktivem Gesprächsverhalten Rechnung getragen wird.
- Als Mischform zwischen Informationserhebung und Informationsvermittlung kann das ärztliche **Visitengespräch** gelten, sofern dieses eine institutionalisierte Gelegenheit fortlaufenden Informationsaustausches ist. In Anbetracht der für das Visitengespräch charakteristischen zeitlichen Dichte und Knappheit kommen hier die die Arzt-Patient-Beziehung zusätzlich prägenden nonverbalen Signale besonders zum Tragen.
- Gleichsam am Rande der konsensbildenden Interaktion zwischen Arzt und Patient hinsichtlich Krankheit und Therapie können das **Beratungsgespräch** sowie das **psychotherapeutische Gespräch** angesiedelt werden. Ersteres greift in der Regel über das eigentliche Krankheitsgeschehen hinaus in die Breite allgemeiner psychosozialer Lebensgestaltung, letzteres hingegen dient als vertiefende Maßnahme zur Aufarbeitung spezifischer krankheitserzeugender seelischer Konflikte und Beeinträchtigungen.

Studienfragen

Nennen Sie 3 Merkmale einer verständlichen Patienten-Aufklärung!
(s. S. 277)
Nennen Sie 3 positive Auswirkungen einer verständlichen Diagnosemitteilung!
(s. S. 276)
Wann ist aktives Zuhören im ärztlichen Gespräch wichtig?
(s. S. 277, 278)

9.3.2 Dimensionen der Gesprächsführung

Rolf Buschmann-Steinhage

Zunehmende Würdigung der ärztlichen Gesprächsführung

Die ärztliche Gesprächsführung gewann in den letzten Jahren zunehmend Beachtung:

- Die unzureichende Honorierung ärztlicher Gespräche durch die Gebührenordnung für Ärzte wurde kritisiert, und es gab Bemühungen, dies zu ändern: Der neue Einheitliche Bewertungsmaßstab (EBM), Basis der Gebührenordnungen in der gesetzlichen Krankenversicherung seit 1. Oktober 1987, bewertet zuwendungsintensive ärztliche Leistungen (wie z. B. das Gespräch) höher als früher.
- Während früher ärztliche Gesprächsführung quasi nebenbei gelehrt und gelernt wurde, ist sie heute explizit als Lehrziel des Medizinstudiums im Gegenstandskatalog verankert.
- Es erschienen Lehrbücher zur ärztlichen Gesprächsführung [177, 185, 186].
- Immer mehr empirische Studien belegen den großen Einfluß ärztlichen Gesprächsverhaltens auf die Zufriedenheit und Compliance der Patienten [187, 188].

Neben der Betrachtung von Zielen und Funktionen des Gesprächs zwischen Arzt und Patient geht es in Lehre und Forschung zunehmend um das Wie ärztlicher Gesprächsführung unter deskriptivem und normativem Blickwinkel. Daraus erwächst die Frage nach den Merkmalen und Dimensionen, durch die sich ärztliches Gesprächsverhalten beschreiben und kennzeichnen läßt.

Vorweggeschickt sei, daß zum Gespräch neben den verbalen auch die nonverbalen Gesprächsanteile (Tonfall, Gestik, Mimik etc.) sowie deren Zusammenwirken gehören.

Definition der Gesprächsdimensionen

Im hier benutzten Sinne fassen Dimensionen (lat. dimensio: Ausmessung, Ausdehnung) einzelne Merkmale (Variablen) zu beschreibender Sachverhalte zu Gruppen von zusammengehörenden, einander ähnlichen Merkmalen zusammen. Auf diese Weise erleichtern Dimensionen die Beschreibung solcher Sachverhalte, die z. B. in ihren Auswirkungen erforscht oder Studenten im Unterricht vermittelt werden sollen.

So ähnlich, wie in der Geometrie ein Quader durch die drei Dimensionen Länge, Breite und Höhe beschrieben werden kann, soll das Wie ärztlicher Gesprächsführung durch die in diesem Beitrag darzustellenden Dimensionen möglichst einfach, aber auch möglichst vollständig beschreibbar sein. Dimensionen sind **uni-** oder **bipolar:** Länge, Gewicht, Dauer eines Gesprächs sind Beispiele für unipolare Dimensionen. Elektrisches Potential (+/–) und Zuneigung/Abneigung sind bipolar. Dimensionen der Gesprächsführung sind nicht identisch mit Gesprächstechniken – davon gibt es sehr viele, 70 zählt z. B. van Dorp [80] auf –, allerdings können manche Gesprächstechniken bestimmten Dimensionen zugeordnet werden.

Nun gibt es verschiedene Wege, solche Dimensionen zu gewinnen:

- **Normativ:** Ausgehend von den Zielen des Arztes und/oder den Bedürfnissen des Patienten wird versucht, Merkmale und zusammenfassend Dimensionen optimalen Gesprächsverhaltens zu formulieren. Dies kann direkt über Befragung von Ärzten/Patienten geschehen oder indirekt, indem deren Zufriedenheit in Abhängigkeit von unterschiedlichen Gesprächsverläufen untersucht wird.
- **Deskriptiv:** Es werden viele und verschiedenartige Gespräche zwischen Patienten und Ärzten beobachtet, auf Gemeinsamkeiten und Unterschiede hin betrachtet und daraus Dimensionen der Gesprächsführung entwickelt.
- **Deduktiv:** Aus allgemeinen Theorien menschlicher Kommunikation [189] werden die gewünschten Dimensionen mehr oder weniger stringent abgeleitet.
- **Analog:** Schon bekannte Dimensionen aus anderen Bereichen menschlicher Interaktion werden zur Beschreibung von Arzt-Patient-Gesprächen verwendet. Es gibt solche Beschreibungsmöglichkeiten aus den Bereichen Psychotherapie, Erziehung und Unterricht sowie Sozialpsychologie [190].

Des weiteren können zwei Methoden der Zusammenfassung von Einzelmerkmalen zu Dimensionen (als Gruppen von zusammenhängenden Merkmalen) unterschieden werden:

- **Intuitiv:** Nach Betrachten der gesammelten Einzelvariablen und geleitet durch Überlegungen über deren inhaltlichen Zusammenhang werden die Merkmale gruppiert und so zu Dimensionen zusammengefaßt.
- **Empirisch-statistisch:** Durch empirische Untersuchung von Gesprächen werden die statistischen Zusammenhänge zwischen den einzelnen Merkmalen bestimmt (z. B. über Korrelationskoeffizienten) und anschließend mit Hilfe von (statistischen) Methoden der Datenreduktion (Faktorenanalyse, multidimensionale Skalierung) Dimensionen mit den dazugehörenden Einzelmerkmalen aufgestellt.

Diese verschiedenen Wege, Dimensionen der Gesprächsführung zu gewinnen, schließen einander nicht aus. Im Gegenteil, im Idealfall führen sie sogar zu übereinstimmenden Resultaten, d. h. zu Dimensionen, die von den Bedürfnissen der Beteiligten ausgehen, in Theorien menschlicher Kommunikation verankert, inhaltlich und empirisch begründet sind.

Die Betrachtung der zu diesem Thema vorliegenden Arbeiten ergibt auf den ersten Blick eine schwer überschaubare Vielzahl von verschiedensten Dimensionen und Merkmalen, die sich allerdings auf fünf grundlegende und oft bestätigte **Dimensionen ärztlichen Gesprächsverhaltens** zurückführen lassen:

- Direktivität: arztzentriert versus patientenzentriert
- Positive Wertschätzung, emotionale Zuwendung, innere Anteilnahme
- Selbstkongruenz (Echtheit)
- Empathie: präzises einfühlendes Verstehen
- Informationsvermittlung: Ausmaß und Verständlichkeit

Im folgenden Teil des Beitrags sollen diese Dimensionen näher erläutert, durch jeweils relevante Studien belegt und zum Teil in ihren Auswirkungen beschrieben werden.

Erste Dimension: Direktivität

Bei der Direktivität handelt es sich um eine bipolare Dimension mit den Polen: arztzentriert (direktiv) versus patientenzentriert (nicht-direktiv). Sie beschreibt, wie und von wem Inhalt und Verlauf des Gesprächs zwischen Arzt und Patient bestimmt werden. Auf dem **arztzentrierten** Pol ist es der Arzt, der das Gespräch lenkt, indem er Themen vorgibt und nach seinem Ermessen wechselt, geschlossene (statt offene) Fragen stellt, den Patienten häufig unterbricht, Empfehlungen und Anweisungen gibt, auf Fragen und Bedürfnisse des Patienten kaum eingeht und ihn in seine Überlegungen und Entscheidungen bezüglich der zu treffenden Maßnahmen nicht einbezieht. Der **patientenzentrierte** Pol dieser Dimension ist gekennzeichnet durch ein Arztverhalten, das dem Patienten die Möglichkeit gibt, Gegenstand und Ablauf der Konsultation weitgehend mitzubestimmen. Der Arzt verwendet vorwiegend offene Fragen, ermutigt den Patienten, sein Anliegen in seinen eigenen Worten vorzubringen, unterbricht ihn möglichst nicht und bemüht sich, die Vorstellungen des Patienten über das weitere Vorgehen zu erfahren und bei der – soweit es geht gemeinsamen – Entscheidungsfindung zu berücksichtigen.

Die Direktivität läßt sich als relevante Dimension ärztlicher Gesprächsführung vielfältig belegen: Bei Arzt-Patient-Gesprächen im ambulanten Bereich werden die beobachteten Einzelmerkmale mit Hilfe der Faktorenanalyse zu Gruppen zusammengefaßt [80]. Man erhält dabei zwei Faktoren, die inhaltlich zur Dimension Direktivität gehören: **direktives und faktenorientiertes Befragen** und **Dominanz.** Ebenfalls durch Faktorenanalyse, allerdings bei der Untersuchung von Visitengesprächen, wurde ein Faktor **Dominanz versus Partnerschaft** gefunden [191]. Dominanz ist gekennzeichnet durch direktive Verhaltensweisen wie: „unterbricht den Patienten ständig“, „bestimmt ständig Thema und Verlauf des Gesprächs und würgt die Gesprächsansätze des Patienten ab“.

Analysen von Gesprächen niedergelassener Ärzte führen aufgrund theoriegeleiteter und intuitiver Überlegungen (aus Soziologie und Organisationspsychologie) zur Dimension **arztzentriert versus patientenzentriert** (s. o.) [62]. Zum arztzentrierten Stil gehören u. a. folgende Verhaltensweisen: geschlossene Fragen, rhetorische Fragen, Ratschläge; Zusammenfassung, um abzuschließen; der Arzt trifft eine Entscheidung über die Therapie, erläutert dabei die Diagnose nicht und instruiert den Patienten. Als patientenzentriert gelten Ärzte, die ihre Beobachtungen dem Patienten schildern, seine Vorstellungen über die Erkrankung in ihre Überlegungen miteinbeziehen und gemeinsam mit ihm über das weitere Vorgehen entscheiden. Es stellt sich heraus, daß ca. 75% der untersuchten Konsultationen als arztzentriert einzustufen sind. Die meisten Ärzte behalten ihren Stil über verschiedene Patienten und Gesundheitsprobleme hinweg weitgehend konstant bei.

Intuitiv wurde eine Dimension mit den Polen **direktiv-fragender versus offener** (**open ended**) **Stil** formuliert [192], die der Dimension Direktivität entspricht. Es wird empfohlen, die Konsultation patientenzentriert zu beginnen [190, 193], um dann im weiteren Verlauf des Gesprächs in dem Ausmaß direktiv zu werden, wie es zur Diagnosefindung und Therapieplanung notwendig ist. An exemplarischen Ausschnitten von analysierten Arzt-Patient-Gesprächen [194] kann gezeigt werden, wie wirkungsvoll der Arzt seine Bereitschaft, auf den Patienten und seine Bedürfnisse einzugehen, durch Körperbewegungen wie Sich-dem-Patienten-Zuwenden und Blickkontakt auch nonverbal deutlich machen kann. Umgekehrt kann auch der Patient durch seine nonverbalen Signale das Gesprächsverhalten des Arztes steuern [195]. Es existiert eine Studie von Pietroni, aus der hervorgeht, wie schon verschiedene Sitzpositionen von Arzt und Patient (übereck versus gegenüber) das Ausmaß an wechselseitigem Austausch zwischen ihnen beeinflussen [196].

Untersuchungen zu den Auswirkungen ärztlicher Gesprächsführung lassen insgesamt den Schluß zu, daß ein patientenzentriertes Vorgehen sowohl die **Zufriedenheit** des Patienten fördert [187, 188] als auch seine **aktive Beteiligung am Gesundungsprozeß** [197]. Außerdem gehen dem Arzt durch ein allzu direktives Verhalten oft wesentliche Informationen für diagnostische und therapeutische Entscheidungen verloren [52, 192]. Gravierende Mißverständnisse zwischen Arzt und Patient, die oft zu einem Abbruch der Kommunikation führen, treten fast ausschließlich bei arztzentriertem Vorgehen auf [62]. Als Fazit mag daher die Devise stehen:

> So patientenzentriert wie möglich und so direktiv wie nötig.

Zweite Dimension: Positive Wertschätzung, emotionale Zuwendung, innere Anteilnahme

Auf dem einen (positiven) Pol dieser, den emotionalen Aspekt der Gesprächsführung kennzeichnenden Dimension ist ein Arztverhalten anzusiedeln, das

- den Patienten bedingungsfrei als Person akzeptiert und respektiert, ohne dies von dessen Verhalten, Gefühlen, Meinungen etc. abhängig zu machen;
- sich dem Patienten mit innerer Anteilnahme und emotionaler Wärme zuwendet;
- dies alles dem Patienten wahrnehmbar signalisiert.

Der Gegenpol entspräche einem Gesprächsverhalten, bei dem der Arzt, eigentlich an der Person des Patienten desinteressiert, diesem unterkühlt, ablehnend, kritisierend und sein Verhalten, seine Einstellungen und Gefühle bewertend gegenübertritt. Diese Beschreibungsdimension deckt sich weitgehend mit der zweiten beschriebenen Basisvariable klientenzentrierter Psychotherapie [198]: **Wertschätzung** oder **bedingungsfreies Akzeptieren.** Sie verlangt nicht, daß der Arzt nun alle Verhaltensweisen und Einstellungen des Patienten gutheißen soll. Das Ziel besteht vielmehr darin, dem Patienten *als Person* eine wertschätzende, emotionale Anteilnahme und Zuwendung entgegenzubringen, die nicht an Wohlverhalten seinerseits (wie z. B. Akzeptieren aller ärztlichen Verhaltensmaßregeln, kein Abschweifen vom medizinischen Gegenstand der Konsultation) gebunden ist. Dies erleichtert es dem Patienten, dem Arzt gegenüber ein Vertrauen zu entwickeln, daß ihm auch die Schilderung peinlicher oder sozial unerwünschter Sachverhalte (z. B. Harninkontinenz, Non-Compliance) erlaubt.

Auch für diese Dimension finden sich empirische Belege in der Literatur: Bei Visitengesprächen ergab eine Faktorenanalyse den Faktor Geringschätzung versus Wertschätzung, markiert durch Merkmale wie: behandelt den Patienten geringschätzig/abwertend/unfreundlich, wirkt unbeteiligt/gleichgültig, hält den Patienten offenbar für einen Simulanten [191]. Auch der Faktor mitfühlend-wohlwollendes und erleichterndes Fragen [80] ist mit der Wertschätzungsdimension verwandt. Bei einer Faktorenanalyse von 24 Einzelmerkmalen des Gesprächsverhaltens von Ärzten und Patienten ergaben sich zwei Faktoren (von 10), die zu dieser Dimension gehören: negative sozio-emotionale Interaktion verknüpft mit einem Arztverhalten, das als übertrieben förmlich, abweisend und Hilfe verweigernd zu beschreiben ist, und (auf der anderen Seite) eine solidarische Beziehung mit positiver sozio-emotionaler Interaktion und freundlichem Verhalten des Arztes [199].

Patienten wünschen sich von ihren Ärzten in hohem Maße positive Wertschätzung und emotionale Zuwendung, wie durch direkte Befragung belegt wurde [79, 119]. Auch die Untersuchung der Determinanten der Zufriedenheit der Patienten zeigte dies [200, 201], z. B. bei Müttern, die ihre Kinder zur ambulanten Behandlung in einer Poliklinik vorstellen.

Ergebnisse der Kommunikationsforschung führen zu dem Schluß, daß Menschen den emotionalen Anteil der Einstellung ihrer Interaktionspartner ihnen gegenüber vor allem aus deren nonverbalen Verhaltensweisen (Tonfall, Gestik, Mimik etc.) erschließen [184, 202, 203]. Dementsprechend konnte man zeigen, daß die Zufriedenheit des Patienten mit der ärztlichen Kommunikation auch von der Fähigkeit des Arztes abhängt, verschiedene, insbesondere positive Emotionen durch den Tonfall und andere nonverbale Zeichen auszudrücken [204]. Auf der Wertschätzungsdimension einzuordnen sind z. B. Verhaltensweisen wie zustimmendes Kopfnicken, skeptisch-ablehnendes Kopfschütteln, unentschiedenes Zucken mit den Achseln und bedenkliches Hochziehen der Augenbrauen [203].

Weitgehend unabhängig vom speziellen Anlaß oder Gegenstand des Arzt-Patient-Gesprächs sollte sich der Arzt um ein hohes Ausmaß an positiver Wertschätzung und emotionaler Zuwendung bemühen, dies noch verstärkt, wenn im Gespräch persönliche Probleme des Patienten eine wesentliche Rolle spielen [190].

Dritte Dimension: Selbstkongruenz (Echtheit)

Sollen positive Wertschätzung und innere Anteilnahme sich positiv auf die Beziehung zwischen Arzt und Patient auswirken, müssen sie von Herzen kommen, d. h. mit den inneren Einstellungen und der Haltung des Arztes übereinstimmen. Es hilft nichts, dem Patienten Anteilnahme und Zuwendung vorzuspielen, wenn man ihn in Wirklichkeit als Person ablehnt. Gemeint ist damit die Dimension Selbstkongruenz oder Echtheit [198]: Der Arzt soll wirklich meinen, was er sagt, und sein, was er darstellt. „Fassadenhaftigkeit, rollenhaftes Verhalten oder gespielte Gefühle sind das Gegenteil zu Selbstkongruenz" [186]. Linden führt dazu exemplarische Kommentare von Patienten an, die Echtheit bzw. Fassadenhaftigkeit des Arztverhaltens anzeigen [186]: „Bei ihm weiß man, woran man ist" versus „Ich möchte nicht wissen, was er wirklich denkt" und „Ich glaube, er mag mich wirklich" versus „Er tut so, als ob er an mir Interesse hätte".

Selbstkongruenz des Therapeuten (als wichtigste Basisvariable klientenzentrierter Therapie) ist die entscheidende Voraussetzung effektiver Psychotherapie [198].

Im Rahmen der allgemeinen Kommunikationstheorie werden die ungünstigen Auswirkungen von Inkongruenz (paradoxe Kommunikation) demonstriert [189]: Unsicherheit, Mißverständnisse, Verwirrung. Fassadenhaftes Verhalten von seiten des Arztes bleibt den Patienten meist nicht verborgen; sie erschließen es vor allem aus Differenzen oder Widersprüchen zwischen verbalen und nonverbalen Verhaltensweisen [202]. Patienten sind insbesondere mit solchen Ärzten unzufrieden, die durch Tonfall und Mimik negative Gefühle (wie z. B. Ärger) ausdrücken, wenn sie eigentlich positive Gefühle kommunizieren wollen [204]. Auch mit Blick auf vorliegende Studien wird die Bedeutung der Echtheit des Arztes für den Aufbau einer guten Arzt-Patient-Beziehung betont [52].

Davon abweichend berichtet eine andere Untersuchung, daß die befragten Patienten mit ihren Ärzten dann besonders zufrieden sind, wenn diese verbale Äußerungen positiven Inhalts mit negativem Tonfall verknüpfen [205]. Wahrscheinlich entsteht auf diese Weise der Eindruck von Ernsthaftigkeit, Bemühung und Aufgabenbezogenheit. Diese Arbeit verdeutlicht, trotz ihrer hochselegierten Stichprobe (2 Ärzte und 50 farbige Frauen mit niedrigem Einkommen), daß das Zusammenwirken von verbalen und nonverbalen Kommunikationsanteilen bei der ärztlichen Gesprächsführung dringend weiterer Erforschung bedarf.

Insgesamt dürfte es angemessen sein, nicht zuletzt auch aus ethisch-moralischen Erwägungen, sich als Arzt um ein möglichst selbstkongruentes Verhalten zu bemühen.

Vierte Dimension: Empathie – präzises einfühlendes Verstehen

Empathie als präzises einfühlendes Verstehen stellt neben Wertschätzung und Echtheit die dritte der drei Basisvariablen klientenzentrierter Psychotherapie dar [198].

Empathisch zu sein bedeutet, die Gedanken, Gefühle, Sorgen und Wünsche des anderen möglichst vollständig und zutreffend aufzunehmen und zu verstehen, und dieses Verstehen dem anderen gegenüber auch so zu zeigen, daß er es wahrnehmen kann.

Der Arzt beispielsweise versucht dann, sich in den Patienten hineinzuversetzen und den angesprochenen Sachverhalt aus dem Blickwinkel des Patienten in seinen rationalen **und** gefühlsmäßigen Aspekten nachzuvollziehen. Dies fördert die Selbstexploration des Patienten [198], d. h. er spricht freier und offener über sich selbst und vermittelt so dem Arzt ein vollständigeres und zutreffenderes Bild seiner Probleme, Sorgen und Bedürfnisse.

Der Wunsch der Patienten nach einfühlendem Verstehen durch den Arzt zeigt sich direkt (durch Befragung) [79, 119] sowie indirekt (über die Untersuchung der Zufriedenheit von Patienten und deren Determinanten) [81,

201]. An anderer Stelle wurde nachgewiesen, daß die Zufriedenheit der Patienten mit der Behandlung von der Fähigkeit der Ärzte abhängt, den gefühlsmäßigen Anteil der Äußerungen der Patienten aus deren nonverbalen Signalen zu erschließen [206]. Damit ist die Notwendigkeit belegt, den Patienten sowohl in seinen Worten als auch in seinen Gesten, mimischen Bewegungen und anderem nonverbalen Verhalten zu verstehen. Bei einer Zusammenfassung der beobachteten Einzelmerkmale ärztlicher Gesprächsführung wird Empathie dem patientenzentrierten Vorgehen zugeordnet, das in ca. 25% der beobachteten Gespräche vorzufinden ist [62]. Eine Vielzahl von Autoren betont, intuitiven und erfahrungsgeleiteten Überlegungen folgend, die Wichtigkeit einfühlenden Verstehens (z. B. [193, 207]).

Entstammt der Arzt einer anderen sozialen Schicht oder gar einem anderen Sprach- und Kulturraum als der Patient, erschweren unterschiedliche Arten sich auszudrücken bzw. verschiedene Dialekte oder Sprachen das einfühlende Verstehen des Patienten. Man spricht von sog. **Sprach-** oder **Verständigungsbarrieren,** deren Überwindung sehr mühsam und schwierig sein kann.

Naturgemäß ist empathisches Verhalten zu Beginn der diagnostischen Phase des Gesprächs zwischen Arzt und Patient besonders angemessen. Aber auch während der Diskussion möglichen therapeutischen Vorgehens und zur emotionalen Stützung des Patienten in besonders belastenden (Krisen-)Situationen stellt für den Patienten wahrnehmbares einfühlendes Verstehen eine wichtige Verhaltensdimension adäquaten Arztverhaltens dar.

Fünfte Dimension: Informationsvermittlung – Ausmaß der Verständlichkeit

Die meisten Patienten haben den Wunsch, von ihrem Arzt ausreichend über Diagnose und Prognose ihrer Erkrankung und andere damit zusammenhängende Sachverhalte (Ursachen, Behandlungsmaßnahmen etc.) informiert zu werden. Die Dimension Informationsvermittlung kennzeichnet das Ausmaß, in dem der Arzt seinem Patienten diesen betreffende Informationen gibt, und zwar so, daß der Patient sie auch verstehen kann. Es geht also sowohl um die Menge als auch um die Verständlichkeit der vom Arzt zur Verfügung gestellten Informationen. Aus Untersuchungen kann entnommen werden, wie groß das Bedürfnis der Patienten nach hinreichender Information ist und wie häufig es nicht befriedigt wird [121, 208]. Neben solchen auf Befragungen beruhenden Ergebnissen weisen verschiedene Arbeiten den Einfluß ausreichender Informationsgabe auf Zufriedenheit und Compliance der Patienten nach [53, 81, 209]. Dabei scheint es wesentlich zu sein, daß der Arzt die **Informationen von sich aus** zur Verfügung stellt: Patienten, die den Arzt (nach einem entsprechenden Training) vermehrt nach Informationen fragen, sind bei einer Interventionsstudie [82] weniger zufrieden als eine Kontrollgruppe, und in der Arzt-Patient-Interaktion treten vermehrt negative Affekte wie Ärger und Angst auf.

In einer faktorenanalytischen Untersuchung [199] ergaben sich zwei Faktoren, die zur Dimension der Informationsgabe gehören: ein erster, dadurch gekennzeichnet, daß der Patient nach Informationen, Orientierung und Bestätigung fragt, sowie ein zweiter, der ein Arztverhalten beschreibt, das Informationen erfragt, aber selbst keine gibt. Ein dritter Faktor aus der Analyse von Visitengesprächen wird zwar **Distanz versus Engagement** genannt [191]; er wird jedoch am besten markiert von den Einzelmerkmalen: „gibt dem Patienten keine Informationen" und „begründet diagnostische und therapeutische Maßnahmen nicht" – hängt also zumindest mit der Dimension **Informationsgabe** zusammen.

Auch intuitiv wird eine entsprechende Dimension begründet und formuliert [193, 207]. Mann beschreibt näher die angemessene Art und Weise der Informationsgabe, insbesondere im Rahmen von Aufklärungsgesprächen [127].

Folgt man einer empirischen Studie [210], so hängt das Ausmaß der Informationsgabe von verschiedenen Faktoren ab: Ein Arzt übermittelt mehr Information an einen Patienten wenn,

- er selbst aus einer höheren sozialen Schicht stammt,
- der Bildungsstand des Patienten (und sein sozialer Status) hoch ist,
- die Prognose ungünstig ist,
- der Arzt den Patienten schon länger kennt,
- der Arzt nicht so stark beschäftigt ist.

Soll der Patient die Erklärungen und Anordnungen des Arztes verstehen, muß der Arzt die gewohnte, kollegiale medizinische Fachsprache zugunsten einer alltagsnahen Umgangssprache verlassen. Andernfalls errichtet er Sprachbarrieren, die das Verstehen seiner Äußerungen erschweren oder gar unmöglich machen.

Die Forderung nach ausreichender Information für den Patienten und weitgehender Transparenz ärztlichen Handelns entspricht im übrigen einem Menschen-/Patientenbild, das nicht von einem einfach behandelbaren Objekt ausgeht, sondern von einem denkenden, fühlenden und handelnden Subjekt, das zudem in der Lage ist, über sich selbst und sein Tun sinnvoll nachzudenken (Selbstreflexivität [211]; ähnliches gilt auch analog für die anderen Dimensionen).

Dabei sollte der Arzt das Ausmaß und den Zeitpunkt der Informationsgabe nach den – sicher nicht immer leicht zu erkennenden – Bedürfnissen des Patienten ausrichten und ihn dementsprechend auch nicht mit Informationen konfrontieren, die er zur Zeit noch nicht verarbeiten will bzw. kann.

Kann der Arzt aus medizinischen oder anderen Gründen die Erwartungen eines Patienten nicht erfüllen, ist es besonders wichtig, diese Entscheidung verständlich zu erläutern und zu begründen [212].

Verbales Konditionieren

Jeder Arzt beeinflußt, ob er will oder nicht, durch seine Art der Gesprächsführung das Gesprächsverhalten des Patienten.

Aus lerntheoretischem Blickwinkel spricht man dabei von verbalem Konditionieren (Konditionierung des Gesprächsverhaltens): (Gesprächs-)Verhaltensweisen des Patienten, auf die der Arzt mit für den Patienten positivem, quasi belohnendem Verhalten reagiert, treten mit der Zeit häufiger auf (**positive Verstärkung**).

Beispiele: Einem Patienten fällt es schwer, über seine Schwierigkeiten beim Einhalten der verordneten Diät zu sprechen. Der Arzt kann ihn in seinen Versuchen verstärken, wenn er entsprechende Äußerungen verbal (*mhm*-Zeichen von Aufmerksamkeit und Interesse) positiv beantwortet.

Ohne es zu wissen, wird ein Arzt immer dann etwas verlegen und wendet seinen Blick ab, wenn der Patient erwähnt, daß er wohl nicht mehr lange zu leben habe. Lerntheoretisch gesehen ist dies eine Bestrafung, die den Patienten dazu veranlassen wird, dieses Thema dem Arzt gegenüber nicht mehr (oder zumindest seltener) anzusprechen.

Verbales Konditionieren kann demnach sowohl absichtlich-gezielt als auch unabsichtlich geschehen; es wirkt über verbale wie nonverbale Gesprächsanteile und kann zu erwünschten, aber auch zu unerwünschten Konsequenzen führen.

Das Arztverhalten auf den Dimensionen **Empathie** und **positive Wertschätzung** dürfte jedoch bei der Konditionierung des Gesprächsverhaltens den stärksten Einfluß auf die Inhalte der Äußerungen des Patienten haben.

Erlernen von Gesprächsverhalten

Die beschriebenen fünf wohl wichtigsten Dimensionen ärztlicher Gesprächsführung sind nicht unabhängig voneinander. Obwohl es dazu nur wenige empirische Untersuchungen gibt [62], ist zu erwarten, daß die anzustrebenden Verhaltensweisen aus den Dimensionen häufig zusammen auftreten. So verhalten sich z. B. patientenzentriert vorgehende Ärzte eher empathisch und selbstkongruent als direktiv vorgehende. Manche Dimensionen, wie z. B. Wertschätzung und Echtheit, sind wiederum erst dann in vollem Umfang positiv wirksam, wenn sie beide gleichzeitig vom Arzt realisiert werden.

Angemessenes ärztliches Gesprächsverhalten ist nicht angeboren. Es ist erlernbar – wenn auch nicht allein durch Besuch von Vorlesungen oder durch Lektüre, sondern nur in Verbindung mit praktischem Üben. Das zeigen u. a. die Erfahrungen mit Balintgruppen [174] und Anamnesegruppen im Medizinstudium [214]. Für eine praxisnahe Darstellung der Gesprächsführung für Ärzte, zum Teil mit praktischen Übungen, siehe z. B. [177, 185, 186, 207, 215–217].

Studienfragen

In welchen bedeutsamen Merkmalen unterscheiden sich Ärzte in ihrem Gesprächsverhalten voneinander?
(s. S. 280)
Gibt es ein „optimales ärztliches Gesprächsverhalten"?
(s. S. 281, 282, 283)
Welche Bedeutung haben die nonverbalen Anteile beim ärztlichen Gesprächsverhalten?
(s. S. 281, 282)

9.4 Compliance

Friedrich-Wilhelm Wilker

Befolgung und Nicht-Befolgung ärztlicher Anordnungen

Nach der Anamneseerhebung, der körperlichen Untersuchung eines Patienten und – falls erforderlich – nach der Durchführung und Auswertung spezifischer Labortests wird der Arzt eine Diagnose stellen und darauf aufbauend einen Therapieplan entwickeln. Dieser kann verschiedenartige ärztliche Ratschläge, Verordnungen und therapeutische Anordnungen umfassen, die ihrerseits wiederum unterschiedliche Anforderungen an den Patienten stellen: Angefangen von der Einnahme bestimmter Medikamente, über das Wiedererscheinen zu Nachfolge- und Kontrolluntersuchungen, bis hin zur Veränderung von Ernährungsverhalten und anderen Lebensgewohnheiten.

Zur Bezeichnung des Ausmaßes der Befolgung bzw. Nicht-Befolgung ärztlicher Anordnungen haben sich in der angloamerikanischen Fachliteratur die Begriffe **Compliance** und **Non-Compliance** durchgesetzt und sind auch im deutschsprachigen Raum übernommen worden [218, 219].

Compliance kann definiert werden als das Verhältnis eines Istwertes (tatsächliche Therapiedurchführung) zu einem Sollwert (Therapiestandard [220]). Der numerisch dargestellte Compliancequotient kann Werte größer und kleiner als 1 annehmen, wobei der Wert 1 eine exakte Übereinstimmung von Ist- und Sollwert darstellt. Im Gegensatz zu der großen Anzahl von Studien zur Patienten-Compliance (therapeutische bzw. Verordnungs-Compliance [220]), dem Schwerpunkt der folgenden Ausführungen, gibt es nur wenige Untersuchungen zur Arzt-Compliance, d. h. zum Ausmaß der Berücksichtigung anerkannter standardisierter Diagnose- und Therapierichtlinien [221], sowie zur Compliance unter Ärzten, d. h. zu Fragen und Problemen der professionellen Kooperation [222].

Bezogen auf die Patienten-Compliance werden drei Arten der Nicht-Befolgung unterschieden, „... um die mindestens 70% der Non-Compliance-Fälle verständlich zu machen, in denen der Patient einsehbare Gründe hat ...“ [222]:

- **Intelligente Non-Compliance:** Der Patient führt eine Therapiemaßnahme nicht durch oder nicht weiter, weil er sie z. B. nicht verträgt, sie ihm nicht befriedigend geholfen hat, sie ihm unverständlich und/oder undurchführbar erscheint und/oder ernste Nebenwirkungen oder Arzneimittelinteraktionen auftreten.
- **Adaptive Non-Compliance:** Der Patient führt eine Therapiemaßnahme nicht durch oder nicht weiter, weil ihm seine Lebensqualität ohne Therapie höher erscheint als mit Therapie (z. B. Verweigerung von Chemotherapie zur adjuvanten Tumorbehandlung).
- **Beanspruchungs-Non-Compliance:** Der Patient führt eine Therapiemaßnahme nicht durch oder nicht weiter, weil er, in einer schwierigen Lebenskrise befindlich, nicht mehr fähig ist, einem aufwendigen Behandlungsplan zu folgen.

Bezogen auf den wichtigen Aspekt der **Medikamenten-Compliance** werden (in einer Untersuchung an Diabetikern und Patienten mit Herzinsuffizienz) folgende Befolgungsfehler unterschieden, die insgesamt eine Quote von knapp 60% aller Einnahmefehler abdecken [223]:

- Patient nimmt verordnete Medikamente **nicht** ein.
- Patient nimmt verordnete Medikamente ein, aber **aus Unkenntnis** sind Dosis und/oder Dosisintervalle falsch.
- Patient nimmt verordnete Medikamente ein, ohne die **ihm bekannte** Dosis und/oder ihm bekannten Dosisintervalle zu berücksichtigen.
- Patient nimmt Medikamente ein, die überhaupt **nicht verordnet** wurden.

Methoden zur Messung der Compliance

Mit dem Problem der Messung von Compliance aufs engste verknüpft ist die Frage nach ihrer Definition: Was versteht der jeweilige Wissenschaftler in seiner Untersuchung unter Compliance/Non-Compliance? Eine angemessene operationalisierte Definition von Compliance/Non-Compliance ist in diesem Sinne die Voraussetzung für eine sinnvolle Messung [224]. Grundsätzlich werden zwei verschiedene methodische Ansätze zur Compliancemessung unterschieden [222]: sog. direkte Meßmethoden (z. B. Blutprobenuntersuchung) und sog. indirekte Meßmethoden (z. B. Patientenbefragung).

Bezogen auf ihre Objektivität wird die in Tabelle 9-6 dargestellte Rangreihe der Verfahren zur Compliancemessung angegeben [225].

Tabelle **9-6** Rangreihe der Verfahren zur Compliancemessung.

direkte Verfahren	1. Untersuchung der Proben von Blut, Urin, Fäzes und Speichel zum Nachweis relevanter Substanzen (größte Objektivität) 2. Beobachtungsmethoden
indirekte Verfahren	3. Tablettenzählen 4. Bestimmung des Behandlungserfolges 5. Arzteinschätzung 6. Patientenauskunft (geringste Objektivität)

Jede dieser Methoden hat ihre spezifischen Vor- und Nachteile. Die pharmakologisch-biochemischen Methoden z. B. bringen u. a. Probleme mit sich, weil oft eine unsystematische Beziehung zwischen zugeführter Arzneimittelmenge und nachweisbarem Serumspiegel bzw. Ausscheidungsrate besteht, die lediglich einen mittelbaren und damit indirekten Schluß auf das Einnahmeverhalten zuläßt. Diese Verfahren werden deshalb auch zu den mittelbaren Maßen der Compliancemessung gezählt [220]. Insgesamt erscheinen die sog. direkten Verfahren zwar objektiver, aber dafür auch aufwendiger, d. h. kosten-, personal- und zeitintensiver als die indirekten Verfahren. Die Beobachtungsmethoden z. B. können nur eingesetzt werden, wenn ein teilnehmender Beobachter (z. B. Familienmitglied, Bekannter, Arbeitskollege usw.) zur Verfügung steht, der systematisch die erforderlichen Beobachtungsdaten bezüglich des Befolgungsverhaltens erheben kann.

Demgegenüber sind Patientenauskünfte natürlich wesentlich leichter zu erhalten. Problematisch sind dabei nicht die Angaben der Patienten, die zugeben, daß sie non-compliant sind, sondern die Auskünfte derjenigen, die fälschlicherweise behaupten, sie seien compliant. Dies führt zu deutlichen Überschätzungen der Compliancerate [224]. Die Genauigkeit solcher Patientenangaben kann allerdings verbessert werden, wenn eine indirekte Befragungsmethode angewendet wird, bei der der Patient aus einer Reihe vorgegebener Gründe für Medikamenten-Non-Compliance die ihn betreffenden benennt [226].

Eine derartige Verbesserung ist auch möglich, wenn Patienten unter spezifischen Bedingungen exploriert werden [227]:

- in entspannter und vertrauensvoller Gesprächsatmosphäre,
- unter anfänglichem Hinweis auf die Schwierigkeiten vieler Patienten bei der Behandlungskooperation,
- mit der Zusicherung, alle Informationen, Auskünfte und Angaben würden streng vertraulich behandelt.

Neuerdings wird auch der Versuch gemacht, mittels speziell entwickelter Fragebögen die Bereitschaft des Patienten abzuschätzen, ärztlichen Anweisungen zu folgen [228].

Von einigen Autoren (z. B. [229, 230]) werden zur Optimierung der Compliancebestimmung **multiple Messungen** vorgeschlagen, d. h. der parallele Einsatz verschiedener Verfahren (z. B. zur Absicherung des Tablettenzählens spezifische Urinproben). Besonders wichtig bei Langzeitbehandlungen sind noch zusätzliche **Wiederholungsmessungen,** um mögliche Fluktuationen der Befolgungsrate über längere Zeiträume (Wochen, Monate) erfassen zu können [231].

Eine potentielle Fehlerquelle bei allen Compliancemessungen ist das Wissen des Patienten um diese Messungen, das zumindest zeitweise das entsprechende Verhalten beeinflussen und so die Messungen verfälschen kann. Durch Zufalls- und/oder nicht angekündigte Messungen ist es möglich, dem zu begegnen.

Bedeutung und Ausmaß der Non-Compliance

Werden indizierte ärztliche Anordnungen nicht befolgt, ist dies vor allem aus medizinischen und ökonomischen Gründen problematisch: Der angestrebte therapeutische und/oder prophylaktische Effekt kann ausbleiben. Zusätzlich zur Verschwendung des nicht angewandten Arzneimittels können noch Folgekosten durch eine verzögerte oder ausbleibende Heilung entstehen [232].

Geht man von Expertenschätzungen aus, wonach zumindest 20% aller Medikamente ungenutzt bleiben, dann wären allein im Jahre 1980 Arzneimittel im Wert von ca. 2,5 Milliarden DM sinnlos verschwendet worden [233].

Darüber hinaus hat die medikamentöse Non-Compliance wichtige Implikationen für die medizinische Forschung: Die Interpretation von klinischen Untersuchungen ist oft nicht sinnvoll möglich ohne Bestimmung der Compliancerate, weil die Untersuchungsergebnisse bezüglich Medikamentenwirkungen und -nebenwirkungen durch Nicht-Einnahme verfälscht und verzerrt werden [234].

Das generelle Ausmaß der Non-Compliance läßt sich aufgrund sorgfältiger Analysen einer großen Anzahl empirischer Studien folgendermaßen zusammenfassen [235]:

- Patienten nehmen ein Viertel der **Termine,** die sie selber wünschen und vereinbaren, und die Hälfte der Termine, die direkt mit ihnen oder für sie vereinbart werden (z. B. Nachuntersuchungstermine), nicht wahr.
- Bei **Kurzzeitbehandlungen** (z. B. Gabe von Antibiotika) nimmt die Compliancerate schnell ab. Auch bei **kurzfristigen präventiven Maßnahmen** (z. B. Immunisierung durch wiederholte Impfungen) zeigt sich eine zyklische Abnahme der Compliancerate um insgesamt 25%.
- Bei **langfristigen präventiven Maßnahmen** (z. B. Rheumafieber-Prophylaxe) wird die Hälfte aller verschriebenen Dosierungen nicht eingenommen.
- Die Compliance bei **medikamentösen therapeutischen Maßnahmen** liegt im Durchschnitt bei 50% und fällt im Laufe der Zeit drastisch ab.
- Ärztliche Anordnungen zur **Veränderung der Lebensgewohnheiten** (z. B. bezüglich Rauch- und Eßverhalten) werden von den meisten Patienten nicht befolgt. Nur jeder fünfte Patient, der sich einer Raucherentwöhnungsgruppe anschließt, wird langfristig zum Nichtraucher.

Tabelle **9-7** Prozentsatz der Non-Compliance bei Einnahme von Medikamenten [236].

Art der Medikation	Non-Compliance (%) Ley (1976)	FDA* (1979)	Barolsky (1980)
Antibiotika	49	48	52
Psychopharmaka	42	42	42
Antihypertensiva	–	43	61
Anti-Tbc-Chemotherapie	38	42	43
andere Medikamente	48	54	46

* Food & Drug Administration

Die Ergebnisse verschiedener Übersichtsarbeiten speziell zur Medikamenten-Non-Compliance sind in Tabelle 9-7 zusammengefaßt.

Von vielen Autoren (z. B. [59, 188]) wird betont, daß die Diskrepanz zwischen ärztlicher Verordnung und tatsächlichem Verhalten der Patienten besorgniserregend ist, daß zudem viele Ärzte die Compliance ihrer eigenen Patienten überschätzen und nachgewiesenermaßen nur sehr unzuverlässig vorhersagen können.

Ursachen und Determinanten der Non-Compliance

Ein großer Teil der gesamten Compliance-Literatur bezieht sich auf den – bisher nur mäßig erfolgreichen – Versuch, einzelne Faktoren zu identifizieren, die die Compliance positiv oder negativ beeinflussen. Eine Übersicht relevanter positiver oder negativer Einflußfaktoren auf die Patientenkooperation (Tab. 9-8, wesentlich zusammengestellt nach [218, 224]) läßt weder einen *complianten* noch einen *non-complianten Patiententyp* erkennen. Man muß vielmehr davon ausgehen, daß die meisten Patienten hin und wieder in mehr oder weniger großem Ausmaß non-compliant sind.

Tabelle **9-8** Merkmale mit positivem oder negativem Einfluß auf die Compliance.

Merkmal	Einfluß auf die Compliance positiv	Einfluß auf die Compliance negativ
Einfluß der Patientenfamilie/ Stabilität der Familie	+	
psychische Erkrankung diagnostiziert		–
viele Krankheitssymptome		–
deutliche Leistungseinschränkung durch die Krankheit	+	
Patient ist überzeugt von:		
● allgemeiner Krankheitsanfälligkeit	+	
● spezieller Anfälligkeit gegenüber seiner Krankheit	+	
● Ernsthaftigkeit seiner Erkrankung	+	
● Therapiewirksamkeit	+	
hohe Komplexität des Therapieplans		–
umfangreiche Verhaltensänderung notwendig		–
lange Behandlungsdauer		–
lange Wartezeit		–
große Zeitspanne zwischen Überweisung und Arzttermin		–
individuelle Terminvereinbarung	+	
Überwachung des Patienten durch den Arzt möglich	+	
Zufriedenheit des Patienten mit medizinischer Betreuung	+	
Eingehen auf Erwartungen und Bedürfnisse des Patienten	+	

Die verschiedenen Determinanten der Behandlungskooperation lassen sich im wesentlichen vier Bereichen zuordnen und entsprechend darstellen [218, 224]:

- Patientenmerkmale
- Krankheitsmerkmale
- Behandlungsmerkmale
- Merkmale der Interaktion zwischen Arzt und Patient

Bei der ersten Gruppe, den **Patientenmerkmalen,** zeigen nur wenige Studien, die sich mit dem Einfluß **soziodemographischer** Patientenmerkmale (z. B. Alter, Geschlecht, Bildungsstand, Einkommenshöhe, Religionszugehörigkeit usw.) auf die Compliance beschäftigt haben, irgendeinen relevanten Zusammenhang mit derselben. Daher erscheint es angemessen, davon auszugehen, daß diesen Merkmalen keine determinierende Bedeutung für das Befolgungsverhalten zukommt.

Uneinheitlich stellt sich die Situation bei weiteren Patientenvariablen dar: z. B. die **Familie des Patienten** ganz allgemein und speziell die **Stabilität dieser Familie** scheinen einen deutlich positiven Einfluß auf die Compliance zu haben. Die **Intelligenz des Patienten** hingegen (vergleichbar wie der Bildungsstand) weist keine Beziehung – weder positiv noch negativ – zur Compliance auf.

Beim **Wissen des Patienten** über die Krankheit und die Therapie ist eine eindeutige Beziehung zur Patientenkooperation letztendlich nicht vorhanden. Einige Untersuchungsergebnisse sprechen zwar für eine positive Beziehung zwischen beiden Variablen, aber die Mehrzahl aller Untersuchungen läßt keinen Einfluß auf die Compliance erkennen. In diesem Zusammenhang wird darauf hingewiesen, daß gerade diese letzteren Untersuchungen methodisch sauberer und deshalb in ihrem Aussagewert zuverlässiger sind [224]. Davon abgesehen kann man in der mangelnden Beziehung zwischen Compliance auf der einen und Patientenwissen, Bildungsstand und Intelligenz auf der anderen Seite eine einheitliche Linie sehen, bei der die Einzelbefunde in dieselbe Richtung weisen und zu der Aussage berechtigen, daß ein eindeutiger Zusammenhang zwischen intellektuellen Merkmalen des Patienten und dem Befolgungsverhalten nicht als gegeben angenommen werden darf. Es muß aber an diesem Punkt folgendes betont werden: „Der **Informiertheit** des Patienten kommt eine Schlüsselrolle zu. Sie garantiert zwar nicht die Befolgung, ist aber in vielen Fällen eine notwendige Vorbedingung“ [237]. Zumindest scheint dies so zu sein für das Ausmaß der Informationen, die der Patient zur Verfügung hat, über das konkret von ihm geforderte Therapieverhalten, d. h. **wann** und **wie** er **was** zu tun hat. Weiß der Patient dies nämlich nicht oder nicht genau, ist non-compliantes Verhalten quasi programmiert. Was das Patientenwissen betrifft, so erscheint folgende abschließende Bewertung angemessen: „Für Personen, die motiviert sind, mitzuarbeiten, aber nicht genügend über die richtige Vorgehensweise wissen, kann Information nützlich sein. Falls jedoch ein Patient etwas Wissen hat, aber nicht ausreichend motiviert ist, wird zusätzliche Information die Compliance nicht fördern. Es ist dann klar, daß andere Faktoren untersucht werden müssen, die die Patienten-Compliance beeinflussen können“ ([69], Übers. d. Verf.).

Fast ebenso unklar wie beim Patientenwissen ist auch die Beziehung zwischen Compliance und der **subjektiven Einschätzung des Patienten bezüglich der Therapieeffizienz:** Einige Untersuchungen zeigen eine positive Beziehung zwischen beiden, andere hingegen lassen überhaupt keine Beziehung erkennen. Sieht der Patient seine Erkrankung allerdings als gravierend an, und ist er von einer spezifischen Anfälligkeit gegenüber dieser Krankheit sowie zusätzlich von einer allgemeinen Krankheitsanfälligkeit bei sich selbst überzeugt, so kann im Zusammenhang mit dem Glauben an die Wirksamkeit der Therapie die Wahrscheinlichkeit complianten Verhaltens ansteigen.

Der Zusammenhang dieser letztgenannten Faktoren ist an anderer Stelle auch in Verbindung mit dem sog. *Health Belief Model* dargestellt worden [238].

Bei den **Krankheitsmerkmalen** zeigen sich wiederum keine deutlichen Einflüsse auf die Patientenkooperation. Weder Diagnose (Ausnahme: geringere Medikamenten-Compliance bei Patienten mit einer psychiatrischen Diagnose) noch objektive Schwere, Dauer oder Symptome einer Erkrankung stehen global in einem positiven oder negativen Zusammenhang zur Compliance. Allerdings kann bei manchen Patienten eine Häufung von Symptomen zu einer Abnahme, und eine deutliche Leistungseinschränkung durch die Krankheit zu einer Zunahme seiner Mitarbeit führen.

Eindeutiger stellt sich die Situation bei den **Behandlungsmerkmalen** dar. Hier gibt es einige relevante Beziehungen zur Compliance. So steht die Art der ärztlichen Verordnung/Anweisung/Maßnahme in Zusammenhang mit der Patientenkooperation. Generell kann dabei von folgendem ausgegangen werden:

> Je größer die vom Patienten erwartete Verhaltensänderung, desto geringer ist die Wahrscheinlichkeit von compliantem Verhalten.

In diesem Zusammenhang fällt die Befolgungsrate quasi stufenweise ab, von der Ausführung eines *neuen* Verhaltens (z. B. Einnahme eines spezifischen Medikaments) über die Veränderung eines bereits gewohnten Verhaltens (z. B. Umstellung einer Diät) bis zur Aufgabe von persönlichen Gewohnheiten (z. B. Rauch- und Trinkverbot). Darüber hinaus besteht – wie die meisten Untersuchungen zeigen – eine negative Beziehung zwischen der **Komplexität** eines Behandlungsplans und der Compliance: Patienten, die verschiedene Medikamente mehrmals über den Tag verteilt einnehmen sollen, weisen eine geringere Compliancerate auf als Patienten, die nur ein Medikament einmal pro Tag einzunehmen haben.

> Die Befolgungswahrscheinlichkeit ist also um so geringer, je mehr Verhaltenseinsätze des Patienten erforderlich sind.

Zeitliche Merkmale der Behandlung haben auch einen deutlichen Einfluß auf das Befolgungsverhalten: Es wird reduziert durch eine lange Behandlungsdauer und lange Wartezeiten, ebenso durch eine große Zeitspanne zwischen Überweisung und Arzttermin. Ob der Patient regelmäßig von einem ihm bekannten Arzt betreut wird oder ob diese Betreuung – wie z. B. in der Klinik – wechselt, scheint überraschenderweise keinen gesicherten Einfluß auf die Compliance zu haben. Eine individuelle Terminvereinbarung für die Behandlung dagegen kann die Patientenkooperation durchaus positiv beeinflussen.

Insgesamt scheint aber das, was in der jeweiligen Interaktion zwischen Arzt und Patient geschieht, ziemlich entscheidend für die Compliance zu sein. Einige Ergebnisse zu den **Merkmalen der Interaktion zwischen Arzt und Patient** sprechen dafür. Zum einen sind die Kontrollmöglichkeiten des Arztes über den Patienten relevant, d. h. stationäre Patienten zeigen eine höhere Compliancerate als Patienten einer Klinikambulanz und diese wiederum höhere Complianceraten als Patienten von niedergelassenen Ärzten. Zum anderen steht das Gefühl der Zufriedenheit des Patienten mit der medizinischen Betreuung und verbunden damit auch das angemessene Eingehen des Arztes auf seine jeweiligen Erwartungen und Bedürfnisse in einem positiven Zusammenhang zur Patientenkooperation.

Aber die Einstellung der Patienten gegenüber Ärzten und dem medizinischen Versorgungssystem ganz allgemein – d. h. nicht unmittelbar bezogen auf ihren persönlichen Arzt – scheint wiederum keinen Einfluß auf die Compliance zu haben. Generell ist in einer durch Kommunikationsprobleme gekennzeichneten Arzt-Patient-Beziehung die Compliancerate mit großer Wahrscheinlichkeit deutlich geringer als in einer Beziehung ohne Kommunikationsstörungen mit enger Patientenführung und Behandlungszufriedenheit des Patienten.

Die **Zufriedenheit** ihrerseits hängt wiederum von unterschiedlichen Bedingungen ab [239]. Sie sinkt, wenn:

- der behandelnde Arzt vom Patienten als förmlich und geschäftsmäßig oder passiv/uninteressiert erlebt wird,
- der behandelnde Arzt vom Patienten als autoritär/direktiv und feindselig oder verständnislos empfunden wird,
- der Arzt nicht in der Lage ist, situative Spannungen während der Konsultation zu reduzieren,
- Mütter von behandelten Kindern den Arzt als schlechten Gesprächspartner empfinden und sie erwartete Informationen nicht bekommen.

Im Zusammenhang mit dem letztgenannten Aspekt der Informationsvermittlung in der Arzt-Patient-Beziehung wird die enge Verbindung zwischen der Verständlichkeit der vom Arzt gegebenen Information, der Behaltensleistung des Patienten, seiner Zufriedenheit mit dem Arzt und seiner Behandlungskooperation betont [236, 240]:

> Versteht der Patient, was ihm der Arzt sagt, kann er es sich auch gut merken. Er wird daher zufrieden aus der Sprechstunde gehen und sehr wahrscheinlich das tun, was der Arzt mit ihm besprochen hat.

Diese sog. kognitive Hypothese der Compliance wird in Abbildung 9-5 zusammengefaßt.

Allerdings muß angemerkt werden, daß Informationen vom Arzt, die nicht in das Denksystem des Patienten von seiner Erkrankung passen, auch kaum eine Chance haben, von diesem akzeptiert – geschweige denn in compliantes Verhalten umgesetzt – zu werden [224]. In dem Maße aber, in dem die Ausführungen des Arztes über die Ursachen der Erkrankung, die therapeutischen Maßnahmen usw. der sog. subjektiven Krankheitstheorie des Patienten entsprechen, steigt die Wahrscheinlichkeit von Befolgungsverhalten an [241–243]. Deshalb sollte der Arzt bei der Vermittlung krankheitsspezifischer Informationen z. B. die persönlichen Denkschemata nicht außer acht lassen, die der jeweilige Patient verwendet, um sich die Verursachung seiner Erkrankung zu erklären (sog. **Attributionsmuster**, s. Kap. 7.1). Dies allein schafft schon Möglichkeiten zur Beeinflussung der Compliance, indem der Arzt die Sichtweise des Patienten seiner eigenen anzunähern versucht, denn Übereinstimmung verbessert die Patientenkooperation [244].

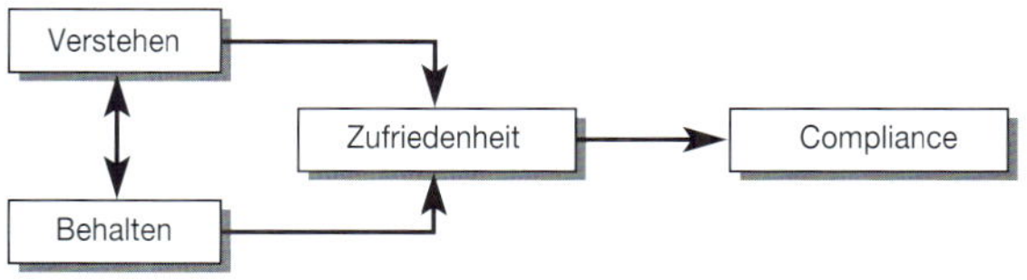

Abb. **9-5:** Kognitive Hypothese der Compliance [236].

Maßnahmen zur Verbesserung der Compliance

Obwohl es in der wissenschaftlichen Literatur zum Problem der Compliance/Non-Compliance nicht an Vorschlägen dazu fehlt, wie man das Befolgungsverhalten von Patienten positiv beeinflussen könnte, wurden erst relativ wenige dieser Methoden empirisch überprüft, und naturgemäß haben sie noch seltener einer kritischen Testung standgehalten und sich tatsächlich als wirksam erwiesen [218]. Grundsätzlich sollte bei der Diskussion von Maßnahmen zur Verbesserung der therapeutischen Kooperation berücksichtigt werden, daß Complianceprobleme auch *unfreiwillig* entstehen können, weil der Patient etwas nicht weiß bzw. nicht oder falsch verstanden hat usw. [224].

Zur Vermeidung dieser Art von Non-Compliance werden die folgenden Schritte empfohlen:

- die Therapievereinbarungen sind schriftlich zu fixieren;
- der Patient (besonders der ältere) wird gebeten, diese vorzulesen;
- der Patient wird ermuntert, Fragen zu stellen;
- beim nächsten Termin wird der Patient gefragt, wann und in welcher Menge er seine Medikamente eingenommen hat [224].

> Sechs unterschiedliche Ansätze zur Verbesserung der Patientenkooperation werden in der kategorischen Bibliographie über Compliance identifiziert [218]:
>
> - Information/Belehrung (z. B. Gesundheitserziehung, schriftliche Instruktionen, spezielle Beratung),
> - Hinweise/Erinnerung (z. B. telefonische oder briefliche Erinnerung an Sprechstundentermine, Arzneimitteleinnahmekalender, Ab-

stimmung der Medikamenteneinnahme auf die tägliche Routine),
- Beseitigung von Compliancebarrieren (z. B. Einsatz alternativer Behandlungsmethoden, Verkürzung der Wartezeit, Aufbau familiärer und sozialer Unterstützung, Reduktion der Behandlungsvielfalt und Vereinfachung des Behandlungsplans),
- Maßnahmen zur unmittelbaren Verhaltensänderung (z. B. mündliche und schriftliche Verpflichtung des Patienten, Kontrolle der Patientenmitarbeit, Selbstkontrolle des Patienten, Bekräftigung complianten Verhaltens),
- verstärkte ärztliche Überwachung (z. B. Hausbesuche und Nachkontrollen, Spezialkliniken, stationäre Behandlung),
- Maßnahmen des Apothekers (z. B. Beratung, spezielle Verschreibungsetiketten, spezielle Arzneimittelpackungen).

Tabelle **9-9** Erfolgreiche Maßnahmen zur Verbesserung der Compliance [218].

Art des Complianceproblems	Empfohlene Maßnahmen
ärztliche Überweisungen	• schriftliche Erinnerung • Assistenz durch medizinische Hilfskraft • Instruktion des Patienten (kurze Überweisungszeit)
ärztliche Verabredung	• schriftliche Erinnerung • telefonische Erinnerung (gute klinische Terminplanung)
Kurzzeittherapie	• genaue schriftliche und mündliche Anweisung • parenterale Applikation • spezielle Konfektionierung • Tabletteneinnahmekalender • Hausbesuche durch Schwester
Langzeittherapie	• Kontrolle des Serumarzneimittelspiegels • parenterale Applikation • intensive Überwachung • Änderung des Patientenverhaltens • ärztliche Belehrung

Die aufgrund entsprechender Studien nachweislich erfolgreichen Maßnahmen zur Verbesserung der Compliance finden sich in Tabelle 9-9.

Eine Vereinfachung des Einnahmeschemas/Therapieplans wird für eine der wirksamsten Methoden zur Verbesserung der Compliance gehalten, bei gleichzeitiger edukativer Förderung des Behandlungsverständnisses des Patienten [245].

Die vielleicht interessanteste Studie zur Verbesserung der Patientenkooperation konnte zeigen, daß eine einmalige 1–2stündige Schulung von Ärzten über Complianceprobleme bei Hypertoniepatienten schon eine positive Wirkung auf das Befolgungsverhalten der Patienten hatte [246]. Dieses Ergebnis ist ein weiterer gewichtiger Hinweis auf die Bedeutung der Kommunikation zwischen Arzt und Patient bei der Etablierung einer angemessenen Behandlungskooperation. Beachtenswert und vielleicht sogar zukunftsweisend erscheinen auch erste Ansätze zur Verbesserung der Patienten-Compliance durch eine verstärkte Überwachung und Behandlungsführung von sog. Problempatienten (z. B. Diabetiker, Hypertoniker) mit Hilfe von Praxis-EDV-Systemen [247].

Voraussetzungen der Complianceverbesserung

Es besteht sicherlich allgemein Konsens darüber, daß durch Non-Compliance volkswirtschaftliche Verluste in Milliardenhöhe sowohl durch die Vergeudung teurer Medikamente als auch teurer „Arztzeit“ entstehen.

Nicht so klar und eindeutig ist aber die Verbindung zwischen Befolgungsverhalten und Gesundung des Patienten [248], weil nicht einfach davon ausgegangen werden kann, daß jede vom Arzt verordnete Therapiemaßnahme tatsächlich effektiv ist. Die nachgewiesene Wirksamkeit einer Behandlung ist aber sicher eine Voraussetzung dafür, daß Ärzte Patienten legitimerweise therapeutische Anweisungen geben dürfen. Eine Lösung dieses Dilemmas wird darin gesehen, daß bestimmte Voraussetzungen erfüllt sind, *bevor* Compliance-verbessernde Maßnahmen eingeleitet werden [235]:

- Die gestellte Diagnose ist zutreffend.
- Die Wirksamkeit der Therapie ist gewährleistet.
- Non-Compliance ist mehr oder weniger nachgewiesen.
- Effektive Maßnahmen zur Complianceverbesserung sind vorhanden.
- Der Patient kann frei entscheiden, ist informiert und einverstanden.

Nur unter diesen Bedingungen erscheint der Versuch zur Verbesserung der therapeutischen Kooperation bei einem Patienten ethisch gerechtfertigt.

Studienfragen

Wie kann Compliance definiert werden und welche verschiedenen Methoden zu ihrer Messung werden unterschieden?
(s. S. 285, 286)
Wie sind Bedeutung und Ausmaß der Non-Compliance einzuschätzen und welche Ursachen und Determinanten der Non-Compliance werden unterschieden?
(s. S. 286, 287, 288, 289)
Welche Maßnahmen zur Verbesserung der Compliance kennen Sie und welches sind die Voraussetzungen zur Complianceverbesserung?
(s. S. 289, 290)

Literatur

1 Illhardt, F. J.: Medizinische Ethik. Ein Arbeitsbuch. Springer, Berlin 1985.
2 Schuler, H.: Ethische Probleme psychologischer Forschung. Verlag für Psychologie, Göttingen 1980.
3 Bappert, L.: Arzt und Patient als Rechtsuchende. Das Vertrags- und Haftungsrecht des Arztes in Grundsatz-Entscheidungen bundesdeutscher Gerichte 1969–1980. Rowohlt, Reinbek 1980.
4 Winau, R., H. P. Rosemeier: Tod und Sterben. De Gruyter, Berlin 1984.
5 Parsons, T.: Illness and the role of the physician: A sociologic perspective. American Journal of Orthopsychiatry, 21 (1951) 452–460.
6 Schipperges, H.: Der Arzt von morgen – Von der Heiltechnik zur Heilkunde. Severin und Siedler, Berlin 1982.
7 Pauli, H.: Ausbildung für eine Primärmedizin: Realitäten und Modelle. Psychosozial, 3 (4) (1981) 46–65.
8 McKeown, T.: Die Bedeutung der Medizin. Suhrkamp, Frankfurt 1982.
9 Hamm, H. (Hrsg.): Allgemeinmedizin – Familienmedizin. Lehrbuch und praktische Handlungsanweisungen für den Hausarzt. Thieme, Stuttgart 1980.
10 Scheele, B.: Kognitions- und sprachpsychologische Aspekte der Arzt-Patient-Kommunikation. Diskussionspapier Nr. 12. Bericht aus dem Psychologischen Institut, Universität Heidelberg 1978.
11 Beckmann, D.: Grundlagen der Medizinischen Psychologie. Ein Lehrbuch. Vandenhoeck & Ruprecht, Göttingen 1984.
12 Kaupen-Haas, H.: Stabilität und Wandel ärztlicher Autorität. Eine Anwendung soziologischer Theorie auf Aspekte der Arzt-Patienten-Beziehung. Enke, Stuttgart 1969.
13 Balint, M.: Therapeutische Aspekte der Regression. Die Theorie der Grundstörung. Klett, Stuttgart 1970.
14 Schmidbauer, W.: Die hilflosen Helfer: Über die seelische Problematik der helfenden Berufe. Rowohlt, Reinbek 1977.
15 Koch, U.: Wie Ärzte sich selbst und ihre Patienten sehen. Psychologie Heute, (2) (1975) 13–17.
16 Siegrist, J.: Arbeit und Interaktion im Krankenhaus. Enke, Stuttgart 1978.
17 Wildgrube, K., U. Tewes: Wissenschaftstheoretische und methodologische Überlegungen zur Erforschung der Arzt-Patient-Beziehung, S. 35–53. In: Minsel, W. R., R. Scheller (Hrsg.): Brennpunkte der Klinischen Psychologie. Psychologie und Medizin, Bd. 3. Kösel, München 1982.
18 Merton, R. K., G. G. Reader, P. L. Kendall (Eds.): The Student-Physician. Introductory Studies in the Sociology of Medical Education. Harvard University Press, Cambridge 1957.
19 Siegrist, J.: Medizinische Soziologie, 4. Aufl. Urban & Schwarzenberg, München–Wien–Baltimore 1988.
20 Merton, R. K.: The Sociology of Science. Theoretical and Empirical Investigations. University of Chicago Press, Chicago–London 1973.
21 Freidson, E.: Dominanz der Experten. Urban & Schwarzenberg, München–Wien–Baltimore 1975.
22 Parsons, T.: The Social System. Free Press, New York 1951.
23 Deklaration von Genf (1948): In: Lüth, P. (Hrsg.): Die Leiden des Hippokrates, S. 22–23. Luchterhand, Darmstadt 1975.
24 Carr-Saunders, A. M., P. A. Wilson: The Professions. Clarendon Press, Oxford 1933.
25 Cogan, M. I.: Toward a Definition of Profession. Harvard Educational Review 23 (1953) 33–50.
26 Goode, W. J.: Encroachment, Charlatanism and the Emerging Profession: Psychology, Medicine and Sociology. American Sociological Review 25 (1960) 902–914.
27 Daheim, H.: Der Beruf in der modernen Gesellschaft. Versuch einer soziologischen Theorie beruflichen Handelns, 2. Auflage. Kiepenheuer & Witsch, Köln–Berlin 1970.
28 Rüschemeyer, D.: Rekrutierung, Ausbildung und Berufsstruktur. Zur Soziologie der Anwaltschaft in den Vereinigten Staaten und in Deutschland, S. 122–144. In: Glass, D. W., R. König (Hrsg.): Soziale Schichtung und soziale Mobilität. Kölner Zeitschrift für Soziologie und Sozialpsychologie, Sonderheft 5 (1970).
29 Freidson, E.: Profession of Medicine. A Study of Applied Knowledge. Dodd, Mead & Comp., New York 1971.
30 Edelstein, L.: Hippocratic Oath. The John Hopkins Press, Baltimore 1943.
31 Schicke, R.: Soziale Sicherung und Gesundheitswesen. Kohlhammer, Stuttgart 1978.
32 v. d. Bussche, H.: Im Dienste der „Volksgemeinschaft". Studienreform im Nationalsozialismus am Beispiel der ärztlichen Ausbildung. Dietrich Reimer, Berlin–Hamburg 1989.
33 Plaut, T.: Der Gewerkschaftskampf der deutschen Ärzte. G. Braunsche Hofbuchdruckerei und Verlag, Karlsruhe 1913.
34 Naschold, F.: Kassenärzte und Krankenversiche-

rungsreform. Zu einer Theorie der Statuspolitik. Rombach, Freiburg 1967.
35 Lüth, P.: Niederlassung und Praxis. Eine kritische Einführung. Thieme, Stuttgart 1969.
36 Deppe, H.-U., M. Regus (Hrsg.): Seminar, Medizin, Gesellschaft und Geschichte. Suhrkamp, Frankfurt 1975.
37 v. Ferber, C.: Soziologie für Mediziner. Eine Einführung. Springer, Berlin–Heidelberg–New York 1975.
38 Tennstedt, F., S. Leibfried: Berufsverbote und Sozialpolitik. Vervielfältigtes Manuskript, Bremen 1980.
39 Novak, P.: Gesetzgeberische Hoffnungen (und Ernüchterungen) hinsichtlich der psychosozialen Aspekte der Approbationsordnung von 1970. Medizinische Psychologie, 3 (1977) 27–32.
40 Lavin, B., M. Haug, L.L. Belgrave, N. Breslau: Change in Student Physicians' View on Authority Relationships with Patients. Journal of Health and Social Behavior 28 (1987) 258–272.
41 Maheux, B., F. Beland: Changes in Students' Sociopolitical Attitudes during Medical School: Socialization or Maturation Effect? Social Science & Medicine 24 (1987) 619–624.
42 Rogers, L. Q., R.-M. E. Fincher, L. A. Lewis: Factors Influencing Medical Students to Choose Primary Care or Non-primary Care Specialities. Academic Medicine, 65 (Suppl. 9) (1990) 947–948.
43 Eron, L. D.: Effect of Medical Education on Medical Students. Journal of Medical Education 30 (1955) 559–566
44 Becker, H. S., B. Geer: The fate of idealism in Medical School. American Sociological Review 23 (1958) 50–56.
45 Powell, A., J. Boakes, P. Slater: What motivates medical students: how they see themselves and their profession. Medical Education, 21 (1987) 176–182.
46 Schuller, A.: Patientenkarriere und Krankheitsbegriff. Medizin, Mensch, Gesellschaft, 1 (1976) 46–52.
47 Ahrens, S.: Interaktionsmuster der ambulanten Arzt-Patient-Beziehung in der Allgemeinpraxis, S. 83-112. In: Siegrist, J., A. Hendel-Kramer (Hrsg.): Wege zum Arzt. Urban & Schwarzenberg, München–Wien–Baltimore 1979.
48 Haehn, K. D.: Erste Ergebnisse einer Untersuchung über die Tätigkeit von Allgemeinärzten. Der praktische Arzt, 11 (1974) 2342–2351.
49 Pendleton, D.: Doctor-patient communication: A review. In: Pendleton, D., J. Hasler (Eds.): Doctor-patient communication (pp. 5–53). Academic Press, London 1983.
50 Locker, D., D. Dunt: Theoretical and methodological issues in sociological studies of consumer satisfaction with medical care. Social Science and Medicine, 12 (1978) 283–292.
51 Cartwright, A.: Patients and their doctors. Routledge & Kegan Paul, London 1967.
52 Dodge, W. T.: Communication and interpersonal skills. In: Taylor, R. B., J. L. Buckingham, E. P. Donatelle, W. E. Jacott, M. G. Rosen (Eds.): Family medicine: Principles and practice, 2nd edition (pp. 173–188). Springer, New York 1983.
53 Waitzkin, H., J. D. Stoeckle: The communication of information about illness: Clinical, social and methodological considerations. Advances in Psychosomatic Medicine, 8 (1972) 180–215.
54 Korsch, B. M., E. K. Gozzi, V. Francis: Gaps in doctor-patient communication: Doctor-patient interaction and patient satisfaction. Pediatrics, 42 (1968) 855–871.
55 Ley, P.: Patient's understanding and recall. In: Pendleton, D., J. Hasler (Eds.): Doctor-patient communication (pp. 89–107). Academic Press, London 1983.
56 Ley, P.: Verstehen und Behalten von Anweisungen – Kommunikationsfehler in Klinik und Praxis. Arzt und Patient: Zeitschrift für Zusammenarbeit, 2 (1980) 71–91.
57 Spelman, M. S., P. Ley: Knowledge of lung cancer and smoking habits. British Journal of Social and Clinical Psychology, 5 (1966) 207–210.
58 Ley, P., P. W. Bradshaw, D. Eaves, C. M. Walker: A method for increasing patients recall of information presented by doctors. Psychological Medicine, 3 (1973) 217–220.
59 Sackett, D. L., J. C. Snow: Ausmaß von Compliance und Non-Compliance, S. 19–34. In: Haynes, R. B., D. W. Taylor, D. L. Sackett (Hrsg.): Compliance-Handbuch. Oldenbourg, München 1982.
60 Stewart, M. A., C. W. Buck: Physician's knowledge of and response to patient's problems. Medical Care, 15 (1977) 578–585.
61 Melville, A.: Reducing whose anxiety? A study of the relationship between repeat prescribing of minor tranquilizers and doctors' attitudes. In: Mapes, R. (Ed.): Prescribing practice and drug usage (pp. 100–118). Croom Helm, London 1980.
62 Byrne, P. S., B. E. L. Long: Doctors talking to patients. A study of the verbal behaviour of general practitioners consulting in their surgeries. Her Majesty's Stationery Office, London 1976.
63 Koch, U.: Das Arzt-Patienten-Verhältnis aus der Sicht des Arztes. Ein Beitrag zur Lernzielforschung. Dissertation. Psychologisches Institut, Hamburg 1972.
64 Koch, U., U. Bloemeke: Übertragung des Kontingenzmodells von Fiedler auf die Arzt-Patienten-Situation. Medizinische Psychologie, 4 (1978) 53–67.
65 Fiedler, F. E.: A theory of leadership effectiveness. McGraw-Hill, New York 1967.
66 Fiedler, F. E.: Validation and extension of the contingency model of leadership effectiveness: A review of memocal findings. Psychological Bulletin, 76 (1971) 128–148.
67 Cartwright, A.: Prescribing and the doctor-patient relationship. In: Pendleton, D., J. Hasler (Eds.): Doctor-patient communication (pp. 177–191). Academic Press, London 1983.
68 Schmädel, D.: Nichtbefolgung ärztlicher Anordnungen, Ausmaß und Ursachen, S. 139–171. In: Siegrist, J., A. Hendel-Kramer (Hrsg.): Wege zum Arzt. Ergebnisse medizinsoziologischer Untersuchungen zur Arzt-Patient-Beziehung. Urban & Schwarzenberg, München–Wien–Baltimore 1979.
69 King, J.: Health beliefs in the consultation. In: Pendleton, D., J. Hasler (Eds.): Doctor-patient communication (pp. 109–125). Academic Press, London 1983.
70 Ley, P., M. S. Spelman: Communication with the patient. Staples Press, London 1967.
71 Boyle, D. M.: Differences between doctors' and patients' interpretations of some common medical terms. British Medical Journal, 2 (1970) 286–289.
72 Podell, R.: Physician's guide to compliance in hypertension. Merck, Summit 1975.

73 Becker, M. H.: The health belief model and personal health behaviour. Health Education Monographs, 2 (1974).

74 Haefner, D., J. P. Kirscht: Motivational and behavioral effects of modifying health beliefs. Public Health Reports, 85 (1970) 478–484.

75 Leventhal, H.: Findings in theory in the study of fear communication. In: Berkowitz, L. (Ed.): Advances in experimental social psychology, Vol. 5 (pp. 119–186). Academic Press, New York 1970.

76 Manfredi, C., R. B. Warnecke, S. Graham, S. Rosenthal: Social psychological correlates of health behavior. Knowledge of breast self examination techniques among black women. Social Science and Medicine, 11 (1977) 433–440.

77 Wallston, K. A., B. S. Wallston: Who is responsible for your health? The construct of health locus of control. In: Sanders, G. S., J. Suls (Eds.): Social psychology of health and illness (pp. 65–95). Lawrence Erlbaum Associates, London 1982.

78 Wallston, K. A., B. S. Wallston: Health locus of control scales. In: Lefcourt, H. L. (Ed.): Research with the locus of control construct, Vol. 1 (pp. 189–243). Academic Press, New York 1981.

79 Jaspars, J., J. King, D. Pendleton: The consultation: A social psychological analysis. In: Pendleton, D., J. Hasler (Eds.): Doctor-patient communication (pp. 139–157). Academic Press, London 1983.

80 Dorp, C. van: Luisteren naar Patienten. De Tijdstroom, Lochem 1977.

81 Stiles, W. B., S. M. Putnam, M. H. Wolf, S. A. James: Interaction exchange structure and patient satisfaction with medical interviews. Medical Care, 17 (1979) 667–681.

82 Roter, D.: Patient participation in the patient-provider interaction: The effects of patient question asking on the quality of interaction, satisfaction and compliance. Health Education Monographs, 5 (1977) 281–315.

83 Cartwright, A.: Human relations and hospital care. Routledge & Kegan Paul, London 1964.

84 DiMatteo, M. R., L. M. Prince, A. Taranta: Patients' perceptions of physicians' behavior: Determinants of patient commitment to the therapeutic relationship. Journal of Community Health, 4 (1979) 280–290.

85 DiMatteo, M. R., A. Taranta: Nonverbal communication and physician-patient rapport: An empirical study. Professional Psychology, 10 (1979) 540–547.

86 Schaefer, O.: Die Praxis und ihre Organisation – patientenbezogen, S. 104–112. In: Heuser-Schreiber, H. (Hrsg.): Arzt und Patient im Gespräch. Aesopus, Basel 1982.

87 Tewes, U.: Soziale Interaktion im Krankenhaus, S. 53–71. In: Basler, H. D. et al.: Medizinische Psychologie II. Kohlhammer, Stuttgart 1978.

88 Breddemann, J.: Das Krankenhaus zwischen humanitärem Anspruch und ökonomischer Realität, S. 141–173. In: Deppe, H.-U. (Hrsg.): Vernachlässigte Gesundheit. Kiepenheuer & Witsch, Köln 1980.

89 Rohde, J. J.: Soziologie und Sozialpsychologie des klinischen Bereichs. In: Schraml, W. J. (Hrsg.): Klinische Psychologie, 2. Auflage. Huber, Stuttgart 1970.

90 Schelsky, H.: Die Soziologie des Krankenhauses im Rahmen einer Soziologie der Medizin. KHA, 7 (1958) 169–176.

91 Bosk, C. L.: Occupational rituals in patient management. The New England Journal of Medicine, 303, 2 (1980) 71–76.

92 Chapmann, G. E.: Ritual and rational action in hospitals. Journal of Advanced Nursing, 8 (1983) 13–20.

93 Wessen, A. F.: Beobachtungen zur sozialen Struktur des Krankenhauses, S. 156–184. In: König, R., M. Tönnesmann (Hrsg.): Probleme der Medizinsoziologie. Sonderheft 3 der Kölner Zeitschrift für Soziologie und Sozialpsychologie. Westdeutscher Verlag, Köln 1970.

94 Siegrist, J.: Arbeit und Interaktion im Krankenhaus. Enke, Stuttgart 1978.

95 Seidl, E., I. Walter: Angst oder Information im Krankenhaus. Wilhelm Maudrich, München 1979.

96 Mauksch, H. O.: Ideology, interaction and patient care in hospitals. Social Science and Medicine, 7 (1973) 817–830.

97 Rohde, J. J.: Veranstaltete Depressivität. Über strukturelle Effekte von Hospitalisierung auf die psychische Situation des Patienten. Internist 15 (1974) 277–282.

98 Dodge, J. S.: Nurse-doctor relations and attitudes toward the patient. Nursing Research, 9 (1960) 32–38.

99 Hofling, C. K., E. Brotzman, S. Dalrymple, N. Graves, C. M. Pierce: Eine empirische Untersuchung über die Rollenbeziehung zwischen Krankenschwester und Arzt, S. 111–124. In: Koch, J.-J. (Hrsg.): Sozialer Einfluß und Konformität. Das Feldexperiment in der Sozialpsychologie 2. Beltz, Weinheim 1977.

100 Rohde, J. J.: Soziologie des Krankenhauses, 2. Aufl. Enke, Stuttgart 1974.

101 Rohde, J. J.: Der Patient im sozialen System des Krankenhauses, S. 167–210. In: Ritter-Röhr, D. (Hrsg.): Der Arzt, sein Patient und die Gesellschaft. Suhrkamp, Frankfurt 1975.

102 Behrens, H. D., T. Winter: Entwurzelung-Entpersönlichung-Infantilisierung. Eine empirische Studie über die psychosoziale Problematik der Hospitalisierung erwachsener Patienten. Dissertation, Hannover 1979.

103 Siegrist, J.: Der Doppelaspekt der Patientenrolle im Krankenhaus: empirische Befunde und theoretische Überlegungen. In: Begemann, H. (Hrsg.): Patient und Krankenhaus. Urban & Schwarzenberg, München–Wien–Baltimore 1976.

104 Ley, P.: Complaints made by hospital staff and patients: a review of literature. Bulletin of the British Psychological Society, 25 (1972) 115–220.

105 Stocksmeier, U., L. Raith: Subjektiv erlebte Bedingungen und Belastungen im Krankenhaus. Krankenhausarzt, 55 (1982) 58–62.

106 Nehring, U., B. Geach: Patients' evaluation of their care. Why they don't complain. Nursing Outlook, 21 (1973) 317–321.

107 INFAS: Zur Humanität im Krankenhaus. Herausgeber: Der Bundesminister für Arbeit und Sozialordnung, Bonn-Bad Godesberg 1980.

108 Wilson-Barnett, J., A. Carrigy: Factors influencing patients, emotional reactions to hospitalization. Journal of Advanced Nursing, 3 (1978) 221–229.

109 Strain, J. J., S. Grossman: Psychological reactions to medical illness and hospitalization. In: Strain, J. J., S. Grossman (Eds.): Psychological care of the medi-

cally ill, Vol. III (pp. 23–36). Appleton-Century-Crofts, New York 1975.
110 Rohde, J. J.: Probleme des Arztberufes im Krankenhaus. Hippokrates, 1 (1965) 27–34.
111 Siegrist, J.: Erfahrungsstruktur und Konflikt bei stationären Patienten. Zeitschrift für Soziologie, 1 (1972) 271–280.
112 Taylor, S. E.: Hospital patient behavior: reactance, helplessness, or control? Journal of Social Issues, 35 (1979) 156–184.
113 Lorber, J.: Good patients and problem patients: conformity and deviance in a general hospital. Journal of Health and Social Behavior, 16 (1975) 213–225.
114 Raspe, H.-H.: Informationsbedürfnisse und faktische Informiertheit bei Krankenhauspatienten. Darstellung eines Mißverhältnisses. Medizinische Klinik, 71 (1976) 1016–1020.
115 Raspe, H.-H.: Informationsbedürfnisse von Patienten. Aufklärungsintentionen im Akutkrankenhaus. Medizinische Welt, 28 (1977) 1990–1993.
116 Wimmer, H.: Die Bedeutung psychosozialer Betreuung von Patienten. Notwendigkeiten, Möglichkeiten, Folgen, S. 5–20. In: Strotzka, H., H. Wimmer (Hrsg.): Arzt-Patient-Kommunikation im Krankenhaus. Facultas Universitätsverlag, Wien 1986.
117 Engelhardt, K., A. Wirth, W. Kindermann: Kranke im Krankenhaus. Grenzen und Ergänzungsbedürftigkeit naturwissenschaftlich-technischer Medizin. Enke, Stuttgart 1973.
118 Siegrist, J., H.-H. Raspe, M. Begemann-Deppe: Wie sind Krankenhauspatienten über poststationäre Belange informiert? Medizinische Klinik, 75 (1980) 46–48.
119 Reader, G. G., L. Pratt, M. C. Mudd: What patients expect from their doctors. The Modern Hospital, 89 (1957) 88–94.
120 Pool, J. J.: Expected and actual knowledge of hospital patients. Patient Counselling and Health Education, 2 (1980) 111–117.
121 Raspe, H.-H.: Aufklärung und Information im Krankenhaus. Medizinsoziologische Untersuchungen. Vandenhoeck & Ruprecht, Göttingen 1983.
122 Raspe, H.-H., J. Siegrist: Zur Gestalt der Arzt-Patient-Beziehung im stationären Bereich, S. 113–138. In: Siegrist, J., A. Hendel-Kramer (Hrsg.): Wege zum Arzt. Urban & Schwarzenberg, München–Wien–Baltimore 1979.
123 Samora, J., L. Saunders, R. F. Larson: Medical vocabulary knowledge among hospital patients. Journal of Health and Human Behavior, 2 (1961) 83–92.
124 Parkin, D. M.: Survey of the success of communications between hospital staff and patients. Public Health, 90 (1976) 203–209.
125 Huppmann, G., M. Bodensohn, W. Silbernagel: Zu Todesfurcht und deren Einfluß auf ärztliches Verhalten gegenüber unheilbaren Patienten. Unveröffentlichtes Manuskript, Mainz 1988.
126 Köhle, K., H.-H. Raspe (Hrsg.): Das Gespräch während der ärztlichen Visite. Urban & Schwarzenberg, München–Wien–Baltimore 1982.
127 Mann, F.: Aufklärung in der Medizin. Schattauer, Stuttgart 1984.
128 Raspe, H.-H.: Aufklärung und Information im Krankenhaus. Medizin-soziologische Untersuchungen. Vandenhoeck & Ruprecht, Göttingen 1983.
129 Ley, P.: Verstehen und Behalten von Anweisungen – Kommunikationsfehler in Klinik und Praxis. Arzt und Patient: Zeitschrift für Zusammenarbeit, 2 (1980) 71–91.
130 Höfer, E., H.-J. Streicher: Patientenaufklärung. Deutsche medizinische Wochenschrift, 105 (1980) 964–967.
131 Ley, P.: Psychological studies of doctor-patient-communication. In: Rachman, S. (Ed.): Contributions to medical psychology, Vol. 1 (pp. 9–42). Pergamon Press, Oxford 1977.
132 Golden, J. S., G. D. Johnston: Problem of distortion in doctor-patient communications. Psychiatry in Medicine, 1 (1980) 127–149.
133 Pender, N. J.: Patient identification of health information received during hospitalization. Nursing Research, 23 (1974) 262–267.
134 Ley, P.: Memory of medical information. British Journal of Social and Clinical Psychology, 18 (1979) 245–255.
135 DiMatteo, M. R., L. M. Prince, A. Taranta: Patients' perceptions of physicians' behavior: Determinants of patient commitment to the therapeutic relationship. Journal of Community Health, 4 (1979) 280–290.
136 Bischoff, C., H. J. Luderer: Arztverhalten, Schmerzerwartung und Schmerzwahrnehmung bei ärztlichen Eingriffen. Medizinische Psychologie 7, (1981) 1–26.
137 Jäger, M., M. P. Maiwald, D. Beckmann, K. Schwemmle: Gespräch und Broschüre als Mittel in der Patientenaufklärung, S. 37–44. In: Scheer, J. W., E. Brähler (Hrsg.): Ärztliche Maßnahmen aus psychologischer Sicht – Beiträge zur Medizinischen Psychologie. Springer, Berlin 1984.
138 Köhle, K.: Ein Konzept zur Bearbeitung von psychologischen Problemen auf Schwerkrankenstationen. In: Bönisch, E., J.-E. Meyer (Hrsg.): Psychosomatik in der Klinischen Medizin. Psychiatrisch-psychotherapeutische Erfahrungen bei schweren somatischen Krankheiten. Springer, Berlin 1983.
139 Raspe, H.-H.: Institutionalisierte Zumutungen an den Krankenhauspatienten. In: Begemann, H. (Hrsg.): Patient und Krankenhaus. Urban & Schwarzenberg, München–Wien–Baltimore 1976.
140 Janssen, J.: Das Krankenhaus aus der Sicht des Patienten. Untersuchungen über das Verhältnis des Kranken zu Ärzten und Pflegepersonal aus der Sicht des Krankenhauspatienten. Dissertation, Münster 1976.
141 Kadar, T., I. Toth: Untersuchungen über die Erwartungen der Krankenhauspatienten, S. 230–235. In: Winter, K., H. Hüttner (Hrsg.): Beiträge des IV. Symposions mit internationaler Beteiligung „Medizin und Soziologie" Berlin 1971. o. V., Berlin 1973.
142 Lippmann, R. W., K. Möhlen: Einstellungen Gießener Klinikärzte und Medizinstudenten zur Bedeutung des psychischen und sozialen Umfeldes für Patienten. Psychotherapie und Medizinische Psychologie, 24 (1974) 109–116.
143 Querido, A.: Forecast and follow-up. An investigation into clinical, social and mental factors determining the results of hospital treatment. British Journal of Preventive and Social Medicine, 13 (1959) 33–49.
144 Hartmann, F.: Kranksein im Krankenhaus. Verhandlungen der Gesellschaft Deutscher Naturforscher und Ärzte 1976, S. 161–163. Springer, Berlin 1978.

145 DeBoor, C.: Zum Problem der emotionalen Beziehungen in der Krankenpflege, S. 78–86. In: Pinding, M. (Hrsg.): Krankenpflege in unserer Gesellschaft. Enke, Stuttgart 1972.

146 Schmidt, L. R.: Psychologie in der Medizin. Anwendungsmöglichkeiten in der Praxis. Thieme, Stuttgart 1984.

147 Siegrist, J.: Der Stand der Patientenforschung. Probleme und Ergebnisse aus medizinsoziologischer Sicht. Zeitschrift für Krankenpflege, 3 (1978) 125–128.

148 Spiegel, A. D., H. W. Demone: Questions of hospital patients – Unasked and unanswered. Postgraduate Medicine (1968) 215–218.

149 Deter, H. C., St. Lenkeit, P. Becker-von-Rose, W. Rapp: Die Bedeutung des psychosozialen Hintergrundes für Diagnose und Therapie von Patienten einer allgemein-internistischen Station. Praxis der Psychotherapie und Psychosomatik, 24 (1979) 213–230.

150 Deliege, D.: Das soziologische Beziehungsgefüge von Krankenhauspatienten, S. 210–215. In: Winter, K., H. Hüttner (Hrsg.): Beiträge des IV. Symposions mit internationaler Beteiligung „Medizin und Soziologie" Berlin 1971 o. V., Berlin 1973.

151 Breddemann, J.: Das Krankenhaus zwischen humanitärem Anspruch und ökonomischer Realität, S. 141–173. In: Deppe, H.-U. (Hrsg.): Vernachlässigte Gesundheit. Kiepenheuer & Witsch, Köln 1980.

152 Suedfeld, P.: The medical relevance of the hospital environment. In: Oborne, D. J., M. M. Gruneberg, J. R. Eiser: Research in psychology and medicine, Vol. II (pp. 378–385). Academic Press, London 1979.

153 Cramer, A., G. Holler: Zur Erlebniswelt von Patienten. Deutsche Krankenpflegezeitschrift (1983) 202–210.

154 Hooper, E. M., L. M. Comstock, J. M. Goodwin, J. S. Goodwin: Patient characteristics that influence physician behavior. Medical Care, XX (1982) 630–638.

155 Schindler, R.: Soziodynamik der Krankenstation. Zeitschrift für diagnostische Psychologie und Persönlichkeitsforschung (1957) 227–236.

156 Staudenmayer, H., M. S. Lefkowitz: Physician-patient psychosocial characteristics influencing medical decision-making. Social Science and Medicine, 15E (1981) 77–81.

157 Bernstein, B.: Studien zur sprachlichen Sozialisation. Schwann, Düsseldorf 1972.

158 Waitzkin, W., J. D. Stoeckle: Information control and the micropolitics of health care: Summary of an ongoing research project. Social Science and Medicine, 10 (1976) 263–276.

159 Siegrist, J.: Lehrbuch der Medizinischen Psychologie, 3. Auflage. Urban & Schwarzenberg, München–Wien–Baltimore 1977.

160 Bliesener, Th.: Die Visite – ein verhinderter Dialog. Narr, Tübingen 1982.

161 Nordmeyer, J.: Formal-quantitative Aspekte der Arzt-Patient-Beziehung während der Visite, S. 58–69. In: Köhle, K., H.-H. Raspe (Hrsg.): Das Gespräch während der ärztlichen Visite. Urban & Schwarzenberg, München–Wien–Baltimore 1982.

162 Stössel, J. P.: Damit der Patient zum Gesprächspartner des Arztes wird. Bild der Wissenschaft, 9 (1981) 91–100.

163 Kohlmann, Th., I. Freigang-Bauer, B. Nolte: Krankheitsverständnis und Arbeitsorganisation im Krankenhaus – eine vergleichende organisationssoziologische Studie. Unveröffentl. Abschlußbericht, Marburg 1986.

164 Dorsch, F.: Psychologisches Wörterbuch. Huber, Bern 1976.

165 Speidel, H.: Der Problempatient, S. 146–157. In: Pinding, M. (Hrsg.): Krankenpflege in unserer Gesellschaft. Enke, Stuttgart 1972.

166 Nordmeyer, J., F.-W. Deneke, G. Steinmann, M. v. Kerekjarto: Problempatiententypen aus ärztlicher Sicht. Therapiewoche, 31 (1981) 955–962.

167 Bateson, G., D. D. Jackson, J. Haley, J. H. Weakland: Toward a theory of schizophrenia. Behavioral Science, 1 (1956) 251–264.

168 Meyer, A.-E., U. Stuhr, F.-W. Deneke: Arzt-Patient-Beziehung: Diagnostische und interaktionelle Aspekte aus psychoanalytischer Sicht, S. 272–293. In: Deneke, F.-W., B. Dahme, U. Koch, A. E. Meyer, J. Nordmeyer, U. Stuhr (Hrsg.): Medizinische Psychologie. Böhlau, Köln 1977.

169 Scheunert, G.: Zum Problem der Gegenübertragung. Psyche, 10 (1960) 574–593.

170 Fricke, U.: Placebo – ein Aspekt der Pharmakotherapie. Medizinische Monatsschrift für Pharmazeuten, 12 (1983) 356–368.

171 Netter, P.: Der Placebo-Effekt. Münchener Medizinische Wochenschrift, 119 (1977) 203–208.

172 Orne, M. T.: Demand characteristics and the concept of quasi-controls. In: Rosenthal, R., R. L. Rosnow (Eds.): Artifact in behavioral research (pp. 147–181). Academic Press, New York 1969.

173 Argelander, H.: Das Erstinterview in der Psychotherapie. Wissenschaftliche Buchgesellschaft, Darmstadt 1970.

174 Balint, M.: Der Arzt, sein Patient und die Krankheit. Klett, Stuttgart 1974.

175 Loch, W.: Zur Theorie, Technik und Therapie der Psychoanalyse. Fischer, Frankfurt 1972.

176 Lüth, P.: Sprechstunde und stumme Medizin. Über das Patienten-Arzt-Verhältnis. Herder & Herder, Frankfurt 1974.

177 Froelich, R. E., F. M. Bishop: Die Gesprächsführung des Arztes. Springer, Berlin 1973.

178 Pfeiffer, W. M.: Konsens als Grundlage therapeutischen Handelns. Zeitschrift für personenzentrierte Psychologie und Psychotherapie, 2 (1982) 321–330.

179 Langer, T., F. Schulz v. Thun, R. Tausch: Verständlichkeit in Schule, Verwaltung, Politik, Wissenschaft – mit einem Selbsttrainingsprogramm zur Darstellung von Lehr- und Informationstexten. Reinhardt, München 1974.

180 Mann, F., P. Schwab, F. Dahlke, D. Basener: Zur Messung der Verständlichkeit des Arztes in Arzt-Patient-Gesprächen. Medizinische Psychologie, 8 (1982) 56–66.

181 Gordon, T.: Familienkonferenz. Hoffmann & Campe, Hamburg 1974.

182 Rogers, C. R.: Die klient-zentrierte Beratung. Klett, Stuttgart 1973.

183 Mann, F.: Psychiatrie ohne Mauern. Campus, Frankfurt 1979.

184 Scherer, K. R.: Nichtverbales Verhalten in der sozialen Interaktion: Überblick und Implikationen für die medizinische Praxis. Medizinische Klinik, 71 (1976) 683–688.

185 Dahmer, H., J. Dahmer: Gesprächsführung. Eine praktische Anleitung. Thieme, Stuttgart 1982.

186 Linden, M.: Ärztliche Gesprächsführung. Leitfaden für die Praxis. Hoechst AG, Frankfurt 1983.
187 Pendleton, D., J. Hasler (Eds.): Doctor-patient communication. Academic Press, London 1983.
188 DiMatteo, M. R., D. D. DiNicola: Achieving patient compliance: The psychology of the medical practitioner's role. Pergamon Press, New York 1982.
189 Watzlawick, P., J. H. Beavin, D. D. Jackson: Menschliche Kommunikation. Formen, Störungen, Paradoxien. Huber, Bern 1969.
190 Dahme, B.: Psychologische Dimensionen der Gesprächsführung. Medizinische Psychologie, 1 (1974) 34–49.
191 Nordmeyer, J., G. Steinmann, F.-W. Deneke, M. v. Kerekjarto: Dimensionen des ärztlichen Visitenverhaltens und ihr Zusammenhang mit ausgewählten Merkmalen von Arzt und Patient. Medizinische Psychologie, 5 (1979) 208–228.
192 Enelow, A. J., L. McKinney-Adler: Basic interviewing. In: Enelow, A. J., S. N. Swisher (Eds.): Interviewing and patient care, 2nd edition (pp. 35–61). Oxford University Press, New York 1979.
193 Pendleton, D., T. Schofield, P. Tate, P. Havelock: The consultation: An approach to learning and teaching. Oxford University Press, Oxford 1984.
194 Byrne, P. S., C. C. Heath: Practitioners' use of nonverbal behaviour in real consultations. Journal of the Royal College of General Practitioners, 30 (1980) 327–331.
195 Heath, Ch.: Participation in the medical consultation: The co-ordination of verbal and nonverbal behaviour between the doctor and the patient. Sociology of Health and Illness, 6 (1984) 311–338.
196 Tate, P.: Doctor's style. In: Pendleton, D., J. Hasler (Eds.): Doctor-patient communication (pp. 75–85). Academic Press, London 1983.
197 Speedling, E. J., D. N. Rose: Building an effective doctor-patient relationship: From patient satisfaction to patient participation. Social Science and Medicine, 21 (1985) 115–120.
198 Rogers, C. R.: Therapeut und Klient. Grundlagen der Gesprächspsychotherapie. Kindler, München 1977.
199 Davis, M. S.: Variations in patients' compliance with doctors' advice: An empirical analysis of patterns of communication. American Journal of Public Health, 58 (1968) 274–288.
200 Ben-Sira, Z.: Affective and instrumental components in the physician-patient relationship: An additional dimension of interaction theory. Journal of Health and Social Behavior, 21 (1980) 170–180.
201 Korsch, B. M., V. F. Negrete: Doctor-patient communication. Scientific American, 227 (1972) 66–74.
202 Friedman, H. S.: Nonverbal communication in medical interaction. In: Friedman, H. S., M. R. DiMatteo (Eds.): Interpersonal issues in health care (pp. 51–66). Academic Press, New York 1982.
203 Scherer, K. R.: Die Funktionen des nonverbalen Verhaltens im Gespräch, S. 25–32. In: Scherer, K. R., H. G. Wallbott (Hrsg.): Nonverbale Kommunikation: Forschungsberichte zum Interaktionsverhalten. Beltz, Weinheim 1979.
204 Friedman, H. S., M. R. DiMatteo, A. Taranta: A study of the relationship between individual differences in nonverbal expressiveness and factors of personality and social interaction. Journal of Research in Personality, 14 (1980) 351–364.
205 Hall, J. A., D. L. Roter, C. S. Rand: Communication of affect between patient and physician. Journal of Health and Social Behavior, 22 (1981) 18–30.
206 DiMatteo, M. R., A. Taranta, H. S. Friedman, L. M. Prince: Predicting patient satisfaction from physicians' nonverbal communication skills. Medical Care, 18 (1980) 376–387.
207 Speierer, G.-W.: Das patientenorientierte Gespräch. Anwendungen medizinisch-psychologischer Erkenntnisse in der Sprechstunde. Münchener Medizinische Wochenschrift, 123 (1981) 389–394.
208 Habeck, D.: Bedürfnis und Befriedigung des Umgangs mit medizinischen Informationen. Metamed, 1 (1977) 237–265.
209 Korsch, B. M., B. Freemon, V. F. Negrete: Practical implications of doctor-patient interaction analysis for pediatric practice. American Journal of Diseases of the Child, 121 (1971) 110–114.
210 Waitzkin, H.: Information giving in medical care. Journal of Health and Social Behavior, 26 (1985) 81–101.
211 Scheele, B.: Kognitions- und sprachpsychologische Aspekte der Arzt-Patient-Kommunikation. Mitteilungen der DGVT, 12 (1980) 289–320.
212 Fitton, F., H. W. K. Acheson: The doctor-patient relationship. A study in general practice. Her Majesty's Stationery Office, London 1979.
213 Ball, J. F.: Widow's grief: The impact of age and mode of death. Omega, 7 (1976) 307–333.
214 Schüffel, W. (Hrsg.): Sprechen mit Kranken. Erfahrungen studentischer Anamnesegruppen. Urban & Schwarzenberg, München–Wien–Baltimore 1983.
215 Geisler, L.: Arzt und Patient im Gespräch: Wirklichkeit und Wege. Pharma-Verlag, Frankfurt 1987.
216 Reimer, C. (Hrsg.): Ärztliche Gesprächsführung. Springer, Berlin 1985.
217 Speierer, G.-W.: Das patientenorientierte Gespräch. Baustein einer personenzentrierten Medizin. Causa, München 1985.
218 Haynes, R. B., D. W. Taylor, D. L. Sackett (Hrsg.): Compliance-Handbuch. Oldenbourg, München 1982.
219 Schneller, T., K. Wildgrube: Medizinisch-psychologische Interventionsmöglichkeiten im kurativen Bereich, S. 66–135. In: Schneller, T. (Hrsg.): Medizinische Psychologie III. Kohlhammer, Stuttgart 1980.
220 Linden, M.: Compliance, S. 324–330. In: Dölle, W., B. Müller-Oerlinghausen, U. Schwabe (Hrsg.): Grundlagen der Arzneimitteltherapie. B.I.-Wissenschaftsverlag, Wien 1986.
221 Gordis, L.: Konzeptionelle und methodologische Probleme bei Messung der Patienten-Compliance, S. 35–60. In: Haynes, R. B., D. W. Taylor, D. L. Sackett (Hrsg.): Compliance-Handbuch. Oldenbourg, München 1982.
222 Raspe, H.-H.: Die therapeutische Kooperation von Arzt und Patient. Fortschritte der Medizin, 98 (1980) 1185–1186.
223 Hulka, B., J. Cassel, L. Kupper, J. Burdette: Communication, compliance, and concordance between physicians and patients with prescribed medications. American Journal of Public Health, 66 (1976) 847–853.
224 Scott, C. S.: Patient compliance. In: Braunstein, J. J., R. P. Toister (Eds.): Medical applications of the behavioral sciences (pp. 470–483). Year Book Medical Publishers, Chicago 1981.
225 Rapoff, M. A., E. R. Christophersen: Compliance of

pediatric patients with medical regimens: A review and evaluation. In: Stuart, R. B. (Ed.): Adherence, compliance and generalization in behavioral medicine (pp. 79–124). Brunner & Mazel, New York 1982.

226 Basler, H.-D., J. Weißbach: Diagnostik der Medikamenten-Compliance durch Befragung des Patienten. Psychotherapie, Psychosomatik, Medizinische Psychologie, 34 (1984) 331–335.

227 Hilbert, G. A.: Accuracy of self reported measures of compliance. Nursing Research, 34 (1985) 319–320.

228 Bender, W., M. Haag: Zur Compliance psychiatrischer Patienten: Entwicklung eines Fragebogens. Psycho, 12 (1986) 384–385.

229 Agras, W. S., R. Jacob: Hypertension. In: Pommerleau, O. F., J. P. Brady (Eds.): Behavioral medicine: Theory and practice (pp. 205–232). Williams & Wilkins, Baltimore 1979

230 Hays, R. D., M. R. DiMatteo: Key issues and suggestions for patient compliance assessment: Sources of information, focus of measures, and nature of response options. The Journal of Compliance in Health Care, 2 (1987) 37–53.

231 Roth, H. P., H. S. Caron: Accuracy of doctors' estimates and patients' statements on adherence to a drug regimen. Clinical Pharmacology and Therapeutics, 23 (1978) 361–370 (zit. nach [225]).

232 Weber, E., U. Gundert-Remy: Compliance: Wie der Patient die Verschreibung von Arzneimitteln befolgt. Deutsches Ärzteblatt, 79 (1982) 25–33.

233 Gerdelmann, W.: Kostenmäßige Belastung der Krankenkassen und volkswirtschaftliche Konsequenzen durch patientenbedingte Behandlungsversäumnisse, S. 25–31. In: Kaufmann, W., G. P. Albus (Hrsg.): 2. Internationales Kolloquium über Patienten-Compliance der Bayer AG. Bayer AG, Leverkusen 1982.

234 Masek, B. J.: Compliance and medicine. In: Doleys, D. M., R. L. Meredith, A. R. Ciminero (Eds.): Behavioral medicine (pp. 527–545). Plenum Press, New York 1982.

235 Sackett, D. L.: Is there a patient compliance problem? If so, what do we do about it? In: Lasagna, L. (Ed.): Controversies in therapeutics (pp. 552–566). Saunders, Philadelphia 1980.

236 Ley, P.: Satisfaction, compliance and communication. British Journal of Clinical Psychology, 21 (1982) 241–254.

237 Schmidt, L. R.: Psychologie in der Medizin. Anwendungsmöglichkeiten in der Praxis. Thieme, Stuttgart 1984.

238 Becker, M. H., L. A. Maiman, J. P. Kirscht et al.: Wahrnehmungen des Patienten und Compliance: Untersuchungen zum „Health Belief Model“, S. 94–97. In: Haynes, R. B., D. W. Taylor, D. L. Sackett (Hrsg.): Compliance-Handbuch. Oldenbourg, München 1982.

239 Gatchel, R. J., A. Baum (Eds.): An introduction to health psychology. Addison Wesley, New York 1983.

240 Ley, P.: Cognitive variables and noncompliance. The Journal of Compliance in Health Care, 1 (1986) 171–188.

241 Becker, H.: Compliance und subjektive Krankheitstheorie des Patienten. Deutsches Ärzteblatt, 80 (1983) 25–28.

242 Eraker, S. A., J. P. Kirscht, M. H. Becker: Understanding and improving patient compliance. Annals of Internal Medicine, 100 (1984) 258–268.

243 Foulks, E. F., J. B. Persons, R. L. Merkel: The effect of patients' beliefs about their illness on compliance in psychotherapy. American Journal of Psychiatry, 143 (1986) 340–344.

244 Rothert, M. L., G. J. Talarczyk: Patient compliance and the decision-making process of clinicians and patients. Journal of Compliance in Health Care, 2 (1987) 55–71.

245 Blackwell, B.: Arzneimittelverordnungen und die Compliance bei der Behandlung, S. 169–184. In: Haynes, R. B., D. W. Taylor, D. L. Sackett (Hrsg.): Compliance-Handbuch. Oldenbourg, München 1982.

246 Inui, J. F., E. L. Yourtee, J. W. Williamson: Improved outcome in hypertension after tutorials. Annals of Internal Medicine, 84 (1976) 649–651.

247 Köhle, M.: Compliance durch Praxis-EDV: Das Qualimed-Hypertonie-Programm. Praxis Computer, 1 (1986) 14–16.

248 Schmädel, D.: Ausmaß und Verursachung von Non-Compliance in der Präventivmedizin, S. 203–208. In: Abholz, H.-D., D. Borges, W. Karmans (Hrsg.): Risikofaktorenmedizin – Konzept und Kontroverse. De Gruyter, Berlin 1982

10 Bevölkerungsstruktur und -entwicklung

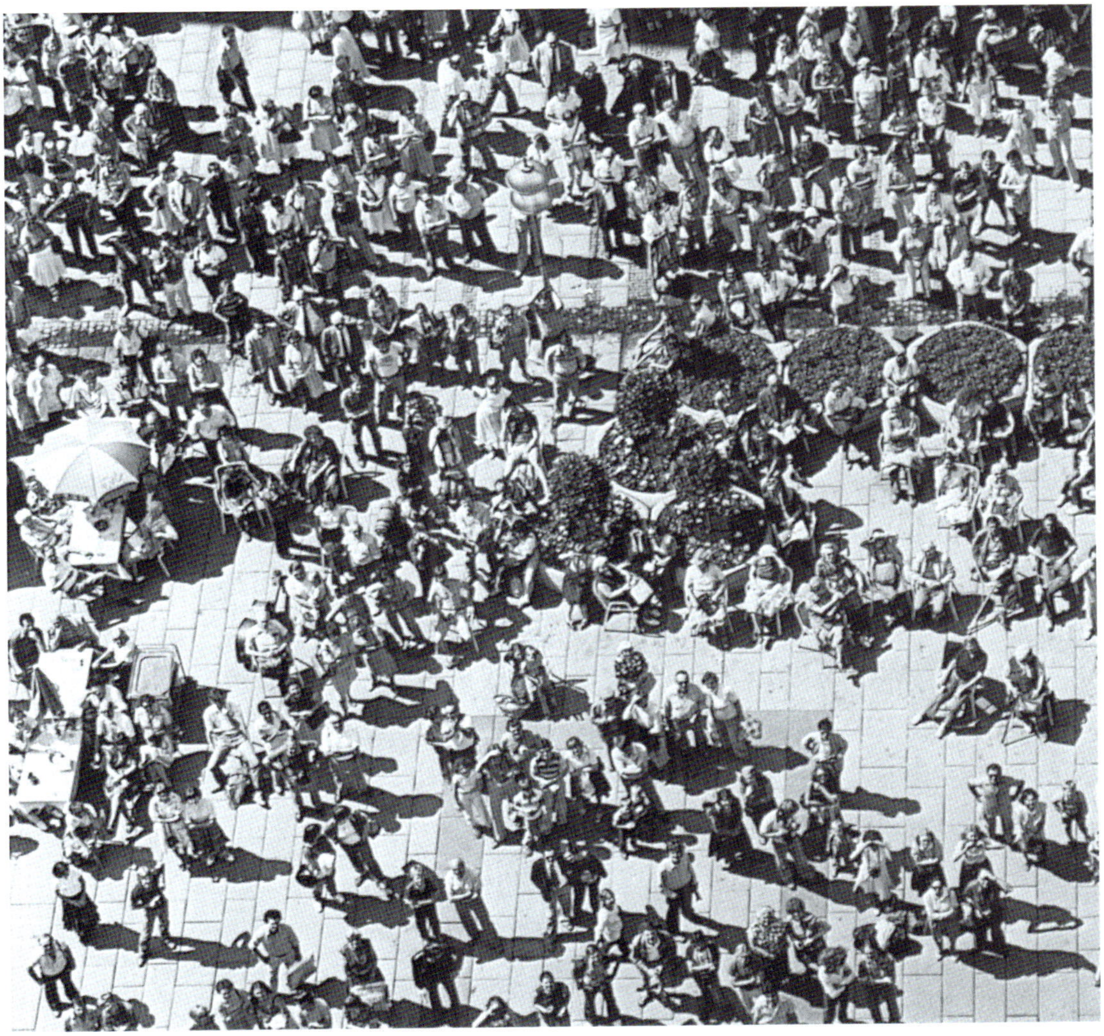

Inhalt

10 Bevölkerungsstruktur und -entwicklung

Manfred Herzer

Das Arzt-Patient-Verhältnis wird nicht nur durch die biologisch-konstitutionellen Eigenschaften der Menschen, ihre psychische Verfassung, die gesellschaftlichen Bewertungen der Arzt- und Patientenrolle oder die Institutionen des Medizinbetriebs beeinflußt. Eine der Rahmenbedingungen für die medizinische Versorgung und damit auch die Interaktion von Arzt und Patient ist die Struktur und die Entwicklungsdynamik der Bevölkerung; das Verhältnis zwischen Bevölkerungszahl und Zahl der Mediziner ist damit ebenso angesprochen wie die unterschiedliche Alterszusammensetzung der Patienten etc. Die Bedeutung von **Bevölkerung** als grundlegender Rahmenbedingung für das Handeln von Medizinern wird im folgenden in vier Schritten erörtert:

- Zunächst werden Grundbegriffe der Bevölkerungswissenschaft erläutert und durch Datenmaterial aus der Bundesrepublik illustriert; wenn möglich wurden Daten des wiedervereinigten Deutschlands benutzt.
- Ein zweiter Schritt verbindet die Bevölkerungsstruktur eines Landes mit dem jeweiligen Stand der sozioökonomischen Entwicklung. Dabei steht der Zusammenhang zwischen gesellschaftlichem Entwicklungsstadium und Bevölkerungsentwicklung im Mittelpunkt. Grundzüge der historischen Bevölkerungsentwicklung in Deutschland bzw. der Bundesrepublik werden ebenso beachtet wie die Situation in den Ländern der Dritten Welt.
- Ein Exkurs zum demographischen Altern der Bevölkerung und zur Veränderung der Familienstruktur leitet den dritten Teil ein, der sich vor allem mit Auswirkungen der wichtigsten Faktoren der Bevölkerungsstruktur auf die medizinische Versorgung beschäftigt.
- Zum Abschluß werden Möglichkeiten und Grenzen einer politischen Steuerung der Bevölkerungsentwicklung beschrieben und diskutiert.

10.1 Demographische Grundbegriffe, Daten und Methoden

Unter Bevölkerung wird im allgemeinen die Anzahl von Personen verstanden, die sich in einem bestimmten geographischen Gebiet aufhält; man spricht etwa von der Bevölkerung Berlins (Stadt), der Bundesrepublik Deutschland (Staat) oder auch Europas (Erdteil). Um zu vermeiden, daß Personen zu dieser Gesamtheit hinzugerechnet werden, die sich zufällig am Tage der Zählung in diesem Gebiet aufhalten (Kongresse, Besuche, große Sportveranstaltungen), wird in der Regel nach dem ständigen Wohnsitz gefragt ([1], S. 9ff.). Damit kann unter Bevölkerung eines Gebietes die Gesamtheit von Personen verstanden werden, die ihren regelmäßigen Wohnsitz in diesem Gebiet hat (Einwohner des Gebietes).

Tabelle **10-1** Einwohner der Bundesrepublik und der DDR von 1975–1989 ([2], S. 52).

	Bundesrepublik	DDR
1975:	61,8 Mill.	16,9 Mill.
1980:	61,5 Mill.	16,7 Mill.
1988:	61,5 Mill.	16,7 Mill.
1989:	62,1 Mill.	16,6 Mill.
1989:	Deutschland 78,7 Mill.	

10.1.1 Gliederungsprinzipien

Tabelle 10-1 zeigt die Entwicklung der Bevölkerungen in der Bundesrepublik und in der DDR und gibt für 1989 den errechneten Wert nach der Wiedervereinigung an.

Diese absoluten Zahlen sind in der Regel jedoch nur die Ausgangswerte zur genaueren Beschreibung der Bevölkerungsstruktur. Schon etwas mehr an Information vermittelt die Angabe der **Bevölkerungsdichte.** Diese errechnet man über die Division von Bevölkerungszahl und Gebietsgröße. Für die Bundesrepublik nach der Wiedervereinigung ergibt sich bei einer Fläche von 356 957 km² eine Bevölkerungsdichte von 220 Einw./km²; die alte Bundesrepublik hatte eine Dichte von 247 Einw./km².

Neben der Verteilung der Einwohner können deren Eigenschaften als Unterscheidungsmerkmale herangezogen werden. Dabei ist zu differenzieren nach:

- biologischen Merkmalen (Alter, Geschlecht) und
- sozialen (sozioökonomische Stellung) sowie rechtlichen Merkmalen (Nationalität).

Von den am 31. 12. 1989 in Deutschland lebenden Menschen (79,1 Mill.) waren 38,1 Mill. (48,2%) männlichen und 41,0 Mill. (51,8%) weiblichen Geschlechts; man spricht von einem Frauenüber-

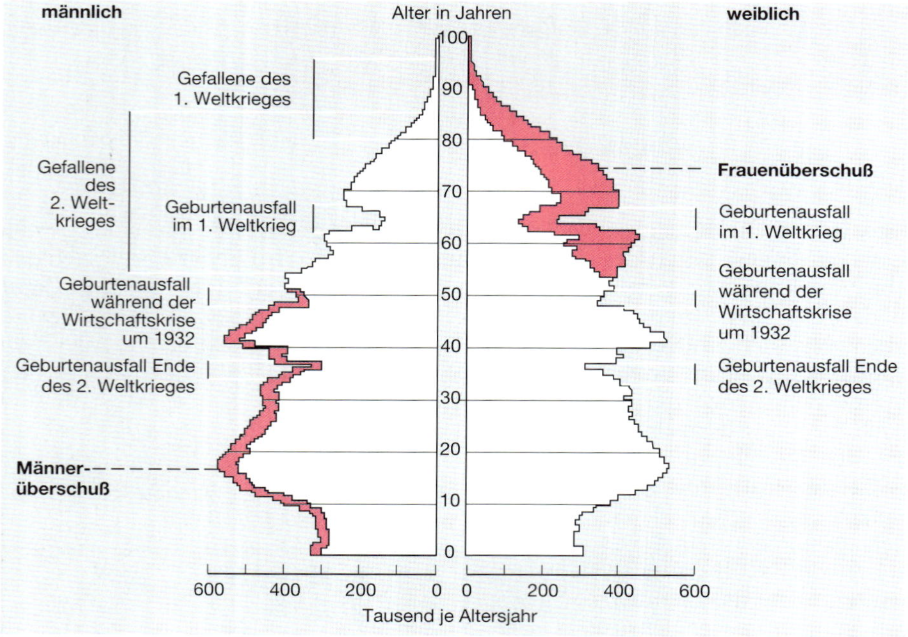

Abb. **10-1** Alter und Geschlecht der Wohnbevölkerung am 31. 12. 1981 im Bundesgebiet ([3], S. 316).

schuß. Das Lebensalter ist das zweite biologische Merkmal zur Untergliederung einer Gesellschaft. Verknüpft man die Eigenschaften **Alter** und **Geschlecht,** so können die so gewonnenen Maßzahlen auch als Alters- oder Bevölkerungspyramide dargestellt werden (Abb. 10-1).

Der in Abbildung 10-1 dargestellten Bevölkerungspyramide sind eine Reihe von Informationen zu entnehmen:

- Die Werte von Männern und Frauen zeigen deutlich die Geburtenausfälle infolge des 1. und 2. Weltkrieges.
- Bei den über 54jährigen Männern müssen die Gefallenen des 2. Weltkrieges beachtet werden. Diese sind, zumindest zum Teil, dafür verantwortlich, daß bei den über 50jährigen ein erheblicher Frauenüberschuß besteht.
- Im unteren Teil der Graphik ist auf der Seite der Männer ein Überschuß zu verzeichnen, der aus der höheren Anzahl männlicher Geburten resultiert: Auf 100 Geburten von Mädchen kommen ca. 106 Geburten von Knaben.
- Die Verschmälerung der Figur in den jüngeren Jahrgängen bildet deutlich den Geburtenrückgang der letzten beiden Jahrzehnte ab.

Die Form der Alterspyramide kann auch als ein Zeichen dafür gewertet werden, wie sich eine Bevölkerung entwickeln wird (Abb. 10-2):

- Der erste Typ *(Pyramide)* veranschaulicht eine **wachsende Bevölkerung.** Steigende Geburtenziffern lassen den Fuß der Pyramide immer breiter werden. Je nach den Verhältnissen der Sterblichkeit verjüngt sich die Pyramide früher oder später nach oben hin. Diese Situation kann in vielen Ländern der Dritten Welt beobachtet werden.
- Eine **stationäre Bevölkerung** zeichnet sich durch stabile Geburtenzahlen aus. Eine gleichmäßige Sterblichkeit führt zur *Glockenform.*
- Eine **schrumpfende Bevölkerung** weist abnehmende Geburtenzahlen auf; in der graphischen Darstellung hat dieser Faktor eine Verengung am Fuß der Graphik zur Folge. Man spricht vom Typus eines *Pilzes* oder einer *Urne* (!).

Vergleicht man die Alterspyramide der **Bundesrepublik** mit den obigen Typen, dann zeigt es sich, daß diese sich immer mehr der Form eines **Pilzes** annähern dürfte; nur eine Veränderung in der Geburtenrate oder größere Einwanderungen könnten diese Entwicklung beeinflussen.

Tabelle **10-2** Wohnbevölkerung nach Familienstand 1950 und 1982 ([3]. S. 373).

	Bevölkerung	in 1000	in Prozent ledig	verheiratet	verwitwet	geschieden
1950	insgesamt	50 789	44,7	45,8	8,1	1,4
	männlich	23 718	47,3	48,3	3,4	1,0
	weiblich	27 081	42,5	43,6	12,2	1,7
1982	insgesamt	61 713	39,6	48,8	8,8	2,8
	männlich	29 523	44,2	50,8	2,6	2,4
	weiblich	32 190	35,4	47,0	14,4	3,2

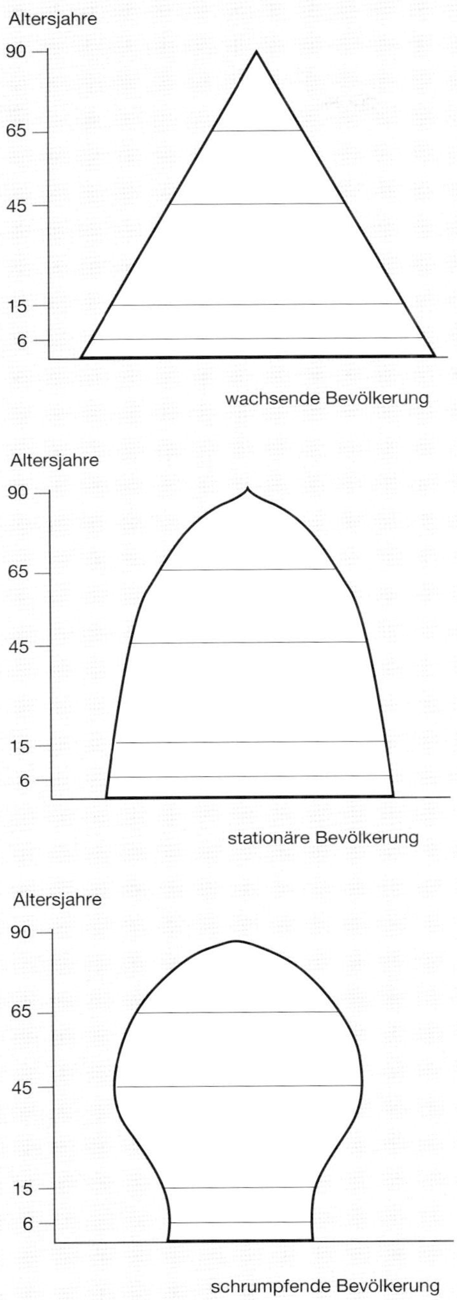

Abb. **10-2** Die Grundtypen des Altersaufbaus einer Bevölkerung (nach [1], S. 82).

Neben den biologischen können auch wichtige rechtliche bzw. soziale Merkmale, wie der **Familienstand,** zur Differenzierung der Bevölkerung herangezogen werden (Tab. 10-2).

Der Familienstand als soziales und rechtliches Merkmal hat eine Reihe von Auswirkungen auf andere Daten; etwa auf die Geburtenziffer, da in

Tabelle **10-3** Erwerbstätige in 1000 nach Stellung im Beruf ([5], S. 15).

	1973 Männer/ Frauen	1980 Männer/ Frauen	1985 Männer/ Frauen
Insgesamt	17 093/ 9 974	16 782/ 10 092	16 402/ 10 225
Selbständige	2 011/ 518	1 834/ 482	1 862/ 562
Mithelfende Familienangehörige	219/ 1 273	126/ 798	110/ 601
Beamte	1 799/ 288	1 863/ 398	1 888 479
Angestellte	4 133/ 4 094	4 559/ 4 864	4 659/ 5 172
Arbeiter	8 227/ 3 352	7 582/ 2 989	7 014/ 2 732

Tabelle **10-4** Bevölkerung der Bundesrepublik in 1000 im April 1989 nach Bildungsabschluß ([2], S. 383).

	Insgesamt 52 801	Männer 25 112	Frauen 27 689
noch ohne Schulabschluß	2 320	1 167	1 153
Grund- und Hauptschulen	32 535	15 077	17 458
Realschulen	10 200	4 277	5 922
Fachhochschul-/ Hochschulreife	7 746	4 591	3 156

Tabelle **10-5** Erwerbstätige nach Nettoeinkommensgruppen im April 1989 ([2], S. 121).

(in 1000)	Insgesamt 25 576	Männer 15 792	Frauen 9 783
		(in Prozent)	
unter 600 DM	8,8	5,7	13,7
DM 600– 800	4,0	1,8	7,6
DM 800–1000	4,2	1,1	9,1
DM 1000–1200	5,1	1,6	10,6
DM 1200–1400	5,5	2,7	9,9
DM 1400–1800	16,4	13,9	20,6
DM 1800–2200	19,6	23,2	14,6
DM 2200–2500	10,2	13,2	5,2
DM 2500–3000	8,8	12,0	3,7
DM 3000–4000	9,1	12,8	3,3
DM 4000 und mehr	8,1	12,0	1,7

der Bundesrepublik die Eltern von ca. 92% der Kinder verheiratet sind. Die unterschiedliche Lebensweise von Ledigen, Verheirateten, Verwitweten und Geschiedenen wiederum wirkt sich auf die Sterblichkeit aus: So haben Verheiratete die höchste Lebenserwartung und Geschiedene die geringste ([4], S. 30f.).

Ein anderes, rein rechtliches Merkmal ist die **Nationalität** der Wohnbevölkerung. Ein Vergleich des Ausländeranteils über mehrere Jahre ergibt, daß bei einer absoluten Steigerung der Zahl ausländischer Bürger in der Bundesrepublik von 686200 (1961) über 3,9 Mill. (1973) auf 4,85 Mill. (1989) deren Anteil von 1,2% (1961) über 6,4% (1973) auf 7,7% (1989) gestiegen ist ([6], S. 173).

Letztes der hier vorgestellten Kriterien bei der Bevölkerungsgliederung nach sozialen Merkmalen ist die sozioökonomische Stellung in der Gesellschaft. Dabei kann etwa nach der **Stellung im Beruf,** den **Bildungsabschlüssen** oder nach **Einkommensgruppen** unterschieden werden (Tab. 10-3, 10-4 und 10-5).

10.1.2 Bevölkerungsbewegung

Wie schon bei der Erläuterung der Alterspyramide angesprochen, hängt die Art der Bevölkerungsstruktur und der daraus prognostizierbaren Bevölkerungsentwicklung von zwei biologischen Merkmalen ab: der Zahl der Geburten und der Sterblichkeit (Mortalität) in einer Gesellschaft. Es handelt sich hier zwar um biologische Merkmale, die Zahl und die Verteilung von Geburten bzw. Sterbefällen in einer Gesellschaft sind jedoch zu einem großen Teil auch von sozialen Vorgängen abhängig.

Sterblichkeit: Die Tatsache, daß im Jahre 1982 in der Bundesrepublik 716 000 Menschen gestorben sind, ist für sich genommen wenig aussagekräftig. Bei einem europäischen Vergleich stellt sich das Problem unterschiedlicher Bevölkerungsgrößen. Benötigt wird ein Maß, das einen Vergleich der Sterblichkeit bei unterschiedlichen Grundgesamtheiten ermöglicht. Die erste hier zu nennende Maßeinheit ist die **allgemeine** oder auch **rohe Sterbeziffer.** Diese bezieht die Sterbefälle eines Jahres auf 1000 der mittleren Bevölkerung in diesem Jahr; unter der *mittleren Bevölkerung* wird die mittlere Bevölkerungszahl in dem entsprechenden Jahr verstanden. Zur Berechnung der rohen Sterbeziffer wird folgende Formel benutzt:

$$\text{rohe Sterbeziffer} = \frac{\text{Zahl der Sterbefälle im Jahre X}}{\text{mittlere Bevölkerung im Jahre X}} \times 1000$$

Bei einer Bevölkerungszahl von 61,713 Millionen im Jahre 1982 ergibt sich eine allgemeine Sterbeziffer von 11,6. Getrennt nach Geschlechtern haben sich die allgemeinen Sterbeziffern von 1950 bis 1989 wie in Tabelle 10-6 gezeigt entwickelt.

Die Sterblichkeiten spezieller Bevölkerungsgruppen können ermittelt und miteinander verglichen werden, indem etwa geschlechtsspezifische und altersspezifische Sterbeziffern oder auch Sterbeziffern nach dem Familienstand analog der allgemeinen Sterbeziffer errechnet werden; man dividiert die Zahl der ledigen Gestorbenen durch die mittlere Bevölkerung eines bestimmten Jahres und erhält die Sterbeziffer für Ledige. Ein weiteres gebräuchliches Maß, die **standardisierte Sterbeziffer,** wird in Abschnitt 10.1.5 behandelt.

Tabelle **10-6** Allgemeine Sterbeziffern in den Jahren 1950–1989 ([2], S. 86).

	männlich	weiblich
1950:	11,5	9,8
1961:	12,3	10,2
1970:	12,8	11,5
1980:	11,8	11,4
1989:	10,9	11,6

Geburten: Der Bevölkerungsprozeß wird neben der Sterblichkeit vor allem durch die Höhe des Geburtenaufkommens beeinflußt. Auch hier wird zwischen verschiedenen Maßzahlen unterschieden:

- Der Ausgangswert ist die Geburtenzahl innerhalb eines bestimmten Zeitraumes. Dieser in absoluten Zahlen angegebene Wert weist die gleichen Probleme auf wie die absolute Zahl der Sterbefälle.
- Daher benutzt man die **allgemeine** oder **rohe Geburtenziffer,** bei der die Zahl der Geburten auf 1000 der mittleren Bevölkerung bezogen wird. Die entsprechende Formel lautet:

$$\text{rohe Geburtenziffer} = \frac{\text{Zahl der Geburten im Jahre X}}{\text{mittlere Bevölkerung im Jahre X}} \times 1000$$

In der Kategorie *mittlere Bevölkerung* werden neben sehr alten und sehr jungen Menschen vor allem auch Männer erfaßt; dabei weisen diese Bevölkerungsteile die Eigenschaft auf, daß sie keine Kinder bekommen. Bei dem Versuch, die **Geburtenintensität** einer Bevölkerung zu ermitteln, muß die entsprechende Maßzahl von diesen Gruppen gereinigt werden. Dazu wird relativ häufig die **allgemeine weibliche Fruchtbarkeitsziffer** herangezogen. Hier werden die Geburten ins Verhältnis zu den gebärfähigen Frauen (im Alter von 15–45 Jahren) gesetzt:

$$\text{allgemeine Fruchtbarkeitsziffer} = \frac{\text{Geburten im Jahre X}}{\text{mittlere Zahl der 15–45jährigen Frauen im Jahre X}} \times 1000$$

Die allgemeine Fruchtbarkeitsziffer berücksichtigt nicht die Altersunterschiede zwischen den betreffenden Frauen. Diese befinden sich nicht nur in unterschiedlichem Alter, sondern weisen zudem unterschiedliche Fruchtbarkeitsziffern auf. Der **Geburtenertrag** eines Frauenlebens setzt sich aus den einzelnen altersspezifischen Fruchtbarkeitsziffern zusammen, welche addiert werden. Von einzelnen altersspezifischen Fruchtbarkeitsziffern zu einem bestimmten **Zeitpunkt** wird auf das Gebärverhalten einer Frau im **Lebenslauf** geschlossen. Werden nur die Mädchengeburten berücksichtigt, die den Reproduktionsprozeß weiterführen können, so erhält man als neue Maßzahl die **Bruttoreproduktionsziffer.**

Diese wiederum trägt noch nicht der Tatsache Rechnung, daß nicht jede Frau die gesamte gebärfähige Zeit überlebt bzw. nicht jedes Mädchen das gebärfähige Alter erreicht. Wird, anhand von **Sterbetafeln** (s. u. 10.1.5), die Sterblichkeit der Mütter abgerechnet, so ergibt sich die **Nettoreproduktionsrate (NRR),** eine Größe, die international sehr häufig benutzt wird. Nimmt diese den Wert 1 an, so zeigt dieser Wert an, daß eine Frau der entsprechenden Bevölkerung in ihrem Leben eine Mädchengeburt haben wird und dieses das gebärfähige Alter erreicht. Für den Bevölkerungsprozeß bedeutet dies: Eine Generation reproduziert sich, die Bevölkerungszahl bleibt bei unveränderter Sterblichkeit konstant. Ist der Wert kleiner als 1, so nimmt die Bevölkerung ab.

Die Nettoreproduktionsrate in der Bundesrepublik beträgt 0,63, d. h. von den zur Erhaltung der Bevölkerung notwendigen Geburten fehlt ca. ein Drittel.

Kombinierte Werte: Weitere Kennzahlen entstehen durch die Kombination von Geburtenzahl und Sterbefällen eines Jahres. Übersteigt die Zahl der Geburten die Zahl der Sterbefälle, so besteht ein **Geburtenüberschuß.** Übersteigt umgekehrt die Zahl der Sterbefälle das Geburtenaufkommen eines Jahres, dann wird dies als **Geburtendefizit** oder **Sterbeüberschuß** bezeichnet. Die Bundesrepublik verzeichnet in den letzten Jahrzehnten die in Tabelle 10-7 aufgeführten Daten.

Tabelle **10-7** Geborene und Gestorbene in den Jahren 1950 bis 1989 ([2], S. 74).

	Lebendgeborene	Gestorbene	Überschuß der Geborenen (+) bzw. Gestorbenen (–)
1950	812 835	528 747	+ 284 088
1960	968 629	642 962	+ 325 667
1970	810 808	734 843	+ 75 965
1980	620 657	714 117	– 93 460
1985	586 155	704 296	–118 141
1989	681 537	697 730	– 16 193

Man kann erkennen, daß es sich bei Geburten und Sterbefällen um Elemente einer **biosozialen Bevölkerungsbewegung** handelt ([7], S. 13ff.). Die biologischen Vorgänge der Geburt und des Todes werden zu einem nicht unerheblichen Teil durch soziale Strukturen und Prozesse bestimmt. Die Unfallhäufigkeit auf den Straßen, die Fortschritte der medizinischen Wissenschaft, die Verbreitung von Wissen über gesunde Lebensweise sind soziale Faktoren, welche die Sterblichkeit erheblich beeinflussen.

In ähnlicher Weise können auch Faktoren benannt werden, die die Geburtenraten beeinflussen. Zu nennen sind z. B. konfessionelle Bindungen, regionale Umwelteinflüsse oder auch die Bildungsvoraussetzungen der Ehepartner.

Von zentraler Bedeutung für die gesamte **generative Struktur** einer Bevölkerung sind **Heiratshäufigkeit** und **Heiratsalter.** Weitere Einflußfaktoren, die weitgehend von sozialem Verhalten bestimmt werden, sind der Abstand zwischen der Heirat und der Geburt des ersten Kindes bzw.der Zeitraum zwischen den Geburten. Liegt das Heiratsalter relativ hoch, dann ist die Wahrscheinlichkeit von mehreren Geburten erfahrungsgemäß relativ gering. Dies gilt insbesondere für Bevölkerungsteile, die die Elternschaft planen und die Empfängnis kontrollieren. Soziale Verhaltensregeln wirken sich auf die Bevölkerungszahl und auch auf ihre Gliederung aus.

10.1.3 Wanderungen

Nach den biosozialen Bevölkerungsbewegungen soll nun ein eindeutig sozialer Aspekt der Bevölkerungsdynamik angesprochen werden: die Wanderungen.

Unter Wanderungen bzw. **geographischer Mobilität** „wird die Häufigkeit verstanden, mit der die Einwohner eines Gebietes oder bestimmte Bevölkerungsgruppen einen Wechsel des Wohnortes vornehmen" (Schwarz 1969, S. 61). Dabei kann unterschieden werden zwischen:

- **Binnenwanderungen,** zu denen der Wechsel des Wohnortes (Gemeinde) innerhalb eines vorher bezeichneten Gebietes gerechnet wird (Wanderungen innerhalb der Bundesrepublik, eines Bundeslandes etc.).
- **Außenwanderungen,** die einen Wohnortwechsel in ein Gebiet hinein oder aus diesem heraus erfassen.

Wanderungen stellen eine Form **horizontaler Mobilität** dar: Personen wechseln ihren ständigen Aufenthaltsort, ihre Bezugsgruppen, ohne daß soziale Auf- und Abstiegsprozesse **(vertikale Mobilität)** damit verbunden wären (zu vertikaler Mobilität s. Kap. 11.3). Von den bisher beachteten Formen der Wanderungen müssen die sog. **Pendlerwanderungen** unterschieden werden, die nur vorübergehende Veränderungen des Aufenthaltsortes einer Person zum Zwecke der Erwerbstätigkeit erfassen.

Tabelle **10-8** Wanderungen ([2], S. 91).

	Außenwanderungen		Binnenwanderungen Insgesamt
	Zu-/Wegzüge	Überschuß der Zu- (+) und Wegzüge (–)	
1980	753 400/441 500	+ 311 900	3 023 000
1982	420 800/496 100	– 75 400	2 905 000
1983	372 000/489 200	– 117 100	2 732 600
1984	475 100/608 200	– 151 100	2 527 700
1985	512 100/428 700	+ 83 400	2 572 500
1989	1 522 200/545 000	+ 977 200	2 883 300

Die Tabelle 10-8 zeigt für die Jahre 1980 bis 1989 in absoluten Zahlen:

- die Außenwanderungen bezogen auf das Staatsgebiet der Bundesrepublik und
- die Binnenwanderungen innerhalb der Bundesrepublik.

Aus der Tabelle 10-8 ist zu entnehmen, daß zwischen 1980 und 1989 die Zuwanderungen bis zu einem Tiefststand im Jahre 1983 zurückgegangen sind, um dann wieder anzusteigen. **Wanderungssalden** entstehen, wenn die Zuzüge mit den Wegzügen verrechnet werden. Positiven Wanderungssalden in den Jahren 1980, 1985 und 1989 stehen negative Salden in den drei übrigen Jahren gegenüber. Diese Salden werden natürlich auch für Bundesländer oder einzelne Gemeinden der Bundesrepublik bestimmt. Wie schon bei der Sterblichkeit und den Geburten sind die absoluten Zahlen der Wanderungen nicht geeignet, um Aussagen über die **Wanderungsintensität** einer Bevölkerung zu erhalten. Diese zu bestimmen bedeutet, daß die Bevölkerungszahl statistisch kontrolliert werden muß. Dafür werden die sog. **Mobilitätsziffern** benutzt:

Die Mobilitätsziffer einer Bevölkerung ist eine Maßzahl, bei der die Zahl der Wohnortwechsel auf 1000 Einwohner einer Bevölkerung bezogen wird.

Folgende Formel kann daraus abgeleitet werden:

$$\text{Mobilitätsziffer} = \frac{\text{wandernder Bevölkerungsteil}}{\text{mittlere Bevölkerung}} \times 1000$$

Für die Bundesrepublik erhält man, bezogen auf die Fortzüge aus dem Staatsgebiet, die in Tabelle 10-9 aufgeführten Mobilitätsziffern.

Tabelle **10-9** Mobilitätsziffer der aus der Bundesrepublik fortziehenden Bevölkerung für die Jahre 1983–1985 (eigene Berechnung nach Angaben in [8], S. 60 und 80).

	Fortzüge	mittlere Bevölkerung	Mobilitätsziffer
1983	372 000	61 283 300	6,07
1984	475 100	61 178 000	7,77
1985	512 100	61 034 900	8,39

Diese Mobilitätsziffern sind jedoch auch für spezifische Bevölkerungsteile zu berechnen. Mobilitätsziffern nach dem Familienstand, nach Bildungs- und Einkommensgruppen, nach Alter oder Geschlecht wären zu ermitteln. Die Ursachen für Wanderungen sind vielfältiger Art.

Neben repressiven politischen Verhältnissen (z.B. die Auswanderungen der Hugenotten aus Frankreich nach Preußen) sind vor allem ökonomische Gründe als Wanderungsursachen anzuführen. Zu denken ist etwa an die Überseewanderungen von Bevölkerungsteilen aus Deutschlands Südwesten im 18. und 19. Jahrhundert, an die Binnenwanderungen von Ostpreußen in die Städte des sich entwickelnden Ruhrgebietes im 19. Jahrhundert oder auch an den Zuzug von Türken aus dem schwach entwickelten Anatolien in die Bundesrepublik. Auch

Binnenwanderungen innerhalb der Bundesrepublik, die aus beruflichen Gründen von den alten Industrieregionen an den Küsten oder dem Ruhrgebiet in die Großräume Stuttgart und München durchgeführt werden, sind Wanderungen aus ökonomischen Gründen.

Versucht man diese Ursachen in allgemeinen Worten zu erfassen, so kann die Formulierung von Wanderungen als „problemlösendem Sozialverhalten" angeführt werden [9]. Dabei wird davon ausgegangen, daß jede Wanderung ein Versuch ist, ein bestimmtes Problem zu bewältigen. Die Ursachen können dabei die negativ eingeschätzte Qualität des Standortes, die positiv bewertete Qualität des Zielortes oder auch das Ergebnis beider Beurteilungen sein.

Eine andere Erklärung von Wanderungen verweist auf die unterschiedliche Ausgestaltung von Wohnquartieren mit Infrastruktureinrichtungen und den möglichen Lebens- und Arbeitsbedingungen. Wohnen in diesen Quartieren Menschen mit sehr unterschiedlichen Ansprüchen, so kann die „Disparität der Lebensbereiche" [10] als Auslöser von Wanderungen angesehen werden. Wenn die Wohnquartiere den Ansprüchen sozialer Aufsteiger nicht mehr genügen, dann sind Umzüge, eventuell über die Gemeindegrenze hinaus, als ein Verhalten zu bewerten, welches Ansprüche und Wohnumgebung neu ausgleichen will.

10.1.4 Erwerbstätigkeit

Ein weiteres soziales Gliederungsmerkmal einer Bevölkerung ist die Erwerbstätigkeit. Dabei wird in der Bevölkerungsstatistik zwischen einem aktiven und einem inaktiven Teil der Bevölkerung unterschieden. Zu dem **aktiven** Teil werden alle Personen gezählt, die nach ihrem Alter zur Erwerbsbevölkerung gehören. **Inaktiv** sind solche, die entweder noch nicht (Kinder, Jugendliche) oder nicht mehr (Rentner, Pensionäre) zur Erwerbsbevölkerung gerechnet werden.

Die Erwerbsbevölkerung besteht aus **Erwerbspersonen.** Diese wiederum werden in drei Kategorien eingeteilt:

- **Erwerbsfähige:** Alle Personen im Alter zwischen dem mittleren Berufseintrittsalter und dem mittleren Berufsaustrittsalter,
- **Erwerbstätige:** Personen mit steuerpflichtigem Einkommen,
- **Erwerbslose:** Personen ohne Beschäftigung (Arbeitslose).

Die Zahl der Erwerbspersonen betrug im Jahre 1989 in der Bundesrepublik 29,88 Mill. Menschen. Bezogen auf die mittlere Bevölkerung dieses Jahres war dies ein Anteil von 48,3%. Neben der allgemeinen Erwerbsquote (Erwerbstätige/1000 der Bevölkerung) ermöglichen geschlechtsspezifische Erwerbsquoten (Anteil der Erwerbspersonen eines Geschlechtes an der Gesamtzahl des entsprechenden Geschlechts) einen guten Einblick in die Entwicklung der Frauenarbeit.

Wie aus Tabelle 10-10 zu ersehen ist, stieg die weibliche Erwerbsquote von 1950–1989 um 3,8 Prozentpunkte an. Ein völlig anderes Bild ergibt sich, wenn man etwa die Erwerbstätigenquote der über 15jährigen verheirateten Frauen betrachtet. Bei Frauen mit einem Kind kann so zwischen 1961 und 1982 eine Steigerung der Erwerbsquote um 12,5 Prozentpunkte (!) beobachtet werden (Tab. 10-11).

Tabelle **10-10** Erwerbspersonen und Erwerbsquoten 1950–1989 [2, 3].

	1950	1980	1982	1989
Bevölkerung insgesamt (in 1000)	50 789	61 516	61 660	61 872
Erwerbspersonen insgesamt (in 1000)	23 489	27 640	28 335	29 889
darunter: weiblich (%)	36,1	37,9	38,5	39,8
Erwerbsquote insgesamt (%)	46,2	44,9	46,0	48,3
männlich (%)	63,2	58,4	58,4	60,4
weiblich (%)	31,3	32,6	32,6	37,1

Tabelle **10-11** Erwerbstätigenquote von verheirateten Frauen über 15 Jahren ([3], S. 375).

	1961	1971	1978	1982
kein Kind	32,6	35,9	36,2	36,5
1 Kind	34,6	40,4	44,4	47,1
2 Kinder	31,7	32,9	37,6	39,8
3 Kinder u. m.	31,8	30,7	33,7	33,9

10.1.5 Wichtige demographische Methoden

Wurden bisher vor allem bevölkerungswissenschaftliche Kennziffern und ihr unterschiedlicher Nutzen vorgestellt, blieben dabei Fragen nach den Erhebungsmethoden oder auch nach den Berechnungsverfahren der Maßzahlen bis jetzt ausgespart. In einem zweiten Schritt werden die Volkszählung und der Mikrozensus als wichtigste Datenquellen der amtlichen Statistik und die Berechnung von Sterbetafeln skizziert.

Volkszählung: Diese auch als **Zensus** bezeichnete Form der Datengewinnung liefert als Totalerhebung „ein umfassendes Bild der Bevölkerung, ihrer demographischen und sozialen Struktur sowie ihrer wirtschaftlichen Tätigkeit" ([3], S. 342). Wichtig ist dabei, daß die Daten gegliedert, bis herunter auf die Ebene von Stadtbezirken und Straßenzügen, aufbereitet werden können. Volkszählungen wurden in den Jahren 1946, 1950, 1961, 1971 und 1987 durchgeführt, wobei letztere von großen politischen Auseinandersetzungen begleitet war.

Mikrozensus: Seit 1957 wird jedes Jahr mit dem Mikrozensus eine Repräsentativstatistik der Bevölkerung durchgeführt. Dabei wird 1% der Haushalte (ca. 250 000 Haushalte und ca. 610 000 Personen) befragt. „Der Mikrozensus bietet die Möglichkeit, Jahr für Jahr die Bevölkerung nach den wichtigsten, auch bei Volkszählungen erfaßten Merkmalen zu gliedern und darüber hinaus kompliziertere Sachverhalte zu ermitteln. Zusatzerhebungen erlauben es, besondere Probleme statistisch zu klären" ([3], S. 342).

Die mit Hilfe der Volkszählung und des Mikrozensus erhobenen Daten sind sog. Querschnittdaten; sie werden jeweils zu einem Zeitpunkt erhoben und erfassen die Situation verschiedener Altersgruppen zu diesem Zeitpunkt.

Versucht man jedoch z. B. den typischen Lebenslauf einer Frau auf der Basis dieser Querschnittdaten zu ermitteln, dann muß in folgender Weise logisch geschlossen werden:

Beispiel: Man setzt aus den zu einem Zeitpunkt gewonnenen Daten der 20jährigen, 30jährigen, 40jährigen Frauen usw. einen Lebenslauf zusammen. Eine solche Konstruktion nimmt an, daß z. B. die Daten der 40jährigen Frauen der zukünftigen Situation der jetzt 20jährigen Frauen entsprechen; eine gewagte Annahme, die sehr stark von der Geschwindigkeit des sozialen Wandels abhängt; daher ist ein solches Verfahren mit großen Unsicherheiten behaftet.

Etwas genauere Daten können mit der sog. **Kohortenanalyse** gewonnen werden: Dabei wird die interessierende Bevölkerungsgruppe, die mindestens ein demographisches Merkmal gemeinsam besitzt, z. B. das gleiche Geburtsjahr oder das gleiche Heiratsjahr, über den Verlauf ihres Lebens beobachtet. Man wählt beispielsweise die Personen des Eheschließungsjahrganges 1950 aus und kann Zahl und Zeitpunkt der Kinder, eventuell den Zeitpunkt der Scheidung oder der Verwitwung für diese Gruppe relativ genau verfolgen. Kohortenanalysen eignen sich vor allem für historische Vergleiche, etwa den Wandel der Familienbildungs- und Familienauflösungsprozesse.

Ein weiteres Hilfsmittel stellt die **Standardisierung der Sterbeziffern** dar. Neben der allgemeinen Sterbeziffer, die als Sterbefälle pro 1000 Einwohner einer mittleren Bevölkerung errechnet wird, kann man auch altersspezifische Sterbeziffern errechnen. Dabei kann nach zwei Abstufungen verfahren werden:

- Analog der allgemeinen Sterbeziffer kann auch hier etwa die Zahl der im Alter von 70 Jahren Gestorbenen auf die mittlere Bevölkerungszahl bezogen werden. Diese Größe ist jedoch schlecht geeignet, um z. B. die Sterbeintensität eines spezifischen Alters zu ermitteln, da die einzelnen Altersjahrgänge unterschiedlich groß sind.
- Aus diesem Grund werden altersspezifische Sterbeziffern benutzt. Man setzt hier die Zahl der Gestorbenen eines Lebensalters mit der Zahl des gleichaltrigen lebenden Bevölkerungsteils ins Verhältnis.

$$\text{altersspezifische Sterbeziffer} = \frac{\text{Gestorbene im Lebensalter X}}{\text{Bevölkerungszahl im Alter X}} \times 1000$$

Analog kann dieses Verfahren auch auf andere Kriterien wie Familienstand, Beruf, Ausbildung, etc. angewandt werden.

Bei der Messung der Säuglingssterblichkeit (Tab. 10-12) wird

- zwischen einzelnen Phasen der kindlichen Entwicklung (bis zum 1. Lebensjahr) unterschieden und
- die Zahl der in den einzelnen Zeiträumen Gestorbenen auf die Zahl der Lebendgeburten in diesem Jahr bezogen.

Tabelle **10-12** Säuglingssterblichkeit nach Lebensdauer von 1970–1989 [3].

	1970	1975	1980	1989
in den ersten 7 Lebenstagen gestorben:	13 301	6 967	3 904	2 023
– je 1000 Lebendgeb.:	16,1	11,6	6,3	3,0
in den ersten 28 Lebenstagen gestorben:	14 904	8 316	4 865	2 722
– je 1000 Lebendgeb.:	18,4	13,8	7,8	4,0
im ersten Lebensjahr gestorben:	19 165	11 875	7 821	5 074
– je 1000 Lebendgeb.:	23,4	19,7	12,7	10,0
Totgeburten:	8 351	4 689	3 308	2 364
– je 1000 Lebendgeb.:	10,2	7,7	5,3	3,5

Nur mit Hilfe der hinsichtlich des Lebensalters kontrollierten Sterbeziffern können also Aussagen über die Sterblichkeit einzelner Bevölkerungsteile gemacht werden.

Ein weiteres Maß ist die **standardisierte Sterbeziffer nach der Bevölkerung eines bestimmten Jahres** (Tab. 10-13). Dabei wird die Sterblichkeit einzelner Jahre auf die mittlere Bevölkerung eines Bezugsjahres bezogen. Bleibt die Sterbeziffer einer Bevölkerung gleich, so kann man daran die Zu- bzw. Abnahme einer Bevölkerung ablesen.

Tabelle **10-13** Allgemeine und standardisierte allgemeine Sterbeziffern nach dem Geschlecht 1970 bis 1989 [2, 3].

	Allgemeine Sterbeziffer für die Jahre 1970–1989		Standardisierte allgemeine Sterbeziffern bezogen auf 1970	
	männlich	weiblich	männlich	weiblich
1970:	12,8	11,5	12,8	11,5
1975:	12,6	11,7	12,3	10,6
1980:	11,8	11,4	10,9	9,0
1982:	11,7	11,6	10,6	8,7
1989:	10,9	11,6	9,2	7,4

Die Frage, wie viele Jahre ein z.B. 40jähriger Mann wahrscheinlich noch zu leben hat, kann jedoch noch nicht beantwortet werden. Dies wird erst möglich über die Konstruktion von sog. **Sterbetafeln.** Eine Sterbetafel gibt an, wie viele Lebensjahre eine Person in einem bestimmten Lebensalter noch zu erwarten hat. Dieser Wert wird über das folgende Verfahren ermittelt: Man geht von einer Grundmenge von 100 000 Personen aus. Von dieser Ausgangszahl wird zunächst derjenige Teil abgezogen, der nach der altersspezifischen Sterberate das 1. Lebensjahr nicht überleben würde. Von dem verbliebenen Rest wird jetzt wiederum die Zahl derjenigen abgezogen, die nach der altersspezifischen Sterblichkeit im Verlaufe des 2. Lebensjahres sterben würden ... usw.

Tabelle **10-14** Sterbetafeln in abgekürzter Form ([2], S. 82).

	Lebenserwartung in Jahren	
Lebensalter	männlich 1979/81–86/88	weiblich 1979/81–86/88
0	69,90–72,21	76,59–78,68
5	66,09–68,02	72,61–74,35
10	61,22–63,10	67,70–69,40
20	51,63–53,37	57,91–59,55
30	42,28–43,88	48,20–49,77
40	32,94–34,46	38,60–40,11
50	24,19–25,50	29,36–30,78
60	16,14–17,55	20,69–21,95
70	10,01–10,90	12,87–13,96
80	05,70–06,06	06,91–07,57
90	03,36–03,25	03,59–03,74

Dieser Rechenvorgang wird so lange wiederholt, bis von den 100 000 Personen der **Ausgangsbevölkerung** niemand mehr vorhanden ist. Als Ergebnis erhält man eine nach Lebensjahren gestaffelte **Absterbeordnung.** Die Kehrseite dieser auf Sterbewahrscheinlichkeit beruhenden Zahlenfolge ist die Überlebenswahrscheinlichkeit. Bei einer Addition der Überlebenswahrscheinlichkeiten der einzelnen Lebensjahre kann schließlich für jedes Lebensalter die spezifische Lebenserwartung angegeben werden. Ein Beispiel für eine abgekürzte Sterbetafel zeigt Tabelle 10-14.

10.2 Dynamik der Bevölkerungsentwicklung

Geburten und Sterbevorgänge wurden als Bestandteile der **biosozialen Bevölkerungsbewegung** bezeichnet, womit die Beziehung zwischen den biologischen Vorgängen der Geburt und des Todes und sozialen Faktoren einer Gesellschaft herausgehoben werden sollte. Die Bevölkerungswissenschaft geht nun davon aus, daß das Verhältnis von Geburten und Sterblichkeit in einer bestimmten Gesellschaft **nicht zufällig** eine bestimmte Form annimmt, sondern durch die gegenseitige Beeinflussung demographischer und sozioökonomischer Faktoren (Produktivität, Arbeitstechniken, Stand der medizinischen Forschung etc.) bestimmt wird.

Dieses **bestimmte** Verhältnis von Geburtenrate und Sterblichkeit einer Bevölkerung und dessen Verbindung zur sozioökonomischen Struktur wird **generative Struktur** oder **Bevölkerungsweise einer Gesellschaft** genannt [7, 11].

Ein Blick auf die Situation der Weltbevölkerung ergibt, daß die Staaten der Erde offensichtlich in sehr unterschiedlichen Bevölkerungsweisen leben. Auch eine historische Betrachtung der Staaten Mitteleuropas zeigt eine Abfolge verschiedener Bevölkerungsweisen; zunächst steht die Bevölkerungsgeschichte Deutschlands im Mittelpunkt.

10.2.1 Generative Struktur

Die Abfolge verschiedener Bevölkerungsweisen wird von der Bevölkerungswissenschaft durch das Modell des **demographischen Übergangs** erfaßt, welches am historischen Wandel von einer vorindustriellen Agrargesellschaft zu einer Industriegesellschaft entwickelt wurde (Abb. 10-3).

Phase 1 beschreibt die generative Struktur in vorindustriellen Verhältnissen; diese zeichnet sich hinsichtlich demographischer Faktoren durch folgende Eigenschaften aus:

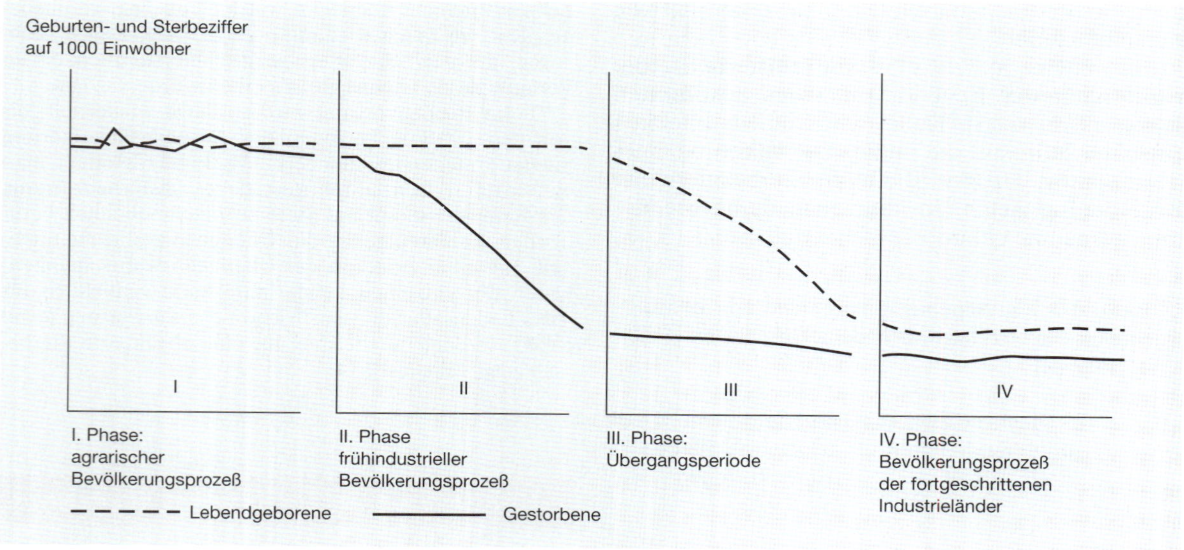

Abb. **10-3** Schema der verschiedenen Phasen der Entwicklung von Geburten- und Sterberaten im Industrialisierungsprozeß (europäisches Modell) (nach [12], S. 11).

- Hohe Sterblichkeit, insbesondere hohe Säuglings- und Kindersterblichkeit. Dadurch dürfte in Deutschland die mittlere Lebenserwartung zum Zeitpunkt der Geburt etwa bei 32,5 Jahren gelegen haben ([11], S. 19).
- Hohe Fruchtbarkeit: Bei einem durchschnittlichen Heiratsalter von ca. 25 Jahren bei Frauen kam es bis zum 45. Lebensjahr im Durchschnitt zu ca. 7 Geburten.

Diese generative Struktur führte nur zu einem geringen Bevölkerungswachstum, da durch Epidemien, Mißernten, Unwetter, Kriegshandlungen bzw. Kriegsfolgen immer wieder die Bevölkerungszahl reduziert wurde. Die hohe Kindersterblichkeit, das relativ hohe Heiratsalter und die niedrige Lebenserwartung ließen schon aus demographischen Gründen dreigenerationale Familien nur selten zu. Zentraler Regulationsmechanismus dieser Bevölkerungsweise waren Heiratsregeln: Die Obrigkeit wachte darüber, daß nur dann eine Ehe geschlossen werden durfte, wenn die ökonomischen Voraussetzungen erfüllt waren, d.h. wenn eine Stelle, Nahrung, vorhanden war.

In der Zeit von 1815–1865 jedoch kommt es in Deutschland bei weitgehend gleichbleibenden Geburten- und Sterberaten zu einem beschleunigten Bevölkerungswachstum. Mit der Liberalisierung des Wirtschaftslebens und der Gesellschaft, der verstärkten Nachfrage nach Arbeitskräften in Manufakturen und frühem Fabrikwesen können immer mehr Menschen einen Arbeitsplatz finden; mit diesen Veränderungen fallen nach und nach in allen deutschen Staaten die Heiratsverbote. Auf die Bevölkerung bezogen wirkt sich dies als jährliche Zuwachsrate von 1,6% aus. Konsequenz der daraus sich entwickelnden Überbevölkerung waren insbesondere in den Städten große, völlig verarmte Bevölkerungsgruppen und mehrere bedeutende Auswanderungswellen. So verließen zwischen 1845 und 1858 „mehr als 1,3 Mill. Menschen Deutschland, um in überseeischen Ländern eine neue Heimat zu finden“ ([11], S. 32).

Phase 2 bezieht sich in der deutschen Bevölkerungsgeschichte etwa auf den Zeitraum von 1865 bis 1900 und ist vor allem durch einen Rückgang der Sterblichkeit gekennzeichnet. So steigt die allgemeine Lebenserwartung zwischen 1881/90 und 1901/10 um 20%. Profitiert haben von dieser Entwicklung vor allem die Ein- bis Vierjährigen, deren Sterblichkeit um insgesamt 65% zurückging ([11], S. 41). Hinsichtlich der Geburten ist jedoch ein Verhaltensmuster zu registrieren, das sich weitgehend (bis ca. 1880) an der vorindustriellen Norm orientierte. Erst ab 1880 kann vor allem in den Städten ein Rückgang bei den Dritt- und Viertkindern einer Familie beobachtet werden, was zu einem Fruchtbarkeitsrückgang, jedoch noch nicht zu einem Geburtenrückgang führte; dies ist mit der Zunahme der Zahl der Frauen im anhaltenden Bevölkerungswachstum zu erklären. Verbunden mit diesen Prozessen sind nicht nur Binnenwanderungen erheblichen Ausmaßes und eine zweite Auswanderungswelle von 1881–1884, sondern auch eine ausgeprägte Verstädterungstendenz.

In **Phase 3** folgt der sinkenden Sterbeziffer die sinkende Geburtenziffer. Die Folge ist nicht nur ein Geburtenrückgang, sondern auch die kontinuierliche Verkleinerung des Geburtenüberschusses (Abschwächung des Bevölkerungswachstums). Mit Ausnahme der Zeit von 1933–1939 (Nationalsozialismus) setzt sich dieser Trend bis zum Ende des 2. Weltkrieges fort.

Phase 4 bezieht sich auf die Entwicklung nach dem Krieg. Bis 1964 kommt es zu einer Erscheinung, die als **Baby-Boom** in die Bevölkerungsgeschichte eingegangen ist und durch hohe Geburtenziffern bei weitgehend konstanter Sterblichkeit gekennzeichnet ist. Danach setzt ein Geburtenrückgang ein, ab 1968 auch ein Rückgang der Fruchtbarkeit. Seit 1975 werden in der Bundesrepublik pro Jahr weniger Kinder geboren als Menschen sterben. Die Sterbeüberschüsse schwankten zwischen 148 748 (1975) und 93 460 (1980). 1985 hatte die Bundesrepublik einen Gestorbenenüberschuß von 118 141 zu verzeichnen.

Die in Abbildung 10-3 gezeigte Graphik stellt den demographischen Übergang schematisch dar, angesichts der Entwicklungen seit 1975 müßte man dieses Modell um eine 5. Phase ergänzen.

10.2.2 Geburtenrückgang in den Industrieländern

Mit Hilfe des Modells vom **demographischen Übergang** kann gezeigt werden: Der Geburtenrückgang in der Bundesrepublik ist weder eine Sonderentwicklung (alle Industrieländer sind davon betroffen) noch eine kurzfristige Erscheinung. Worin liegen aber die Ursachen des Geburtenrückganges?

Bei dem vorhandenen Angebot an Erklärungen kann vor jeder Simplifizierung bei der Beurteilung nur gewarnt werden ([12], S. 47). Schubnell stellte schon 1973 eine umfangreiche und differenzierte Sammlung mit vermutlichen Ursachen zusammen, die zwischen individuellen/familialen Daten und gesellschaftlichen Faktoren unterschied. Gerade an der auch international viel diskutierten These vom Wandel der gesellschaftlichen Stellung der Frau als Ursache des Geburtenrückganges kann die **Problematik einer monokausalen Erklärung** deutlich gemacht werden. Statistisch eindeutig ist die Feststellung, daß die Kinderzahl erwerbstätiger Frauen geringer ist als die nicht-erwerbstätiger Frauen. Damit verschiebt sich das Erklärungsproblem auf die Frage nach der Motivation zur Aufgabe bzw. Aufnahme der Erwerbstätigkeit. Schubnell erwähnt: „... die Erziehung und Berufsausbildung der Frau ..., die Meinung des Ehemannes zur Frage der Erwerbstätigkeit seiner Frau, das Interesse an der Arbeit, die berufliche Position, die Differenz des von der Frau bezogenen Einkommens zu den höheren Ausgaben, die für die Führung des Haushalts oder die Betreuung der Kinder bei Abwesenheit der Mutter aufzuwenden sind und vieles andere mehr" ([12], S. 40). Er konstatiert: Die Erwerbstätigkeit der Frau hat sicherlich einen Einfluß auf die Geburtenentscheidung; Aussagen über die Qualität dieses Einflusses können jedoch kaum gemacht werden.

Eine zweite Ursache glaubt man in **antikonzeptionellen Mitteln** gefunden zu haben. Dieses Argument, welches sich auf den Begriff des **Pillenknicks** in den Geburtenziffern reduzieren läßt, mißachtet jedoch folgende Fakten:

- Methoden der Empfängnisverhütung hat man auch schon vor 1964 gekannt und praktiziert. Viele historische Beispiele ließen sich anführen.
- 1972 benutzten nur ca. 25% der Frauen Ovulationshemmer.

Schubnell kommt daher bei der Frage des Geburtenrückganges zu dem Fazit:
„Nicht das Vorhandensein eines Mittels ist entscheidend, sondern die Absicht, ein Mittel anzuwenden. Die Pille kann somit, wie alle anderen Methoden, nur als Bedingung, nicht aber als Ursache des Geburtenrückganges angesehen werden" ([12], S. 41).

An diese Erörterungen könnte eine interessante Spekulation angeschlossen werden, die versucht, den Einfluß der **Safer-Sex-Kampagne** bei der AIDS-Bekämpfung auf die Geburtenrate abzuschätzen. Wenn der Gebrauch von Kondomen ansteigt, was zweifellos der Fall ist, könnte der Anteil der ungewollten Schwangerschaften damit erheblich reduziert werden; ein Faktor, der zum Geburtenrückgang beitragen dürfte.

Ein dritter und letzter Erklärungsansatz, der das Eltern-Kind-Verhältnis in den Mittelpunkt stellt, sei noch angeführt:

Die Konzentration der Eltern auf die Entwicklung und Ausbildung der Kinder führt zur deutlichen Verminderung der Kinderzahl [13].

Mit sozialhistorischem Material läßt sich zeigen, daß das Kind immer mehr in das Zentrum familialen Geschehens gerückt ist. Von diesem wird nicht nur Erfolg in der Konkurrenzgesellschaft erwartet, sondern es soll zusätzlich einen wichtigen Part bei der emotionalen Versorgung der Erwachsenen leisten. Die Folge davon sind sehr hohe Erwartungen an das Kind und, damit verbunden, erhebliche Aufwendungen an Geld, Zeit und die Inkaufnahme hoher psychischer Belastung durch die Eltern. Die Belastung durch ein Kind dürfte dabei nicht so hoch sein wie die mit mehreren Kindern.

10.2.3 Demographische Situation der Erdbevölkerung

Der Geburtenrückgang ist ein typisches Problem fortgeschrittener Industriegesellschaften. Völlig anders sieht das Bild in den meisten Ländern der Dritten Welt aus (Tab. 10-15).

Die Dramatik der in Tabelle 10-15 gezeigten Zahlen, die eine **wachsende Kluft** zwischen Industrie- und Entwicklungsländern aufzeigen, kann durch die Wachstumsraten verdeutlicht werden. So lag z.B. das jährliche Bevölkerungswachstum im Jahre 1976 in der Bundesrepublik bei –0,3%, in

Tabelle **10-15** Bevölkerung der Erdteile in Millionen (nach [14], S. 12).

	1950	1960	1980	1987
Europa	572	566	648	666
Afrika	222	279	477	593
Amerika	331	415	613	689
Asien	1 365	1 737	2 690	3 049
Australien/ Ozeanien	14	17	25	27

den USA bei +0,7% und in Frankreich bei +0,3%. Völlig anders die Situation in den Entwicklungsländern: Die jährliche Wachstumsrate der Bevölkerung etwa in Kolumbien liegt bei +2,2%, in Indonesien zwischen +1,8% und +2,3%, in Tunesien bei +2,7%.

Wendet man das Modell des demographischen Übergangs auf die Entwicklungsländer an, so entstehen unweigerlich Probleme. Die zentrale demographische Entwicklung vieler dieser Länder liegt in der Senkung der Sterblichkeit, insbesondere durch die Ausrottung von Seuchen und Epidemien. Das Problem besteht nun aber darin, daß diese Senkung der Sterblichkeit z.T. aus den Industrieländern importiert wurde; zu denken ist vor allem an medizinische Hilfe und Programme zur Hygiene. Dabei haben sich die ökonomischen Verhältnisse, der Grad der Technisierung oder soziale Strukturen nicht in der gleichen Art verändert wie in den historischen Epochen europäischer Bevölkerungsgeschichte. Somit haben humanitäre Handlungen zu einer Situation beigetragen, die mitunter als **Bevölkerungsbombe** gekennzeichnet wird. Die Länder sehen sich einem kaum zu lösenden Problem gegenüber. In einem zirkulären Prozeß führt die wirtschaftliche Unterentwicklung dazu, daß das Geburtenaufkommen nicht reduziert wird.

Durch das niedrige Sozialprodukt ist der Staat nicht in der Lage, für die kollektive Alterssicherung zu sorgen. Das wiederum ist der wichtigste Grund für die Familien, nicht auf eine hohe Kinderzahl verzichten zu wollen. Eine Folge davon ist ein sehr niedriges Pro-Kopf-Einkommen, was kaum wirtschaftliche Entwicklungsmöglichkeiten eröffnet, usw.

Tabelle **10-16** Asylbewerber nach Herkunftsgebieten ([2], S. 73).

	1980	1985	1990
Europa	65 809	18 174	101 631
Afrika	8 339	8 093	24 210
Amerika/Australien	217	27	402
Asien	31 998	44 298	60 900
Staatenlose	1 455	3 170	5 920

Konsequenz dieser prekären Situation sind Wanderungen aus Entwicklungsländern in die Industrieländer. Dabei können reguläre Einwanderungen und die Suche nach politischem Asyl unterschieden werden (Tab. 10-16). Eine weitere Ursache der steigenden Einwandererzahlen (inkl. Asyl) ist der Zusammenbruch der sozialistischen Länder Osteuropas und die dadurch ermöglichten Ost-West-Wanderungen. Diese Wanderungen schaffen jedoch neue, wenn auch völlig anders gelagerte Probleme in den Industrieländern, wie dies etwa an der Debatte um die Asylgewährung und um die Aussiedler aus Osteuropa verfolgt werden kann.

10.3 Folgen demographischer Entwicklungen für die medizinische Versorgung

Es ist einsichtig, daß die Größe einer Bevölkerung in einem gewissen Zusammenhang mit dem Krankheitsaufkommen steht. Daß aber darüber hinaus die Gliederung dieser Bevölkerung bzw. ihre Dynamik sich nicht nur auf die Krankheitsfälle, sondern auch auf die Organisation der gesamten medizinischen Versorgung auswirkt, soll im folgenden verdeutlicht werden. Zunächst wird in einem Exkurs auf den Prozeß des demographischen Alterns und der damit einhergehenden Veränderung der Familienstruktur eingegangen. Die Familienstruktur ist nicht nur ein Ursachenfaktor für die bestehende und zukünftige Bevölkerungsstruktur (Geburtenverhalten, Heirats- und Scheidungsraten etc.), sondern auch von unmittelbarer Bedeutung für die medizinische Versorgung der Bevölkerung: Größe und Zusammensetzung der Familien, die Haushaltsgrößen oder auch die Erwerbstätigkeit der Frauen sind wichtige Variablen, vor allem hinsichtlich der familialen Pflegeleistungen.

Demographisches Altern und Veränderung der Familienstruktur

Mit dem Ende des 19. Jahrhunderts in Deutschland einsetzenden Geburtenrückgang und der gleichzeitigen Verlängerung der allgemeinen Lebenserwartungen kann man einen Prozeß beobachten, der als **demographisches Altern** bezeichnet wird. Es handelt sich dabei um eine Verschiebung in der Altersverteilung einer Gesellschaft zugunsten der älteren Jahrgänge. Ist vor allem die Verlängerung der Lebenserwartung für die Verbreiterung der Alterspyramide an ihrer Spitze verantwortlich, so wirkt sich der Mitte der 60er Jahre neu einsetzende Geburtenrückgang vor allen Dingen an der Basis der Altersschichtung aus. Betrug um 1900 das Durchschnittsalter der Bevölkerung Deutschlands 27,1 Jahre, so ist dieses bis 1950 auf 34,7 und schließlich auf 36,9 Jahre im Jahre 1985 gestiegen. Bildeten die über 65jährigen 1971 einen Bevölkerungsanteil von 4,6%, so stieg deren Anteil bis 1987 auf 15,1%. Relativ deutlich sind die demographischen Konsequenzen dieser Entwicklung

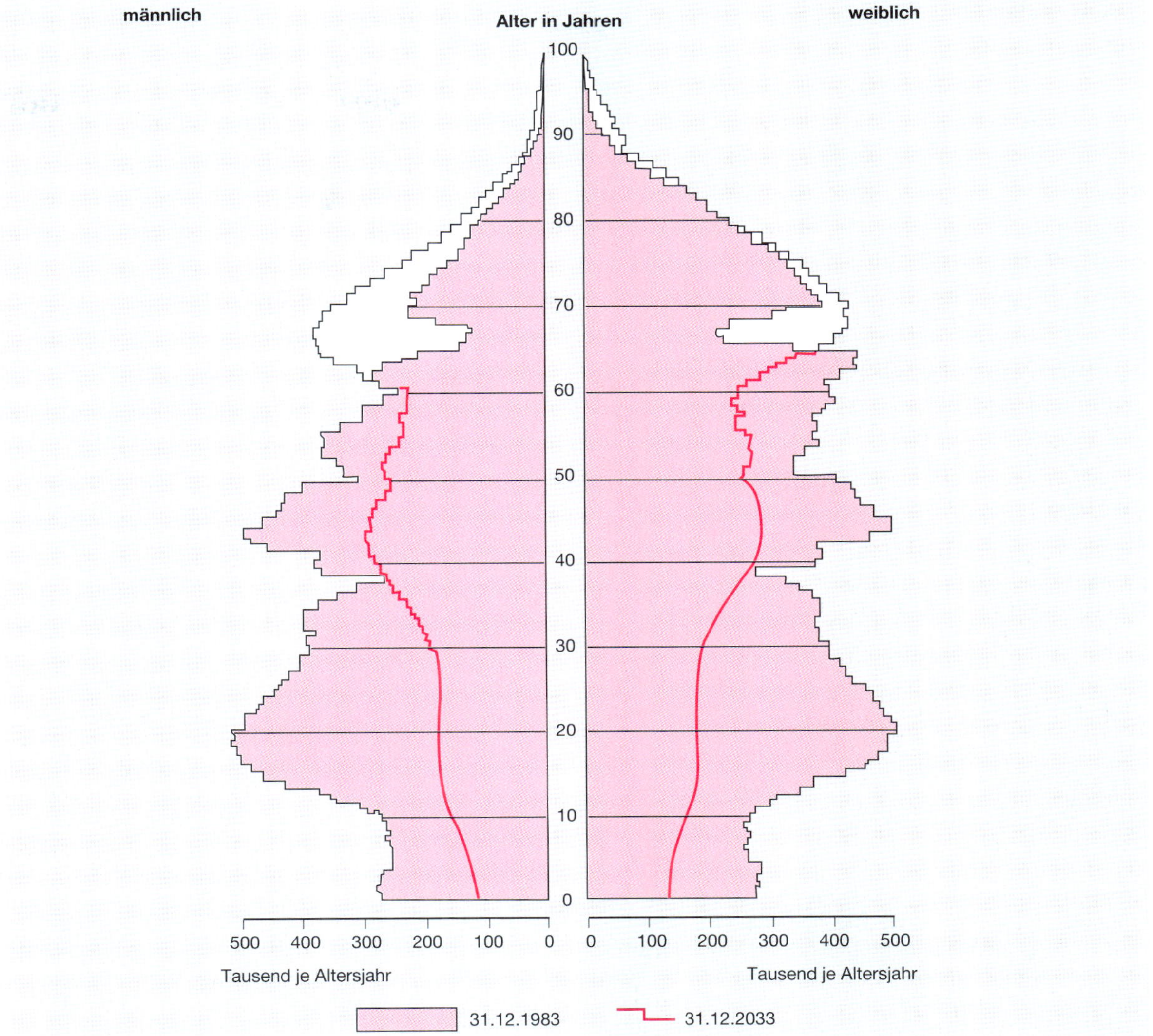

Abb. **10-4** Altersaufbau der deutschen Bevölkerung am 31. 12. 1983 und Vorausschätzung für 2033 ([15], S. 414).

an der folgenden Alterspyramide (Abb. 10-4) zu sehen, bei der der Bevölkerungsaufbau von 1983 mit der Bevölkerungsvorausschätzung für das Jahr 2033 verbunden wurde; extrem ausgeprägt ist dabei der hohe Altenanteil und gleichzeitig der reduzierte Anteil von jungen Jahrgängen. Auf die Konsequenzen für den Gesundheitsbereich wird gesondert einzugehen sein.

Die Abbildung 10-5 zeigt, daß die Bevölkerung der alten DDR und die der Bundesrepublik in ähnlicher Weise betroffen sind. Die leicht stärkeren Anteile der unter 10jährigen in der Bevölkerung in der DDR, ein Indikator für deren pronatalistische Bevölkerungspolitik, dürften nach der Vereinigung keine große Bedeutung haben, da die Bevölkerung der ehemaligen DDR nur ca. 1/5 der Gesamtbevölkerung Deutschlands beträgt; zudem sind 1990 in den neuen Bundesländern drastische Einbrüche bei den Eheschließungsziffern (–40%) und den Geburten (bis –50%) zu verzeichnen; die wirtschaftliche Depression und die verbreitete Unsicherheit der Menschen dürften wesentlich dazu beigetragen haben.

Wir befinden uns jedoch nicht nur in einem Prozeß demographischen Alterns, sondern auch in einer **Phase des familialen Wandels.**

Bis zu Beginn der 70er Jahre ging man davon aus, daß es im Übergang von der vorindustriell-agrarischen zur industriell-kapitalistischen Gesellschaft zu einem Wandel der Familienformen von der Großfamilie zur Klein- oder

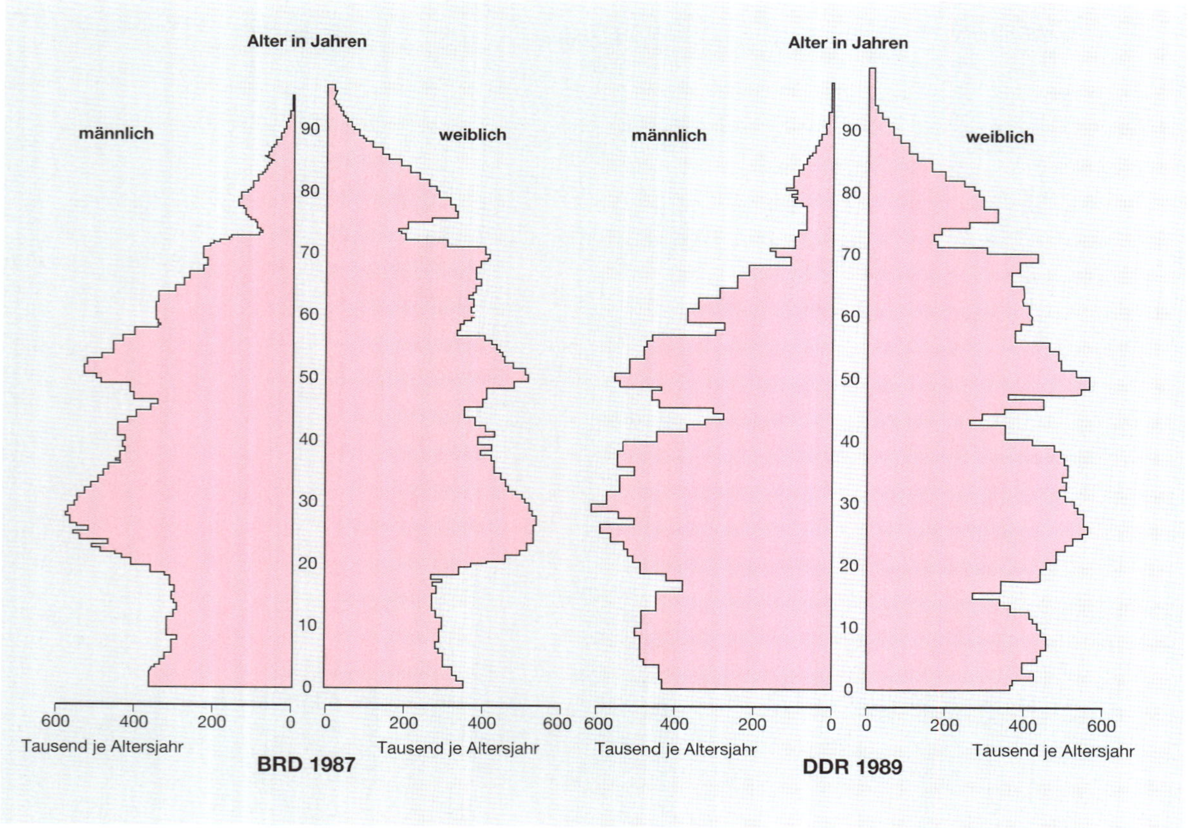

Abb. **10-5** Altersaufbau der Bevölkerung (in Prozent) in der DDR Ende 1989 und in der BRD Ende 1987 ([6], S. 170).

Kernfamilie gekommen sei. Dieses Bild bedurfte einer gründlichen Revision. Verschiedene Autoren haben gezeigt, daß die dreigenerationale Großfamilie keineswegs die dominierende vorindustrielle Familienform gewesen ist; nach dem europäischen Muster des Heiratsalters, den Regeln der Hofübergabe und der Sterblichkeit konnte sie dies auch nicht sein. Anstatt des „Mythos von der Großfamilie" [18] ist, nach heutigen Kenntnissen, bei der vorindustriellen Familie von einer Sozialform auszugehen, welche große Variationen aufweist. Kernfamilien mit sehr unterschiedlichen Kinderzahlen, erweiterte Familien mit unverheirateten Seitenverwandten oder auch mit (verwandtem und/oder nicht-verwandtem) Gesinde sind nur einige Typen historischer Familienformen [16–18].

Auch das mit dem *Mythos von der Großfamilie* verknüpfte Interpretationsmuster des **Funktionsverlustes** der Familie wurde zumindest relativiert. Lange Zeit ging man davon aus, daß die Familie nach und nach wichtige Funktionen (Kultfunktion, Gerichtsfunktion, Schutzfunktion und vor allem die Produktionsfunktion) an übergeordnete soziale Organisationen abgegeben habe und dadurch krisenanfälliger geworden sei. Eine neuere Interpretation betonte die Notwendigkeit dieser Funktionsabgabe. Die Familie könne ihre Existenzfähigkeit nur erhalten, wenn sie in der Lage sei, sich den geänderten gesellschaftlichen Bedingungen anzupassen. Gegen die implizite Idealisierung einer vorindustriellen Familienform wurde die sachliche Formel vom **Funktionswandel der Familie** gesetzt. Einige Autoren bewerten den Prozeß explizit positiv, wenn sie von einer Entlastung der Familie von Funktionen sprechen, die die eigentlichen Aufgaben der Familie nur behindert hätten. Die Familie könne sich um die Sozialisation des Nachwuchses und um den emotionalen Ausgleich innerhalb der Familie um so besser kümmern, je weniger sie etwa mit Produktionsaufgaben unmittelbar belastet sei.

Vor historischen Verallgemeinerungen kann also nur gewarnt werden. Gleichwohl sind wichtige Wandlungen in der Struktur der Lebensverhältnisse festzustellen (Abb. 10-6, Tab. 10-17 und 10-18):

- Zunächst sei auf den enormen Zuwachs der Zahl der Einpersonenhaushalte hingewiesen. Seit 1950 hat sich der Anteil von 19,4% auf 35% im Jahre 1988 erhöht, eine Zunahme um 15,6 (!) Prozentpunkte.
- Die absolute Zahl und der relative Anteil der Ehepaare ohne Kinder ist angestiegen.
- Die Zahl der Ehepaare mit Kindern ist zwar absolut gestiegen, ihr Anteil jedoch ist gesunken.
- Über 87% der Familien mit Kindern sind Ein- oder Zweikinderfamilien.
- Die Zahl der nichtehelichen Lebensgemeinschaften wird derzeit auf ca. 850 000 geschätzt.

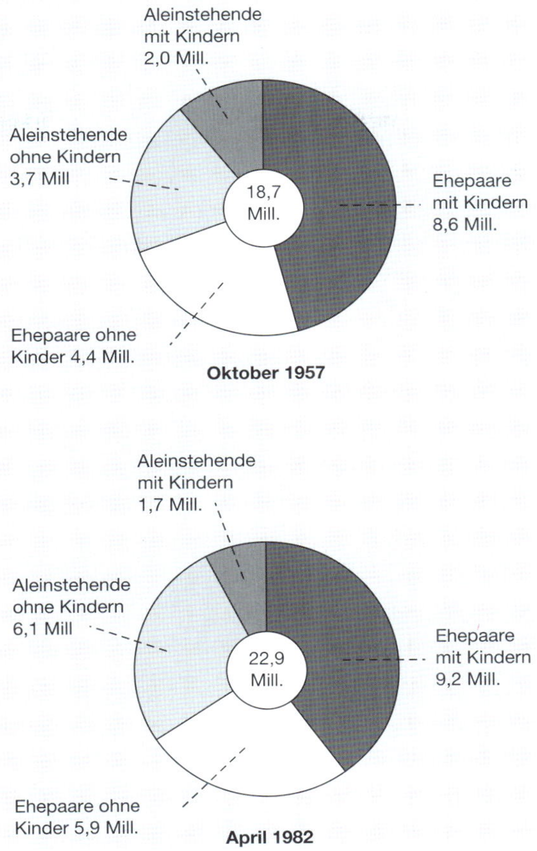

Abb. **10-6** Familien nach ihrer Zusammensetzung. Ergebnis des Mikrozensus, Statistisches Bundesamt (nach [3], S. 329).

Tabelle **10-17** Familien mit Kindern unter 18 Jahren im Jahre 1982 ([8] und eigene Berechnungen).

	absolut	%
insgesamt	8 167 000	100,00
1 Kind	4 245 000	51,98
2 Kinder	2 879 000	32,25
3 Kinder	772 000	9,45
4 und mehr Kinder	271 000	3,31

Tabelle **10-18** Familienstrukturen ausgewählter Ehejahrgänge nach 20jähriger Ehe ([19], S. 100).

	kein Kind	1 Kind	2 Kinder	3 Kinder	4 Kinder u. m.
1947	220	212	268	158	142
1951	239	186	280	147	148
1961	170	155	357	199	119
1968	180	277	363	128	52
1971	195	313	345	109	38

Als Trend hinsichtlich der Kinderzahl ist eine drastische Abnahme der Drei- und Mehrkinderfamilie zu konstatieren (Tab. 10-17 und 10-18).

Morbidität und Mortalität der Bevölkerung

Die Hauptkriterien der Bevölkerungsgliederung, Alter und Geschlecht, beeinflussen auf besondere Art die Häufigkeit, die Art und Dauer von Krankheitsfällen. Allerdings werden diese Faktoren durch „die Entwicklung der gesundheitlichen Risikofaktoren, den Gesundheitsbegriff, … der Finanzierung, der Zahl der Anbieter, des medizinisch-technischen Fortschritts und der Organisationsstrukturen … überlagert" (Bericht über die Bevölkerungsentwicklung … 1984, S. 65).

Konzentriert man sich auf das Krankheitsaufkommen, so können für die Morbidität der Bevölkerung zwei bemerkenswerte Phänomene aufgezeigt werden:

- Die Krankheitshäufigkeit steigt mit dem Alter (ab dem 15. Lebensjahr) zuerst langsam und dann verstärkt an.
- Außer bei den unter 15jährigen ist die Häufigkeit von Erkrankungen bei Frauen größer als bei Männern; dieses ist um so erstaunlicher, als Männer in allen Lebensaltern eine höhere Sterblichkeit aufweisen (s. o.).

Tabelle **10-19** Kranke Personen im Jahre 1976 nach dem Alter ([20], S. 176).

Altersgruppe (Jahre)	absolut	Mittelwert (%)	männlich (%)	weiblich (%)
unter 15	955 000	7,4	7,7	7,1
15–20	268 000	5,7	4,9	6,5
20–40	1 476 000	8,7	8,0	9,6
40–65	3 016 000	16,9	16,2	17,5
65 u. m.	8 801 000	33,8	31,3	35,2

Thematisiert die Tabelle 10-19 die Häufigkeit, so können hinsichtlich des Geschlechts unterschiedliche Häufungen bestimmter Krankheiten nachgewiesen werden (Tab. 10-20).

Es ist davon auszugehen, daß in höherem Lebensalter gehäuft chronische und degenerative Erkrankungen auftreten. Da eine allgemeine Krankenstatistik in der Bundesrepublik nicht geführt wird, können altersspezifische Häufungen lediglich hinsichtlich meldepflichtiger Krankheiten (Diphtherie, Hepatitis, Tuberkulose etc.) nachgewiesen werden. Ein Großteil dieser Krankheiten tritt bis zum Alter von 45 Jahren auf.

Tabelle **10-20** Ausgewählte Krankheiten und kranke Personen je 10 000 Einwohner im Jahre 1976 ([20], S. 178).

Erkrankung	Mittelwert	männlich	weiblich
Neubildungen	18	10	24
Diabetes mellitus	87	59	113
Grippe	147	145	149
Asthma	22	26	20

Eine andere Möglichkeit, sich dem Problem zu nähern, ist die Statistik der Todesursachen. Beispielsweise starben im Jahre 1984 158814 Menschen an bösartigen Neubildungen; das sind 22,8% der Gestorbenen; der höchste Einzelfaktor, der von der Statistik ausgewiesen wird. Die geschlechtsspezifische Verteilung: 79109 männlichen Todesfällen stehen 79705 weibliche Todesfälle gegenüber. Aufschlußreicher ist jedoch die altersspezifische Aufteilung (Tab. 10-21).

Tabelle **10-21** Todesfälle mit bösartigen Neubildungen im Jahre 1984 ([8] und eigene Berechnungen).

Altersgruppe	männlich		weiblich	
(Jahre)	absolut	%	absolut	%
unter 1	4	(0,007)	4	(0,005)
1– 5	63	(0,08)	39	(0,05)
5–15	122	(0,15)	85	(0,11)
15–25	341	(0,43)	243	(0,3)
25–45	2 622	(3,3)	2 769	(3,5)
45–65	22 603	(28,6)	19 316	(24,2)
65–75	22 219	(28,1)	20 312	(25,5)
> 75	31 133	(39,3)	36 937	(46,3)

Die Übersicht in Tabelle 10-21 zeigt u.a., daß 96% der an bösartigen Neubildungen Gestorbenen über 45 Jahre alt waren.

Schaut man sich vor diesem Hintergrund die Alterspyramide der Bundesrepublik noch einmal an, die eine große Erhöhung des Altenanteils an der Bevölkerung erwarten läßt, so wird es zu einer Verschiebung des **Krankheitspanoramas** kommen: Durch die Veränderung der Altersstruktur ist zu erwarten, daß es zu einer Zunahme der chronisch-degenerativen Erkrankungen kommen wird. Dagegen dürften die Anteile der Erkältungskrankheiten, der Knochenbrüche, Prellungen, Unfälle etc. – typische Gesundheitsstörungen im jungen Alter – an der Gesamtmorbidität abnehmen ([21], S. 46ff.). Diese Annahme berücksichtigt lediglich die Altersstruktur der Bevölkerung. Änderungen im Gesundheitsverhalten der Menschen oder auch in den Umweltbedingungen könnten die beschriebene Entwicklungstendenz erheblich beeinflussen.

Daneben ist davon auszugehen, daß im Jahre 2000 erheblich mehr Sterbefälle zu verzeichnen sein werden, in ihrer Mehrheit Frauen [22].

Die medizinische Versorgung wird durch diese Alterungsvorgänge der Bevölkerung vor veränderte Problemlagen gestellt:

- Der Altenanteil in den Krankenhäusern wird ansteigen.
- Da die Sterbefälle zunehmen werden, müssen nicht nur entsprechende organisatorische Vorbereitungen getroffen werden, sondern auch die Ärzte und Schwestern in den Kliniken müssen in der Aus- und Weiterbildung etwa an Kursen über die Betreuung von Alten und Sterbenden teilnehmen.
- Durch die hohe Zahl der alten Menschen wird sich vor allem die Nachfrage im Pflegebereich erhöhen.
- Die hohe Zahl der Einpersonenhaushalte (s.o.) oder auch die Verkleinerung der Verwandtschaft wird erhebliche Auswirkungen auf die soziale Integration und die gesamte Lebensgestaltung alter Menschen haben. Probleme **sozialer Isolation** werden verstärkt in öffentlichen Institutionen auftreten. Die institutionelle Unterscheidung zwischen Altenbetreuung, Altenwohnheim, Altenpflegeheim und Klinik wird sich, angesichts der umfassenden Problemlage, immer mehr verwischen.

Ergänzend zu diesen am Alter und dem Geschlecht entwickelten Vorgaben kann beispielhaft noch auf weitere Auswirkungen demographischer Faktoren hingewiesen werden:

- Bei Zuwanderungen aus Ländern der Dritten Welt können veränderte Krankheitsbilder ebenso auftreten wie spezifische, der anderen Kultur geschuldete Probleme im Arzt-Patient-Verhältnis. Viel diskutiert sind etwa die Probleme islamischer Frauen bei dem Besuch eines deutschen (männlichen!) Gynäkologen; so hat etwa die Deutsche Klinik für Diagnostik einen Umhang entwickelt, der es den Ärzten erlaubt, Patientinnen aus arabischen Ländern zu untersuchen, ohne deren Schamgrenzen unnötig zu verletzen.
- Nimmt die Tendenz zu, daß hochqualifizierte Frauen nicht nur spät heiraten, sondern auch erst nach dem 35. Lebensjahr Kinder bekommen, so steigt die Zahl der Risikoschwangerschaften.

10.4 Bevölkerungspolitische Maßnahmen

Die Betrachtung des Bevölkerungsprozesses hat immer auch zu Bewertungen des beobachteten Verlaufs geführt. Wie an vielen Einzelbeispielen zu sehen ist, hat es in der Geschichte von seiten des Staates immer wieder Versuche gegeben, den Bevölkerungsprozeß zu steuern. Die **geförderten** Einwanderungen nach Preußen im 18. Jahrhundert können ebenso als Beispiel dienen wie die von der österreichischen Kaiserin Maria-Theresia unterstützte Umsiedlung von Schwaben nach Siebenbürgen.

Das Nachdenken über die Bevölkerungsentwicklung und die möglichen Interventionen wurde durch den Beitrag von Robert **Malthus** (1766–1834) folgenreich systematisiert. Malthus' Beitrag „Eine Abhandlung über das Bevölkerungsgesetz oder eine Untersuchung seiner Bedeutung für die menschliche Wohlfahrt in Vergangenheit und Zukunft“ (1798) antwortete auf einen Beitrag **Godwins,** der das Elend der Welt den gesellschaftlichen Institutionen zuschrieb, vor allem dem Privatkapital. Wenn das Individuum nur von den gesellschaftlichen Regelungen befreit sei, so könne es sich mit anderen Individuen verbinden; die Macht der individuellen Vernunft führe zur Regelung aller Weltprobleme.

Dagegen Malthus: Godwins Utopie werde an der Bevölkerungsentwicklung scheitern. Die Abschaffung der Heiratsbeschränkungen oder der Unterhaltsverpflichtungen der Eltern gegenüber ihren Kindern würde zu einer Bevölkerungsvermehrung führen, die weit über die zur Verfügung stehenden Nahrungsmittel hinausreichte; Hungersnot und Elend wären die Folgen und gleichzeitig die Prozesse, die die Bevölkerungszahl wieder an die vorhandenen Unterhaltsmittel angleichen würden.

Das Gesetz von Malthus kann folgendermaßen zusammengefaßt werden:

- Durch den Geschlechtstrieb bedingt, ist in der Bevölkerungsbewegung ständig ein Impuls zur Vermehrung enthalten.
- Die Vermehrung wird letztlich begrenzt durch die verfügbaren Unterhaltsmittel (Hungertod).
- Es gibt aber eine Anzahl von checks (Hemmnissen) – repressive, wie z.B. Krankheit, und präventive, wie z.B. Enthaltsamkeit –, die dazu führen, daß eine Bevölkerung aufhört sich zu vermehren, bevor sie die Grenze des Nahrungsspielraums erreicht hat ([7], S. 27).

Malthus ging davon aus, daß nur durch späte Heirat, Hunger und Krieg ein Ausgleich zwischen Nahrungsspielraum und der Bevölkerungszahl erreicht werden könnte. Armengesetze, die Unterstützungen für die Armen vorsehen, wurden daher von ihm konsequent abgelehnt, da er darin nur eine Unterstützung der Vermehrung eben dieses Bevölkerungsteiles mit all seinen Problemen erblicken konnte.

Es werden vor allem zwei grundsätzliche Bedenken gegen Malthus' Auffassung angeführt ([4], S. 128):

- Er habe die immense Steigerung der landwirtschaftlichen Produktion infolge der Technisierung unterschätzt.
- Er habe die Möglichkeiten der künstlichen Geburtenkontrolle nicht erkannt, es sei denn, man wende den Begriff der preventive checks auf eben diese Geburtenkontrolle an.

Versuche, in den Bevölkerungsprozeß einzugreifen, werden als Bevölkerungspolitik bezeichnet: „Bevölkerungspolitik kann verstanden werden als die **Gesamtheit der zielgerichteten Einwirkungen auf die Entwicklung einer Bevölkerung“** ([23], S. 18f.).

Dabei ist weiter zu unterscheiden zwischen quantitativer und qualitativer Bevölkerungspolitik. **Im ersten Fall** steht eine bestimmte Bevölkerungszahl im Mittelpunkt. Dagegen betont qualitativ die Zusammensetzung einer Bevölkerung nach bestimmten Merkmalen. Weiterhin wird zwischen **bevölkerungspolitischen** und **bevölkerungsrelevanten** Maßnahmen differenziert. Bevölkerungsrelevant sind diejenigen politischen Maßnahmen, welche sich auf die generative Struktur auswirken, obwohl dies nicht ihr primäres Ziel ist. Zu denken ist etwa an Sozial- bzw. Wohnungsbaupolitik.

Die bevölkerungspolitische Situation in der Bundesrepublik zeichnet sich durch das Fehlen einer ausgewiesenen Bevölkerungspolitik auf Bundesebene aus. Der Geburtenrückgang führte jedoch zu den zahlreich vorliegenden Erörterungen über die Berechtigung einer **pronatalistischen** (geburtenfördernden) Politik. Ursache der Zurückhaltung war die Verbindung der Bevölkerungspolitik mit der rassistischen und zutiefst inhumanen Bevölkerungspolitik im Nationalsozialismus. Diese Politik führte „qualitative Bevölkerungspolitik“ mit Zwangssterilisierungen, Heiratsverboten zwischen Ariern und Juden und schließlich mit der Massenvernichtung der jüdischen Bevölkerung durch. Dieser Hintergrund und der Geburtenboom der 50er und 60er Jahre sind die Ursachen für die geübte Zurückhaltung.

Die danach einsetzende Debatte ist (nach [7], S. 109):

- Eine Debatte um die wünschenswerte Richtung der Bevölkerungsentwicklung.
- Eine Debatte um die Legitimität und Notwendigkeit von Bevölkerungspolitik. Neben einer liberalen Position, die eine Einflußnahme auf die generativen Entscheidungen der Ehepaare ablehnt, sieht sich eine andere Position durch die Ausmaße des Geburtenrückganges aufgerufen,

diesem mit politischen Mitteln entgegenzusteuern. Eine dritte Position hält Bevölkerungspolitik noch nicht für notwendig und propagiert sozial- bzw. familienpolitische Forderungen.

- Eine Debatte um die Maßnahmen. Neben den Maßnahmen der Familien- und Sozialpolitik wird der Versuch diskutiert, auf die Familienleitbilder, die Rollen- und Aufgabenverteilung der Familie einzuwirken: erwerbstätige Mutter als Verhängnis versus Berufstätigkeit als Emanzipationsziel.

Studienfragen

Was versteht man unter demographischem Übergang und wie läßt er sich beschreiben? (s.S. 309, 310, 311)
Welches sind die wichtigsten Kennzeichen der Bevölkerungsentwicklung der letzten 30 Jahre? (s.S. 311, 312, 313)
Welche Auswirkungen für das Gesundheitssystem dürften sich durch die Phänomene „Altern der Bevölkerung" und „Steigender Ausländeranteil" sowie die Integration der neuen Bundesländer ergeben? (s.S. 315, 316)

Literatur

1 Esenwein-Rothe, I.: Einführung in die Demographie. Steiner, Wiesbaden 1982.
2 Statistisches Bundesamt: Statistisches Jahrbuch 1991 für das vereinte Deutschland. Metzler-Poeschel, Stuttgart 1991.
3 Bundesinstitut für Bevölkerungsforschung: Demographische Fakten und Trends in der Bundesrepublik Deutschland. Zeitschrift für Bevölkerungswissenschaft, 10 (1984) 295–397.
4 Mayer, K.: Einführung in die Bevölkerungswissenschaft. Kohlhammer, Stuttgart 1972.
5 Statistisches Bundesamt (Hrsg.): Statistisches Jahrbuch 1987 für die Bundesrepublik Deutschland. Kohlhammer, Stuttgart 1987.
6 Höhn, C., U. Mammey, H. Wendt: Bericht zur demographischen Lage: Trends in beiden Teilen Deutschlands und Ausländer in der Bundesrepublik Deutschland. Zeitschrift für Bevölkerungswissenschaft, 16, Heft 2 (1990) 135–205.
7 Bolte, K. M., D. Kappe, J. Schmid: Bevölkerung, 4. Auflage. Leske & Budrich, Opladen 1980.
8 Statistisches Bundesamt (Hrsg.): Statistisches Jahrbuch 1986 für die Bundesrepublik Deutschland. Kohlhammer, Stuttgart 1986.
9 Albrecht, G.: Soziologie der geographischen Mobilität. Enke, Stuttgart 1972.
10 Bergmann, J., G. Brandt, K. Körber et al.: Herrschaft, Klassenverhältnis und Schichtung, S. 67–88. In: Bergmann, J., G. Brandt, K. Körber et al. (Hrsg.): Spätkapitalismus oder Industriegesellschaft? Verhandlungen des 16. Dt. Soziologentages, Frankfurt 1968. Enke, Stuttgart 1969.
11 Marschalck, P.: Bevölkerungsgeschichte Deutschlands im 19. und 20. Jahrhundert. Suhrkamp, Frankfurt 1984.
12 Schubnell, H.: Der Geburtenrückgang in der Bundesrepublik Deutschland. Die Entwicklung der Erwerbstätigkeit von Frauen und Müttern. Bundesministerium für Jugend, Familie und Gesundheit, Bonn-Bad-Godesberg 1980.
13 Beck-Gernsheim, E.: Wieviel Mutter braucht der Mensch? Geburtenrückgang und der Wandel derErziehungsarbeit, S. 265–286. In: Hradil, S. (Hrsg.): Sozialstruktur im Umbruch. K. M. Bolte zum 60. Geburtstag. Leske & Budrich, Opladen 1985.
14 Statistisches Bundesamt: Statistisches Jahrbuch 1989 für das Ausland. Metzler-Poeschel, Stuttgart 1989.
15 Lengsfeld, W., W. Linke: Die demographische Lage in der Bundesrepublik Deutschland. Zeitschrift für Bevölkerungswissenschaft 14 (1988) 341–433.
16 Schwägler, G.: Soziologie der Familie. Mohr, Tübingen 1970.
17 Laslett, P., R. Wall (Eds.): Household and family in past time. Cambridge University Press, Cambridge 1972.
18 Mitterauer, M., R. Sieder: Vom Patriarchat zur Partnerschaft. Beck, München 1977.
19 Höhn, zit. nach: Die Lage der Familien in Deutschland. Dritter Familienbericht. Bundestags-Drucksache Nr. 8/3120 vom 20. 8. 1979.
20 Bundesinstitut für Bevölkerungsforschung: Langfristige Entwicklungen der Bevölkerung, der Erwerbstätigen und des Gesundheitswesens in der Bundesrepublik Deutschland. Materialien zur Bevölkerungswissenschaft, Heft 18. o.V., Wiesbaden 1980.
21 Novak, P.: Entwicklung und Perspektiven des Krankheitspanoramas, S. 29–69. In: Schönbäck, W. (Hrsg.): Gesundheit im gesellschaftlichen Konflikt. Vergleichende Analysen von Gesundheitssystemen. Urban & Schwarzenberg, München–Wien–Baltimore 1980.
22 Lengsfeld, W.: Die Entwicklung der Sterblichkeit nach Todesursachen bis ins Jahr 2000, S. 281–285. In: Rupp, S., K. Schwarz (Hrsg.): Beiträge aus der bevölkerungswissenschaftlichen Forschung. Festschrift für Hermann Schubnell. Boldt, Boppard 1983.
23 Wingen, M.: Grundfragen der Bevölkerungspolitik. Kohlhammer, Stuttgart 1975.

11 Soziale Schichtung

Inhalt

11 Soziale Schichtung

Manfred Herzer

Der Begriff der sozialen Schichtung versucht die Vielfalt der sozialen Ungleichheiten in einer Gesellschaft in einem handhabbaren Modell zu erfassen. Dabei wird unterstellt, daß sich die Lebensbedingungen der Menschen soweit unterscheiden, daß diese in klar abgrenzbaren Kategorien zusammengefaßt werden können.

Soziale Schichtung wird von Peuckert definiert als eine „Untergliederung der Gesellschaftsmitglieder nach bestimmten **Statusmerkmalen** (...), wobei die Mitglieder jeder S.[chicht] einen gleichen oder ähnlich hohen Status besitzen und von den Mitgliedern höher oder tiefer gelagerter S.[chichte]n jeweils durch eine S.[chicht]-Grenze getrennt sind“ ([1], S. 259).

Die Definition stellt eindeutig den **Bewertungsaspekt,** den gesellschaftlichen Rang einzelner Lebenslagen, in den Mittelpunkt. Konkurrierende Auffassungen beziehen sich u. a. auf die unmittelbaren Lebensbedingungen oder auch auf die Handlungs- und Lebenschancen der Betroffenen.

Im Zusammenhang kann dies wie folgt beschrieben werden:

Menschen leben in unterschiedlichen Lebensbedingungen; diese lassen sich zu Gruppen (soziale Schichten) ordnen; die einzelnen Schichten stellen Statusgruppen mit unterschiedlichem Ansehen in der Gesellschaft dar; es gibt einen Zusammenhang zwischen der Zugehörigkeit zu diesen Schichten und Zugängen zu Lebenschancen.

Im Rahmen der Medizinsoziologie interessiert vor allem der Zusammenhang zwischen den Lebens- und Arbeitsbedingungen der Menschen bzw. ihrer Zugehörigkeit zu einzelnen (Status-)Schichten und die darauf zurückzuführenden Unterschiede im Gesundheits- bzw. Krankheitsverhalten. Allgemein geht es um die Suche nach den sozialen Faktoren, die es den Menschen in so unterschiedlicher Weise ermöglichen, an dem hoch bewerteten gesellschaftlichen Gut **Gesundheit** teilzuhaben, bzw. Krankheit zu vermeiden oder auch Krankheit angemessen zu bewältigen.

Die Erörterung erfolgt in vier Schritten:

1. Eher forschungspraktisch ist der erste Teil (Abschnitt 11.1) ausgerichtet, da er die Schwierigkeiten aufzeigt, welche bei der Formulierung von Schichtkriterien entstehen.
2. In systematischen Theorien werden soziale Ungleichheit und ihre Auswirkungen in ein allgemeines Konzept eingegliedert (Abschnitt 11.2). Neben dem strikt ökonomisch begründeten Klassenbegriff (Marx) wird vor allem der mehrdimensionale Entwurf von M. Weber behandelt. Daran schließt sich die Schichtungstheorie des Strukturfunktionalismus (Parsons) an, welche im Sinne der oben zitierten Definition vor allem die Status- und Prestige-Aspekte betont.
3. Nach den theoretischen und methodischen Aspekten werden im dritten Teil (Abschnitt 11.3) einige Grundkenntnisse zur Schichtungsstruktur der Bundesrepublik präsentiert.
4. Zum Abschluß (Abschnitt 11.3.3) soll die Verbindung zwischen sozialer Schicht und Krankheit bzw. Gesundheits- und Krankheitsverhalten gezogen werden.

11.1 Erfassung sozialer Schichtung

Alle Versuche, Schichtungskriterien zu entwickeln, suchen nach Maßzahlen, die Aussagen über die vertikale Differenzierung einer Gesellschaft erlauben. Die Auswahl der Indikatoren und deren spezifische Merkmale werfen dabei große Probleme auf. In der Diskussion einzelner Problembereiche sollen einzelne Lösungsversuche vorgestellt und kritisch diskutiert werden.

11.1.1 Soziale Schichtung, soziale Differenzierung

Welche Faktoren soll man zur Ermittlung der sozialen Gliederung einer Gesellschaft verwenden? Warum sind es gerade die oft verwendeten Indikatoren Einkommen, Ausbildung und Beruf und nicht etwa Familienstand, Wohnungseigentum und Besitz von Büchern oder Schallplatten, die **primär** benutzt werden?

Eine recht plausible Grundannahme bei der Indikatorenbestimmung ist die zentrale Bedeutung der Erwerbstätigkeit in modernen Industriegesellschaften. Aus dieser Annahme erklärt sich die Dominanz berufsbezogener Indikatoren. Die Beschränkung auf das Einkommen ohne die Berücksichtigung von Vermögen oder Wohnungseigentum kann jedoch verzerrende Ergebnisse zur Folge haben, was dazu führt, daß diese Indikatoren je nach Fragestellung ergänzend hinzugezogen werden. Hat man einige Indikatoren festgelegt, so ergibt sich die nächste Schwierigkeit: Die Strukturen der einzelnen Indikatoren sind sehr unterschiedlich. So können etwa Bildungsabschlüsse relativ leicht zu einer abgestuften Gruppenbildung herangezogen werden (Hochschule, Abitur, Mittlere Reife etc.). Beim Einkommen gibt es jedoch unendlich viele Möglichkeiten, um abgestufte Kategorien zu bilden: Welcher Betrag bildet die Einkommensgrenze, die zwei Schichten voneinander trennt?

Ein anderer Versuch, der ebenfalls der Bedeutung der Erwerbstätigkeit Rechnung trägt, stützt sich auf die Stellung des Menschen im Beruf. Wie soll man aber die große Anzahl von Berufen und Tätigkeiten so ordnen, daß **sozial bedeutsame Kategorien** entstehen?

Ein Lösungsversuch ist die Berufsklassifikation der amtlichen Statistik, die in die Kategorien Arbeiter, Angestellte, Beamte und Selbständige unterteilt. Diese versicherungsrechtliche Unterscheidung mag einen Teil sozialer Ungleichheiten erklären; ihre Benutzung kann aber auch zu erheblichen Verzerrungen führen. Ordnet man etwa die Einkommenshöhe oder den beruflichen Dispositionsspielraum in Skalen an, so dürften kleine Angestellte/Beamte bei diesen Indikatoren zu deutlich niedrigeren Werten kommen als einzelne Arbeitergruppen; wonach soll man sich bei der Festlegung von Schichtgrenzen richten?

Gerade bei den Berufen muß darauf hingewiesen werden, daß der technische Fortschritt und der soziale Wandel zur Veränderung vieler Berufsinhalte und auch der Bewertung dieser Berufe geführt hat. Gegenüber dieser Dynamik ist die Differenzierung in Arbeiter, Angestellte … etc. sehr statisch; in Ermangelung von Alternativen kann man jedoch noch nicht auf sie verzichten.

11.1.2 Konstruktion von Schichtindizes: Heterogenität und Mehrdimensionalität

Die Lösung der Kategorisierungsprobleme einmal vorausgesetzt, ergeben sich, auf der Basis jeweils eines einzelnen Indikators, eine Vielzahl von Schichtungen einer Gesellschaft. Neben Einkommensschichten könnten Bildungsschichten, Berufsschichten etc. genannt werden. Dabei ist festzustellen, daß diese Schichtungsmodelle nicht miteinander deckungsgleich sind. Wenn etwa das Prestige eines beamteten Germanistikprofessors auch sehr hoch ist und dies selbstverständlich seine Parallele in der Bildungsskala findet, so liegt er doch in der Einkommensskala deutlich hinter vielen Angestellten (industrielles Management) oder Selbständigen zurück, obwohl deren Bildungs- und Prestigewerte geringer sind.

Ein Versuch, dieses Dilemma zu überwinden, ist die Konstruktion **multipler Indizes.** Benutzt wird also nicht nur ein Indikator, sondern ein Index aus verschiedenen Faktoren. So umfaßt ein von Scheuch konzipierter Index zunächst neun Variablen ([2], S. 98 ff.):

- Relation Raum pro Person,
- Beruf des Ehemannes bzw. eigener Beruf,
- Einkommen des Haupternährers,
- Pro-Kopf-Einkommen,
- Wohlstandsindex = Besitz bestimmter Sachgüter,
- Theaterbesuch,
- Konzertbesuch,
- Niveau des Lebens und
- Schulbildung.

Aber auch diese Indexbildung hat ihre Schwierigkeiten. Neben der Auswahl der Indikatoren (s. o.) ist es vor allem die Gewichtung der einzelnen Faktoren zueinander; wie ist etwa der Wert eines Theaterbesuches gegenüber einer bestimmten Einkommenshöhe einzuschätzen? Die Lösung dieser Probleme besteht in der Konstruktion **gewichteter** Indikatoren; Einkommen und Beruf werden bei der Berechnung des Index höher bewertet als etwa Theaterbesuch oder Niveau des Lesens. Eine Aufgabe, die damit noch nicht gelöst ist, besteht in der Formulierung von Schichtgrenzen: Ab welchem Punktwert ist eine neue Schicht zu benennen etc.?

Eine andere Möglichkeit, Schichtstrukturen und Schichtgrenzen zu formulieren, soll über die **soziale Selbsteinschätzung (SSE)** erreicht werden. Man geht davon aus, daß die Mitglieder einer Gesellschaft eine Vorstellung davon haben, wo sie in der Schichtungshierarchie der Gesellschaft stehen. Im Gegensatz zu dem Indexverfahren fragt man die betroffenen Personen nach der Schichteinteilung einer Gesellschaft und nach dem sozialen Ort, an dem sie sich selbst einordnen würden. Das Mittel dazu ist meist eine Liste von Berufen (Berufsprestige). Als Ergebnis dieser sozialen Selbsteinschätzung erhält man nicht nur die Vorstellungen der Menschen von der sozialen Gliederung einer Gesellschaft, sondern auch eine subjektive Sicht der Über- und Unterordnungsverhältnisse.

Bei der **Erfassung sozialer Schichten** trifft man auf etliche Schwierigkeiten, die mit recht komplizierten Entscheidungen verbunden sind:
- Welche Indikatoren soll man benutzen?
- Wo liegen innerhalb der Indikatoren die Grenzen zur nächsten Schicht?
- Wie sind die unterschiedlich strukturierten Schichtungsmodelle der Einzelindikatoren zu einem Gesamtmodell zusammenzufassen?

Wichtigste Verfahren:
- die Berufsklassifikation nach versicherungsrechtlichen Kriterien,
- die Konstruktion multipler Indizes bei unterschiedlicher Gewichtung der Einzelindikatoren und
- die Methode der sozialen Selbsteinschätzung hinsichtlich des Prestiges.

11.2 Systematische Ansätze zur Analyse sozialer Differenzierung

Bedingungen für das Nachdenken über die gesellschaftliche Ungleichheit der Menschen und die angemessenen Maßnahmen zu ihrer Veränderung waren zum einen die Gleichheitsvorstellungen der europäischen Aufklärung und zum anderen der ökonomische Fortschritt, der mit der Industrialisierung Europas zu verzeichnen war. Unter historischem Gesichtspunkt mußte der strukturfunktionale Ansatz auf den klassentheoretischen Ansatz folgen. Hier bestimmt vereinbarungsgemäß der Gegenstandskatalog I die Gliederung.

11.2.1 Strukturfunktionaler Ansatz

Der erste hier vorgestellte systematische Zugang wurde von T. Parsons und seinen Schülern Davis und Moore entwickelt. Die sog. funktionalistische Schichtungstheorie argumentiert wie folgt [3, 4]:

Ein Kennzeichen moderner Gesellschaft ist die weit entwickelte Arbeitsteilung. Innerhalb einer Gesellschaft werden einzelne Tätigkeiten und die damit verbundenen Positionen unterschiedlich hoch bewertet und hinsichtlich Einkommen und Prestige unterschiedlich belohnt. Aus dieser unterschiedlichen Bewertung und Belohnung sind die Grundlagen einer sozialen Schichtung relativ einfach abzuleiten.

Erklärungsbedürftig bleibt jedoch, wieso die einzelnen Positionen unterschiedlich belohnt werden. Die Wissenschaftler gehen davon aus, daß für die wichtigeren Positionen besondere Fähigkeiten und Qualifikationen notwendig sind (Talent, lange Ausbildungsdauer etc.). Um diese Stellen mit entsprechend geeigneten Personen zu besetzen, sei es sinnvoll, daß über die Belohnung ein Anreizsystem zur Verfügung steht, welches etwa für die lange Ausbildung entschädige.

Soziale Schichtung ist in diesem Konzept Ausdruck und Folge eines gesellschaftlich notwendigen Verteilungsmechanismus, dessen Ziel es ist, gesellschaftlich besonders wichtige Positionen mit den besten Personen zu besetzen. Hierbei wird die Grundlage sozialer Schichtung **auf die ausdifferenzierte Berufsstruktur und** die damit verbundenen **Prestigeunterschiede reduziert.**

Gegenüber diesem Erklärungsmodell sozialer Differenzierung sind eine Reihe von Einwänden vorgebracht worden, die sich gegen problematische Annahmen und Unterstellungen wenden:

- Talente für wichtige Positionen seien knapp.
- Positionen würden tatsächlich im Leistungswettbewerb errungen.
- Belohnungen entsprächen den abgestuften gesellschaftlichen Bedeutungen der einzelnen Positionen.

Diese Grundannahmen könnten jedoch mit empirischen Ergebnissen allesamt bestritten werden. Kann man gegen die zweite Annahme diverse Vererbungen von Status und Beruf anführen (z. B. der Sohn übernimmt die florierende Praxis des Vaters), so sei hinsichtlich der dritten Annahme etwa auf Show- oder Fußballstars verwiesen, deren gesellschaftliche Bedeutung trotz hoher Bezahlung und hohem Prestige umstritten sein dürfte ([3], S. 38 ff.).

11.2.2 Klassentheoretischer Ansatz

Mit dem klassentheoretischen Modell von Karl Marx ist eine der wissenschaftlich und politisch folgenreichsten Konzeptionen des 19. Jahrhunderts genannt. Er knüpfte, wenn auch ganz spezifisch, an die Bedeutung des Privateigentums an.

Marx versuchte die geschichtliche Dynamik zu erfassen und zu erklären. Im Zentrum standen die Begriffe Produktivkräfte, Produktionsverhältnisse und Produktionsmittel.

Dabei bezeichnete **Produktivkräfte** die menschlichen Kenntnisse und Fähigkeiten, deren materialisierte Gestalt in Form von Werkzeugen und Maschinen (Produktionsmittel) und auch das menschliche Arbeitspotential in verschiedenen historischen Entwicklungsstufen.

Die zweite Kategorie **Produktionsverhältnisse** umfaßte die Stellung der Menschen zu diesen Produktivkräften und, davon abgeleitet, auch die Stellung der Menschen zueinander.

Marx unterschied die soziale Stellung der Menschen danach, in welcher Beziehung diese zu dem Wissen, den Kenntnissen, den Werkzeugen und Maschinen **(Produktionsmittel)** und zum Arbeitspotential anderer Menschen stehen. Der Schlüssel für diese Unterscheidung lag nach Marx in dem rechtlich festgelegten Besitzverhältnis gegenüber den Produktionsmitteln. Menschen, die im selben rechtlichen Verhältnis zu den Produktionsmitteln stehen, bezeichnete er als Angehörige einer **Klasse.**

Für die kapitalistische Gesellschaft sah er zwei Hauptklassen, die Produktionsmittelbesitzer **(Bourgeoisie),** und diejenigen, welche auf die Produktionsmittel angewiesen sind, ohne sie zu besitzen und sich daher in Abhängigkeit zur ersten Klasse begeben müssen, die Arbeiter **(Proletariat).** Marx betonte diese beiden Hauptklassen und ging davon aus, daß die alten Mittelschichten (Handwerker etc.) sich im Zuge der technischen und wirtschaftlichen Entwicklung nach und nach auflösen würden; eine Polarisierung in zwei sich gegenüberstehende Klassen wäre das Ergebnis.

Aus dieser Spaltung leitete Marx nicht nur unterschiedliche individuelle Lebenschancen ab, sondern auch die Möglichkeit der ökonomisch mächtigen Produktionsmittelbesitzer, ihre Interessen im politischen und kulturellen Bereich durchzusetzen und dabei als allgemeines gesellschaftliches Interesse (Gemeinwohl) auszugeben.

Marx ging also von der rechtlichen Stellung der Menschen zu den Produktionsmitteln aus und leitete daraus Lebensstil, Bewußtsein und Handlungschancen ab.

Mehrdimensionale Sicht bei Max Weber

Max Weber nahm die Marxschen Überlegungen auf und veränderte sie entscheidend. Seine Hauptkritik an Marx bezog sich auf die monokausale Erklärung von Lebensstil, Lebenschancen und Bewußtsein, die bei Marx allein aus der Stellung zu den Produktionsmitteln abgeleitet wurden. Er gab diese ökonomische Perspektive, deren Notwendigkeit er sogar betonte, nicht auf, sondern führte weitere Aspekte in die Betrachtung ein. Dabei unterschied er die drei Begriffe Klasse, Stand und Partei.

Klasse: Unter den Angehörigen einer Klasse verstand er Menschen, die im Marktprozeß „ungefähr gleiche materielle Lebenschancen haben" ([4], S. 43).

Parallel zu den Hauptklassen von Marx differenzierte er **Besitz-** und **Erwerbsklassen.** Unterschied er im ersten Fall in Besitz und Nicht-Besitz, so führte er im zweiten Fall die unterschiedlichen Erwerbsmöglichkeiten an, von denen soziale Unterschiede in der Lebenslage abgeleitet werden. Um die mögliche Vielfalt von Lebenslagen zu bündeln, verwendete er den Begriff der sozialen Klasse.

Unter einer **sozialen Klasse** verstand Weber die Gesamtheit der Lebenslagen, zwischen denen ein Wechsel leicht und über die hinaus ein Wechsel kaum möglich sei. Auch wenn Weber mit einem Dualismus begann, so verließ er ihn mit seiner Definition der sozialen Klasse: Es war in diesem Modell durchaus möglich, innerhalb der Besitz- bzw. Erwerbsklassen unterschiedliche soziale Klassen zu finden mit je eigenen Bewußtseinsformen und Interessenlagen.

Aus den Erfahrungen des 20. Jahrhunderts mit der Errichtung des Sozial- und Wohlfahrtsstaates wurde etwa von Bergmann et al. der Begriff der **Versorgungsklasse** für jene Kategorie von Menschen eingeführt, die wesentliche Teile ihres Lebensunterhaltes durch staatliche Transferleistungen bestreiten [5].

Stand: Wurde bei Marx mit dem Klassenbewußtsein eine aus der ökonomischen Struktur abgeleitete, Gemeinsamkeit des Denkens und Handelns der Klassenangehörigen abgeleitet, so führte Weber diese gemeinsamen Bewußtseinslagen vieler Menschen unter dem Begriff des Standes unabhängig von der Klassenzugehörigkeit ein.

Die Lebensführung, die sich in stabilen Verhaltensmustern, Heiratskreisen, spezifischen Arbeiten, Freizeitmustern oder auch einer **ständischen Ehre** ausdrückt, rückte damit bei der Analyse von Ungleichheit neben die ökonomische Struktur der Klassen. Eine Eigenschaft dieses ständischen Bewußtseins war es, die Stellung des eigenen Standes in Beziehung zu anderen Ständen zu bewerten und damit in eine soziale Rangordnung zu bringen; damit war das Sozialprestige und die Statusdifferenzierung als eigenständige Kategorie in das wissenschaftliche Instrumentarium eingeführt worden.

Parteien: Neben ökonomischer Lage und unterschiedlichem Prestige sah Weber die unterschiedliche Teilhabe an politischer Macht als zentralen Faktor an. Neben Klassen und Stände traten als dritte Kategorie die Parteien, worunter von ihm jegliche Organisation verstanden wurde, die auf die Machtausübung Einfluß nehmen will.

Leitete Marx die materielle Lage, den gesellschaftlichen Status und die Teilhabe an politischer Macht aus einer einzigen ökonomischen Grundkategorie (Besitz an Produktionsmitteln) ab, so wurden die drei Elemente bei Weber getrennt und mit jeweils autonomer Bedeutung eingeführt.

Eine Verbindung oder auch Übertragung zwischen den drei Aspekten dürfte jedoch in einzelnen Gesellschaften oft vorhanden sein. Über ihr Ausmaß und ihre Ausprägung muß jedoch die empirische Forschung befinden, sie sind theoretisch nicht festgeschrieben. Beispiele für solche Verbindungen sind etwa Stände, die es verstehen, bestimmte Erwerbsquellen für sich zu monopolisieren, und bei entsprechendem Geschick sogar in der Lage sind, den Status zu vererben. Man denke etwa an die adligen Offiziere im wilhelminischen Kaiserreich oder auch an die über lange Jahre bestehende hohe Selbstrekrutierungsquote von Medizinern; dabei wird Statuserwerb durch Leistung von einer Statusübertragung überlagert, zugeschriebener und erworbener Status sind dann kaum voneinander zu trennen.

Mit den vorgestellten Ansätzen zur Analyse sozialer Differenzierung sind auch die Schwerpunkte abgesteckt, die von der Schichtungssoziologie bearbeitet werden. Im Laufe der Geschichte standen dabei durchaus unterschiedliche Aspekte im Mittelpunkt des wissenschaftlichen Interesses ([6], S. 38ff.). Marxistische und neomarxistische Arbeiten thematisierten vor allem die objektiven Lebensbedingungen, während ein Großteil der empirischen Forschung der 60er und 70er Jahre das Sozialprestige als zentrale Kategorie benutzte.

11.3 Schichtung und Mobilität

Nach den theoretischen und methodischen Ausführungen sollen in einem dritten Schritt einige Grundkenntnisse zur Schichtung in der Bundesrepublik vermittelt werden. Dabei wird in vier Schritten verfahren:

- Grunddaten zur Schichtung in der BRD
- Dynamik des Schichtungssystems (Mobilität)
- Zusammenfassende Bemerkungen zur Struktur sozialer Ungleichheit in der BRD
- Auswirkungen auf Krankheitsrisiken

11.3.1 Schichtungsstruktur

Aus der Vielzahl möglicher Indikatoren (s.o. 11.2.2) wurden die Einkommensverhältnisse und die Bildungsabschlüsse ausgewählt.

Einkommen: Das Einkommen ist neben Besitz und Vermögen der wichtigste Faktor bei der Bestimmung der materiellen Situation von Bevölke-

Tabelle **11-1** Erwerbstätige nach Stellung im Beruf und Nettoeinkommensgruppen. Ergebnisse des Mikrozensus April 1990 (Mitteilung des Statistischen Bundesamtes und eigene Berechnungen).

	Nettoeinkommensgruppen in DM				
Stellung	unter 1200	1200 bis 2500	2500 bis 3500	3500 bis 4500	4500 u.m.
Selbständige u. mithelf. Familienangehörige (%)	14,4	28,9	18,1	11,7	26,9
Beamte (%)	11,7	32,5	26,6	17,1	12,1
Angestellte (%)	23,0	44,5	17,3	8,2	7,4
Arbeiter (%)	23,9	61,6	12,8	1,3	0,3

Anm.: Die Restkategorien „Selbständige in der Landwirtschaft"; „Mithelfende Familienangehörige" und „Ohne Angaben" wurden nicht in die Berechnungen einbezogen.

Tabelle **11-2** Privathaushalte nach Stellung im Beruf der Bezugsperson und monatlichem Haushaltsnettoeinkommen. Ergebnisse des Mikrozensus April 1990 (Mitteilung des Statistischen Bundesamtes und eigene Berechnungen).

	Nettoeinkommensgruppen in DM				
Stellung	unter 1200	1200 bis 2500	2500 bis 3500	3500 bis 4500	4500 u.m.
Selbständige u. mithelf. Familienangehörige (%)	4,6	15,7	15,3	14,3	50,1
Beamte (%)	1,8	13,6	22,1	24,2	38,3
Angestellte (%)	4,4	26,5	20,9	19,4	28,8
Arbeiter (%)	4,1	36,3	29,1	18,6	11,9

Anm.: Die Restkategorien „Selbständige in der Landwirtschaft"; „Mithelfende Familienangehörige" und „Ohne Angaben" wurden in die Berechnungen nicht einbezogen.

rungsgruppen. Dabei resultiert dieses Einkommen aus der Berufs- bzw. Erwerbsarbeit und den davon abgeleiteten Versorgungsansprüchen wie Renten, Pensionen oder Arbeitslosengeld.

Bei einer differenzierten Betrachtung der Einkommen nach der Stellung der Beschäftigten im Beruf geht aus dem Mikrozensus (s. Kap. 10.1.5) von 1990 hervor, daß von 10 Erwerbstätigen 7 (70,5%) ein Nettoeinkommen unter 2500 DM haben; 2 (21,7%) davon verdienen weniger als 1200 DM. Etwas mehr als einer (16,5%) verdient zwischen 2500–3500 DM und wiederum etwas mehr als einer (13%) nach eigenen Angaben mehr als 3500 DM.

Die Einkommensverteilung nach der Stellung im Beruf ergibt eine deutliche Rangfolge der Nettoverdienste, wobei diese bei den Selbständigen am höchsten sind und über Beamte und Angestellte zu den Arbeitern absinken (Tab. 11-1).

Erheblich aussagekräftiger als das **individuelle Einkommen** dürfte jedoch das **Haushaltseinkommen** sein, da im April 1989 etwa 84,3% aller Bewohner von Privathaushalten in Mehrpersonenhaushalten wohnten, in denen u.U. mehrere Verdiener zum Lebensunterhalt beitragen ([7], S. 70).

Auch hier fallen, bei insgesamt höherem Niveau, die Unterschiede zwischen den Berufsgruppen auf, wobei diese nicht so hoch sind wie beim Individualeinkommen (Tab. 11-2): Die Erklärung dafür ist die höhere Zahl der erwerbstätigen Arbeiterfrauen, die zu einer Kompensation der geringen Verdienste ihrer Männer beitragen.

Eine weitere Differenzierung ist möglich durch die Beachtung des **Pro-Kopf-Einkommens** der Haushalte. Dabei verdienen Dreipersonenhaushalte genau proportional zu ihrer Personenzahl. Zwei- und vor allem Einpersonenhaushalte verzeichnen stark überproportionale Einkünfte; Vier- und Mehrpersonenhaushalte dagegen können nur auf unterdurchschnittliche Geldmengen zurückgreifen.

Bildungsabschlüsse: Fragt man nach den Bedingungen für die entsprechenden Verdienstmöglichkeiten, so ist neben individuellen Eigenschaften und persönlichem Geschick vor allem die Kompetenz und die Qualifikation der einzelnen zu nennen. Der wichtigste Indikator ist hierbei der erreichte Bildungsabschluß.

„Die verschiedenen Bildungswege beeinflussen sowohl die **Persönlichkeitsentwicklung,** die wiederum Voraussetzung für die Wahrnehmung von Chancen in den verschiedensten Bereichen gesellschaftlichen Lebens ist, als auch den zukünftigen Sozialstatus der Individuen und die damit zusammenhängenden Privilegien wie Einkommen, Prestige, Einfluß oder Arbeitsqualität" ([8], S. 79).

Tabelle **11-3** Monatliches Nettoeinkommen in Prozent des durchschnittlichen monatlichen Nettoeinkommens im Jahre 1982 ([8], S. 80).

ohne Ausbildungsabschluß	84 %
Lehre, Berufsfachschule	99 %
Fach-, Meister-, Technikerschule	130 %
Fachhochschule	165 %
wissenschaftliche Hochschule	180 %

Den Zusammenhang zwischen Bildungsabschluß und Nettoverdienst verdeutlicht Tabelle 11-3.

Gerade im Bildungsbereich kommt man nicht umhin, die erheblichen Veränderungen der letzten 30 Jahre in die Betrachtung einzubeziehen. Im Rahmen einer expansiven Bildungspolitik wurde der Anteil der jeweiligen Jahrgänge in den weiterführenden Schulen drastisch erhöht. Waren es im Jahre 1960 noch 7% eines Jahrgangs, die das Abitur erreichten, so stieg dieser Anteil bis auf 21% im Jahre 1983; der Anteil der Abiturienten hat sich verdreifacht.

Tabelle **11-5** Deutsche Studienanfänger an Hochschulen nach der beruflichen Stellung des Vaters (in Prozent der Studienanfänger) ([4], S. 158).

Beruf des Vaters	1966	1975	1976	1977	1978	1979
Selbständige	28,9	22,7	21,4	21,4	21,8	21,9
Beamte	25,8	20,5	20,0	19,8	20,2	19,8
Angestellte	32,3	35,7	36,0	36,1	37,2	37,6
Arbeiter	10,3	18,2	19,2	18,0	17,4	17,7
Sonstige	2,7	3,1	3,4	4,7	3,4	3,0

Die sich in unserer Perspektive anschließende Frage nach der schichtspezifischen Beteiligung am **Bildungsboom** stellt sich vor allem deshalb, weil es ein Hauptziel der Bildungspolitik war, für die Kinder aus Arbeiterfamilien mehr Chancengleichheit durchzusetzen.

Die Tabelle 11-4 benutzt ein differenziertes Schichtmodell und zeigt die Verteilung der Kinder einzelner Schichten auf die allgemeinbildenden Schularten. Dabei sind deutlich schichtspezifische Unterschiede festzustellen.

Die Verteilung der Studienanfänger auf verschiedene Berufsklassen ist in Tabelle 11-5 dargestellt. Da diese Tabelle sich auf die Gesamtzahl der Studienanfänger und nicht auf die jeweiligen Anteile der Studienanfänger an der entsprechenden Altersgruppe ihrer Berufskategorie bezieht, könnte aus diesen Daten eine Angleichung der Bildungschancen der einzelnen Schichten gefolgert werden.

Legt man jedoch schichtspezifische Studierquoten zugrunde, so ergibt sich ein völlig anderes Bild (Tab. 11-6).

Tabelle **11-4** Schichtspezifische Schulbesuchsquoten (Schüler der 9. Klasse im Schuljahr 1976/77) ([8], S. 91).

Bildung/Beruf des Vaters	Sonderschule (%)	Hauptschule (%)	Realschule (%)	Gymnasium (%)	Gesamtschule (%)	Summe (%)	Zahl der Fälle
Hochschulabschluß	–	7	15	72	5	100	2 633
gehobene/höhere Beamte	–	10	20	64	5	99*	2 337
gehobene/leitende Angestellte	1	19	28	47	5	100	4 920
Selbständige	1	38	28	28	4	99*	7 972
einfache/mittlere Beamte	1	33	36	25	6	101*	2 663
einfache/mittlere Angestellte	1	37	32	24	6	100	5 690
Meister	1	39	33	24	3	100	2 210
Facharbeiter, Geselle, Vorarbeiter	3	53	29	11	4	100	10 930
un-, angelernte Arbeiter	8	62	21	6	3	100	5 795

* Ungenauigkeiten durch Auf- und Abrundungen.

Tabelle **11-6** Anteil der Studienanfänger an den Gleichaltrigen der jeweiligen Herkunftsgruppe in Prozent ([8], S. 86).

Beruf des Vaters	1969	1975	Differenz
Selbständiger	10,9	19,9	+ 9,0
Beamter	26,6	38,6	+ 12,0
Angestellter	14,5	23,5	+ 9,0
Arbeiter	2,6	8,1	+ 5,5
im Mittel	9,8	17,9	+ 8,1

Ergebnisse der Bildungsexpansion ([8], S. 87):

- Alle sozialen Schichten haben am **Bildungsboom** partizipiert.
- **Gewinner** der Bildungsoffensive sind vor allem die höheren Beamten und Selbständigen, die auch schon vorher zu den Privilegierten gehörten.
- Bei den Arbeitern gelingt es den Facharbeitern, den Abstand zur alten und neuen Mittelschicht zu verringern.
- **Verlierer** der geschilderten Entwicklung sind die angelernten und ungelernten Arbeiter.

11.3.2 Sozialer Auf- und Abstieg

Im Ausbildungssystem wurde eine Erhöhung der Zahl hoch bewerteter Abschlüsse festgestellt. Damit stellt sich die Frage nach der Veränderbarkeit des Schicht- bzw. Statusaufbaus unserer Gesellschaft, d.h., es wird ein Bereich angesprochen, den die Soziologie unter dem Begriff der sozialen Mobilität erfaßt.

Die **soziale Mobilität** wird definiert als „Bewegung von Personen aus einer sozialen Position in eine andere innerhalb jeder möglichen Gliederung der Gesellschaft oder eines ihrer sozialen Gebilde“ ([9], S. 204).

Das Ausmaß der Mobilität gilt dabei als Indikator für die **Offenheit** bzw. **Geschlossenheit** einer Gesellschaftsform.

Innerhalb der sozialen Mobilität werden zwei grundlegende Typen unterschieden:

- **Vertikale Mobilität,** die bei sozialen Auf- und Abstiegsprozessen (vom Facharbeiter zum Meister) vorliegt, und
- **horizontale Mobilität,** bei der „der Aspekt sozialer Wertung nicht interessiert“ ([9], S. 205), wie etwa bei Arbeitsplatzwechseln, Parteiübertritten, Wohnortwechsel etc.

Bezieht man die Differenzierung vertikal/horizontal auf die Sozialstruktur bzw. Prestigestruktur einer Gesellschaft, so kann hinsichtlich des zeitlichen Rahmens, in dem Mobilität betrachtet wird, eine weitere Unterscheidung erfolgen.

Differenzierung der sozialen Mobilität nach zeitlichen Gesichtspunkten:

- **Intra-Generationen-Mobilität:** Die Mobilitätsprozesse innerhalb einer Generation; man spricht auch von individuellen Auf- und Abstiegsprozessen.
- Die **Inter-Generationen-Mobilität** beachtet, inwieweit es zwischen zwei Generationen zu Mobilitätsprozessen kommt.

In der soziologischen Forschung bezog man sich bisher vor allem auf die Inter-Generationen-Mobilität hinsichtlich des Berufes. Die Frage nach der **Vererbung** des Berufes bzw. des Statusranges zwischen Vater und Sohn stand dabei im Mittelpunkt.

Wie sehen die Mobilitätsprozesse in der Bundesrepublik aus?

- Die Vererbung des Berufes und damit die geringste Mobilität ist am höchsten in den untersten und den obersten Statusrängen der Gesellschaft. Dies trifft neben den freien Berufen auch auf die Selbständigen und die Bauern (meist nur ein Sohn) zu ([6], S. 78).
- Angestellte und Facharbeiter sind die offensten Berufskreise; dies gilt sowohl für Zustrom aus anderen Berufen als auch für Mobilitätsprozesse aus diesen Sozialgruppen hinaus.
- Die Vererbung bezieht sich eher auf den Statusrang als auf die Arbeitsfunktion ([9], S. 206).
- Bei wirtschaftlicher Rezession sinkt das Mobilitätsniveau.

Soziale Ungleichheit in der bundesrepublikanischen Gesellschaft

Versucht man eine Gesamtbeurteilung zur sozialen Ungleichheit in der Bundesrepublik, so ist von einer sehr komplexen, vielfach differenzierten Struktur auszugehen. Diese ist durch folgende Merkmale gekennzeichnet [4]:

- Relativ hoher Lebensstandard der gesamten Bevölkerung.
- Keine rechtlichen Hindernisse für Aufstiegsprozesse, eine rechtlich offene Gesellschaft.
- Die Statusausprägungen lassen sich als eine Zwiebel beschreiben, d.h. die mittleren Statuslagen sind am breitesten besetzt. Die Differenzierung geschieht durch verschiedene Statusdimensionen. Innerhalb der Mittelschichten dienen Bildung, Einkommen, Konsummuster und kulturelle Orientierungen etc. zur Differenzierung.
- **Statuskristallisationen** (die Kongruenz verschiedener Statusränge) finden sich gerade in diesen Mittellagen

nur sehr selten; im Gegenteil, die Gruppen des neuen Mittelstandes (Angestellte, Beamte) weisen in hohem Maße **Statusinkonsistenzen** auf. Gerade in diesen Gruppen fallen Einkommen, Bildung, Berufsprestige etc. weniger zusammen als in den obersten und untersten Schichten des Gesellschaftsaufbaus.

- Für die mittleren Gruppen sind die Unterscheidungsmerkmale, welche sich an die Erwerbstätigkeit knüpfen, stark zu relativieren; dies um so mehr, als es zu ausgesprochen stabilen Randgruppenbildungen (Ausländer, Behinderte, Obdachlose) kommt. Diese fallen weitgehend aus einer Statusdifferenzierung heraus, die sich auf den Grad der Teilhabe an bestimmten Gütern gründet.

Nach Bolte ist die Gesellschaft der Bundesrepublik eine durch „mehrdimensionale Statuslinien, milieuspezifische Lebensstile, individualisierte Lebenskarrieren sowie durch spezifische Randgruppenerscheinungen differenzierte, mittelschichtdominante Wohlstandsgesellschaft“ ([4], S. 359).

Diese doch sehr harmonisch klingende Formulierung steht, zumindest teilweise, in Widerspruch zu den in der gleichen Veröffentlichung präsentierten Daten sozioökonomischer Ungleichheit.

11.3.3 Auswirkungen auf Krankheitsrisiken

In der Einleitung zu diesem Kapitel wurde davon ausgegangen, daß sich soziale Ungleichheit bzw. die Zugehörigkeit zu einzelnen sozialen Schichten in dem unterschiedlichen Zugang zu hoch bewerteten Gütern ausdrückt. Neben dem **Leben** wird **Gesundheit** von den meisten Menschen als sehr hoher Wert angesehen.

Wie aber verhalten sich Gesundheit und deren Störung in Gestalt der Krankheit zu ungleichen sozialen Lagen, zu unterschiedlichen sozialen Schichten?

Zunächst ist damit nach dem Zusammenhang zwischen Krankheit und Gesellschaft gefragt. Ohne auf die Probleme bei der Definition des Krankheitsbegriffs eingehen zu können, wird davon ausgegangen, daß eine Reihe von Krankheiten im „Zusammentreffen einer lebensgeschichtlich erworbenen Disposition und psychischen und sozialen Belastungen im Kontext allgemeiner Lebensverhältnisse“ entstehen ([10], S. 37f.).

Dieses **soziogenetische** Modell sieht Krankheit als ein Zusammentreffen mehrerer Faktoren:

- Eine **lebensgeschichtlich erworbene Disposition:** Neben biologischen Faktoren werden bisherige Belastungen des organischen und psychischen Zustandes eines Menschen beachtet, die wichtige Auswirkungen auf die Anfälligkeit dieses Menschen gegenüber Risiken haben dürften.
- Auf diese unterschiedlichen Dispositionen treffen in konkreten Situationen ganz verschiedene **Belastungen:** Dabei kann es sich ebenso um eine vergiftete Umwelt, hohe Unfallgefährdung am Arbeitsplatz oder auch um psychische Streßphänomene handeln.

Arbeitet man mit beiden Faktorengruppen, so kann erklärt werden, wieso etwa die Zusammenhänge zwischen sozialen Faktoren und Gesundheit nicht linear sind. Nur mit der Annahme unterschiedlicher Dispositionen und unterschiedlicher Bewältigungsmechanismen kann etwa erklärt werden, wieso viele streßgeplagte Manager **keine** Magengeschwüre bekommen, obwohl die soziale Situation mit denen vergleichbar ist, die davon geplagt werden.

Innerhalb der medizinsoziologischen Fragestellung interessiert der Einfluß sozialer Faktoren auf Gesundheit und Krankheit. Eine Konzentration darauf bedeutet also nicht, daß andere Faktoren unwichtig wären; sie werden an dieser Stelle jedoch nicht beachtet.

Mortalität und soziale Schicht: Zunächst sollen einige Ergebnisse zum Zusammenhang zwischen Sterblichkeit und Schichtzugehörigkeit präsentiert werden, um die unterschiedlichen **Chancen** zu illustrieren, die in der Bevölkerung auf ein **langes Leben** bestehen.

Über die allgemeine schichtspezifische Sterblichkeit können für die Bundesrepublik keine Angaben gemacht werden, da die Totenscheine den Beruf zwar verzeichnen, dieser Eintrag jedoch nicht statistisch ausgewertet wird.

Aus englischen und französischen Arbeiten ([11], S. 39f.) weiß man jedoch, daß etwa in England und Wales die Sterberaten „bei der untersten Schicht der Bevölkerung zweieinhalbmal so groß [sind] wie in der obersten“ ([12], S. 30).

Die Mortalität in England sei zwar zurückgegangen, „aber die sozialen Unterschiede im Mortalitätsrisiko haben sich im Laufe der Zeit nicht nur erhalten, sondern sogar vertieft“ ([12], S. 31).

Deutsche Daten liegen zum einen für einzelne Städte vor und zum anderen für Arbeitnehmer, die durch den Tod aus einer sozialversicherungspflichtigen Beschäftigung ausgeschieden sind. In einer Studie über Stuttgart wurden 30–64jährige Männer in neun Leistungsgruppen eingeteilt (Tab. 11-7).

Auch für Frankreich liegen Daten vor, die ein erheblich größeres Sterberisiko und damit eine geringere Lebenserwartung unterer Schichten belegen. So wurde aus der Zählung der Sterbefälle der Jahre 1975–1980 und der auf dieser Basis errechneten Lebenserwartung von 35jährigen ermittelt, daß ein 35jähriger Professor ca. 9 Jahre

Tabelle **11-7** Gesamtsterblichkeit pro 100 000 Einwohner in Stuttgart (1976) für deutsche Männer im Alter von 30 bis 64 Jahren, nach beruflichen Leistungsgruppen ([13], S. 166).

Leistungsgruppe	Altersgruppe 30–40	40–45	45–50	50–55	55–60	60–65
I	152	1060	817	1341	1615	2358
II	295	284	598	827	1235	1981
III	126	157	335	552	732	1663
IV, V, VII	78	44	349	383	931	1148
VI	70	509	346	483	980	1903
IX	346	454	790	1437	294	2551
im Mittel	208	328	542	781	1055	1900

Leistungsgruppe I: an- und ungelernte Arbeiter, einfache Angestellte und Beamte;
Leistungsgruppe II: Facharbeiter, Handwerker, mittlere Angestellte und Beamte;
Leistungsgruppe III: gehobene Angestellte und Beamte, Handwerksmeister;
Leistungsgruppe IV, V, VII: höhere Angestellte und Beamte, leitende Angestellte und Beamte, freiberufliche Akademiker;
Leistungsgruppe VI: selbständige Gewerbetreibende;
Leistungsgruppe IX: ohne nähere Angabe (überwiegend Frührentner).

mehr zu leben hat als ein ungelernter Arbeiter gleichen Alters ([13], S. 165).

Die Abhängigkeit vom Bildungsstand wurde auch für den Bereich der Kinder- und Säuglingssterblichkeit nachgewiesen ([14], S. 51). Eine Düsseldorfer Studie führte etwa 30% der Säuglingssterblichkeit auf soziale Faktoren zurück, unter denen die soziale Stellung der Mütter (unverheiratet, untere Schicht, Ausländerinnen) besonders hervorgehoben wurde.

Linke [15] kann mit Daten aus der Sozialversicherung zeigen, daß die unterschiedlichen beruflichen Tätigkeiten mit unterschiedlichen Sterbeziffern verbunden sind (Tab. 11-8).

Die angeführten Beispiele zeigen, daß das Sterberisiko deutlich von sozialen Faktoren beeinflußt wird, die zur Bestimmung der sozialen Schicht benutzt werden.

Morbidität und soziale Schicht: Unmittelbar verbunden mit den Chancen, ein langes Leben zu haben, ist der Gesundheitszustand der Menschen. Die Daten, welche zu Gesundheit und sozialer Schicht vorliegen, entstammen sehr unterschiedlichen Quellen; eine unmittelbare Vergleichbarkeit ist daher nur in den seltensten Fällen gegeben. In Lebensversicherungsakten etwa sind die Besserverdienenden ebenso überrepräsentiert, wie sie in den Unterlagen der Allgemeinen Ortskrankenkassen unterrepräsentiert sind. In vier Beispielen soll der Verbindung von Krankheitsrisiko und sozialer Schicht nachgegangen werden.

Im Mikrozensus wurde danach gefragt, ob sich die Befragten krank fühlten oder ob sie in den letzten vier Wochen aus gesundheitlichen Gründen ihrer Arbeit (Beruf/Haushalt) nicht nachkommen konnten.

Auf der Basis dieser Ergebnisse zeigt eine Sonderauswertung, daß der Krankenstand der Männer bei den Nicht-Erwerbspersonen (u.a. Rentner), den Erwerbslosen und den Selbständigen am höchsten ist. Beim Krankenstand der Frauen sind innerhalb der Erwerbspersonen die Anteile der Arbeiterinnen und Erwerbslosen am höchsten (Tab. 11-9).

Aus Krankenkassendaten, die auf Bescheinigungen zur Arbeitsunfähigkeit basieren, geht hervor, daß innerhalb einer AOK die Arbeitsunfähigkeitsquote sowohl vom Einkommen wie von der Stellung im Beruf abhängt. Die Fälle von Arbeitsunfähigkeit sind bei ungelernten Arbeitern am höchsten, Facharbeiter liegen in der Mitte und Angestellte am unteren Ende der Skala ([13], S. 170).

Konzentriert man sich auf bestimmte Krankheiten, so zeigen sich ganz ähnliche Bilder. Tuberkulose etwa, im 19. Jahrhundert noch eine der wichtigsten Todesursachen in den sozialen Unterschichten, tritt heute, wenn auch viel seltener, immer noch gehäuft in großen Städten

Tabelle **11-8** Sterbeziffern 1985 für verschiedene Berufe ([15], S. 37).

Steinarbeiter, Baustoffhersteller	1,76
Holzaufbereiter, Holzwarenfertiger und verwandte Berufe	2,56
Textil- und Bekleidungsberufe	2,50
Lederhersteller, Leder- und Fellverarbeiter	2,25
Warenprüfer, Versandfertigmacher	2,28
Schriftwerkschaffende sowie künstlerische Berufe	2,28
Gesundheitsberufe	1,48
Sozial- und Erziehungsberufe	1,46

Tabelle **11-9** Anteil von Kranken an den Versicherten der gesetzlichen Krankenversicherungen nach Stellung im Erwerbsleben und Geschlecht ([13], S. 169).

Stellung im Beruf	Kranke Personen in % Männer	Frauen
Selbständige (einschl. mithelfender Angehöriger)	12,3	10,9
Beamte	10,5	12,1
Angestellte	9,0	10,7
Arbeiter	10,7	14,1
Erwerbstätige	10,3	11,9
Erwerbslose	13,8	16,6
Nicht-Erwerbspersonen	15,9	17,6

mit ihren Arbeiteranteilen auf. Insbesondere ausländische Arbeitnehmer, die weitgehend die untersten Sozialschichten bilden, sind sehr stark davon betroffen. Ihre Inzidenzrate liegt „um mehr als doppelt so hoch ... wie die Gesamtinzidenz in der Bundesrepublik" ([14], S. 54).

Im Rahmen der Sozialepidemiologie geht es den Forschern darum, die ungleiche räumliche Verteilung von Mortalitäts- und Morbiditätsrisiko auf diverse Umweltbedingungen zurückzuführen.

So konnte etwa Abholz anhand der Westberliner Statistik zeigen, daß die Zahl der an Tuberkulose Erkrankten in einzelnen Stadtbezirken sehr unterschiedlich hoch war. Diese Inzidenzrate war in den ausgewählten Arbeiterbezirken um 40% höher als in allen anderen Bezirken.

Eine andere sozialepidemiologische Untersuchung von Häfner untersuchte Neuaufnahmen seelisch Erkrankter in Krankenhäusern, Arztpraxen und sozialen Diensten der Stadt Mannheim. Auch hier streuten die Angaben zwischen den einzelnen Stadtbezirken zwischen 5,82 und 17,86 Neuaufnahmen pro 1000 Einwohner. Die hohen Werte sind dabei in den Bezirken des Stadtkerns mit sehr schlechten Wohnverhältnissen zu finden ([16], S. 73ff.).

Alle Beispiele belegen, mehr oder weniger deutlich, eine höhere Gesundheitsgefährdung in den unteren Schichten. Dabei wurden Erklärungen für den Zusammenhang zwischen sozialer Lage und Gesundheit noch nicht angesprochen.

Bei der Verknüpfung von Mortalität/Morbidität und sozialer Schicht können drei Faktorengruppen unterschieden werden, die wiederum miteinander verbunden sind:

- Arbeit und Gesundheit
- Soziale Lebensumstände
- Gesundheits- und Krankheitsverhalten

Arbeit und Gesundheit: Arbeiten unter industriellen Bedingungen bedeutet für viele Menschen, sich verstärkten gesundheitlichen Risiken auszusetzen.

Diese Risiken bestehen zum einen in den sog. **Berufskrankheiten.** Unter diesem Begriff werden Krankheitsbilder zusammengefaßt, deren Entstehung unmittelbar auf die Bedingungen der beruflichen Tätigkeit zurückgeführt wird. Diese Art von Erkrankungen werden durch „chemische Stoffe, physikalische Einwirkungen, Infektionserreger oder Abnutzungserscheinungen" hervorgerufen ([17], S. 260). Die dazu gehörenden Krankheitsbilder sind vor allem Silikose, schwere Hauterkrankungen und Lärmschwerhörigkeit.

Eine zweite Risikoart sind die **Arbeitsunfälle.** 1987 etwa wurden mehr als 1,6 Millionen Unfälle am Arbeitsplatz und etwa 186 000 Unfälle auf dem Weg zu und von der Arbeit gemeldet.

Die dritte Gruppe sind die Auswirkungen der **Arbeitsbelastungen** auf die Gesundheit. „So werden z.B. psychische Störungen und psychosomatische Erkrankungen des Herz- und Kreislaufsystems, des Magen-Darmtraktes oder des vegetativen Nervensystems ... nicht als Berufskrankheiten anerkannt" ([17], S. 264), obwohl die Beziehung zur Berufstätigkeit in vielen Fällen offensichtlich ist.

Soziale Lebensumstände: Neben der Arbeit wirken eine Reihe von Lebensumständen auf den Gesundheitszustand ein, die ebenfalls in der Gesellschaft ungleich verteilt sind. Die Wohnverhältnisse, die hygienischen Voraussetzungen passen ebenso in dieses Muster, wie die medizinische Infrastruktur oder das kassenärztliche Abrechnungswesen mit seinen unterschiedlichen Patientenklassen.

Gesundheits- und Krankheitsverhalten: Entscheidend für die Mortalität/Morbidität sind vor allem aber auch Verhaltensdispositionen bzw. das faktische Verhalten der Individuen zu Gesundheit und Krankheit (s.a. Kap. 8).

Gesundheitsverhalten kann definiert werden als „über den Sozialisationsprozeß vermittelte und erworbene Einstellungen und Verhaltensweisen, die das Verhältnis zur eigenen Gesundheit und [zur] drohenden Krankheit bestimmen" ([18], S. 241).

Zu diesem Gesundheitsverhalten gehören ebenso eine gesunde Ernährung, angemessene Hygiene wie auch die Wahrnehmung von Früherkennungs- und Vorsorgeuntersuchungen. Auch für diesen Bereich ist festzustellen, daß die sozial benachteiligten Schichten die Angebote des professionellen Medizinsystems nur zu einem kleinen Teil wahrnehmen.

Als **Krankheitsverhalten** bezeichnet Siegrist den „Problemkomplex[es], der sich mit Reaktionen auf Krankheitsanzeichen sowie den damit verbundenen Einstellungen, Wahrnehmungen und Informationen befaßt" ([19], S. 149).

Siegrist entwickelt auf der Grundlage dieser Definition ein Modell, das den Prozeß vom Erkennen einer Krankheit bis zur ärztlichen Konsultation umfaßt. Er unterscheidet ([19], S. 154):

1. Symptomwahrnehmung durch den Erkrankten
2. Konsultation im Verwandten- und Bekanntenkreis (Laiensystem)
3. a) Selbstmedikation oder
   b) Laienzuweisungssystem zu halbprofessionellen Beratungsgruppen (Apotheker, Heilpraktiker u.a.)
4. Laienzuweisungssystem zum Arzt.

Resümiert man die Ergebnisse der empirischen Forschung zu diesem Themenkomplex, so kann gezeigt werden, daß das Aufsuchen des Arztes nach der Wahrnehmung der Krankheitssymptome in den einzelnen sozialen Schichten sehr unterschiedlich gehandhabt wird.

Mit steigenden Einkommensklassen verkürzt sich der Weg zum Arzt, obwohl die Erkrankungsrate in den unteren Einkommensklassen höher ist. In den unteren Schichten versucht man es zuerst mit Selbstmedikation, konsultiert erfahrene Familienmitglieder oder Bekannte; der Weg zum Arzt geht über viele Zwischenstationen und dauert entsprechend länger; bei vielen gesundheitlichen Störungen dürfte der Zeitverlust die Heilung erschweren.

Dieses Krankheitsverhalten ist z.T. aus den sozialen Zwängen (erhöhtes Arbeitsplatzrisiko, schlechte Wohnlagen, spärliche medizinische Versorgung) zu erklären.

Weitere Faktoren sind die Einstellung zum eigenen Körper, die soziale Distanz zum ärztlichen Berufsstand oder auch die stärkere Einbindung der Unterschichten in verwandtschaftliche Zusammenhänge. Letztere bilden den Rahmen, in dem zunächst eine Krankheit „behandelt" wird.

Ergebnisse der Sozialisationsforschung zeigen, daß die Planungsperspektiven von Angehörigen unterschiedlicher Sozialschichten auch sehr unterschiedlich ausgeprägt sind:

- So planen etwa **Mittelschichtenangehörige** länger im voraus, kalkulieren ihre Möglichkeiten und versuchen aktiv, gesetzte Ziele zu erreichen. Dies hat auch Auswirkungen auf die Behandlung des eigenen Körpers. Die gute körperliche Verfassung ist eine Bedingung für die langfristige Planung und die Zielerreichung; die Sorge um den Körper und dessen Pflege gehört zum Bestandteil dieses Handlungsprogrammes.
- **Unterschichtenangehörige** konzentrieren sich aufgrund ihrer Erfahrungen und ihrer sozialen Lage eher auf die unmittelbare Bewältigung eingetretener Störungen mit dem Ziel der Wiederherstellung der Arbeitskraft; die allgemeine gesundheitliche Orientierung kann als reaktiv gekennzeichnet werden; der Körper gerät erst dann in den Blick, wenn seine Funktionen versagen.

Zwischen den sozialen Schichten zeigen sich erhebliche Unterschiede auch bei der Symptomwahrnehmung und in den Reaktionen auf eine eingetretene Krankheit.

Die sozialen Unterschichten, die einer höheren Unfallgefährdung ausgesetzt sind, einen erheblich höheren Anteil an Berufskrankheiten aufweisen und auch hinsichtlich der allgemeinen Lebensbedingungen stärker mit gesundheitsgefährdenden Situationen konfrontiert sind, verhalten sich in einer Art und Weise, welche diese Gefahren noch verstärkt. Dies zeigt auch, daß das Gesundheitssystem der Bundesrepublik es bisher noch nicht geschafft hat, sich auf die unterschiedlichen Ansprüche in der Bevölkerung einzustellen.

Erklärt wird dieses Verhalten einerseits mit objektiven Faktoren der sozialen Lage und der Struktur der medizinischen Versorgung, andererseits aber auch mit unterschiedlichen Einstellungen und Verhaltensweisen der Individuen, die mit der sozialen Schicht variieren. Die **mangelnde Zukunftsorientierung** der Unterschichten wirkt sich in einem reaktiven Krankheitsverhalten aus und weist, gemessen an der Norm der Mittelschichten, große Defizite vor allem beim **präventiven** Gesundheitsverhalten auf.

Auch wenn es nur bedingt gelingen konnte, soziale Schicht eindeutig zu definieren, so sollte dennoch deutlich geworden sein, daß die Chance auf ein langes und gesundes Leben in erheblichem Ausmaß von sozialen Faktoren abhängt. Für das Verhalten des einzelnen Arztes und auch für das Gesundheitssystem einer Demokratie stellen diese Faktoren eine noch nicht bewältigte Herausforderung dar.

Studienfragen

Welche Faktoren bestimmen die Schichtzugehörigkeit eines Menschen?
(s. S. 321, 322)

Was ist Statusinkonsistenz und welche Funktionen hat sie?
(s. S. 328)

Wie können soziale Ungleichheiten in bezug auf Tod und Krankheit, auf Gesundheits- und Krankheitsverhalten erklärt werden?
(s. S. 328, 329, 330, 331)

Literatur

1 Peuckert, R.: Soziale Schicht, S. 259–262. In: Schäfers, B. (Hrsg.): Grundbegriffe der Soziologie. Leske & Budrich, Opladen 1986.
2 Scheuch, E. K., H. Daheim: Sozialprestige und soziale Schichtung, S. 65–103. In: Glass, D. V., R. König (Hrsg.): Soziale Schichtung und Mobilität. Kölner Zeitschrift für Soziologie und Sozialpsychologie, Sonderheft 5. Westdeutscher Verlag, Köln 1968.
3 Hartfiel, G.: Soziale Schichtung. Juventa, München 1978.

4 Bolte, K. M., S. Hradil: Soziale Ungleichheit in der Bundesrepublik Deutschland, 5. Auflage. Leske & Budrich, Opladen 1984.

5 Bergmann, J., G. Brandt, K. Körber et al.: Herrschaft, Klassenverhältnis und Schichtung, S. 67–88. In: Bergmann, J., G. Brandt, K. Körber et al. (Hrsg.): Spätkapitalismus oder Industriegesellschaft? Verhandlungen des 16. Dt. Soziologentages, Frankfurt 1968. Enke, Stuttgart 1969.

6 Schäfers, B.: Sozialstruktur und Wandel der Bundesrepublik Deutschland, 2. Auflage. Enke, Stuttgart 1979.

7 Statistisches Bundesamt: Statistisches Jahrbuch 1991 für das vereinte Deutschland. Metzler-Poeschel, Stuttgart 1991.

8 Geißler, R. (Hrsg.): Soziale Schichtung und Lebenschancen in der Bundesrepublik Deutschland. Enke, Stuttgart 1987.

9 Peuckert, R.: Soziale Mobilität, S. 204–207. In: Schäfers, B. (Hrsg.): Grundbegriffe der Soziologie. Leske & Budrich, Opladen 1986.

10 Thoma, P.: Das Krankheitsverständnis in medizinischer Theorie und Praxis, S. 31–42. In: Geissler, B., P. Thoma (Hrsg.): Medizinsoziologie. Eine Einführung für medizinische und soziale Berufe, 2. Auflage. Campus, Frankfurt 1979.

11 Novak, P.: Entwicklung und Perspektiven des Krankheitspanoramas, S. 29–69. In: Schönbäck, W. (Hrsg.): Gesundheit im gesellschaftlichen Konflikt. Vergleichende Analysen von Gesundheitssystemen. Urban & Schwarzenberg, München–Wien–Baltimore 1980.

12 Oppolzer, A.: Wenn du arm bist, mußt du früher sterben. Unterschiede in Gesundheit und Sterblichkeit. VSA, Hamburg 1986.

13 Weber, I.: Soziale Schichtung und Gesundheit, S. 162–182. In: Geißler, R. (Hrsg.): Soziale Schichtung und Lebenschancen in der Bundesrepublik Deutschland. Enke, Stuttgart 1987.

14 Geissler, B.: Die Verbreitung von Krankheiten in der Bevölkerung. Die Morbiditätsstruktur in der Bundesrepublik, S. 44–68. In: Geissler, B., P. Thoma (Hrsg.): Medizinsoziologie. Eine Einführung für medizinische und soziale Berufe, 2. Auflage. Campus, Frankfurt 1979.

15 Linke, W.: Differentielle Sterblichkeit nach Berufen. Zeitschrift für Bevölkerungswissenschaft, 16, Heft 1 (1990) S. 29–51.

16 Geissler, B.: Epidemiologie – Empirische Sozialforschung in der Medizin, S. 69–92. In: Geissler, B., P. Thoma (Hrsg.): Medizinsoziologie. Eine Einführung für medizinische und soziale Berufe, 2. Auflage. Campus, Frankfurt 1979.

17 Deppe, H.-U., K. Priester: Arbeit und Krankheit, S. 257–283. In: Deppe, H.-U. (Hrsg.): Vernachlässigte Gesundheit. Zum Verhältnis von Gesundheit, Staat, Gesellschaft in der Bundesrepublik Deutschland. Kiepenheuer & Witsch, Köln 1980.

18 Geissler, B.: Gesundheits- und Krankheitsverhalten, S. 228–252. In: Geissler, B., P. Thoma (Hrsg.): Medizinsoziologie. Eine Einführung für medizinische und soziale Berufe, 2. Auflage. Campus, Frankfurt 1979.

19 Siegrist, J.: Lehrbuch der Medizinischen Psychologie. Urban & Schwarzenberg, München–Wien–Baltimore 1977.

Quellennachweis

Titelbild und Abb. E-1:
Media Lab an der Universität Ulm (Hans Nick Roericht, Heike Beil).

Abbildung zu Kap. 2, S. 27:
Mit freundlicher Genehmigung von Herrn Professor Dr. Larbig, Abteilung Klinische und Physiologische Psychologie der Eberhard-Karls-Universität Tübingen.

Sachregister

B

C

D

E

F

G

H

I/J

K

N

O

P/Q

R

S

T

U

V

W

Y/Z